TODOS LOS CAMINOS
LLEVAN A TENOCHTITLAN

TODOS LOS CAMINOS
LLEVAN A TENOCHTITLAN

TOMO I

Escrito por

SOFÍA GUADARRAMA COLLADO

hacia el año 2022

Antología, estudio, comparación, interpretación y simplificación de la
Historia de México Tenochtitlan

Publicado por Penguin Random House, bajo la dirección general de Roberto Banchik;
dirección editorial de la división comercial de David García Escamilla; dirección literaria
del sello Histórica de Ediciones B de Andrea Salcedo; cuidado de la edición de Soraya Bello
y Fernando Álvarez; corrección de estilo de Sharon de la Torre; formación de interiores
de Mariana Alfaro; lectura de primeras de Damián Maldonado.

Primera Edición

Penguin
Random House
Grupo Editorial

Penguin
Random House
Grupo Editorial

Todos los caminos llevan a Tenochtitlan
Antología, estudio, comparación, interpretación y simplificación de la historia de México Tenochtitlan
Volumen I

Primera edición: octubre, 2022
Primera reimpresión: junio, 2023

D. R. © 2022, Sofía Guadarrama Collado

D. R. © 2023, derechos de edición mundiales en lengua castellana:
Penguin Random House Grupo Editorial, S. A. de C. V.
Blvd. Miguel de Cervantes Saavedra núm. 301, 1er piso,
colonia Granada, alcaldía Miguel Hidalgo, C. P. 11520,
Ciudad de México

penguinlibros.com

D. R. © 2022, Felipe de Jesús Vázquez, por la foto de autora
D. R. © 2022, Eva Angeli Cavildo Montoro, por las figuras
2, 3, 4, 6, 7, 16, 18, 19, 20, 24, 25, 26, 27, 43, 44, 45, 49, 50, 51, 52, 53, 54,
55, 56, 58, 59, 60, 61, 62, 63, 64, 65, 66, 67, 68, 69, 71, 72, 73,
74, 75, 76, 77, 78, 79, 81, 82, 83, 84, 85, 86, 87, 88, 89, 90, 95 y 96.
D. R. © 2022, Salvador Santos García, por el texto titulado
«Las voces del pasado, el susurro del presente. La lectura de la escritura maya»,
así como las figuras 31, 32, 33, 34, 35, 36, 37, 38, 39, 40, 41 y 42.

ISBN: 978-607-382-226-8

Impreso en México – *Printed in Mexico*

En memoria de
Carlos Graef Sánchez (1944-2021),
amigo y director general de Ediciones B de 2009 a 2017.

ÍNDICE

AGRADECIMIENTOS

Mi gratitud infinita para Eva Cavildo Montoro quien, con asombroso escrutinio, desmenuzó conmigo las fuentes primarias: *Códice Ramírez*; *Anales de Tlatelolco*; *Anales de Cuauhtitlán*; *Historia de la nación chichimeca* y *Relación histórica de la nación tulteca*, de Fernando de Alva Ixtlilxóchitl; *Relaciones originales de Chalco Amaquemecan*, de Domingo de San Antón Muñón Chimalpahin; *Historia de las Indias de Nueva España e Islas de Tierra Firme*, de Diego Durán; y *Monarquía indiana*, de fray Juan de Torquemada. Con el mismo esmero, trazó las imágenes y los mapas que acompañan la primera parte de este volumen; y, finalmente, leyó cuidadosamente el manuscrito y señaló las erratas antes de enviarlo a la editorial.

De igual forma, mi agradecimiento inagotable para David García Escamilla, director editorial de la división comercial de Penguin Random House; para Andrea Salcedo, directora literaria; y para mi editora desde hace más de una década, Soraya Bello. Gracias por confiar en este proyecto y apoyarlo desde el primer instante.

Asimismo, agradezco de todo corazón a Salvador Santos García, tanto por su generosa aportación a esta obra con su texto e imágenes de «Las voces del pasado, el susurro del presente. La lectura de la escritura maya», como por la lectura y correcciones que hizo al manuscrito; a Sharon de la Torre por su paciencia y profesionalismo en la corrección de estilo; a Damián Maldonado por las lecturas de finas; a Antonio Colin por el diseño de portada y forros; y a cada uno de los colaboradores de Penguin Random House, quienes hicieron posible la edición, impresión y colocación de esta obra en librerías.

INTRODUCCIÓN

La historia del México antiguo es, sin duda, uno de los pilares de nuestra identidad mestiza. Sin embargo, la falta de conocimiento y los diversos factores político-sociales han confeccionado en muchos una identidad deforme que reclama un edén que nunca existió, una identidad que idealiza una cultura que no comprende y que coloniza su memoria, pero denigra y rechaza a sus genuinos herederos: los indígenas. En este sentido, esto se puede interpretar como una segunda colonización. Esa misma identidad desfigurada forjó, por un lado, el desprecio a Hernán Cortés y, por el otro, la veneración a la virgen de Guadalupe, ambos originarios de Extremadura, España.

La historia del México antiguo también ha sido manipulada desde las altas esferas del poder con propósitos electorales y de adoctrinamiento social, y a partir de una visión edénica. En consecuencia, se han modificado fechas a capricho, se han deformado varios sucesos históricos y se han creado fábulas, como las falsas ideas de que los pueblos mesoamericanos eran totalmente pacifistas, que no creían en dioses, que no realizaban sacrificios humanos, que Nezahualcóyotl era un filósofo —a la altura de Platón, Aristóteles o Sócrates— que escribía poemas con pluma y papel y que hizo de Texcoco «la Atenas del mundo prehispánico». Nada más alejado de la realidad. O bien, se ha aseverado que los mexicas veían a los españoles como dioses —en particular a Hernán Cortés como Quetzalcóatl— y se ha puesto mucho énfasis en la supuesta cobardía de Motecuzoma Xocoyotzin, quien ha sido injustamente menospreciado por historiadores y novelistas. Peor aún, se ha asegurado que antes de la llegada de los españoles al continente americano todo era miel sobre hojuelas.

Comencé a estudiar la historia de México Tenochtitlan en el año 2001, y, al igual que mucha gente, lo hice idealizando la cultura azteca. Lo primero que lamenté fue no haber llegado a esas lecturas desde la infancia o la adolescencia; lo segundo, que no hubiera suficiente material disponible para el público en general. Me parece que la omisión y negligencia de los gobiernos han privado a una gran mayoría de mexicanos de este conocimiento, al no destinar suficientes recursos a la creación de libros de historia accesibles, objetivos, completos y actualizados, para lectores en general.

Cabe aclarar que instituciones como el INAH (*Arqueología, Anales del Instituto Nacional de Antropología e Historia, Cuicuilco. Revista de Ciencias Antropológicas, Ventana Arqueológica*), el Instituto de Investigaciones Históricas (*Estudios de Cultura Náhuatl*), el Instituto de Investigaciones Filológicas de la Universidad Nacional Autónoma de México (*Estudios de Cultura Maya*), la Secretaría de Cultura, a través del INAH (*Arqueología Mexicana*), y el Fondo de Cultura Económica (FCE) han publicado miles de artículos y cientos de libros sobre las culturas de los pueblos mesoamericanos. No obstante, en su mayoría —excepto los de la revista *Arqueología Mexicana*— son textos académicos hechos para académicos y de difícil acceso, a pesar de que algunos se encuentran gratis en internet, sobre todo los incluidos en las revistas del INAH y del Instituto de Investigaciones Históricas.

Las obras del siglo XVI, XVII, XVIII y XIX, enfocadas en la Conquista de México y las culturas prehispánicas, son difíciles para los lectores comunes debido a su complejidad y al estilo literario de esas épocas. En las últimas tres décadas el sector privado ha publicado decenas de libros sobre la Independencia, la Guerra de Reforma, la Revolución, la Guerra Cristera y otros periodos de nuestra historia nacional, sin embargo poco es lo que se ha divulgado sobre la historia y cultura de los pueblos prehispánicos. Los textos más accesibles han sido los del maestro Miguel León-Portilla, Alfredo López Austin, Eduardo Matos Moctezuma, Hugh Thomas, Christian Duverger, José Luis Martínez y Jaime Montell. Asimismo, para desventura de las y los lectores, en años recientes se han editado algunos libros escritos por mercenarios de la historia chatarra, quienes vandalizan y banalizan la historia reduciéndola a buenos y malos.

En el año 2007 germinó en mí la idea de escribir un libro de consulta que abarcara desde el inicio de la cultura olmeca hasta la caída de México Tenochtitlan. Una obra titánica que, desde su concepción, ha requerido un estado de convicción inquebrantable, muchísima disciplina, perseverancia, tiempo, estudio y algo de locura. Fue así como nació el proyecto más ambicioso de mi vida.

Tengo muy claro que es y será imposible escribir la historia completa y en toda su extensión, ya que nos faltan miles de documentos y millones de datos y testimonios que fueron extraviados, destruidos, robados o jamás escritos.

En un principio, pensé en titular este libro como *Historia antigua de México*, sin embargo, la idea no es única ni mucho menos innovadora, pues ya existen obras maestras con el mismo nombre y objetivo: *Historia antigua de México*, de Francisco Javier Clavijero (1731-1787), publicada en 1780; *Historia antigua de México*, de Mariano Fernández de Echeverría y Veytia (1718-1780), publicada en 1836; e *Historia antigua de México*, de Manuel Orozco y Berra (1816-1881), publicada en 1880 y última en su género. Esto significa que desde hace 142 años no se había divulgado ninguna obra con el mismo propósito y de igual magnitud. Con esto no pretendo menospreciar el trabajo de los grandes arqueólogos, investigadores y académicos que han concebido obras monumentales —como Miguel León-Portilla, Eduardo Matos Moctezuma, Alfredo López Austin, Leonardo López Luján, entre otros autores— y que han aportado invaluables datos, además de haber actualizado, corregido o desmentido información al respecto. Sin sus contribuciones a la historia, yo no estaría escribiendo estas páginas.

Ahora bien, las obras de Francisco Javier Clavijero, Mariano Fernández de Echeverría y Veytia y Manuel Orozco y Berra, tituladas *Historia antigua de México*, se enfocaban en su mayoría en México Tenochtitlan. Es decir, no orientaron su investigación hacia las culturas maya, zapoteca, otomí, totonaca, por mencionar algunas, algo que sí han hecho ampliamente maestros como Miguel León-Portilla, Eduardo Matos Moctezuma, Alfredo López Austin, Román Piña Chan, Leonardo López Luján, entre otros.

En 1884, las editoriales Espasa y Compañía y J. Ballescá y Compañía publicaron —bajo la dirección editorial de Vicente Riva Palacio (1832-1896) y la participación de Alfredo Chavero (1841-1906), Juan de Dios Arias (1828-1886), Enrique de Olavarría y Ferrari (1844-1919), José María Vigil (1829-1909) y Julio Zárate (1844-1917)— la enciclopedia mexicana más famosa hasta el día de hoy, *México a través de los siglos*, la cual facilitó a las y los lectores una historia general de México, desde sus inicios hasta mediados del porfiriato (época en la que se elaboró dicha obra).

Tuvieron que transcurrir 91 años para que el maestro Miguel León-Portilla (1926-2019) publicara, en 1971, su antología de fuentes e interpretaciones históricas: *De Teotihuacan a los aztecas*. Sin embargo, esta obra no aborda de manera completa ni específica las vidas de los gobernantes del Anáhuac, la evolución de sus gobiernos y la historia de la Conquista.

En 1976, Daniel Cosío Villegas (1898-1976) reunió a varios historiadores de diferentes generaciones, estilos literarios y tradiciones intelectuales, como Carlos Monsiváis (1938-2010), Lorenzo Meyer (1942), José Luis Martínez (1918-2007), entre muchos más, para crear la magnífica *Historia general de México* (actualizada en el 2000 y 2010), la cual se ha convertido en un texto de referencia para miles de estudiantes y profesores de bachillerato y de universidades, así como para quien su nota introductoria llama «un lector maduro, pero de ninguna manera culto o ilustrado».

Tanto *México a través de los siglos*, de Vicente Riva Palacio, como la *Historia general de México*, de Daniel Cosío Villegas, son obras que estudian de manera general la historia de México, lo cual no les quita ningún mérito, pero no se especializan en un periodo, cultura o etnia en específico.

En 1995, Linda Manzanilla y Leonardo López Luján coordinaron la colección titulada *Historia antigua de México*, con un enfoque antropológico y arqueológico y publicada por la editorial Miguel Ángel Porrúa: *El México antiguo, sus áreas culturales, los orígenes y el horizonte preclásico* (vol. I); *El horizonte clásico* (vol. II); *El horizonte posclásico* (vol. III); a la cual en la segunda edición (2001) se le aumentaría un volumen más: *Aspectos fundamentales de la tradición cultural mesoamericana* (vol. IV).

Por otro lado, se han publicado obras especializadas únicamente en la Conquista de México Tenochtitlan o en las vidas de Hernán Cortés y Moctezuma Xocoyotzin, como *La Conquista de México* (1993) de Hugh Thomas (1931-2017); *La Conquista de México*

Tenochtitlan (2001) de Jaime Montell (1950); *Hernán Cortés* (1990) de José Luis Martínez (1918-2007); *Cortés* (2005) de Christian Duverger (1948); *Hernán Cortés, inventor de México* (2001) de Juan Miralles (1930-2011); y *Moctezuma, apogeo y caída del imperio azteca* (1994) de Michel Graulich (1944), por mencionar algunas. En conclusión, en los últimos 142 años —desde que se publicó en 1880 *Historia antigua de México,* del maestro Manuel Orozco y Berra— no se ha realizado una obra completa que actualice y concentre la mayor información posible sobre los pueblos del Altiplano Central de México (los de la lengua náhuatl) y la Conquista.

Así pues, resolví titular esta obra *Historia de México Tenochtitlan* y publicarla en tres tomos, pero no como una interpretación personal de la historia ni como una síntesis, sino como una antología, estudio, comparación, interpretación y simplificación de la historia de México Tenochtitlan. No obstante, las crónicas de Hernando de Alvarado Tezozómoc, Fernando de Alva Ixtlilxóchitl, Domingo Chimalpahin Cuauhtlehuanitzin, Diego Muñoz Camargo, los textos anónimos *Anales de Cuauhtitlán, Anales de Tlatelolco, Anales de Tula,* me hicieron repensar el título de este trabajo. ¿*Historia de México Tenochtitlan*? No todo gira alrededor de México Tenochtitlan en estas crónicas. Chimalpahin nos contó sobre Chalco; Ixtlilxóchitl sobre Texcoco; Muñoz Camargo sobre Tlaxcala, Tezozómoc sobre Tenochtitlan; y así los anales de Tlatelolco, Cuauhtitlán y Tula. Todos nos contaron la historia desde sus trincheras, a su modo, para legitimar y enaltecer a sus antepasados. Paradójicamente, todas las crónicas llegan a un mismo punto: Tenochtitlan. Fue así que decidí titular a esta obra con el nombre de: *Todos los caminos llevan a Tenochtitlan.*

Para comprender el surgimiento de la cultura nahua es imprescindible regresar hasta la cultura olmeca y analizar las principales civilizaciones mesoamericanas.

En la primera parte de este tomo, el lector encontrará una síntesis de los estudios arqueológicos de las principales culturas mesoamericanas y sus urbes, como San Lorenzo, Veracruz; La Venta, Tabasco; Tres Zapotes, Tabasco; Monte Albán, Oaxaca; Palenque, Chiapas; Chichén Itzá, Yucatán; Cuicuilco, Ciudad de México; Cholula, Puebla; Teotihuacan, Estado de México; Xochicalco, Morelos; Tajín, Veracruz; Tzintzuntzan, Michoacán; Tula, Hidalgo; entre otras más pequeñas.

En la segunda parte, el lector hallará una antología, estudio, comparación, interpretación y simplificación de las obras de Hernando de Alvarado Tezozómoc, Fernando de Alva Ixtlilxóchitl, Domingo de San Antón Muñón Chimalpahin Cuauhtlehuanitzin, los textos anónimos intitulados *Anales de Cuauhtitlán, Anales de Tlatelolco* y *Códice Ramírez,* así como los textos de otros cronistas.

Al respecto cabe aclarar que podrán leerse largos fragmentos extraídos (y editados) de fuentes primarias. Sin embargo, esta obra no es una antología en el más riguroso sentido de la palabra, ya que de ser así los extractos tendrían que transcribirse con exactitud, lo cual dificultaría en exceso la lectura, puesto que muchas de las fuentes fueron escritas en el siglo XVI, y, por ello, su sintaxis y coherencia se tornan complicadas. Es decir, hay «faltas de ortografía» y suelen ser redundantes en palabras, oraciones e ideas, aspectos que a largo plazo hacen la lectura tediosa y de difícil comprensión.

A continuación, citaré un párrafo de *Crónica mexicana,* de Hernando de Alvarado Tezozómoc:

En este comedio de tiempo falleció el rey de los mexicanos Acó mapichtli, y fué en este el comienzo de sujetarse los mexicanos a tributo por extraños, y así luego todos los mexicanos hicieron junta y cabildo entre ellos, diciendo: mexicanos antiguos, valerosos chichimecas, ya es fallecido nuestro rey Acamapichtli; ¿a quién pondremos en su lugar, que rija y gobierne este pueblo mexicano? Pobres de los viejos, niños y mujeres viejas que hay, ¿qué será de nosotros?

El lector hallará los textos corregidos, editados, simplificados y, cuando lo amerite, explicados, como en este ejemplo:

En este periodo falleció el tlatoani mexica Acamapichtli y los mexicas comenzaron a pagar tributo a extraños. Los mexicas se reunieron:
    —Mexicas antiguos, ha fallecido nuestro tecutli Acamapichtli. ¿A quién pondremos en su lugar, que rija este pueblo mexica? Pobres de nuestros viejos, niños y mujeres. ¿Qué será de nosotros?

Citaré otro ejemplo de mayor complejidad:

> El comienço de esta enemistad tre los mexicas de Tenochtítlan, fue
> que después de aber hecho rresçibimiento los mexicas a los señores de
> Tescuco, Neçahualcoyotl, y Totoquihuaz, señor de Tlacopan, como
> presidente y oydor Neçahualcoyotl, y tener en su tierra audiençia y
> Tlacopan como oydor, que en otra nenguna parte ni lugar otra audien-
> cia no abía, llamauan teuctlatoloyan, rreconosçido y jurado al rrey a
> Axayaca, se boluieron a sus tierras.

El lector encontrará lo siguiente:

> La enemistad entre Tenochtitlan y Tlatelolco ocurrió después de que
> los mexicas recibieron a Nezahualcóyotl (como presidente) y a Totoqui-
> huatzin (como oidor), quienes tenían audiencias en Texcoco y Tlaco-
> pan, a la cual llamaban *Teuctlatoloyan*. (Cabe aclarar que en ningún
> otro lugar había otra audiencia.)

Asimismo, cabe tener en cuenta que los autores emplean diversos términos para referirse a un mismo concepto, como se muestra enseguida.

> Alvarado Tezozómoc escribe *teuctlatoloyan* para referirse a la Triple
> Alianza. Molina traduce *tecutlatoloyan* como «lugar donde juzga o
> sentencia el juez» o «audiencia real». Chimalpáhin Cuauhtlehuani-
> tzin utiliza cuatro nombres: *excan tlahtoloyan, excan tlahtóloc, yexcan
> tlahtoloyan* y *excan tzontecómatl. Excan*, «en tres partes»; *tlahtoloyan*
> y *tlahtóloc* derivan el verbo *tlatoa*, cuyos significados son «hablar»,
> «cantar» o «gobernar». Por consiguiente, *tlahtoloyan* y *tlahtóloc* son
> «lugar de mando», «lugar de gobierno», con dos funciones especí-
> ficas de poder: las decisiones conjuntas de acciones militares y, con
> insistencia, la judicatura. El *Códice Osuna* lo consigna de la siguiente
> manera: *Étetl tzontecómatl in altépetl*, «las tres ciudades cabeceras»
> o «las tres ciudades capitales»; y *étetl tzontecómatl*, «las tres cabe-
> ceras» o las «tres capitales». Alva Ixtlilxóchitl se refiere a la Triple
> Alianza como «las tres cabezas» y «las tres cabezas del imperio»,
> aunque también, al repetir la letra de un antiguo canto, dice que es *in*

ipetlícpal in téotl a Ipalnemoani. La expresión *in ipetlícpal* es una contracción del difrasismo *in ípetl in iícpal*, o sea, «su estera, su silla», cuyo significado sería «su gobierno, su poder». De esta manera, la designación completa indicaría que los tres tlatoque de Meshíco Tenochtitlan, Texcoco y Tlacopan eran los guardianes terrenales «del poder de Dios, de aquel por quien se vive» (Herrera, López Austin, Martínez Baracs, 2013: 7-35).

Lo más cómodo habría sido transcribir los párrafos y dejar que el lector entienda lo que quiera o, peor aún, que se salte los párrafos incomprensibles y continúe con la lectura. En este sentido, mi mayor preocupación es que el lector se canse, cierre el libro y lo deje en el olvido. No hay peor castigo para un manuscrito que ser abandonado en el librero, sin jamás haber alcanzado su objetivo: ser leído. También sería fácil hacer una síntesis, pero el propósito de esta obra es facilitar el acceso a estas fuentes primarias que muy pocas personas concluyen debido a su complejidad. Asimismo, se pretende estudiar, comparar y cotejar la información de las fuentes aquí citadas.

Para poder comprender la llegada de las tribus nahuatlacas al Valle del Anáhuac, la fundación de *Meshíco* Tenochtitlan, el surgimiento del *huei mexica tlatocáyotl*, «gran imperio mexica» y su caída en 1521, considero que es indispensable conocer y entender de manera clara sus antecedentes.

Por ello, la primera parte de este tomo abarca desde los olmecas, analiza brevemente la historia y arqueología de los zapotecas en Monte Albán, Oaxaca; los mayas en Chiapas, Campeche, Yucatán, Quintana Roo; El Tajín; Teotihuacan; Tula; Cholula; Xochicalco y Tenayuca.

Así pues, enfoqué mi estudio en las obras de los arqueólogos contemporáneos, como Alfonso Caso, Manuel Gamio, Eduardo Matos Moctezuma, Leonardo López Luján, Robert H. Cobean, Elizabeth Jiménez García, Alba Guadalupe Mastache, Carlos Brokmann, Guillermo Bernal Romero, Ann Cyphers, Martha Cuevas García, Mercedes de la Garza, María de los Ángeles Flores Jiménez, Manuel Gándara, Almudena Gómez Ortiz, Arnoldo González Cruz, Nikolai Grube, Howard Cobean, Hirokazu Kotegawa,

Sara Ladrón de Guevara, Rodrigo Liendo Stuardo, Laura Filloy Nadal, Roberto López Bravo, Benito J. Venegas Durán, Fanny López Jiménez, Joyce Marcus, Alejandro Martínez Muriel, Mónica Moguel, Denia Sandoval, Alejandro Pastrana, Román Piña Chan, Patricia Castillo Peña, Mario Pérez Campa, Felipe Ramírez, Daniel Schávelzon, Eric Taladoire, Jane MacLaren Walsh, Vera Tiesler, Andrea Cucina, Enrique Vela, y muchos más.

Para la segunda parte, utilicé como principal referencia las fuentes primarias, es decir, los códices y los textos redactados por los indígenas que ya habían aprendido a hablar y escribir la lengua castellana, como son Hernando de Alvarado Tezozómoc (1530?-1610), Fernando de Alva Ixtlilxóchitl (1568?-1648), Domingo de San Antón Muñón Chimalpahin Cuauhtlehuanitzin (1579-1645?), los anónimos *Anales de Cuauhtitlán* y *Anales de Tlatelolco*, el *Códice Ramírez* y el *Códice Florentino*, redactado por fray Bernardino de Sahagún (1495?-1584) y basado en testimonios de indígenas que él personalmente entrevistó.

Cabe aclarar que los cronistas mencionados no fueron testigos de la Conquista de México y mucho menos vivieron en la época de Nezahualcóyotl, Tezozómoc y Tlacaélel, cien años antes de la llegada de Hernán Cortés a México Tenochtitlan.

Los nahuas tenían un sistema de escritura que usaban para componer nombres propios y topónimos, pero para la preservación de sus historias, filosofía, cantos y poesía parecen haber preferido la transmisión oral. El aprendizaje de los alumnos nahuas consistía en ver cientos de veces los *tlacuilolli* (manuscritos pictóricos, conocidos como *códices*) y memorizar las crónicas que sus maestros repetían todos los días.

Por otra parte, algunos libros pintados eran destruidos por los mismos gobernantes para borrar de la historia sus fracasos o penurias, pues su interés era mostrar a sus descendientes una historia plagada de triunfos. Los cronistas indígenas y los informantes de Sahagún aparecen a finales del siglo XVI e inicios del siglo XVII. De esta manera, la memoria, como un teléfono descompuesto, tiene muchas imprecisiones, las cuales, al momento de escribir un libro como éste, deben ser comprobadas, cotejadas, comparadas con otros testimonios y corregidas de ser necesario.

Lo que se sabe de la mayoría de estos personajes es ambiguo, ya que gran parte se basa en mitos, leyendas y deformación histórica. Aunado a ello, abundaban la subjetividad del cronista y los designios del gobernante. Un ejemplo es el caso en el que el *cihuacóatl* Tlacaélel mandó quemar los libros pintados para reinventar la historia de los mexicas. O, como decía su versión: ocultar sus fracasos para que sus descendientes no se sintieran avergonzados de su historia.

Otros ejemplos muy claros son la *Historia de la nación chichimeca* y *Relación histórica de la nación tulteca*, escritas entre 1610 y 1640 por Fernando de Alva Ixtlilxóchitl, descendiente de la nobleza acolhua y quien se ocupó de enaltecer las virtudes de Nezahualcóyotl. Esto no significa que sea bueno o malo, sino que era la forma en que funcionaban los gobiernos y el manejo de su historia. Para ellos la historia no era una herramienta de memoria o de conocimiento, sino, como bien lo expresó el maestro Miguel León-Portilla, «un instrumento de exaltación de la propia grandeza y de la dominación sobre otros pueblos».

Para enriquecer esta obra y entregarle al lector una crónica más precisa, consulté con el mismo esmero las fuentes españolas escritas por Hernán Cortés (1485?-1547), Bernal Díaz del Castillo (1495?-1584), Francisco López de Gómara (1511-1566), Bernardino de Sahagún (1499-1590), Andrés de Tapia (1498?-1561), Andrés de Olmos (1485-1571), Toribio Paredes de Benavente, «Motolinía» (1482-1569), Gerónimo de Mendieta (1525-1604), Juan de Torquemada (1557-1624), Bartolomé de las Casas (1474?-1566), Antonio de Solís (1610-1686); y las publicaciones de los siglos XVII, XVIII y XIX de Carlos de Sigüenza y Góngora (1645-1700), Lorenzo Boturini (1698-1755), William Prescott (1796-1859), Mariano Fernández de Echeverría y Veytia (1718-1780), Francisco Javier Clavijero (1731-1787), Manuel Orozco y Berra (1816-1881), Joaquín García Icazbalceta (1825-1894), Francisco Paso y Troncoso (1842-1916), Eduard Seler (1849-1922), Walter Lehmann (1878-1939), Manuel Gamio (1883-1960), Ángel María Garibay (1892-1967), Alfonso Caso (1896-1970); y de académicos connotados como José Luis Martínez (1918-2007), Miguel León-Portilla (1926-2019), Eduardo Matos Moctezuma (1940), Alfredo López Austin (1936-2021) y Leonardo

López Luján (1964). Al final de estas páginas, el lector encontrará la bibliografía completa.

El número de gobernantes que hubo en todo el Anáhuac se desconoce hasta el día de hoy y sobre muchos de quienes se tiene conocimiento son pocos los datos disponibles. Aunque resulta imposible recabar toda esa información en la actualidad, se conservan suficientes testimonios sobre los gobernantes de las ciudades más importantes, como México Tenochtitlan, Tlatelolco, Texcoco, Azcapotzalco, Tlacopan, entre otras.

En las páginas siguientes, el lector encontrará las biografías de los gobernantes chichimecas, tepanecas y mexicas, quienes son los protagonistas de lo que se conoce como el imperio azteca. De igual manera, se incluyen varios árboles genealógicos, para que el lector vea la extraordinaria relación que había entre estos pueblos.

En el tomo II de esta *Historia de México Tenochtitlan* se presenta información sobre las deidades, el estilo de vida de los nahuas (leyes, guerras, esclavitud, alimentos, bebidas embriagantes, tabaco, animales, fauna, religión, nahuales, fiestas, funerales, nacimientos, escuelas, educación en casa, danzas, música, comercio, mercaderes, moneda, medicina, curanderos, vestido, calzado, poesía, cantos), el proceso de la Triple Alianza, el esplendor de México Tenochtitlan y las biografías de Tlacaélel, Izcóatl, Moctezuma Ilhuicamina, Atotoztli, Axayácatl, Tízoc y Ahuízotl.

En el tomo III se aborda el descubrimiento de América, la colonización de las islas del Caribe, la vida de Cristóbal Colón, la fundación de La Española, la llegada de Hernán Cortés al continente americano, la vida y gobierno de Moctezuma Xocoyotzin, las tres expediciones a Yucatán, las vidas de Gonzalo Guerrero y Gerónimo de Aguilar, la llegada de Hernán Cortés a Veracruz, la vida de Malintzin, el arribo de Hernán Cortés a Tenochtitlan, el encierro de Moctezuma Xocoyotzin, la llegada de Pánfilo de Narváez, la matanza del Templo Mayor, el regreso de Hernán Cortés a Tenochtitlan, la liberación de Cuitláhuac, la muerte de Moctezuma Xocoyotzin, la noche de huida de los españoles (la Noche Triste), el gobierno de Cuitláhuac, la viruela, el gobierno de Cuauhtémoc, la guerra contra Tenochtitlan, la caída de México Tenochtitlan, la fundación de la

Nueva España, el retorno de Hernán Cortés a España, el viaje de Cortés a California y a las Hibueras, las muertes de Cuauhtémoc y de Hernán Cortés.

Este texto, de ninguna manera, pretende absolver o condenar a los protagonistas de la historia. Es decir, no pretendo creer —ni mucho menos que el lector crea— que tengo el dominio de la verdad absoluta, pues hacerlo resultaría relativo, parcial e ingenuo. La misión de esta obra es antologar, en lo posible, los testimonios originales, los documentos, las interpretaciones históricas y los trabajos académicos, además de ofrecer un estudio serio y responsable, un análisis profundo, una reflexión objetiva y una lectura crítica sobre el desarrollo y la organización social, cultural, religiosa, política, militar, artística, filosófica y científica de México Tenochtitlan y de los pueblos que la rodearon y precedieron.

Para concluir, debo, necesito y quiero expresar mi admiración, respeto y gratitud hacia todos los cronistas, historiadores y académicos que, a lo largo de quinientos años, nos han ayudado a preservar nuestra historia. Sin ellos no tendríamos identidad.

DE LOS OLMECAS A LOS MEXICAS

Arcaico	Preclásico			Clásico			Posclásico	
	Inferior	Medio	Superior	Protoclásico	Tadío	Temprano	Tardío	Temprano
7000-2000 a. C.	2500-1300 a. C.	1200-800 a.C.	800-300 a. C.	200 a. C. - 200 d. C.	200-500 d. C.	500-900 d. C.	900-1200 d. C.	1200-1500 d. C.
	Olmecas							
			Cuicuilco					
			Monte Albán					
			Cholólan					
			Teotihuacan					
				Mayas				
					El Tajín			
						Toltecas		
						Mixtecas		
							Mayas toltecas	
							Huastecas	
								Aztecas

Figura 1. Tabla de periodos.

En la transición del antiguo *Meshíco* —como los nahuas solían pronunciarlo— al México actual, tuvieron lugar una serie de choques culturales —y es justo decirlo—, para bien y para mal. De igual forma, para que México Tenochtitlan alcanzara el esplendor que Hernán Cortés conoció a su llegada, tuvieron que ocurrir muchas fusiones culturales en el Altiplano Central.

Se estima que la primera migración al continente americano sucedió hace 70 000 o 60 000 años. La segunda hace 15 000 o 10 000 años de Asia a América. La Etapa Lítica (un largo periodo de nomadismo) se dio aproximadamente 33 000 y 5 000 años a. C. Diversos arqueólogos han encontrado evidencia de ocupación humana en Chalco, Iztapalapa y Tehuacán, fechada por radiocarbono en 22000, 17000 y 4000 a. C.

El periodo arcaico se dio entre 7000 y 2000 a. C., con grupos nómadas que, dedicados a la cacería, gradualmente aprendieron a cultivar y a recolectar plantas y granos, como maíz, jitomate, frijol, aguacate, entre otras especies. Asimismo, inició la crianza de perros y guajolotes.

El periodo Formativo o Preclásico (por ser anterior a la era cristiana) surgió alrededor de 2500 y 2300 a. C., y con ello comenzó el sedentarismo, la creación de aldeas, la agricultura y la producción de cerámica. No obstante, las piezas más antiguas de cerámica halladas por arqueólogos datan de 3200 a. C. Poco a poco, surgió la producción de textiles; el cultivo de maíz, tomate, chile, chayote, amaranto y calabaza; la arquitectura en madera y piedra; las redes de comercio; la escultura en piedra; la elaboración de papel amate y la escritura a base de glifos; y la religión y construcción de centros ceremoniales.

Para 1850 a. C. surgió la cultura *mokaya*, de lengua *protomixe-zoque*, en el Istmo de Tehuantepec, Chiapas, Guatemala y El Salvador. De la lengua *protomixe-zoque* derivaron dos lenguas: el *protomixe* y el *protozoque*, las cuales se relacionaron con otras familias lingüísticas, como la *mayance* y la de los olmecas.

En 1200 a. C. —Preclásico Medio—, en el sur de Veracruz y oeste de Tabasco, comenzó lo que Alfonso Caso llamó inicialmente *La Mesopotamia de las Américas* o *La Cultura Madre*, como Miguel Covarrubias y éste bautizaron, poco después, a la cultura olmeca, que alcanzó su mayor desarrollo entre 1000 y 600 a. C. en San Lorenzo y Tres Zapotes, Veracruz, y en La Venta, Tabasco.

Se desconoce el tipo de organización social y la lengua que hablaban los olmecas (aunque se cree que debió ser una de la rama mixe-zoque), incluso cómo se designaban a sí mismos. Se les denomina olmecas, porque los mexicas llamaban *olmécatl* a los habitantes de aquella zona, donde proliferaba el árbol de hule en el siglo XVI. *Olmécatl* quiere decir «habitante de la región del hule o del caucho». (*Olli* es «hule», *olman*, «lugar de hule», y -*catl* es un sufijo que se utiliza para identificar la afiliación, título, cargo público o identidad asociada a un lugar.)

Se sabe que los olmecas «tenían un territorio geográfico, extensas redes de intercambio, estratificación social. Un estilo artístico imponente, sistemas políticos centralizados con gobernantes legitimados por la región y respaldados por la fuerza armada y un sistema regional de comunicación y transporte» (Cyphers, 2018: 13), gracias a sus zonas arqueológicas y sus esculturas.

Asimismo, sabemos que trasladaron gigantescas piedras de origen volcánico y de hasta 35 toneladas en promedio, principalmente de la Sierra de los Tuxtlas a San Lorenzo, a La Venta y a Tres Zapotes. De acuerdo con Google Maps, del volcán San Martín Tuxtla a San Lorenzo Tenochtitlán son 147 kilómetros, los cuales se recorren, a pie, en 32 horas. Y seguramente serían muchas horas más al ir empujando una piedra de 35 toneladas. Estas enormes piedras se utilizaron para esculpir tronos de forma prismática, lápidas, bloques, discos, sarcófagos, estelas (lozas labradas con grabados), fuentes, esculturas de figuras de bulto tipo humano con rasgos fantásticos, figuras zoomorfas de tamaño mediano (de felinos, monos, serpientes, mamíferos marinos, peces y aves) y las cabezas colosales, que en sí eran retratos de gobernantes olmecas. El arte monumental pétreo era escenificación de hechos históricos y una representación del prestigio y poderío del soberano en turno. Las cabezas de La Venta pesan más que las de San Lorenzo, lo que indica mayor poderío.

Es posible que el traslado de las piedras se haya realizado como un intercambio comercial o tributo de los pueblos que rendían vasallaje a las capitales, ya que San Lorenzo y La Venta no tenían mano de obra suficiente. Existe evidencia que demuestra que los olmecas intercambiaron productos con pueblos distantes, pese a que los olmecas no tenían élites comerciantes como los pochtecas mexicas.

Hasta el momento se han descubierto diecisiete ejemplares: diez en San Lorenzo, Veracruz; cuatro en La Venta, Tabasco; y tres en Tres Zapotes, Veracruz.

Siete cabezas colosales procedentes de San Lorenzo se exhiben en el Museo de Antropología de Xalapa, en Veracruz; dos en la Sala del Golfo en el Museo Nacional de Antropología; una (y última en descubrirse y bautizada como *Tiburcio*) en el Museo Comunitario de Tenochtitlan; tres en el Parque-Museo, en La Venta; la cabeza colosal 2 está en el Museo Regional de Antropología Carlos Pellicer, en Villahermosa, Tabasco; la cabeza colosal de Cobata se exhibe en el Museo

Tuxteco, ubicado en Santiago Tuxtla; y la primera cabeza en ser descubierta se encuentra en el Museo de Sitio Tres Zapotes, en Veracruz.

La primera cabeza colosal

En 1862, José María Melgar y Serrano encontró la primera escultura pétrea, la cabeza colosal de Hueyapan, en la planicie del río Papaloapan, en Santiago Tuxtla, Veracruz.

Al respecto, Eric Taladoire y Jane MacLaren Walsh escribieron:

> Los autores califican indistintamente a Melgar de viajero, periodista, explorador, aventurero, buscador de antigüedades, mercenario y hasta de arqueólogo. Esta última precisión corresponde a lo que escribe Eugène A. Boban en su obra *Musée Archéologique* (París, 1875). El coronel Louis T. S. Doutrelaine, miembro de la Comisión Científica franco-mexicana, en su correspondencia (1867) precisa, con más prudencia, que era, si no un arqueólogo, por lo menos un aficionado a la arqueología. [Michael D.] Coe (1968) afirma que Melgar se encontraba *paseando* en la región de San Andrés Tuxtla, lo que resulta extraño en el contexto del principio de la guerra de Intervención (1862-1867). El médico militar francés Fuzier, director del Hospital de Veracruz (Taladoire, 2010), escribe que era ingeniero, originario de Veracruz, y que se dedicaba a la búsqueda sistemática de antigüedades prehispánicas. En su cuaderno inédito de dibujos de piezas prehispánicas, Fuzier añade a las imágenes de la cabeza monumental un comentario ambiguo:

>> Dibujo hecho a partir de una reproducción de madera de una enorme cabeza de 2 metros de diámetro. El señor Melgar, de Vera Cruz, que cree que esta cabeza representa a Moctezuma, la habría comprado…

> ¿Qué quería comprar Melgar? De acuerdo con su propia narración, en su artículo del *Semanario Ilustrado* (1869), a fines de la década de 1850, un campesino que trabajaba su milpa en la hacienda Hueyapan, cerca de Tres Zapotes, tropezó con un objeto enterrado, la parte superior

de la cabeza, que descubrió parcialmente. Enterado de la existencia del monumento mientras estaba *viajando* en la zona de San Andrés Tuxtla, Melgar decidió visitar el lugar en 1862 para liberar completamente el monumento. Eso implica que la maqueta no podía existir previamente a su excavación. Melgar mandó hacer la maqueta después. No tenía entonces que comprarla, si se hizo a su pedido. La única pieza que *habría comprado* sería el monumento mismo. Pero ¿por qué quería adquirirlo?

Considerando tales imprecisiones, vale la pena recopilar los pocos datos disponibles sobre ese personaje, que dejó en la arqueología de México una huella de gran importancia [...]. Los datos proporcionados por el mismo Melgar sobre las circunstancias de su descubrimiento son bastante imprecisos. Según él, decidió por casualidad visitar el lugar para contemplar la escultura, después de enterarse de su existencia. Melgar la interpreta estilísticamente como una prueba de influencias africanas en Mesoamérica:

En tanto que obra de arte es, sin exageración, una escultura magnífica. Pero lo que más me ha asombrado es el tipo etíope que representa. He pensado que sin duda ha habido negros en este país. Y ello en las primeras edades del mundo.

Recordemos que, según Fuzier, antes de presentar su hipótesis africana, Melgar consideraba la cabeza un retrato del tlatoani mexica Moctezuma. Es imposible saber cómo Melgar llegó a tales hipótesis, pero es evidente que propuso distintas interpretaciones, basándose en sus conocimientos. Era obviamente un hombre culto, con conocimientos amplios, característicos de las élites intelectuales de la época. Las publicaciones de Melgar comprueban que se interesaba desde mucho tiempo atrás en el pasado prehispánico de México. Había leído los textos fundamentales, como las obras de León y Gama, Kingsborough, Orozco y Berra, Dupaix y Humboldt, que cita profusamente. Se refiere además en sus escritos a los sitios de Palenque y Chichén Itzá [...]. Aunque resulta posible que unos ejemplares del libro hubieran llegado a México rápidamente, ¿dónde lo habría conseguido Melgar?

Cuando se refiere a las obras de León y Gama u Orozco y Berra, precisa que las compró en México, lo que no ocurre a propósito del libro de Charnay. Es mucho más probable que supiera del libro y de las fotos en Francia, lo que implicaría que Melgar estaba en París a principios de 1862. Regresó a México el mismo año, y se quedó sin duda hasta 1869, fecha de la publicación, en México, de su artículo sobre la cabeza de Tres Zapotes. Siguió mandando a Boban cartas y piezas desde Veracruz, en los años 1872-75, y se encontraba allí todavía en 1879 (Walsh, comunicación personal, 2012). Una breve nota de Hamy, publicada en la *Revue d'Ethnographie de Paris* (1885), señala que radicaba en Veracruz en 1885, donde era posible visitar su museo. Sus últimas andanzas documentadas fuera de México ocurren en España en 1873.

¿Qué nos dice eso sobre su origen? Su apellido es obviamente hispánico, y Boban, Fuzier y Doutrelaine afirman que era mexicano. Pero su castellano es a veces poco usual (Walsh, 2012). ¿Sería posible que Melgar hubiera radicado un tiempo en Europa, y en París, antes de 1862, como tantos mexicanos que huyeron de los conflictos políticos? (Taladoire, 2014: 81)

El descubrimiento de la primera cabeza colosal por José María Melgar y Serrano en 1862 no necesariamente implica que Tres Zapotes haya sido la primera capital olmeca. De acuerdo con Ann Cyphers, «San Lorenzo, Veracruz, fue la primera capital olmeca y cuando ésta cayó en decadencia, se inició el auge de La Venta, Tabasco».

La historia de Tiburcio

Por muchos años se creyó, como bien lo planteó José María Melgar y Serrano —descubridor de la primera escultura pétrea de Hueyapan—, que las cabezas colosales representaban a personas de ascendencia etíope, sin embargo, esto ha sido descartado. El 23 de enero de 2020, en el ciclo *La arqueología hoy*, impartidos y coordinados por El Colegio Nacional, en la conferencia "Las cabezas colosales olmecas", la doctora e investigadora de la UNAM y descubridora, en 1994, de la última cabeza colosal olmeca, Ann Cyphers, ratificó los análisis científicos que descartan la teoría inicial de orígenes africanos de las esculturas, así como que éstas fueran utilizadas como tronos. Reveló que más bien eran retratos de gobernantes ancestrales. «El origen de los olmecas está en América, pues comparten al más abundante de los cinco haplogrupos mitocondriales característicos de las poblaciones autóctonas de nuestro continente: A, B, C, D y X», explicó Cyphers.

Igualmente, narró cómo descubrieron la más reciente cabeza colosal olmeca en 1994, a la que decidieron nombrar *Tiburcio*. A continuación, se comparte la transcripción de esa anécdota:

En 1994, un señor que vive en el pueblo llegó y me dijo:

—Doña Ana —así me dicen allá—. Doña Ana, bajé a la barranca del [ojochi], buscando achiote para el popo —la bebida de chocolate de ellos—, pero en eso que estaba buscando el achiote vi una piedra.

Tienen que entender que San Lorenzo es pura tierra. No es como Teotihuacan. No es como Chichén Itzá. No tiene cimientos. No tiene [...] de piedra. No tiene mamposterías. Pura tierra. De arriba hasta abajo. Entonces, cuando los habitantes dicen «hay una piedra», están hablando de una escultura, porque es una roca dura que no se ve normalmente en la tierra. Entonces me dijo:

—Ve a ver. Lleva a los muchachos y vayan a buscar.

Bueno. A lo largo de los años, siempre hemos consentido a los habitantes, porque hay muchos relatos en el pueblo: *Mi abuelo encontró una figura de una mujer moliendo cerca de un platanal.* Bueno, ese platanal, hace sesenta años ya no existe. Pero para que vieran que [teníamos] interés en la información que ellos nos dan, siempre íbamos a revisar. Cuando este señor me dijo: *Ve a la barranca, a ver si encuentras lo que yo vi. No sé qué es, pero es una piedra.*

[...] Fuimos a la barranca. Nunca encontramos esa piedra. Pero encontramos ésta, que fue mucho mejor [...]. Eso fue en el fondo de la barranca, donde había ido a buscar su achiote. Se fue excavando, aunque, obviamente, esta pieza está caída en la barranca. No está en un contexto original de la cultura olmeca.

Cuando íbamos excavando, los muchachos del lugar, mis trabajadores, empezaban a ver la cabeza y se ponían en gran conferencia.

Digo:

—¿De qué hablan? Cuéntame. ¿Qué le ven?

—Es que se parece a un señor que conocemos.

Me encantó. Porque estaban reconociendo que es un retrato de una persona. Digo:

—¿Y ese señor cómo se llama?

—Le decimos el Gorigote.

—¿Qué? ¿Qué tipo de nombre es ése?

—Es un apodo, doña Ana. Es su apodo.

—¿Y cómo se llama el señor?

—Se llama Tiburcio Santos.

—¿Y de veras se parece a Tiburcio Santos?

—Sí, sí, sí, idéntico.

Dije: *Yo tengo que buscar a don Tiburcio para ver si es cierto que se parece.*

Y busqué y pregunté. Y no vivía en el pueblo. Y nadie sabía dónde estaba. Entonces excavamos la cabeza colosal [...]. Tuvimos que pedirle ayuda a Pemex para que vinieran con maquinaria porque nosotros no somos olmecas, para transportar esto [...]. Llegó Pemex. No sé si alcanzan a ver que esto es el cable de la grúa que está aquí. Y aquí va la cabeza colosal toda envuelta, porque fue de una tecnología de hace treinta años en Pemex. Ahora usan unas bandas así de este tamaño y [es] mucho más fácil. Fue una maniobra muy limpia. Muy cuidadosa y se montó la pieza sobre un *loboide* [transporte de maquinaria pesada], y se llevó al pueblo. Ahí había paredes de un museo comunitario que habían empezado [...]. Se instaló la cabeza aquí.

No aparecía don Tiburcio Santos. Todo eso le hicimos. Don Tiburcio no llegó. Lo busqué. No saben cuánto tiempo lo busqué. Preguntaba por él y quería verlo. Todavía con la ayuda del doctor [José] Sarukhán, terminamos este museo, en donde está la cabeza. Aquí. Todo el mundo ahí le dice Tiburcio a la cabeza colosal, Tiburcio. Es su nombre. Un día estábamos en campo [...]. Fui al pueblo a traer unos materiales. Y de regreso, sobre la calle principal, vi a [...] una amiga mía, [que] estaba cargando una cubeta con pescado. Ella vendía pescado. Le digo:

—Súbete. Súbete a la camioneta. Yo te llevo.

Ahí vamos en la camioneta. Y vamos pasando el museo. Y dice Olga.

—Ahí está Tiburcio.

—Sí, ya sé que ahí está. No se mueve. Ahí está fijo.

Y me vio, así como: *Qué gran tonta eres, porque no estoy hablando de la piedra.*

—Ahí está Tiburcio Santos. Dentro del museo [...].

[Di] un frenón muy grande. Levanté una nube de polvo. Me eché para atrás. Todo un desastre de manejo y llegué al museo. Y sí estaba don Tiburcio Santos. Le digo:

—¡Don Tiburcio! ¡Siempre he querido conocerlo!

Se veía igual que la cabeza [...]. Le digo:

—¿Por qué no había venido?

Dijo:

—Bueno... Es que no me gustó que hayan puesto mi nombre a esa cosa. Esa cosa indígena. No me gusta. Porque yo no soy indígena.

Le digo:

—Siéntese, don Tiburcio. Tenemos que platicar [...].

Nos sentamos aquí, en el soporte de la cabeza. Le digo:

—¿Usted sabe qué es esta piedra? Es el retrato de un rey olmeca. Un gran personaje. Un personaje tan importante y tan poderoso, que dirigía esa sociedad de San Lorenzo. Ésa es su imagen. Y usted se parece a él. De los personajes colosales, titánicos, de la civilización olmeca. Debe usted estar orgulloso.

Me di cuenta [de] que mientras le platicaba todo esto, [él] se veía así todo [...] como que molesto. Se empezaba a sentar... sentar más derechito y levantaba la cabeza.

—Bueno. Entonces debo estar orgulloso que me parezco a ese gran rey de los olmecas.

—Definitivamente. Es un honor que tú [le des] tu nombre a él y que él porte tu nombre, porque ésos son los gobernantes que forjaron esta civilización olmeca..

Entonces estaba ya contento el hombre. Es que nadie le había explicado. Porque no se presentaba, obviamente. Entonces le digo:

—Siéntese junto a la cabeza. Porque hay que constatar el parecido.

Y me contaron después que él regresó a su pueblo [...] que creo que le pagaban, este, para que le sacaran fotos como imagen de un gobernante olmeca.

Figura 2. Cabeza Olmeca. Ilustrado por Eva Cavildo.

Tronos olmecas

Entre los primeros descubrimientos olmecas se encuentran las esculturas de forma prismática (mesas monolíticas rectangulares) que los arqueólogos llamaron *altares*.

Figura 3. Altar 5 de La Venta. Ilustrado por Eva Cavildo.

Estas mesas monolíticas están compuestas por un cuadro levantado, una cubierta que hace referencia al *Monstruo de la Tierra* y que sobresale por tres lados (frontal y laterales), un cuerpo inferior, un nicho en la cara frontal y una figura humana emergiendo de éste. Esta figura masculina «ha sido interpretada como el ancestro divino, el gobernante, una fusión simbólica de las identidades del jerarca, su antecesor inmediato y el ancestro sagrado» (Cyphers, 2018: 45).

En las décadas de 1960 y 1970, el antropólogo, arqueólogo y académico estadounidense David C. Grove estudió los murales policromos 1 y 2 (en una extensión de 200 metros cuadrados) de la cueva de Oxtotitlán, en el cerro de Quiotepec, a un kilómetro de la población de Acatlán, Guerrero. Se calcula que estos murales fueron creados entre 900 y 500 a. C. El mural uno plasma a un personaje con los brazos extendidos (el izquierdo de forma vertical y el derecho en posición diagonal) y sentado sobre una base horizontal, que Grove interpretó como una serpiente mitológica y una máscara de búho. Como esta base horizontal era muy parecida a los altares en Veracruz y Tabasco, Grove propuso que los *altares* olmecas eran *tronos* de los gobernantes.

La estructura de los tronos olmecas se compone de un cuadro levantado, una cubierta, un cuerpo inferior, un nicho y una figura humana.

Cuadro levantado

Cubierta

Cuerpo inferior

Nicho

Figura humana

Figura 4. Altar 4 de La Venta. Ilustrado por Eva Cavildo.

La estructura de los tronos olmecas reflejaba una geografía sagrada y elementos cósmicos, ya que el gobernante era dirigente político y religioso y, por ende, dominaba el cosmos y el espacio terrenal.

Estructura del trono	Geografía sagrada	Elemento cósmico
Cuadro levantado	Asiento del gobernante	Piel
Cubierta	Superficie del mundo terrestre	Rostro parcial del Monstruo de la Tierra
Cuerpo inferior	Inframundo	Cuerpo del Monstruo de la Tierra
Nicho	Portal al inframundo	La boca del Monstruo de la Tierra
Figura humana	Ancestro divino que emerge del inframundo	Origen divino

Figura 5. Estructura de los tronos olmecas
(geografía sagrada y elementos cósmicos).

Hasta el momento se han descubierto:

- 8 tronos en La Venta, Tabasco.
- 5 en Laguna de los Cerros, Veracruz, en las colinas al sur de la Sierra de los Tuxtlas.
- 4 en San Lorenzo, Veracruz.
- 1 en Loma del Zapote, Veracruz.
- 1 en Estero Rabón, ejido de San Isidro, municipio de Sayula de Alemán, Veracruz.
- 1 en El Marquesillo, también llamado Cerro de Moctezuma, ubicado hacia el sur del estado de Veracruz.

Los tronos 3 y 5 de La Venta y el monumento 20 de San Lorenzo representan a un adulto masculino sentado que emerge de un nicho con un bebé inerte en su regazo. Esta escena fue interpretada por especialistas como una ofrenda para sacrificar niños y, así, propiciar las lluvias. «No obstante, dada la naturaleza genealógica y política del trono, la representación del infante más bien podría tener una relación con la sucesión en el cargo, siendo, por ejemplo, el heredero oficial» (Cyphers, 2018: 42).

Anteriormente, se mencionó que los tronos olmecas estaban compuestos por un cuadro levantado, una cubierta, un cuerpo inferior, un nicho y una figura humana. No obstante, en Estero Rabón, Veracruz, se descubrió el fragmento de un trono olmeca que no muestra evidencia de nicho ni una figura humana emergiendo. Más bien presenta una cubierta parecida a la del trono de Loma del Zapote, Veracruz, pero carece de huella cúbico-rectangular. A diferencia de los otros tronos, en el de Estero Rabón «hay huellas de cuatro columnas cilíndricas que debían sostener la cubierta del trono, a manera de una mesa y se observan cuatro manos humanas en forma de puño en cada esquina de la parte inferior de la pieza. Cada mano tiene el pulgar hacia adentro y presenta una fractura a la altura de la muñeca» (Kotegawa, 2018: 56-57).

Se infiere que el trono estaba conformado por cuatro figuras humanas que cargaban la base superior donde se sentaba el gobernante. Igualmente, coinciden en que cada figura tenía los brazos extendidos hacia arriba de manera que sostenían la base, lo cual ayudó a los arqueólogos a comprender que las piezas perdidas tenían una semejanza con el trono localizado en Loma del Zapote, que tiene un relieve en la parte superior con nubes y dos enanos con brazaletes, tocados y taparrabos que cargan el techo. Los arqueólogos han descrito a estos personajes como chaneques o duendes. De acuerdo con los mitos locales, los duendes son ayudantes de Tláloc y viven en cuevas, selvas, mares y ríos. «Ahora sabemos que las aperturas como las cuevas, los cráteres, las hendiduras y los manantiales se consideraban entradas al inframundo, razón por la cual se elegían para las actividades rituales» [Grove, 1970, 1973, 1999; Reilly, 1994a, 1999 Schele, 1995; Taube, 2004] (Cyphers, 2018: 100). Asimismo, los olmecas consideraban a las montañas y cerros como seres vivos, por lo que sus deidades estaban relacionadas con el cielo, la tierra, la lluvia y el maíz.

Figura 6. Trono de Loma del Zapote. Ilustrado por Eva Cavildo.

El trono hallado en Estero Rabón estaba prácticamente destruido, a excepción del fragmento de una cubierta parecida a la del trono de Loma del Zapote, aunque sin el cuerpo inferior, un nicho y una figura humana. En un principio se creyó que las cuatro manos representaban las de un par de enanos, como en el trono de Loma del Zapote. Existen otras hipótesis sobre la posición de los enanos, pero ninguna ha sido comprobada. Asimismo, se han descubierto bastones de mando, lo que indica que desde entonces ya existía este ornato como símbolo de poder.

San Lorenzo, Veracruz

(1400-600 a. C.)

En el periodo Preclásico, aproximadamente en el 1400 a. C., en el sureste del estado de Veracruz, entre el río Coatzacoalcos y el río Chiquito, surgió la capital olmeca en lo que hoy conocemos como San Lorenzo Tenochtitlán. Se desconoce su nombre original. Se llama Tenochtitlán porque se encuentra justo dentro del ejido que lleva el mismo nombre. Cabe aclarar que no se trata de la antigua Tenochtitlan ni tiene relación con los mexicas. El nombre del ejido es reciente.

Entre 1400 y 850 a. C., San Lorenzo tuvo una población de aproximadamente 13 000 personas. De acuerdo con la mayoría de los investigadores, San Lorenzo y La Venta fueron las primeras capitales olmecas y ambas dominaban la zona geográfica de su entorno.

Entre 1945 y 1946, el etnólogo y arqueólogo estadounidense Matthew Williams Stirling (1896-1975), bajo el patrocinio del Instituto Smithsoniano y la National Geographic Society, llevó a cabo excavaciones arqueológicas en San Lorenzo, donde descubrió 24 piezas de origen olmeca: cabezas colosales, *la cópula entre jaguar y humano* (nombrada así por Stirling) y otras esculturas en piedra volcánica, que actualmente se encuentran en el Museo de Antropología de Xalapa. Con el paso de los años, otros arqueólogos han encontrado más piezas. De igual manera, se identificaron montículos de baja estatura, correspondientes a la ocupación olmeca tardía y que podrían ser viviendas.

En general, la región olmeca produjo una gran variedad de recursos económicos de índole perecedera como el cacao, el algodón, las plumas de ave, el hule, las conchas, la miel y los animales vivos, como aves tropicales y monos, así como plantas, frutas y especies, entre las cuales podemos mencionar el chicozapote, el acuyo, el achiote y las orquídeas (e. g. la vainilla). Hay muchos recursos no perecederos: el pigmento rojo, el chapopote, la arcilla blanca caolín, la sal, el azufre, la caliza, la bentonita, la arenisca y el basalto (Cyphers, 2018: 32).

Como se mencionó, para los olmecas, las montañas y los cerros eran seres vivos y, por ende, sitios sagrados. Fue así como surgió el deseo de construir réplicas de montañas, a las que llamaban *montes sagrados*, término que fue utilizado hasta la época de los mexicas.

En San Lorenzo se llevó a cabo una construcción artificial en forma de meseta de más de siete millones de metros cúbicos, que incluía terrazas, ostentosos edificios, monumentos pétreos y zonas habitacionales. Esta montaña sagrada —construida antes de que fuese edificado el basamento de La Venta— es la obra más grande del periodo Preclásico y es el equivalente a siete Pirámides del Sol en Teotihuacan. Expertos calculan que se necesitaron alrededor de dieciocho millones de horashombre de trabajo para transportar aproximadamente ocho millones cúbicos de relleno hasta la isla de San Lorenzo, con tan sólo cien días de trabajo disponibles y en tiempo de sequias, ya que el resto del año era lluvioso. Por tanto, la construcción demoró muchos años.

Esta *montaña sagrada* o meseta se dividía en tres niveles. La parte más alta estaba habitada por sus gobernantes; la parte intermedia, es decir, la terraza, era ocupada por la nobleza; y la periferia era para la gente común.

El abandono de la región comenzó entre 900 y 850 a. C.; aunque no se saben los motivos, pudieron deberse a los cambios ambientales, enfermedades o conflictos políticos. Se estima que para el 600 a. C. la población local no rebasaba las 500 personas.

El Monstruo de la Tierra

Con ojos ovalados, nariz mofletuda, boca muy grande, dos hileras de dientes, barba y orejeras trapezoidales, el Monstruo de la Tierra se asociaba con los orígenes olmecas en las cuevas (para ellos el inframundo) y era un símbolo de descendencia divina que legitimaba a sus soberanos.

Figura 7. Escultura del Monstruo de la Tierra. Ilustrado por Eva Cavildo.

El Palacio Rojo

En la década de 1960, Michael Coe y Richard Diehl descubrieron doscientos montículos bajos de aproximadamente un metro de altura, a los que posteriormente denominaron como plataformas de las casas olmecas; sin embargo, «las investigaciones más recientes indican más bien que dichos montículos carecen de elementos constructivos de viviendas y que son posteriores a la ocupación olmeca» (Cyphers, 2018: 119). También se encontraron fogones, enseres domésticos y entierros en los edificios públicos y las viviendas de paredes de tierra y techos de palma, construidos entre 1800 y 1600 a. C.

A partir de 1600 a. C., las viviendas de los soberanos y de los miembros de la nobleza eran construidas con grava, arena, muros de tierra compactada, rocas impermeables importadas de las llanuras costeras y pisos hechos con pigmentos rojos extraídos de minas. Las construcciones hechas desde 1200 a. C. consisten en rocas basálticas, losas calizas y arcosas.

De estas construcciones, destaca el Palacio Rojo de 2000 metros cuadrados, donde habitaba el gobernante. Su estructura consistía en gruesos muros de tierra compactada, una sala de recepción, un aula ceremonial, una gran columna basáltica de tres metros de altura, un almacén de esculturas, un muro de rocas calizas, un dintel y un drenaje que circulaba debajo del piso. «Cuando se iniciaron las excavaciones por parte del Proyecto Arqueológico San Lorenzo Tenochtitlán, inmediatamente se observó la presencia de desechos de basalto, lo cual dio indicios sobre la posibilidad de haber encontrado un lugar de trabajo detallado» (Cyphers, 2018: 111).

El almacén de esculturas guardaba piezas de tamaño medio y, en su mayoría, rotas. Diversos arqueólogos han llegado a la conclusión que los olmecas reciclaban las esculturas. Entre los ejemplos más significativos destacan las cabezas 2 y 7 de San Lorenzo —estudiadas, en 1989, por James Porter—, que muestran evidencias de haber fungido como altares antes de ser talladas como cabezas colosales.

En cuanto San Lorenzo alcanzó su máximo esplendor, se formaron grietas en su estructura y funcionamiento, que contribuirían a su decadencia. Sus magníficas obras artísticas y arquitectónicas no podían disimular los profundos problemas de sus habitantes.

El ocaso de la primera capital a fines del Preclásico inferior tuvo sus raíces en un entorno de creciente tensión social, competencia y cambios ambientales. Incluso hubo conflictos sobre la sucesión al trono que se añadieron a la incertidumbre y descontento de la población. Otros problemas en el funcionamiento de la sociedad fueron el poco desarrollo de su área de sustento, con una distribución dispersa de la población en puntos localizados, y el crecimiento desmedido de la población en la isla de San Lorenzo que provocó el desabasto de alimentos.

La competencia de la capital emergente de La Venta pudo desempeñar un papel significativo para socavar su organización. El inicio de un periodo mayor de sequía puso tensión en las actividades de subsistencia, siendo un factor crucial que impulsó a los habitantes a buscar otras opciones. Quedó poca gente en el sitio cuando se despobló la región inmediata y los habitantes se reubicaron en otras regiones costeras. San Lorenzo se disolvió paulatinamente y jamás pudo recuperar su esplendor, aunque sus logros sentaron las bases para el desarrollo posterior. Fue la primera de una célebre serie de grandes capitales mesoamericanas (Cyphers, 2018: 136-137).

La Venta, Tabasco

(1400-400 a. C.)

El nombre original de esta zona arqueológica olmeca, ubicada en la cuenca baja del río Tonalá, en el estado de Tabasco, no es La Venta. Según la tradición oral, el nombre de La Venta proviene de la *venta* de maderas finas en los siglos XIX y XX.

Como se mencionó, San Lorenzo fue la primera capital olmeca. La Venta fue el segundo trazo planificado de una ciudad prehispánica. Con edificios a base de tierra, arcilla y arena y avenidas, plazas ceremoniales y zonas residenciales alineadas en ejes de norte a sur, La Venta es uno de los centros más grandes de la cultura olmeca, que tuvo su apogeo entre 1000 y 400 a. C. y fue el sitio más grande entre 800 y 400 a. C. Algunos especialistas creen que, debido a lo pequeño de la isla, La Venta fungía como un *centro ceremonial vacante* y que únicamente era habitado por sacerdotes, ya que hay pocas evidencias de gente común. Su basamento principal, construido con barro acumulado, mide 30 metros de alto.

En 1940, Matthew W. Stirling emprendió sus primeras excavaciones en La Venta y encontró tres cabezas colosales. Publicó su descubrimiento en la revista *National Geographic* y la cultura olmeca se dio a conocer por todo el mundo. «Covarrubias y Caso estaban tan seguros de la gran antigüedad de la cultura olmeca que la propusieron como *La Cultura Madre*, incorporándola de esta manera a la vida e identidad nacional» (Cyphers, 2018: 22).

En la década de 1950, el arqueólogo Robert F. Heizer comenzó un nuevo ciclo de investigaciones en el núcleo cívico-ceremonial de La Venta, con lo que se avanzó en el descubrimiento de la élite olmeca.

En un principio, algunos investigadores —como Michael D. Coe— plantearon la hipótesis de que las familias olmecas legitimaron sus dinastías asociándose con un dios felino, que posiblemente era una versión temprana de los dioses Tláloc y Tezcatlipoca. También se cuestionaron la relación de seres sobrenaturales con rasgos de caimanes, cocodrilos y tiburones en sus esculturas.

En la zona arqueológica de La Venta se han descubierto los complejos A, B, C, D, E, F G, y H; cuatro cabezas colosales (M1, M2, M3 y M4); dos tronos (A4 y A5); y ocho esculturas monolíticas mayores con figuras antropomorfas, entre ellas el Altar 1, con una representación del Monstruo de la Tierra, hallada al sur de la Gran Pirámide.

La Gran Pirámide de La Venta, actualmente enterrada bajo la maleza y ubicada en el Complejo C, tiene forma de pirámide escalonada, esquinas remetidas, escalinatas, una planta de forma circular, con un diámetro de ciento veintiocho metros y una altura de treinta metros y 99 100 metros cúbicos.

En el Complejo A se encontró un recinto funerario privado, donde se hallaron las tumbas de sus gobernantes y sus retratos, así como ofrendas de bulto.

Los arqueólogos, historiadores y etnólogos coinciden en que los olmecas pudieron haber sido bajos de estatura, de cabezas redondas, ojos sesgados, narices chatas y labios gruesos. No obstante, las evidencias arqueológicas demuestran que los olmecas realizaban modificaciones craneofaciales a los recién nacidos mediante la colocación de dos tablas, una en la frente y la otra en la parte posterior de la cabeza, con las cuales aplanaban la frente y la parte occipital.

Por otra parte, se considera que los olmecas ya practicaban el juego de pelota. «La confluencia de las imágenes de los jugadores de pelota en San Lorenzo y las pelotas de goma en un sitio ceremonial en su reino han implicado a los olmecas en el origen del juego de pelota mesoamericano, a pesar de la ausencia de un juego de pelota formal» (Blomster y Salazar, 2020: 1-9). De igual forma, se presume que, a mediados del Preclásico, la Serpiente Emplumada ya había alcanzado el estatus de deidad en La Venta.

El fin de La Venta ha sido tan poco comprendido como su comienzo. Seguramente la sociedad tenía problemas sociales y políticos. Cuando dejó de ser una gran capital, surgieron varios centros menores en la región inmediata (Rust, 2008). Además, su decadencia ocurrió cuando las sociedades vecinas, incluidos las mayas, tuvieron un desarrollo acelerado, así como cambios potencialmente adversos en el medio ambiente, tales como la migración de los ríos y la transgresión marina (Von Nagy, 2003). Las investigaciones recientes que se han llevado a cabo en las tierras bajas mayas indican que esta área participó en el intercambio con La Venta e incluso pudo ser un competidor suyo.

Cuando decayó La Venta, desapareció la cultura olmeca, pero dejó un legado de creencias y prácticas culturales milenarias que perduraron en los pueblos posteriores de Mesoamérica (Cyphers, 2018: 136-137).

Tres Zapotes, Tabasco

(1200-500 a. C.)

En 1932, Albert Weyerstall descubrió varios monolitos en lo que hoy conocemos como Tres Zapotes. Estos monumentos ahora están catalogados como C, F y G. Las primeras excavaciones se llevaron a cabo bajo la dirección de Matthew W. Stirling; y, en 1939, se descubrió la Estela C, que está tallada en basalto y que contiene, en un lado, la pintura de un ser-jaguar abstracto y, en el otro, la numeración maya 7.16.6.16.18, correspondiente en el calendario gregoriano al 3 de septiembre de 32 a. C.

Algunos arqueólogos estiman que Tres Zapotes tuvo cuatro colinas artificiales de 18 metros de alto, en plazas de 2 kilómetros cuadrados. Asimismo, se cree que en la zona habitaron dos grupos de la lengua variante del mixe-zoque, que evolucionó a la escritura maya.

El Museo de Sitio de Tres Zapotes, ubicado en Santiago Tuxtla, Veracruz, fue inaugurado en 1975.

MONTE ALBÁN, OAXACA

(500 a. C.-850 d. C.)

A la par que desaparecía la civilización olmeca en el centro del actual estado de Oaxaca, a ocho kilómetros de la capital, surgió la majestuosa ciudad zapoteca que hoy nombramos como Monte Albán, pues se desconoce su nombre original.

Monte Albán está formada por cinco cerros, cuatro de ellos integrados a partir del Periodo II (200 a. C.-200 d. C.):

1. Monte Albán, ubicado en la cima del Cerro Jaguar (a 1500 metros sobre el nivel del mar), donde se encuentra la Plaza principal, de 300 metros de largo por 100 de ancho, y las vecindades Siete Venado, El Pitahayo y El Plumaje.
2. Monte Albán el chico.
3. Mogotillo.
4. El Gallo.
5. Cerro Atzompa.

En 1806, Guillermo Dupaix, acompañado por el ilustrador Luciano Castañeda, realizó la primera descripción de la plaza central de Monte Albán, llevó a cabo las primeras excavaciones y descubrió cinco lápidas, hoy conocidas como *los danzantes*.

A partir de 1931, Alfonso Caso dirigió las excavaciones de Monte Albán a lo largo dieciocho años. Sus colaboradores más cercanos fueron Ignacio Bernal, Jorge R. Acosta y Martín Bazán. El 6 de enero de 1932 Caso descubrió la Tumba 7.

En la década de 1950, el doctor Ignacio Bernal llevó a cabo exploraciones en este sitio arqueológico y descubrió 39 sitios de la época I. En 1966, arqueólogos de la Universidad de Michigan encontraron en San José Mogote, municipio de Guadalupe Etla, evidencia de cinco épocas cronológicas. En la década de 1970, los arqueólogos Richard

Blanton, Linda Nicholas, Gary Feinman, Stephen Kowalewski y Laura Finsten hallaron 2 700 sitios arqueológicos, lápidas de danzantes, lápidas de conquista y estelas de gobernantes. Fue hasta entonces que pudieron trazar el mapa completo de Monte Albán.

A la fase previa a la fundación de Monte Albán se le conoce como Fase Rosario y data de 700 a. C. a 500 a. C. Los fundadores provenían de aldeas cercanas, que eran entre 75 y 85 y con una población aproximada de 4 000 personas, tres unidades políticas o *sociedades de jefatura*, generalmente de élites hereditarias. Abandonaron las partes bajas de norte y centro del valle para fundar Monte Albán en una cima fortificada en la cúspide del Cerro Jaguar.

El primer trabajo de construcción de Monte Albán (hecho por miles de albañiles, cargadores, cortadores de piedra, fabricantes de adobe y artesanos) fue el aplanamiento del Cerro Jaguar para edificar la Plaza Principal (300 metros de norte a sur y 200 metros de este a oeste), recubierta con estuco, y para la creación de drenajes, desagües y cisternas con superficies estucadas para almacenar agua durante la temporada de lluvias y utilizarla durante las sequías, ya que su principal fuente de agua estaba en el río Atoyac, en las faldas de las montañas, rodeado de un bosque de pinos, robles, sabinos, sauces y alisos muy altos.

Otra de las principales construcciones fue la Gran Muralla, para defender la ciudad y contener alrededor de 67 500 metros cúbicos de agua. En su primera época I-a, Monte Albán tuvo una población de máximo 15 000 habitantes, de los cuales un tercio vivía en la cima y los otros dos tercios en las zonas bajas, donde se establecieron 155 aldeas satelitales. «La población estaba dividida en clases sociales, según un sistema jerárquico muy rígido» (Longhena, 2005: 28).

Monte Albán está secuenciado cronológicamente en las siguientes épocas:

- Época I (500-300 a. C.).
- Época II (100 a. C.-200 d. C.).
- Época III (200-750 d. C.).
- Época IV (700-1000 d. C.).
- Época V (1000-1521 d. C.).

Ignacio Bernal dividió la época I en I-a, I-b y I-c (300-100 a.C.). Actualmente, la mayoría de las construcciones de la época I se encuentran sepultadas por edificios posteriores, que eran mucho más grandes. La ciudad tuvo su apogeo entre 500 y 700 d. C. Su zona arqueológica abarcó alrededor de veinte kilómetros cuadrados y sus superficies habitacionales alcanzaron entre seis y siete kilómetros cuadrados con 2 073 terrazas.

Al igual que San Lorenzo y La Venta, en Monte Albán las residencias de las élites y los edificios religiosos y de gobierno se ubicaban en la parte central de la ciudad, y las unidades habitacionales para las familias de bajo nivel en las laderas. Las casas de los nobles tenían una base cuadrada, un patio central, habitaciones jerárquicas y enterramientos que, de acuerdo con su arquitectura y ofrendas (cerámica, maíz, frijol y calabaza, entre otros), reflejan su jerarquía.

> Si ha de hablarse de una teocracia, Monte Albán sería un buen ejemplo. Toda su cultura está impregnada de una religión que se liga a un increíble espíritu necrofílico. De aquí la cantidad de tumbas, verdaderos edificios subterráneos, cuya usanza en todo el valle contrasta claramente con Teotihuacan, donde jamás hubo construcciones sepulcrales (Bernal, 2000: 139).

Los arqueólogos han encontrado 160 esqueletos, 300 entierros y 172 tumbas con osamentas de personas importantes, adornos, vasijas, joyería, murales y urnas con la representación de *Cocijo*, dios del rayo y de la lluvia. «En el contexto de las ofrendas funerarias se han hallado objetos peculiares de la cultura zapoteca: se trata de las llamadas urnas funerarias, cuya misión era en realidad servir de guardianes divinos de las tumbas y objetos de culto» (Longhena, 2005: 28).

Otros grandes hallazgos son la cerámica, los molcajetes y comales que utilizaban los zapotecas para cocinar tortillas, en náhuatl *tlaxcalli* (pronúnciese *tlashcali*). Sin embargo, los arqueólogos sugieren que el comal fue inventado en el altiplano mexicano y adoptado, posteriormente, por los zapotecas.

Los zapotecas comían venado de cola, jabalí, conejos, liebres, tuzas, mapaches, tlacuaches, palomas, huilotas, torcazas, guajolote y perro domesticado. Capturaban «codornices para hacer sacrificios rituales porque las consideraban animales puros, que sólo bebían gotas de rocío y se negaban a beber agua sucia» (Marcus, 2008: 22). Aunque no los cazaban, en la región también habitaban el león puma, el jaguar y diversos reptiles.

Monte Albán y Teotihuacan

Monte Albán y Teotihuacan tuvieron una relación diplomática de rivalidad pacífica, es decir, había un pacto implícito de no invadirse. No obstante, en Teotihuacan «abundan las evidencias que atestiguan la importancia de la guerra y el sacrificio en esta sociedad» (López Luján, 2005: 76-83). Entre el año 200 y 500 d. C. hubo un barrio zapoteco en Teotihuacan. «Se han localizado figurillas con atuendos teotihuacanos en monumentos zapotecos y mayas» (Taube, 2001: 58-63). De igual forma, en Monte Albán quedaron grabadas en monumentos las visitas de los teotihuacanos:

> Una de las estelas de la Plataforma Sur de Monte Albán representa a cuatro embajadores de Teotihuacan. En la estela de embajadores se reúnen con un señor zapoteco en un lugar llamado El Cerro de 1 Jaguar. ¿Es el nombre una simple coincidencia? ¿O será que Monte Albán propio —el cerro principal de la ciudad— fue nombrado así en honor del legendario y semidivino señor 1 jaguar? (Marcus, 2008: 107).

La plataforma de los danzantes

En esta plataforma se han encontrado 140 lápidas en bajorrelieve, cuya característica principal es que todos los personajes parecen danzantes, aunque son prisioneros de género masculino que están muertos, desnudos, con los ojos cerrados, la boca abierta, algunos en posiciones contorsionistas o con mutilaciones en genitales, aberturas en el pecho o con las tripas de fuera. «La enorme galería de cautivos sacrificados del Edificio L era una forma de propaganda política y militar, el componente psicológico de las guerras de Monte Albán contra sus rivales. Estas piedras grabadas advertían a los posibles rivales lo que les pasaría si desafiaban a Monte Albán» (Marcus, 2008: 47). Asimismo, «es posible afirmar que los zapotecas fueron los primeros mesoamericanos en usar una escritura entendida en el sentido estricto del término y los ciclos del calendario, quizás adoptados ya por los olmecas», esto a partir de los resultados obtenidos por las investigaciones arqueológicas (Longhena, 2005: 29). «Fueron los zapotecas, y no los mayas o los olmecas, quienes inventaron la escritura en Mesoamérica» (Coe, 1992: 71). Gracias a los descubrimientos y estudios de Alfonso Caso sobre *Las estelas zapotecas* (1928), se sabe que los zapotecos ya utilizaban el calendario sagrado de 260 días, al que llamaban *piye*, y el calendario secular de 365 días, con 18 veintenas y cinco días aciagos, denominado *yza*. «Un bajorrelieve hallado en las inmediaciones de San José Mogote, que está asociado a un glifo que parece mencionar su fecha de nacimiento, según el calendario Ritual de los 260 días: esta fecha se remontaría al 600 a. C.» (Longhena, 2005: 29).

El descubrimiento de Alfonso Caso lo llevó a comparar estos glifos con los trabajos de fray Juan de Córdova, quien escribió sobre el calendario zapoteca en 1578, y con las obras de fray Toribio Paredes de Benavente, «Motolina», y fray Bernardino de Sahagún, con lo que comprobó que era el mismo calendario que utilizaban los mayas y los nahuas, los cuales se explican a continuación.

La cuenta de los días

En la cultura mesoamericana no existe el concepto de semana (del latín *septem*, «siete»), ciclo compuesto por siete días seguidos, sino de un periodo de 20 días consecutivos, en náhuatl llamado *cempoallapohualli*, «la cuenta de las veintenas». Cada uno de estos 20 *cemílhuitl* tiene un nombre (como en la cultura occidental los días de la semana), con la diferencia de que cada uno de estos 20 días está asociado a una deidad, por ejemplo, el día *cipactli*, «caimán», se relaciona con el dios Tonacatecutli; el día *ehécatl* con el dios Quetzalcóatl.

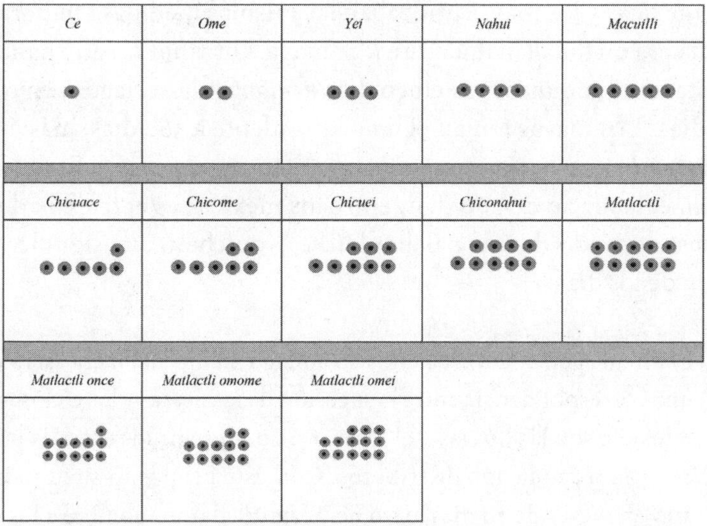

Ce	Ome	Yei	Nahui	Macuilli
•	••	•••	••••	•••••

Chicuace	Chicome	Chicuei	Chiconahui	Matlactli

Matlactli once	Matlactli omome	Matlactli omei

Figura 8. Glifos de los números.

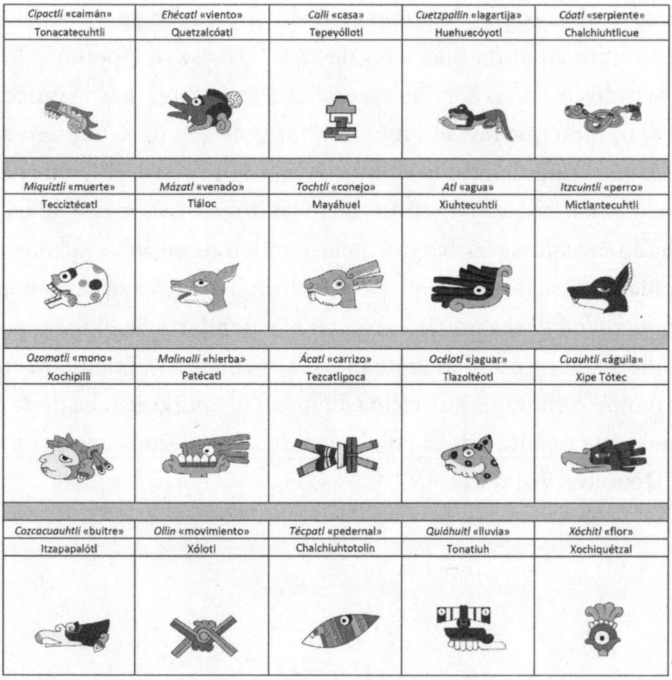

Cipactli «caimán» Tonacatecuhtli	Ehécatl «viento» Quetzalcóatl	Calli «casa» Tepeyóllotl	Cuetzpallin «lagartija» Huehuecóyotl	Cóatl «serpiente» Chalchiuhtlicue
Miquiztli «muerte» Tecciztécatl	Mázatl «venado» Tláloc	Tochtli «conejo» Mayáhuel	Atl «agua» Xiuhtecuhtli	Itzcuintli «perro» Mictlantecuhtli
Ozomatli «mono» Xochipilli	Malinalli «hierba» Patécatl	Ácatl «carrizo» Tezcatlipoca	Océlotl «jaguar» Tlazoltéotl	Cuauhtli «águila» Xipe Tótec
Cozcacuauhtli «buitre» Itzapapálotl	Ollin «movimiento» Xólotl	Técpatl «pedernal» Chalchiuhtotolin	Quiáhuitl «lluvia» Tonatiuh	Xóchitl «flor» Xochiquétzal

Figura 9. Glifos de los veinte días.

Los mexicas y los mayas utilizaban las mismas medidas temporales: un día era un *tonalli* nahua y un *k'in* maya. Un *xíhuitl*, «año nahua», constaba de 360 días más cinco días *nemontemi*, «aciago», en total, 365 días. Los mayas tenían el *tun*, equivalente a 360 días, más cinco días *wayeb*, que hacían un *haab*, un «año de 365 días». El *tonalpohualli*, calendario de 260 días, entre los mexicas es el *tzolk'in* de los mayas, derivado de una palabra *k'iche*, «quiché», que significa «el orden de los días».

> El fin que perseguía el calendario anual o *xiuhpohualli* era establecer una correspondencia entre la sucesión de las fiestas y los ciclos naturales del sol, las lluvias y el maíz, así como regir los rituales públicos y la recaudación de tributos. Con este propósito subdividía el año en meses de 20 días, pero no permitía dar un nombre a los días ni seguir el desarrollo de los años. Esta tarea le correspondía a otro tipo de calendario: el *tonalpohualli*, formado de dos voces: *pohualli*, «cuenta», y *tonalli*, que significa a la vez «sol», «día» y «destino», que suele designarse como calendario ritual o adivinatorio. Este cómputo comprendía ciclos de 260 días que se repetían a lo largo de todos los años solares sucesivos. Mesoamérica es el único lugar del mundo que inventó un calendario de 260 días, número que no corresponde al periodo sinódico de ningún astro, pero que permite relacionar entre sí distintos ciclos naturales. Este calendario sólo pudo inventarse tras siglos, incluso milenios de observaciones reiteradas dentro de una amplia área cultural. De ahí que para abordar el *tonalpohualli* sea preciso arraigar el calendario en el pasado mesoamericano, y no solamente mexica, y concebir el tiempo como un complejo engranaje de ciclos. El *tonalpohualli* constaba de 20 trecenas, que resultan de la combinación de 20 signos con 13 números (Dehouve, 2014: 84)

La combinación de los 20 signos con los 13 números en el tonalpohualli														
Trecena	1	2	3	4	5	6	7	8	9	10	11	12	13	1
caimán	1	8	2	9	3	10	4	11	5	12	6	13	7	1
viento	2	9	3	10	4	11	5	12	6	13	7	1	8	
casa	3	10	4	11	5	12	6	13	7	1	8	2	9	
lagartija	4	11	5	12	6	13	7	1	8	2	9	3	10	
serpiente	5	12	6	13	7	1	8	2	9	3	10	4	11	
muerte	6	13	7	1	8	2	9	3	10	4	11	5	12	
venado	7	1	8	2	9	3	10	4	11	5	12	6	13	
conejo	8	2	9	3	10	4	11	5	12	6	13	7	1	
agua	9	3	10	4	11	5	12	6	13	7	1	8	2	
perro	10	4	11	5	12	6	13	7	1	8	2	9	3	
mono	11	5	12	6	13	7	1	8	2	9	3	10	4	
hierba	12	6	13	7	1	8	2	9	3	10	4	11	5	
carrizo	13	7	1	8	2	9	3	10	4	11	5	12	6	
jaguar	1	8	2	9	3	10	4	11	5	12	6	13	7	
águila	2	9	3	10	4	11	5	12	6	13	7	1	8	
buitre	3	10	4	11	5	12	6	13	7	1	8	2	9	
movimiento	4	11	5	12	6	13	7	1	8	2	9	3	10	
pedernal	5	12	6	13	7	1	8	2	9	3	10	4	11	
lluvia	6	13	7	1	8	2	9	3	10	4	11	5	12	
flor	7	1	8	2	9	3	10	4	11	5	12	6	13	

Aquí reinicia la cuenta de los 260 días.

Figura 10. Medidas temporales del calendario.

La cuenta de las veintenas

El *xiuhpohualli*, «calendario anual o solar de 365 días», está dividido en 18 veintenas. Veinte días forman un *metztli*, «luna». Dieciocho *meztlis*, un año de 360 días. Cada uno de estos 18 *meztlis* o veintenas tiene un nombre.

De acuerdo con fray Toribio Paredes de Benavente, Motolinía:

Los meses todos comienzan en la misma figura que comienza el año debajo del número que les viene, ejemplo: este año es 5 calli xíhuitl (1549), todos los meses de este año comienzan en calli con el número que le cabe en el caracol arriba, y hace de notar que así como en la rueda de 52 figuras hace en 52 años por su curso que lo mismo hace la rueda de las 20 figuras que en 52 años hace su curso mayor, porque debajo de un mismo número no será un mismo día dentro de 52 años, salvo el año bisiesto que en una figura hace dos días como abajo parecerá, el curso menor hace en 260 días (Dyer, 1996: 48-53).

Al respecto, el *Códice Telleriano* plantea que «los mexicas cuentan el día, desde mediodía hasta otro día a mediodía».

Las veintenas

Las veintenas inician de la siguiente manera:

* Veintena 1 (del 25-26 de febrero al 16 de marzo): *Atlcahualo* o «donde se detienen las aguas» o «donde bajan las aguas». Se celebraba al dios *Tláloc* y a sus ayudantes, los tlaloques.
* Veintena 2 (del 17-18 de marzo al 6 de abril): *Tlacaxipehualiztli* o «fiesta de los desollados». Se celebraba a *Xipe Tótec* con el sacrificio de prisioneros de guerra.
* Veintena 3 (del 6-7 al 26 de abril): *Tozoztontli* o «vigilia pequeña». Se celebraba a *Coatlicue* con las cosechas y la abundancia de maíz.
* Veintena 4 (del 26-27 de abril al 16 de mayo): *Huei tozoztli* o «vigilia grande». Se celebraba a *Chicomecóatl* y *Cintéotl* por el maíz.
* Veintena 5 (del 16-17 de mayo al 5 de junio): *Tóxcatl* o «sequedad» o «falta de agua». Se celebraba a *Tezcatlipoca* y *Huitzilopochtli*.
* Veintena 6 (del 5-6 al 25 de junio): *Etzalcualiztli* o «acción de comer etzalli». Se celebraba a *Tláloc* por la abundancia.
* Veintena 7 (del 25-26 de junio al 15 de julio): *Tecuilhuitontli* o «fiesta pequeña de los señores». Se celebraba a *Huixtucíhuatl*, «diosa de la sal y de las aguas saladas».
* Veintena 8 (del 15-16 de julio al 4 de agosto): *Huei Tecuílhuitl* o «fiesta grande de los señores». Se celebraba a *Xilonen* y *Xochipilli*.

- Veintena 9 (del 4-5 al 24 de agosto): *Tlaxochimaco* o «estera de flores» o «tierra florida». Se celebraba a los dioses llevándoles flores por la mañana.
- Veintena 10 (del 24-25 de agosto al 13 de septiembre): *Xócotl Huetzi* o «cuando madura la fruta». Se celebraba a los muertos. En ésta, derribaban un tronco colocado en el Recinto Sagrado durante la veintena anterior, ayunaban tres días seguidos en honor a sus muertos y el día de la fiesta subían a los techos de sus casas y los llamaban.
- Veintena 11 (del 13-14 de septiembre al 3 de octubre): *Ochpaniztli* o «acción de barrer». Se celebraba a las deidades de la tierra, el maíz y el agua. Hacían ayuno y penitencia; luego, sacrificaban a una esclava que personificaba a *Atlatónan*, «nuestra madre del agua», comían tortillas, tomates y sal. Al día siguiente sacrificaban a una niña de entre 12 y 13 años, a la cual vestían como *Chicomecóatl*, «diosa del maíz».
- Veintena 12 (del 3-4 al 23 de octubre): *Teotleco* o «bajada del dios». Se celebraba la llegada de los dioses a la tierra y a *Huehue téotl*, «dios viejo» o «dios del fuego terrestre».
- Veintena 13 (del 23-24 de octubre al 12 de noviembre): *Tepeílhuitl* o «fiesta de los montes». Se celebraba a los *tlaloque*, «ayudantes de *Tláloc* y señores de las montañas y la lluvia».
- Veintena 14 (del 12-13 de noviembre al 2 de diciembre): *Quecholli* o «flecha arrojadiza». Se celebraba a *tlacoquecholli*, «mitad de *quecholli*», y a *quechollami*, «termina *quecholli*». Hacían flechas en el teocalli de *Huitzilopochtli* y honraban a los guerreros muertos.
- Veintena 15 (del 2-3 al 22 de diciembre): *Panquetzaliztli* o «despliegue de banderas». Se celebraba a *Huitzilopochtli*.
- Veintena 16 (del 22-23 de diciembre al 11 de enero): *Atemoztli* o «abajamiento de las aguas». Se celebraba a los *tlaloque*, «ayudantes de *Tláloc* y señores de las montañas y la lluvia».
- Veintena 17 (del 11-12 al 31 de enero): *Títitl* o «vientre». Se celebraba a *Ilmatecutli*, «señora vieja», otro nombre de *Teteo Innan*, «la madre de los dioses», y a *Mixcóatl*, «dios de los guerreros muertos en combate».

- Veintena 18 (del 31 de enero-1 de febrero al 20 de febrero): *Izcalli* o «crecimiento». Se celebraba a *Xiuhtecutli*, «dios del fuego».

Días *nemontemi* (del 21 al 25 de febrero)

Dieciocho veintenas suman 360 días, más los cinco días llamados *nemontemi* o «días aciagos» o «días en vano», pues no pertenecen a una divinidad y no cuentan en el ámbito religioso; sin embargo, sí se integran en la sucesión calendárica de los días para completar los 365 días del año. Esto significa que no hay un solo modelo calendárico de las veintenas del año, sino cuatro: *ácatl*, «carrizo»; *técpatl*, «pedernal»; *calli*, «casa»; y *tochtli*, «conejo». Es decir, el año comienza en la misma veintena llamada *atlcahualo* y termina en la veintena *izcalli*, pero pocas veces inicia en el mismo día y número, como lo hacemos en el calendario gregoriano, que empieza el primero de enero.

El siguiente año inicia a medio día del 25 de febrero con la veintena 1 *atlcahualo*, y así sucesivamente, hasta que se llegue a la veintena 18, que corresponde a *izcalli*; finalmente, se añaden los cinco días *nemontemi* y se inicia el año siguiente.

Figura 11. Dirección de las veintenas.

Todas las veintenas deben iniciar con el signo del mismo día con el que se ha designado el año: *ácatl*, «carrizo»; *técpatl*, «pedernal»; *calli*, «casa»; y *tochtli*, «conejo». El *Códice Magliabechi* lo especifica de la siguiente manera: «Siempre comienza el año en un día de cuatro: en uno que llaman *ácatl* y de allí toma nombre, o en otro que llaman *calli* y de allí toma nombre, o en otro que llaman *técpatl* y de allí toma nombre, o de otro que llaman *tochtli* y de allí toma nombre». Por lo tanto, si el año es carrizo, el primer día de cada una de las 18 veintenas de este año debe iniciar en un día carrizo. Si el año es pedernal, el primer día de cada una de las 18 veintenas debe comenzar en un día pedernal. En un año casa, el primer día de cada una de las 18 veintenas debe principiar en un día casa. En un año conejo, el primer día de cada una de las 18 veintenas debe empezar en un día conejo. Por ningún motivo, una veintena podrá iniciar con otro signo que no sea *ácatl*, *técpatl*, *calli* o *tochtli*.

El ajuste de los años

De acuerdo con Bernal Díaz del Castillo, la caída de México Tenochtitlan ocurrió el 13 de agosto de 1521: «Prendióse a Guatemuz y sus capitanes en trece de agosto, a la hora de vísperas en día de señor San Hipólito, año de mil quinientos veintiún años». Los códices *Aubin* y *Mendocino* mencionan el año *yei calli*, «tres casa». Los *Anales de Tlatelolco*, el *Códice Florentino*, de fray Bernardino de Sahagún, y el *Códice Telleriano-Remensis* indican el día *ce cóatl*, «uno serpiente», de la veintena *tlaxochimaco*, «estera de flores», del año *yei calli*, «tres casa». Partiendo de esta fecha, se estableció la cuenta de los días y los años en el calendario mexica y una correspondencia con el calendario juliano.

En 1582, Europa dejó de usar el calendario juliano, nombrado así por el dictador Julio César, quien en el año 46 a. C. le solicitó al astrónomo griego Sosígenes de Alejandría que creara un calendario que según sus cálculos era de 365.25 días, lo que implicó agregar un día cada cuatro años. No obstante, en el año trópico el tiempo entre dos equinoccios de primavera es de 365.2422 días. Por lo tanto, el calendario juliano (de 365.25 días) excedía 11 minutos 14 segundos cada año y un día cada 128 años.

El papa Gregorio XIII determinó quitar diez días al año 1582 para ajustar el nuevo calendario con el ciclo solar. Al jueves 4 de octubre de 1582 le sucedió el viernes 15 de octubre. El cambio de calendarios no fue inmediato en el resto del mundo, pues al principio muchos países se negaron. Otros, simplemente, lo pospusieron, como Nueva España, que aplicó el calendario gregoriano hasta el año siguiente (del 4 de octubre de 1583 pasaron al 15 de octubre).

Para establecer la cuenta de los años en el calendario mexica, se debe partir de la única fecha precisa en las crónicas españolas, de acuerdo con el calendario juliano: 13 de agosto de 1521, que corresponde al día *ce cóatl*, «uno serpiente», de la veintena *tlaxochimaco*, «estera de flores», del año *yei calli*, «tres casa», fecha en que ocurrió la caída de México Tenochtitlan. La cuenta de los días en el calendario mexica se puede hacer de dos formas: contar «uno serpiente» (13 de agosto de 1521), «dos muerte», «tres venado», «cuatro conejo», «cinco agua», «seis perro», hasta llegar a 4 de octubre de 1583, y luego restar diez días al calendario para establecer la correspondencia con el año gregoriano (15 de octubre de 1583). La segunda manera es ajustar el 13 de agosto del calendario juliano al calendario gregoriano, esto es, al 23 de agosto de 1521 para comenzar a partir de esta fecha la cuenta de los días.

La corrección bisiesta

Durán asegura que ésta se llevaba a cabo al término de los días baldíos o *nemontemi*. Tena propuso que se realizaba un ajuste cuatrienal en los años *técpatl* agregando un sexto *nemontemi*, pero que éste conservaba el mismo nombre correspondiente al quinto *nemontemi*. Una prueba a favor de esta teoría sería una figura del *Códice Telleriano-Remensis* en la que los cinco días baldíos, dibujados en forma de volutas, se encuentran coronados por un sexto (Dehouve, 2014: 110).

De acuerdo con García Escamilla, otra propuesta es que cada año tiene 365 días y 6 horas. Los años *tochtli* comenzaban al dar el *hualmomana*, «a las seis de la mañana»; los años *ácatl*, al dar el *nepantla Tonatiuh*, «mediodía»; los años *técpatl*, al dar *el oncalaqui Tonatiuh*, «seis de la tarde»; y los años *calli*, al dar el *tlatlapitalizpan*, «a medianoche».

Ello significa que la duración del año mexica era de 365 días más un cuarto de día. Al cabo de un cuatrienio, había transcurrido un día más (cuatro cuartos de día) y de esta manera los aztecas no tenían necesidad de los años bisiestos (García, 1994: 96).

Los años

De acuerdo con la *Tira de la peregrinación*, también conocida como *Códice Boturini*, la cuenta de los años inicia con el año *ome ácatl*, «dos carrizo», *yei técpatl*, «tres pedernal», *nahui calli*, «cuatro casa», *macuilli tochtli*, «cinco conejo». Entonces, el conteo continúa en el número seis, pero se inicia con el símbolo carrizo *chicuace ácatl*, «seis carrizo». Al llegar al año *ome ácatl*, «dos carrizo», culmina un ciclo de 52 años (18 980 días), llamado *xiuhmolpilli*, «atadura de los años», e inicia un ciclo nuevo, donde un día vuelve a tener el mismo nombre en ambos calendarios y se celebra una fiesta solemne dedicada a *Ixcozauhqui*, «el dios del fuego». En resumen, en el *xiuhmolpilli*, «atadura de los años», se juntan los dos calendarios, el *tonalpohualli* (de 260 días) y el *xiuhpohualli* (de 365 días). El *tonalpohualli* (73 años de 260 días = 18 980 días). El *xiuhpohualli* (52 años de 365 días = 18 980 días).

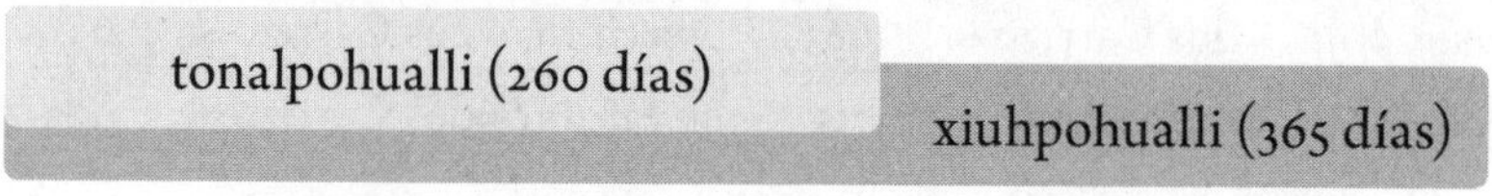

tonalpohualli (260 días)

xiuhpohualli (365 días)

Figura 12. Tonalpohualli y xiuhpohualli (a).

Al inicio de cada *xiuhmolpilli*, «atadura de los años», ciclo de 18 980 días, en el año *ome ácatl*, «dos carrizo», comienzan ambas cuentas: el *tonalpohualli* (de 260 días) y el *xiuhpohualli* (de 365 días contado por 18 veintenas). Al llegar al día 260, se completa un ciclo *tonalpohualli*, pero continúa el *xiuhpohualli*. Dentro de ese mismo ciclo reinicia la cuenta del *tonalpohualli* (de 260 días), cuyos primeros 105 días forman parte del *xiuhpohualli* en curso. Los 155 días restantes se incorporan al siguiente *xiuhpohualli*, y así sucesivamente hasta completar 73 ciclos de 260 días y 52 ciclos de 365 días, equivalente a 18 980 días.

tonalpohualli (260 días)	tonalpohualli (260 días)
xiuhpohualli (365 días)	

Figura 13. Tonalpohualli y xiuhpohualli (b).

A continuación se muestra una tabla con los *xiuhmolpilli*, «atadura de los años», desde el año 1299 hasta el año 2183. Como podrá verse, el *xiuhmolpilli* más reciente en nuestra era moderna fue en 1975 y el más cercano será en el año 2027. Asimismo, están marcados los *xiuhmolpilli*, que siempre comienzan con el año *ome ácatl*, «dos carrizo».

Xiuhmolpilli o «atadura de los años»			
ome ácatl, «dos Carrizo»	1299	*ome ácatl*, «dos Carrizo»	1767
ome ácatl, «dos Carrizo»	1351	*ome ácatl*, «dos Carrizo»	1819
ome ácatl, «dos Carrizo»	1403	*ome ácatl*, «dos Carrizo»	1871
ome ácatl, «dos Carrizo»	1455	*ome ácatl*, «dos Carrizo»	1923
ome ácatl, «dos Carrizo»	1507	*ome ácatl*, «dos Carrizo»	1975
ome ácatl, «dos Carrizo»	1559	*ome ácatl*, «dos Carrizo»	2027
ome ácatl, «dos Carrizo»	1611	*ome ácatl*, «dos Carrizo»	2079
ome ácatl, «dos Carrizo»	1663	*ome ácatl*, «dos Carrizo»	2131
ome ácatl, «dos Carrizo»	1715	*ome ácatl*, «dos Carrizo»	2183

Figura 14. Atadura de los años.

1300	Tres	Pedernal	1340	Cuatro	Pedernal	1380	Cinco	Pedernal
1301	Cuatro	Casa	1341	Cinco	Casa	1381	Seis	Casa
1302	Cinco	Conejo	1342	Seis	Conejo	1382	Siete	Conejo
1303	Seis	Carrizo	1343	Siete	Carrizo	1383	Ocho	Carrizo
1304	Siete	Pedernal	1344	Ocho	Pedernal	1384	Nueve	Pedernal
1305	Ocho	Casa	1345	Nueve	Casa	1385	Diez	Casa
1306	Nueve	Conejo	1346	Diez	Conejo	1386	Once	Conejo
1307	Diez	Carrizo	1347	Once	Carrizo	1387	Doce	Carrizo
1308	Once	Pedernal	1348	Doce	Pedernal	1388	Trece	Pedernal
1309	Doce	Casa	1349	Trece	Casa	1389	Uno	Casa
1310	Trece	Conejo	1350	Uno	Conejo	1390	Dos	Conejo
1311	Uno	Carrizo	1351	Dos	Carrizo	1391	Tres	Carrizo
1312	Dos	Pedernal	1352	Tres	Pedernal	1392	Cuatro	Pedernal
1313	Tres	Casa	1353	Cuatro	Casa	1393	Cinco	Casa
1314	Cuatro	Conejo	1354	Cinco	Conejo	1394	Seis	Conejo
1315	Cinco	Carrizo	1355	Seis	Carrizo	1395	Siete	Carrizo
1316	Seis	Pedernal	1356	Siete	Pedernal	1396	Ocho	Pedernal
1317	Siete	Casa	1357	Ocho	Casa	1397	Nueve	Casa

1318	Ocho	Conejo	1358	Nueve	Conejo	1398	Diez	Conejo
1319	Nueve	Carrizo	1359	Diez	Carrizo	1399	Once	Carrizo
1320	Diez	Perdernal	1360	Once	Perdernal	1400	Doce	Perdernal
1321	Once	Casa	1361	Doce	Casa	1401	Trece	Casa
1322	Doce	Conejo	1362	Trece	Conejo	1402	Uno	Conejo
1323	Trece	Carrizo	1363	Uno	Carrizo	1403	Dos	Carrizo
1324	Uno	Pedernal	1364	Dos	Pedernal	1404	Tres	Pedernal
1325	Dos	Casa	1365	Tres	Casa	1405	Cuatro	Casa
1326	Tres	Conejo	1366	Cuatro	Conejo	1406	Cinco	Conejo
1327	Cuatro	Carrizo	1367	Cinco	Carrizo	1407	Seis	Carrizo
1328	Cinco	Pedernal	1368	Seis	Pedernal	1408	Siete	Pedernal
1329	Seis	Casa	1369	Siete	Casa	1409	Ocho	Casa
1330	Siete	Conejo	1370	Ocho	Conejo	1410	Nueve	Conejo
1331	Ocho	Carrizo	1371	Nueve	Carrizo	1411	Diez	Carrizo
1332	Nueve	Pedernal	1372	Diez	Pedernal	1412	Once	Pedernal
1333	Diez	Casa	1373	Once	Casa	1413	Doce	Casa
1334	Once	Conejo	1374	Doce	Conejo	1414	Trece	Conejo
1335	Doce	Carrizo	1375	Trece	Carrizo	1415	Uno	Carrizo
1336	Trece	Pedernal	1376	Uno	Pedernal	1416	Dos	Pedernal
1337	Uno	Casa	1377	Dos	Casa	1417	Tres	Casa
1338	Dos	Conejo	1378	Tres	Conejo	1418	Cuatro	Conejo
1339	Tres	Carrizo	1379	Cuatro	Carrizo	1419	Cinco	Carrizo
1420	Seis	Pedernal	1459	Seis	Carrizo	1498	Seis	Conejo
1421	Siete	Casa	1460	Siete	Pedernal	1499	Siete	Carrizo
1422	Ocho	Conejo	1461	Ocho	Casa	1500	Ocho	Pedernal
1423	Nueve	Carrizo	1462	Nueve	Conejo	1501	Nueve	Casa
1424	Diez	Perdernal	1463	Diez	Carrizo	1502	Diez	Conejo
1425	Once	Casa	1464	Once	Pedernal	1503	Once	Carrizo
1426	Doce	Conejo	1465	Doce	Casa	1504	Doce	Pedernal
1427	Trece	Carrizo	1466	Trece	Conejo	1505	Trece	Casa
1428	Uno	Pedernal	1467	Uno	Carrizo	1506	Uno	Conejo
1429	Dos	Casa	1468	Dos	Pedernal	1507	Dos	Carrizo
1430	Tres	Conejo	1469	Tres	Casa	1508	Tres	Pedernal
1431	Cuatro	Carrizo	1470	Cuatro	Conejo	1509	Cuatro	Casa
1432	Cinco	Pedernal	1471	Cinco	Carrizo	1510	Cinco	Conejo
1433	Seis	Casa	1472	Seis	Pedernal	1511	Seis	Carrizo
1434	Siete	Conejo	1473	Siete	Casa	1512	Siete	Pedernal
1435	Ocho	Carrizo	1474	Ocho	Conejo	1513	Ocho	Casa
1436	Nueve	Pedernal	1475	Nueve	Carrizo	1514	Nueve	Conejo
1437	Diez	Casa	1476	Diez	Pedernal	1515	Diez	Carrizo
1438	Once	Conejo	1477	Once	Casa	1516	Once	Pedernal
1439	Doce	Carrizo	1478	Doce	Conejo	1517	Doce	Casa
1440	Trece	Pedernal	1479	Trece	Carrizo	1518	Trece	Conejo
1441	Uno	Casa	1480	Uno	Pedernal	1519	Uno	Carrizo
1442	Dos	Conejo	1481	Dos	Casa	1520	Dos	Pedernal
1443	Tres	Carrizo	1482	Tres	Conejo	1521	Tres	Casa
1444	Cuatro	Pedernal	1483	Cuatro	Carrizo	1522	Cuatro	Conejo
1445	Cinco	Casa	1484	Cinco	Pedernal	1523	Cinco	Carrizo
1446	Seis	Conejo	1485	Seis	Casa	1524	Seis	Pedernal
1447	Siete	Carrizo	1486	Siete	Conejo	1525	Siete	Casa
1448	Ocho	Pedernal	1487	Ocho	Carrizo	1526	Ocho	Conejo
1449	Nueve	Casa	1488	Nueve	Pedernal	1527	Nueve	Carrizo
1450	Diez	Conejo	1489	Diez	Casa	1528	Diez	Pedernal
1451	Once	Carrizo	1490	Once	Conejo	1529	Once	Casa
1452	Doce	Pedernal	1491	Doce	Carrizo	1530	Doce	Conejo
1453	Trece	Casa	1492	Trece	Pedernal	1531	Trece	Carrizo
1454	Uno	Conejo	1493	Uno	Casa	1532	Uno	Pedernal
1455	Dos	Carrizo	1494	Dos	Conejo	1533	Dos	Casa
1456	Tres	Pedernal	1495	Tres	Carrizo	1534	Tres	Conejo
1457	Cuatro	Casa	1496	Cuatro	Pedernal	1535	Cuatro	Carrizo
1458	Cinco	Conejo	1497	Cinco	Casa	1536	Cinco	Pedernal

Figura 15. Cuenta de los años.

Tonalámatl

Tonalámatl, «libro de los días» (*tonalli*, «día», y *ámatl*, «papel»). El papel para el *tonalámatl* estaba hecho de la corteza de árboles *ficus*. El *Tonalámatl de Aubin* es un códice pictórico utilizado por los sacerdotes nahuas en rituales adivinatorios. Éste consiste en un *tonalpohualli*, «cuenta adivinatoria», inscrita en un calendario religioso de 260 días que se utilizaba para llevar el registro de las festividades y realizar predicciones astrológicas y cartas natales. Las láminas contienen, en un cuadro grande, al dios patrono de la trecena del calendario ritual nahua y, en cuadros pequeños, los días con sus numerales, los nueve señores de la noche, los trece señores del día y las trece aves.

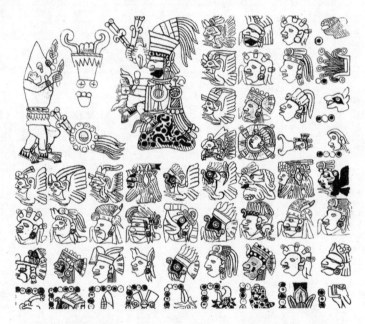

Figura 16. El Tonalámatl de Aubin. *Ilustrado por Eva Cavildo.*

Influencia de los glifos de los días en el cuerpo humano

Los veinte glifos de los días representaban las energías cósmicas, naturales, celestes y terrestres, los estados psíquicos de las personas y las partes u órganos del cuerpo humano.

He aquí las veinte figuras que usaban los mexicas, las cuales decían que tenían dominio sobre los hombres. De este modo, los medicaban cuando alguien se enfermaba o le dolía una parte del cuerpo:

- *Cipactli*, «caimán» (en el hígado).
- *Xóchitl*, «flor» (en el pecho).
- *Ollin*, «movimiento» (en la lengua).
- *Cuauhtli*, «águila» (en el brazo derecho).
- *Océlotl*, «jaguar» (en el pie izquierdo).
- *Cozcacuauhtli* «buitre» (en el oído derecho).
- *Tochtli* «conejo» (en el oído izquierdo).
- *Técpatl* «pedernal» (en los dientes).
- *Ehécatl* «viento» (en el aliento).
- *Ozomatli* «mono» (en el brazo izquierdo).
- *Ácatl* «carrizo» (en el corazón).
- *Malinalli* «hierba muerta» (en los intestinos).
- *Cuetzpallin* «lagartija» (en la matriz de las mujeres).
- *Cóatl*, «serpiente» (en el miembro viril de los hombres).

Los médicos usaban estas figuras cuando curaban y veían si la enfermedad correspondía al signo que reinaba (*Códice Vaticano* A 3738, folio 54r).

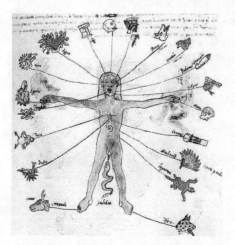

Figura 17. Los glifos de los días y el cuerpo humano.
Códice Vaticano A 3738, folio 54r.

Época II

(100 a. C.-200 d. C.)

También se conoce como Fase Nisa o Monte Albán II. En el 20 a. C. inició la construcción pública de Monte Albán, destacando: los edificios J y G de la Plataforma Norte, el adoratorio hundido, el túnel entre los edificios P e I, las primeras fases del juego de pelota y de los edificios G, H e I, varias tumbas con techos abovedados y una cantidad significativa de templos en el Montículo:

- Edificio de los Danzantes
- Los Danzantes, estelas 12 y 13
- Edificio M, Templo-Patio-Adoratorio
- Sistema IV
- Estela 10. Edificio B
- Tumba 104
- Tumba 103
- Tumba 172
- Complejo de tumbas
- Plataforma Sur
- Edificio J. Observatorio
- Edificio I
- Edificio G
- Edificio H
- Plataforma Norte
- Patio Hundido
- Altar
- Edificio A
- El Palacio
- Juego de pelota
- Museo
- Tumba 7

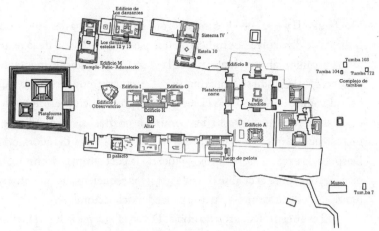

Figura 18. Mapa de Monte Albán. Ilustrado por Eva Cavildo.

El adoratorio hundido

Ubicada delante de la escalera del edificio H en la Plaza Principal, yace, sumida, una construcción rectangular en forma de altar, cuya parte superior se encuentra a la altura del piso y a la cual los arqueólogos han denominado el *adoratorio hundido*.

Del lado este, también se encontró el entierro múltiple, con cinco osamentas (al parecer de hombres jóvenes), collares, orejeras de *jade*, máscaras, pectorales, perlas, conchas marinas y caracoles.

«Estrictamente hablando, el *jade* de Mesoamérica antigua es *jadeíta*» (Taube, 2015: 48-55). No obstante, debido a la frecuencia con que se menciona el jade en todas las fuentes, utilizaré la palabra *jade* en lugar de *jadeíta*.

Uno de estos esqueletos tenía un pectoral en el pecho con forma de máscara de murciélago, hecho con 25 piezas de jadeíta. Al respecto, el arqueólogo Jorge Ruffier Acosta narró su descubrimiento:

Fue en 1945 durante la XII Temporada de Exploraciones Arqueológicas en Monte Albán, cuando al hacer una sobre la plataforma que une los

Montículos II y P se encontró un túnel que en parte estaba destruido. Los trabajos de desazolve nos indicaron que pasaba por debajo de la plataforma y se internaba en el subsuelo de la Plaza Central. Un año más tarde, en 1946, continuando su limpia pudimos llegar hasta muy cerca de la base del Adoratorio del Montículo H, lugar donde precisamente termina antes de alcanzar la parte posterior de un muro de piedras, correspondiente a una estructura que se encuentra bajo el nivel de la Plaza y del adoratorio. Después de excavar 1,57 metros, siguiendo la parte frontal del muro, su piso de lajas sobre el cual se descubrieron los esqueletos de un entierro múltiple, del que formaba parte el poseedor del pectoral [...].

El esqueleto E aparejado con el D, fue el que tenía los más ricos adornos y estaba asociado con dos piezas de cerámica, de las cuales una es en forma de maceta y la otra es un cajete tetrápode con decoración raspada [...].

En ambos lados del cráneo se encontraban las orejeras de jade magníficamente pulidas y talladas en forma de flor. Sobre el pecho había un collar constituido por 81 cuentas de jade, que aún conservaban su posición original pasando por debajo del cuello. Y fue tan afortunado el hallazgo, que pudimos con todo cuidado anotar y numerar cada elemento del collar, para después ensartar cuenta por cuenta y tener la más exacta reproducción del mismo. Además, y también sobre el pecho, pudimos rescatar en tan buen estado [con lo] el collar. (sic) el objeto más preciado del descubrimiento, el pectoral de jade que, aunque disgregado, permitió indicarnos su aspecto total. Más tarde, con la ayuda de fotografías y dibujos nos dedicamos a la tarea de armar el pectoral, lo que hubiese sido muy difícil si no hubiéramos contado con tan valiosos auxiliares. Debemos añadir que debajo de la mano derecha localizamos una cuenta de madre perla.

El pectoral en su estado actual, es decir, después de haber sido reconstruido por los técnicos del Museo Nacional de Arqueología, está formado por 25 segmentos de jade, 6 de concha y 3 pendientes de pizarra colgados de la barbilla. El todo formado por estos elementos deja traslucir la técnica tan adelantada y el buen gusto de sus constructores [...].

Este objeto arqueológico, único hasta ahora, ha sido interpretado como un pectoral en forma de máscara, por llevar plenamente demarcada con concha blanca, las partes que pertenecen al individuo hipotético que lo portaba, tal es el caso de los ojos y de los dientes, así como también de las orejas.

La pieza, escultóricamente hablando, está modelada con toda la maestría de un gran artista, ya que en términos generales se puede decir que los segmentos de jade están cortados siguiendo los diferentes rasgos anatómicos de la cara y de un ajuste perfecto que al acoplarse dan al objeto una magnífica plasticidad. El escultor con nitidez extraordinaria supo dar la impresión de que se trataba de un pectoral en forma de máscara, haciéndolo en dos planos diferentes.

Esta extraordinaria obra de arte representa una cara humana que lleva sobrepuesta una máscara de murciélago, identificable entre otras muchas cosas por las orejas y el apéndice nasal, partes éstas que son idénticas a las de otras manifestaciones que sobre esta clase de animales hemos encontrado en Monte Albán, tales como urnas, vasos y modeladas en estuco, como es el caso del que se encuentra en la fachada de la Tumba No. 50 (Acosta, 2004: 16-17).

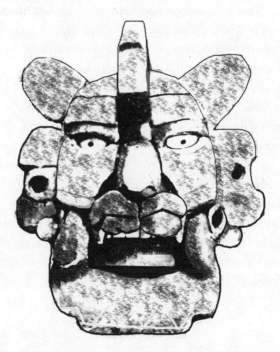

Figura 19. Máscara de murciélago. Ilustrado por Eva Cavildo.

Época III

(200-750 d. C.)

Monte Albán alcanzó su máximo esplendor a mediados del Periodo Clásico temprano (200-500 d. C.) y a finales del Clásico Tardío (500-750 d. C.). Asimismo, la población llegó a su punto más alto, entre 25 000 y 30 000 habitantes. El cerro de Monte Albán tenía 730 terrazas habitadas; el de Atzompa, 300; El Gallo, 85; Monte Albán Chico, 44; y Mogotillo, 7.

La sociedad zapoteca consistía de al menos dos estratos: un estrato superior de nobles hereditarios y un estrato inferior de plebeyos. Si bien dentro de cada estrato había gradaciones de estatus, en general, ambos grupos se mantenían separados porque sólo se permitían los matrimonios entre miembros de un mismo estrato. El estrato superior zapoteca incluía los linajes reales, los linajes nobles mayores y los linajes de los nombres menores [...]. Los linajes reales de muchas civilizaciones mesoamericanas antiguas decían descender de una pareja semidivina que había vivido en un pasado mitológico. De esta pareja semidivina recibían los gobernantes su derecho hereditario a gobernar [...]. Se piensa que el linaje real que gobernó Monte Albán durante la Época III afirmaba descender de una pareja primordial llamada Señor 1 Jaguar y Señora 2 Maíz [...]. Al estrato inferior pertenecían plebeyos de varios tipos, como ciudadanos libres, siervos e incluso esclavos (a menudo prisioneros de guerra). Dentro de este estrato había varias gradaciones según la profesión, la riqueza y el prestigio. Los miembros del estrato superior se casaban con otros miembros del mismo estrato para garantizar que sus hijos heredaran títulos nobiliarios. Sin embargo, un plebeyo que fuera un comerciante adinerado podía vivir casi tan bien como un noble menor (Marcus, 2008: 106-107).

Época IV

(700-1000 d. C.)

En esta época inició la decadencia de Monte Albán, a pesar de que la ciudad abarcaba seis kilómetros cuadrados y tenía entre 20 000 y 30 000 habitantes distribuidos en los cinco cerros: *Monte Albán, Monte Albán el chico, Mogotillo, El Gallo* y *Atzompa.* La construcción de plazas y edificios se detuvo a partir del año 700 d. C. Aunque la población disminuyó, la ciudad nunca fue abandonada, como ocurrió con otras urbes. Algo similar sucedió con Teotihuacan, cuya población también disminuyó a partir del 700 d. C. Algunos arqueólogos e historiadores consideran que el crecimiento de Monte Albán se interrumpió a partir de que Teotihuacan dejó de ser competencia para los zapotecas.

Época V

(1000-1521 d. C.)

El gran Estado zapoteca se dispersó conforme Monte Albán decaía. Las familias de los nobles se establecieron en Zaachila, Mitla, Yagu, Teitipac, Tlalixtac de Cabrera, Jalieza, Macuilxóchitl, entre otros lugares. No obstante, Monte Albán seguía teniendo una población de aproximadamente 6 000 habitantes distribuidos en 300 terrazas.

A partir de esta época, los nobles zapotecas comenzaron a casarse con las familias mixtecas. «Cada vez que se consumaba un matrimonio real, el novio o la novia mixteca se mudaba al valle de Oaxaca junto con un séquito de cientos de sirvientes y trabajadores agrícolas» (Marcus, 2008: 174). Se cree que las alianzas entre zapotecos y mixtecos, entre 1430 y 1521, se debieron a una necesidad de defenderse del expansionista imperio mexica. Finalmente, los mexicas y los zapotecas entablaron una alianza y el *huei tlatoani* Ahuízotl se casó con la hija del gobernador zapoteco Cocijoeza.

PALENQUE, CHIAPAS

(200-900 d. C.)

Lakamha' —capital del antiguo señorío de B'aakal— se ubica sobre terrazas naturales, en un área rodeada por seis manantiales y ríos, en *Yehmal K'uk Lakam Witz*, «La gran montaña del Quetzal descendente» en las serranías bajas de la Selva Lacandona, en el estado de Chiapas.

Hoy en día se le conoce como Palenque, en referencia a Santo Domingo de Palenque —el pueblo colindante, fundado en el siglo XVII— aunque por muchos años se especuló sobre su nombre original. Se decía que era *Otolum*, «casas fortificadas» o «lugar de las piedras caídas»; *Na Chán*, «ciudad de las serpientes»; *Ghochan*, «cabeza de las culebras» o «capital de las culebras»; *Nacan, Ototiun*, «casa de piedra»; o *Chocan*, «serpiente esculpida». Incluso hay quienes le adjudicaron a Palenque un significado en la lengua chol, como «hogar de las culebras» o «cabeza de culebra».

Estudios arqueológicos han demostrado que el glifo maya «*Lakamha'*, "lugar de las grandes aguas", [es la] toponimia original de la ciudad de Palenque» (De la Garza, Bernal y Cuevas, 2012: 62). El nombre «lugar de las grandes aguas» alude a los manantiales y ríos (*Otulum, Motiepá, Picota, Murciélagos* y *Piedras Bolas*) que rodeaban la ciudad.

- Templo XIX
- Templo XVIII
- Templo XX
- Templo XVII
- Templo XXI
- Templo del Jaguar
- Templo de la Cruz Florida
- Templo del Sol
- Templo XIV

- Tumba de la Reina Roja
- Templo de la Clavería
- Templo de la Cruz
- Observatorio
- Templo de las Inscripciones
- Acueducto
- Arroyo Otulum
- El Palacio
- Plaza Central
- Juego de pelota
- Templo X
- Grupo Norte
- Templo del Conde

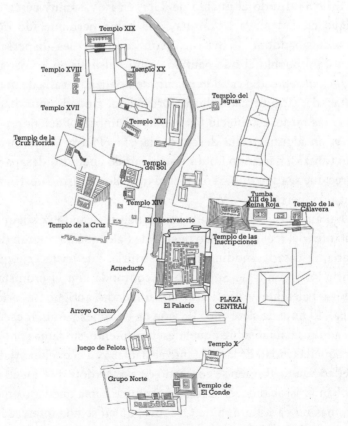

Figura 20. Mapa de Palenque. Ilustrado por Eva Cavildo.

En 1560, llegó de Salamanca al Puerto de Caballos, Honduras, el fraile dominico Pedro Lorenzo de la Nada para predicar en el convento de Ciudad Real (actual San Cristóbal de las Casas, Chiapas), en donde conoció a fray Bartolomé de las Casas, quien un año más tarde lo llevó a la Selva Lacandona, territorio de los mayas zendales, ch'oles y tzeltales. A partir de entonces, aprendió tzotzil, tzeltal, chontal y ch'ol.

Desobedeciendo las reglas del monasterio, el fraile dominico comenzó a salir solo a las aldeas para evangelizar a los naturales. «Un día abandonó para siempre el convento de Santo Domingo en Ciudad Real y se internó en la selva hasta llegar a la laguna de Lacantún, pero los lacandones lo rechazaron» (De la Garza, Bernal y Cuevas, 2012: 22).

En 1564, fundó el pueblo de Tila; en 1567 —muy cerca de la antigua ciudad maya Lakamha', que había permanecido oculta desde su abandono— instauró, con comunidades dispersas de ch'oles, un pueblo al que bautizó como *Palenque* en homenaje *al antiguo palenque* [del catalán *palenc*, «empalizada, valla de madera o estacada, sitio cercado, lugar fortificado, ciudad amurallada»]. Años más tarde, estableció los pueblos Tumbalá, Bachajón y Yajalón; y, en alguna fecha desconocida, fray Pedro Lorenzo *de la Nada* (quizás, haciendo honor a su segundo apellido) desapareció. Se cree que se fue a Tabasco. ¿Habrá tomado el mismo destino que Gonzalo Guerrero?

Lakamha' quedó sepultada bajo la Selva Lacandona, sin que los habitantes del recién fundado pueblo de Palenque intentaran desenterrarla, rescatarla, modificarla o destruirla. Fue hasta 1739 que el licenciado Antonio de Solís (no se confunda con el cronista) se mudó a Palenque y descubrió la capital del antiguo señorío de B'aakal. El niño de siete años Ramón de Ordóñez y Aguiar escuchó a los adultos hablar sobre aquel descubrimiento, sin jamás poder visitar aquella ciudad de la que tanto se hablaba en el pueblo. Al llegar a la edad adulta, Ramón se convirtió en el sacerdote de Ciudad Real (hoy San Cristóbal de las Casas). Lakamha' había quedado en el olvido, mas no para Ramón de Ordóñez, quien seguía interesado en aquella ciudad prehispánica, aun sin haberla visitado.

En 1784, el presidente de la Audiencia de Guatemala, José de Estachería, persuadido por el presbítero, envió la primera exploración oficial a las ruinas, al mando de José Antonio Calderón, de 33 años, quien redactó un informe —acompañado de cuatro ilustraciones—, donde llamó al paraje *Las casas de piedra*. Mencionó ocho casas (con árboles sobre sí) y un palacio, así como paredes esculpidas con mucho primor.

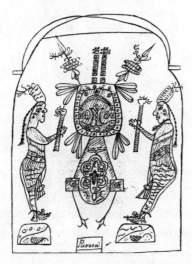

Figura 21. Escena del Tablero del Templo del Sol,
dibujada por José Antonio Calderón en 1784.

En 1785, el arquitecto de obras reales de Guatemala, Antonio Bernasconi, realizó —por órdenes del presidente de la Audiencia de Guatemala, José de Estachería— una nueva exploración en Lakamha' y elaboró los primeros planos de la ciudad. Los informes de Calderón y Bernasconi fueron enviados a España y analizados por el cronista Juan Bautista Muñoz, quien los revisó con cautela y los comparó con documentos que habían sido enviados a España desde el siglo XVI.

En 1786, el rey Carlos III ordenó al presidente de la Audiencia de Guatemala que realizaran una nueva exploración, la cual estuvo a cargo de Antonio del Río, quien además llevó al dibujante Ricardo Almendáriz.

Figura 22. Tablero oeste del Santuario del Templo de la Cruz,
dibujado por Ricardo Almendáriz en 1787.

Con la ayuda de 79 indígenas, del Río taló árboles y maleza para acceder a la ciudad abandonada. Asimismo, quitaron todo lo que cubría los edificios y excavaron para poder entrar, de tal forma que no dejaron «ventana ni puerta tapiada, atajadizo y nicho con tabique, que no se derribase, ni cuarto, sala, corredor, patio, torre, adoratorio y subterráneo en que no se hayan hecho excavaciones de dos y más varas de profundidad» (Cabello, 1992: 131-132).

Del Río, igual que Calderón, creía que la ciudad de Lakamha' había sido construida por los romanos o que éstos habían instruido a sus antiguos habitantes. «Este tipo de especulaciones que parecen sumamente extravagantes y sin base eran, no obstante, muy comunes en estudiosos de esa época» (Cobean y Mastache, 1995b: 147). Por su parte, Ramón de Ordóñez creó y dirigió un grupo —al que llamó *academia científica*, conformado por fray Tomás Luis de Roca, José Miguel de San Juan, el coronel Felipe Sesma y Pablo Cabrera—, cuyas interpretaciones sobre el origen de la antigua ciudad maya iban desde jeroglíficos egipcios hasta la Torre de David.

A inicios del siglo XIX, el rey Carlos IV ordenó una nueva expedición a cargo del coronel Guillermo Dupaix, de origen austriaco y nacionalidad española. Ésta se llevó a cabo en 1807, sin embargo,

Dupaix no pudo entregar su reporte al rey de España ya que en esos años comenzaron los movimientos independentistas. En 1831, apareció una obra de Dupaix, titulada *Los monumentos de Nueva España*, en una edición inglesa; y, en 1844, otra en francés, con el título *Antiquités Mexicaines. Relation des trois expéditions du colonel Dupaix, ordonnées en 1805, 1806 et 1807 par lo roi Charles IV, pour la Recherche des Antiquités du pays, notamment celles de Mitla et de Palenque.*

En 1822, el librero Berthoud publicó en Londres el manuscrito de Antonio del Río, el cual llegó a manos de Jean Frederick de Waldeck, quien a la edad de 55 años viajó a México (en 1825, donde trabajó como ingeniero hidráulico a la par que estudiaba los libros sobre la historia antigua de México). En 1832, consiguió el patrocinio del gobierno mexicano para explorar Chiapas y Yucatán. Sin embargo, el apoyo económico del gobierno no fue suficiente para solventar su investigación y a los pocos meses se quedó sin dinero para pagar los sueldos de sus ayudantes, quienes después de dos años lo abandonaron. Con 67 años, Jean Frederick de Waldeck mandó construir una cabaña cerca del Templo de la Cruz, donde vivió tres meses.

Después de Waldeck, llegaron a Lakamha', en 1840, John Herbert Caddy, Patrick Walker, John Lloyd Stephens y Frederick Catherwood. En 1859, Désiré Charnay exploró la zona arqueológica y concluyó, entre muchas otras cosas, que los habitantes de esa zona no pertenecían a los aztecas, pero que había sido un Estado tan poderoso como Teotihuacan.

En 1881, inició la era de las exploraciones científicas con el arqueólogo inglés Alfred Maudslay, quien realizó el primer levantamiento topográfico de las estructuras. En 1895, William H. Holmes llevó a cabo nuevas expediciones. Y, en 1922, el gobierno mexicano financió nuevas exploraciones a cargo de Frans Blom y la Dirección de Antropología, la cual, como ya se mencionó, estaba bajo la dirección de Manuel Gamio. En 1934, Miguel Ángel Fernández se hizo cargo de la comisión e inició la construcción de un camino de la ciudad de Palenque a la zona arqueológica, la creación de un campamento y la restauración de estucos y murales, así como el desmonte de edificios y plazas.

Con esto dio inicio la etapa más prolífica en la historia de la arqueología palencana, en la que participaron Roque Ceballos Novelo, Heinrich Berlin y Alberto Ruz Lhuiller (1949), quien, entre tantos descubrimientos y restauraciones, propuso la creación del museo del sitio en 1959 para proteger las piezas arqueológicas. En 1967, el arqueólogo Jorge R. Acosta asumió el proyecto. Le siguieron los arqueólogos César Sáenz (1979-1982); Roberto García Moll y Rosalba Nieto Calleja (1982-1988); Arnoldo Gonzáles Cruz (1989-1994) y (1999-2008); Roberto López Bravo (2003-2004); y Rodrigo Liendo (1999-2011).

Los mayas de Palenque

Lakamha', «la pequeña joya del mundo maya» (De la Garza, 2018: 52-57), tuvo sus primeros asentamientos en el 100 a. C. Desde el Preclásico Tardío fue uno de los sitios más poblados de la zona; y en el Clásico Temprano (250 a 600 d. C.) tuvo una gran expansión. Su población «no tuvo un patrón de asentamiento disperso: habitó en conjuntos residenciales ubicados alrededor de un patio, conjuntos que se comunicaban entre sí por un sendero» (Liendo y Filloy, 2011: 46-52). Asimismo, vivieron «en barrios delimitados por la accidentada topografía del sitio y por los cauces de los cinco arroyos que recorren la antigua ciudad» (López y Venegas, 2012: 38-43). «Entre los siglos V y VII la ciudad aumentó casi cuatro veces su tamaño, y durante los dos siglos siguientes llegó a su máxima dimensión: 2.2 kilómetros cuadrados, con una población de 6500 habitantes» (De la Garza, 2018: 52-57).

Lakamha', Tikal y Calakmul fueron de las ciudades más poderosas del Clásico maya. «En contraste con Calakmul, en Palenque se ha podido reconstruir la historia de sus reyes, gracias a las extraordinarias y finamente labradas inscripciones» (De la Garza, 2018: 52-57). «Los eventos mejor documentados son los nacimientos, entronizaciones, rituales de final de periodo y fallecimientos de sus gobernantes principales» (Bernal, 2012: 62-69).

Su primer gobernante fue K'uk' B'ahlam I (nacido en el año 397 d. C.), quien ascendió al trono de Tok Tahn, «en el centro de las nubes», en el año 431 d. C. Sus sucesores fueron Ch'a (435) y B'utz'aj

Sak Chi'k (487), el cual en 490 mudó su gobierno de Tok Tahn a Lakamha', con lo que se creó el *B'aakal ajawlel*, «señorío de abundancia de huesos» [*B'aakal*, «lugar de abundancia de huesos»; *ajaw*, «gobernante»; y *lel*, sufijo que significa autoridad]. Éste se convirtió en el primer *k'uhul B'aakal ajaw*, «divino gobernante del lugar de abundancia de huesos» [*k'uhul*, «divino»; *B'aakal*, «lugar de abundancia de huesos»; y *ajaw*, «gobernante»].

Existen cinco registros diferentes para la palabra «gobernante» o «señor»: *ahau, ahaw, ajau, ajaw* y *'ajaw*.

A B'utz'aj Sak Chi'k le sucedieron en el trono su hijo Ahkal Mo' Nahb' I en 501 (hasta 524); su nieto K'an Joy Chitam I en 529; sus bisnietos Ahkal Mo' Nahb' II en 565 (hasta 570) y K'an B'ahlam I en 572; su tataranieta Yohl Ik'Nal en el año 583, la única gobernante de Lakamha', quien por cierto tuvo un gobierno sumamente turbulento, ya que en 599 «el gobernante de la dinastía *Kanu'l* promovió, a través de un dignatario subordinado, un ataque contra *Lakamha'*» (De la Garza, Bernal y Cuevas, 2012: 77). La ciudad fue saqueada y la familia tuvo que exiliarse.

Yohl Ik'Nal murió en noviembre de 604 y la sucedieron sus hijos Ajen Yohl Mat y Janahb' Pakal I, los cuales gobernaron juntos a partir de enero de 605. Su nieta Sak K'uk, hija de Janahb' Pakal I, no heredó el trono, sino que «el 26 de julio de 615 d. C., *Sak K'uk'* y [su esposo] *K'an Mo' Hix* entronizaron a su hijo *K'inich Janahb' Pakal*, cuando éste apenas contaba con 12 años de edad. Los padres de *Pakal II* fueron los depositarios del poder dinástico hasta que él adquirió la edad y experiencia para asumirlo» (Bernal, 2011: 40-45).

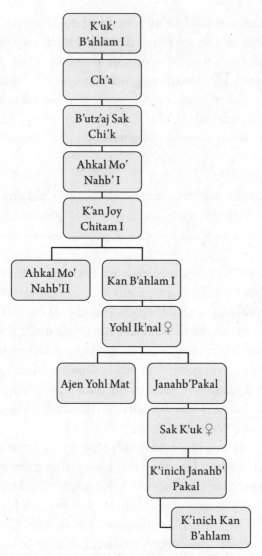

Figura 23. Secuencia dinástica de Palenque.

La corte estaba conformada por el *k'uhul ajaw*, «gobernante divino», y el *ajaw nahb'at*, « dirigente sacerdotal»; por señores de menor rango, como los *ajaw*, «*sencillos*» y el *sajal*, «gobernante provincial», y varios rangos militares, como el *yajaw k'ahk'*, «señor del fuego», *Ajk'u hun*, « sacerdote»; *ajtzib*, «escribas»; *itz'at*, « sabio»; *chuwen* «artista»; *baah uxul*, «escultor principal»; y muchos otros más.

La vida en Lakamha'

Las elevaciones del terreno y el clima cálido, húmedo y extremadamente lluvioso no hicieron sencilla la vida de los habitantes de Lakamha'. Los mayas de la región practicaron la agricultura, la pesca y la cacería, pues se sabe que capturaban animales pequeños. No obstante, cabe mencionar que en la selva había una fauna muy diversa: jaguares, tigrillos, jabalíes, tepezcuintles, saraguatos, monos arañas, guaqueques, armadillos, boas, nauyacas, cascabel tropical, cocodrilo de pantano, moluscos de pantano, peces, langostinos, tortugas, aves, venado de cola blanca, pericos, loros, guacamayas rojas, tucanes, tucanetas verdes, entre muchos más.

La estatura de las mujeres mayas era, en promedio, de 150 centímetros y la de los hombres de 162. «La altura de los edificios tiene una escala basada en la estatura promedio del hombre palencano» (Liendo y Filloy, 2011: 46-52). Su esperanza de vida era muy baja. Los menores de edad eran los más vulnerables y fallecían entre el primer año de vida y los nueve años. Aquellos que superaban los diez años solían alcanzar, con más frecuencia, los 20. Sin embargo, entre los 25 y los 29 años el riesgo de muerte se elevaba. «Se estima una esperanza de vida para esta población de 27.9 años» (Gómez Ortiz, 2000: 50-53).

Como ocurría con el resto de la población prehispánica madura, la artritis era uno de los padecimientos degenerativos más comunes entre los dignatarios. Sabemos de este mal por las lesiones que deja en la columna vertebral y en las coyunturas de hombros, brazos y piernas. En personas mayores, la artritis suele presentarse junto con la osteoporosis degenerativa, una condición patológica que se da por una remodelación poco o no balanceada de resorción y aposición ósea, lo que da como resultado la pérdida progresiva de sustancia calcificada y con ello, produce una reducida resistencia de los huesos. Las vértebras cervicales de Janaab> Pakal —famoso jerarca de Palenque que figuró en la escena política del siglo VII— presentan claras marcas de artritis degenerativa, y es muy probable que le causaran dolor de nuca y espalda. Las lesiones estaban acompañadas de un colapso y hundimiento de algunos cuerpos vertebrales, cambios que en su caso estaban ligados, más que a reacciones inflamatorias, al proceso de envejecimiento. En sus últimos años de vida el soberano padeció además un proceso de osteoporosis degenerativa que resultó en la pérdida generalizada tanto de tejido cortical como esponjoso. El análisis histológico de una de sus costillas mostró una capa cortical notablemente delgada, la cual aparece reemplazada en parte por trabéculas de poca densidad; por tanto, la cantidad absoluta del tejido óseo es reducida (Tiesler y Cucina, 2005: 29-35).

Igual que en Monte Albán, San Lorenzo y La Venta, en Lakamha' las residencias para la dinastía y sus familiares eran de mayor tamaño y con «edificios abovedados construidos alrededor de una plaza o patio […]. Alrededor de estas residencias se fueron agregando sucesivamente casas más pequeñas, construidas con materiales perecederos, en las que habitaba la gente común» (López y Venegas, 2012: 38-43).

A pesar de que entre los mayas nunca hubo una unión de Estados o un imperio, como los del Altiplano Central de México, Lakamha' estableció una amplia red comercial con las ciudades-Estado de la región, sobre todo con sus sitios subordinados.

De igual forma, como parte de las labores domésticas y de autoconsumo, dedicaron gran parte de su tiempo al arte y a la creación de figurillas de barro, de las cuales se han estudiado más de 2 000 —del Preclásico (2000 a. C.-250 d. C.) al Posclásico Tardío (1200-1521 d. C.)—, que han ayudado a los especialistas a conocer la cosmogonía, las costumbres, las tradiciones, la jerarquía, el aspecto físico, las características, la indumentaria, el emblema del linaje o el grupo al que pertenecían y las situaciones en las que sus antiguos habitantes fueron representados. «El lapso en que se produjeron las de mejor hechura y a niveles masivos fue el Clásico Tardío (600-800 d. C.). La demanda de las figurillas era tal que se produjeron con molde» (Vela, 2012: 50-51).

Las figurillas mayas, algunas antropomorfas, tenían varios usos:

• Representaciones de dioses, sacerdotes, personajes de las altas jerarquías, soldados, mujeres y animales.

- Instrumentos musicales, como flautas, sonajas y silbatos.
- Como culto para los antepasados, en rituales y festividades.
- Como ofrendas funerarias de alto rango.
- Para intercambio entre familias o comunidades (nunca fueron juguetes).

Éstas representaban a un importante sector de la sociedad: jerarcas, jugadores de pelota y guerreros, cuyos atuendos eran muy representativos, es decir, «ornamentos faciales muy sofisticados, los tabiques nasales, las barras, las escarificaciones junto a la boca o en las mejillas, las barbillas postizas, los yelmos o máscaras movibles, los tocados, los peinados, los faldellines cortos, sencillos o bordados, las faldas largas usadas en actividades de culto, o los simples bragueros usados en la vida cotidiana» (Flores, 2000: 44-49).

Figura 24. Figurillas de barro de Palenque. Ilustrado por Eva Cavildo.

Deformaciones craneales

En el primer capítulo se mencionó que diversas evidencias arqueológicas demuestran que entre los olmecas se realizaban modificaciones craneofaciales a los recién nacidos mediante la colocación de dos tablas, una en la frente y la otra en la parte posterior de la cabeza, con la cual aplanaban la frente y la parte occipital. Esta misma costumbre fue adoptada por los mayas.

La guerra en Lakamha'

En años recientes, grupos indigenistas, guiados por la pasión y la desinformación, han generado la idea y sembrado la semilla en el pensamiento colectivo de que en la etapa mesoamericana no había guerras y que la maldad y los saqueos llegaron con los europeos.

Sin embargo, lo cierto es que las inscripciones mayas, con escrituralogosilábica —de las primeras expresiones de escritura en Mesoamérica—, han sido ampliamente estudiadas. Los «combates, capturas y sacrificios son narrados en los murales de Bonampak y de Mul Chic, en los registros escritos de Palenque, Yaxchilán, Dos Pilas, Caracol y en muchos otros sitios arqueológicos» (Brokmann, 1996: 66-71). Uno de esos tantos registros narra los acontecimientos en el año 599, cuando el líder de la dinastía Kanu'l invadió la ciudad de Lakamha', donde gobernaba Yohl Ik'Nal, la primera y única mujer k'uhul B'aakal ajaw, «gobernante divina del lugar de abundancia de huesos». La familia real se vio obligada a abandonar la ciudad por varios años. Este episodio y muchos más fueron narrados en sus murales, con fechas y nombres que han sido descifrados por los epigrafistas.

> El inexorable avance del desciframiento epigráfico ha dejado atrás esta concepción utópica de una civilización practicante de la paz y la concordia. La venturosa combinación de arqueología y epigrafía nos muestra, cada vez con mayor certidumbre, la verdadera naturaleza de las ciudades-Estado del sureste mexicano: crisis políticas y sociales periódicas, ciudades militaristas, prácticas de sacrificio humano para alimentar a los dioses y acrecentar el poder político del gobernante en turno, armamento especializado y una logística militar implacable [...]. El desciframiento epigráfico ha refutado la idílica visión pacífica (Brokmann, 1996: 66-71).

La vestimenta de los guerreros consistía en trajes pesados y máscaras antropomorfas que representaban jaguares, monos, venados, puercoespines, iguanas, así como efigies de la muerte y calaveras humanas.

La ciudad de Lakamha'

La superficie de Lakamha' que se conoce actualmente es apenas el cinco por ciento de la extensión original de la ciudad. Esto incluye 32 conjuntos mayores, de los cuales sobresalen el Templo del Sol, el Templo de la Cruz, el Templo del Conde, el Templo de la Cruz Foliada, el Templo de la Calavera, el Templo Olvidado, la Casa E del Palacio, el Templo II del Grupo Norte, el Templo XIII, el Templo XIV, el Templo XV, el Templo XVII, el Templo XVIII-A, el Templo XXI, el juego de pelota y plazas con funciones cívico-ceremoniales, muchos de ellos con apariencia esbelta, pórticos, techos y frisos inclinados, accesos anchos, cresterías de doble muro con aperturas rectangulares —adosadas con esculturas de dioses en estuco— paredes con tableros con glifos y elegantes decoraciones de bajorrelieves en estuco o talladas en piedra, así como figuras zoomorfas, antropomorfas y de dioses en estuco.

> Los edificios restaurados se pueden agrupar en cuatro conjuntos: a la entrada, el Templo de las Inscripciones, junto con el de La Calavera (XII y XIII); al fondo se observa el Conjunto de la Cruz; hacia el norte el edificio más llamativo por su tamaño y su torre, El Palacio, y más al norte hay una serie de edificios, entre los que se encuentran el Juego de Pelota, el Templo del Conde, el Edificio X y el Grupo Norte (Martínez Muriel, 1993: 22-24).

Todo tiene un orden, pues nada fue construido improvisadamente. Es decir, todo posee un contenido simbólico: el norte está asociado a una esfera celestial, el centro a la Tierra y el sur a la región de los muertos.

El Templo de las Inscripciones se ubica al sur, en la región de los muertos, y es la tumba del *k'uhul B'aakal ajaw*, «divino gobernante del lugar de abundancia de huesos», el más famoso de Lakamha', K'inich Janaab' Pakal o también conocido como Pakal II. «Este orden arquitectónico *materializa* una visión del mundo donde el gobernante se ubica al centro de su comunidad y de su cosmos» (Liendo y Filloy, 2011: 46-52).

El Palacio de Lakamha', además de ser la residencia del *k'uhul B'aakal ajaw*, era el recinto donde se recibía a las visitas reales y los tributos, se presentaba a los prisioneros y se realizaban banquetes, ceremonias y rituales de entronización.

K'inich Janaab' Pakal

El 23 de marzo de 603 nació K'inich Janahb' Pakal, hijo de Sak K'uk' y K'an Mo' Hix, en medio de la mayor crisis política de Lakamha': durante el gobierno de su bisabuela Yohl Ik'Nal, quien tuvo que abandonar la ciudad tras la invasión del ejército del señor K'ox —vasallo del gobernante U K'ay Kan, «canto de la serpiente», de la dinastía Kanu'l—, se destruyeron las imágenes de sus dioses y se saqueó la ciudad. La dinastía de Lakamha' se exilió en un poblado llamado Us. Yohl Ik'Nal falleció en 604, y sus hijos Ajen Yohl Mat y Janahb' Pakal I gobernaron en conjunto por muy poco tiempo, ya que, después de los turbulentos ataques, murieron en 612. La dinastía de Lakamha' se dividió en dos facciones: una liderada por Muwaan Mat, quien se entronizó ese mismo año; y la otra liderada por Sak K'uk' y K'an Mo' Hix.

K'inich Janahb' Pakal tenía nueve años de edad. Su madre fue Sak K'uk, hija de Janahb' Pakal I. El padre de Pakal II, K'an Mo' Hix, era un noble de jerarquía inferior. Por razones desconocidas, Sak K'uk no se convirtió en reina maya, como lo hizo su abuela. En cambio, el matrimonio llevó a cabo una estrategia inusual: el 26 de julio de 615 entronizaron a su hijo K'inich Janahb' Pakal, de apenas doce años, y se autoproclamaron depositarios del trono, el cual le entregarían a éste cuando llegara a la edad adulta. «Con la entronización, el rey trascendía su condición de simple ser humano para transformarse en una institución política [y] la manifestación particular de algún dios, [ya que] los reyes se tornaban en mediadores indispensables entre el mundo humano y el divino» (Grube, 2011: 24-29).

En noviembre del 624, Lakamha' fue invadida por el ejército de K'inich Yo'nal Ahk I, gobernante de Yookib (actual Piedras Negras), pero no lograron apoderarse de la ciudad.

En 626, *K'inich Janahb' Pakal* —o *Lord Shield*, «señor Escudo», como le llamaban algunos arqueólogos antes de saber su nombre, porque su glifo es un escudo—, de 23 años, se casó con Ix Tz'ak-b'u Ajaw, de aproximadamente trece años, una princesa de la cabecera provincial llamada Ux Te' K'uh. Tal vez por su corta edad no pudo embarazarse de inmediato (o culminar embarazos anteriores, si es que los hubo), pues tuvo a su primer hijo, K'inich Kan B'ahlam, nueve años más tarde, en el año 635, cuando tenía alrededor de 22 años. «Poco antes, en 633 d. C., *Pakal* había celebrado el final del *k'atun 1 ajaw*, reanudando los cultos que con esa periodicidad de *k'atunoob* se consagraban a las tres deidades patronas: el dios celeste GI, el terrestre *Unen-K'awiil* (GII) y el dios del mundo subterráneo, GIII o *Sol Jaguar del Inframundo*» (Bernal, 2011: 40-45).

En 640, falleció Sak K'uk', y en 642 K'an Mo Hix. El rey Pakal mandó construir un majestuoso mausoleo a un kilómetro del centro de Lakamha', hoy conocido como el Templo Olvidado.

En el año 644, B'ahlam Ajaw, hijo de Ik' Muuy Muwaan I, se proclamó *k'uhul B'aakal ajaw,* con lo que se intensificó el conflicto entre las dos facciones de la dinastía de B'aakal, e invadió Ux Te' K'uh, el pueblo natal de Tz'ak-b'u Ajaw. Ese mismo año nació el segundo hijo de Pakal II y Tz'ak-b'u Ajaw; y en 648 otros dos más, fortaleciendo así la sucesión en el trono, ya que «la primogenitura no era la regla. Los sucesores al trono eran elegidos entre los descendientes masculinos del rey» (Grube, 2011: 24-29).

Figura 25. Máscara de Pakal. Ilustrado por Eva Cavildo.

El 31 de julio de 683, a los 80 años murió Pakal, algo sumamente inaudito respecto a la esperanza de vida, que era de entre 25 y 35 años. No obstante, los arqueólogos han encontrado la respuesta a esta incógnita: «Los reyes gozaban de una alimentación privilegiada, lo cual se traducía en que fueran más saludables y vivieran bastante más tiempo que el promedio de la población» (Grube, 2011: 24-29).

El Templo de las Inscripciones —originalmente llamado *B'olon Eht Naah*, «la casa de los Nueve Acompañantes»— se convirtió en la última morada de Pakal, quien fue sepultado en la cámara funeraria, en un majestuoso sarcófago labrado con las imágenes de varios antepasados fusionados con árboles frutales. «En su lápida mortuoria, Pakal fue representado como personificación o encarnación póstuma del dios *Unen-K'awiil*, "Bebé-K'awiil", renaciendo y surgiendo de las fauces del ser sobrenatural "Ciempiés de la Casa de los Huesos Blancos", *Sak B'aak Naah Chapaat*» (Bernal, 2011: 40-45).

Figura 26. Tumba de Pakal. Ilustrado por Eva Cavildo.

Tz'ak-b'u Ajaw

El rey K'inich Janahb' Pakal tenía 23 años cuando, en 626, contrajo matrimonio con una niña de aproximadamente trece años, llamada

Ix Tz'ak-b'u Ajaw, proveniente del altépetl *Ux Te' K'uh*. El 13 de noviembre de 672, a la edad de 59 años, falleció la esposa del rey Pakal, mejor conocida como de la Reina Roja por la cantidad de cinabrio que cubría el interior de su tumba. Fue sepultada en la cámara central del Templo XIII, cuya fosa «consistía en una habitación abovedada en donde casi toda el área estaba ocupada por un sarcófago de forma rectangular, pintado en rojo y tallado en una sola pieza» (González Cruz, 1998: 61).

Contrario a lo que comúnmente se cree, Ix Tz'ak-b'u Ajaw o Reina Roja nunca ejerció el poder. Aunque esto no significa que no pudiera hacerlo, pues «las reinas ascendían al trono únicamente en situaciones excepcionales, como ocurría durante las crisis dinásticas, cuando ningún heredero masculino estaba disponible en el momento oportuno» (Grube, 2011: 24-29). Como ya se mencionó, en el año 635, cuando ella tenía alrededor de 22 años, tuvo a su primer hijo, K'inich Kan B'ahlam. En el año 644 nació su segundo hijo y, en 648, tuvo dos más. Por lo tanto, nunca tuvieron problemas de sucesión.

Mucho antes de la muerte de *Ix Tz'ak-b'u Ajaw*, «Reina Roja», el rey Pakal II ya había ordenado la construcción del Templo XIII, el cual para 672 ya estaba terminado. Se cree que este mausoleo había sido construido originalmente para sepultar los restos del rey y de su esposa. Pero, por alguna razón desconocida, destinó aquel edificio mortuorio para su cónyuge y mandó edificar uno nuevo para él —que ahora conocemos como El Templo de las Inscripciones— junto al Templo XIII.

Para su viaje al inframundo, Ix Tz'ak-b'u Ajaw fue ataviada con un tocado, una diadema, orejeras, máscara mortuoria, pectoral, collar, pulseras en cada mano, cuentas de jade en los tobillos y cinturón, elementos que la señalaban como esposa de Pakal.

En marzo de 1994, en medio de serios conflictos en el estado y en el país en general a causa del EZLN comenzamos las labores del Proyecto Especial Palenque, bajo la dirección del arqueólogo Arnoldo González Cruz. Nunca podré olvidar la sorpresa que me esperaba ese año. El 11 de abril había encontrado una tumba en el Templo de la Calavera que contenía alrededor de 700 piezas de jade (López, 2002). El mismo día hallé un templo con tres habitaciones o cámaras, como comúnmente les decimos, una de las cuales estaba sellada. Una semana después hicimos en ésta una oquedad para ver si contenía algo en su interior y nuestra sorpresa fue grande cuando vimos que se trataba de una tumba y un sarcófago; sin embargo, decidimos dejar al último la entrada a dicha cámara.

Después de casi dos meses de arduos trabajos y de sueños inquietantes alrededor de lo que estaba sucediendo [...]. En junio supimos lo que había en aquella cámara cerrada: una mujer de la realeza maya yacía en el interior del sarcófago, sin una historia detrás, tan sólo su atuendo, una ofrenda cerámica y dos acompañantes. La sencillez de su entierro ha sido motivo de constantes preguntas. Este descubrimiento trajo inmediatamente el recuerdo del hallazgo de una tumba y un sarcófago localizados dentro del Templo de las Inscripciones. Los restos correspondían a Pakal, el gobernante más importante de Palenque, y el descubridor fue el Dr. Alberto Ruz.

Éste, que comenzó aquella temporada de 1949 sin saber lo que le esperaba años más tarde, había leído en los informes de Frans Blom sobre una misteriosa lápida en el piso del Templo de las Inscripciones; en 1952, Ruz fue el afortunado descubridor de la famosa tumba de Pakal (Ruz, 1992).

Hacemos referencia constante a este descubrimiento debido a que la Reina Roja, como ya se mencionó, se localizó a un costado del Templo de las Inscripciones, y por lo tanto su relación con Pakal era inevitable; además, en esta plataforma habían trabajado, antes que yo, los arqueólogos Alberto Ruz, en los cincuenta, y Jorge Acosta, en los setenta. Por las tardes revisaba una y otra vez los informes de Ruz y de Acosta, y no me explicaba cómo era posible que me hubieran dejado tal regalo, lo cual no me desagradó en lo más mínimo.

¿Quién es el personaje? Desde el momento del descubrimiento tuve la osadía de decir que se trataba de una mujer, sin haber abierto el sarcófago; ahí entendí que la intuición femenina es más de lo que podemos suponer, pero también, por una reprimenda de mi director en ese entonces, Arnoldo González, no debí decir nada antes de tiempo, pues las deducciones y las historias, que se armaron como en una novela, hablaban de que tal vez se trataba de la mamá, de la hija, de la esposa, de la novia o de la concubina de Pakal; esta última deducción explicaría el que no hubiera inscripción jeroglífica, pues debía permanecer en el anonimato su relación con el gobernante.

Sin embargo, cuando Arturo Romano, antropólogo físico, contestó a mi pregunta: «¿Qué es, maestro?», recuerdo que volteó a verme con la serenidad que lo caracteriza y me dijo: «Es mujer». Sentí un vuelco en el corazón y a partir de entonces traté de indagar quién fue la Reina Roja, nombre que se debe a que la mujer tenía un rico atuendo y estaba pintada de rojo con un mineral llamado cinabrio.

En el IV Congreso Internacional de Mayistas, realizado en Antigua Guatemala, llevé una propuesta sobre la identidad de la Reina Roja. En mi afán de tratar de saber quién era, elaboré una lista de las mujeres con cargos importantes en la historia dinástica de Palenque y comparé fechas. De esta manera descarté la posibilidad de que fuera la señora *Kan al T'kal* (que murió en 604 d. C.), o *Zack Kuk* (muerta en 640 d. C.), o *Ahpo Ilel* (que murió en 672 d. C.), abuela, madre y esposa, respectivamente, de Pakal. Las fechas de entronización y muerte que se tienen de estas señoras son muy tempranas en relación con los materiales cerámicos y la estructura arquitectónica que acompañaban a la Reina; yo buscaba mujeres sobresalientes a partir de la muerte de Pakal (683 d. C.), pues la construcción de la Plataforma Oeste, donde se encontró la Reina Roja, es posterior al Templo de las Inscripciones (López Jiménez, 2004: 66-69).

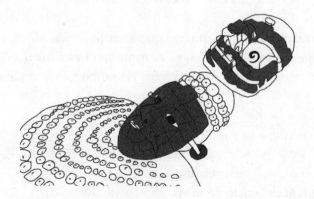

Figura 27. Restos óseos de la Reina Roja. Ilustrado por Eva Cavildo.

Al oriente del sarcófago, los mayas colocaron a un individuo adulto del sexo femenino de entre 35 y 40 años de edad y de 1.58 cm de estatura, lo cual hicieron también en el lado poniente, donde se encontró a otro personaje, esta vez del sexo masculino y de entre 7 y 12 años de edad. Al remover la losa monolítica que cubría el sarcófago, se descubrió en el fondo, con la cabeza orientada hacia el norte, el esqueleto de un individuo del sexo femenino, de entre 35 y 40 años de edad y 1.65 m de estatura, con una colección de jades, perlas, navajillas de obsidiana, agujas de hueso y conchas que cubrían y rodeaban al esqueleto. Unas 1 250 piezas de jade unidas para formar una máscara, collares, orejeras, tocados, pulseras y tobilleras adornaban el cuerpo (González Cruz, 1998: 61).

Dioses de Lakamha'

Las tres deidades patronas:

- GI, «el dios celeste».
- GII onen-K'awiil, «el dios terrestre». «Bebé K'awiil»; GIII o Sol Jaguar del Inframundo, «el dios del mundo subterráneo».

La presencia de Tláloc en Palenque fue influencia de Teotihuacan. Aunque no directamente, pudo ser influjo de uno de los más de sesenta Estados mayas.

La cuenta del tiempo en maya

El calendario maya es el mismo que se utilizaba en Monte Albán y en la Cuenca de México, desde Teotihuacan hasta México Tenochtitlan. A continuación, se presentan los nombres en lengua maya:

- K'in, «día».
- Winal, «20 días».
- Tzolk'in, «ciclo de 260 días».
- Tun, «ciclo de 360 días».
- K'atun, «ciclo de 20 años o 7 200 días».
- Bak'tun, «ciclo de 400 años o 14 4000 días».

Los nombres del Periodo Clásico del *Tun* al *Bak'tun* son:

- *Tun = Haab*, «ciclo de 360 días».
- *K>atun = Winikhaab*, «ciclo de 20 años o 7 200 días».
- *Bak>tun = Pik>*, «ciclo de 400 años o 14 4000 días».

La lengua de las inscripciones mayas del Clásico está emparentada con el *Ch'orti'* actual, por eso algunos lo llaman *Ch'oltiano* clásico y otros, simplemente, maya jeroglífico.

En el Periodo Clásico, la fecha de «año nuevo» era asiento de *Pop* u *o Pop*, y los días se numeraban del 0 al 19.

A lo largo y ancho de Mesoamérica, la primera estación del calendario de 365 días traía consigo la llegada del *cargador del año*, día que tomaba su nombre de la posición que ocupara en la cuenta de 260 días. Al primer día del año sólo podían corresponder cuatro de los veinte signos de día, y en el Yucatán del periodo Postclásico éstos eran *K'an, Muluk, Ix* y *Kawak*. En combinación con su coeficiente numérico específico (1 *K'an*, 2 *Muluk*, etc.), estos *cargadores del año* daban su nombre a cada uno de los años de un largo ciclo de 52. Si bien existe abundante evidencia de la existencia del sistema de *cargadores del año* en el calendario de los mayas del periodo Postclásico en Yucatán (Taube, 1988) e incluso en el seno de algunas comunidades modernas de las tierras altas (Tedlock, 1982), los mayistas del siglo pasado no hallaron vestigios de este sistema en los registros del periodo Clásico. Bowditch (1910: 81) creía que el calendario de *cargadores de año* sencillamente no existía en el periodo Clásico, en tanto que Thompson (1950: 128) era de la opinión de que, en caso de haber existido, no se le registró en los monumentos [...]. La primera inscripción que habremos de tomar en consideración es la que aparece en la Estela 18 de Naranjo. Su texto, aunque sumamente erosionado, incluye el fascinante registro de la fecha *1 Ik'*, *Asiento de Pop*, que correspondería a la fecha 9.14.14.7.2 en la Cuenta Larga [...]. La mención que se hace en la Estela 18 de la erección de una estela en una fecha *de asiento de Pop* es altamente reminiscente de los ritos de Año Nuevo que se registraron en Yucatán varios siglos después [...].

El Altar *U* de *Copán* refuerza la idea de una relación entre las fechas del Año Nuevo y un juego de cuatro deidades. La parte superior de este altar lleva una inscripción que abre con la fecha de Rueda Calendárica 3 *Kaban Asiento de Pop*, que corresponde a 9.18.2.5.17 [...]. Los aniversarios de *haab* como este son inusuales en los textos mayas y parecería que el Año Nuevo en el *Asiento de Pop* fuera el concepto dominante que conecta a ambas fechas (Stuart, 2007: 1-7).

Los cinco días baldíos o *nemontemi* en náhuatl, en maya se llamaban *wayeb* y se numeraban del 0 al 4: *0 wayeb, 1 wayeb, 2 wayeb, 3 wayeb, 4 wayeb*. «El calendario de 260 días, llamado *tonalpohualli* entre los mexicas, existía entre los mayas, donde los investigadores le han dado el nombre *tzolk'in*, derivado de una palabra *quiché* (k'iche) que significa "el orden de los días"» (Dehouve, 2014: 94).

Nombres de las veintenas		
	Náhuatl	Maya
1	Atlcahualo	Sak
2	Tlacaxipehualiztli	Keh
3	Tozoztontli	Mak
4	Huey tozoztli	K'ank'in
5	Tóxcatl	Muwan
6	Etzalcualiztli	Pax
7	Tecuilhuitontli	K'ayab
8	Hueytecuílhuitl	Kumk'u
9	Tlaxochimaco	Pop
10	Xocotlhuetzi	Wo
11	Ochpaniztli	Sip
12	Teotleco	Sotz'
13	Tepéilhuitl	Sek
14	Quecholli	Xul

15	Panquetzaliztli	Yaxk'in
16	Atemoztli	Mol
17	Títitl	Ch'en
18	Izcalli	Yax

Figura 28. Los nombres de las veintenas en náhuatl y maya.

Nombres de los signos de los días		
	Castellano	Náhuatl	Maya
1	Caimán	Cipactli	Imix
2	Viento	Ehécatl	Ik'
3	Casa	Calli	Ak'bal
4	Lagartija	Cuetzpallin	K'an
5	Serpiente	Cóatl	Chikchan
6	Muerte	Miquiztli	Kimi
7	Venado	Mázatl	Manik
8	Conejo	Tochtli	Lamat
9	Agua	Atl	Muluk
10	Perro	Itzcuintli	Ok
11	Mono	Ozomatli	Chuwen
12	Hierba	Malinalli	Eb
13	Carrizo	Ácatl	Ben
14	Jaguar	Océlotl	Ix
15	Águila	Cuauhtli	Men
16	Buitre	Cozcacuauhtli	Kib
17	Movimiento	Ollin	Kaban
18	Pedernal	Técpatl	Etz'nab
19	Lluvia	Quiáhuitl	Kawak
20	Flor	Xóchitl	Ajaw

Figura 29. Nombres de los símbolos de los días en náhuatl y maya.

Nombres de las veintenas		
	Náhuatl	Maya
1	Ce	Jun
2	Ome	Cha'
3	Yei	Ux
4	Nahui	Chan
5	Macuilli	Ho'
6	Chicuace	Wak
7	Chicome	Huk
8	Chicuei	Waxak
9	Chiconahui	Balun
10	Matlactli	Lajun
11	Mahtlahtlin ce	Buluk
12	Mahtlahtlin ome	Lahcha'
13	Mahtlahtlin omei	Uxlajun
14	Mahtlahtlin nahui	Chanlajun
15	Caxtolli	Ho'lajun
16	Caxtollin ce	Waklajun
17	Caxtollin ome	Huklajun
18	Caxtollin yei	Waxaklajun
19	Caxtollin nahui	Balunlajun
20	Cempoalli	Junk'al

Figura 30. Los números en náhuatl y maya.

La escritura maya

Concluida la conquista de Yucatán, el misionero español de la Orden Franciscana, Diego de Landa, se estableció en el altépetl de Yucatán, donde —entre 1572 y 1579— ejerció como obispo de la Arquidiócesis de Yucatán. Al igual que Sahagún, Motolinía, De las Casas, Durán y otros frailes, Diego de Landa Calderón se dedicó a estudiar las culturas del Nuevo Mundo; en su caso, la cultura maya.

De esta manera, con ayuda de los nativos, aprendió un poco de la escritura maya y —sin saber que en realidad era un silabario— tradujo
a la lengua castellana lo que él creía que era un abecedario. Alrededor de 1566, documentó, para fortuna nuestra, en su libro *Relación de
las cosas de Yucatán*, lo que hoy conocemos como el *abc de Landa* o el
alfabeto de Landa. Sin embargo, De Landa y los estudiosos de la
época pensaron que aquel alfabeto carecía de utilidad, así que no
continuaron sus estudios.

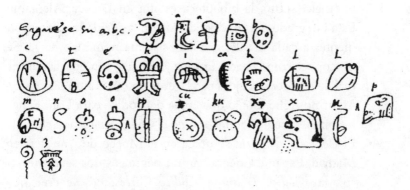

Figura 31. «Alfabeto» de Diego de Landa, en Relación de las Cosas de Yucatán
(adaptado por Coe y Kerr, 1998: 228). Ilustrado por Salvador Santos.

Los textos mayas más tempranos de los que se tiene conocimiento se
remontan al siglo III a. C., mientras que los más tardíos en escritura
glífica se realizaron en la época de la Conquista española [...]. Se estima
que existen más que cinco mil textos individuales, incluyendo aquellos que han sido descubiertos arqueológicamente y los que se encuentran en museos y colecciones privadas alrededor del mundo. La mayor
parte de estos textos fueron escritos durante el periodo Clásico (200-
900 d. C.) (Kettunen y Helmke, 2011: 7).

Con el paso de los años, el manuscrito original de *Relación de las
cosas de Yucatán* se extravió; pero en 1862 el francés Charles Étienne Brasseur de Bourbourg encontró una versión tardía y abreviada,
escrita alrededor de 1660. El documento que había pasado de copista en copista, por fin, dos años más tarde, fue publicado por

Brasseur de Bourbourg bajo el título *Relation des choses de Yucatán de Diego de Landa*.

Además de la *Relación de las cosas*, reaparecieron cuatro códices mayas del Periodo Posclásico (900-1697 d. C.), elaborados con pulpa de amate (higueras, *Ficus cotinifolia* y *Ficus padifolia*). Éstos fueron bautizados en correlación con la ciudad en la que se encuentran actualmente:

- El *Códice de Dresden*, resguardado en la Sächsische Landesbibliothek (SLUB), la biblioteca estatal en Dresde, Alemania. Está integrado por un calendario con las deidades correspondientes a cada día del año y el sistema numérico maya. Se desconoce cómo llegó a Europa y quién lo vendió a la librería real de la corte de Sajonia en Dresde en 1739. Entre 1825 y 1826, Agostino Aglio dibujó una copia del códice para Lord Kingsborough, la cual se conoce como el *Códice Kingsborough*.

- El *Códice de Madrid* se ubica en el Museo de América, en Madrid, España. Cuenta con 112 páginas y dos secciones, tituladas *Códice Troano* y *Códice Cortesiano*. Se cree que, durante su paso por Yucatán, Hernán Cortés obtuvo estos dos códices y los envió al rey Carlos V, ya que los menciona en una de sus *Cartas de Relación*.

- El *Códice de París*, también conocido como *Códice Peresianus*, se ubica en el *Fonds Mexicain* (Fondo Mexicano) de la Biblioteca Nacional de Francia, que lo adquirió en 1832. Estuvo arrumbado en una esquina de la Biblioteca Imperial de París (ahora Biblioteca Nacional de Francia) hasta que Léon de Rosny lo dio a conocer en 1859. Consiste en once páginas que tratan sobre calendario adivinatorio de 364 días, rituales, dioses y profecías. No está en exhibición para el público.

- El *Códice Maya de México* salió a la luz en 1971, luego de que su dueño, el doctor José Sáenz, lo mostrara al mayista Michael Coe. Se dice que fue hallado en una cueva en la sierra de Chiapas en 1965. Cuenta con 11 páginas en muy mal estado; y en cada una de estas se aprecia a una deidad.

A mediados del siglo XIX, el historiador, archivero, bibliotecario y director de la Sächsische Landesbibliothek de Dresden (Biblioteca del Estado Sajón), el alemán Ernst Förstemann, tuvo acceso al *Códice de Dresden* y llevó a cabo uno de los primeros estudios sobre el calendario y la obra De Landa, con lo cual descubrió que los mayas ya utilizaban el cero, las cuentas largas, los cálculos en sistema vigesimal y algebraico, las tablas de Venus y las tablas lunares.

El etnólogo y lingüista francés Léon Louis Lucien Prunol de Rosny publicó, en 1874, *L'interprétation des anciens textes mayas* y, en 1876, *Déchiffrement de l'Écriture Hiératique de l'Amérique Centrale*; en éstos planteó que la escritura maya se basaba en signos fonéticos.

En 1945, Yuri Valentinovich Knórozov, tras ser desmovilizado de la guerra empezó con sus estudios de la escritura maya.

Knórosov provenía de una familia de intelectuales y había ingresado a la Facultad de Historia de la Universidad de Járkov, en 1939. A partir de entonces, y ya como investigador del Instituto Etnográfico de la Academia de Ciencias de Leningrado (hoy San Petersburgo), se dedicó a descifrar los glifos mayas sin haber visitado jamás tierras mayas y con todas las limitaciones de «los años del *estancamiento brezhneviano*» de la Unión de Repúblicas Socialistas Soviéticas y la Guerra Fría de Leonid Ilych Brezhnev. Ésta no fue una tarea nada sencilla, ya que el sistema de escritura jeroglífica maya contiene más de mil signos diferentes y no es alfabético o puramente fonético, sino logográfico. Por si fuera poco, existen más de 30 lenguas mayas.

Sistema de escritura alfabético	Número de signos
Hebreo	22
Inglés	26
Español	27
Árabe	28
Ruso	36
Sistema de escritura logográfico	Número de signos
Maya	1 000 (+)
Egipcio	2 500
Chino	5 000 (+)

En 1940, el historiador, arqueólogo y antropólogo alemán Heinrich Berlin realizó estudios en la zona arqueológica de Palenque, Chiapas; en la década de 1950, junto con Tatiana Proskouriakoff, encontró el significado de lo que él llamó el *Glifo Emblema*, es decir, descubrió que los glifos tenían relación con los linajes. En 1960, Tatiana Proskouriakoff, epigrafista, antropóloga y etnóloga rusa, demostró que las inscripciones mayas contaban historias de personas y no de dioses. «Al mismo tiempo, los grandes nombres en el campo de la investigación de la cultura maya, J. Eric S. Thompson y Sylvanus G. Morley, aseguraban que en el corpus de inscripciones no había más contenido que el calendárico, sin ningún tipo de información histórica» (Kettunen y Helmke, 2011: 11).

En las décadas de 1970, 1980 y 1990, el arqueólogo George Stuart, la epigrafista e iconografista norteamericana Linda Schele, el arqueólogo, epigrafista y mayista australiano Peter Mathews, el arqueólogo antropólogo y epigrafista estadounidense Michael Douglas Coe y el arqueólogo y epigrafista David Stuart —considerado el gran genio del desciframiento maya— realizaron grandes avances en la descodificación de la escritura maya. Asimismo, en México, Maricela Ayala Falcón, el historiador y arqueólogo Guillermo Bernal Romero y el historiador Erik Velásquez han aportado diversos hallazgos en el campo de la epigrafía. La lista de especialistas es muy larga y sería muy complicado nombrarlos a todos.

Para entender mejor la escritura maya, solicité ayuda a Salvador Santos García, arqueólogo por la Universidad Veracruzana, maestro en Estudios Mesoamericanos por la Facultad de Filosofía y Letras y doctorante en Historia del Arte por la UNAM, quien generosamente escribió el siguiente texto exclusivamente para esta obra: «Las voces del pasado, el susurro del presente. La lectura de la escritura maya».

La escritura es, sin duda alguna, uno de los inventos más originales de la humanidad, aunque en contadas ocasiones ha tenido un desarrollo prístino que prácticamente coincida con las llamadas cunas civilizatorias: Mesopotamia, Egipto, India, China, los Andes y, por supuesto, Mesoamérica. A partir de su invención original en cada una de estas regiones, la escritura fue adoptada y adaptada por los diversos pueblos de la zona. Así, nuestro actual alfabeto es un heredero lejanísimo de los jeroglíficos egipcios, el cual pasó primero por el proto-sinaítico, al cananeo, al fenicio, a los griegos, a los romanos y así hasta hoy en día.

La región que conocemos como Mesoamérica también fue cuna de la invención de la escritura, al parecer inventada por los olmecas en una fecha certera pero desconocida. El invento fue adoptado por muchos otros pueblos —entre ellos los mayas— y los diferentes sistemas siguieron desarrollándose hasta la conquista española a partir del siglo XVI, aunque hubo grupos de escribas que siguieron usando sus propios sistemas de escritura hasta los siglos XVII-XVIII.

Entre la constelación de escrituras mesoamericanas son pocas las que han sido descifradas. Esto se debe a la carencia de las condiciones necesarias para ello, como una *piedra de Rossetta*, es decir, una guía que nos permita saber cómo leer los signos. En la actualidad, tenemos dos grandes casos de éxito, las escrituras maya y náhuatl, de las cuales la primera ha tenido un desarrollo notable en los últimos 30 años, pero cuyo desciframiento empezó en el siglo XIX.

Gracias a los avances del desciframiento maya, se ha podido acceder a una gran cantidad de valiosísima información, la cual a su vez ha permitido un mejor entendimiento de la cultura maya en muchos de sus aspectos, como sus alianzas políticas, los nombres de sus reyes y reinas, sus dioses y un sinfín más.

Los mayas escribían en muchos soportes: piedra, cerámica, madera o papel de amate. Seguramente debieron existir bibliotecas y grandes archivos en los diversos reinos mayas, pero al estar sobre papel el paso del tiempo y las condiciones ambientales terminaron por destruir tales archivos. La mayoría de las inscripciones que sobreviven están sobre piedra y siguen patrones regulares en su estructura, pues se trata de inscripciones públicas, similares a las placas y monumentos conmemorativos actuales.

La escritura maya se compone de dos clases de signos: los logogramas y los silabogramas; los primeros son signos que representan una palabra completa, los segundos son sílabas. Es por ello que la escritura maya es conocida, entre los especialistas, como una escritura logosilábica, que fue un tipo de escritura muy común en el mundo antiguo, como el egipcio. La complejidad deviene por el uso de los logogramas y silabogramas en diversas combinaciones, así como por las variantes que existen para escribir una misma cosa.

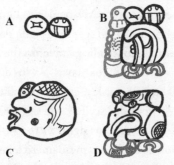

Diferentes formas de escribir la palabra Ajaw (señor)
A) AJAW B) a-AJAW-wa C) AJAW D)AJAW-wa

Figura 32. Ilustrado por Salvador Santos.

Ahora procederemos a ver cómo se organiza y se lee una inscripción maya. El ejemplo mostrado es una vasija pintada muy particular, ya que normalmente en los monumentos de piedra el lenguaje usado es muy formal y solemne, con frases cortas y directas, (claro está, hay excepciones a la regla), en cambio en algunas vasijas se nos muestran pasajes mitológicos o históricos con un leguaje mucho más fluido y hasta poético.

Para facilitar la lectura de los textos mayas, los especialistas dividimos el texto con un sistema de coordenadas para llevar un registro preciso de lo que dice cada signo. El sentido de lectura del texto, normalmente, es a dos columnas y en zigzag. Se comienza por la posición A1, se continúa con B1, se prosigue con A2 y así sucesivamente, pero como veremos en el caso presentado, algunos textos no siguen esa lógica.

Para leer y traducir un texto maya a una lengua moderna —como, en nuestro caso, el español— se llevan a cabo una serie de pasos: primero se identifica y se lee cada uno de los signos; esto se llama transliteración. Después se pone cómo sería la lectura en maya jeroglífico, como también se le conoce a la lengua de las inscripciones. Al ser el sistema logo-silábico, hay sonidos de la lengua que no se escriben, pero el escriba maya sabría llenar esos huecos, como sucede en la actualidad con las abreviaturas; a este paso se le llama transcripción. Hay otros pasos más especializados y consistentes para analizar el texto y saber traducirlo lo mejor posible a nivel lingüístico; a estos pasos se les llama segmentación y análisis morfológico. Por último, se hace la traducción del texto.

Una vez explicado lo anterior, se puede ya interpretar el texto mostrado con los tres pasos básicos de lectura en maya: transliteración, transcripción y traducción. Los otros pasos se omitirán para no abrumar al lector.

Siendo así, veamos nuestro ejemplo de escritura maya:

Figura 33. Ilustrado por Salvador Santos.

Viendo la composición de la escena del vaso, procedamos a la lectura de cada una de sus partes para entender el mensaje trasmitido. Comenzaremos por la línea superior, donde se encuentra la Secuencia Primaria Estándar, y después con cada una de las escenas.

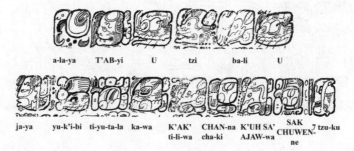

Figura 34. Ilustrado por Salvador Santos.

Transcripción
Alay t'abaay utz'ihbaal ujay yuk'ib ti yuhtal kakaw k'aahk' tiliw
chan chaahk k'uhul sa'al ajaw sak chuwen huk tzuk

Traducción
Ésta es la dedicación de la decoración del tazón de barro para
beber cacao afrutado de *K'aahk' Tiliw Chan Chaahk* divino Señor
de *Sa'al* artesano puro el de las siete provincias.

Como podemos ver la Secuencia Primaria Estándar nos da información
sobre el uso del vaso y su dueño. En este caso era para beber cacao y pertenecía a un gobernante de un reino llamado *Sa'al* «lugar donde abunda
el atole», que en la actualidad se ha identificado con el sitio arqueológico de Naranjo, en Guatemala. Ahora procedamos con las escenas.

Figura 35. Ilustrado por Salvador Santos.

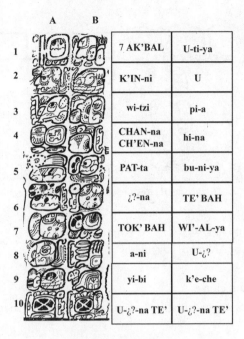

	A	B
1	7 AK'BAL	U-ti-ya
2	K'IN-ni	U
3	wi-tzi	pi-a
4	CHAN-na CH'EN-na	hi-na
5	PAT-ta	bu-ni-ya
6	¿?-na	TE' BAH
7	TOK' BAH	WI'-AL-ya
8	a-ni	U-¿?
9	yi-bi	k'e-che
10	U-¿?-na TE'	U-¿?-na TE'

Figura 36. Ilustrado por Salvador Santos.

Transcripción

Huk ak'bal uhtiiy k'iin uwitz pipha' chan ch'e'en hiin patbuniiy ¿?-na te' baah took' baah wi' alay ahni u ¿? Yib k'ech u¿?-n te' u¿?-n tuun

Traducción

En el siete *ak'bal* había sucedido en *K'iin uwitz* en el centro de *Pipha'* el que hacía ¿códices?, imágenes de madera, imágenes de pedernal. Entonces se dice huyó su ¿? de esta manera fue llevado su ¿? de madera, su ¿? de piedra.

En esta primera parte, se nos menciona al conejo (aunque no por su nombre) y alguna de sus acciones. Es común ver en otras representaciones al conejo como un pintor de códices o como artista, lo cual recalca el texto mostrado. Aunque no es posible leer completamente el mensaje debido a que varios glifos no han sido descifrados, en general éste es entendible. Ahora procedamos con los diálogos de los personajes.

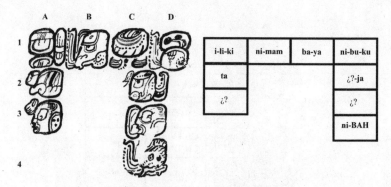

i-li-ki	ni-mam	ba-ya	ni-bu-ku
ta			¿?-ja
¿?			¿?
			ni-BAH

Figura 37. Ilustrado por Salvador Santos.

Transcripción

Ilik ta ¿? Nimam bay nibuhk ¿?-j ¿? Nibaah

Traducción

¿y si viera mi abuelo ¿? dónde está mi ropa ¿? mi imagen?

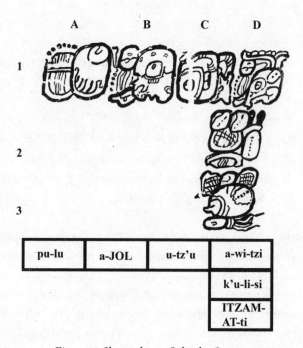

pu-lu	a-JOL	u-tz'u	a-wi-tzi
			k'u-li-si
			ITZAM-AT-ti

Figura 38. Ilustrado por Salvador Santos.

Transcripción
Pulu ajo'l uhtz'u awitz k'uhlis itzamaat

Traducción
¡Quémate la cabeza, huélete la secreción del pene *Itzamaat*!

En esta primera escena vemos que el conejo sostiene varios objetos en sus manos, lo cuales pertenecen al otro personaje que se encuentra delante de él. Este personaje es conocido entre los especialistas como Dios L, aunque en este caso se le llama Itzamaat, quien reclama al conejo sus pertenencias aludiendo a su reputación ante su ancestro, a lo cual el conejo le responde de manera muy grosera e irreverente. Ahora veamos la siguiente parte de la historia.

Figura 39. Ilustrado por Salvador Santos.

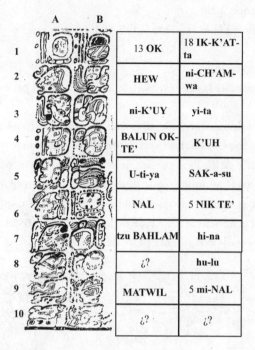

	A	B
1	13 OK	18 IK-K'AT-ta
2	HEW	ni-CH'AM-wa
3	ni-K'UY	yi-ta
4	BALUN OK-TE'	K'UH
5	U-ti-ya	SAK-a-su
6	NAL	5 NIK TE'
7	tzu BAHLAM	hi-na
8	¿?	hu-lu
9	MATWIL	5 mi-NAL
10	¿?	¿?

Figura 40. Ilustrado por Salvador Santos.

Transcripción

Uuxlaju'n ok' waxaklaju'n ik'at he'w nich'amaw nik'uy yihtaj balun yook'te' k'uh uhtiiy ajsaksu nal ho' nikte' tzu bahlam hiin ¿? hul maatwiil ho' mih nal ¿?

Traducción

En el día 13 Ok' 18 de *Ik'at* tomé mi sombrero *k'uy* en compañía de *Balun Yook'te' K'uh,* había sucedido en *Ajsaksu Nal Ho' Nikte'.* Él *Tzu Bahlam* ¿? Llegó a *Maatwiil* en Ho' *Mih Nal* ¿?

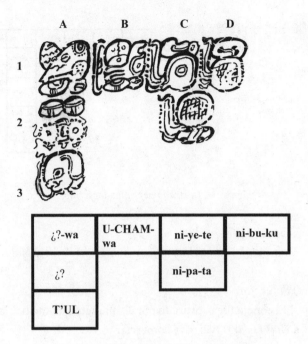

¿?-wa	U-CHAM-wa	ni-ye-te	ni-bu-ku
¿?		ni-pa-ta	
T'UL			

Figura 41. Ilustrado por Salvador Santos.

En esta sección, se habla acerca del Dios L y de uno de sus atributos físicos, en este caso un sombrero con un ave, a la que podemos ver en la escena anterior entre las manos del conejo. Menciona algún tipo de viaje en compañía de otro dios, llamado *Balun Yook'te' K'uh*. Asimismo, se menciona a otro personaje, de nombre *Tzu Bahlam*, pero el texto está lo suficientemente borrado como para no entender a detalle su participación. Por último, veremos los parlamentos expresados en la escena.

Transcripción
¿? T'uhl uch'amaw niyet nibuhk ni patan

Traducción
¿? El conejo tomó mi insignia, mi ropa, mi tributo.

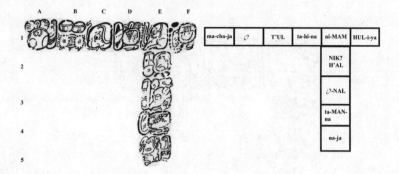

	ma-cha-ja	¿?	T'UL	ta-hi-na	ni-MAM	HUL-i-ya
					NIK? H'AL	
					¿?-NAL	
					ta-MAN-na	
					na-ja	

Figura 42. Ilustrado por Salvador Santos.

Transcripción

Mahchaj ¿? T'uhl ta hiin nimam huliiy nik? Ha'al ¿? Nal tamanaj

Traducción

¿? El conejo fue capturado por él, mi nieto cuando había llegado
a *Nik? Ha'al ¿? Nal* para comerciar

En esta segunda escena, lo que observamos es el reclamo del Dios L
ante el dios del Sol acerca del incidente con el conejo y por lo que le fue
robado; el dios solar responde que el conejo ha sido capturado cuando
intentaba vender lo hurtado. Sin embargo, si observamos cuidadosamente, el conejo está atrás del dios solar, indicando probablemente que
le está mintiendo al Dios L y que él también forma parte de un complot.
Recapitulación

Como hemos visto en el caso anterior, el desciframiento de la escritura
maya ha permitido acceder a valiosísima información para la investigación. Si bien el ejemplo mostrado tiene parlamentos que pudieran parecernos cómicos, la realidad es que retrata parte de un mito
mucho más amplio, en el cual el Dios L es el regente de la era anterior
a la actual. Los otros componentes del mito revelan una conjura de
dioses para derrocar al Dios L y hacer una nueva era bajo el gobierno
del Dios del maíz. Parte de ese proceso es el presentado previamente,
pues el robo de las insignias y ropa del dios es una humillación que
termina con su preeminencia. El encargado en este caso es el conejo,

un personaje caracterizado por ser grosero, irreverente y astuto, el cual en muchas narraciones de los pueblos indígenas contemporáneos mantiene esa personalidad. Entre los mayas peninsulares se le conoce como *Juan T'u'ul*, mientras que entre no indígenas es llamado Tío Conejo, lo que también revela su permanencia en la tradición de historias muy antiguas.

OTRAS CIUDADES MAYAS EN CHIAPAS

Los mayas crearon más de sesenta ciudades-Estado en un tramo de Tabasco y en gran parte de Yucatán, Quintana Roo, Chiapas, Campeche, Guatemala, Belice, Honduras y El Salvador. No obstante, entre éstos jamás hubo una hegemonía política.

Cabe mencionar que en este libro no será posible profundizar en cada una de estas ciudades, ya que el tema central es la historia de México Tenochtitlan, por lo que este sumario sobre la historia maya es únicamente para conocer los antecedentes. Por tanto, sólo mencionaré las ciudades mayas más importantes y algunos datos significativos.

Bonampak

(250-900 d. C.)

Bonampak, «muros pintados» o «muros teñidos», fue un pueblo vasallo de Yaxchilán. Sus murales expusieron el oficio de la guerra y el sacrificio humano, con lo cual se derrumbó la versión de que los mayas eran una cultura pacífica. Esta ciudad se ubica en la Selva Lacandona, en el sureste de Chiapas, a tres horas de Lakamha'.

Lagartero

(400-900 d. C.)

Se desconoce su nombre original en lengua maya. Se le llama *Lagartero*, ya que los primeros colonos (1972) encontraron gran abundancia de lagartos. De igual forma, llamaron Lagartero al río de la zona. Se ubica en el sur de Chiapas, en la frontera con Guatemala, a siete horas de Palenque.

Chiapa de Corzo

Primera ocupación (1250 a. C.-400 d. C.)
Segunda ocupación (900-1521 d. C.)

Se desconoce su nombre original en lengua maya. Se le llama *Chiapa de Corzo* por la cercanía con la cabecera del municipio que lleva el mismo nombre. Se localiza afuera de Tuxtla Gutiérrez, a orillas del río Grijalva. Sus primeros habitantes fueron contemporáneos de los olmecas de San Lorenzo y de La Venta. El sitio tiene más de 50 edificios.

Chinkultic

(50 a. C.-1250 d. C.)

Chinkultic significa «cenote escalonado». Sin embargo, se cree que su nombre original era *Zapaluta*, «caminos de enanos». Se ubica en el municipio de La Trinitaria, Chiapas, a 55 kilómetros de Comitán.

Toniná

(200-900 d. C.)

El nombre Toniná proviene de la lengua tzetzal: «la casa de piedra» o «el lugar donde se levantan esculturas en piedra en honor del tiempo». Posee el basamento más alto del continente americano (más de setenta metros de altura), el cual está construido sobre siete plataformas de piedra. Se localiza en el centro-este de Chiapas, a tres horas de Palenque.

Iglesia Vieja

(400 a. C.-600 d. C.)

En Iglesia Vieja hubo, en diferentes momentos de sus mil años de asentamiento, una confluencia de las culturas olmeca, zapoteca, mixteca y maya. Se han explorado alrededor de 30 monumentos, entre los que destacan el basamento de 95 metros de fachada por 65 de largo. Se ubica en el suroeste de Chiapas, a cuatro kilómetros de Tonalá.

Izapa

(1500 a. C.-1200 d. C.)

Los fundadores de Izapa fueron contemporáneos de los olmecas. En Izapa se han descubierto 13 plazas con basamentos masivos, 283 monumentos, 89 estelas paradas y grabadas, 90 altares y 3 tronos. En total, 161 estructuras de dimensiones diferentes, tronos, esculturas en bulto, columnas y pilas. Se ubica en el sur de Chiapas, a once kilómetros de Tapachula, en la frontera con Guatemala y cerca del volcán Tacaná.

Yaxchilán

(250-900 d. C.)

Nombrada así por Teobert Maler en el siglo XIX, su nombre significa «lugar de piedras verdes», aunque su nombre en la antigüedad era *Pa'chan*, «cielo partido».

Yaxchilán fue una de las ciudades-Estado más poderosas del Periodo Clásico. Su apogeo ocurrió entre 350 y 810. Sostuvo guerras contra Piedras Negras, Tikal y Palenque. Se localiza en el oriente del estado de Chiapas, en la orilla del río Usumacinta.

CHICHÉN ITZÁ, YUCATÁN

(100-1200 d. C.)

El nombre de *Chi-ch'en Itzá*, «la ciudad de los brujos» o «la ciudad de los magos del agua» —*chi*, «boca»; *ch'en*, «pozo»; *its*, «brujo»; *ha'*, «agua»: «En la boca del pozo del brujo del agua», en referencia al Cenote Sagrado— también podría traducirse como «al borde de la ciudad de los itzaes», ya que la palabra para pozo también era usada para expresar ciudad.

La palabra «cenote» proviene del maya yucateco *ts'ono'ot* o *dzonot* y significa «abismo», «caverna con agua» o «pozo». El vocablo cenote es una deformación de los españoles, ya que no supieron pronunciar *ts'ono'ot* correctamente. El Cenote Sagrado era considerado por los habitantes de la región como una entrada al inframundo.

Chi-ch'en Itzá abarca alrededor de 15 kilómetros cuadrados y fue la capital de la zona en el Clásico Terminal y el Posclásico Temprano. Poseía una amplia red de grupos arquitectónicos, protegidos por murallas. Afuera, la ciudad estaba rodeada por otros veinte conjuntos habitacionales medianos y modestos, fabricados con asientos y muros de piedra y techos perecederos.

La ciudad se divide en tres grandes plazas. Entre los conjuntos más importantes de este núcleo se encuentran:

- El gran juego de pelota
- Templo sur del juego de pelota
- Tzompantli
- Plataforma de Venus
- Plataforma de las Águilas y los Jaguares
- Templo de las Mesas
- Templo de los Guerreros
- El Castillo
- El Osario

- Casa del Venado
- Chichanchob (Casa Colorada)
- Cenote Sagrado
- Observatorio (El Caracol)
- La Iglesia
- Complejo de las Monjas
- Templo del Jaguar
- Templo del Hombre Barbado
- Grupo de las Mil Columnas
- Plataforma de las Tumbas

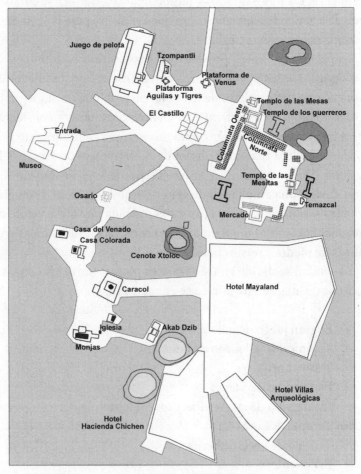

Figura 43. Mapa de Chichén Itzá. Ilustrado por Eva Cavildo.

El Castillo de Kukulcán

El Castillo es la estructura más importante de Chichén Itzá. Éste mide 55 metros y medio de lado y 30 de altura y, a su vez, tiene cuatro escalinatas que conducen al templo en la plataforma superior y a un acceso a la subestructura «mediante un túnel moderno, excavado sobre la escalera original» (Vela, 2008: 38-46). En su interior yacen un friso con representaciones de jaguares, un trono de jaguar pintado de rojo, una escultura de *Chac Mool* y varios discos con mosaicos de turquesa. «Está alineado entre dos cenotes: *el Sagrado* y *el Xtoloc* [...]. Se puede trazar una línea desde el cenote *Holtún*, al oeste, hacia el cenote *Xkanjuyum*, al este, que también pasa por el centro del Castillo, formando así un cosmograma perfecto, con el Castillo al centro flanqueado por cuatro cenotes» (De Anda *et al.*, 2019: 34-41). «Su templo superior posee vanos hacia los cuatro puntos cardinales» (Montero, Galindo y Wood, 2014: 80-85).

La cima del Castillo también era utilizada como observatorio y marcador de horizonte, desde el cual se indicaba el *eterno retorno* del Sol, los pasos cenitales, los solsticios y los equinoccios; además, se llevaba la cuenta de los días, las temporadas de lluvias, las sequías y los ciclos agrícolas.

El *paso cenital del Sol* o *cenit del Sol* —para los nahuas el *tonalnepantla*— es un fenómeno óptico solar que ocurre dos días al año en las regiones ubicadas entre el Trópico de Cáncer y el Trópico de Capricornio, con una duración estimada de 49 minutos. Este fenómeno ocurre a mediodía, cuando el Sol se posiciona en el punto más alto del cielo y su luz no proyecta sombra alguna sobre la Tierra. Imaginemos una escuadra donde el piso es el lado horizontal y el rayo solar es la línea vertical de 90 grados. El método de los observatorios prehispánicos para detectar los pasos cenitales constaba de una cámara oscura con forma de cueva —por ejemplo, el Edificio P de Monte Albán, el Observatorio de Xochicalco y la cueva ceremonial con una estela lisa en Teotihuacan—, así como de un pequeño hueco por donde entraba un haz de luz en forma vertical, lo cual sólo ocurría en los pasos cenitales.

Los pasos cenitales del Sol en:

- *Xochicalco*: Primer paso, entre el 14 y 15 de mayo; y, segundo paso, entre el 28 y 29 de julio.
- *Monte Albán*: Primer paso, entre el 7 y 8 de mayo; y, segundo paso, entre el 6 y 7 de agosto.
- *Teotihuacan*: Primer paso, entre el 18 y 19 de mayo; y, segundo paso, entre el 26 y 27 de julio.
- *Tenochtitlan*: Primer paso, entre el 16 y 17 de mayo; y, segundo paso, entre el 26 y 27 de julio.
- *Castillo de Chichén Itzá*: el 23 de mayo y 19 de julio, en el eje de su esquina noreste (orientado a 67° 51') y en la escalinata noroeste (orientado a 292° 18'), no se proyecta sombra lateral alguna durante el mediodía.

Este conocimiento se conservaba en la época de construcción del Castillo en Chichén Itzá, y se expresó en los elementos arquitectónicos del mismo siguiendo esta fórmula: 9 cuerpos por 4 rumbos igual a 36, y 91 escalones por 4 fachadas dando un total de 364 días, de donde 36 x 364 = 13 104 días, los que representan 16 ciclos de 819 días. De esta manera se puede concluir que el Castillo de Chichén Itzá es una estructura arquitectónica ejemplar que manifiesta el conocimiento de la medición del tiempo, no sólo por expresar la cuenta anual de la Tierra alrededor del Sol, sino también la más fina y elegante representación del número sagrado de los mayas (819). Éste fue descubierto en 1943 por el epigrafista inglés John Eric Sidney Thompson (Montero, Galindo y Wood, 2014: 80-85).

Además del Castillo de Kukulcán, los habitantes de Chichén Itzá construyeron el Osario, un observatorio cenital «concebido como una réplica de la montaña cósmica, en donde se manifiesta lo sagrado» (Santos, 2019: 45), para llevar un registro solar, cuya orientación tenía una desviación de 17 grados con respecto al norte.

Pok-Ta-Pok

El juego de pelota de caucho —en maya *Pok-Ta-Pok*; en maya clásico, *Pitz*; en náhuatl, *tlachtli* u *ollamaliztli*; y en purépecha, *uarhukua chanakua*— es el deporte-ritual más famoso de Mesoamérica. Aunque no se tiene registro de las reglas, se sabe que no había «un solo tipo de juego, sino varios, muy distintos y probablemente antagónicos» (Taladoire, 1994: 6-15). Igualmente, las reglas variaban según la región y la evolución del mismo juego a lo largo de los periodos Preclásico, Clásico y Posclásico. Dicha evolución modificó el ritual y la política entre los Estados. «Los juegos de pelota proporcionaron un lugar importante que promovió una diferenciación cada vez mayor de los líderes y promovió la interacción entre las organizaciones políticas de diferentes regiones» (Blomster y Salazar, 2020: 1-9). Algo que sí está perfectamente claro es que se jugaba en un callejón cercado por dos muros laterales paralelos o montículos. Los jugadores sólo golpeaban la pelota con las caderas, mas no con las manos o los pies.

Diversos arqueólogos han descubierto más de «2 300 probables campos de juego de pelota desde Zacatecas, la parte central de México, Guatemala, Belice, Honduras, El Salvador» (Blomster y Salazar, 2020: 1-9) y «en el sudoeste de Estados Unidos» (Taladoire, 1994: 6-15). Las dos canchas de juego de pelota más antiguas fueron construidas entre 1443 y 1305 a. C. y se descubrieron en Etlatongo, Oaxaca.

El juego de pelota de caucho era un ritual político y religioso, símbolo de «la regeneración de la vida y el mantenimiento del orden cósmico [...]. El *Popol Vuh* menciona una contienda de juego de pelota entre mortales heroicos y deidades del inframundo, en la creación del universo» (Blomster y Salazar, 2020: 1-9).

La cancha de juego de pelota de Chichén Itzá es la más grande e importante del mundo maya. Fue construida en el Clásico Terminal, hacia el año 900 d. C.

En los extremos norte y sur, cerrando la cancha, se edificaron dos templos más que complementan el conjunto. Los relieves de las banquetas muestran una escena que se repite seis veces (tres a cada lado). Es una representación de la ceremonia sagrada de juego de pelota, en la que se enfrentan dos equipos con seis jugadores cada uno, más sus capitanes. Al centro de la escena se aprecia una gran pelota de pedernal con una calavera parlante dentro (el flequillo que lleva en la parte superior la identifica como un espíritu acompañante).

Visto de frente, el jugador de la izquierda es el triunfador, pues sostiene la cabeza decapitada del capitán derrotado, el cual, de rodillas y sangrante, aparece a la derecha. La sangre del perdedor está representada mediante seis serpientes (wak kan), que simbolizan el gran árbol que crece al centro del mundo. En medio de las serpientes emerge una planta de calabaza, que representa también, según Linda Schele, al árbol del mundo.

Los demás jugadores, ricamente ataviados con la típica vestimenta del guerrero-jugador maya, atestiguan la escena, rodeados por volutas que indican que se encuentran cantando o declamando algún himno sagrado. Por encima de las banquetas y a una altura inusual se aprecian los marcadores del juego de pelota, que tienen la forma de dos serpientes emplumadas entrelazadas que convierten a los anillos en portales hacia el inframundo.

Los pequeños ojos humanos que asoman entre sus cuerpos indican que los anillos están «mirando» y que funcionan como espejos y estandartes de la batalla [...]. La cancha de Juego de pelota de Chichén Itzá es la más grande e importante del mundo maya. Fue construida «en el Clásico Terminal, hacia el año 900 d. C., cuando la región maya del norte se organizó políticamente y se abandonó el viejo esquema de gobiernos centralizados en un solo personaje real y se sustituyó por el de un consejo de nobles» (Velázquez, 2000: 46-47).

Figura 44. Imagen del mural del juego de pelota de Chichén Itzá.
Ilustrado por Eva Cavildo.

Antes de los itzaes

Por muchos años se creyó que los itzaes fundaron Chichén Itzá, aunque en realidad no es así. Antes de la llegada de los itzaes se le conocía como *Uuc-yab-nal*, «los Siete Abnal».

Los primeros habitantes de Chichén Itzá fueron contemporáneos de los olmecas, los mixes y los zoques. De acuerdo con los estudios realizados en 2019 por el arqueólogo Guillermo de Anda, las construcciones más antiguas tienen alrededor de 1 900 años de antigüedad. Es decir, las primeras cimentaciones se realizaron en el año 100 d. C. Luego —probablemente entre el 200 y el 300 d. C.—, la ciudad quedó en el abandono y en el 435 d. C. llegó otro grupo de mayas, el cual se cree que fue el de los itzaes; no obstante, la arqueología ha encontrado «una serie de edificios que siguen los lineamientos de los estilos arquitectónicos de los chenes y de los puuc» (Piña Chan y Castillo Peña, 1999: 15). «Ek' Balam y Kulubá, a fines del Clásico Tardío también compartieron rasgos arquitectónicos de los estilos Puuc, Chenes y Río Bec» (Barrera Rubio, 2017: 59-65). «La llamada arquitectura maya-tolteca es la que predomina en Chichén Itzá. Se impuso hasta el final de la ocupación y fue heredada, mediante Mayapán, al estilo arquitectónico del Posclásico: columnatas abovedadas, mascarones, máscaras y otros elementos, que se combinan con amplios espacios techados, columnas esculpidas, hileras de pilastras y largas superficies de frisos labrados» (Vela, 2008: 38-46).

Hemos reconocido tres estilos en la ciudad, a los que hemos llamado:

a) Estilo Yabnal (650-780 d. C.): corresponde a la ocupación temprana del sitio, con subestructuras decoradas con estuco modelado y policromo.

b) Estilo Maya Chichén (780-950 d. C.): incluye edificios públicos que son parecidos, aunque no iguales a los de la zona Puuc del suroeste del estado de Yucatán.

c) Estilo Chichén Itzá (950-1150 d. C.): corresponde al florecimiento de la ciudad, e incluye altas pirámides escalonadas y decoradas, con escalinatas cuyas alfardas están decoradas con serpientes emplumadas (Schmidt *et al.*, 2017: 45-52).

Chilam Balam

La principal fuente para conocer la historia de Chichén Itzá se encuentra en en los distintos libros conocidos como *Chilam Balam* procedentes de diversos lugares de Yucatán, de los cuales cada uno toma su nombre, por ejemplo, de Chumayel, Tekax, etcétera. *Chilam Balam* quiere decir «Sacerdote Jaguar» o «de la Boca del Jaguar». La palabra proviene de *Chilam*, «el que es boca»; y de *Balam*, «brujo», «mago» o «jaguar». De igual forma, *Balam* era el nombre de una familia de nobles mayas; y *Chilam*, por su parte, era el nombre de la clase sacerdotal que interpretaba los libros y la voluntad de los dioses.

Acerca de la ocupación de Chichén Itzá, la obra recopilatoria de Alfredo Barrera Vázquez y Silvia Rendón, *El libro de los libros de Chilam Balam*, dice lo siguiente:

8 Ahau [415-435], fue cuando se descubrió el altépetl de Siyan Can 25 Bakhalal.

6 Ahau [435-455], fue que se descubrió Chichén Itzá.

4 Ahau [455-475], 2 Ahau [475-495].

13 Ahau [495-514], se ordenaron las esteras y se ocupó Chichén.

Tres veintenas de años reinaron en Siyan Can y bajaron aquí [en Chichén Itzá].

En los mismos años que reinaron en Bakhalal, la laguna, fue que se descubrió Chichén Itzá, 60 años [6 Ahau, 2 Ahau: 435-495].

11 Ahau [514-534], 9 Ahau [534-554], 7 Ahau [554-573], 5 Ahau [573- 593], 3 Ahau [593-613], 1 Ahau [613-633], 12 Ahau [633-652], 10 Ahau [652-672], 8 Ahau [672-692].

Diez veintenas de años reinaron en Chichén Itzá y fue abandonada. Transcurrieron trece dobleces de katún [desde el descubrimiento de Bakhalal].

Y fueron a establecerse a Chakanputún.

Allí tuvieron su hogar los itzaes, hombres religiosos.

Éstos son los años: 200.

En el Katún 6 Ahau [692-711] fue alcanzada la tierra de Chakanputún.

4 Ahau [711-731] fue alcanzada la tierra, por ellos, de Chakanputún.

2 Ahau [731-751], 13 Ahau [751-771], 11 Ahau [771-790], 9 Ahau [790-810], 7 Ahau [810-830], 5 Ahau [830-849], 3 Ahau [849-869], 1 Ahau [869-889], 12 Ahau [889-909], 1 O Ahau [909-928], 8 Ahau [928-948], fue abandonada Chakanputún.

Trece veintenas de años reinaron en Chakanputún los hombres de itzá y vinieron en busca de sus hogares, de nuevo.

Trece dobleces de katún residieron en Chakanputún, sus hogares y perdieron el camino de Chakanputún.

Éste es el katún cuando fueron los itzaes bajo los árboles, bajo la maleza, bajo los bejucos sufriendo.

Éstos son los años corridos: 260 [692-948].

6 Ahau [948-968], 4 Ahau [968-987]; dos veintenas de años [anduvieron errantes] y vinieron a establecer sus hogares, de nuevo, después de que perdieron Chakanputún.

Éstos son los años: 40 [948-987].

En el Katún 2 Ahau [987-1007] se estableció Ali Suytok Tutul Xiu en Uxmal.

2 Ahau [987-1007], 13 Ahau [1007-1027], 11 Ahau [1027-1047], 9 Ahau [1047-1066], 7 Ahau [1066-1086], 5 Ahau [1086-1106], 3 Ahau [1106-1125], 1 Ahau [1125-1145], 12 Ahau [1145-1165], 10 Ahau [1165- 1185].

Desde que se estableció Ah Suytok Tutul Xiu [y los suyos] en Uxmal, diez veintenas de años reinaron (diez veintenas hacía que se habían establecido en Uxmal) en compañía de los gobernadores de Chichén Itzá y de Mayapán.

Éstos son los años que corrieron cuando esto aconteció: 200 años [987- 1185] [...].

8 Ahau [1185-1204], abandonó el gobernante de Chichén Itzá, de los hombres itzá, sus hogares de nuevo, por causa de la traición de Hunac Ceel Cauich, a Chac Xib Chac de Chichén Itzá por la traición de Hunac Ceel, gobernante de Mayapán-Ichpá.

Cuatro veintenas de años y diez más hace: el décimo tun del 8 Ahau [1194] fue el año en que se dispersaron por causa de Ah Sinteut Chan, Tzontécum, Táxcal, Pantémit, Xuchuéuet, Itzcóatl, Cacaltécat.

Éstos eran los nombres de los individuos, siete mayapanenses, 7.

En el mismo 8 Ahau [1185-1204] fueron a destruir [los de Mayapán] al rey Ulmil por sus banquetes con el rey Ulil de Itzmal.

Trece dobleces de katún hacía que estaban establecidos [los itzaes] cuando se dispersaron por causa de Hunac Ceel, para darles lección a los itzaes.

6 Ahau [1204-1224], cuando se terminó.

Una veintena de años más catorce.

Éstos son los años que corrieron: 34.

6 Ahau [1204-1224], 4 Ahau [1224-1244].

Dos veintenas de años; cuando fue apresada la tierra de Ichpá-Mayapán por los hombres de Itzá que salieron de sus hogares con el rey Ulmil, y por los de Itzmal, por causa de la traición de Hunac Ceel.

2 Ahau [1244-1263], 13 Ahau [1263-1283], 11 Ahau [1283-1303], [han transcurrido desde que] fue apresada la tierra de Ichpá-Mayapán por los de fuera de la muralla —por causa del gobierno múltiple en el interior de Mayapán—, por los hombres itzá y el rey Ulmil.

Dos veintenas de años más tres años cuando entró el 11 Ahau [tres tunes de 11 Ahau anterior: 1286], desde que fue abandonada Mayapán por los extranjeros montañeses [que ocupaban] el interior de Mayapán: 43 años.

9 Ahau [1303-1323], 7 Ahau [1323-1342], 5 Ahau [1342-1362], 3 Ahau [1362-1382], 1 Ahau [1382-1401], 12 Ahau [1401-1421], 10 Ahau [1421-1441],

8 Ahau [1441-1461]: fue cuando se abandonó y destruyó Ichpá Mayapán por los de extramuros, los de atrás de la muralla, por causa del gobierno múltiple en el interior de Mayapán.

6 Ahau [1461-1480], 4 Ahau [1480-1500], 2 Ahau [1500-1520].

En el decimotercero tun, el año que corría [1513], fue cuando primeramente pasaron los extranjeros españoles a ver por primera vez nuestra tierra, esta provincia de Yucatán.

Tres veintenas de años más trece años después que había sido despoblada Ichpá: 73 años.

13 Ahau [1520-1539], 11 Ahau [1539-1559], 9 Ahau [1559-1579], 7 Ahau [1579-1599], 5 Ahau [1599-1618], 3 Ahau [1618-1638], 1 Ahau [1638-1658], 12 Ahau [1658-1677], 10 Ahau [1677-1697], 8 Ahau [1697- 1717] [...].

[Hace que] fue abandonada la ciudad de Mayapán, por los extranjeros montañeses, diez veintenas más cuatro veintenas de años.

6 Ahau [1461-1480], 4 Ahau [1480-1500]: hubo mortandad súbita [peste], los zopilotes entraron en las casas de Ichpá [Mayapán].

2 Ahau [1500-1520]: hubo epidemia de viruela grande.

13 Ahau [1520-1539]: fue cuando murió el Ofrendador del Agua (Ah Pulá); faltaban seis años para terminarse la cuenta del 13 Ahau [1533].

El año que contaba por el oriente; en 4 Kan cayó Poop al oriente. He aquí que yo hago la correlación precisa de los años del katún: 15 de Sip y 3 más [18 Sip], 9 Imix.

Es el día en que murió el Ofrendador del Agua, Napoot Xiu.

El año que corría era —cuando se supo esta cuenta de los números de los años— 1536.

Tres veintenas hacía que se había despoblado Ichpá [por la peste].

Asimismo, aún no terminaba de contarse 11 Ahau [1539-1559] cuando llegaron los españoles, hombres arrojados.

Del oriente vinieron cuando llegaron por primera vez aquí hasta esta tierra de nosotros los hombres mayas, en el año domini 1513 (Barrera, 2013: 146-151).

La cronología

Para fortuna nuestra, la arqueología es mucho más precisa y así nos lo explican los expertos Peter J. Schmidt, Rocío González de la

Mata, José Francisco Osorio León y Francisco Pérez Ruiz:

> Según la evidencia arqueológica, hubo asentamientos humanos en la
> comarca desde el último milenio antes de nuestra era, cuando surgie-
> ron aldeas y pueblos cerca de los cenotes. Los restos de esta ocupa-
> ción que denominamos Uucyabnal (antiguo nombre de Chichén Itzá)
> fueron destruidos o se hallan bajo los grandes monumentos que hoy
> vemos. La ocupación del sitio, a partir del análisis de los complejos
> cerámicos, la dividimos de la siguiente manera:
>
> a) Yabnal/Motul, 600-830 d. C., la fase más temprana, representada por
>   materiales cerámicos que se encontraron aislados y, en su última etapa,
>   asociados a la arquitectura.
> b) Huuntun/Cehpech, 800-950 d. C., ciclo que marca el periodo aso-
>   ciado a edificios con inscripciones glíficas y fechas.
> c) Sotuta-Sotuta, 920-1200 d. C., marca el auge y expansión de Chichén.
> d) Kulub/Hocaba, 1000-1300 d. C., señala el declive de la ciudad.
> e) Chenku/Tases, 1250-1550 d. C., época de abandono y ruina de la ciu-
>   dad.(Schmidt, *et al.*, 2017: 45-52).

Jerarquía de Chichén

Los *kuchkabal*, «gobiernos mayas», eran dirigidos por el *jalach wi-
nikjalach winik*, «hombre verdadero», equivalente al *tlatoani* de los
nahuas; en éste se concentraba el poder religioso, militar y civil en
nombre de uno de sus dioses.

El rango inferior al *jalach winik jalach winik* era el *batab*, «gobernante local o cacique», en plural *batabo>ob*. Al poblado maya se
le llamaba *batabil*, en plural *batabilo'ob*. El *batab* era el equivalente al
tecutli en el Anáhuac. Los *Ah Kin*, «el que proviene del Sol», eran
los sacerdotes.

Chichén y Tollan

Por muchos años se creyó que los toltecas habían influenciado a los itzaes, debido a la presencia de columnas serpentinas, efigies de Chac

Mol, pilastras decoradas con guerreros, así como jaguares y pumas en portaestandartes, altares y en elementos decorativos (escultóricos o pintura) de la arquitectura de Chichén y Tollan Xicocotitlan —pronúnciese *Tólan Shicocotítlan*—, hoy Tula, Hidalgo.

Las viejas relaciones teotihuacanas con el área maya en la época Clásica probablemente fueron retomadas por Tula, por lo que sus vínculos continuaron de forma constante hasta llegar al grado de que la estructura guerrera de Tula se haya incorporado a las representaciones arquitectónicas en las estructuras sagradas de la también poderosa Chichén Itzá (Cobean, Jiménez y Mastache, 2012: 261).

La leyenda de Quetzalcóatl —que se fue al mar y que prometió regresar— fue otro de los factores que aportaron a la desinformación y a la creación de mitos falsos, como el retorno de éste o la interpretación de que Hernán Cortés era Quetzalcóatl que *regresó* o *llegó* del mar.

El relato de la huida de Quetzalcóatl a *Tlillan Tlapallan* ha sido generalmente percibido, desde una perspectiva histórica, como la destrucción y el abandono de Tollan, debido a la decadencia de los toltecas. Sin embargo, los esquemas de acción narrativa de dos variantes del mito sugieren otra lectura: la huida habría tenido lugar en el inframundo y la gesta del rey-sacerdote correspondería a su vejez, a su muerte como Sol, y a su renacer como estrella de la mañana (Johansson, 2016: 16-25).

La historia cuenta que el sacerdote tolteca Ce Ácatl Topiltzin Quetzalcóatl se fue a *Tlillan Tlapallan* —pronúnciese *tlilan tlapalan*—, destino que se asumió como Yucatán. No obstante, *Tlillan Tlapallan* significa «la Orilla Celeste del Agua Divina» y no se trata de un lugar o una región geográfica, sino de «la bóveda celeste comprendida entre el oriente y el poniente». El sacerdote Ce Ácatl Topiltzin Quetzalcóatl murió en el año 999 y, por ende, se fue a *Tlillan Tlapallan*. En este punto, cabe mencionar que «Quetzalcóatl era considerado por los aztecas como el inventor del calendario» (Cabrera y Cowgill, 1993: 21-26).

Los itzaes habitaron Chichén entre 967 y 987 d. C., antes de que Ce Ácatl Topiltzin Quetzalcóatl muriera. Así pues, queda de manifiesto que este legendario sacerdote no pudo ir a Yucatán. Por lo tanto, la cultura tolteca no influenció a la cultura maya sino al revés Chichén Itzá influyó en Tollan.

Como se mencionó en el capítulo dedicado a los olmecas, a mediados del Preclásico, la Serpiente Emplumada ya había alcanzado el estatus de deidad en La Venta, Tabasco. En la cuenta de los días de Monte Albán, el día *ehécatl* y la veintena *xócotl huetzi* ya están relacionados con el dios Quetzalcóatl.

«Las serpientes emplumadas que adornan el Templo de Quetzalcóatl [en Teotihuacan] llevan tocados de *cipactli*, "caimán", primer día del calendario panmesoamericano sagrado de 260 días y, por lo tanto, símbolo del inicio del tiempo» (Aveni, 2000: 22-25). El culto a la Serpiente Emplumada inició formalmente en Teotihuacan, se consolidó en Xochicalco, Morelos, y pasó a Zuyúa, «el poniente» —ubicado en Xicalango, isla de Términos, Champotón—, que fue el punto de concentración de varios grupos: quichés, cakchiqueles, itzaes, xiues. De Zuyúa salieron y se dispersaron por Chiapas, Guatemala y Yucatán muchos sacerdotes que se presentaban con el mismo nombre: «Serpiente Emplumada», que traducido a las lenguas de cada región era Ah Mex Cuc, Hapai Can, Nac-xit, Mizcit Ahau, Gucumatz, Kukulcán, Quetzalcóatl.

Finalmente, uno de esos sacerdotes —Ce Ácatl Topiltzin Quetzalcóatl— llegó a Tollan. O, según cuenta la leyenda, los toltecas fueron por Ce Ácatl Topiltzin Quetzalcóatl, sacerdote de esa deidad, para que los gobernase. A partir de ahí, el culto a la Serpiente Emplumada se dispersó a Tenayocan, Azcapotzalco, Texcoco, México Tenochtitlan y todo el Valle del Anáhuac.

Asimismo, se dice que los itzaes fueron creados por Mizcit Ahau, por lo tanto no pudieron estar en Yucatán antes de 900 d. C., ya que se hallaban en Zuyúa —región que pertenecía a Laguna de Términos y Champotón—, por lo que partieron hacia Chichén en el katún 8 Ahau (928-948). Entonces ocurrió el segundo y mayor apogeo de Chichén Itzá, que concluyó entre 1185 y 1204 d. C.

Así, la ciudad fue conquistada por los nobles de Mayapán, sin embargo, no duraron mucho tiempo. Aunque de forma paulatina abandonaron la ciudad, ésta no quedó del todo desolada, pues regresaban constantemente para llevar a cabo ceremonias religiosas.

El Adelantado

Adinerado y oriundo de Salamanca, Francisco de Montejo llegó a la isla La Española en 1514. De inmediato entró al servicio de Pedro Arias Dávila, quien recientemente había sido nombrado gobernador de Castilla de Oro (Panamá). A finales de 1515, se mudó a Cuba, donde se hizo amigo de Diego Velázquez y Hernán Cortés. En 1518, se embarcó en la expedición de Juan de Grijalva como socio y capitán del navío más pequeño (cuyas provisiones y costos fueron cubiertos por él mismo). En 1519, viajó nuevamente con Hernán Cortés a las costas de Yucatán (donde rescataron al náufrago Jerónimo de Aguilar), a Tabasco y Veracruz, hasta llegar a México Tenochtitlan. El 26 de julio de ese mismo año —acompañado por Alonso Hernández Portocarrero y el piloto Antón de Alaminos— viajó a España, comisionado por Hernán Cortés, para entregar la primera carta de relación y el Quinto Real al rey Carlos I de España y V de Alemania. En 1526, Cortés volvió a enviar a Montejo a España para que entregara más cartas de relación y una nueva carga de oro. En ese mismo viaje, Montejo presentó un proyecto de conquista de Yucatán, territorio que hasta entonces los españoles consideraban una isla. Al hablar del Yucatán del siglo XVI, se incluyen los actuales estados de Quintana Roo, Campeche y la parte norte de Belice. Fue entonces que recibió de la Corona los títulos de Adelantado y Capitán general, así como la autorización para llevar a cabo la conquista de Yucatán. Pero no le otorgaron los recursos económicos, ya que los expedicionarios debían viajar con sus propios fondos.

Montejo vendió todas sus propiedades en Salamanca y le pidió dinero a su esposa, Beatriz de Herrera, para comprar cuatro navíos, caballos, cabalgaduras, artillería, cañones y alimento para un año. El triunfo de Hernán Cortés en la cuenca del Anáhuac le había pronosticado una expedición breve y un puñado de victorias. Pero, para su mala fortuna, la conquista de Yucatán no resultó tan sencilla como esperaba; al grado que no escribió una crónica sobre su viaje, como lo hicieron Colón y Cortés. No había nada de que vanagloriarse. Por el contrario, sólo había vergüenzas públicas, pues la conquista de Yucatán se demoró veinte años. Lo que se sabe sobre Montejo se debe, principalmente, a los frailes franciscanos Diego de Landa, Diego López Cogolludo, al cronista y colonizador español Gonzalo Fernández de Oviedo y al historiador Robert Chamberlain.

Francisco de Montejo llegó a *Kosom Lumil*, «tierra de las golondrinas», actual Cozumel, a finales de septiembre de 1527. Hizo un largo recorrido por *Xelhá*; *Zama* (antiguo nombre de Tulum); *Pole*, un poblado costero; *Cobá, Xaman Há*, en el altépetl de *Ecab*; *Moch-hi*, de apenas 100 casas; *Conil*, poblado de 5 000 casas; el altépetl de *Chikinchel*, «bosque de occidentales»; *Chahuac-ha*, cabecera de *Chikinchel*; *Ake*, un pueblo importante, donde los españoles tuvieron un enfrentamiento con los mayas que les generó muchas pérdidas humanas; *Zizha*, «agua fría»; hasta llegar a la gran bahía de *Ch'aak Temal*, «donde crecen los árboles rojos» [*ch'aak te'*, «árbol rojo»; y *mal*, «abundar»] o «allí donde bajan las lluvias» [*Chaak*, «lluvia»; *te*, «allí»; y *emal*, «bajar»], actualmente *Chetumal*.

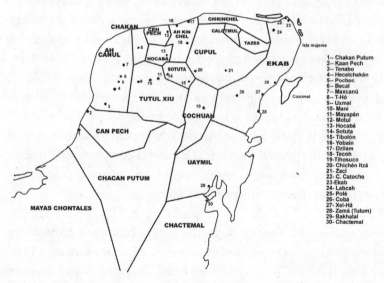

Figura 45. División de señoríos, según Ralph Roys (1957). Ilustrado por Eva Cavildo.

En Ch'aak Temal se encontraron con un personaje que marcó toda la diferencia entre la conquista de la cuenca del Anáhuac y la de Yucatán. Esto se debió a que en 1511 se dio el primer encuentro entre mayas y españoles, cuando accidentalmente una carabela, dirigida por el español Juan de Valdivia —que salió del Darién con rumbo a Santo Domingo—, encalló en los bajos de las Víboras, en la península maya. Dieciocho personas salvaron sus vidas a bordo de un batel. Los esclavos fueron obligados a permanecer en la carabela. Los otros navegaron durante tres días y naufragaron otros cuatro. Dos de ellos murieron de inanición. Y, al parecer, dos mujeres se suicidaron lanzándose al mar. Los ocho sobrevivientes fueron capturados por los mayas y llevados ante el *jalach winik*, «hombre verdadero», de los *cocomes*, a la ciudad de Maní, perteneciente a Xaman Há. Juan de Valdivia y otros tres hombres fueron sacrificados. Los cuatro sobrevivientes estuvieron presos varios días, hasta que lograron escapar; sin embargo, fueron perseguidos por los guardias, quienes mataron con sus lanzas a dos de los prófugos. Guerrero y Aguilar huyeron, pero dieron con la tribu de los *tutul xiues*, enemigos de los cocomes; éstos los apresaron y los llevaron ante el jalach winik Taxmar, quien los entregó al sacerdote Teohom. El jalach winik de los cocomes solicitó la devolución de los presos, pero Teohom se negó y los mantuvo como esclavos. Taxmar recuperó a los prisioneros y, poco después, se los entregó a Na Chan Can, el jalach winik de los cheles en la ciudad de Ichpaatún, al norte de Ch'aak Temal. Na Chan Can los llevó con el *Nacom Balam*, «jefe de guerreros», quien los ocupó en el ejército. Gonzalo Guerrero y Jerónimo de Aguilar aprendieron la lengua, se adaptaron y se ciñeron a la cultura maya.

El Nacom Balam fue atacado por un caimán, y Guerrero le salvó la vida al enterrarle su lanza al animal. En gratitud, aquel hombre le devolvió su libertad, pero Gonzalo Guerrero no quiso irse y se quedó a vivir con ellos. Le hicieron las mutilaciones, tatuajes y rituales propios de su rango. Se casó con la princesa Zazil Há (también llamada Ix Chel Can), hija de Na Chan Can, jalach winik de los cheles. Tuvo hijos e incluso aceptó sacrificar a su primogénita, llamada Ixmo, en Chichén Itzá, para acabar con una plaga de langostas.

Montejo pensaba que, si lograba atraerlo, le sería de gran utilidad para pacificar, poblar y convertir a los nativos, pues conocía bien su lengua, sus costumbres y su tierra. Decidió escribirle una carta, en la que le recordaba que era cristiano y que tenía la obligación de servir a Dios y al rey. Le prometía tratarlo muy bien [...]. Le pedía que fuera a la carabela o a la costa para hablar con él. En su respuesta, escrita con carbón en el reverso, Guerrero agradecía a Montejo, pero se negaba a ir. En cambio, siguió asesorando a los nativos, pues bien conocía las tácticas y maneras de luchar de sus compatriotas. El pueblo de Chetumal fue fortificado [...]. La táctica de Guerrero y de su señor se hizo clara. Mandaron mensajeros a decir a Montejo que Ávila y los suyos habían sido exterminados a su paso por otro señorío [...]. Montejo dejó Chetumal. Navegó hacia el sur. Hacia el verano de 1528 partió en la *Gavarra* hacia la Nueva España (Montell, 2005: 248-249).

Francisco de Montejo tenía un hijo conocido como *El Mozo,* quien le contó sobre su viaje a las Hibueras con Hernán Cortés, con lo que Montejo comprendió que Yucatán no era una isla. Entonces, decidió reanudar su expedición marchando por Tabasco y Chiapas. En 1529, inició la segunda fase de la conquista de Yucatán, que se llevó a cabo entre tres grupos y por distintas rutas: el primero liderado por Montejo, el segundo por Alonso de Ávila y el tercero por su hijo. Entraron al altépetl de Itzancanac, que estaba habitado por mayas chontales; llegaron a *Chakán-Putum* (Champotón) y a Ah Canul, al norte de *Kaan Peech,* «lugar de serpientes y garrapatas» [*kaan*, «serpiente»; y *peech*, «garrapata»], actual *Campeche*. Siguieron rumbo a Cochuah, Uaymil-Chetumal y Bacalar, donde había un centro mercantil, y hacia Chable, Mazanahua y Ceh Pech.

Finalmente llegaron a un pequeño poblado cercano a Chichén Itzá, en el que su señor, Nacon Cupul, los recibió bien y los alojó. Tras haber conocido las tierras cercanas, pobladas y fértiles, y contemplar las ruinas de Chichén, al Mozo le pareció adecuado el consejo de los chel [de fundar una villa en ese lugar]. Chichén ya estaba desierta, había perdido su vieja grandeza, pero seguía siendo un importante centro religioso de los mayas, dedicado al culto de Kukulcán. Los viejos edificios de piedra habían sido muy bien construidos. Podrían servir como fortalezas en caso necesario. El resto de las ruinas proporcionaría abundante piedra trabajada para erigir otras construcciones. Sus dos cenotes eran una fuente segura de agua (Montell, 2005: 270).

Chichén Itzá tenía más de doscientos años abandonada. El Mozo bautizó a la nueva villa como Ciudad Real, mismo nombre que se le dio al actual San Cristóbal de las Casas. Esto en honor a la ciudad homónima de España. Los castellanos nombraron, con frecuencia, muchas villas en honor a sus ciudades de origen: Valladolid, Córdoba, Mérida, Guadalajara, Durango, Salamanca, San Sebastián, Zaragoza, entre otras. Francisco de Montejo bautizó más de diez ciudades como Valladolid y más de cinco como Salamanca. Actualmente, trece ciudades en el mundo se llaman Valladolid.

El Mozo contaba con el apoyo de los peches de Ceh Pech, los cheles de Ah Kin Chel y los xiues de Maní, quienes le proporcionaron mano de obra, alimento y materiales para construir chozas dentro de Chichén Itzá, principalmente porque querían acabar con sus enemigos, los cocomes de Sotuta y los cupules de Chikinchel y de Saci. Pero en cuanto comenzó a exigir el pago de tributo, los mayas se molestaron. A mediados de 1533, se levantaron en armas contra los *dzules*, «extranjeros», los cuales quedaron sitiados dentro de Chichén Itzá por varios meses, tal como ocurrió en el Palacio de Axayácatl en Tenochtitlan tras la matanza del Templo Mayor. Corrían el riesgo de que se diera una trágica huida como la de la Noche Triste del 30 de junio de 1520. Para su buena fortuna, en esa ocasión la fuga fue más sencilla. Los españoles amarraron a un perro hambriento al badajo de una campana y colocaron frente al animal un plato de comida, de tal forma que el canino jalaba la campana todo el tiempo sin poder alcanzar el alimento, mientras ellos escapaban de noche. Cuando los mayas se percataron del engaño, fue demasiado tarde; aunque lograron rescatar la ciudad sagrada de Kukulcán.

Historia de la propiedad

En 1565, se estableció, bajo la jurisdicción de Valladolid, una encomienda en la villa de Tinum, «lugar de la espina», que antes pertenecía a los cupules, muy cerca de Chichén Itzá. En Tinum se fundó la localidad llamada Pisté, a la cual, por cuestiones territoriales, le pertenecía la antigua y abandonada ciudad de Chichén Itzá.

Un pequeño número de familias, descendiente de los conquistadores, se convirtió en encomendero y fue favorecido con poder político, económico y social, de tal forma que se hizo de tierras sumamente extensas. Entre 1680 y 1750, el regidor de Valladolid, Blas de Segura y Sarmiento, tomó posesión de la hacienda Chichén, de ochenta y tres hectáreas. De acuerdo con el historiador Ignacio Rubio Mañé, la finca pasó de las manos de Blas de Segura y Sarmiento a Jerónimo de Ávila. Luego, la adquirió María Figueroa; después, Juan Ambrosio de Lorra y doña Josefa Méndez, quienes la traspasaron a José de Sosa y Pino, cuya familia mantuvo la propiedad por tres generaciones. Juan Sosa le vendió la propiedad al arzobispo de Yucatán, Crescencio Carrillo y Ancona, y éste se la vendió a una sociedad conformada por Delio Moreno Cantón, Emilio García Fajardo y Leopoldo Cantón Ferxas. «En agosto de 1894 Thompson se convirtió en propietario de la hacienda Chichén, la cual adquirió [por] la pequeña cantidad de 300 pesos» (Palacios, 2015: 18-19).

Los propietarios de la hacienda Chichén se enlistan a continuación en orden cronológico:

1. Blas de Segura y Sarmiento (entre 1680 y 1750).
2. Jerónimo de Ávila (tercer cuarto de 1700).
3. María Figueroa (finales de 1700).
4. Juan Ambrosio de Lorra y Josefa Méndez (inicio de 1800).
5. José María Sosa y Pino (primer cuarto de 1800).
6. Juan José Sosa Muñoz (mediados de 1800).
7. Juan Sosa Arce (mediados de 1800).
8. Crescencio Carrillo y Ancona (tercer cuarto de 1800).
9. Delio Moreno Cantón, Emilio García Fajardo y Leopoldo Cantón y Ferxas (finales de 1800).
10. Eduard H. Thompson (1894-1935).

11. Herederos de Eduard H. Thompson (1935-1951).
12. Fernando Barbachano Peón (1951-1964).
13. Fernando Barbachano Gómez Rul (1964-2006).
14. Hans Jürgen Thies Barbachano (2006-2010).

El gran saqueo

En 1840, Emanuel von Friedrichsthal, nacido en Brünn (Brno, Slovakia), exploró las ruinas de Chichén Itzá e hizo daguerrotipos, «siendo el primero que las dio a conocer al público de Europa y los Estados Unidos» (Stephens, 2003: 466). «Los graves problemas de salud obligaron al científico austriaco a dejar Yucatán a finales de abril o principios de mayo de 1841, embarcándose con destino a los Estados Unidos justo cuando Stephens entraba desde Chiapas a tierras yucatecas» (Taracena, 2006: 59).

Ese mismo año, John Lloyd Stephens y el dibujante Frederick Catherwood exploraron Chichén Itzá, entonces propiedad de Juan Sosa. Por primera vez, Stephens y Catherwood mostraron, con dibujos muy fieles, las maravillas arqueológicas de Chichén Itzá al mundo.

Figura 46. El Castillo de Chichén Itzá, de Frederick Catherwood.

Edward Herbert Thompson, nacido en Worcester, Massachusetts, quedó tan impactado al leer la obra de John Lloyd Stephens, que solicitó a su amigo, el senador George Frisbie Hoar, que lo postulara para cónsul de Estados Unidos en Yucatán. Thompson se mudó a Mérida en 1885 y exploró las zonas arqueológicas de Labná, Puuc, Uxmal y Chichén Itzá.

En 1894, Thompson le compró la hacienda Chichén a la sociedad conformada por Delio Moreno Cantón, Emilio García Fajardo y Leopoldo Cantón Ferxas por 300 pesos, al parecer 75 dólares de la época. Poco después —financiado por el Carnegie Institution de Washington— realizó estudios e instaló, en 1904, una draga en la orilla del cenote, con la cual extrajo joyas, piezas de jade y esqueletos humanos.

Conforme al Código Penal Federal del año 1871 y a la Ley del 2 de mayo de 1897, que definía la propiedad de la Nación sobre los Monumentos Arqueológicos, estaba prohibido el tráfico de piezas arqueológicas. No obstante, Edward H. Thompson, cónsul de Estados Unidos en Mérida y Progreso, extrajo a lo largo de veinticinco años más de 25 000 piezas arqueológicas en dos temporadas (por medio de dragado en el Cenote Sagrado). La primera entre 1904 y 1907 y la segunda entre 1910 y 1911. Las enviaba a Estados Unidos en valijas diplomáticas, las cuales no podían ser abiertas en las aduanas.

Alma Marie Prescott Sullivan Reed, nacida en San Francisco, California, en 1889, fue enviada por *The New York Times* a Yucatán para cubrir las expediciones arqueológicas a cargo del Instituto Carnegie y dirigidas por Sylvanus G. Morley, quien pretendía explorar la zona arqueológica dentro de los terrenos de la hacienda Chichén, propiedad de Edward H. Thompson.

La periodista estadounidense conoció a Felipe Carrillo Puerto, gobernador de Yucatán y amigo de Edward H. Thompson, quien constantemente le enviaba piezas arqueológicas al Palacio de Gobierno para que las guardara. Poco después, Reed y Carrillo Puerto entablaron una relación amorosa. «Felipe expropiaba las haciendas henequeneras, pero sin afectar la hacienda Chichén donde se cometieron atracos capitales contra el patrimonio del pueblo maya» (Navarrete Muñoz, 2013). El 8 de abril de 1923, Alma Reed publicó un artículo en *The New York Times* en el que reveló que Thompson había sacado cientos de piezas del fondo del Cenote Sagrado de Chichén Itzá y que las había enviado, como «acarreo hormiga», al Museo Peabody de la Universidad de Harvard y al Museo Field de Chicago, lo cual no generó ningún escándalo entre México y Estados Unidos. «El mismo Thompson aprovechaba sus viajes a Estados Unidos para acarrear maletas que contenían objetos prehispánicos de valor incalculable» (Schuessler, 2016: 6).

El arquitecto, fotógrafo y explorador alemán Teoberto Maler, igualmente, descubrió que Thompson estaba saqueando el cenote de Chichén Itzá y también lo denunció, pero nadie lo tomó en cuenta. No fue sino hasta que Edward H. Thompson intentó robarse el Trono-Jaguar, que yacía en el templo del Castillo de Kukulcán, que las cosas cambiaron.

En 1926, Theodore Arthur Willard publicó su libro *The City of Sacred Well* («La ciudad del pozo sagrado»), donde denunciaba el saqueo de Thompson e incluía una lista, aunque incompleta, de todo lo que había extraído de Chichén Itzá.

Al respecto, el gobierno de Plutarco Elías Calles:

> asumió un papel de defensor del interés general en que se encontraba la preservación del patrimonio cultural. [...] La estrategia del gobierno fue reclamar por la vía legal las piezas arqueológicas del cenote. [...] Pero no se demandó a Washington ni se recurrió al recurso de la expropiación por utilidad pública, quizás para no abonar en la mala imagen de Calles de «comunista», expresión favorita de sus enemigos en aquel país» (Castro, 2014: 4-7).

Se interpuso una demanda a través de la Secretaría de Educación Pública, cuyo titular, el señor José Manuel Puig Casauranc, promovió el juicio penal contra Edward Herbert Thompson —por el delito de robo de objetos arqueológicos pertenecientes a la Nación— ante el juzgado 1º de Distrito del ramo penal a cargo Lic. Roberto Castillo Rivas, siendo secretario y agente del Ministerio Público los licenciados Gonzalo Romero Fuentes y Álvaro Peniche.

En cuanto supo que se iniciaría un proceso penal y civil en su contra, Thompson optó por huir como cualquier delincuente; fletó una goleta, y con otras veintiséis personas, escasos víveres, sin velas e instrumentos náuticos, se hizo a la mar. [...] A los trece días llegó a Cuba, y de ahí a Estados Unidos. Ya no volvió a poner los pies en México. [...] Casi completamente sordo a causa de lo precario del equipo que usó para bajar al fondo del cenote llegó al término de su vida en la casa de sus hijos. El proceso penal contra Thompson se extinguió el 21 de agosto de 1935, fecha en que falleció en Plainfield, N. J., cuando la Procuraduría General de la República se desistió de la acción penal y solicitó el sobreseimiento del proceso. La acción civil, sin embargo, continuó en contra de la sucesión de sus bienes (Castro, 2014: 4-12).

«No sería hasta 1946 —veinte años después de la demanda original—cuando el Museo Peabody de la universidad de Harvard devolviera una parte de este patrimonio mal habido, aunque, eso sí, a cambio de otras piezas provenientes de museos mexicanos» (Schuessler, 2016: 79-105). El Museo Peabody devolvió a México la mitad del lote en 1970 y otras piezas en 2008.

De la familia Thompson a la familia Barbachano

Tras la muerte de Thompson, sus herederos promovieron un juicio de amparo ante la Suprema Corte de Justicia, la cual, en 1944, falló a favor de los sucesores y con ello se les devolvió la hacienda Chichén, embargada precautoriamente desde 1926.

El artículo 371 del Código Civil de 1884, del Distrito Federal, que rigió en toda la República en Materia Federal, consideraba al propietario de un terreno como dueño de su superficie y de lo que estaba debajo de ella, por lo que podía usarlo y hacer en él todas las obras, plantaciones o excavaciones que quisiera. El tesoro oculto pertenecía al descubridor en sitio de su propiedad, según el artículo 759, y sólo cuando los objetos descubiertos fueren interesantes para las ciencias o para las artes, deberían ser aplicados a la Nación, por su justo precio, distribuible en forma legal, conforme al artículo 761. Como el acusado comprobó legalmente que era propietario del inmueble en que se encuentra el Cenote Sagrado, conforme a todas las anteriores disposiciones legales, era igualmente dueño de todas las joyas y demás objetos que hubiere podido extraer de ese pozo natural, motivo por el que nunca pudo cometer el delito de robo consistente en el apoderamiento ilegal de todas las cosas muebles que pudo haber sacado del fondo del referido Cenote Sagrado de Chichén-Itzá. Como tal delito de robo no se pudo comprobar fehacientemente, en consecuencia, de acuerdo con lo prevenido por el artículo 326 del precitado Código Penal de 1871, en cuanto a que a nadie se podía declarar civilmente responsable de un hecho u omisión contrarios a una ley penal, si no se probaba, entre otros casos, que se había usurpado una cosa ajena, la acción de responsabilidad civil proveniente del mencionado delito de robo, que se ejercitó en contra del acusado, continuándose contra el albacea de su sucesión, por haber fallecido aquél, carecía de todo base legal, siendo ello bastante para conceder el amparo solicitado contra la sentencia que declaró procedente y probada la acción de tal naturaleza que se hizo valer en el caso por el Ministerio Público Federal, como representante de la Nación (Urbina, 1944).

«El 25 de julio de 1951, y mediante escritura pública, Fernando Barbachano Peón —descendiente de Miguel Barbachano y Tarrazo, cinco veces gobernador de Yucatán entre 1841 y 1853— les compró la Hacienda Chichén a los herederos de Thompson» (Rabasa, 2010) por 15 000 pesos de la época. Sin embargo, la familia Barbachano sostiene que la compra la realizaron en 1917, mucho antes de la creación del INAH, lo cual fue desmentido por su propio abogado, Ricardo Rabasa Gamboa, en el documento publicado por él mismo: *Aspectos constitucionales y otras cuestiones jurídicas de la propiedad ubicada en la zona arqueológica de Chichén Itzá* (Biblioteca Jurídica Virtual del Instituto de Investigaciones Jurídicas de la UNAM, México, 2010). Otra versión plantea que en 1942 el Ejecutivo federal puso en subasta la hacienda Chichén y que la familia Barbachano la adquirió en un proceso reconocido por el presidente Lázaro Cárdenas del Río.

Lo cierto es que para la familia Barbachano Peón ser propietarios de zonas arqueológicas no era nada nuevo, pues llevaba, por lo menos desde 1800, siendo propietaria de la zona arqueológica de Uxmal.

La hacienda Uxmal

La hacienda Uxmal tiene una larga historia. El famoso viajero norteamericano John Lloyd Stephens nos da las primeras noticias detalladas de ella. Él mismo tuvo en sus manos los documentos de fundación originales, proporcionados por el entonces propietario de la hacienda la década de 1940 del siglo XIX, don Simón Peón. De dichos papeles Stephens extrajo algunos datos históricos, que plasmó posteriormente en su obra titulada *Incidentes de viaje a Yucatán* (1843). En este libro apunta que la hacienda Uxmal fue fundada a finales del siglo XVII por Lorenzo de Evia,

> a la sazón regidor del Ayuntamiento de Mérida, a quien el gobierno español de esos años le concedió una merced real de cuatro leguas *de terreno desde los edificios de Uxmal hacia el sur, una al oriente, otra al poniente y otra al norte [...] incultos y realengos que no podían aprovechar los indios para sus siembras y labores, sirviendo únicamente para la cría de ganado vacuno.* Además de lo anterior, dicho regidor argumentó, a fin de justificar su petición ante la autoridad real que [...] deseaba poblar aquellos terrenos de ganado vacuno, pidiendo en consecuencia se le diesen, con tal objeto y en nombre de su majestad, toda vez que no resultaba perjuicio de tercero, sino al contrario, un gran servicio a Dios, nuestro señor, porque dicho establecimiento evitaría que los indios diesen culto al diablo en los edificios viejos que había en aquel sitio, teniendo en ellos sus ídolos a los cuales quemaban copal y hacían otros detestables sacrificios, según lo verificaban diariamente, como era público y sabido... (Stephens, 1984: t. 1, 284; Solís Sosa, 2012: 133-134).

Los Barbachano

La familia Barbachano asegura ser descendiente del capitán regidor del Ayuntamiento de Mérida, Lorenzo de Evia, quien adquirió del gobierno español la hacienda Uxmal y la hacienda Mucuyché en 1673 como una *merced real*. No obstante, no encontré ningún vínculo entre ambos linajes. A principios de 1800, las propiedades pasaron a manos de Alonso Manuel Peón y Valdés y su esposa Leonor Cárdenas Díaz de Ávila, quienes no figuran como familiares de Lorenzo de Evia.

De hecho, Peón y Valdés nació en el Principado de Asturias, España, donde perteneció a la Orden de Calatrava. Se mudó a Yucatán en agosto de 1784, siguiendo los pasos de su hermano Bernardo de Peón y Valdés, visitador de la orden franciscana. Alonso Manuel Peón se desempeñó como soldado, hasta alcanzar el grado de capitán general de Yucatán y, más tarde, fue gobernador interino en tres ocasiones: 1777, 1779 y 1792. Sus hijos, José Julián y Alonso Luis Peón Cárdenas, tuvieron altos mandos en el batallón de milicias blancas de Mérida, creado por su padre.

Alonso Luis Peón Cárdenas y su esposa María Joaquina Cano y Roo heredaron los terrenos, y éstos, a su vez, se los legaron a Simón Peón Cano. En los años 1839, 1841 y 1842, los exploradores John Lloyd Stephens y Frederick Catherwood visitaron la zona arqueológica de Uxmal, donde fueron recibidos por Simón Peón Cano. Por esas mismas fechas, Stephens y Catherwood también fueron recibidos en Chichén Itzá por Juan Sosa Arce, dueño de la hacienda Chichén.

Árbol genealógico de la familia Peón

Como se puede apreciar en el árbol genealógico, Fernando Barbachano Peón no es descendiente directo de Simón Peón Cano.

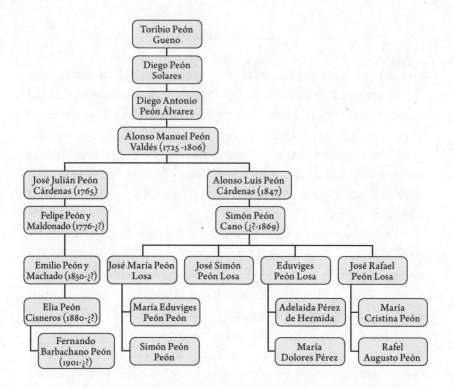

Figura 47. Árbol genealógico de la familia Peón.

Árbol genealógico de la familia Barbachano

Joaquín Barbachano (1750-¿?)
Manuel Antonio Barbachano González-Villar (1775-1837)
Manuel Antonio Barbachano Tarrazo (1806-1864)
Fernando Barbachano Domínguez (¿?-1928)
Desiderio Fernando Barbachano Bolio (1879-1964)
Fernando Barbachano Peón (1901-1964)
Fernando Barbachano Gómez Rul (¿?-2006)
Fernando Barbachano Herrero
Hans Jürgen Thies Barbachano

Figura 48. Árbol genealógico de la familia Barbachano.

El conflicto

Entre 1989 y 2001, los artesanos locales intentaron establecerse en la zona arqueológica, pero la familia Barbachano se los impidió con el argumento de que se trataba de terrenos de uso privado. El conflicto creció con el paso de los años. Barbachano Gómez Rul ofreció un terreno al costado norte del estacionamiento para los artesanos mayas, sin embargo, nunca se concretó la entrega. Años después se construyeron locales, aunque de forma que éstos no intervinieran en la entrada del hotel Mayaland, construido dentro de la zona arqueológica.

A finales de 2006, el número de vendedores ambulantes se incrementó de 200 a 800. El nuevo dueño del terreno, Hans Jürgen Thies Barbachano, adaptó las palapas para los visitantes del hotel Mayaland, que su abuelo, Fernando Barbachano Gómez Rul, había mandado construir. Esto no dejó conformes a los comerciantes, quienes en 2008 derribaron la reja que delimitaba la propiedad. Exigían acceso sin restricción a la zona, con el argumento de que Chichén Itzá les pertenecía a sus comunidades.

La noticia estalló en todos los medios, nacionales e internacionales: Chichén Itzá no era patrimonio de la nación, sino que le pertenecía al emporio hotelero en Chichén Itzá, Uxmal y Cozumel, el cual era propiedad de la familia Barbachano, también dueña de las playas San Juan y San Francisco, así como de la laguna de Chancanaab, junto con los terrenos que la rodean.

Así, comenzó la guerra entre el gobierno federal y la familia Barbachano. Hans Jürgen Thies Barbachano le exigía al gobierno 750 millones de pesos por los terrenos de Chichén Itzá.

El amparo Barbachano

Según Gabriel Abdala Berzunza, quien fue defensor legal de Barbachano Gómez Rul, a raíz del conflicto en 2003 se interpuso una demanda de amparo que, un año después, se ganó.

En la querella ganada por el empresario se establecen seis puntos primordiales:

1. Reconocimiento a la propiedad del empresario.
2. Que la nación administre el sitio arqueológico (Chichén Itzá).
3. Que el Instituto Nacional de Antropología e Historia (INAH) se encargue de cuidar los monumentos prehispánicos.
4. El INAH se encargará de cobrar los derechos por entrada.
5. Se niega al Patronato Cultur cobrar la entrada a los visitantes por el segundo acceso, o sea, por la parte trasera que colinda con el hotel Mayaland, propiedad de la familia Barbachano.
6. Fernando Barbachano Gómez Rul cobrará los «frutos civiles» o las ganancias que, en su caso, reciba el Patronato Cultur por la entrada de visitantes en el rumbo de Mayaland.[1]

Defensa de los Barbachano

A continuación, se presenta un texto en el cual la familia Barbachano defiende su postura.

La historia de los Barbachano no es la de cualquier familia: su apellido es parte de México y de la península de Yucatán desde la época del virreinato. Miguel Barbachano y Tarrazo gobernó Yucatán en cinco oportunidades, entre 1841 y 1853, y fue protagonista de los procesos separatistas de la península del resto de la república, a la que se había integrado en 1824.

Su habilidad política y la legítima defensa de los intereses de los yucatecos lograron que durante su gobierno Yucatán se reunificara al territorio nacional en las dos ocasiones que triunfó el movimiento independentista.

---

[1] Luis A. Bofill Gómez, «Arrecia la pugna entre el gobierno y el dueño del predio que ocupa Chichén Itzá», La Jornada, sección «Cultura», 13 de julio de 2007. Disponible en <https://www.jornada.com.mx/2007/07/13/index.php?section=cultura&article=a07n1cul>.

Por orden del rey

La presencia de los Barbachano en Yucatán se remonta a 1673, cuando la Corona española le cedió las tierras de la hacienda Uxmal a su antepasado, el capitán Lorenzo de Hevia, quien, consciente de que los legítimos propietarios eran los mayas, decidió pagarles por esos terrenos. Desde entonces, cada generación, decidida a proteger el entorno histórico de Yucatán, llevó a Fernando Barbachano Peón —bisnieto de Manuel Antonio Barbachano y Tarrazo, hermano de Miguel— a fundar, en 1923, el primer imperio turístico de México, que colocó al país en el mapa de los grandes destinos del mundo.

Pero antes convenció a los Rockefeller y a los Carnegie para que financiaran millonarias excavaciones arqueológicas a principios de los años 20 y fichó al célebre arqueólogo Sylvanus Morley para que restaurara la ciudad prehispánica de Chichén Itzá. No solo eso: tuvo la brillante idea de construir un hotel sobre una plantación de plátanos a pocos metros de las ruinas arqueológicas, desde donde ofrece una de las mejores vistas al antiguo observatorio maya «El Caracol». Aunque muchos dudaron del éxito de un proyecto tan ambicioso, comenzó a educar a sus descendientes para seguir con su legado. Así nació el capítulo más importante de la historia del turismo en México, que ubicó a Chichén Itzá y a Uxmal como el motor de la Riviera Maya.

Destino obligado

Fue Fernando Barbachano Gómez Rul, primogénito de Barbachano Peón y abuelo de nuestro protagonista, quien se encargó de contarle al mundo sobre las maravillas escondidas de Yucatán y sus paradisíacos rincones. Además de haber heredado Barbachano Travel Service, la compañía que fundó su padre en los años 30 con la idea de promover el legado de los mayas, tuvo la visión de crear, en 1965, Aeromaya, una aerolínea que conectaba Mérida con el resto del país y que, con una flota de seis flamantes aviones DC-3 y diez destinos, representó el primer puente directo de ingreso a la península. Así, de buenas a primeras, Yucatán se convirtió en un destino turístico obligado para las más célebres personalidades de la época y Fernando, junto a su mujer,

María Magdalena Herrero, comenzó a recibir a figuras de la talla de
la reina Isabel II de Inglaterra, la reina Margarita de Dinamarca, los
príncipes Gracia y Raniero de Mónaco, los reyes Balduino y Fabiola
de Bélgica, el rey Faisal de Arabia Saudita, el Shah Reza de Irán, el
rey Humberto II de Italia, Aristóteles Onassis y Jacqueline Kennedy.
En poco tiempo, la «Pirámide del Adivino» de Uxmal y «El Castillo» de Chichén Itzá se volvieron los escenarios favoritos de lo más
granado del «jet set» y, obviamente, los Barbachano se posicionaron
como los anfitriones más famosos de México.[2]

Argumento de Fernando Barbachano Herrero

En 2015, Fernando Barbachano Herrero dio una entrevista a la revista *ABC*, en la que aseguró haber donado los terrenos de Chichén
Itzá al Estado mexicano.

Fernando Barbachano Herrero, quinta generación de la saga de hoste-
leros más famosa de México, es el actual presidente de este grupo con
seis «resorts boutique» que ofrecen una experiencia única a los miles
de turistas que visitan cada año las antiguas ciudades precolombinas de
Chichén Itzá y Uxmal [...]. Los Barbachano son el único clan en el
mundo que puede presumir de dirigir un negocio familiar desde 1673.
«Aquel año la Corona española le cedió las tierras de la Hacienda
Uxmal a mi antepasado, el capitán Lorenzo de Hevia. Él, consciente
de que los legítimos propietarios eran los Xiues, les pagó a los mayas
por esos terrenos. Desde entonces mi familia está dedicada a proteger el entorno histórico de la península de Yucatán», explica Barbachano [...]. Su abuelo, Fernando Barbachano Peón, creó el primer
hotel Mayaland en Chichén Itzá en 1923 sobre lo que era una plantación de plátanos propiedad del saqueador estadounidense Edward H.
Thompson [...]. «Sin esta familia el mundo no conocería la belleza de
la península de Yucatán» [...]. En 1944 los Barbachano compraron el

---

² Rodolfo Vera Calderón, «Entramos al mundo privado de los Barbachano, guardianes de la fabulosa arqueología de Chichén Itzá y Uxmal». Disponible en....

resto de las hectáreas donde se levanta Chichén Itzá y a los dos meses donaron la zona arqueológica al Estado mexicano. Por insólito que parezca, el gobierno no aceptó la donación. «Vestigios como estos no deben tener un dueño. Mi familia nunca fue propietaria de los templos, porque la Constitución mexicana establece que las ruinas son propiedad de la nación. Pero la tierra donde se asientan los templos sí son propiedad privada», explica el hotelier. Finalmente, en 2010 se hizo efectiva la venta de esas tierras, aunque los terrenos donde se erige Uxmal siguen en manos de esta familia [...]. «Fundamos los hoteles Mayaland mucho antes de que se creara el Instituto Nacional de Antropología e Historia, gestor estatal de los yacimientos arqueológicos. El abuelo podría haber construido el hotel de modo tal que el Cenote Sagrado de Chichén Itzá le sirviera de piscina. Y nadie le habría dicho nada. Entonces nadie sentía respeto por los vestigios, salvo él», reconoce Barbachano que, siguiendo los pasos de su abuelo, desarrolló la Riviera Maya a finales de los años 70. El padre de Barbachano Herrero convenció a los Rockefeller y a los Carnegie para que financiaran millonarias excavaciones arqueológicas en los años 20 y fichó al célebre arqueólogo Sylvanus Morley para que restaurara Chichén Itzá y trazara el edificio del primer hotel Mayaland con vistas al Templo del Observatorio.[3]

La compra final de Chichén Itzá

El gobierno del estado adquirió en 220 millones de pesos los terrenos que ocupa la zona arqueológica de Chichén Itzá, a través de «un acuerdo histórico» que, por medio del Patronato Cultur, se logró con su hasta ahora propietario, el empresario Hans Jürgen Thies Barbachano.

Por medio de un comunicado, se informó que el acuerdo incluye la adquisición de 80 hectáreas, 45 de las cuales corresponden a la totalidad de la zona arqueológica, considerada una de las principales capitales del mundo maya, con lo que se cumple uno de los compromisos del

[3] Martín Bianchi, «Fernando Barbachano, el "rey" de Yucatán, aterriza en España», ABC, 27 de enero de 2015.

Ejecutivo estatal, al formar parte de las acciones en favor de Chichén Itzá, designada Nueva Maravilla del Mundo Moderno.

Con esta decisión, dice el comunicado, el gobierno estatal adquiere el predio donde se localiza la pirámide principal y zonas aledañas, en tanto que el Instituto Nacional de Antropología e Historia (INAH) continuará con el cuidado y protección de los monumentos arqueológicos que ahí se encuentran, con lo que Chichén Itzá ya es patrimonio de los yucatecos y los mexicanos.

Conforme a la negociación, Cultur cerró con el Sr. Hans Jürgen Thies Barbachano, quien hasta hoy había sido el propietario de los terrenos en los que se encuentra la zona arqueológica, el acuerdo de adquisición en 220 millones de pesos.

Los terrenos estuvieron en litigio por años, aunque en 2004 la Suprema Corte de Justicia de la Nación ratificó que se trata de una propiedad privada.

Luego del interés mostrado por el gobierno estatal y las negociaciones correspondientes, Thies Barbachano accedió a realizar el acuerdo con Cultur.[4]

---

[4] «Gobierno de Yucatán compra terrenos de Chichén Itzá», *Proceso*, 29 de marzo de 2010. Disponible en <https://www.proceso.com.mx/nacional/estados/2010/3/29/gobierno-de-yucatan-compra-terrenos-de-chichen-itza-9927.html>.

Xcambó

(250-800 d. C.)

Xcambó, «cocodrilo celestial» o «lugar donde se realizan los true-ques», fue una ciudad ubicada en la costa norte de Yucatán. Su mayor actividad era la producción de sal, con la cual suministraba al pueblo Izamal.

Ek' Balam

(600-900 d. C.)

Ek' Balam, «estrella Jaguar» o «lucero Jaguar» [*ek'*, «lucero» o «estrella», y *balam*, «jaguar»], se ubica en el noroeste de Yucatán. Fue fundada por Ek' Balam o Coch Cal Balam, quien aparentemente llegó del Oriente. El nombre del señorío de Ek' Balam era Talol, cuyo significado es desconocido, y Ek' Balam era el nombre de la ciudad. Su primer gobernante, de acuerdo con las inscripciones en sus murales, fue *Ukit Kan Le´t Tok'*, «el padre de las cuatro frentes de pedernal». En la Estructura 35 Sub se descubrió la tumba de Ukit Kan Le´t Tok', en la cual se halló una rica ofrenda de más de 7 000 piezas de cerámica, de concha, de caracoles y de tumbaga. En su mayor apogeo, tuvo una población de entre 12 000 a 18 000 habitantes.

Dzibilchaltún

(600-900 d. C.)

Dzibilchaltún, «lugar donde hay escritura en las piedras», se ubica en el oeste de Yucatán. Abarcó más de dieciséis kilómetros cuadrados y su población llegó a 20 000 habitantes. Se estima que en la zona yacen más de 8 400 estructuras enterradas que no han sido exploradas.

Aké

(250-1450 d. C.)

El nombre de *Aké* proviene de «bejuco». Se ubica a treinta y cinco kilómetros de Mérida, Yucatán. En su apogeo, la extensión de la ciudad alcanzó los cuatro kilómetros cuadrados.

Izamal

(250-950 d. C.)

El nombre de *Izamal* proviene de la deidad de esta ciudad, llamada *Itzamatul*. En su apogeo, la extensión de la ciudad alcanzó los diez kilómetros cuadrados y tuvo una hegemonía sobre los pueblos vecinos de Kantunil, Aké, Xcambó, entre otros. Se ubica a cincuenta y dos kilómetros de Mérida.

Mayapán

(1250-1450 d. C.)

Mayapán, «la bandera de los mayas», también conocida como «la ciudad amurallada», fue la última gran capital maya. Se ubica en la zona central-oeste de Yucatán, a cuarenta y tres kilómetros de Mérida. En su apogeo, alcanzó cuatro kilómetros de extensión y una población de 12 000 habitantes. En la zona yacen alrededor de 4 000 estructuras, entre las cuales destacan una réplica del Castillo de Kukulcán en Chichén Itzá.

Yaxuná

(150-650 d. C.)

Yaxuná, «primer vivienda» o «casa de turquesa», se localiza a veinticinco kilómetros de Chichén Itzá y a ciento tres de Cobá. Tiene alrededor de 650 estructuras en un kilómetro y medio.

Uxmal

(600-1000d. C.)

Uxmal, «tres veces construida» o «tres cosechas», fue la ciudad más representativa de la región Puuc y es una de las zonas arqueológicas más hermosas de Mesoamérica. Entre sus edificios más representativos destacan la Casa del Adivino (o del Enano), el Cuadrángulo de las Monjas, el juego de pelota, la Casa de las Tortugas, el Palacio del Gobernador y el grupo El Palomar. Se localiza a setenta y ocho kilómetros de Mérida. En su apogeo, alcanzó cuatro kilómetros de extensión y una población de 25 000 habitantes.

Oxkintok

(475-860 d. C.)

Oxkintok, «tres días pedernal» o «tres soles cortantes», también es conocida como *Maxacan* o *Tzat Tun Tzat,* «el laberinto» o «el perdedero». Fue una de las principales ciudades de Puuc. Se ubica al sudoeste de Yucatán, a cuarenta y tres kilómetros de Uxmal.

Kabah

(700-1000 d. C.)

Kabah, «señor de la mano poderosa», perteneció a la región Puuc. Sin embargo, su arquitectura incluye elementos del estilo del Petén y los Chenes. Se ubica al sudoeste de Yucatán, a veintitrés kilómetros de Uxmal.

Sayil

(700-1000 d. C.)

Sayil, «lugar de las hormigas arrieras», es una de las urbes más importantes de la región Puuc. Su arquitectura es muy parecida a la de Uxmal y Kabah. Entre sus edificios más representativos destacan el Palacio, el Templo del Mirador, el Templo de la Jamba Jeroglífica y El Palacio Sur. En su apogeo, alcanzó cuatro kilómetros de extensión y una población de 17 000 habitantes. Se ubica al sudoeste de Yucatán, a treinta y cinco kilómetros de Uxmal.

Labná

(700-1000 d. C.)

Al igual que Sayil, Kabah, Oxkintok y Uxmal, *Labná*, «casa vieja», fue una de las ciudades más importantes de la región Puuc, aunque no fue tan grande como otras ciudades vecinas. Se ubica al sudoeste de Yucatán, a 39 kilómetros de Uxmal.

OTRAS CIUDADES MAYAS
EN QUINTANA ROO

Cobá

(250-1450 d. C.)

Cobá significa «lugar de agua turbia» o «agua picada». Todas las ciudades mayas construyeron extensos caminos de piedra para comunicarse entre sí, a los que llamaron *sacbé*, «camino blanco». Cobá tenía una red de cincuenta caminos, lo cuales medían, en total, más de doscientos kilómetros. El *sacbé* más largo tenía una extensión de cien kilómetros de longitud y llegaba a Yaxuná, ciudad ubicada a treinta y tres kilómetros de Chichén Itzá. En su apogeo, alcanzó setenta kilómetros de extensión. Se localiza a sesenta y un kilómetros de Valladolid, Yucatán.

Tulum

(564-1550 d. C.)

Tulum, «muralla» o «palizada», alude a la muralla que delimita al conjunto arqueológico por el norte, sur y oeste. Se cree que el nombre original de la ciudad era *Zama*, «mañana» o «amanecer». Entre sus estructuras destacan la muralla, los adoratorios, El Castillo, el basamento más alto de Tulum, la plataforma para danzas, el Templo de la Serie inicial, el Templo del Dios Descendente, el Templo de los Frescos, la Casa de las Columnas, la Casa del Jalach Winik, la Casa del Cenote, el Templo del Dios del Viento.

Chacchoben

(250-1450 d. C.)

Chacchoben significa «lugar del maíz colorado». Sus primeras construcciones tienen elementos del estilo del Petén. Las edificaciones más modernas tienen rasgos de los estilos Río Bec y de los Chenes. Se ubica en el sur de Quintana Roo, a ochenta y nueve kilómetros de Chetumal.

Dzibanché

(250-1500 d. C.)

Dzibanché, «escritura en madera», es el nombre que Thomas Gann asignó a la zona arqueológica en 1927. Entre sus estructuras destacan el Templo del Búho, el Templo de los Cormoranes y los edificios de los Cautivos y de los Tucanes. En su apogeo, alcanzó cuarenta kilómetros de extensión. Se ubica en el sur de Quintana Roo, a ochenta y dos kilómetros de Chetumal.

OTRAS CIUDADES MAYAS EN CAMPECHE

Calakmul

(600 a. C.-909 d. C.)

Calakmul significa «dos montículos adyacentes» [*ca*, «dos»; *lak*, «adyacentes»; *mul*, «montículo artificial» o «pirámide»]; sin embargo, se cree que su nombre original en maya fue *Oxte'Tun*, «tres piedras». Los gobernantes de Calakmul ostentaban el título de *k'uhul kaanal ajaw*, «divino señor del reino de la serpiente». Calakmul —junto con Tikal y Palenque— fue una de las ciudades más importantes en el Clásico Maya. Calakmul y Tikal estuvieron en guerra por casi un siglo. En la zona se han ubicado más de 6 000 estructuras. Se localiza en el sureste de Campeche, en la región del Petén. En su apogeo, alcanzó los 13 000 kilómetros cuadrados y fue la sede de la confederación de ciudades-Estado mayas más poderosa de la época, denominada El Reino de Kaan.

Edzná

(600 a. C.-1450 d. C.)

Ytzná quiere decir «casa de los itzaes». Los itzaes, de origen chontal, se establecieron en el sitio y lo llamaron *Ytzná*, hoy conocida como Edzná. Sin embargo, los itzaes no fueron los fundadores de esta poderosa capital que alcanzó su mayor esplendor entre los años 400 y 1000 d. C. Su arquitectura contiene elementos del Petén, de los Chenes y el Puuc. En su apogeo, alcanzó veinticinco kilómetros de extensión.

CUICUILCO, CIUDAD DE MÉXICO

Preclásico (800 a. C.-250 d. C.)

D os mil años antes de la llegada de los mexicas a la cuenca del Anáhuac, entre el lago de Xochimilco y la sierra Chichinautzin, en una elevación de tierras con gran potencial agrícola debido a los escurrimientos hídricos de la cordillera, un grupo de aldeanos, contemporáneo de los olmecas, construyó la ciudad de *Cuicuilco*, «lugar de cantos y rezos», integrada por cinco conjuntos:

1. Cuicuilco A
   - Gran Basamento Circular
   - Edificio E-1
   - Altares
   - Kiva
   - Estela

2. Cuicuilco B
   - Edificio IX o Heizer
   - Edificio VI
   - Edificio VIII
   - El Palacio

3. Cuicuilco C
   - Sepultado por edificios modernos

4. Montículo Peña Pobre (en el Parque Ecológico Loreto y Peña Pobre)

5. Pirámide de Tenantongo (en el Bosque de Tlalpan)

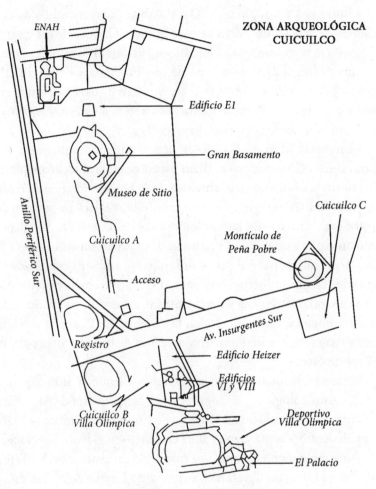

Figura 49. Mapa de Cuicuilco. Ilustrado por Eva Cavildo.

En 1917, el antropólogo y arqueólogo mexicano Manuel Gamio, quien desde 1908 había mostrado gran interés por la zona del Pedregal, comenzó a explorar las canteras de Copilco (explotaciones de lava), donde se hallaba el límite de la última erupción del volcán Xitle. Luego de cavar diversos túneles bajo la capa rocosa encontró pisos, cerámica y entierros. Antes de este hallazgo, se creía que Teotihuacan era la cultura más antigua que se había establecido en el Altiplano Central de México. Los descubrimientos de Gamio demostraban lo contrario: Cuicuilco era una cultura anterior a la teotihuacana.

Entre 1915 y 1920, Manuel Gamio ubicó la zona arqueológica de Cuicuilco, que en un inicio bautizó como «Cultura de los Cerros». Después lo llamaron «san Cuicuilco». En aquellos años, Cuicuilco era un pedregal de gruesa capa de piedra volcánica y de difícil acceso e inhabitado. La única manera que existía para llegar a la zona era por un angosto camino llamado carretera a Cuernavaca, hoy en día conocida como la avenida Insurgentes.

En 1922, Manuel Gamio invitó al antropólogo norteamericano Byron Cummings a realizar estudios en la zona arqueológica. Cummings obtuvo financiamiento de la Universidad de Arizona y la National Geographic Society, con ello, realizaron el proyecto entre 1922 y 1925. «En las exploraciones de 1922, Cummings pudo concluir que esa elevación [similar al cono de un volcán] era una construcción de hace algunos milenios. [También] estableció tres grandes etapas constructivas para el Gran Basamento» (Ramírez, 2018: 28-33). Entre 1924 y 1925, Cummings encontró los dos «Dioses del Fuego», cinco altares en la cumbre del Gran Basamento y una estructura circular con una sucesión de lajas en forma circular, al sur de éste.

Cabe mencionar que, en 1917, Gamio asumió la dirección de Estudios Arqueológicos y Etnográficos en la Secretaría de Agricultura y Fomento —la cual un año más tarde cambió su nombre por Dirección de Antropología y, en 1939, se convirtió en el Instituto Nacional de Antropología e Historia— e inició las excavaciones del Templo Mayor en 1917, Teotihuacan en 1922, Santa Cecilia Acatitlán en 1923, Mixcoac en 1923, Teopanzolco en 1923 y Tenayuca en 1925.

Por su parte, el antropólogo George Clapp Vaillant

sistematizó las etapas histórico-cronológicas de la gran Cuenca Central, lo cual determinó la existencia de tres periodos en Cuicuilco, inmersos en su «Fase Superior de la Cultura Media», que cronológicamente se ubican, respecto de otros sitios conocidos de su época, de la siguiente forma: Cuicuilco I-Ticomán, Cuicuilco II-Ticomán Medio y Cuicuilco III-Teotihuacan I.

Los trabajos se iniciaron mediante una gran cala perpendicular a los taludes del lado oeste, la que al profundizarse demostró que

el montículo era artificial, ya que quedó a la vista un muro del revestimiento del primer nivel con sus piedras bien acomodadas y unidas
con barro. Al continuar la labor, tanto en sentido vertical como en lo
referente a la profundidad, se fue limpiando parte de los muros exteriores de los taludes citados. Pudo observarse, así, que el basamento
era el resultado de varias épocas de construcción que se habían superpuesto unas sobre otras, además de haber sufrido varias ampliaciones
y algunas modificaciones [...].

Se descubrió la rampa occidental, que fue despejada totalmente, al igual que la oriental, aunque ésta apareció sumamente
deteriorada; el trabajo se centró en el levantamiento de la lava de
la zona sur. Esta parte fue, sin duda, la más laboriosa y complicada, ya que entonces no había ningún tipo de antecedentes técnicos para encarar el trabajo, pues el área estaba totalmente cubierta
por lava volcánica.

En este punto aparece un dato muy importante y que nos parece
muy confuso. Según el explorador, durante la excavación se encontraron «fuera del basamento y por alrededor» una serie de grandes piedras verticales clavadas en el piso, que pueden ser vistas en las
fotografías que aquí se incluyen. Hoy están cubiertas por la tierra y
el pasto. Dichas piedras, de más de un metro de altura, rodeaban en
forma circular la base y habían sido utilizadas para proteger el basamento de la primera invasión de lava.

Una interpretación muy diferente es la que da Ignacio Marquina
en su libro *Arquitectura prehispánica*: [...] dice que esas mismas
piedras iban en realidad dentro del núcleo, eran parte del sistema
constructivo original, y su función era la de impedir que los taludes, por su propio peso, se desplazaran horizontalmente (Shávelzon, 1983: 14-17).

En 1939, el arqueólogo Eduardo Noguera Auza descubrió doce entierros colocados perpendicularmente en la circunferencia externa,
al noroeste del Gran Basamento. En 1958, los arqueólogos Robert F.
Heizer y James A. Bennyhoff realizaron excavaciones para estudiar
la disposición seriada y los caracteres de las rocas sedimentarias del
terreno. La mexicana Florencia Müller —la primera mujer en gra

duarse como arqueóloga (1947)— también llevó a cabo excavaciones en un basamento con escalinata frontal, que forma parte de otra estructura. «El mayor aporte de este estudio fueron los fechamientos por carbono 14, los cuales establecieron con más detalle la cronología de Cuicuilco, sobre todo entre el Preclásico Medio y Terminal (700 a. C. a 250 d. C.)» (Ramírez, 2018: 28-33). En 1961, Ángel Palerm y Erik Wolf descubrieron canales agrícolas debajo de la lava en las faldas del cerro Zacatépetl.

> Sólo hasta que el espacio de Cuicuilco B fue designado por el gobierno federal para construir ahí la Villa Olímpica, para los Juegos Olímpicos de México 68, el INAH intervino por fin en un salvamento arqueológico. Roberto Gallegos y un equipo integrado por Florencia Müller, Ponciano Salazar y Roberto Jiménez Ovando, entre otros, recuperaron información de los montículos que no serían destruidos (estructuras II, VI, VIII, y IX) y de los que serían arrasados (estructuras I, III, IV, V, VII y plataformas N, A, A-1, B y C) (Ramírez, 2018: 28-33).

> Los últimos grandes trabajos fueron los realizados para construir la Villa Olímpica en 1968, gracias a lo cual se levantó la capa de lava de cinco metros de altura en una superficie de varios miles de metros cuadrados, sobre el lado oeste de la Avenida de los Insurgentes. Lo que se descubrió fueron varios basamentos y restos habitacionales contemporáneos a la pirámide circular. Estos edificios, tanto rectangulares como redondeados, alcanzan dimensiones considerables, muestran varias etapas de construcción y planos complejos. Algunos inclusive conservan restos de pisos, los que fueron «cementados» y pintados de rojo para imitar los originales de barro (Shávelzon, 1983: 22-23).

La Escuela Nacional de Antropología e Historia (ENAH) estuvo ubicada, de 1964 a 1979, en el Museo Nacional de Antropología (MNA). Luego de una sobrepoblación de alumnos, a tal grado que laboratorios, el auditorio Sahagún y el pasillo entre la escuela y la Biblioteca Nacional de Antropología se convirtieron en salones improvisados y que «¡se dictara clase en las escaleras!», una «solución pronto rebasada fue la renta de espacios externos», como la de «una casa en presidente Masaryk, en la que se reubicaron los laboratorios y habilitaron algunos salones» (Gándara, 2018: 56-59).

Luego de las negociaciones con la SEP y de una extensa búsqueda, se ofreció a la ENAH un terreno en la periferia de la zona arqueológica de Cuicuilco. Corrió el rumor de que el gobierno quería alejar a los alumnos del centro de la ciudad para que no asistieran con tanta frecuencia a las marchas estudiantiles, como las de 1968 y 1971. No fue nada fácil para la dirección del INAH y de la ENAH aceptar la oferta del terreno, principalmente porque se trataba de una zona arqueológica. Tras un estudio del subsuelo, se demostró que el grosor de la lava era de entre veinte y treinta metros. Sin embargo, afectaría visualmente al Gran Basamento Circular.

Finalmente, se construyó la nueva sede en los terrenos de Cuicuilco y la ENAH se trasladó a ese lugar en 1979, algo que pesó en la conciencia de los arqueólogos, antropólogos, etnólogos e historiadores.

Quizá de manera especial en la de quien esto escribe, dado que en 1983 propuse un proyecto para reactivar la investigación arqueológica del sitio, que había sido suspendida prácticamente a finales de los sesenta, con excepción de ciertos trabajos fuera de su perímetro y como parte del proceso de registro legal de la zona. El Proyecto Cuicuilco de la Coordinación de Investigación de la ENAH (1984-1989) fue el segundo realizado directamente por la escuela, en un momento en que se discutía el derecho de la ENAH a tener proyectos propios, derecho que finalmente quedó establecido en la reglamentación respectiva (Gándara, 2018: 56-59).

En 1990, se localizaron diversos edificios y áreas habitacionales de planta circular en Cuicuilco C. En 1996, se descubrieron la estela al pie del Gran Basamento y varios entierros en el edificio Heizer.

De acuerdo con los hallazgos arqueológicos, la ocupación más antigua en Cuicuilco ocurrió entre el 2100 y 1800 a. C. «Los primeros pobladores probablemente ocuparon el espacio donde actualmente se observan los edificios de Cuicuilco A y B» (Moguel, 2018: 34-39). Las primeras plataformas de tipo cónico-truncadas de planta ovalada, que funcionaron como área ceremonial, aparecieron entre 1000 y 800 a. C. «El hallazgo de materiales cerámicos foráneos, tal vez provenientes de las regiones de Occidente, Morelos y Guerrero, dan cuenta de importantes flujos culturales» (Moguel, 2018: 34-39). Sus construcciones estaban hechas con basalto, barro, madera, carrizos y tules. El Centro Ceremonial de Cuicuilco fue construido entre 800 y 600 a. C., cuando la ciudad alcanzó su máximo esplendor y era la cabecera regional, con una población de entre 20 000 y 40 000 habitantes. «Probablemente alcanzaron la zona de Corregidora y La Ladrillera, en las laderas bajas de la serranía del Ajusco» (Moguel, 2018: 34-39).

El Gran Basamento Circular

Construido con bloques de basalto sin labrar, andesita y tezontle, con un aspecto de cono truncado, una plataforma circular de veinticinco metros de altura y ciento diez de diámetro, un altar en la cima, paramentos inclinados en cuarenta y cinco grados y una rampa de acceso con una pendiente de quince grados, el Gran Basamento Circular —ubicado en Cuicuilco A— fue la primera construcción monumental de la Cuenca de México, entre 800 y 150 a. C. Se cree que este edificio fue el primer Calendario de Horizonte en Mesoamérica (marcador astronómico) para registrar el equinoccio de primavera.

Tuvo ocho ampliaciones sucesivas. «La técnica constructiva consistía en realizar un anillo perimetral de planta circular con grandes bloques de basalto; el centro de este muro circundante fue rellenado con arenas y arcillas compactadas» (Moguel, 2018: 34-39).

Se cree que la enorme superficie del basamento (ciento diez metros de diámetro) se utilizaba para reunir a grandes grupos de personas en ceremonias religiosas.

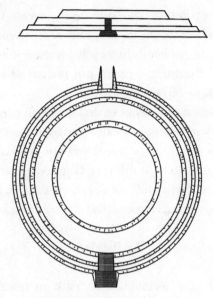

Figura 50. Gran Basamento. Ilustrado por Eva Cavildo.

Los Altares

Como se mencionó, el Gran Basamento Circular fue construido en ocho fases o ampliaciones. Cada una de estas superficies o épocas tenían, sobre un eje este-oeste, altares semirrectangulares de entre cuarenta centímetros y un metro treinta.

En las primeras tres etapas constructivas se hallaron cuatro altares hechos con tierra compactada y pintada con un pigmento rojo de cinabrio, el cual era de suma importancia en las ceremonias. El quinto altar fue elaborado con cantos de río. El sexto y último con piedra volcánica.

Kiva

Entre 1924 y 1925, el antropólogo norteamericano Byron Cummings descubrió al sur del Gran Basamento una estructura ceremonial con forma circular, construida con grandes losas de andesita y cantos de río, a la cual llamó *Kiva* por su parecido con las cámaras circulares de Estados Unidos. Algunos arqueólogos han planteado la posibilidad de que esta estructura haya sido un observatorio astronómico, un temazcal o la recreación de una cueva de origen mítico. «Las cuevas, los cráteres, las hendiduras y los manantiales se consideraban entradas al inframundo, razón por la cual se elegían para las actividades rituales» (Cyphers, 2018: 100).

La decoración en su interior es una de las pinturas murales más tempranas. Contiene diseños lineales pintados con rojo de hematita (óxido de hierro). «Aunque se considera que la kiva corresponde a la época de Cuicuilco, en un informe Noguera mismo aseguró que esta edificación fue construida sobre la capa de lava, por lo que sería posterior a la erupción del Xitle» (Ramírez, 2018: 28-33).

La Estela

La Estela es un monolito rectangular de cuatro metros de altura, descubierto al sur del Gran Basamento Circular. Se cree que fue la primera representación del «eje del mundo», elemento sagrado que demarca los tres planos del universo: inframundo, superficie terrestre y cielo.

Cuicuilco B

Cuicuilco B era una zona habitacional para la élite, la cual contaba once edificios alrededor de plazas, situadas en una cadena de plataformas a niveles desiguales y ordenadas en un eje que comenzaba en el Gran Basamento en Cuicuilco A. Los Edificios VI, VIII, IX o Heizer y El Palacio son las únicas estructuras sobrevivientes.

En 1957, Robert F. Heizer y James A. Bennyhoff exploraron el espacio ubicado a cuatrocientos metros al poniente del Gran Basamento Circular y descubrieron:

> cuatro montículos artificiales (las estructuras C y IV, ya destruidas, además de la VIII y IX, que aún se conservan), cuya cima no fue cubierta por la lava. Al percatarse de que correspondían temporalmente a épocas anteriores a la era cristiana, propusieron que tanto esas estructuras como la pirámide principal formaban parte del mismo sitio, por lo que a este espacio lo llamaron Cuicuilco B (Ramírez, 2018: 28-33).

El edificio Heizer

El edificio Heizer es el más viejo de la Cuenca de México (1000 a. C.), incluso supera al Gran Basamento Circular (800-150 a. C.), ubicado en Cuicuilco A. Es una plataforma de forma ovalada, de seis metros de altura y rellena de tierra. Poseía dos rampas de tierra que sirvieron de acceso y que fueron destruidas por la lava. En la cima se hallaba un adoratorio, donde se guardaban los restos de dos pequeñas cámaras.

Es de lamentar que un proyecto tan interesante desde el punto de vista arquitectónico, como fue el de la construcción de la Villa Olímpica, en donde se ubicaron canchas deportivas entre los basamentos, sirviera de pretexto para destruir parte de los edificios prehispánicos. Quizás los ejemplos más tristes sean los ángulos mochados para construir la pista de atletismo, la media pirámide destruida para levantar una simple alberca, y lo que es peor, la instalación de una gigantesca escultura verde de concreto sobre [el edificio Heizer]. Todos los edificios fueron reconstruidos y cementados, y los muros de barro recubiertos con cemento nuevo ensuciado con tierra para aparentar «antigüedad» (Shávelzon, 1983: 22-23).

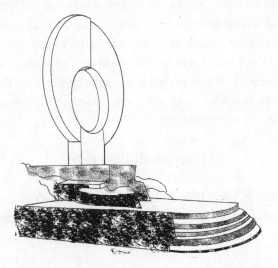

Figura 51. Edificio Heizer. Ilustrado por Eva Cavildo.

Edificios VI y VIII

El edificio VI se edificó en tres etapas constructivas y es un basamento elaborado con piedra volcánica (andesita). Tiene forma rectangular, cuerpos superpuestos, una fachada principal hacia el oeste y una escalinata al centro. Se ubica al poniente del edificio Heizer. Fue construido entre 400 a. C. y el año 0. Su estilo arquitectónico es distinto al del Gran Basamento y del edificio Heizer, cuyo diseño es circular.

El Edificio VIII (Montículo 1A o 2) es un basamento de cuerpos superpuestos, de taludes ligeramente inclinados y construido con andesita cortada en tres etapas. «Tiene un núcleo de tierra revuelta con cerámica, es cuadrada y fue revestida con basalto en todas sus etapas constructivas» (Ramírez, 2018: 28-33). Su fachada, con una escalinata de piedra cortada, se orienta al sur. Las erupciones del volcán Xitle destruyeron gran parte de este basamento. Actualmente, sólo se mantiene la parte baja de un talud frente a la escalinata.

El Palacio

En el lado norte del conjunto habitacional de Villa Olímpica yacen los restos de un complejo de habitaciones sobre plataformas de diferentes niveles, denominado El Palacio, que incluye 24 entierros y veintiocho depósitos subterráneos para almacenar comestibles. Se cree que El Palacio era la residencia para los dirigentes. Gracias a las investigaciones de Florencia Müller se sabe que la Casa C, localizada en El Palacio, fue construida en la etapa tardía y que tiene similitud con los palacios teotihuacanos.

Montículo de Peña Pobre

El Montículo de Peña Pobre —aún sin explorar— es una estructura semicircular de setenta metros de diámetro y dieciséis de altura que no fue cubierta por la lava del Xitle.

Tenantongo

Tenantongo es la segunda edificación más grande de Cuicuilco, con veinte metros de altura y cien de diámetro, y está ubicada a poco más de un kilómetro del Gran Basamento Circular. Tampoco ha sido explorada.

El dios del fuego

Entre 1922 y 1925, Byron Cummings descubrió varias figuras hechas en barro bajo las capas de lava. «Las figurillas nos ayudan a entender aspectos de la vida cotidiana del asentamiento, así como de la imagen corporal y del ajuar, y denotan, además, un importante culto a la fertilidad» (Moguel, 2018: 34-39). Una de ellas representaba a un anciano encorvado, con un brasero sobre la espalda. Se trataba de Huehuetéotl-Xiuhtecuhtli, el dios viejo y del fuego.

En ninguna otra cultura mesoamericana el fuego tuvo más valor ni fue más respetado que en Cuicuilco, ciudad que estaba asentada muy cerca de un volcán activo que amenazaba constantemente con temblores, sonidos estruendosos, fumarolas y rocíos de cenizas. Por este motivo, los basamentos en Cuicuilco tienen forma de volcanes.

«El carácter de vejez que se asocia al dios Huehuetéotl-Xiuhtecuhtli puede obedecer a que, en algunos mitos, el primer y más antiguo elemento que los dioses crean, antes que el Sol y el hombre, es el fuego. A esto se aúna que una de las primeras representaciones de un dios es, precisamente, la de Huehuetéotl» (Matos Moctezuma, 2002: 58-63).

> El dios del fuego es uno que se encuentra en distintos sitios del universo —lo mismo en los planos celeste y terrestre que en el inframundo— y que posee varias advocaciones. Es una deidad transformadora y creadora y no sólo es uno de los dioses más antiguos de la cosmogonía del Centro de México, es uno que perduró hasta la época de los mexicas, quienes lo llamaban Huehuetéotl-Xiuhtecuhtli (Vela, 2021:34-35).

«Su brasero representa el cráter del volcán que echa humo y arroja cenizas. El dios habita en su interior y tanto Cuicuilco como Copilco

(Gamio encontró en este último figuritas del dios) van a sufrir las con-secuencias de este aspecto negativo de la deidad» (Matos Moctezuma, 2002: 58-63). En Teotihuacan y Xochicalco las representaciones del dios del fuego se manifiestan de manera distinta: en lugar de cargar el brasero en la espalda, lo llevan sobre la cabeza. «El ejemplar del Templo Mayor porta una máscara y otros atributos que Alfredo López Austin (1985) identificó como un dios del fuego que mora en el mundo de los muertos» (Vela, 2021: 34-35).

Figura 52. Dios del fuego. Ilustrado por Eva Cavildo.

Alimentación en Cuicuilco

De acuerdo con los hallazgos arqueológicos, los habitantes de Cuicuil-co consumían maíz, tomate, calabaza, frijol, chile, epazote, huauzontle, verdolaga, guajolote, venado, perro, aves y peces. Asimismo, utilizaban ollas, tecomates, cazuelas, cajetes, metates, platos, vajillas decoradas con técnicas de incisión, esgrafiado y pintura de colores rojo, bermejo, negro y blanco. Sus herramientas eran hachas, cuchillos, navajillas prismáticas y puntas de flecha de piedra, basalto, obsidiana y sílex, y eran empleadas para la cacería. «La elaboración de estas herramientas se hacía principalmente por medio de percusión, presión, abrasión y pulido, utilizando para ello rocas, huesos, astas de venado, pieles y are-nas» (Moguel, 2018: 34-39).

La erupción del volcán Xitle

Entre 100 a. C. y 100 d. C., Cuicuilco, Copilco, otros diez centros regionales, treinta aldeas y alrededor de setenta caseríos del suroeste de la cuenca —que ahora conocemos como Pedregal de San Ángel— fueron abandonados. Al mismo tiempo, creció la población en Teotihuacan, al grado que, para inicios de 200 d. C., más del ochenta por ciento de la población del valle vivía en los alrededores de Teotihuacan y dentro de esta ciudad-Estado.

«Se infiere que Cuicuilco abarcó más de lo que se preservó y de lo que se percibe en la actualidad» (Ramírez, 2018: 28-33). La zona donde se había establecido Cuicuilco era húmeda, tenía cascadas, ríos, pantanos, lagos y un volcán, cuya lava, al momento de hacer erupción, encontró su curso por el mismo rumbo por el cual circulaban los ríos y lagos.

Cuicuilco fue destruido por siete erupciones del volcán Xitle, «en un lapso estimado de 50 años» (Pastrana, 2018: 46-55). «Nuevos datos de carbono 14 indican que la erupción que cubrió el sitio ocurrió hacia 300 d. C., es decir, en pleno periodo Clásico» (Lugo *et al.*, 2001: C; Siebe, 2000).

Por lo tanto, la migración a diversas zonas de la Cuenca de México, de entre 20 000 y 50 000 habitantes, no se debió a la erupción del volcán Xitle, como se creía.

Carlos Córdova y sus colegas han demostrado que Cuicuilco no fue cubierto por la lava del Xitle sino hasta mediados del tercer siglo d. C., así que esa erupción no pudo causar los trastornos demográficos del siglo I. [...] Pero, para Sanders y sus colegas, parte de ese desplazamiento de casi 50 000 personas, era también una manifestación del poder político de Teotihuacan, que le habría permitido tomar control de la cuenca y obligar de manera coercitiva a la aglutinación de la población en la ciudad (Plunket y Uruñuela, 2018: 77).

CHOLULA, PUEBLA

(300 a. C.-1521 d. C.)

En los límites de Puebla y Tlaxcala, entre los volcanes Popocaté-petl e Iztaccíhuatl (en el poniente) y el volcán La Malinche (en el oriente), cerca del río Atoyac, descansa la antigua Ciudad Sagrada, *Tollan Cholollan Tlachihualtépetl*, «Gran ciudad donde cae el agua en el lugar de huida del monte hecho a mano» [*Tollan*, «lugar de tules o juncos» o «ciudad o metrópoli»; *Cholollan*, «lugar de los que huyeron», «lugar del vado» o «lugar donde corre el agua»; y *Tlachihualtépetl*, «el monte hecho a mano»]. Hernán Cortés y Fernández de Oviedo la llamaron *Churultecal*, y Andrés de Tapia, *Chitrula*.

Los primeros pobladores de Cholollan —pronúnciese *Choló-lan*— llegaron alrededor de 1000 a. C. Se han encontrado remanentes de ollas, cazuelas, cajetes, cuencos, cántaros, tecomates y herramientas de obsidiana y sílex, así como residuos carbonizados de frijoles, quelites, tejocotes, olotes, verdolagas y capulines.

En el periodo Formativo Tardío, comenzó la veneración al dios viejo del fuego, Huehuetéotl, el mismo que mencioné en el capítulo «Cuicuilco». Las piezas de cerámica encontradas por los arqueólogos son muy parecidas a las de Cuicuilco: un anciano cargando un brasero en su espalda o sobre su cabeza. También se han hallado vasijas de Tláloc en el valle poblano-tlaxcalteca. «Las estructuras residenciales más antiguas reportadas para Cholula son tres plataformas [...] en un terreno conocido como El Rancho de la Virgen, unos 100 m al noreste de la Gran Pirámide [...]. Las fechas de radiocarbono indican que estuvieron en uso entre 200 a. C. y 100 d. C.» (Plunket y Uruñuela, 2018: 65). Lo anterior coincide con el abandono de Cuicuilco, que ocurrió en el 250 a. C. No hay que olvidar que toda la tierra en Mesoamérica se pobló gracias a las migraciones.

En el siglo I d. C., el volcán Popocatépetl hizo erupción con una magnitud 13 000 veces la fuerza de la bomba atómica que destruyó

Hiroshima, Japón, en 1945. Cincuenta kilómetros cuadrados quedaron sepultados bajo una capa de la lava, cuyo grosor en algunas partes fue de uno a dos metros de piedra pómez y en otras alcanzó los cuarenta metros. «En buena medida, el valle de México se formó debido a una gran actividad volcánica» (Matos Moctezuma, 2009: 27). Entre 100 a. C. y 100 d. C., Cuicuilco, una decena de centros regionales, una treintena de aldeas y decenas más de caseríos del suroeste de la Cuenca de México —y muchas más en el valle de Puebla-Tlaxcala— fueron despoblados paulatinamente mientras los habitantes de Teotihuacan y Cholollan crecían. En esa época comenzaban las construcciones de la primera etapa del monumental Tlachihualtépetl de Cholollan, así como y la primera etapa de la Pirámide de la Luna en Teotihuacan.

En *Antología. De Teotihuacán a los aztecas. Fuentes e interpretaciones históricas*, el maestro Miguel León-Portilla nos comparte las «Edades o soles que han existido», en donde se narra la «Leyenda de los Soles».

> Se cimentó luego el tercer Sol. Su signo era 4-Lluvia. Se decía Sol de Lluvia [de fuego]. Sucedió que durante él llovió fuego, los qué en él vivían se quemaron. Y durante él llovió también arena. Y decían que en él llovieron las piedrezuelas que vemos, que hirvió la piedra tezontle y que entonces se enrojecieron los peñascos (León-Portilla, 1971: 550-551).

Durante él llovió fuego, los qué en él vivían se quemaron quiere decir que el tercer Sol fue destruido por la erupción del volcán Popocatépetl en el siglo 1 d. C. Muere el tercer Sol. Nace el cuarto Sol. Termina la era de Cuicuilco y comienza una nueva con Teotihuacan y Cholollan.

Tlachihualtépetl

La antigua Cholollan poseía el basamento más grande de todo Mesoamérica: el *Tlachihualtépetl*, «el monte hecho a mano», dedicado a *Chiconauhquiáuitl*, «dios de las nueve lluvias», «concebida como un elemento central, un *axis mundi* que daba importancia a sus cua-

tro caras y a los espacios que las circundaban, pero denotando a la
vez su estrecho vínculo con el Popocatépetl» (Plunket y Uruñuela,
2018: 160). Medía 400 metros por lado, 62 de altura y tenía un volumen de 4 500 000 metros cúbicos; sin embargo, no es el más alto del
mundo.

En la parte superior izquierda de la figura se muestra el *Tlachi-
hualtépetl*. En la superior derecha, la Pirámide del Sol en Teotihuacan.
En la parte inferior de izquierda a derecha se observa la Pirámide de la
Luna de Teotihuacan, el Gran Basamento de Cuicuilco, el Castillo de
Chichén Itzá, la Pirámide del Adivino de Uxmal y la Pirámide de los
Nichos en El Tajín.

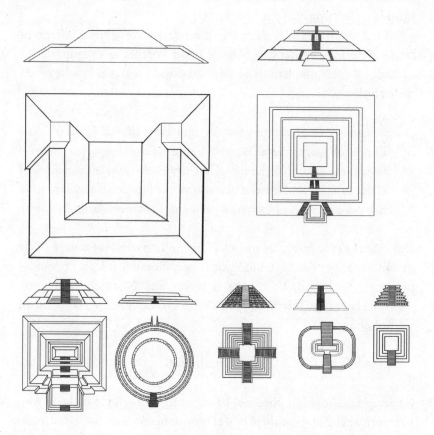

Figura 53. El Tlachihualtépetl de Cholula (a). Ilustrado por Eva Cavildo.

Se calcula que su construcción comenzó en el siglo I d. C. y que la última etapa tuvo lugar en el siglo VI d. C. Durante su época de apogeo, Cholollan —con aproximadamente 24 000 habitantes y ocho kilómetros cuadrados de extensión— era la segunda ciudad más grande de Mesoamérica después de Teotihuacan.

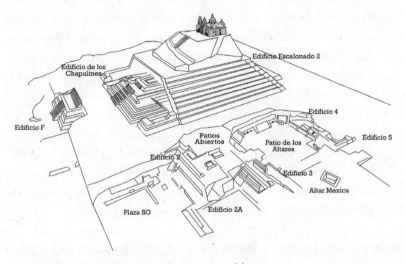

Figura 54. El Tlachihualtépetl de Cholula (b). Ilustrado por Eva Cavildo.

1. Patio de los Altares
2. Patios abiertos
3. Edificio 3
4. Edificio 4
5. Edificio 5
6. Altar mexica
7. Edificio 2
8. Edificio 2A
9. Plaza SO
10. Edificio de los Chapulines
11. Edificio F
12. Edificio Escalonado 2

En un inicio, algunos historiadores y arqueólogos creyeron que Teotihuacan había conquistado Cholollan, pero la arqueología de ésta no se parece en ninguna de sus etapas a la de Teotihuacan, lo que demuestra que Cholollan jamás fue dependiente de aquella ciudad; por el contrario «fue una institución involucrada de alguna manera en el proceso de legitimar a quienes ejercían la autoridad imperial en Teotihuacan» (Plunket y Uruñuela, 2018: 212).

> Pero Cholula no era una urbe entre tantas, sino una ciudad sagrada en donde florecía la vida religiosa, y quizá esto le permitió desarrollar sus propios protocolos y expresiones dentro del mundo teotihuacano. Un rasgo que compartían estas dos ciudades es que no representaban a sus gobernantes, sino que en ambas encontramos la imagen de la serpiente emplumada en contextos asociados al poder. En Cholula ésta aparece desde tiempos de Los Chapulines, un siglo antes de que fuera tallada en piedra para revestir al Templo de la Serpiente Emplumada en Teotihuacan. Este símbolo compartido seguramente señala un entendimiento común de la naturaleza de la autoridad político-religiosa en las dos urbes (Plunket y Uruñuela, 2018: 169).

En el periodo Epiclásico (650 a 900 d. C.), Teotihuacan y Cholollan se distanciaron. Teotihuacan colapsó, la ciudad fue saqueada y sus palacios y templos fueron incendiados, por lo que su gente comenzó un largo exilio. La población de Cholollan también disminuyó más del ochenta por ciento, su núcleo urbano se redujo de ocho kilómetros a uno y el Tlachihualtépetl «dejó de ser sede y escenario de las grandes ceremonias públicas [...]. Sin nueva actividad constructiva, los arquitectos y albañiles enfrentarían el desempleo y, con los estragos en el área de culto, las donaciones y ofrendas cesarían, frenando la actividad ritual y creando privaciones para el sacerdocio» (Plunket y Uruñuela, 2018: 209 y 213). Los basamentos de Teotihuacan quedaron sepultados bajo la hierba. En el caso de Cholula, el Tlachihualtépetl quedó bajo una capa de treinta centímetros de arena volcánica debido a una nueva erupción del Popocatépetl. Al mismo tiempo, comenzaron a llegar los olmeca-xicalancas a los lomeríos de Puebla y Tlaxcala y establecieron Cacaxtla y Cantona.

Poco después, Cacaxtla también fue despoblada. Se cree que se debió a una guerra. En el patio de esta urbe se encontraron alrededor de doscientos esqueletos infantiles, con evidencias de mutilación y exposición al fuego, apilados en el piso, con restos de instrumentos para tejer, joyería, puntas de proyectiles, piezas de obsidiana, vasijas y figurillas de cerámica. Los estudios revelaron que son de inicios del siglo x y que los niños fueron sacrificados al dios de la lluvia.

Cuando desapareció el imperio de Teotihuacan, Cholollan también quedó en orfandad pues, aunque no estaba del todo abandonada, se convirtió en un recinto cívico-ceremonial para sacrificios y ofrendas y una pequeña necrópolis. Posteriormente, los olmeca-xicalancas (olmeca de Olman, Veracruz, y xicalanca de Xicalango, Campeche) conquistaron Cholollan y le devolvieron la vida a la Ciudad Sagrada, ya que crearon nuevas prosapias y alianzas mercantiles, remplazaron el culto a *Chiconauhquiáuitl*, «dios de las nueve lluvias», por Quetzalcóatl y establecieron un sistema de gobierno dual entre dos sacerdotes-gobernantes: el *aquíach amapane* y el *tlalchíach tizacozque*. El primero tenía su sede en el Tlachihualtépetl y el segundo en el *Tecaxpan tlalzintlan*, localizado en el poniente, al pie del cerro Tecajete.

Entre 1150 y 1350 d. C., los tolteca-chichimecas le arrebataron a los olmeca-xicalancas la ciudad de Cholollan y ocho *altepeme*, «poblados», y mantuvieron el dominio hasta la llegada de los españoles en 1519. Por ello, la ciudad recibió el nombre de *Tollan Cholollan Tlachihualtépetl*, «Gran ciudad donde cae el agua en el lugar de huida del monte hecho a mano». En el noreste del Tlachihualtépetl los toltecas construyeron un nuevo teocalli en honor a Quetzalcóatl.

La Roma de Anáhuac

Para 1519, *Tólan Cholólan*, además de ser la Gran Ciudad Sagrada del Anáhuac, era uno Estado soberano, independiente de Tlaxcala y Tenochtitlan. Por lo tanto, recibía tributo de sus pueblos vasallos y acumulaba grandes riquezas. También era la meca de peregrinajes y sede de uno de los tianguis más importantes del Anáhuac, donde se vendían mercancías —cacao, piedras preciosas, plumas, telas de algodón, entre muchas más— traídas desde Veracruz, Tabasco, Oaxaca, Campeche, Yucatán y Guatemala.

A su llegada a Tollan Cholollan, Hernán Cortés y sus acompañantes descubrieron el Monte Sagrado más grande de Mesoamérica y cuatrocientos teocallis más, hoy en día enterrados bajo construcciones coloniales y modernas que hacen imposibles las exploraciones. En 1581, el corregidor de Cholula, Gabriel de Rojas, dijo que ésta era «tenida en tanta veneración como lo es Roma en la cristiandad, y La Meca entre los moros». Hernán Cortés describió Cholollan de la siguiente manera:

> Esta ciudad de Churultecal está asentada en un llano y tiene hasta veinte mil casas dentro, en el cuerpo de la ciudad y tiene de arrabales otras tantas. Es señorío por sí y tiene sus términos conocidos; no obedece a señor ninguno, excepto que se gobiernan como estos otros de Tascaltecal. La gente de esta ciudad es más vestida que los de Tascaltecal, en alguna manera; porque los honrados ciudadanos de ellos todos traen albornoces encima de la otra ropa, aunque son diferenciados de los de África porque tienen maneras; pero en la hechura, tela y los rapacejos son muy semejantes. Todos éstos han sido y son después de este trance pasado, muy ciertos vasallos de vuestra majestad y muy obedientes a lo que yo en su real nombre les he requerido y dicho y creo lo serán de aquí adelante. Esta ciudad es muy fértil de labranzas porque tiene mucha tierra y se riega la más parte de ella y aun es la ciudad más hermosa de fuera que hay en España, porque es muy torreada y llana y certifico a vuestra alteza que yo conté desde una mezquita cuatrocientas treinta tantas torres en la dicha ciudad y todas son de mezquitas. Es la ciudad más a propósito de vivir españoles que yo he visto de los puertos acá, porque tiene algunos baldíos y aguas para criar ganados, lo que no tienen ningunas de cuantas hemos visto, porque es tanta la multitud de la gente que en estas partes mora, que ni un palmo de tierra hay que no esté labrada y aun con todo en muchas partes padecen necesidad por falta de pan y aún hay mucha gente pobre y que piden entre los ricos por las calles y por las casas y mercados, como hacen los pobres en España y en otras partes que hay gente de razón (Cortés, 2005: 58-59).

Por su parte, Bernal Díaz del Castillo escribió lo siguiente:

Tenía aquella ciudad en aquel tiempo tantas torres más altas, que eran cúes y adoratorios donde estaban sus ídolos, especial el cú mayor, era de más altor que el de México[...]. Y tenía otros patios para el servicio de los cúes. Según entendimos, había allí un ídolo muy grande, el nombre de él no me acuerdo; más entre ellos se tenía gran devoción y venían de muchas partes a sacrificarle y a tener como a manera de novenas, y le presentaban de las haciendas que tenían. Acuérdome, cuando en aquella ciudad entramos, que desde que vimos tan altas torres y blanquear, nos pareció el propio Valladolid (Díaz del Castillo, 1979: 164).

La matanza de Cholula

Aquella mañana, Hernán Cortés y sus hombres fueron recibidos en las afueras de Cholula por sus habitantes con música, flores, incienso y comida. Era, en todos los sentidos, una bienvenida amigable, pero Hernán Cortés, quien ya había sido influenciado por los tlaxcaltecas, exigió hablar con los señores principales de Cholula. Un par de sacerdotes salió a hablar con Cortés y le explicó que los miembros de la nobleza cholulteca no confiaban en los tlaxcaltecas que acompañaban a los españoles y le solicitaron que los enviaran de regreso a su ciudad, si es que querían entrar a Cholula. Pedro de Alvarado y Cristóbal de Olid fueron los encargados de pedirles a los tlaxcaltecas que salieran de territorio cholulteca.

De esta manera, Hernán Cortés entró a Cholula y habló con los miembros de la nobleza y les dio el mismo discurso que había repetido en cada pueblo que había visitado. Exigió vasallaje al rey Carlos V y que adoptaran la religión cristiana. Los nobles de Cholula se negaron a cambiar de religión, pero accedieron a rendir vasallaje al rey Carlos V. Luego invitaron a Cortés y a sus hombres a que se acomodaran en sus aposentos y les dieron de comer. Sin embargo, Cortés afirma en sus *Cartas de Relación* que le tenían puesta una trampa:

Me tenían ordenada cierta traición para matarme en aquella ciudad a mí y a los de mi compañía y que para ello había enviado Mutezuma de su tierra, porque alguna parte de ella confina con esta ciudad, cincuenta mil hombres y que los tenía en guarnición a 2 leguas de la dicha ciudad, según señalaron y que tenían cerrado el camino real por donde solían ir y hecho otro nuevo de muchos hoyos y palos agudos hincados y encubiertos para que los caballos cayesen y se mancasen y que tenía muchas de las calles tapiadas y por las azoteas de las casas muchas piedras para que después que entrásemos en la ciudad tomarnos seguramente y aprovecharse de nosotros (Cortés, 2005: 55).

Asimismo, aseguró que habían notado señales de la traición:

> que en el camino topamos muchas señales de las que los naturales de esta provincia nos habían dicho, porque hallamos el camino real cerrado y hecho otro y algunos hoyos, aunque no muchos y algunas calles de la ciudad tapiadas y muchas piedras en todas las azoteas. Con esto nos hicieron estar más sobre aviso y a mayor recaudo (Cortés, 2005: 56).

Bernal Díaz del Castillo escribió que al tercer día de estancia en Cholula los nobles ya no les enviaron de comer y los sacerdotes ya no los visitaban. Francisco de Aguilar señaló que sólo los proveían con cántaros de agua y leña. Por su parte, Gonzalo Fernández de Oviedo narró que cuando los españoles les preguntaban a los cholultecas por qué no les daban de comer, éstos respondían que no era necesario, pues muy pronto se los comerían a ellos cocidos con ají, pero que no lo habían hecho para no hacer enojar a Motecuzoma.

En sus *Cartas de Relación*, Hernán Cortés describió la matanza de Cholula de la siguiente manera:

> En tres días que allí estuve, proveyeron muy mal y cada día peor y muy pocas veces me venían a ver ni hablar los señores y personas principales de la ciudad. Y estando algo perplejo en esto, a la lengua que yo tengo, que es una india de esta tierra, que hube en Potonchán, que es el río grande que ya en la primera relación a vuestra majestad hice memoria, le dijo otra natural de esta ciudad cómo muy cerquita de allí estaba mucha gente de Mutezuma junta y que los de la ciudad tenían fuera sus mujeres e hijos y toda su ropa y que había de dar sobre nosotros para matarnos a todos y si ella se quería salvar que se fuese con ella, que ella la guarecería; la cual lo dijo a aquel Jerónimo de Aguilar, lengua que yo hube en

Yucatán de que asimismo a vuestra alteza hube escrito y me lo hizo saber. Y yo tuve uno de los naturales de la dicha ciudad que por allí andaba y le aparté secretamente que nadie lo vio y le interrogué y confirmó todo lo que la india y los naturales de Tascaltecal me habían dicho.

Y así por esto como por las señales que para ello veía, acordé de prevenir antes de ser prevenido, e hice llamar a algunos de los señores de la ciudad diciendo que les quería hablar y les metí en una sala y en tanto hice que la gente de los nuestros estuviese apercibida y que en soltando una escopeta diesen en mucha cantidad de indios que había junto al aposento y muchos dentro de él. Así se hizo, que después que tuve los señores dentro de aquella sala, dejélos atando y cabalgué e hice soltar la escopeta y dímosles tal mano, que en pocas horas murieron más de tres mil hombres. Y porque vuestra majestad vea cuán apercibidos estaban, antes que yo saliese de nuestro aposento tenían todas las calles tomadas y toda la gente a punto, aunque como los tomamos de sobresalto fueron buenos de desbaratar, mayormente que les faltaban los dirigentes porque los tenía ya presos e hice poner fuego a algunas torres y casas fuertes donde se defendían y nos ofendían y así anduve por la ciudad peleando, dejando a buen recaudo el aposento, que era muy fuerte, bien cinco horas, hasta que eché toda la gente fuera de la ciudad por muchas partes de ella, porque me ayudaban bien cinco mil indios de Tascaltecal y otros cuatrocientos de Cempoal.

Vuelto al aposento, hablé con aquellos señores que tenía presos y les pregunté qué era la causa que me querían matar a traición y me respondieron que ellos no tenían la culpa porque los de Culúa que son los vasallos de Mutezuma, los habían puesto en ello y que el dicho Mutezuma tenía allí en tal parte, que, según después pareció, sería legua y media, cincuenta mil hombres en guarnición para hacerlo, pero que ya conocían cómo habían sido engañados, que soltase uno o dos de ellos y que harían recoger la gente de la ciudad y tornar a ella todas las mujeres, niños y ropa que tenían fuera y que me rogaban que aquel yerro les perdonase, que ellos me certificaban que de allí adelante nadie les engañaría y serían muy ciertos y leales vasallos de vuestra alteza y mis amigos. Después de haberles hablado muchas cosas acerca de su yerro, solté dos de ellos y otro día siguiente estaba toda la ciudad poblada y llena de mujeres y niños muy seguros, como si cosa alguna de lo pasado no hubiera acaecido y luego solté todos los otros señores que tenía presos, con que me prometieron servir a vuestra majestad muy lealmente y en obra de quince o veinte días que allí estuve quedó la ciudad y tierra tan pacífica y tan poblada que parecía que nadie faltaba de ella (Cortés, 2005: 57-58).

De acuerdo con otras crónicas, la matanza de Cholula duró alrededor de cinco horas. Los informantes de Sahagún aseguran que la planearon los tlaxcaltecas, quienes saquearon la ciudad en busca de sal y mantas de algodón y otras prendas.

El teocalli en honor a Quetzalcóatl fue incendiado por los españoles en la matanza de 1519 y destruido en 1529 para construir el Convento de San Gabriel Arcángel.

En 1522, Andrés de Tapia recibió la encomienda de Cholula, lo que no fue bien recibido por los cholultecas. Tapia ahorcó a Temetzin, gobernante de la ciudad.

En lo alto [del Tlachihualtépetl] estaba un teocalli viejo pequeño, y desbarातáronle, y pusieron en su lugar una cruz alta, la cual quebró un rayo, y tornando a poner otra, y otra, también las quebró; y a la tercera yo fui presente, que fue el año pasado de 1535; por lo cual descopetaron y cavaron mucho de lo alto, adonde hallaron muchos ídolos e idolatrías ofrecidas al demonio; y por ello yo confundía a los indios, diciendo: que por los pecados en aquel lugar cometidos no quería Dios que allí estuviese su cruz. Después pusieron allí una gran campana bendita, y no han venido más tempestades ni rayos después que la pusieron (Motolinía, 1914: 64).

En 1546, se establecieron nuevas leyes que prohibían rituales y celebraciones de las religiones mesoamericanas.

Tólan Cholólan, al igual que *Meshíco Tenochtitlan*, fue devastada por los europeos casi en su totalidad. Y, a pesar de que los cronistas dejaron testimonio, descripción y sitio de los edificios, es casi imposible ubicarlos, estudiarlos y rescatarlos, pues yacen sepultados debajo de las edificaciones coloniales y modernas, como es el caso del Tlachihualtépetl, que sufrió un daño irreparable con la construcción de la iglesia de la Virgen de los Remedios en 1594.

TEOTIHUACAN, ESTADO DE MÉXICO

(100-650 d. C.)

En el Altiplano Central, en el Estado de México, aún yace esplendorosa e imponente Teotihuacan, la antigua Ciudad Sagrada, la más grande de Mesoamérica y una de las más admiradas en el planeta.

Entre los años 600 y 700 a. C., se establecieron los primeros grupos humanos en el territorio que, siglos después, sería Teotihuacan. En el 200 a. C., comenzó a poblarse lentamente y se formó el primer centro religioso y urbano al noroeste de la Pirámide de la Luna, en un sitio que hoy se conoce como Ciudad Vieja. Al mismo tiempo, Cuicuilco, Copilco, Terremote Tlaltenco y Tlapacoya eran deshabitadas. Como se mencionó en capítulos anteriores, este proceso de migración fue paulatino y no apresurado como se creyó en un principio.

Teotihuacan fue contemporánea de Chololan, Monte Albán, Lakamha' (Palenque) y Uuc-yab-nal (Chichén Itzá). En su apogeo, contaba con más de 100 000 habitantes, en una extensión de 20 kilómetros, y 2 200 conjuntos habitacionales. «Fue una ciudad verdaderamente cosmopolita, con enclaves en los que residían personas procedentes de regiones tan distantes como Veracruz, Oaxaca y el Occidente de México» (Taube, 2001: 58-63). Fue la sede del poder de todo el valle, «distribuidora de obsidiana verde» (Manzanilla, 2017: 15) y la ciudad más influyente en los ámbitos político, religioso, cultural, económico y comercial. Asimismo, era una sociedad extremadamente compleja, estratificada, teocrática, politeísta, multiétnica y «con una organización corporativa, en la que los grupos sociales eran más importantes que los individuos» (Manzanilla, 2017: 10).

Hasta hace poco se decía que el gobierno de Teotihuacan era esencialmente teocrático, es decir, dirigido sobre todo por sacerdotes a los cuales se debía su grandeza. Sin embargo, recientes descubrimientos efectuados en la Ciudadela y alrededor del Templo de Quetzalcóatl han permitido modificar las ideas acerca del gobierno pacifista y de la ideología de sus antiguos pobladores, pues se han encontrado claras evidencias de la práctica del sacrificio humano (Cabrera y Cowgill, 1993: 21-26).

¿Teotihuacan o Teo uácan?

Se desconoce cuál fue el nombre que le dieron sus fundadores a esta ciudad, cómo se identificaban sus habitantes a sí mismos o qué lengua hablaban; pero lo que sí se sabe es que los nahuas le llamaron *Teo uácan*, cuyo nombre y significado ha generado interrogantes en años recientes. Desde finales del siglo XVI, a través de las crónicas, se dijo que su nombre era *Teotihuacan*, «ciudad de los dioses» [*téotl*, «dios»; *hua*, posesivo; y *can*, «lugar»]. Al relacionar el nombre de la ciudad con la Leyenda de los Soles (que abordaremos más adelante), se argumentó que la interpretación correcta de *Teotihuacan* debía ser «lugar donde fueron creados los dioses» o «lugar donde los hombres se convierten en dioses».

No obstante, un nuevo estudio —realizado en 2017 por las investigadoras del INAH Verónica Ortega y Edith Vergara y por el experto independiente Enrique del Castillo— planteó que el verdadero nombre de la urbe debió ser *Teo uácan*, «ciudad del sol», y no *Teotihuacan*, «ciudad de los dioses». De acuerdo con Ortega, Vergara y Del Castillo, «el vocablo original alude a que *ahí se nombraba al Sol, al legítimo gobernante*». Es decir, «los mexicas invistieron ahí a más de un tlatoani a partir del siglo XV», lo cual pudo ser desde la coronación de Motecuzoma Ilhuicamina.

En palabras de los investigadores, es en el año 1338, con la fundación de Tlatelolco, la ciudad mexica y gemela de Tenochtitlan, cuando vemos por primera vez una alusión a Teotihuacan en el Códice Xólotl. La referencia parte de un personaje asociado a un pequeño sol y quien cuenta con las dos vírgulas de la palabra: la oratoria y la retórica. Al continuar la lectura del documento, próximo a un evento que puede fecharse entre 1409 y 1427, aparece un par de pictografías que representan a una pirámide y un sol, y que a la postre será el glifo de Teotihuacan [...]. El dato clave es la palabra Teo uácan que aparece bajo dicho glifo, lo que da la certeza de la denominación indígena del lugar, la cual evidentemente ya era usada en el periodo señalado (1409 y 1427), un siglo antes de la caída de Tenochtitlan. Con esa ubicación temporal, podemos decir que el nombre de la ciudad surge en la historia y que sus elementos se ubican dentro de la hierofanía solar, es decir que el sol tiene un carácter sagrado [...]

También se sustenta en el análisis iconográfico de un considerable acervo de imágenes grabadas en materiales cerámicos, y obviamente en los estudios epigráficos de la traducción al castellano del vocablo náhuatl *teo uácan* y sus posteriores agregados (la partícula *-ti* y la letra *h*).

Los especialistas citan que también han basado sus análisis en los trabajos del investigador Arthur J. Anderson, el único que ha logrado reunir todos los documentos atribuidos a fray Bernardino de Sahagún. Sobre este cronista, señalan que, en el Códice Florentino, concretamente en el Capítulo I del Libro III, está escrita la leyenda: *¿Quién ha de gobernar y regir el mundo? ¿Quién ha de ser el Sol?* (*Boletín* INAH, núm. 19, 2018).

Figura 55. Glifo de Teotihuacan. Imagen del Código Xólotl, *tomada del proyecto Tlachia de la* UNAM *(http://tlachia.iib.unam.mx/). Ilustrado por Eva Cavildo.*

Teo uácan fue construida con un trazo rectangular extremadamente preciso para satisfacer las necesidades de la cosmovisión mesoamericana. Las calzadas estaban alineadas sobre dos ejes: la Calle de los Muertos (llamada así por los mexicas) es el eje principal de la ciudad, con una extensión de casi cuatro kilómetros, construida de norte a sur y orientada 15° 28' al este del norte; y la calzada oriente-poniente, orientada 16° 30' al sur del este, posiciones clave de acuerdo con las del Sol y las estrellas.

> Sobre este mismo eje, visto desde lo alto de la Pirámide del Sol, el Sol se pone el 29 de abril y el 12 de agosto, […] fechas […] significativas […], lapso de 260 días, durante los cuales el Sol se pasa al sur del eje para ponerse por el norte los 105 días restantes. Más aún, el eje oriente-poniente de la ciudad marca también el crepúsculo de los 40 días posteriores al equinoccio de primavera y los 20 días anteriores al paso por el cenit (los intervalos se invierten cuando el Sol regresa al sur) (Aveni, 2000: 22-25).

Primero se construyó la Pirámide del Sol, después la de la Luna y más tarde numerosos templos, complejos arquitectónicos, edificios públicos y palacios residenciales. La Pirámide de la Luna se ubica en el extremo norte, con *Tenan*, «Nuestra Madre» (hoy conocido como «Cerro Gordo» o la gran montaña de agua), de fondo. La Pirámide del Sol se localiza en el lado este de la Calle de los Muertos, con la cara mirando hacia el oeste, donde se pone el Sol.

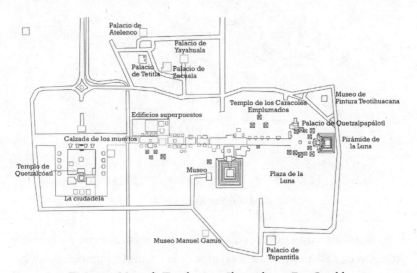

Figura 56. Mapa de Teotihuacan. Ilustrado por Eva Cavildo.

1. Pirámide de la Luna
2. Puerta 3
3. Palacio de los Jaguares y Templo de los Caracoles Emplumados
4. Recinto palacial de Quetzalpapálotl
5. Plaza de la Luna
6. Puerta 4
7. Palacio de Tepantitla
8. Calle de los Muertos
9. Puerta 2
10. Pirámide del Sol
11. Puerta 1
12. Museo
13. Ciudadela
14. Templo de Quetzalcóatl

Sobre la fundación y la historia de Teo uácan se sabe muy poco, y lo que se conoce es gracias a los estudios arqueológicos. Lo único que tenemos son las leyendas heredadas de los nahuas, aunque ellos tampoco sabían quién había fundado esta urbe, por lo que la «atribuían a los dioses» (Matos Moctezuma, 2009: 45). Fray Bernardino de Sahagún narra en el *Códice Matritense* los orígenes de los monumentos religiosos de Teotihuacan:

En seguida se pusieron en movimiento, todos se pusieron en movimiento: los niñitos, los viejos, las mujercitas, las ancianas. Muy lentamente, muy despacio se fueron, allí vinieron a reunirse en Teotihuacan. Allí se dieron las órdenes. Allí se estableció el señorío. Los que se hicieron señores fueron los sabios, los conocedores de las cosas ocultas, los poseedores de la tradición. Luego se establecieron allí los principados. Y toda la gente hizo allí adoratorios al Sol y a la Luna. Después hicieron muchos adoratorios menores. Allá hacían su culto y allí se establecían los sumos sacerdotes de toda la gente. Así se decía Teotihuacan, porque cuando morían los señores, allí los enterraban. Luego encima de ellos construían cerros hechos a mano, que aún están ahí. Por allá hay agujeros, de donde sacaron las piedras, con que hicieron los cerros hechos a mano, y así los hicieron muy grandes, el del Sol y el de la Luna. Son como cerros y no es increíble que se diga que fueron hechos a mano, porque todavía entonces en muchos lugares había gigantes. Y lo llamaron Teotihuacan, porque era el lugar donde se enterraban los señores. Pues según decían: «Cuando morimos, no en verdad morimos, porque seguimos viviendo, despertamos. Esto nos hace felices». Así se dirigían al muerto, cuando moría. Si era hombre, le hablaban, lo invocaban como a ser divino, con el nombre de faisán, si era mujer con el nombre de lechuza, les decían: Despierta, ya el cielo se enrojece, ya se presentó la aurora, ya cantan los faisanes color de llama, las golondrinas color de fuego, ya vuelan las mariposas. Por esto decían los viejos, quien ha muerto, se ha vuelto un dios. Decían: «Se hizo allí dios, quiere decir que murió». *Códice Matritense de la Real Academia de la Historia*, textos de los *Informantes de Sahagún*, fol. 195 r. (León-Portilla, 1971: 75-76)

La Piedra del Sol

En 1790, el virrey y presidente de la Junta Superior de la Real Hacienda de Nueva España, Juan Vicente de Güemes Pacheco de Padilla y Horcasitas, segundo conde de Revilla Gigedo, inició obras públicas, la construcción de nuevas calles y nuevo empedrado en la antigua Plaza Mayor de la Ciudad de México, cuando fueron descubiertos una escultura de la Coatlicue —de 350 centímetros de altura, 130 de ancho, 45 de profundidad y 3 toneladas— y un disco monolítico —de 24 toneladas, 360 centímetros de diámetro por 122 centímetros de grosor y hecho de basalto de olivino, proveniente de la lava del volcán Xitle— que hoy se conoce como *Piedra del Sol*. La obra de arte mesoamericana más famosa en el mundo y, generalmente, llamada de forma equivocada *Calendario Azteca*, pues en realidad no es un calendario.

La escultura —tallada en el periodo Posclásico— «muestra el eje vertical suelo-cenit, proporcionando la idea de centralidad cósmica» (Stuart, 2018: 20-25). Contiene inscripciones alusivas a las fuerzas del cosmos, las cinco creaciones que lo encarnaron, los movimientos de los astros, la cuenta de los días, las veintenas, los años, los siglos de cincuenta y dos años, las eras de los soles y los cuatro puntos solsticiales: *tlahuiztlampa*, «oriente»; *mictlampa*, «norte»; *cihuatlampa*, «poniente»; y *huitztlampa*, «sur».

> Los puntos solsticiales se basan en la observación directa de la salida y la puesta del sol, donde señalan los extremos del recorrido aparente del astro en el horizonte. En cambio, los puntos cardinales se derivan de una construcción cartográfica cuyo eje es el norte. No se refieren a recorridos sino a verdaderos puntos, siendo que el este y el oeste se calculan en los equinoccios (Dehouve, 2014: 119).

Por mucho tiempo se creyó que la pieza había sido labrada durante el gobierno del tlatoani Axayácatl y colocada en la parte frontal del Templo Mayor; sin embargo, «Emily Umberger señaló la presencia del glifo nominal de Motecuzoma II cerca del centro de la Piedra del Sol, asentando así que databa de los años 1507 a 1519, y no del señorío de su predecesor Axayácatl, como habían supuesto durante mucho tiempo Chavero y otros estudiosos» (Stuart, 2018: 20-25). David Stuart cree que la «cara en la Piedra del Sol Azteca no es ni la cara de un dios del sol ni un retrato de Moctezuma, sino ambos».

Después de la caída de México Tenochtitlan, los españoles trasladaron el monolito al exterior, hasta el oeste del entonces Palacio Virreinal y la Acequia Real, lugar en el que permaneció por varios años, hasta que la «mandó enterrar el ilustrísimo y reverendísimo señor don Fray Alonso de Montúfar, dignísimo arzobispo de México, por los grandes delitos que sobre ella se cometían de muertes» (Durán, 1880: 268).

El 17 de diciembre de 1790, la Piedra del Sol fue hallada a sesenta metros de la segunda puerta del Palacio Virreinal y a cuarenta centímetros del suelo. El astrónomo, anticuario y escritor novohispano Antonio de León y Gama le dio el nombre de Calendario Azteca. En 1791, la Piedra del Sol fue colocada, verticalmente, a un lado de la torre poniente de la Catedral, en dirección al oeste (hoy calle Cinco de Mayo), donde permaneció por casi cien años, hasta que en 1885 la trasladaron a la Galería de Monolitos del Museo Nacional de la calle Moneda. Finalmente, en 1964, la colocaron en la Sala Mexica del Museo Nacional de Antropología.

A ciencia cierta no se sabe cuál fue el uso que los mexicas le dieron a la Piedra del Sol. Al respecto, existen algunas teorías:

1. *Temalácatl*: plataforma cilíndrica destinada al *tlahuahuana-liztli*, «rayamiento» o «enfrentamiento gladiatorio».
2. *Cuauhxicalli* —pronúnciese *cuauhshicali*—: recipiente cilíndrico que, en el «rayamiento» recibía el cuerpo del guerrero herido para la extracción del corazón y la subsecuente ofrenda de sangre al Sol y a la Tierra (Matos Moctezuma y López Luján, 2012: 28-35).

Eduardo Noguera y Doris Heyden asumen que los mexicas tenían la Piedra del Sol colocada en un *momoztli*, «lugar cotidiano». Alonso de Molina describe *momoztli* como «un altar de demonios, que ponían en los caminos hechos de tierra». Wimmer lo explica como «altar u oratorio pequeño en forma de pirámide, erigido en el cruce de caminos». De acuerdo con Leonardo López Luján y Bertina Olmedo, los momoztli podían tener muchas formas, desde pequeñas piedras circulares hasta grandes plataformas de mampostería. David Stuart sostiene que la Piedra del Sol «nunca estuvo pensada para verse verticalmente, tal y como se le muestra hoy en el Museo Nacional de Antropología».

En la *Historia de las Indias de Nueva España e islas de Tierra Firme*, de fray Diego Durán, podemos ver una imagen con un guerrero sobre una plataforma cilíndrica, muy parecida a la Piedra del Sol, la cual a su vez se encuentra sobre otra plataforma de cuatro caras con cuatro escaleras que podrían representar los cuatro movimientos del Sol.

Figura 57. Tomado de Durán, 1967, cap. X, pp. 106 y 107, párrafo 8.

En estos mentideros de los tianguis había fijadas unas piedras redondas labradas, tan grandes como una rodela, y en ellas esculpida una figura redonda, como una figura de un sol, con unas pinturas a manera de rosas, a la redonda, con unos círculos redondos; otros ponían otras figuras, según la contemplación de los sacerdotes y de la autoridad del mercado y pueblo (Durán, 1967, II: 177).

Hernando de Alvarado narra lo siguiente sobre el *temalácatl* y el *cuauhxicalli*, sin llamar a ninguno de estos Piedra del Sol o Calendario Azteca, por lo cual no podemos asegurar que se trate de la misma pieza, sin embargo, es necesario compartirlo:

Conviene que se celebre con gran solemnidad y para que se publique y venga a noticia de todos los tlatoque comarcanos y vasallos de Huitzilopochtli que es el *temalácatl* nuevo y se le estrene su templo al tetzahuitl Huitzilopochtli [...]. Y los sacrificados que han de ser son de Toluca Matlatzinca, a los cuales todos los emplumaron y pusieron *tizatl*, «gis», y unas como jaquetas de pluma, como si los armaran de armas de papel, y les pusieron maxtlatl, «pañetes», para cubrir las vergüenzas y los molledos amarrados, de manera que mandaban los brazos y las cabezas emplumadas y con betún de hule de la mar, y los subieron en el alto del monte sagrado de Huitzilopochtli, a donde estaba su estatua, frontero a la gran piedra *temalácatl* y la piedra nombrada *cuauhxicalli* [...]. Luego dos o tres sacerdotes traen un miserable sacrificado y lo ponen encima de la gran piedra *temalácatl* y viene luego *Cuitlaxteoa* (cuitlachteohua/Cuetlaxteohua) a pelear con él, venía figurado y hecho jaguar, y le dan al miserable cautivo para que se defienda una rodela, macana y cuatro como pedazos de piedra llaman Ocotzotetl, y viene bajando el jaguar para pelear con él se ha de sacrificar, venía el jaguar bailando al son del teponaztle.

De la misma forma, se han elaborado diversas teorías sobre el sitio donde originalmente había sido colocada la Piedra del Sol:

1. En posición vertical, en la cúspide de algún teocalli.
2. En posición horizontal, delante del *Coatépetl*, «Templo Mayor».
3. En el teocalli Yopico, dedicado a Xipe Tótec.

Su iconografía

La Piedra del Sol representa las concepciones del tiempo de los mexicas, al Sol como símbolo del día, las veintenas, el *xiuhpohualli*, «calendario anual o solar de 365 días», el ciclo de 52 años y las edades del mundo (los cinco soles).

Máscara de Tonatiuh

En la parte central del monolito aparece el rostro de Tonatiuh, dios del Sol, cuya mitad inferior yace descarnada y la superior encarnada, como símbolo de la vida y la muerte.

Carlos Navarrete y Doris Heyden (1976), Richard Townsend más tarde (1979), se concentraron en la cara central de la piedra y rechazaron que se tratara, como se afirmaba tradicionalmente, de Tonatiuh, proponiendo que la cara era más bien la de Tlaltecutli, la tierra animada, contenida en la *tierra* del signo *ollin*, «movimiento» (en toda Mesoamérica, el [glifo] 17 del calendario de 20 días se refiere al «terremoto» o, más genéricamente, a la «tierra»). Si tomamos en cuenta que la Piedra del Sol era un monumento que miraba hacia el cielo, dicha interpretación resulta sensata, ya que combina la imagen del sol y la superficie viva de la tierra [...]. No todos los estudiosos estuvieron de acuerdo con esas novedosas interpretaciones. Incluso en la actualidad, las interpretaciones de la Piedra del Sol siguen siendo algo problemáticas, pues hay varias propuestas y ningún consenso definitivo. Muchos siguen afirmando que se trata del sol y nada más; otros también ven la tierra, y algunos, entidades mitológicas más específicas (Solís Olguín, 2000). Muchas de esas interpretaciones no son excluyentes, por supuesto, y se basan en elementos del mensaje original de la Piedra. Me gustaría presentar aquí mi interpretación de la Piedra del Sol, enfatizando su papel histórico como retrato del emperador Moteuczoma II en tanto deificación del sol y exponiendo su importante papel como actor mítico y cósmico (Stuart, 2018: 20-25).

Su rostro está decorado con una corona de jade, flores y chalchihuites, cabellos lacios y amarillos, antifaz, líneas que cruzan la frente y la parte externa de los ojos, una nariguera tubular de jade, orejeras de jade, un collar de jade, boca descarnada y una lengua con forma de cuchillo de pedernal, símbolo del sacrificio humano que Tonatiuh demandaba como alimento para poder viajar todas las noches en el inframundo y renacer, en el oriente, a la mañana siguiente.

En el cielo había un dios llamado Citlalatónac y una diosa llamada Citlalicue; y que la diosa parió un navajón de pedernal, que en su lengua llaman técpatl, de lo cual, admirados y espantados los otros hijos, acordaron de echar del cielo al dicho navajón, y así lo pusieron por obra. Y que cayó en cierta parte de la tierra, a la que llamaban Chicomóztoc, que quiere decir siete cuevas. Dicen salieron de él mil y seiscientos dioses (Mendieta, 1870: 181).

Al caer del cielo, el pedernal une a *Citlalinicue*, «la falda de estrellas», con los hombres de *Chicomóztoc*, «las siete cuevas», y nacen los Cuatrocientos *Mimixcoa*, «serpientes de nube» [*mimixtin*, «nubes»; y *cóatl*, «serpiente»], deidades en el norte, asociadas con las llanuras áridas y la Vía Láctea. Era la personificación de las estrellas. *Mimixcoa* es la forma plural de *Mixcóatl*, «serpiente de nube» o «serpiente tornado» [*mixtli*, «nubes»; y *cóatl*, «serpiente»]. Para que el Quinto Sol tuviera movimiento y vida, los Cuatrocientos *Mimixcoa* crearon a los humanos, se sacrificaron en Teo uácan, se aventaron a la hoguera o se abrieron el pecho con un *técpatl*, «cuchillo de pedernal». En pocas palabras, los Cuatrocientos *Mimixcoa* son los padres fundadores de la prosapia azteca, refiriéndonos a las tribus provenientes de *Áztlan* o *Chicomóztoc*.

[Los nahuas pensaban que] el pedernal y la obsidiana se encontraban en los lugares en que caían los rayos y por ello su creación se atribuía al dios de la lluvia [...]. El cuchillo utilizado en los sacrificios humanos era llamado técpatl y se le atribuía vida propia. Además, *técpatl* era el signo decimoctavo del *tonalpohualli*, uno de los cuatro portadores del año, y se encontraba asociado al rumbo norte del universo. Los mexicas dedicaban el día 1 técpatl a su deidad tutelar Huitzilopochtli y le dedicaban ofrendas, además de poner sus adornos al sol (González Torres, 1997: 72-73).

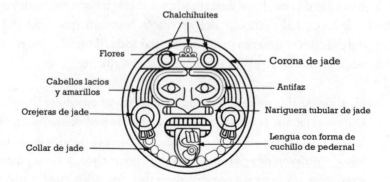

Figura 58. Rostro de Tonatiuh. Ilustrado por Eva Cavildo.

Anillo de las Edades del Mundo

El primer círculo contiene el glifo *Nahui Ollin*, «cuatro movimiento», nombre del Quinto Sol, que fue la era de los mexicas y que hace alusión a las edades del mundo (cinco soles). Al finalizar el Cuarto Sol, Quetzal-cóatl viajó al *Míctlan*, «inframundo» o «mundo de los muertos», recolectó huesos de la época anterior e inició el proceso de renacimiento de la humanidad. Nahui Ollin emergió de la materia remanente.

Figura 59. Glifo de Nahui Ollin. Ilustrado por Eva Cavildo.

El segundo círculo representa las edades del mundo: *Nahui Ehécatl*, «cuatro viento»; *Nahui Océlotl*, «cuatro jaguar»; *Nahui Quiáhuitl*, «cuatro lluvia de fuego»; y *Nahui Atl*, «cuatro agua».

En la parte superior se observa un rayo solar o punta de la flecha solar. En el lado derecho del rayo solar está el glifo *ce técpatl*, «uno pedernal», símbolo del norte. En el lado izquierdo de éste se ve el glifo *xiuhhuitzolli* —pronúnciese *shiuhhuitzoli*—, una tiara de mosaicos turquesa, que en este caso representaba al oriente. Aunque Emily Umberger y, posteriormente, David Stuart han identificado el glifo como parte del nombre de Motecuhzoma II.

En la parte inferior se aprecia un pectoral solar con dos *quincunces* (un conjunto de cinco puntos, cuatro en las esquinas y uno al centro, símbolos que designaban los rumbos del universo: oriente, norte, poniente, sur y el centro como *axis mundi*), unas puntas de pluma y una perla hasta abajo.

En el lado derecho del pectoral solar yace el glifo *chicome ozo-matli*, «siete mono», símbolo del poniente. En el lado izquierdo se ve el glifo *ce quiáhuitl*, «uno lluvia», que simboliza el sur.

En los lados extremos se ven dos garras de águila, con pulseras de jade y capturando un corazón. Para los mexicas, el Sol también era concebido como águila. Sobre y debajo de las garras se ven cuatro círculos, que representan los numerales de *nahui ollin*, «cuatro movimiento», nombre del Quinto Sol.

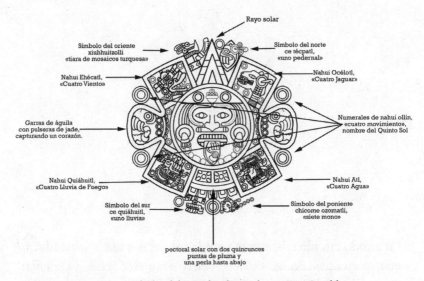

Figura 60. Edades del mundo. Ilustrado por Eva Cavildo.

Anillo de los días

El tercer círculo contiene los glifos de los veinte días del *xiuhpohua-lli*, «calendario anual o solar de 365 días», que se leen en sentido opuesto a las manecillas del reloj.

1. *Cipactli*, «caimán»
2. *Ehécatl*, «viento»
3. *Calli*, «casa»
4. *Cuetzpallin*, «lagartija»
5. *Cóatl*, «serpiente»

6. *Miquiztli*, «muerte»
7. *Mázatl*, «venado»
8. *Tochtli*, «conejo»
9. *Atl*, «agua»
10. *Itzcuintli*, «perro»
11. *Ozomatli*, «mono»
12. *Malinalli*, «hierba muerta»
13. *Ácatl*, «carrizo»
14. *Océlotl*, «jaguar»
15. *Cuauhtli*, «águila»
16. *Cozcacuauhtli*, «buitre»
17. *Ollin*, «movimiento»
18. *Técpatl*, «cuchillo de pedernal»
19. *Quiáhuitl*, «lluvia»
20. *Xóchitl*, «flor»

Figura 61. *Anillo de los días. Ilustrado por Eva Cavildo.*

Anillo de los quincunces

Contiene cuatro placas con diez quincunces con cuentas de jade, que se alternan con cuatro rayos solares grandes y cuatro rayos solares menores.

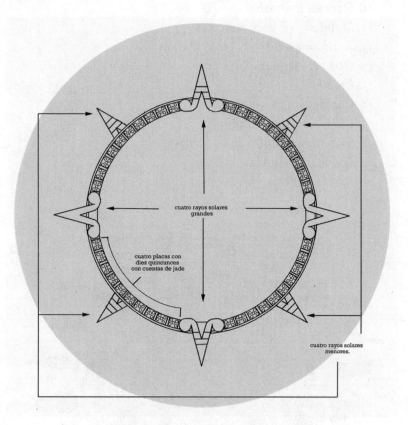

Figura 62. Anillo de los quincunces. Ilustrado por Eva Cavildo.

Anillo del resplandor solar

Consiste en ocho filas de diez plumas con dos perlas encima, que alternan con cuatro rayos solares grandes y cuatro rayos solares menores que simbolizan la energía solar.

Figura 63. Anillo del resplandor solar. Ilustrado por Eva Cavildo.

Anillo de Chalchíhuatl

Consiste en dieciséis grupos de cuatro *chalchíhuatl*, «agua precio-sa», y se refiere a la sangre de los sacrificios, que es el único alimento capaz de conservar la vida del Sol.

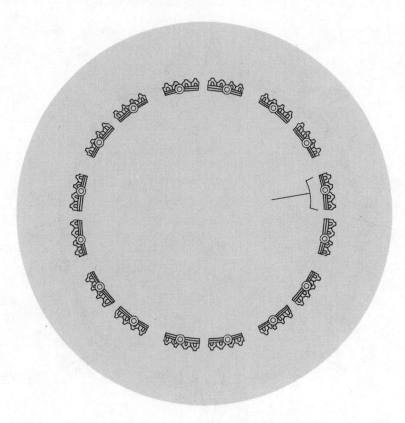

Figura 64. Anillo de los Chalchíhuatl. Ilustrado por Eva Cavildo.

Anillo de la aceptación de los dioses

Se conforma por ocho conjuntos de quincunce, tiras de cuero, puntas de plumas preciosas y una perla.

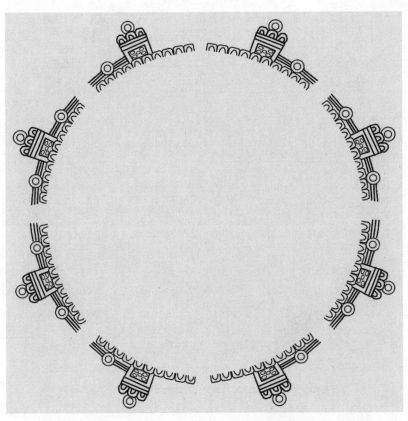

Figura 65. Anillo de la aceptación de los dioses. Ilustrado por Eva Cavildo.

Anillo de las llamas

Simboliza la aceptación de la sangre de los sacrificados por los dioses.

Figura 66. Anillo de las llamas. Ilustrado por Eva Cavildo.

Anillo de las serpientes

Este círculo tiene la fecha *matlactli yei ácatl*, «trece carrizo», que corresponde al nacimiento del Quinto Sol y al año 1479, cuando los mexicas celebraron el Fuego Nuevo durante el mandato del huei tlatoani Axayácatl, en cuyo gobierno aparentemente estrenaron este calendario.

De la fecha matlactli yei ácatl se desprenden dos *xiuhcóatl*, «serpientes de fuego» (Xiuhtecutli en el lado izquierdo y Quetzalcóatl en el derecho), las cuales realizan un recorrido desde oriente hasta encontrarse en el poniente, es decir, en la parte inferior de la Piedra del Sol. El recorrido del oriente al poniente representa el trayecto del Sol.

De la boca de Xiuhtecutli emerge un dios turquesa con un chuchillo de pedernal y velo de noche.

Cada serpiente está dividida en trece segmentos, con signos *tlachinolli*, «combate de fuego», diez círculos que simbolizan la atadura de cincuenta y dos años, ataduras de papel amate y ornamentos de hierbas con flores.

Las cabezas de las serpientes de fuego están decoradas con tocados que representan las constelaciones de las pléyades o «siete cabrillos».

Se trataba del grupo celeste que los mayas llamaron *tzab*, «cola de serpiente de cascabel», y que nosotros conocemos como Pléyades. Además de que corresponde muy cercanamente a la alineación, este grupo de estrellas en particular cumplió una función importante en Teotihuacan en la época en que se construyó la ciudad. Las Pléyades hacían su reaparición estacional en el día correspondiente al primero de los pasos anuales del Sol por el cenit, los que según testimonios etnográficos eran días de gran importancia para distinguir las estaciones. Así, la aparición en el cielo de las Pléyades servía como anuncio de la llegada del día en que el Sol no proyecta sombras a mediodía. Es más, las estrellas mismas cruzaban muy cerca del cenit de Teotihuacan. Sahagún nos cuenta que los mexicas, herederos de la antigua tradición teotihuacana, celebraban el principio de los ciclos anuales de 52 años —cuando los dioses renovaban el mundo— subiendo al cerro de la

Estrella (en Iztapalapa) para ver cruzar las Pléyades en el firmamento
(Aveni, 2000: 22-25).

Asimismo, cada serpiente tiene una pata:

> Las Pléyades no solamente indicaban el *centro* de la noche; su apari-
> ción en el cenit, a medianoche, durante la ceremonia del fuego nuevo,
> era la señal para iniciar el sacrificio de renovación del fuego cósmico y
> el calor solar, asegurando el retorno del sol en el siguiente amanecer.
> El sol y las Pléyades existían como un reflejo estructural uno de otras,
> marcando los puntos opuestos en un eje cósmico día-noche. La combi-
> nación de los glifos debe haber proporcionado una poderosa imagen
> de la centralidad cósmica y el movimiento cíclico (Stuart, 2018: 20-25).

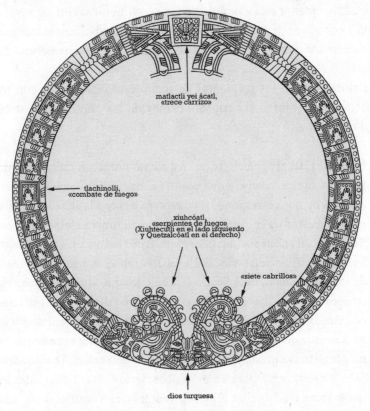

Figura 67. Anillo de las serpientes de fuego. Ilustrado por Eva Cavildo.

La Leyenda de los Soles

Figura 68. Piedra del Sol. Ilustrado por Eva Cavildo.

La «Leyenda de los Soles», llamada así por Paso y Troncoso, o también *Manuscrito Náhuatl de 1558*, es una de las más célebres concepciones cosmogónicas de los nahuas. La podemos ver esculpida simbólicamente en la Piedra del Sol (Figura 68), en el *Documento anónimo de 1558*, en el *Códice Vaticano*, en *Historia de los mexicanos por sus pinturas*, en *Memoriales*, de fray Toribio Paredes de Benavente, en *Anales de Cuauhtitlán*, en *Historia de Tlaxcala*, de Diego Muñoz Camargo, entre otros libros más actuales. Comenzaré citando *Historia de los mexicanos por sus pinturas*.

Capítulo 1.

Historia de los mexicanos por sus pinturas

Tenían un dios al que llamaban *Tonacatecutli,* «señor del sustento» [*tona-cáyotl,* «sustento», y *tecuhtli,* «señor»], cuya esposa era *Tonacacíhuatl,* también llamada *Xochiqueltzal,* los cuales se criaron y estuvieron siempre en el decimotercer ciclo de cuyo principio no se supo jamás sino de su estadía y creación que fue en el decimotercer ciclo.

Estos dioses engendraron cuatro hijos: el mayor se llamaba Tlatlauhqui Tezcatlipoca, el cual nació de color rojo. (Los de Huexotzinco y Tlaxcallan tenían a este por su dios principal y le llamaban Camaxtle.)

Tuvieron un segundo hijo, al cual llamaron Yayauhqui Tezcatlipoca, el cual nació negro. Fue el mayor, el peor, el que más mandó y más pudo sobre los otros tres, porque nació en medio de todos. Al tercero lo llamaron Quetzalcóatl, que tenía otro nombre Youalli Ehécatl. Al cuarto y más joven lo llamaron Omitecilt y que conocían por otro nombre Maquezcóatl y los mexicas le llamaban Huitzilopochtli, porque fue izquierdo. Los de México lo tuvieron por dios principal. Era el dios de la guerra.

De estos cuatro hijos de Tonacatecutli y Tonacacíhuatl, el Tezcatlipoca era el que sabía todos los pensamientos y estaba en todo lugar y conocía los corazones y por esto le llamaban Moyocoya que quiere decir que es todo poderoso o que hace todas las cosas sin que nadie le vaya de la mano. Según este nombre no le sabían pintar (?) sino como aire, y por eso no se llamaban comúnmente de este nombre. Huitzilopochtli, hermano menor y dios de los mexicanos, nació sin carne, teniendo solo huesos, y de esta forma permaneció seiscientos años durante los cuales los dioses no hicieron nada (García Icazbalceta, 1882: 85-106).

Es decir, Tonacatecutli y Tonacacíhuatl tuvieron cuatro hijos, los cuales prevalecieron de forma independiente y se sucedieron en las diversas edades del mundo (es decir, en cada uno de los soles). Cada hijo simboliza un elemento (tierra, aire, fuego y agua) y un rumbo del mundo (oriente, norte, sur y poniente).

- *Tezcatlipoca negro* (del norte) es el primero de los cuatro Tezcatlipocas. *Yayauhqui Tezcatlipoca* [*Yayauhqui*, «marrón», «oscuro» o «negruzco»; y *Tezcatlipoca*, «el espejo que humea», «humo de espejo» o «espejo reluciente»].
- *Tezcatlipoca rojo* (del oriente) es el segundo de los Tezcatlipocas. *Tlatlauhqui Tezcatlipoca* [*Tlatlauhqui*, «rojo», «rojizo» o «marrón»; y *Tezcatlipoca*, «el espejo que humea», «humo de espejo» o «espejo reluciente»]. También llamado *Xipe Tótec* y *Camaxtli. Xipe Tótec*, «nuestro señor desollado» [*xipe*, «desollado»; *to*, «nuestro»; *tec-*, «señor»]. *Camaxtli* o *Camaxtle*, «el que tiene bragas y calzado» [*cactli*, «calzado»; *máxtlatl*, «braga»; *-e*, «que tiene»].
- *Tezcatlipoca azul* (del sur) es el tercero de los Tezcatlipocas. *Tezouhqui Tezcatlipoca* [*Tezouhqui*, «extendido por la orilla»; y *Tezcatlipoca*, «el espejo que humea», «humo de espejo» o «espejo reluciente»]. También llamado *Huitzilopochtli*, «colibrí del sur», «colibrí zurdo» o «colibrí izquierdo».
- *Tezcatlipoca blanco* (del poniente) es el cuarto de los Tezcatlipocas. *Iztac Tezcatlipoca* [*Iztac*, «blanco»; y *Tezcatlipoca*, «el espejo que humea», «humo de espejo» o «espejo reluciente»]. También llamado *Quetzalcóatl* o *Yoalli Ehécatl* [*Youalli*, «noche»; y *Ehécatl*, «viento»].

El tiempo y los cuatro Tezcatlipocas

Los cuatro Tezcatlipocas representaban los principales fenómenos astronómicos solares y cada uno tenía asignada una fiesta de acuerdo con el cuadrante que le correspondía:

- *Tezcatlipoca negro, Tezcatlipoca*, era el dios del norte y se le festejaba en la veintena tóxcatl, primer paso del Sol por el cenit antes del solsticio de verano.
- *Tezcatlipoca rojo, Xipe Tótec*, era el dios del oriente y se le festejaba en la veintena tlacaxipehualiztli, durante el equinoccio de primavera.

- *Tezcatlipoca azul, Huitzilopochtli*, era el dios del sur y se le festejaba en la veintena panquetzaliztli, poco antes del solsticio de invierno.
- *Tezcatlipoca blanco, Quetzalcóatl*, era el dios del poniente y se le festejaba en la veintena *xócotl huetzi*, poco antes del equinoccio de otoño.

Figura 69. El tiempo y los cuatro Tezcatlipocas. Ilustrado por Eva Cavildo.

Tonacatecutli y Tonacacíhuatl le encargaron a Tezcatlipoca, Xipe Tótec, Huitzilopochtli y Quetzalcóatl crear a otros dioses, al mundo y a los seres vivos.

El dios de muchos nombres

Cabe aclarar que *Tonacatecutli* y *Tonacacíhuatl*, «señor y señora de nuestra carne», también se llaman:

- *Ometéotl/Ometecuhtli* y *Omecíhuatl*, «dios de la dualidad», «padre y madre de los dioses». Ometéotl vive en *Omeyocan*, «el lugar de la dualidad».
- *Huehuetéotl*, «nuestra madre», «nuestro padre», «el dios viejo».

- *In Tonan in Tota*, «madre y padre nuestro». También *in teteu inan, in teteu ita,* Huehuetéotl.
- *Teyocoyani*, «inventor de hombres», «quien envía a los hombres al mundo».
- *Tezcatlanextia*, «espejo doble que ahúma las cosas por la noche y las hace brillar durante el día» y «espejo que hace aparecer las cosas». Título dual de Tezcatlipoca.
- *In Xiuhtecuhtli*, «el dios del fuego», ya que mora en su ombligo; *tle-xic-co*, «en el lugar del ombligo del fuego».
- *Citlallatónac* y *Citlalinicue*, «el astro que hace lucir las cosas» y «faldellín luminoso de estrellas».
- *Chalchiuhtlatónac, Chalchiuhtlicue*, «señor y señora de las aguas», «el de brillo solar de jade y la de falda de jade».

«Puede, pues, sostenerse —sobre la evidencia de los textos citados— que los títulos de Tezcatlipoca y Tezcatlanextia, "espejo doble que ahúma las cosas por la noche y las hace brillar durante el día", no son sino otros dos títulos pareados con que se designó en los más antiguos tiempos de la cultura náhuatl a Ometéotl» (León-Portilla, 2017: 205).

En pocas palabras, *Tezcatlipoca* es *Ometéotl*. Es el dios omnipotente, omnisciente y omnipresente. El dios positivo y negativo. El dios caprichoso y voluble. El dios que causa terror. El hechicero. El brujo jaguar. El brujo nocturno. Aquí se presentan otros nombres para referirse a Tezcatlipoca:

- *Titlacahuan*, «aquel de quien somos esclavos».
- *Teimatini*, «el sabio», «el que entiende a la gente».
- *Tlazopilli*, «el noble precioso», «el hijo precioso».
- *Teyocoyani*, «el creador de gente».
- *Yáotl, Yaotzin*, «el enemigo».
- *Icnoacatzintli*, «el misericordioso».
- *Ipalnemoani*, «por quien todos viven».
- *Ilhuicahua, Tlalticpaque*, «poseedor del cielo, poseedor de la Tierra».
- *Monenequi*, «el arbitrario», «el que pretende».
- *Pilhoacatzintli*, «padre reverenciado», «poseedor de los niños».

- *Tlacatle Totecue*, «oh, amo», «nuestro señor».
- *Youalli Ehécatl*, «noche», «viento».
- *Monantzin, Motatzin*, «su madre», «su padre».
- *Telpochtli*, «el joven», «patrón del telpochcalli, la casa de la juventud».
- *Moyocoani*, «el que se crea a sí mismo».
- *Ome Ácatl*, «dos carrizos», su nombre calendárico.

Capítulo 2.
Historia de los mexicanos por sus pinturas

Pasados seiscientos años del nacimiento de los cuatro dioses hermanos e hijos de Tonacatecutli se juntaron todos cuatro y dijeron que sería bueno que ordenasen lo que debían hacer y la ley que debían tener. Todos eligieron a Quetzalcóatl y a Huitzilopochtli que ellos dos lo ordenasen. Y estos dos por comisión y parecer de los otros dos hicieron el fuego y con éste hicieron medio sol, el cual por no ser entero alumbraba poco. Luego hicieron a un hombre y a una mujer. Al hombre lo llamaron Oxomoco y a la mujer Cipactónal. Les ordenaron arar la tierra y a ella hilar y tejer y que de ellos nacieran los macehualtin y que no holgasen y que siempre trabajasen. A ella le dieron los dioses ciertos granos de maíz para que con ellos ella curase y usase de adivinanzas y hechicerías y así lo usan hoy día las mujeres. Luego hicieron los días y los partieron en meses, dando a cada mes veinte días y así tenía dieciocho y trescientos sesenta días en el año, como se dirá adelante.

Hicieron luego a Mictlantecuhtli y Mictecacihuatl, marido y mujer, dioses del Míctlan, y los pusieron en él (García Icazbalceta, 1882: 85-106).

- *Míctlan*, «el lugar de los muertos».
- *Mictlantecutli*, «señor del lugar de los muertos», «el dios de la muerte», «señor del Míctlan» o «señor de la mansión de los muertos» [*miquitl*, «muerto»; *-tlan*, sufijo locativo; y *tecuhtli*, «señor»].
- *Mictlancíhuatl* o *Mictecacíhuatl*, «señora de las personas muertas».

Luego crearon los cielos más allá del decimotercer cielo e hicieron el agua y crearon un pez grande que se llamaron *cipactli*, que es como un caimán. De este pez hicieron la Tierra. Para crear al dios y a la diosa del agua se juntaron los cuatro dioses e hicieron a *Tlalocantecuhtli* y a su esposa *Chalchiuhtlicue*, «la diosa de las aguas terrestres», a los cuales crearon por dioses del agua y a ellos pedían cuando tenían necesidad de agua (García Icazbalceta, 1882: 85-106).

- *Tlalocantecuhtli, Tlalocateutl* o *Tláloc*, «dios del néctar de la tierra» [*tlalli*, «tierra»; *octli*, «pulque»; y *téotl*, «dios»].
- *Chalchiuhtlicue*, «la diosa de las aguas terrestres» o «la de la falda de jade» [*chalchíhuitl*, «jade»; *i*, «su»; y *cueitl*, «falda»]. Deidad compañera de Tláloc. Señora de los ríos, lagos, lagunas y mares. En la Plaza de la Pirámide de la Luna, cerca del Palacio de Quetzalpapálotl, en Teoti- huacan, se encontró una escultura identificada como *Chalchiuhtlicue*, de 3.19 metros por 1.65 y con un peso de 16.3 toneladas.

Del dios del agua dicen que tenía su aposento de cuatro cuadros y en medio un gran patio, donde hay cuatro barrañones grandes de agua. Una era buena y de ésta llueve cuando se crían los panes y semillas y en buen tiempo. Otra es mala cuando llueve y con el agua se cría tela-rañas en los panes y se añublan: otra es cuando llueve y se congelan. Otra cuando llueve y no granan o se secan; y estos dioses del agua para llover crio muchos ministros pequeños de cuerpo, los cuales están en los cuartos de la dicha casa y tienen alcancías en que toman el agua de aquellos barreñones y unos palos en la otra mano, y cuando el dios del agua les manda que vayan a regar algunos términos, toman sus alcancías y palos y riegan del agua que se les manda y cuando atruena es cuando quiebran las alcancías con los palos y cuando viene rayo es de lo que tenían dentro o parte de la alcancía y había ochenta años del señor de Chalco quiso sacrificar a estos criados del dios del agua en su corcovado y le llevaron al volcán, cerro muy alto y donde siempre hay

nieve, quince leguas de esta ciudad de México y metieron al corcovado dentro de una cueva y le cerraron la puerta y él, por no tener de
comer, se traspuso y fue llevado donde vio el palacio dicho y la manera
que se tenía por el dios e idos después los criados del señor de Chalco a
ver si era muerto, le hallaron vivo y traído dijo lo que vio. En este año
fueron vencidos los de Chalco por los mexicanos y quedaron por sus
esclavos. Dicen que aquella fue señal por ser perder como perdieron.
Después, estando los cuatro dioses juntos, hicieron del pez *cipactli*,
«caimán», la Tierra, a la cual dijeron *Tlaltecuhtli* y lo pintaron como
dios de la Tierra, tendido sobre un pescado por haber sido hecho de
él (García Icazbalceta, 1882: 85-106).

* *Tlaltecuhtli*, «señora de la Tierra» [*Tlal*, «tierra»; y *tecuhtli*,
  «señor»].

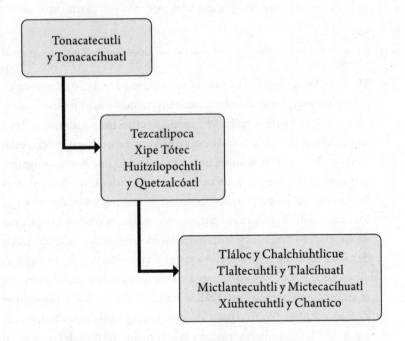

Figura 70. Árbol de la creación.

Capítulo 3.
Historia de los mexicanos por sus pinturas

Todo fue hecho y creado sin que en ello ponga cuenta de año, sino que fue junto y sin diferencia de tiempo. Dicen que del primer hombre y mujer que hicieron nació cuando estas cosas se comenzaron a hacer: un hijo al cual llamaron *Pilcetectli* (Piltzintecutli) a quien le faltaba una mujer con quien casarse. Los dioses hicieron a Xochiquetzal y la casaron con Piltzintecutli. Hecho esto, los cuatro dioses vieron cómo el medio sol que estaba creado alumbraba poco. Decidieron que se hiciera otro medio sol para que pudiese alumbrar bien toda la Tierra. Al ver esto, Tezcatlipoca se hizo sol, el cual pintan como nosotros. Dicen que lo que vemos no es sino la claridad del sol y no al sol, porque el éste sale a la mañana y viene hasta medio día. De ahí se regresa al oriente para salir al otro día. Que lo que desde medio día hasta el ocaso aparece es su claridad y no el sol. De noche no anda ni aparece. Así que, por ser dios, Tezcatlipoca se convirtió en sol. Entonces los dioses crearon a los gigantes, que eran hombres muy grandes, con tanta fuerza que arrancaban los árboles con las manos. Sólo comían bellotas, las cuales duraron lo mismo que este sol, que fue trece veces cincuenta y dos años, que son seiscientos setenta y seis años (García Icazbalceta, 1882: 85-106).

Capítulo 4.
Historia de los mexicanos por sus pinturas

El Primer Sol

Volviendo a los gigantes que fueron creados en el tiempo en que Tezcatlipoca fue El Primer Sol. Dicen que debido a que dejó de ser sol, perecieron y los jaguares se los comieron y que no quedó ninguno. Estos jaguares se hicieron de esta manera (García Icazbalceta, 1882: 85-106).

El Segundo Sol

Pasados los trece ciclos de cincuenta y dos años, Quetzalcóatl se convirtió en El Segundo Sol y Tezcatlipoca dejó de serlo, porque Quetzalcóatl le dio un gran golpe con un bastón y lo derribó en el agua. Entonces Tezcatlipoca se convirtió en jaguar, emergió del agua y salió a matar a los gigantes [con lo cual provocó el fin del mundo]. Esto aparece en el cielo, porque dicen que la Osa Mayor se fue al fondo del mar. La Osa Mayor está alta en memoria de Tezcatlipoca. En este tiempo los mace-hualtin comían piñones de las piñas (García Icazbalceta, 1882: 85-106).

La Osa Mayor —Tezcatlipoca—, señora de las noches de prima-vera y de verano. La constelación Citlalxonecuilli, que es el Cetro de Quetzalcóatl, resplandece en el otoño y en el invierno: son Quet-zalcóatl, con su cetro de estrellas y Tezcatlipoca, que en el cielo y en el mito están en eterna rivalidad. Cuando uno vence, el otro es vencido; cuando uno es visible, el otro se oculta bajo el horizonte [...]. En el Códice Borbónico aparecen Quetzalcóatl y Tezcatli-poca como rivales en el Juego de Pelota divino. La constelación que llamamos Osa Mayor se identificaba con Tezcatlipoca, el dios del fuego [...]. Tezcatlipoca, la Osa Mayor, pertenece al norte, ya que fue arrojado fuera del cielo y por eso no está en la Vía Láctea [...]. La Osa Mayor Tezcatlipoca empezará a verse ya completa en febrero y permanecerá dominando el cielo hasta julio. Esta sucesión interminable, parecería estar representada en una página del Códice Borgia: en un camino sin fin ni principio, Quetzalcóatl y Tezcatli-poca van siempre uno siguiendo al otro, ninguno es vencedor defi-nitivo, ninguno pierde definitivamente (Maupomé, 1990: 54-61).

El Tercer Sol

Quetzalcóatl continuó siendo sol trece ciclos de cincuenta y dos años, que son seiscientos y setenta y seis años. Y cuando éstos acaba-ron, Tezcatlipoca, por ser dios, se hacía como los otros hermanos lo querían. Así andaba hecho jaguar y le dio coz (una patada con ambas patas traseras) a Quetzalcóatl, con lo cual lo derribó y lo quitó de ser el sol. Levantó tanto aire que llevó a todos los macehualtin. Algunos quedaron en el aire y se convirtieron en simios y Tláloc se convirtió en El Tercer Sol, el cual duró siete ciclos de cincuenta y dos años, que son trescientos sesenta y cuatro años. En ese tiempo los macehualtin comían *acecentli*, «maíz de agua» (García Icazbalceta, 1882: 85-106).

El Cuarto Sol

Pasados estos años, Quetzalcóatl hizo llover fuego del cielo y quitó a *Tlalocatecli* (Tláloc) para que ya no fuese sol y puso a su mujer Chalchiuhtlicue como El Cuarto Sol, la cual fue sol seis ciclos de cincuenta y dos años, que son trescientos y doce años. Los macehuales comían en este tiempo de un grano como el maíz que se dice cincocopi. Así que desde el nacimiento de los dioses hasta el cumplimiento de este sol hubo según su cuenta dos mil seiscientos veintiocho años (García Icazbalceta, 1882: 85-106).

Fin del Cuarto Sol

En el año postrero que fue sol Chalchiuhtlicue, como está dicho, llovió tanta agua y en tanta abundancia, que se cayeron los cielos y las aguas llevaron todos los macehualtin que iban y de ellos se hicieron todos los géneros de pescados que hay y así cesaron de haber macehualtin y el cielo cesó porque cayó sobre la tierra (García Icazbalceta, 1882: 85-106).

A continuación, se presenta un fragmento de un texto náhuatl de los soles, la versión más extensa y explícita de la Leyenda de los Soles, hallada en un manuscrito anónimo en náhuatl de 1558, traducido por Primo Feliciano Velázquez y publicado en el libro *América antigua*, de José Luis Martínez:

Este Sol *Nahui Océlotl*, «cuatro jaguar», fue de 676 años. Éstos que aquí moraron la primera vez, fueron devorados por los jaguares en el nahui océlotl del Sol; comían *chicome malinalli*, «siete hierba», que era su alimento y con el cual vivieron 676 años, hasta que fueron devorados como una fiera, en trece años: hasta que perecieron y se acabaron. Entonces desapareció el Sol. El año de éstos fue *ce ácatl*, «uno caña». Por lo tanto, empezaron a ser devorados en un día del signo *nahui océlotl*, «cuatro jaguar», bajo el mismo signo en que se acabaron y perecieron.

El nombre de este Sol es *Nahui Ehécatl*, «cuatro viento». Éstos que por segunda vez moraron, fueron llevados del viento. Fue en el *nahui ehécatl* del Sol. En cuanto desaparecieron, llevados por el viento, se volvieron monos; sus casas y también sus árboles. Todo se lo llevó el viento. Asimismo, a este Sol se lo llevó el viento. Comían *matlactlomome cóatl*, «doce serpiente»; era su alimento, con que vivieron trescientos sesenta y cuatro años, hasta que desaparecieron en un sólo día, que fueron llevados del viento: hasta que desaparecieron en un día del signo *nahui ehécatl*. Su año fue *ce técpatl*, «uno pedernal».

Éste es el Sol *Nahui Quiáhuitl*, «cuatro lluvia»; y éstos los que vivieron en el Sol *Nahui Quiáhuitl*, que fue el tercero, hasta que se destruyeron porque les llovió fuego y se volvieron guajolotes. También ardió el Sol y todas las casas de ellos ardieron. Por tanto, vivieron trescientos doce años, hasta que se destruyeron en un sólo día en que llovió fuego. Comían *chicome técpatl*, «siete pedernal», que era su alimento. Su año es *ce técpatl*, «uno pedernal»; y hasta que se destruyeron en un día del signo *nahui quiáhuitl*, fueron pipiltin. Los que perecieron eran los que se habían convertido en *pipiltin*, «guajolotes», por eso ahora se llama a los niños *pipilpipil*, «muchachitos».

El nombre de este Sol es *Nahui Atl*, «cuatro agua», porque hubo agua cincuenta y dos años. Éstos son los que vivieron en el cuarto, que fue el Sol *Nahui Atl*, que vivieron seiscientos setenta y seis años, hasta que se destruyeron, se anegaron y se volvieron peces. Hacia acá se hundió el cielo y en sólo un día se destruyeron. Comían *nahui xóchitl*, «cuatro flor», era su alimento. Su año fue *ce calli*, «uno casa». En un día del signo nahui atl, en que se destruyeron, todos los cerros desaparecieron, porque hubo agua cincuenta y dos años.

Acabado el año de ellos, *Titlacahuan*, «Eres el dueño de esclavos», llamó al que tenía el nombre de Tata y a su mujer llamada Nene, y les dijo:

—No querrán nada más. Agujeren un ahuéhuetl muy grande y ahí métanse cuando sea la *tozoztli*, «vigilia», y se venga hundiendo el cielo.

Ahí entraron, luego *Titlacahuan* los tapó y les dijo:

—Solamente una mazorca de maíz comerás tú. Y tu mujer también una.

Cuando acabaron de consumir los granos, se notó que iba disminuyendo el agua; ya no se movía el palo. Luego se destaparon y vieron un pescado. Sacaron fuego con los palillos (arrojaron el tizón) y asaron para sí los pescados. Miraron hacia acá los dioses Citlalicue y Citlaltónac y dijeron [...]

- *Citlalicue*, «la falda de estrellas» [*citlalli*, «estrella»; y *cueitl*, «falda»]. La creadora de las estrellas y de varios dioses o la diosa de la Vía Láctea.
- *Citlaltónac*, «estrella brillante» o «brillo de las estrellas» [*citlalli*, «estrella»; y *tónac*, «brilla»]. Dios de las estrellas.

—¡Dioses! ¿Quién ha hecho fuego? ¿Quién ha ahumado el cielo?

Al punto descendió *Titlacahuan*, «eres el dueño de esclavos», Tezcatlipoca, los riñó y dijo:

—¿Qué haces, Tata? ¿Qué hacen ustedes?

Luego les cortó los pescuezos y les remendó su cabeza en su nalga, con que se volvieron perros. Por tanto, se ahumó el cielo en el año *ome ácatl*, «dos carrizo». He aquí que ya somos nosotros, que ya vivimos; que cayó el tizón y que se estancó el cielo en el año *ce tochtli*, «uno conejo». He aquí que cayó el tizón y entonces apareció el fuego, porque veinticinco años había sido noche. Por tanto, se estancó el cielo en el año *ce tochtli*, «uno conejo»; después que se estancó, lo ahumaron los perros, así como se ha dicho; y a la postre cayó el tizón, sacó el fuego Tezcatlipoca, con que otra vez ahumó al cielo en el año *ome ácatl*, «dos carrizo».

Se consultaron a los dioses y dijeron:

—¿Quién habitará, pues que se estancó el cielo y se paró el Señor de la Tierra? ¿Quién habitará, oh dioses?

Se ocuparon del asunto *Citlalicue, Citlaltónac, Apantecutli, Tepanquizqui, Tlallamanqui, Huictlolinqui, Quetzalcóatl* y *Titlacahuan*.

Luego fue *Quetzalcóatl* al Míctlan; se llegó a *Mictlantecutli* y a *Mictlancíhuatl* y dijo: [...]

- *Apantecutli*, «señor del agua».
- *Tepanquizqui*, «representador así».
- *Tlallamanqui*, «somos sus esclavos» (epíteto de Tezcatlipoca).
- *Huictlolinqui*, «el que trabaja con la azada» (nombre de una deidad que patrocina el trabajo de los campos).
- *Quetzalcóatl*, «serpiente emplumada».
- *Titlacahuan*, «de quien somos esclavos», (uno de los nombres de Tezcatlipoca).
- *Mictlantecutli*, «señor del lugar de los muertos», «el dios de la muerte».
- *Mictlancíhuatl* o *Mictecacihuatl*, «señora de las personas muertas».

—He venido por los huesos preciosos que tú guardas.

Y dijo aquel:

—¿Qué harías tú, Quetzalcóatl?

Otra vez dijo éste:

—Tratan los dioses de hacer con ellos quien habite sobre la Tierra.

De nuevo dijo Mictlantecutli:

—Sea en buena hora. Toca mi caracol y tráele cuatro veces al derredor de mi asiento de piedras preciosas.

Pero su caracol no tiene agujeros de mano. Llamó a los gusanos, que le hicieron agujeros, e inmediatamente entraron ahí las abejas grandes y las montesas, que lo tocaron; y lo oyó Mictlantecutli. Otra vez dice Mictlantecutli:

—Está bien, tómalos.

Y dijo Mictlantecutli a sus mensajeros los mictecas:

—Vayan a decirle, dioses, que ha de venir a dejarlos.

Pero Quetzalcóatl dijo hacia acá:

—No me lo llevo para siempre.

Y dijo a su nahual:
—Anda a decirles que vendré a dejarlos.
Y este vino a decir a gritos:
—¡Vendré a dejarlos!

Subió pronto, luego que cogió los huesos precisos: estaban juntos de un lado los huesos de varón y también juntos de otro lado, los huesos de mujer. Así que los tomó, Quetzalcóatl hizo de ellos un lío, que se trajo.

Otra vez les dijo Mictlantecutli a sus mensajeros:
—¡Dioses! De veras se llevó Quetzalcóatl los huesos preciosos. ¡Dioses! Vayan a hacer un hoyo.

Fueron a hacerlo y por eso se cayó en el hoyo, se golpeó y le espantaron las codornices; cayó muerto y esparció por el suelo los huesos preciosos, que luego mordieron y royeron las codornices. Al poco tiempo resucitó Quetzalcóatl, lloró y dijo a su nahual:
—¿Cómo será esto, nahual mío?
El cual dijo:
—¡Cómo ha de ser! Que se echó a perder el negocio; puesto que llovió.

Luego los junto, los recogió e hizo un lío, que inmediatamente llevó a *Tamoanchan*. Después que los hizo llegar, los molió la llamada Quilachtli: ésta es Cihuacóatl, que a continuación los echó en un lebrillo precioso. Sobre él se sangró Quetzalcóatl su miembro; y en seguida hicieron penitencia todos los dioses que se han mencionado: Apantecutli, Huictlolinqui, Tepanquizqui, Tlallamanqui, Tzontémoc y el sexto de ellos, Quetzalcóatl. Luego dijeron [...]

- «*Tamoanchan* tiene sin duda alguna un carácter simbólico matricial. Es también, según ciertas fuentes, un lugar situado en la Huasteca, donde estuvieron los mexicas antes de separarse de los pueblos que los acompañaban [...]. Muñoz Camargo, sitúa en el inframundo (Míctlan) el concepto espacio-temporal Tamoanchan [...]. En el mito de la creación del hombre, Tamoanchan es el lugar donde está la diosa Quilaztli, la Cihuacóatl, y donde

Quetzalcóatl lleva los huesos que servirán para generar al ser humano» (Johansson, 2015: 59-92).

- «*Tamoanchan*, «cerro de la serpiente», uno de los paraísos situado en el primer cielo, el Tlalocan, el cual se localizaba en la cumbre del Cerro de la Malinche» (Trejo, 2007: 18-25).

- *Quilachtli* o *Quilaztli*, «la que llega a hierba comestible» o «la que propicia el verdor o la verdura». A la diosa Cihuacóatl, también la llamaban Quilaztli. Diosa de los xochimilcas.

- *Cihuacóatl*, «serpiente femenina». Diosa que auxiliaba a las mujeres en el parto, daba poder a los guerreros en combate y otorgaba fertilidad. También se le responsabilizaba por las hambrunas, sequías y la pobreza.

—Han nacido los vasallos de los dioses.

Por cuanto hicieron penitencia sobre nosotros. Otra vez dijeron:

—¿Qué comerán, oh dioses? Ya todos buscan el alimento.

Luego fue la hormiga a coger el maíz desgranado dentro del Tonacatépetl, «cerro de los mantenimientos». Encontró Quetzalcóatl a la hormiga y le dijo:

—Dime a dónde fuiste a cogerlo.

Muchas veces le pregunta. Pero ella no quiere decirlo. Luego le dice que allá (señalando el lugar); y la acompañó. Quetzalcóatl se volvió hormiga negra, la acompañó, y entraron y lo acarrearon ambos; esto es, Quetzalcóatl acompañó a la hormiga colorada hasta el depósito, arregló el maíz y en seguida lo llevó a Tamoanchan. Lo mascaron los dioses y lo pusieron en nuestra boca para robustecernos. Después dijeron:

—¿Qué haremos del Tonacatépetl?

Fue solo Quetzalcóatl, lo ató con cordeles y lo quiso llevar a cuestas, pero no lo alzó. A continuación, Oxomoco echó suertes con maíz; también agoró Cipactónal, la mujer de Oxomoco. Porque Cipactónal es mujer. Luego dijeron Oxomoco y Cipactónal que solamente *Nanahuatzin*, «el bubosito», desgranaría a palos el Tonacatépetl porque lo había adivinado. Se apercibió a los *tlaloque*, «dioses de la lluvia», los tlaloque azules, los tlaloque blancos, los tlaloque amarillos, los tlaloque rojos; y Nanahuatzin desgranó el maíz a palos. Luego es arrebatado por los tlaloque el alimento: el blanco, el negro, el amarillo, el maíz colorado, el frijol, los bledos, la chía, el *michihuauhtli*, «bledos», todo el alimento fue arrebatado.

El nombre de este Sol es *Nahui Ollin*, «cuatro movimiento». Éste ya es de nosotros, de los que hoy vivimos. Ésta es su señal, la que aquí está, porque cayó en el fuego el Sol en el homo divino de Teotihuacan. Fue el mismo Sol de *Topiltzin*, «nuestro hijo», de Tollan, de Quetzalcóatl. Antes de ser este Sol, su nombre fue Nanahuatzin, que era de *Tamoanchan*. Águila, jaguar, gavilán, lobo; *chicuacen éhecatl*, «seis viento», *chicuacen xóchitl*, «seis flor»; ambos son nombres del Sol. Lo que aquí está se nombra *teotexcalli*, «horno divino», que cuatro años estuvo ardiendo. *Tonacateuctli*, «el señor de nuestra carne», y *Xiuhteuctli*, «el señor del año», llamaron a Nanahuatzin y le dijeron:

—Ahora tú guardarás el cielo y la Tierra.

Mucho se entristeció él y dijo:

—¿Qué están diciendo los dioses? Yo soy un pobre enfermo.

También llamaron allá a *Nahui Técpatl* [...]

> • *Nahui Técpatl*, «cuatro cuchillo de pedernal», y *Teccizté-catl* o *Tecuciztécatl* son los nombres del dios de la Luna. De igual forma, a la Luna se le decía, en náhuatl, *Metztli*, palabra que tenía tres significados: «luna», «muslo» y «mes de veinte días».

A éste lo citó *Tlalocanteuctli*, «el Señor del paraíso», y asimismo *Napateuctli*, «cuatro veces Señor». Luego ayunó Nanahuatzin. Tomó sus espinas y sus ramos de laurel y *acxóyatl*, «silvestre»; consiguió que *Tecuciztécatl* le proveyera de espinas. Primeramente, Nanahuatzin se sacó sangre en sacrificio. Después se sacrificó *Tecuciztécatl*: sus ramos de laurel son *quetzalli*, «plumas ricas»; y sus espinas, chalchihuites, que inciensa [...]

El chalchihuite —de *chalchíhuitl*— es una piedra de jadeíta que, además de *piedra preciosa*, era considerada un elemento sagrado, símbolo de abundancia y una «acepción cósmica relacionada con el centro y el mundo» (Taube, 2015: 48-55).

«A partir de 1500 a. C., y seguramente desde antes, aquellos tarascos comerciaban con pueblos situados más al sur —como los de Guatemala— para obtener la jadeíta» (Oliveros, 2012: 36)

En los antiguos códices, el chalchíhuitl era dibujado como símbolo de belleza y gran valía. En el *Códice Borgia* se registra en las trecenas de días en el *tonalpohualli* (calendario) la imagen de un guajolote y el glifo de *chalchíhuitl*, lo que Eduard Seler anotó como «pavo precioso». Otro ejemplo está en la imagen del mismo códice, en la que aparecen los glifos de un chalchíhuitl y de *atl*, que se traduce como «agua preciosa», es decir, la sangre del sacrificio. Miguel León-Portilla hace un recuento de los nombres de algunas deidades que incorporan la raíz de la palabra *chalchíhuitl*, por ejemplo: «*Chalchiuhtlatónac*, "el del brillo solar de jade"; *Chalchiuhtlicue*, "la diosa de las aguas terrestres" o "la de la falda de jade"; *Chalchíuhatl*, "el agua preciosa", con referencia a la sangre de los sacrificios, y *Chalchiuhmomozco*, término empleado para referirse a varios altares» (León-Portilla, 2015: 74-78).

Cuando pasaron cuatro días, barnizaron de blanco y emplumaron a *Nanahuatzin*, «el bubosillo»; luego fue a caer en el fuego. Nahui Técpatl (Tecuciztécatl) en tanto le da música con el tiritón de frío. Nanahuatzin cayó en el fuego y *Nahui Técpatl* inmediatamente fue a caer sólo en la ceniza. Cuando aquél fue, pudo el águila asirle y llevarle. El jaguar no pudo llevarle, sino que le saltó y se paró en el fuego, por lo que se manchó; después ahí se ahumó el gavilán y después se chamuscó el lobo: estos tres no pudieron llevarle. Así que llegó al cielo, le hicieron al punto mercedes Tonacateuctli y Tonacacíhuatl: le sentaron en un trono de *quecholli*, «plumas», y le liaron la cabeza con una banda roja. Luego se detuvo cuatro días en el cielo; vino a pararse en el signo *nahui ollin*; cuatro días no se movió; se estuvo quieto. Dijeron los dioses:

—¿Por qué no se mueve?

Enviaron luego a *Itztlotli*, «el gavilán de obsidiana», que fue a hablar y preguntar al Sol. Le habló:

—Dicen los dioses: pregúntale por qué no se mueve.

Respondió el Sol:

—Porque pido su sangre y su reino.

Se consultaron los dioses y se enojó *Tlahuizcalpanteuctli*, que dijo [...]

> • *Tlahuizcalpantecuhtli*, «el señor en la aurora» [*tlahuizcalli*, «la aurora»; *pan*, «en»; y *tecuhtli*, «señor»], también se traduce como «señor de la estrella del Alba» y «energía del amanecer». *Tlahuizcalpantecuhtli* es una manifestación de Quetzalcóatl.

—¿Por qué no lo flecho? Ojalá no se detenga.

Le disparó y no le acertó. ¡Ah!, ¡ah! le dispara y flecha el Sol a *Tlahuizcalpantecuhtli* con sus saetas de cañones de plumas; rojas, y enseguida le tapó la cara con los nueve cielos juntos. Porque *Tlahuizcalpantecuhtli* es el hielo. Se hizo la junta por los dioses *Titlacahuan* y Huitzilopochtli y las mujeres *Xochiquetzal, Yapaliicue* y *Nochpaliicue*; e inmediatamente hubo mortandad de dioses, ¡ah!, ¡ah!, en Teotihuacan [...]

> • *Xochiquétzal*, «flor preciosa», la diosa del amor. *Tlazoltéotl* [*tla*, prefijo; *zolli*, «inmundicia»; y *téotl*, «divino»] era la diosa de la sexualidad, la lujuria y la inmundicia. Una de las leyendas sobre Xochiquétzal dice que poseía una hermosura inigualable, *preciosa como una flor*. Otra leyenda dice que Xochiquétzal
>
> nació de los cabellos de la diosa madre. En los mitos de creación se menciona que fue mujer de Piltzintecutli, hijo de la primera

pareja de hombres: *Cipactónal* y *Oxomoco*. Con Piltzintecutli tuvo un hijo, *Cintéotl*, dios del maíz, y en otros mitos se cuenta que también engendraron a *Nanahuatzin*, «el bubosillo», quien se sacrificaría en el fogón divino para convertirse en el Quinto Sol (Trejo, 2007: 18-25).

- *Yapaliicue*, «la que viste falda negra».
- *Nochpaliicue*, «la que viste falda de fibras de cactus».

Cuando fue el Sol al cielo, fue luego la Luna, que solamente cayó en la ceniza, y no bien llegó a la orilla del cielo, vino Papáztac a quebrantarle la cara con una taza de figura de conejo. Luego vinieron a encontrarla en la encrucijada de caminos los duendes y ciertos demonios, que le dijeron:

—Sé bienvenida por ahí.

En tanto que ahí la detuvieron, le ajustaron al cuerpo puros andrajos y vinieron a hacerle esa ofrenda, al mismo tiempo que el Sol se pasó en el *nahui ollin*, ya de tarde (Martínez Rodríguez, 1976: 19-24).

La Leyenda de los Soles en los *Anales de Cuauhtitlán*

El Primer Sol que hubo al principio, cuyo signo es *Nahui Atl*, «cuatro agua», se llama *Atonatiuh*, «sol de agua». Durante esta edad del mundo sucedió que todo lo arrastró el agua y desaparecieron los hombres, pues se volvieron peces.

El Segundo Sol que hubo, cuyo signo es *Nahui Océlotl*, «cuatro jaguar», se llama *Ocelotonatiuh*, «sol de jaguar». Durante esta edad del mundo sucedió que se hundió el cielo; entonces el sol ya no siguió su camino, sino que se quedó en medio; luego oscureció, y cuando anocheció, la gente fue devorada por las fieras. Entonces vivían los gigantes; y dicen los antiguos que su saludo era: «No se vaya a caer usted», porque si alguien caía se caía para siempre.

El Tercer Sol que hubo, cuyo signo es *Nahui Quiáhuitl*, «cuatro lluvia», se llama *Quiauhtonatiuh*, «sol de lluvia». Durante esta edad del mundo sucedió que llovió fuego, y la gente se abrasó; también llovieron arenas de ceniza. Dicen que entonces cayeron las arenas de ceniza que ahora vemos, que hirvió el tezontle y que se formaron los peñascos rojizos.

El Cuarto Sol que hubo, cuyo signo es *Nahui Ehécatl*, «cuatro viento», se llama *Ehecatonatiuh*, «sol de viento». Durante esta edad del mundo todo fue arrastrado por el viento y los hombres se volvieron monos y fueron arrojados a los bosques.

El Quinto Sol que hubo, cuyo signo es *Nahui Ollin*, «cuatro movimiento», se llama *Ollintonátiuh*, «sol de movimiento», porque se mueve y sigue su camino. Y dicen los antiguos que durante él habrá temblores de tierra y hambrunas, por los cuales pereceremos (*Anales de Cuauhtitlán*, 2011: 31).

La leyenda del Quinto Sol en el *Códice Matritense*

Se dice que cuando aún era de noche, cuando aún no había luz, cuando aún no amanecía, dicen que se juntaron, se llamaron unos a otros los dioses, allá en Teotihuacan.

Dijeron, se dijeron entre sí:

—¡Vengan, oh, dioses! ¿Quién tomará sobre sí, quién llevará a cuestas, quién alumbrará, quién hará amanecer?

Y en seguida allí habló aquél. Allí presentó su rostro Tecuciztécatl. Dijo:

—¡Oh, dioses, yo seré, en verdad!

Otra vez dijeron los dioses:

—¿Quién otro más?

En seguida unos y otros se miraron entre sí y se dijeron:

—¿Cómo será? ¿Cómo habremos de hacerlo?

Nadie se atrevía. Ningún otro presentó su rostro. Todos. Grandes señores, manifestaban su temor. Retrocedían. Nadie se hizo allí visible.

Nanahuatzin, «El bubosillo», uno de esos señores, que estaba junto a ellos, permanecía escuchando cuanto se decía. Entonces los dioses se dirigieron a él y le dijeron:

—¡Tú, Nanahuatzin! ¡Serás tú!

Entonces Nanahuatzin se apresuró a tomar la palabra de buena gana.

—Está bien —dijo—. ¡Oh, dioses! ¡Me han hecho un bien!

En seguida empezaron a hacer penitencia. Nanahuatzin y Tecuciztécatl ayunaron cuatro días. Entonces fue cuando también se encendió
el fuego. Ya arde éste allá en el fogón. Nombraron al fogón *Roca Divina*.

Y todo aquello con que aquel Tecuciztécatl hacía penitencia era
precioso: sus ramas de abeto eran plumas de quetzal, sus bolas de
grama eran de oro, sus espinas de jade. Así las espinas ensangrenta-
das, sus sangramientos eran coral, y su incienso de muy buen copal.

Pero las ramas de Nanahuatzin solamente eran de abeto y cañas
verdes, cañas nuevas en manojos de tres, todas atadas en conjunto
eran nueve. Y sus bolas de grama sólo eran genuinas barbas de ocote
y sus espinas, también eran sólo verdaderas espinas de maguey. Y lo
que con ellas se sangraba era realmente su sangre. Su copal era por
cierto aquello que se raía de sus llagas. A cada uno de éstos se le hizo
su monte, donde quedaron haciendo penitencia cuatro noches. Se
dice ahora que estos montes son las pirámides: La Pirámide del Sol y
La Pirámide de la Luna.

Y cuando terminaron de hacer penitencia de cuatro noches, vinieron a arrojar por tierra sus ramas de abeto y todo aquello con lo que
habían hecho penitencia. Se hizo el levantamiento cuando aún era
de noche, para que cumplieran su oficio y se convirtieran en dioses.
Cuando se acercó la medianoche, les pusieron su carga a cuestas, los
ataviaron y los adornaron. A Tecuciztécatl le dieron su tocado redondo
de plumas de garza y un chalequillo. Y a Nanahuatzin sólo con papel
ciñeron su cabeza y su cabellera. Su tocado, sus atavíos y su braguero
también eran de papel.

Cuando se acercó la medianoche, todos los dioses fueron alrededor del fogón, al que se nombraron *Roca Divina*, donde por cuatro
días había ardido el fuego. Por ambas partes se pusieron en fila los
dioses. En el medio colocaron de pie a Tecuciztécatl y Nanahuatzin,
con el rostro hacia el fogón.

En seguida hablaron los dioses a Tecuciztécatl:

—¡Ten valor, oh, Tecuciztécatl, lánzate, arrójate, en el fuego! Sin
tardanza fue éste a arrojarse al fuego, pero cuando sintió el ardor del
fuego, no pudo resistirlo. El fogón había estado ardiendo excesiva-
mente. Se había hecho un fuego que abrasaba. Había ardido y ardido

el fuego. Por ello sólo sintió miedo. Se quedó parado. Se hizo hacia atrás. Retrocedió. Una vez más lo intentó. Tomó todas sus fuerzas para arrojarse y entregarse al fuego. Pero no pudo atreverse. Cuando se acercó al calor reverberante, sólo se regresó y huyó. No tuvo valor. Cuatro veces fue a intentarlo. Sólo que no pudo arrojarse en el fuego. El compromiso era sólo de intentarlo cuatro veces.

Después de que Tecuciztécatl lo intentó cuatro veces, los dioses, dijeron a Nanahuatzin:

—¡Ahora tú, Nanahuatzin! ¡Ahora tú! ¡Que sea ya!

Nanahuatzin de una vez tuvo valor. Vino a concluir la cosa. Hizo fuerte su corazón. Cerró sus ojos para no tener miedo. No se detuvo una y otra vez. No vaciló. No se regresó. Pronto se arrojó. Se lanzó al fuego. Se fue a él de una vez. En seguida allí ardió su cuerpo, hizo ruido, chisporroteó al quemarse.

Cuando Tecuciztécatl vio que Nanahuatzin ya ardía, al momento se arrojó también en el fuego. Bien pronto él también ardió…

Y así sucedió: cuando los dos se arrojaron al fuego, se hubieron quemado, los dioses se sentaron para aguardar por dónde habría de salir Nanahuatzin, el primero que cayó en el fogón para que brillara la luz del sol, para que hiciera el amanecer.

Pasó largo tiempo. Allí estuvieron esperando los dioses. Comenzó entonces a enrojecerse, a circundar por todas partes la aurora, la claridad dé la luz. Entonces los dioses se pusieron de rodillas para esperar por dónde habría de salir el Sol. Miraron hacia todas partes. Dirigieron la vista sin rumbo fijo. Estuvieron dando vueltas. Sobre ningún lugar se puso de acuerdo su palabra, su conocimiento. Nada coherente pudieron decir. Algunos pensaron que, habría de salir hacia el rumbo de los muertos, el norte, por eso hacia allá se quedaron mirando. Otros, del rumbo de las mujeres, el poniente. Otros más, de la región de las espinas, el sur, hacia allá se quedaron mirando. Por todas partes pensaron que saldría porque la claridad de la luz lo circundaba todo.

Pero algunos se quedaron mirando hacia el rumbo del color rojo, el oriente.

—En verdad de allá —dijeron—, de allá vendrá a salir el Sol.

Fue verdadera la palabra de éstos que hacia allá miraron, que hacia allá señalaron con el dedo. Como se dice, aquellos que hacia

allá estuvieron viendo fueron Quetzalcóatl, el segundo nombrado
Ehécatl y Xipe Tótec, o sea el señor de Anáhuac y Tezcatlipoca
rojo. También aquellos que se llaman Mimixcoa, y que no pueden
contarse, y las cuatro mujeres llamadas Tiacápan, Teycu, Tlacoyehua, Xocóyotl.

- *Mimixcoa*, «serpientes de nube» [*mimixtin*, «nubes»; y
  cóatl, serpiente], deidades en el norte, asociadas con las lla-
  nuras áridas y la Vía Láctea. Personificación de las estrellas.
  Mimixcoa es la forma plural de *Mixcóatl*, «serpiente de
  nube» o «serpiente tornado» [*mixtli*, «nubes»; y *cóatl*,
  serpiente].
- *Tiacapan*, «nuestra hermana mayor».
- *Teycu*, «la hermana que sigue» o «la segunda menor».
- *Tlacoyehua*, «segunda hija» o «la de en medio».
- *Xocóyotl*, «la hija menor» o «la última».

Y cuando salió el Sol, cuando vino a presentarse, apareció como si
estuviera pintado de rojo. No podía ser contemplado su rostro. Lasti-
maba los ojos de la gente. Brillaba mucho. Lanzaba ardientes rayos de
luz. Sus rayos llegaban a todas partes. La irradiación de su calor por
todas partes se metía.

Después salió Tecuciztécatl, que iba siguiendo al Sol. También
de allá vino, del rumbo del color rojo, del oriente. Junto al Sol vino a
presentarse. Del mismo modo como cayeron en el fuego, así vinieron
a salir, uno siguiendo al otro. Era igual la apariencia de ambos al iluminar a las cosas. Cuando los dioses vieron que era igual su apariencia,
de nuevo se convocaron:

—¿Cómo habrán de ser, oh, dioses? ¿Acaso los dos juntos
seguirán su camino? ¿Acaso los dos juntos así habrán de iluminar
a las cosas?

Pero entonces todos los dioses tomaron una determinación:

—Así habrá de ser, así habrá de hacerse. Entonces uno de esos
señores, de los dioses, salió corriendo. Con un conejo fue a herir el

rostro de Tecuciztécatl. Así oscureció su rostro. Así le hirió el rostro, como hasta ahora se ve.

Mientras ambos se seguían presentando juntos, tampoco podían moverse, ni seguir su camino. Sólo allí permanecían. Se quedaban quietos. Por esto, una vez más, dijeron los dioses:

—¿Cómo habremos de vivir? No se mueve el sol. ¿Acaso induciremos a una vida sin orden a los macehualtin? ¡Que por nuestro medio se fortalezca el Sol! ¡Muramos todos!

Luego fue oficio de Ehécatl dar muerte a los dioses. Y como se refiere, Xólotl no quería morir. Dijo a los dioses:

—¡Que no muera yo, oh, dioses!

Lloró mucho. Se le hincharon los ojos. A él se acercaba ya la muerte. Ante ella se levantó. Huyó. Se metió en la tierra del maíz verde. Se le alargó el rostro. Se transformó. Se quedó en forma de doble caña de maíz, dividido, la que llaman los campesinos con el nombre de Xólotl. Pero allá en la sementera de maíz fue visto. Una vez más se levantó delante de ellos. Se fue a meter a un campo de magueyes. También se convirtió en maguey, en maguey que dos veces permanece, el que se llama maguey de Xólotl. Pero una vez más también fue visto y se metió en el agua. Se convirtió en ajolote, en axólotl. Pero allí fueron a cogerlo y así le dieron muerte.

Y dicen que, aunque todos los dioses murieron, con esto no se movió el Sol. Con esto no pudo seguir su camino el sol, el dios Tonatiuh. Entonces fue oficio de Ehécatl poner de pie al viento, con él empujar mucho, hacer andar al viento. Así Ehécatl pudo mover al Sol, que luego siguió su camino. Y cuando el Sol anduvo, la Luna solamente se quedó allí. Cuando por fin el Sol llegó al lugar por donde se mete, la Luna comenzó a moverse. Entonces se separaron, cada uno siguió su camino. Sale una vez el Sol y cumple su oficio durante el día. Y la Luna hace su oficio nocturno, pasa de noche, cumple su labor durante ella. Tecuciztécatl pudo haber sido el Sol, si primero se hubiera arrojado al fuego. *Códice Matritense del Real Palacio, textos de los informantes de Sahagún*, fols. 161 v. y ss. (León-Portilla, 1971: 69-73).

Los primeros habitantes de la zona llegaron antes de la fundación de Teo uácan:

Ya existían allí asentamientos contemporáneos a Tlapacoya, Cuicuilco, Copilco y Terremote, los cuales se han situado en las fases Cuanalan y Tezoyuca, entre los años 500 y 100 a. C. En la fase Tezoyuca se han localizado cinco localidades que pudieran corresponder a sitios defensivos. En la cerámica se notan rasgos de Chupícuaro, Guanajuato, lugar en el que se ha encontrado gran cantidad de entierros acompañados de ofrendas cerámicas. También hay otras evidencias cerámicas que guardan relación con la tradición de Cuicuilco. En la fase siguiente, conocida como Patlachique (100 a. C.-1 d. C.), se pueden identificar dos pueblos de cuatro kilómetros cuadrados, uno situado al norte, donde surgirá posteriormente la gran ciudad, y el otro asentado en parte de lo que después será el área ceremonial y la Calle de los Muertos. Cálculos demográficos indican que la población aproximada era de 5 000 habitantes, cifra que contrasta de manera significativa con la de la siguiente fase —considerada propiamente teotihuacana—, en la que se elevará de manera notable (Matos Moctezuma, 2009: 35-36).

Exploraciones y saqueos en Teo uácan

Como ya se mencionó, Teo uácan, como la llamaban los mexicas, fue abandonada en el 750 d. C. En los siglos siguientes, la ciudad fue explorada y saqueada por otros grupos mesoamericanos, entre ellos los mexicas, quienes utilizaron «las ruinas como santuario y oráculo. Allí exhumaron edificios enteros, sepulcros y ofrendas para recuperar reliquias que, más tarde, enterrarían en el Templo Mayor de Tenochtitlan» (López Luján, 2005: 76-83).

Para fortuna nuestra, los españoles que llegaron con Hernán Cortés no se enteraron de la existencia de Teotihuacan hasta años después, durante la Colonia, cuando los cronistas Hernando de Alvarado Tezozómoc, Diego Durán y Bernardino de Sahagún, entre otros, comenzaron a escribir sobre ésta.

En 1594, los españoles fundaron San Martín Obispo y nombraron San Juan Teotihuacan.

En 1675, Carlos de Sigüenza y Góngora realizó exploraciones en Teotihuacan y las primeras excavaciones arqueológicas del continente.

Entre 1736 y 1744, el historiador, anticuario y cronista Lorenzo Boturini Benaducci hizo un recorrido por el sitio.

A finales del siglo XVIII, Guillermo Dupaix —quien ya había explorado Monte Albán, Palenque, Xochicalco, entre otros sitios— llevó a cabo un estudio donde plasmó un registro de los edificios principales.

En el siglo XIX, William Bullock y Frédéric Waldeck visitaron Teotihuacan.

Entre 1863 y 1867, un grupo de investigadores, bajo las órdenes del emperador Maximiliano de Habsburgo, realizó exploraciones, algunas excavaciones y, finalmente, creó el primer plano de la Teotihuacan.

En 1880, William H. Holmes, curador honorario del Department of American Aboriginal Pottery de la Oficina de Etnología del Smithsonian, visitó Cholula, Monte Albán, Mitla y Teotihuacan; y en 1895 exploró Guatemala, Tulum y Chichén Itzá. Ese año publicó la primera entrega de *Archaeological Studies among the Ancient Cities of Mexico*.

A finales del siglo XIX e inicios del XX, bajo el patrocinio del gobierno de Porfirio Díaz, el entonces inspector y conservador de Monumentos Arqueológicos de la República Mexicana, Leopoldo Batres y Huerta, exploró diversos edificios de la Calle de los Muertos y la Pirámide del Sol. Entre 1884 y 1886, hizo públicos los murales del Templo de la Agricultura. Con esto, el gobierno federal inició la compra de terrenos y la creación de la primera zona arqueológica y un museo. Entre 1905 y 1910, Leopoldo Batres excavó y reconstruyó la Pirámide del Sol.

En 1917, bajo el liderazgo de Manuel Gamio, Sigvald Linné, Alfonso Caso, Pedro Armillas y Laurette Séjourné arrancaron nuevos trabajos de investigación arqueológica.

En 1935, se separaron los municipios San Juan Teotihuacan y San Martín de las Pirámides.

En la década de 1940, Alfonso Caso descubrió en Tepantitla un mural que bautizó como Tlalocan, creyendo que era una representación del paraíso del dios Tláloc, destino de las personas que morían ahogadas. Sin embargo, la idea fue desechada. Para Eduardo

Matos Moctezuma «el mural representa una escena de la vida cotidiana en Teotihuacan».

En 1945, la zona arqueológica fue declarada propiedad federal.

Entre 1960 y 1970, William T. Sanders estudió el valle, mientras que René Millon, Bruce Drewitt y George Cowgill realizaron un plano más exacto de Teotihuacan. Al mismo tiempo, Ignacio Bernal reconstruyó la Calle de los Muertos.

Dichos trabajos dieron pie a otros proyectos, entre éstos se encuentran tres de los más importantes en la historia de México: *Teotihuacan 1962-1964*, *Teotihuacan 1980-1982* y *Teotihuacan 1992-1994*. Desde entonces, las exploraciones en la zona han sido permanentes e interdisciplinarias. Entre los arqueólogos de los últimos años que han realizado estudios destacan René Millon, Rubén Cabrera, Saburo Sugiyama y Linda Manzanilla.

Fase Tzacualli

(1-150 d. C.)

En la Fase Tzacualli se construyó la primera etapa de la Pirámide de la Luna, varios complejos arquitectónicos y el trazo de la Calle de los Muertos, que es el eje principal de la urbe y la avenida este-oeste. La ciudad tenía una extensión de 17 kilómetros con 30 000 habitantes.

Las zonas de Teo uácan, ricas en andesitas, basaltos, obsidiana, diversas rocas volcánicas, pinos, encinos, ahuehuetes, cedros, sauces, ahuejotes, tulares, pastizales, magueyes, nopales y ríos, eran San Juan, San Lorenzo y Huixulco, que desembocaban en el lago de Texcoco.

Acerca de la fauna, se tienen registros de aves, patos, gansos, codornices, palomas, lechuzas, gavilanes, águilas, guajolotes silvestres, venados, liebres, coyotes, perros, pumas, jaguares, conejos, liebres, ardillas, tuzas, jabalíes, ratas, serpientes de cascabel, armadillos, mariposas, libélulas y hormigas.

Entre los alimentos que cultivaban estaban el maíz, frijol, calabaza, chile, tomate y muchas plantas más.

Fase Miccaotli

(150-250 d. C.)

La ciudad tenía una extensión de 22.5 kilómetros y 45000 habitantes. Su apogeo inició en el 200. La arqueóloga Linda Manzanilla sugiere que esta gran urbe poseía cuatro distritos y era gobernada por cuatro cogobernantes:

> Es probable que la ciudad tuviera cuatro distritos; he propuesto la posibilidad de que de ellos emergieran los cuatro cogobernantes del máximo consejo de gobierno: los señores coyotes (del cuadrante suroeste), las águilas y los voladores (del noroeste), los felinos (del noreste) y las serpientes (del sureste). En dichos distritos se disponían los barrios con sus centros de coordinación; hemos contado alrededor de veintidós barrios. Y en la periferia yacían los grupos foráneos con sus propios barrios: los veracruzanos del Barrio de los Comerciantes al este, primer punto que tocarían viniendo de Veracruz; los oaxaqueños a lo largo de la Calzada Oeste; y los michoacanos en la Estructura 19 de El Cuartel al oeste. No descartamos la presencia de poblanos, tlaxcaltecas, hidalguenses, guerrerenses y otros grupos de Mesoamérica (Manzanilla, 2017: 18).

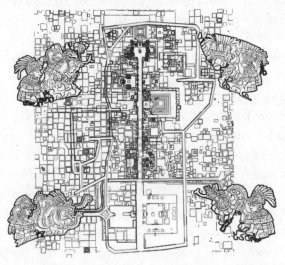

Figura 71. División de la ciudad en cuatro posibles distritos (Manzanilla, 2017).
Ilustrado por Eva Cavildo.

Fase Tlamimilolpa

(250-350 d. C.)

La ciudad tenía una extensión de 22 kilómetros, 65 000 habitantes y continuaba en apogeo. Se integraron grupos provenientes de Oaxaca y Veracruz. En este periodo, se incorporó la legión migrante de Michoacán.

> Durante la fase Tlamimilolpa comenzó el crecimiento urbano y los elementos de planificación que Millon sintetizó de manera brillante: la existencia de una retícula de calles paralelas y perpendiculares entre sí, los módulos constructivos, la presencia de las viviendas multifamiliares, los barrios foráneos en la periferia, la canalización del río San Juan para adaptarse a la retícula urbana y el trazo de un sistema de drenaje subterráneo. Este periodo quizá representó un cambio cualitativo en cuanto al sistema de asentamiento en el valle de Teotihuacan. Para esta fase, todos los migrantes de diversas procedencias y la población local fueron organizados en grupos corporativos que moraron en conjuntos habitacionales multifamiliares rodeados por muros altos; estaban dispuestos alrededor de centros de coordinación de los barrios a cuya cabeza probablemente estaban las *casas nobles* que organizaban la mano de obra multiétnica (Manzanilla, 2017: 41).

Se cree que hacia el final de la fase Tlamimilolpa comenzó el colapso político interno de Teo uácan, es decir, cuando se rompió el equilibrio de poder entre los cuatro cogobernantes, ya que los gobernantes de las serpientes (del sureste) intentaron imponerse, aunque no lo consiguieron porque las demás casas se los impidieron (los señores coyotes del suroeste, las águilas y los voladores del noroeste, así como los felinos del noreste). En uno de los murales se muestran dos serpientes atacadas por pumas, jaguares y águilas. La élite de la Serpiente Emplumada fue expulsada de Teotihuacan. El Templo de Quetzalcóatl fue incendiado, dañado severamente y relegado. La evidencia está en que se desprendieron muchas piezas de la fachada, que una gran mayoría de las serpientes de la iconografía fue sustituida por felinos y que se construyó una nueva frente a ésta, con lo cual la fachada anterior quedó cubierta.

Fase Xolalpan

(350-550 d. C.)

La ciudad tenía una extensión de 20.5 kilómetros y la habitaban 85 000 habitantes. Su apogeo finaliza en el 550 d. C. Se integraron grupos provenientes de Michoacán.

> Sanders, Parsons y Santley destacan que, durante el periodo Clásico, el crecimiento masivo de Teotihuacan, que alcanzó unos 20 kilómetros cuadrados y unos 125 mil habitantes (es decir, una densidad de 7 mil personas por kilómetro cuadrado), provocó un despoblamiento sustancial de la cuenca de México y la ciudad concentró la mitad de la población de la región (Manzanilla, 2017: 43).

Fase Metépec

(550-650 d. C.)

La ciudad tenía una extensión de 20 kilómetros con 70 000 habitantes. Inició la «decadencia del sistema teotihuacano, la mala calidad de las construcciones, el colapso del sistema de abasto, y muchas personas más abandonaron la ciudad» (Manzanilla, 2017: 19).

Miccaotli

Miccaotli, «Calle de los Muertos» [*micca*, «muerto»; y *otli*, «calle»], es el nombre que los mexicas le dieron al eje central de Teo uácan, aludiendo al abandono en el que la ciudad se hallaba cuando la visitaron por primera vez. Se dice que los mexicas creyeron que los dos montes sagrados eran mausoleos y que, por ello, los llamaron *Tonatiuh itzacual*, «encierro del Sol», y *Metztli itzacual*, «encierro de la Luna».

La Calle de los Muertos —de 40 metros de ancho y con aproximadamente 4 kilómetros de longitud y una orientación 15° 25′ hacia el
este— se extiende de norte a sur: en el norte con la Plaza de la Luna,
la Pirámide del Sol, el Conjunto de Quetzalpapálotl (que consiste en un
Palacio, el Patio de los Jaguares y la Subestructura de los Caracoles
Emplumados); palacios y edificios superpuestos, complejos residenciales (Atetelco, Yayahuala, Tetitla, Zacuala, Tlamimilolpa, Xolalpan); y al
sur, La Ciudadela, con el Templo de Quetzalcóatl.

Tonatiuh itzacual

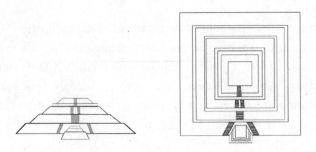

Figura 72. Pirámide del Sol. Ilustrado por Eva Cavildo.

Cabe aclarar que el nombre de Pirámide del Sol es relativamente moderno, ya que se desconoce quiénes construyeron estos basamentos y
cómo los llamaban. Se sabe que, con frecuencia, los mexicas visitaban
Teotihuacan y que fueron ellos quienes nombraron a este sitio Teo
uácan, junto con sus basamentos o montes sagrados; *Tonatiuh itzacual*, «encierro del Sol», a la Pirámide del Sol; y *Metztli itzacual*,
«encierro de la Luna», a la Pirámide de la Luna.

Sin embargo, los teotihuacanos no dedicaron estos grandes basamentos al Sol y a la Luna. Diversos arqueólogos encontraron en
las cuatro esquinas del basamento entierros de niños sacrificados.
Como se ha mencionado en capítulos anteriores, el sacrificio de
niños era una práctica asociada al culto de los dioses de la lluvia. Por
lo mismo, una gran cantidad de arqueólogos coinciden en que el
gran basamento de Teotihuacan, conocido como Pirámide del Sol
—y, entre los mexicas, como *Tonatiuh itzacual*—, estaba originalmente dedicado a Tláloc (*Cocijo* para los zapotecos; *Dzahui* para los

mixtecos; *Chaahk* para los mayas,) y a *Chalchiuhtlicue*, «la diosa de las aguas terrestres». Las pirámides del Sol y de la Luna aluden a las montañas y «de forma originaria pudieron estar dedicadas al Dios de las Tormentas y a la Diosa de las Aguas» (Manzanilla, 2017: 16). «El dios de la lluvia, Tláloc, está presente en Teotihuacan, tanto en la pintura mural como en la cerámica. Es una deidad de las cuevas, pues se le llamaba también "camino debajo de la tierra" o "cueva larga", según el cronista fray Diego Durán» (Heyden, 1998: 18-27).

La Pirámide del Sol mide 65 metros de altura y 225 por cada lado. Solía tener 260 escalones. «Fue la que se construyó primero, luego la de la Luna y posteriormente la Ciudadela» (Heyden, 1998: 18-27). Fue edificada durante la Fase Tzacualli, lo que demuestra que la ciudad era muy poderosa. Generalmente, las otras urbes de Mesoamérica construían sus grandes basamentos en varias etapas.

Frente a la Pirámide del Sol hay una plataforma, en tanto que al pie de ésta se halla una cueva natural que corre por debajo de la pirámide. Estaba rodeada por un canal. En este sentido, resulta indispensable mencionar que el aspecto original de este basamento es muy diferente al que vemos hoy en día. De acuerdo con arqueólogos, tenía amplios taludes, acabados con gruesos aplanados pintados y dispuestos en cuatro grandes basamentos piramidales.

> En la primera de estas visitas pudo el señor ministro [Justo Sierra] formarse juicio exacto de la importancia y magnitud de la obra, fijando su atención en la gran Pirámide del Sol (entonces cerro), y me dijo frente a ella: «¿Cree usted poder encontrar debajo de esta inmensa mole de tierra y piedra alguna arquitectura definida que nos enseñe la forma verdadera que tenía en sus primitivos tiempos?» (Batres, 1993: 45-48).

De acuerdo con Leopoldo Batres, faltaban cinco años para la celebración del primer aniversario de la Independencia y él le había propuesto a Justo Sierra desenterrar los basamentos de Teotihuacan, a lo que Sierra le prometió que haría un esfuerzo para conseguir que el gobierno le suministrara los fondos necesarios.

El objetivo de presentar la Pirámide del Sol en los festejos de 1910 se logró. Además, Batres creó la Inspección de Monumentos, promovió la Ley sobre Monumentos Arqueológicos, intervino en la expropiación de los terrenos de Teotihuacan y fundó el museo de sitio en Teotihuacan. Sin embargo, sus méritos y su prestigio se vieron manchados por las acusaciones de que, aparentemente, utilizó dinamita en las excavaciones y modificó la fisonomía de uno de los cuerpos del basamento, según Rémy Bastian: «El cuarto cuerpo es falso y data de 1905-1906. Los trabajadores [...] me proporcionaron valiosos datos en cuanto a los métodos de reconstrucción empleados en la pirámide» (Bastian, 1995: 234). Ante esto, Leopoldo Batres respondió:

> Creo, con lo expuesto, haber demostrado que la Inspección de Monumentos Arqueológicos a mi cargo, obró tomando todas las precauciones en su cometido y·que en las exploraciones de Teotihuacan se limitó a descubrir sin destruir y a consolidar sin perjudicar en lo más mínimo, la originalidad y autenticidad de los monumentos exhumados.
>
> Por conducto de un amigo hube de enterarme, sin embargo, de que había quien me criticaba por haber extendido una fuerte capa de cemento sobre el plano superior de cada uno de los taludes de cada cuerpo de la pirámide y de los pequeños templos que se hallan al Poniente de la base de la gran pirámide; mas ¿de qué otro medio podía valerme para impedir que las aguas pluviales se infiltrasen dentro del corazón de aquellas construcciones, se disgregasen las partes de la ·construcción y viniese ésta por tierra? ¿Cómo sostener los pisos de la segunda época de Teotihuacan, que constituyen, según demostraron las excavaciones, el techo de la primera si no era, como lo hice, por medio de armaduras de hierro, soportadas por pilares del mismo metal o de ladrillo? Véanse los subterráneos.
>
> Nada más fácil que la crítica cuando no se propone el noble objeto de ilustrar, enseñar o corregir y se reduce solamente al venenoso deseo de perjudicar a otro personalmente, como en mi caso, sin importar nada el perjuicio que se irroga a la ciencia y a la historia achacando imaginarios defectos a nuestros monumentos arqueológicos (Batres, 1993: 45-48).

Sin embargo, no existe evidencia de que Leopoldo Batres, en verdad, haya utilizado dinamita para las excavaciones en Teotihuacan.

Y Eduardo Matos Moctezuma lo confirma:

> No he podido encontrar dato alguno que permita suponer el uso de explosivos para acelerar la excavación del monumento. Ni el mismo Bastian en el trabajo de referencia plantea cosa tal. Tampoco lo hace Manuel Gamio en *La población del Valle de Teotihuacan* (1922), ni Ignacio Marquina en su *Arquitectura prehispánica* (1951), como tampoco Ignacio Bernal en su *Historia de la arqueología en México* (1979), pese a la severidad con que todos ellos tratan al arqueólogo del porfiriato (Matos Moctezuma, 2014: 86-87).

En cambio, Augustus Le Plongeon sí utilizó dinamita en las excavaciones de Uxmal en 1881, pero con otros propósitos, «quizás loables»: defender el sitio arqueológico de los saqueadores, y así lo escribió en sus cartas:

> Para evitar que suceda al busto de Cay, lo que a la estatua de Chac Mool […] he creído conveniente volver a cerrar […]. Y para impedir que la sagrada antigüedad del monumento esté violada, o a lo menos que sea castigado el violador, he colocado dos cargas, cada una de dos onzas de dinamita, en lugares convenientes para defender el busto de Cay. Así es que, el que se atreva a tocar las piedras, sin direcciones ni instrucciones mías, pagará con la vida su atrevimiento (*El Monitor Republicano*, 1881; Matos Moctezuma, 2014: 86-87).

Metztli itzacual

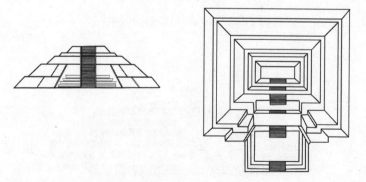

Figura 73. Pirámide de la Luna. Ilustrado por Eva Cavildo.

Metztli itzacual, «encierro de la Luna», es el nombre que los mexicas le dieron a la Pirámide de la Luna. No obstante, su nombre original debió ser otro al igual que la deidad a la que estaba dedicada. Diversos arqueólogos creen que estuvo consagrada a la diosa del agua y la fertilidad, ya que en la Plaza de la Luna —una de las dos plazas de congregación más importante de Teo uácan— se encontraron esculturas ofrendadas a ésta, una de ellas: *Chalchiuhtlicue*, «la diosa de las aguas terrestres» o «la de la falda de jade» [*chalchíhuitl*, «jade»; *i*, «su»; y *cueitl*, «falda»]. Era una deidad compañera de Tláloc. Señora de los ríos, lagos, lagunas y mares. En la Plaza de la Pirámide de la Luna, cerca del Palacio de Quetzalpapálotl, en Teotihuacan, se encontró una escultura de Chalchiuhtlicue de 3.19 metros por 1.65 y con un peso de 16.3 toneladas.

El *Metztli itzacual*, como le llamaban los mexicas, mide 45 metros de altura y 140 por 150 de base. Está rodeada por 13 basamentos. Se orienta hacia la Plaza de la Luna y está compuesta de cinco cuerpos escalonados, muros en talud y una amplia plataforma adosada.

En 1998, inició el Proyecto Pirámide de la Luna, el cual se extendió seis temporadas hasta 2003. Fue realizado en colaboración con el INAH, la Universidad Estatal de Aichi, Japón, y la Universidad Estatal de Arizona, y con aportaciones económicas de National Science Foundation, Japan Society for the Promotion of Science, National Geographic Society y la Universidad Estatal de Arizona.

En este proyecto se llevaron a cabo excavaciones de túneles hacia el interior del basamento, donde encontraron cuatro entierros-ofrendas: 1) en la base del monumento; 2) sobre el eje central sur-norte; 3) y 4) en el centro de la pirámide, en el tercer cuerpo.

El Templo de Quetzalcóatl

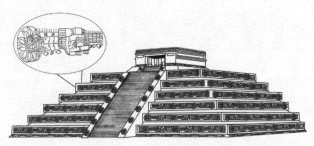

Figura 74. Templo de Quetzalcóatl en Teotihuacan. Ilustrado por Eva Cavildo.

El Templo de Quetzalcóatl «se consagró en la fase Miccaotli (150-225 d. C.), sacrificando a más de 200 individuos, en su mayoría vestidos con atuendos militares y acompañados de armas. Sus cadáveres amarrados fueron descubiertos abajo y en torno al edificio, junto con ricas ofrendas» (López Luján, 2005: 76-83). El edificio estaba cubierto con más de 366 cabezas de serpiente y de otra deidad relacionada con la guerra en sus cuatro fachadas. «La representación de la serpiente emplumada más temprana y más elaborada que conocemos en Teotihuacan se encuentra en el Templo Viejo del Templo de Quetzalcóatl, que tiene una fecha de 200 d. C.» (Taube, 2002: 36-41).

En 1917, fueron encontrados 126 esqueletos en la parte superior del Templo de Quetzalcóatl. «Éste y otros hallazgos recientes echan por tierra la visión idílica de un estado pacifista» (López Luján, 2005: 76-83).

En la década de 1980, arqueólogos hallaron 78 individuos enterrados a más de cuatro metros de profundidad, debajo del piso más antiguo del Templo de Quetzalcóatl, lo que quiere decir ocurrió antes de que el Templo fuese construido en 150 d. C. En su mayoría, eran personas de sexo masculino, de entre los 13 y 40 años, colocadas en dirección este-oeste, en posición semiflexionada, con las manos hacia atrás por debajo del cuerpo y adornados con orejeras, narigueras, broches, collares, cuentas, cuchillos de diferentes tamaños y figuras humanas estilizadas y elaboradas en piedra verde. «Por otro lado, si tomamos en cuenta la distribución simétrica de las tumbas, tanto en el interior como en el exterior del edificio, en realidad habría al menos 272 individuos» (Cabrera y Cowgill, 1993: 21-26).

De acuerdo con Rubén Cabrera Castro y George Cowgill, hacia los años 350 y 400, los mismos teotihuacanos intentaron saquear las tumbas que se encontraban debajo del Templo de Quetzalcóatl:

Encontramos otro túnel de mayores dimensiones a 24 m de la entrada. Al principio, este hallazgo inusitado nos desconcertó, pero después nos dimos cuenta de que se trataba de un túnel prehispánico de saqueo, efectuado al parecer por los propios teotihuacanos hacia los años 350-400 de nuestra era, construido con la intención de robar dos importantes tumbas localizadas en la parte central del edificio. Estas tumbas contenían numerosos objetos de gran valor, según pudimos comprobar por los residuos que quedaron. Por ejemplo, junto a los restos humanos removidos se encontraba un objeto de madera tallada con la representación de una serpiente; se trata, al parecer, de un bastón de mando de alguno de los personajes que fueron sepultados ahí. Afortunadamente, los saqueadores no tocaron la parte central de la pirámide, por lo que nuestras excavaciones se dirigieron hacia ese punto (Cabrera y Cowgill, 1993: 21-26).

Figura 75. Serpiente Emplumada de Teotihuacan. Ilustrado por Eva Cavildo.

La Ciudadela

Construida hacia 150-200 d. C., La Ciudadela —una de las dos plazas de congregación más importantes de Teo uácan— se ubica en el extremo sur oriente de la Calle de los Muertos, en un espacio de 160 000 metros cuadrados y 400 metros de lado. Consistía en una plaza de 44 000 m cuadrados, 15 templos, un pequeño adoratorio en el centro de la plaza y la Pirámide Adosada que, erigida en la Fase Tlamimilolpa (225-350 d. C.), cubre parcialmente el Templo de Quetzalcóatl, edificio que «alude al mito de creación del tiempo, el calendario y la Serpiente Emplumada como patrona de los gobernantes» (López

Luján, 2005: 76-83). «El fondo de la plaza está ocupado por dos conjuntos residenciales casi idénticos. Se ha propuesto que allí moraban los sacerdotes de la pirámide o los gobernantes supremos de la ciudad» (López Luján, 2005: 76-83).

El juego de pelota en Teotihuacan

Debajo de la explanada de La Ciudadela fueron hallados los restos de una plataforma cuadrangular de 45 metros de lado por 10.60 de ancho, que posiblemente fue una cancha de *tlachtli*, «juego de pelota», a la que se le denominó Estructura 5 y que fue demolida por los teotihuacanos para construir La Ciudadela. «La construcción de la Estructura 5 ocurrió en la primera mitad del primer siglo de nuestra era» (Gazzola y Gómez, 2017: 82-85).

La desintegración

Entre 650 y 700 d. C., la sociedad teotihuacana comenzó a desintegrarse por causas que hasta hoy desconocemos. No obstante, lo que sí se sabe es que Teotihuacan había perdido una gran parte de sus habitantes, lo que generó movimientos poblacionales y proliferación de comunidades como Xochicalco, Cacaxtla, Cantona, Teotenango y Tólan. De esta manera, Teo uácan perdió influencia política y hegemonía. «Las exploraciones arqueológicas indican que fue incendiada» (Cabrera y Cowgill, 1993: 21-26). Sin embargo, la incógnita sigue latente: ¿Qué provocó la caída de Teo uácan? ¿Una invasión? ¿Sequías? ¿Hambruna? ¿Una guerra? ¿Pugnas internas?

> Tal vez la élite gobernante de Teotihuacan, muy involucrada en la personificación de las deidades principales de la ciudad, en encabezar el ritual y en el acopio de materias primas foráneas lejanas, como la mica, haya reaccionado muy tarde a la autonomía de los barrios. Un intento tardío de control pudo haber estimulado la reacción violenta de los nobles de rango menor y de los artesanos más calificados, que ya se habían enriquecido con el sistema de alianzas con enclaves lejanos y el acopio de materias primas suntuarias.

Contamos con evidencias de destrucción por fuego, desmantelamiento, aniquilación ritual, desmembramiento y saqueo relacionados con el final de Teotihuacan hacia 550 d. C. Existen trazas de fuego en la porción central de la ciudad que, según Millon, afectó a todas las estructuras monumentales de la Calzada de los Muertos, además de los templos y las construcciones asociadas del resto de la ciudad. De los 965 conjuntos de apartamentos examinados, sólo 45 mostraron evidencias claras de incendio (5%) (Manzanilla, 2017: 45).

Las evidencias de vigas y morillos carbonizados —encontradas en el Palacio de Quetzalpapálotl, en el complejo palaciego de Xalla, en la Casa de los Sacerdotes, en la plaza central, en el Grupo Viking, en Teopancazco, y en la Estructura 1D de La Ciudadela— arrojaron fechaciones arqueomagnéticos alrededor de 550 d. C.

La torpeza de la burocracia teotihuacana para tratar con grupos de diversos intereses, la mala administración de la economía y la inflexibilidad hacia el cambio, además del probable bloqueo de las rutas de aprovisionamiento por el lado oriental, fueron factores que pudieron acelerar el colapso (Manzanilla, 2017: 46).

Tras la desintegración de Teo uácan, la ciudad fue ocupada, entre 650 y 850 d. C., por grupos de Coyotlatelco, aparentemente originarios del Bajío y quienes, además de contribuir al saqueo de la gran urbe, pudieron haber sido parte del colapso de manera indirecta.

XOCHICALCO, MORELOS

(700-900 d. C.)

En lo alto de una montaña, en el poniente del estado de Morelos y entre los municipios de Temixco y Miacatlán, a 38 kilómetros de Cuernavaca, se ubica *Xochicalco*, «en el lugar de la casa de las flores» [*xóchitl*, «flor»; *calli*, «casa»; y *co*, «lugar de»].

Totolhuacalco

Se desconoce el nombre y la filiación étnica de los habitantes de esta ciudad al momento de su fundación. Fray Bernardino de Sahagún fue de los primeros en mencionarla en sus escritos como Xochicalco. No obstante, esto no significa que éste sea el nombre original.

Lo que sí se sabe es que en la región se hablaba náhuatl, matlatzinca y otomí. Partiendo de esta premisa, se ha podido establecer el significado de centenares de glifos. El sistema de escritura con jeroglíficos «desarrollado en el Altiplano Central seguramente tuvo sus orígenes en Teotihuacan, durante el periodo Clásico, [y] se consolidó en Xochicalco durante el Epiclásico» (Garza Tarazona, 2002: 56-57). Aunque no es una trascripción exacta del lenguaje oral, simbolizaba nombres de deidades, dirigentes, de objetos fácilmente reconocibles, de flora y fauna.

«Algunos glifos esculpidos en los monumentos de la ciudad bien pudieran darnos indicios sobre su verdadero nombre: quizás "El lugar del templo del ave preciosa" o tal vez "El cerro del guajolote"» (López Luján, 1995 b:21). El nombre de Xochicalco, de acuerdo con los glifos encontrados, «está compuesto por una forma escalonada y la cabeza de un guajolote» (Garza Tarazona, 2002: 56-57). Los glifos hallados en la Piedra del Palacio, la Piedra 13 Caña y la Estela 2 muestran a un ave dentro de una jaula, lo que se interpreta como «*Totolhuacalco*, "el lugar donde atrapan aves"» (Garza Tarazona, 2002: 56-57), es decir, el nombre con el que Xochicalco debió ser conocido.

La Piedra del Palacio, ubicada en el Museo Regional Cuauhnáhuac, en Cuernavaca, Morelos, presenta en su ángulo inferior izquierdo un personaje con un gran penacho, llamado *El cargador del universo*, que está sentado sobre el topónimo de su pueblo (un ave dentro de una jaula).

La Piedra 13 Caña, resguardada en la bodega del Museo de Sitio de Xochicalco, contiene el mismo glifo en el ángulo superior izquierdo, sobre la techumbre de un edificio.

En la Estela 2, exhibida en el Museo Nacional de Antropología, en la Ciudad de México, el glifo se encuentra en la parte posterior.

Figura 76. Glifo de Totolhuacalco. Ilustrado por Eva Cavildo.

El corazón de la ciudad

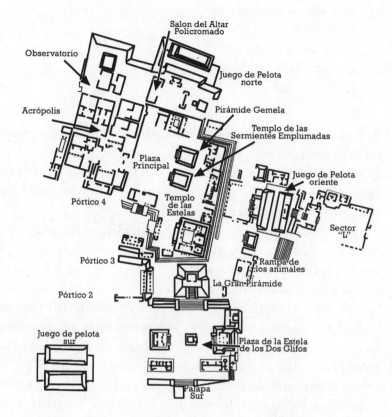

Figura 77. Mapa de Xochicalco. Ilustrado por Eva Cavildo.

1. Salón del Altar Policromado
2. Observatorio
3. Juego de Pelota Norte
4. Acrópolis
5. Plaza principal
6. Pirámide gemela
7. Templo de las Serpientes Emplumadas
8. Pórtico 4
9. Templo de las Estrellas
10. Juego de Pelota Oriente
11. Sector L

12. Pórtico 3
13. Rampa de los Animales
14. La Gran Pirámide
15. Pórtico 2
16. Juego de pelota sur
17. Plaza de la Estela de los Dos Glifos
18. Palapa Sur

Para la construcción de Xochicalco, sus habitantes cortaron horizontalmente el Cerro de Xochicalco —corazón de la ciudad— para aplanar la superficie y cubrirla con tepetate triturado o estuco, y crear así tres grandes lóbulos, ubicados al norte, sur y oeste, así como cinco niveles de terrazas de diferentes alturas.

En el lóbulo norte —el nivel más elevado— construyeron la Acrópolis (ubicada en la parte más alta del cerro), la Plaza Ceremonial, la Estructura E (basamento de tres cuerpos), la Estructura D, que tiene una amplia escalinata orientada al este, el Templo de las Serpientes Emplumadas, dos juegos de pelota, estructuras cívico-ceremoniales y residencias —superpuestas en dos plantas, con patios rodeados de cuartos y un baño de vapor, conectadas entre sí por rampas y escalinatas—, que eran exclusivas para las élites. Tláloc también fue una de las deidades más importantes de Xochicalco. En las excavaciones de la Estructura E se hallaron tres ollas dedicadas a éste.

En los lóbulos sur y poniente, construyeron las plazas, el juego de pelota, los monumentos de culto público y la Calzada de la Malinche, que corre de oriente a poniente, mide 20 metros por 50 y cuenta con 20 altares en los lados laterales. La calzada termina al pie de la Pirámide de la Malinche.

En el lóbulo oeste del Cerro Xochicalco —también conocido como Cerro de la Malinche—, se encontraron las ruinas de los edificios A y B, la Pirámide de la Malinche y el juego de pelota más grande de la ciudad. Está unido a la Plaza principal por medio de una plataforma pavimentada artificialmente, para cuya construcción se necesitó de miles de hombres para rellenar 15 metros de profundidad.

La Gran Pirámide

La Gran Pirámide, la estructura más grande y la más importante de Xochicalco, se ubica en la Plaza de la Estela, en el área cívico-religiosa. Consta de una terraza de tres cuerpos y un basamento de cuatro cuerpos sobre ésta. En la parte superior descansa un templo, mientras que en la parte inferior aún sobrevive una escalera en el lado oeste.

> La escalinata central de la Gran Pirámide estaba flanqueada por alfardas que posiblemente estaban decoradas con cornisas que se encontraban a la altura del segundo paramento, lo que ayudaba al ajuste de inclinación de la escalera y la alfarda. Esta última estaba rematada con un dado cuyos bordes sobresalían y formaban una cavidad decorada con una serie de clavos de piedra dispuestos en forma simétrica, de los que se tienen numerosos ejemplos (Garza Tarazona, 2009: 24-31).

Estructura A

La Estructura A —una plataforma de 38 metros de largo y 4 de altura en donde descansan tres edificios— se halla a 30 metros al sur del Templo de las Serpientes Emplumadas. Fue desmantelada por los xochicalcas.

Templo de las Estelas

El Templo de las Estelas se localiza en un patio, en el lado este de la Estructura A. Tiene una escalinata en el lado poniente.

La Cámara de las Ofrendas

La Cámara de las Ofrendas —un recinto funerario sencillo— se ubica en la esquina suroeste de la Estructura A.

La Plaza Ceremonial

La Plaza Ceremonial consiste en tres conjuntos habitacionales, denominados como estructuras 4, 6 y 7.

Juego de Pelota Este

El juego de pelota este tiene un marcador, un murciélago y dos guacamayas grabados y una rampa decorada con mamíferos, aves,
serpientes y mariposas en 252 losas.

El Cementerio

Es un depósito —situado en el lado oeste de la zona ceremonial—
donde fueron hallados 21 entierros y un cráneo trofeo, 6 tenían entre
7 y 16 años de edad y 16 adultos alrededor de 25 a 50 años. Doce de las
osamentas se encontraron en posición decúbito lateral flexionado.

Unidades habitacionales

La mayoría de las viviendas se construían sobre estructuras y terrazas artificiales, conectadas entre sí y en varios niveles, ya sea
por medio de rampas o escaleras y alrededor del centro cívico-ceremonial. «En términos generales, las unidades habitacionales
xochicalcas eran semejantes a las descubiertas en la antigua Tula»
(López Luján, 1995b: 108).

El Templo de las Serpientes Emplumadas

En el centro de la plaza yace el Templo de las Serpientes Emplumadas, en cuyas cuatro caras de talud fueron labradas dos serpientes
emplumadas ondulantes, con penacho, lengua hendida en dos partes, caracoles cortados sobre el cuerpo, vírgulas, bragueros, orejeras,
collares, brazaletes y ajorcas de cuentas y plumas y una escalinata
ubicada hacia el poniente.

En los 24 paneles del tablero del Templo de las Serpientes Emplumadas se muestran conquistas militares y el tributo.

Se ve a un sacerdote portando un tocado guerrero y sosteniendo el bulto
de tributo. Delante de él vemos un par de fauces abiertas que devoran

un círculo con una cruz, que representa algo valioso. El acto de comer o consumir algo valioso es una manera de indicar la idea o la palabra tributo [...]. Los 24 paneles son iguales, excepto en la forma de las volutas de la palabra que salen de boca de los sacerdotes y el glifo de los nombres colocados sobre el símbolo de tributo. En conjunto, estas inscripciones son la lista de pueblos tributarios conquistados por Xochicalco. Aunque no todos los topónimos se han conservado, los que quedan muestran que el imperio abarcaba desde Coyoacán, al sur de la Cuenca de México, el sureste de Cuautla, en el centro de Morelos, y hacia el suroeste hasta Iguala, en el centro de Guerrero (Hirth, 2018: 47-53).

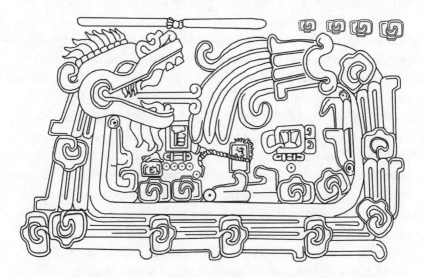

Figura 78. Quetzalcóatl de Xochicalco. Ilustrado por Eva Cavildo.

La ciudad extraviada en la geografía fantástica

Entre el mito y la historia, hay una línea muy delgada. En este sentido, Xochicalco ha sido vinculada con Áztlan, Chicomóztoc y Tamoanchan.

Alberto Escalona Robles, Hans Gadow y Eduardo Noguera pensaban que Xochicalco era una colonia maya. Alfredo Chavero, por su parte, creía que se trataba de un santuario fortificado. Pedro Armillas, Alfredo Chavero, Manuel Gama, Alexander von Humboldt y Eduardo

Noguera consideraron que era una capital comercial y religiosa donde se había originado el culto a Quetzalcóatl. El jesuita Pedro José Márquez atribuyó esta urbe a los toltecas.

Tamoanchan y Xochicalco aparecen con frecuencia en los relatos nahuas. De acuerdo con los informantes de Sahagún, los sabios que se establecieron en Teotihuacan procedían de *Tamoanchan*, que según Piña Chan significa «buscamos nuestro hogar» (1977: 81-82). Alfredo López Austin planteaba que su significado es: «Se desciende a su hogar» (1994: 87). Muñoz Camargo escribió que «llamaban el cielo donde esta diosa estaba *Tamohuanichan Xochitlihcacan Chitamohuan* y (en asiento del árbol florido) *Chicuhnauhuepaniuhcan Itzehecayan*, que quiere decir "el lugar de Tamohuan", y "en asiento del árbol florido"» (1892: 153). «*Tamoanchan*, "cerro de la serpiente", uno de los paraísos situado en el primer cielo, el Tlalocan, el cual se localizaba en la cumbre del Cerro de la Malinche» (Trejo, 2007: 18-25). Nanahuatzin era de Tamoanchan, según la Leyenda de los Soles en el manuscrito anónimo en náhuatl de 1558. Asimismo, este manuscrito dice que Quetzalcóatl rescató los huesos de antiguas generaciones para crear con ellos nuevos seres humanos, pero que se cayó en un hoyo y se golpeó, y las codornices lo espantaron y cayó muerto y esparció los huesos por el suelo. Después resució, lloró y se lamentó. Al final, los recogió y los llevó a Tamoanchan. «*Tamoanchan* tiene otros nombres: *Xochitlalpan*, "tierra florida", *Xochinquahuitl* onicac, "donde se yergue el árbol con flores"» (León-Portilla, 2004: 24-31). Román Piña Chan aseguraba que Tamoanchan era Xochicalco, sin embargo, aún no ha sido demostrado.

> Por ser Xochicalco el lugar en donde se creó al dios, tenemos que identificarlo con el Tamoanchan que luego se volvería un lugar mítico; de allí saldrían algunos sacerdotes a propagar su culto, llevando los atributos y el mismo nombre de la deidad; y los nuevos grupos que adoptaron su culto y religión —a raíz del Quinto Sol— se considerarían creados por dicho dios, como se dice en varias fuentes históricas de los tiempos cercanos a la conquista española y posteriores.
>
> En relación con Tamoanchan o Xochicalco hay que recordar una vieja tradición recogida por fray Bernardino de Sahagún, quien

dice que los primeros pobladores llegaron a Pánuco, a la Huasteca, «y desde aquel puerto comenzaron a caminar por la ribera de la mar, mirando siempre las sierras nevadas y los volcanes, hasta que llegaron al altépetl de Guatimala…», a la vez que algunos «fueron a poblar en Tamoanchan, donde estuvieron mucho tiempo…» [...]. Se fueron dispersando por tiempos del Clásico mesoamericano hacia otras partes [...] hasta algunos alcanzar Guatemala y otros Tamoanchan o Xochicalco [...]

Algunas gentes del rumbo de la costa del Golfo y la Huasteca llegaron a Tamoanchan, que significa «buscamos nuestro hogar»; es decir, buscamos nuestro asiento o lugar donde residir [...]. Como decíamos, esos acontecimientos míticos ocurrieron fundamentalmente en Tamoanchan y están íntimamente relacionados con la religión de Quetzalcóatl, dios que fue creado en Xochicalco como se observa en el basamento-templo decorado y en las estelas comentadas con anterioridad, por lo cual no hay duda [de] que Tamoanchan y Xochicalco son el mismo lugar» (Piña Chan, 1977: 81-85).

Un nuevo comienzo

Por razones desconocidas, entre el 650 y 700 d. C., colapsaron las capitales más importantes de Mesoamérica —Teotihuacan, Cholollan, Monte Albán, Palenque y Tikal— y, como consecuencia, «los aldeanos, liberados del yugo centralizador teotihuacano, volvieron la espalda a sus lugares de origen para colonizar tierras más benignas» (López Luján, 1995b: 16). Surgieron nuevas ciudades como Xochicalco, Tajín, Cacaxtla, Cantona, Teotenango y Tólan, y un nuevo periodo, denominado Epiclásico, que duró de 650 a 1000 d. C. El imperio de Xochicalco «abarcaba desde Coyoacán, al sur de la Cuenca de México, el sureste de Cuautla, en el centro de Morelos, y hacia el suroeste hasta Iguala, en el centro de Guerrero» (Hirth, 2018: 47-53).

Exploraciones

Después de la Conquista, Xochicalco no quedó completamente en el olvido; al respecto, fray Bernardino de Sahagún fue uno de los

primeros en dejar referencia: «Hay grandes señales de las antiguallas de estas gentes, como hoy día parece en Tula y en Tulantzinco, y
en un edificio llamado Xochicalco, que está en los términos de
Quauhnahuac» (2006: 15). Sin embargo, no fue recordado con dignidad. Durante el Virreinato, la gente que vivía alrededor del sito
extrajo piezas arqueológicas:

> [mientras que] los dueños de las fábricas azucareras saquearon gran
> cantidad de piedras labradas [...] los antiguos poseedores de la hacienda
> Miacatlán removieron las piedras para la construcción de los hornos
> y de la presa del río que funcionaba como motor para su maquinaria.
> Incluso, en el atrio de la iglesia de Tetlama se localizó la escultura cono-
> cida como Xochiquetzal, que ahora se expone en el Museo Regional
> *Cuauhnáhuac* (Alvarado León, 2018: 38, 52, 18).

Hacia el último cuarto del siglo XVIII, José Antonio Alzate y Ramírez
—en busca de yacimientos de mercurio— supo de la existencia de un
lienzo en Teticpac Tetlama, muy cerca de Xochicalco, el cual llevaba
inscrito la palabra *xochicaltectli*, «señor de la casa de flores». Así, en
1777 realizó las primeras expediciones a Xochicalco; y luego regresó
en 1784. Posteriormente, publicó *Descripción de las antigüedades de Xochicalco*, donde detallaba, con ilustraciones, parte de la zona.

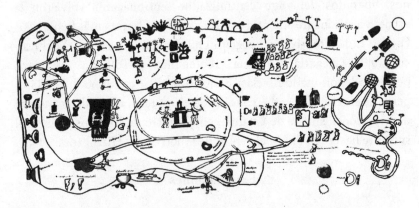

Figura 79. Lienzo de Tetlama. Al centro se observa a Xochicaltectli y Xicatetli.
© *309614, Secretaría de Cultura, INAH, Sinafo, fn, México.*
Ilustrado por Eva Cavildo.

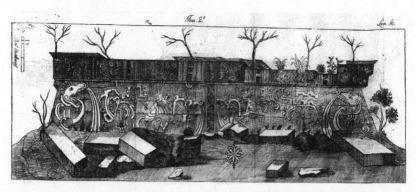

Figura 80. Grabado del Templo de las Serpientes Emplumadas, publicado por José Antonio Alzate en el suplemento de la Gazeta de Literatura, *de 1791.*

Sin embargo, fue el jesuita Pedro José Márquez —quien jamás visitó Xochicalco— el que dio a conocer al mundo las ruinas del sitio con su obra *Due antichi monumenti di architettura messicana,* publicada 1804.

Por su parte, el capitán flamenco Guillermo Dupaix y José Luciano Castañeda exploraron el sitio en 1805.

Aunque Alexander von Humboldt escribió sobre Xochicalco, nunca lo visitó, pues ya había abandonado Nueva España cuando se enteró de su existencia.

En 1831, el francés Mathieu de Fossey visitó México con claras intenciones de colonizar Coatzacoalcos, según lo redactó en su libro *Le Mexique,* publicado en 1857. Sin embargo, fracasó y sólo se conformó con escribir un libro sobre los lugares que había visitado, entre ellos «Jochicalco».

Karl Nebel visitó el sitio en 1831 y publicó, en 1836, su obra *Voyage pittoresque et archéologique dans la partie la plus intéressante du Mexique.*

En 1835, Renato de Perdreauville llevó a cabo la primera expedición oficial patrocinada por el gobierno de México, tras lo cual escribió un informe titulado *Viaje a las antigüedades de Xochicalco verificado por orden del gobierno supremo de México en marzo de 1835.*

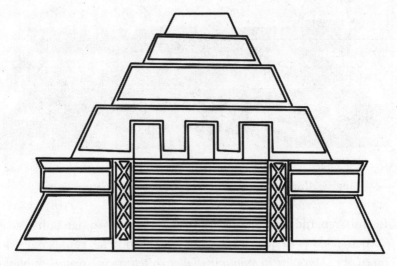

Figura 81. Dibujo del Templo de las Serpientes Emplumadas, de Karl Nebel (1836).
© *307507 y 307509, Secretaría de Cultura,* INAH, *Sinafo, fn, México.*
Ilustrado por Eva Cavildo.

En 1834, el australiano Charles J. La Trobe visitó Xochicalco y, en 1836, publicó el libro *The Rambler in Mexico.*

Asimismo, en 1836 se publicó *Historia antigua de México*, de Mariano Fernández de Echeverría y Veytia, donde hay una breve mención a Xochicalco:

> También dicen que eran ya por este tiempo famosas ciudades Tolocan, *Cuauhnáhuac* (que los españoles llaman Cuernavaca), Cholollan y Tototépec; y que en Toluca fabricaron un gran palacio de piedra, en que grabaron por la parte exterior en figuras y jeroglíficos toda la historia de su antigüedad y especialmente la de su nación, sus peregrinaciones, guerras, calamidades y persecuciones, prosperidades y buenos sucesos. Que, en *Cuauhnáhuac*, «Cuernavaca», había otro palacio muy grande, cuya fábrica era toda de piedras grandes de cantería, tan bien labradas y ajustadas, que sin necesidad de lodo ni otra argamasa, estaban fuertemente unidas, y formaban el edificio, no sólo en sus paredes, sino también en sus techos; que todo era de piedra, sin madera alguna, lo que sería verdaderamente admirable. De ninguno de estos

dos edificios ha quedado en nuestros días vestigio alguno, ni memoria de los sitios en que estuvieron (Veytia, 1836: 208).

En 1838, el geógrafo y etnólogo austriaco Isidore Löwenstern también exploró Xochicalco. En 1843, publicó *Le Mexique: souvenirs d'un voyageur*; y cuando regresó a Europa —de acuerdo con Margarita Pierini— se llevó una colección de piezas arqueológicas.

Entre 1841 y 1842, el secretario de la embajada estadounidense en México, Brantz Mayer, visitó diversas zonas arqueológicas y, en 1844, publicó el libro *México, lo que fue y lo que es*.

En 1851, Julio Verne —que jamás visitó México— publicó la novela *Un drama en México*, la cual escribió alrededor de 1845 y cuyos protagonistas viajaban de Acapulco a la Ciudad de México y pasaban por Xochicalco:

> A la vuelta de una inmensa roca apareció a su vista el fuerte de Xochicalco, levantado por los antiguos mexicanos y cuya meseta tiene 9 000 metros cuadrados. Los viajeros se dirigieron hacia el cono inmenso que forma su base, y que estaba coronado de rocas oscilantes y de ruinas amenazadoras (Verne, 2013: 17).

En 1856, el fotógrafo húngaro Pál Rosti retrató por primera vez las ruinas de Xochicalco. En 1852, el francés Adolphe Boucard exploró el estado de Guerrero y Xochicalco y publicó *Travels of a Naturalist* en 1894.

En 1856, el inglés Edward Tylor recorrió México y, en 1861, publicó su libro *Anahuac or Mexico and the Mexicans, Ancient and Modern*, donde también describe el sitio de Xochicalco.

> Poco después, durante la Intervención Francesa en México (1862-1867) y en franco contraste con el espíritu cientificista de la época, la ciudad arqueológica volvió a ser el objetivo de actos vandálicos. En este caso, las huestes del ejército invasor, en busca de supuestos tesoros, excavaron sin éxito un pozo en el Templo de las Serpientes Emplumadas e hicieron moldes directamente sobre sus relieves para reproducirlos en París durante la Exposición Internacional de 1867; además mutilaron la «escultura de la Malinche», arrojándola desde la parte alta

de la pirámide del mismo nombre, y modificaron el interior de uno de los subterráneos, labrando escalones para facilitar la entrada de la Emperatriz Carlota en un viaje de placer (López Luján, 1995b: 25-26).

En 1864, Xochicalco fue explorado por el fotógrafo Jean-Baptiste-Louis Gros, cuyo trabajo fue publicado en 1865, en los *Archives de la Commission de l'exploratión scientifique du Mexique*. En 1865, el arquitecto y fotógrafo Léon Méhédin —miembro de la Comisión Científica Francesa en México— visitó Xochicalco; y, en 1866, se dedicó a limpiar el basamento del Templo de las Serpientes Emplumadas. Asimismo, estuvo a cargo de elaborar el pabellón mexicano que participó en la Exposición Internacional de París en 1867, para lo cual creó una copia, no tan fiel, del templo original y la iconografía de los relieves del basamento de las Serpientes Emplumadas. También incluyó réplicas de la Coatlicue y la Piedra del Sol.

En 1874, A. de la Peña y Ramírez publicó el artículo «Las ruinas de Xochicalco». En 1880, se publicó *Historia antigua de la Conquista de México*, de Manuel Orozco y Berra. En 1884, salió a la luz el primer tomo *México a través de los siglos*, que incluyó una descripción de Xochicalco. En 1886, Leopoldo Batres editó en la revista francesa *La Nature* el artículo «Les ruines de Xochicalco au Mexique».

En 1887, el doctor Antonio Peñafiel —con la ayuda del ingeniero José Segura, el doctor Eduard Seler, Cecilia Sachs, los dibujantes Domingo Carral y Julio Peñafiel— llevó a cabo un estudio sobre las ruinas de Xochicalco, en el cual afirmó que habían sido erigidas por los tlalhuicas. «Seler publicó un profundo estudio iconográfico, centrándose primordialmente en cuestiones astronómicas y religiosas» (López Luján, 1995b: 27).

En 1895, Manuel Gama presentó la ponencia «Un monumento prehistórico» en la onceava reunión del Congreso Internacional de Americanistas, donde describió las «galerías subterráneas» de Xochicalco. En 1896, el arqueólogo estadounidense, profesor de arqueología americana en la Universidad de Columbia y director del Museo Nacional del Indio Americano en Nueva York, Marshall Saville, visitó Xochicalco. Más tarde, en 1928, publicó *Bibliographic Notes on Xochicalco, Mexico*.

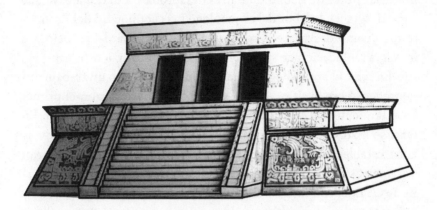

Figura 82. Modelo del Templo de las Serpientes Emplumadas, para su exhibición en
Louisiana Purchase Exhibition (Smithsonian Institution Archives. Imagen MAH-16431).
Ilustrado por Eva Cavildo.

En 1901, la escritora, viajera, fotógrafa e historiadora británica Alec
Tweedie fue a las ruinas de Xochicalco y, al año siguiente, publicó
Mexico as I saw it. En 1902, el naturalista alemán Hans F. Gadow visitó México y, en 1908, editó su libro *Through Southern Mexico. Being
an Account of the Travels of a Naturalist.*

En 1902, el filólogo mexicano Cecilio Robelo escribió *Ruinas de
Xochicalco*. En 1909, iniciaron las investigaciones sistemáticas en el
sitio con la visita de Justo Sierra, ministro de Instrucción Pública y
Bellas Artes, quien delegó a Leopoldo Batres la restauración de los
basamentos, que comenzó el 3 de enero de 1910.

En junio de ese mismo año, Batres envió una misiva al mismo secretario para sugerirle que se notificara a las autoridades del estado
de Morelos, con el fin de que avisaran a los pobladores vecinos de
Xochicalco, que se prohibía continuar usando las tierras para siembra dentro de la zona arqueológica y cerros aledaños. En respuesta
a la solicitud de Batres, la secretaría sugirió conveniente levantar un
plano de la zona arqueológica (Alvarado León, 2018: 68).

Los detractores de Leopoldo Batres desaprobaron su trabajo, ya que «por desgracia, la labor del arqueólogo más connotado del Porfiriato tuvo como desenlace la reconstrucción excesiva del edificio y la inexacta reubicación de sus relieves» (López Luján, 1995b: 30).

En 1922, el arqueólogo Eduardo Noguera realizó un trabajo monográfico sobre el sitio. Al año siguiente, se llevó a cabo el primer levantamiento del lugar, a cargo del ingeniero Tirado Osorio. En 1929, se hizo «la delimitación oficial de la superficie que ocupa la zona, estableciéndose un área de 161 hectáreas con un límite exterior a 20 metros de los montículos no explorados» (Litvak, 1971: 111-112). En 1934, Eduardo Noguera comenzó las intervenciones formales y sistematizadas en Xochicalco, las cuales duraron 26 años, es decir, 10 temporadas. Exploró los edificios ubicados al oriente del Templo de las Serpientes Emplumadas y realizó varios pozos y calas. Asimismo, estableció dos secuencias cerámicas y una cronología que consiste en tres fases (Xochicalco I-III).

> Se encontraron por lo menos una veintena de restos humanos colocados unos sobre otros, dejando apenas espacio para la disposición de las vasijas ofrendadas [...]. Durante esa misma temporada, Noguera excavó el cerro de La Malinche, donde, tras su limpieza y liberación, se observó una depresión cuadrada perfectamente delimitada por losas cortadas a detalle. En su interior encontró un collar de cuentas de piedra con un pendiente; dos vasijas, una de las cuales contenía fragmentos de un cráneo humano, además de otros huesos humanos en estado de desintegración (Alvarado León, 2018: 88).

En 1942, Florencia Müller recorrió a pie el camino de Xochicalco a Malinalco. Entre 1949 y 1950, Pedro Armillas analizó las fortificaciones. En 1951, William T. Sanders examinó la zona arqueológica, ubicó los sectores residenciales y concluyó que Xochicalco no sólo era un centro ceremonial. Entre 1965 y 1966, Armillas y Jaime Litvak realizaron excavaciones estratigráficas y levantamientos topográficos en 23 sitios. En 1977, Kenneth G. Hirth, de la Western Michigan University, y Ann Cyphers llevaron a cabo un exhaustivo reconocimiento del sitio, cavaron pozos de estratificación adecuada en diversas zonas del lugar, elaboraron una tipología de superficie y establecieron seis fases:

1) Formativo Medio (900-500 a. C.)
2) Fase E (400 a. C.-200 d. C.)
3) Fase F (200-650 d. C.)
4) Fase G (650-900 d. C.)
5) Fase H (900-1250 d. C.)
6) Fase I (1250-1420 d. C.)

Entre 1984 y 1986, Norberto González Crespo y Silvia Garza Tarazona realizaron excavaciones en el acceso del lado sur, donde hallaron unidades habitacionales. González Crespo continuó con las labores de 1991 a 1994.

¿Quién? ¿Por qué?

Existen muchas interrogantes sobre quién fundó Xochicalco y por qué colapsó de manera tan estrepitosa. La hipótesis más común y la más aceptada es que surgió a partir de la caída de Teotihuacan. No obstante, «desde la óptica de algunos especialistas, centros como Xochicalco y El Tajín motivaron la caída de Teotihuacan a fines del Clásico, ocasionando un vacío de poder» (López Luján, 1995b: 45).

Román Piña Chan tenía la certeza de que Xochicalco había surgido en el siglo v y que sus habitantes habían emulado el estilo de El Tajín, incluido su sistema numérico y calendárico, así como el culto a Quetzalcóatl-Venus.

De acuerdo con Jaime Litvak King, Xochicalco y sus aliados —Cholula, El Tajín y Tula— controlaban el comercio de cacao, plumas, piedra verde y algodón, por lo que al detener el tráfico comercial en sus rutas provocaron la caída de Teotihuacan. «Ahora sabemos que en esta época hubo una escasa relación entre el mermado poder teotihuacano y la floreciente ciudad de Xochicalco [...]. [Así como que] existen pocas similitudes con las fases cerámicas contemporáneas de Tula» (López Luján, 1995b: 43). Como explicó Linda Manzanilla, existen «evidencias de destrucción por fuego, desmantelamiento, aniquilación ritual, desmembramiento y saqueo relacionados con el final de Teotihuacan hacia 550 d. C.» (Manzanilla, 2017: 45).

> La torpeza de la burocracia teotihuacana para tratar con grupos de diversos intereses, la mala administración de la economía y la inflexibilidad hacia el cambio, además del probable bloqueo de las rutas de aprovisionamiento por el lado oriental, fueron factores que pudieron acelerar el colapso (Manzanilla, 2017: 46).

Otros arqueólogos como Hirth, Cyphers, Sanders y Price creen que «Xochicalco era demasiado pequeño en el Clásico como para competir con Teotihuacan» (López Luján, 1995b: 46). No obstante, en el siglo VIII, Cacaxtla, Teotenango y Xochicalco se convirtieron en líderes de sus territorios y, por ende, en competencia para Teotihuacan, limitando así el comercio y el crecimiento de la economía teotihuacana, cuyos productos fueron suplantados por los de Michoacán, Zinapécuaro, Guerrero, la Mixteca.

> La ciudad estaba compuesta por una población pluriétnica separada en barrios y gobernada por una nobleza común que conjugó armónicamente las concepciones de los distintos componentes de la sociedad, expresándolas en un arte de múltiples raíces, pero asimilado en un nuevo estilo (López Luján, 1995b: 105).

Cronología

La fase 1 —denominada Formativo Medio— comenzó entre el año 900 y 500 a. C. Durante ésta, se dieron los primeros asentamientos con dos pequeñas aldeas.

En la fase E, de 400 a. C. a 200 d. C., incrementó el número de habitantes y las aldeas ascendieron a cinco.

En la fase F, de 200 a 650 d. C., continuó la expansión de las aldeas. «Si bien en esta época pudieron existir contactos con Teotihuacan, Xochicalco nunca formó parte de su esfera de dominio, hecho que se manifiesta en la cerámica» (López Luján, 1995b: 43).

La fase G, que va del 650 al 900 d. C., se divide en dos: una entre 650-800 y la segunda de 800-900. Esta etapa es la más importante para Xochicalco, pues el número de habitantes y de construcciones aumentó considerablemente. La ciudad alcanzó los cuatro kilómetros cuadrados, lo cual se traduce en áreas habitacionales, en las estructuras A, C, D y E, el juego de pelota y el Templo de las Serpientes Emplumadas. «Norberto González Crespo ha encontrado numerosos indicios de que la ciudad fue destruida violentamente y abandonada alrededor del año 900» (López Luján, 1995b: 43).

En la fase H, de 900 a 1250 d. C., ocurre la caída de Xochicalco y el sitio queda deshabitado.

En la fase I, de 1250 a 1420 d. C., Xochicalco comienza a poblarse ligeramente, hasta que es conquistada por los mexicas, quienes construyen algunos adoratorios, una cancha de pelota y transforman el sitio en un centro de peregrinación.

El colapso

La importancia del militarismo es evidente también en el arte público de Xochicalco. En el templo principal de la Pirámide de las Serpientes Emplumadas los guerreros con escudos, dardos y átlatl ocupan un lugar preponderante. Los guerreros llevaron el peso de los aspectos seculares y sagrados de la sociedad (Hirth, 2018: 47-53).

Xochicalco fue despoblada en el 900 d. C. y tuvo «un violento final: todo fue saqueado, destruido, dispersado, quemado y, por último, abandonado» (Garza Tarazona, 2002: 56-57). Cien años después, fue repoblado ligeramente. Seiscientos años más tarde, cuando los españoles llegaron a Mesoamérica, no se enteraron de la existencia de Xochicalco. A pesar de que ésta fue mencionada en los relatos, nadie supo con exactitud dónde se encontraba la ciudad o si en realidad había existido.

EL TAJÍN, VERACRUZ

(800-1200 d. C.)

Entre los ríos Cazones y Tecolutla, cerca de donde termina el Totonacapan, a diez kilómetros de Papantla, Veracruz, se ubica la zona arqueológica de *El Tajín*, cuyo significado sigue siendo un dilema. Hay quienes aseguran que *Tajín* quiere decir «el gran humo»; otros que significa «trueno» o «trueno viejo». También se dice que la palabra original era *ta' jin*, «lugar de un conjunto de templos de donde sale humo constantemente» [*ta'*, «estar construido»; y *jín*, «humea constantemente»].

El Tajín fue una de las ciudades prehispánicas más extensas y la más importante de la costa norte del estado de Veracruz. Con una extensión de 1 000 hectáreas, llegó a albergar en su apogeo (800 y 1150 d. C.) entre 5 000 y 20 000 habitantes. «Estaba dividido en cinco barrios, en los cuales se han encontrado ciento sesenta y ocho edificios de carácter público, veintisiete templos, diecisiete juegos de pelota, cincuenta y ocho residencias, tres altares y cuarenta y seis casas-habitaciones» (Brueggemann, 1993: 57). Recibió influencia de Teotihuacan en el Periodo Clásico y de los mayas en el Posclásico; asimismo, influyó culturalmente en varias regiones y lugares de Mesoamérica.

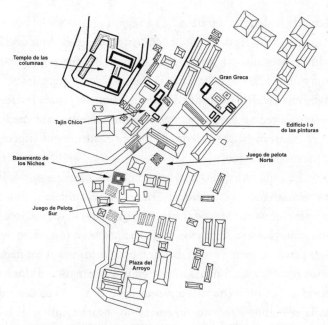

Figura 83. Mapa de El Tajín. Ilustrado por Eva Cavildo.

1. Plaza del Arroyo
2. Juego de pelota Sur
3. Pirámide de los Nichos
4. Juego de pelota norte
5. Gran Greca
6. Tajín Chico
7. Edificio de las Pinturas
8. Templo de las Columnas

Contrario a lo que algunas personas creen, Hernán Cortés nunca llegó a El Tajín. Ni siquiera supo que existía. Los primeros asentamientos ocurrieron en el año 300 d. C. y su apogeo se dio entre 800 y 1100 d. C. El colapso sucedió en 1150 d. C. Para el siglo XVIII, la zona arqueológica se encontraba sepultada bajo la maleza.

A fines de marzo de 1785, don Diego Ruiz, cabo de la Ronda del Tabaco de Papantla, andaba cateando los montes de la zona, con el fin de exterminar las siembras del tabaco, como era su obligación: en el paraje llamado en lengua totonaca El Tajín, por el rumbo del poniente de Papantla, a dos leguas de distancia, entre un espeso bosque, halló un edificio en forma piramidal, con cuerpo sobre cuerpo a la manera de una tumba hasta su cima o coronilla: por la cara que mira al Oriente tiene una escalera de piedra de sillería, como lo es toda la del edificio cortado a regla o escuadra... y subiendo por ella, en su medianía... se encuentran cuatro órdenes de nichos cuadrilongos... hechos con la mayor perfección.

En cada uno de los cuerpos de que se compone este edificio se encuentran nichos cuadrados... tiene todo el edificio 342 nichos y el primer cuerpo 30 varas por cada frente, que hacen 120 de circunferencia. Según la estructura y vejez que demuestra este edificio, se conjetura prudentemente sería fabricado por los primeros habitadores de estos reinos; y mucho más advirtiendo que ninguno de los historiadores de la Conquista hacen memoria de él; siendo de creer que por hallarse emboscado entre los cerros no llegara a noticia de la nación mexicana, ni de los primeros españoles y no es de admirar cuando en este pueblo, teniendo tan cercano ahora es cuando se descubre; bien que parece que los indios naturales de él no lo ignoraban, aunque jamás lo revelaron a español alguno (Piña y Castillo, 1999: 7-8).

Muy pronto comenzaron a llegar los exploradores y viajeros interesados en la zona arqueológica. En 1804, el jesuita Pedro José Márquez publicó *Due antichi monumenti di architettura messicana*.

En 1811, Alexander von Humboldt publicó *Essai politique sur le royaume de la Nouvelle-Espagne*. En 1836, Karl Nebel sacó a la luz *Voyage pittoresque et archéologique dans la partie la plus intéressante du Mexique*.

En 1892, Francisco del Paso y Troncoso realizó una expedición y escribió *Las ruinas de Cempoala y el Templo de El Tajín*.

En 1933, Herbert J. Spinden y su esposa, Ellen, publicaron *The Place of Tajin in Totonac Archaeology*. En 1932, Enrique Juan Palacios y Enrique Meyer editaron *La ciudad arqueológica del Tajín. Sus revelaciones*.

En 1934, el ingeniero topográfico Agustín García Vega recibió la comisión, por parte de la Dirección de Monumentos Prehispánicos de la Secretaría de Agricultura y Fomento, para realizar exploraciones, levantamientos topográficos y planos generales, así como estudios de las técnicas constructivas para desmontar El Tajín, el juego de pelota sur, Tajín Chico y las Columnas, además de iniciar la reconstrucción de seis nichos del lado noreste de la Pirámide de los Nichos. También exploró los edificios A, B y C de Tajín Chico.

En 1939, el arqueólogo José García Payón inició el proyecto de restauración de los edificios de El Tajín Grande (zona central) y de Tajín Chico (zona norte).

> Llegué a El Tajín allá por 1938, a la selva que era entonces, a pesar de los trabajos de desmonte de Agustín García Vega, pocos años antes. Ese año había sido enviado a un recorrido por todo el Toto-nacapan Meridional, posteriormente llevé a cabo investigaciones y restauraciones en Oceloápan, Cempoala, Misantla y en El Tajín principalmente.
>
> No había caminos sino de herradura, había que llegar a Papantla y de ahí, por entre la serranía y bosques viajar a caballo y mula, con todo y materiales, equipo, alimentos... las veces que fuera necesario, por eso las temporadas de campo eran más bien estancias. Algunas veces resultaba más cómodo llegar a Tajín por barco desde Veracruz o Tampico hasta Gutiérrez Zamora, sobre el Río Tecolutla y de ahí en barcaza río arriba, por donde bajaban los productos de la sierra, luego continuar a caballo.
>
> Siempre que pudo, me acompañó mi esposa Magdalena, con ella viajamos a muchas zonas arqueológicas y fiestas indígenas, ella fue mi secretaria y mi memoria; en El Tajín, allá por 1955, llegaban mis hijos a acompañarme y con ellos recorría todo lo que fue El Tajín (García Payón, 1993: 55).

«José García Payón trabajó en varios sitios arqueológicos en nuestro país, pero a El Tajín le dedicó cerca de cuatro décadas, desde 1938 hasta su muerte en 1977» (Ladrón de Guevara, 2010: 14).

Plaza del Arroyo

Dos corrientes de agua flanquean la zona desde el este y oeste para terminar en el arroyo Tlahuanapa. Y ésta es la razón por la que se le llamó a esta sección del sitio arqueológico como «Plaza del Arroyo» o «el Grupo del Arroyo».

La Plaza del Arroyo está rodeada por cuatro edificios monumentales (16, 18, 19 y 20) y se cree que fue el escenario de multitudinarias fiestas y ritos. Las escalinatas frontales de cada edificación miran hacia la plaza.

En la parte sur se ubica el Edificio 19, que posee dieciocho cuerpos escalonados, con una escalinata en cada flanco. En los lados este y oeste yacen las estructuras 18 y 20, con cuerpos escalonados y una escalera al frente. En la parte norte de «el Grupo del Arroyo se encuentra el Edificio 16, con cuatro basamentos sobrepuestos y con nichos en sus lados verticales.

Juegos de pelota

El Tajín es de las ciudades con mayor número de juegos de pelota: diecisiete en total; once en el centro y seis en áreas contiguas. La Plaza del Arroyo tiene dos juegos de pelota de grandes dimensiones; uno se ubica en el noroeste y otro en el sur.

Pirámide de los Nichos

Ubicada al noroeste de «el Grupo del Arroyo», la Pirámide de los Nichos, con 6 cuerpos, 365 nichos (asociados con el ciclo anual del Sol) y 18 metros de altura, es el basamento más importante de El Tajín y uno de los más famosos de Mesoamérica, junto con el Templo Mayor, el Castillo de Chichén Itzá y las pirámides del Sol y de la Luna en Teotihuacan. «Durante la exploración en El Proyecto Tajín, a finales de los ochenta, se reconoció que la Pirámide de los Nichos fue hecha en una sola etapa» (Ladrón de Guevara, 2010: 67), entre 1100 y 1150 d. C. En 1985, a pesar de las restauraciones realizadas treinta años antes por el arqueólogo José García Payón, el Edificio 1, mejor conocido como la Pirámide de los Nichos, «se encontraba en condiciones críticas de derrumbe» (Brüeggemann, 1989: 153), por lo cual se inició El Proyecto Tajín, en colaboración con el INAH, la Universidad Veracruzana y el financiamiento del estado de Veracruz, con el objetivo de restaurar la zona arqueológica.

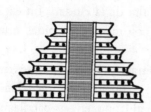
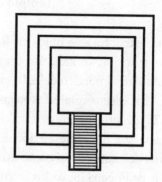

Figura 84. Pirámide de los Nichos. Ilustrado por Eva Cavildo.

Gran Greca

También conocida como la *Gran Xicalcoliuhqui*, es una construcción
que, visa desde arriba, parece una greca, pero en realidad es un muro
de 360 metros de longitud, bellamente decorado, que representa un
caracol cortado, atributo de la Serpiente Emplumada.

> Quetzalcóatl lleva en el cuello el *ehecailacacozcatl*, «pectoral del
> viento», la sección de un caracol marino cortado transversalmente.
> Esta representación alude al mito según el cual cuando Quetzalcóatl
> visitó el Mictlan para recuperar los huesos de los antepasados y con ellos
> crear a los hombres del Sol actual, superó una de las pruebas impues-
> tas por el Señor de los muertos al hacer sonar un caracol (Ladrón de
> Guevara y Hernández, 2004: 61-70).

Tajín Chico

Se ubica en el norte de la zona arqueológica, en la parte más elevada, lo
que indica un estatus privilegiado y que su acceso estaba restringido.
«Este conjunto es, además, notable por las evidencias iconográficas relacionadas con la historia del grupo gobernante y su papel en la vida
ritual, principalmente en un buen número de columnas con bajorrelieves, y por los restos de pintura mural encontrados en algunos edificios»
(Vela, 2015: 66-71).

Templo de las Columnas

Esta estructura se ubica en la parte más alta de la ciudad. En esta construcción se hallaron fragmentos de columnas esculpidas que sostenían el pórtico del edificio.

Las escenas grabadas en las columnas retratan a los gobernantes de El Tajín, entre los que destaca el gobernador 13 Conejo, por la frecuencia con la que fue representado: en su ascenso al trono, en sus batallas y toma de cautivos, así como otras escenas, donde se distingue el encendido de Fuego Nuevo, los sacrificios humanos y el juego de pelota.

Dios de El Tajín.
¿Huracán o Quetzalcóatl?

Por muchos años, se manejó la idea de que la principal deidad de El Tajín era el dios Huracán. Sin embargo, de acuerdo con un estudio de Sara Ladrón de Guevara y Vladimir Hernández, la divinidad principal durante el apogeo del sitio fue Quetzalcóatl.

El culto a Quetzalcóatl en El Tajín es evidente. Así lo atestiguan las 17 canchas para la práctica del juego de pelota, ritual asociado a su culto, y así lo reiteran las grecas escalonadas que ornan la arquitectura, escultura y pintura en el sitio y que constituyen la geometrización del caracol cortado, su insignia (Ladrón de Guevara y Hernández, 2004: 61-70).

Los voladores de Papantla

Cualquiera que sepa algo sobre El Tajín, inmediatamente lo asocia con los voladores de Papantla, quienes realizaban —y continúan haciéndolo— una danza prehispánica que se llevaba a cabo en muy solemnes fiestas religiosas, especialmente en las del año secular o fiestas del Fuego Nuevo, las cuales tenían lugar cada 52 años, es decir, cuando daba comienzo el nuevo siglo. Esta danza estaba dedicada al Sol y a la lluvia. El ritual iniciaba con la búsqueda del *tzakatkihui*, «árbol de la fecundidad», el único en la zona que era alto (aproximadamente 20 metros de altura), resistente y recto. Después de talar el tronco con sumo cuidado, lo despojaban de sus ramas y lo cargaban en hombros. Ninguna mujer debía acercársele o tocarlo. Asimismo, estaba prohibido brincar o jugar sobre él. Previo a la danza sagrada, los voladores debían guardar abstinencia sexual y etílica siete días antes, como condición purificadora para celebrar el rito cósmico. Los habitantes realizaban ofrendas antes de enterrar el palo en la tierra, para que los dioses no se llevaran a los voladores hasta perderlos en el cielo.

El día del ritual, cuatro voladores y un caporal subían cuidadosamente hasta la cima del *tzakatkihui*, «árbol de la fecundidad». Los cinco se sentaban. Luego, cuatro se amarraban a la cintura cuatro cuerdas enredadas al palo volador, las cuales se desenredarían conforme la estructura superior giraba. Después invocaban a los dioses con música que tocaba el *kosne*, «el que vuela», a través de una flauta y un tamborcillo, a la par que la estructura superior comenzaba a girar y los cuatro voladores se lanzaban de espaldas al vuelo para iniciar el descenso ritual. El *kosne* se sentaba sobre el tecomate en la primera ronda; luego, se ponía de pie en la segunda vuelta. Se orientaba en reverencia hacia los cuatro puntos cardinales, empezando por el oriente, por donde amanece el mundo y la luz, y girando siempre a la izquierda. El vuelo de descenso de los cuatro voladores describe trece círculos que, al multiplicarse por cuatro periodos, representados por los voladores, dan cincuenta y dos, número que compone un siglo prehispánico.

Lo que muy pocos saben es que el ritual de los voladores estaba asociado con el sacrificio humano. En el *Códice Tepeucila* aparecen dos escenas de la Danza del Volador, en las que claramente se evidencia la relación de este ritual con la guerra y el sacrificio humano.

> La víctima era amarrada a un cadalso de madera y herida mediante propulsores y saetas o arcos y flechas para provocar un sangrado abundante. Este acto culminaba con la extracción del corazón latiente [...]. Una versión de la Danza del Volador debió practicarse en Teotihuacan al menos hacia el siglo VI d. C., pues ahí se ha encontrado evidencia del sacrificio preliminar por heridas de dardos (Vela, 2019: 32-33).

Se cree que este ritual también se practicaba en Tikal y en el Petén Central, Guatemala, hacia el siglo IX d. C., así como en la Mixteca Alta —entre los siglos XIII y XVI d. C.— y en los valles centrales de Oaxaca.

TZINTZUNTZAN, MICHOACÁN

(1325-1521)

En el centro del estado de Michoacán, en la zona lacustre, a un lado del lago de Pátzcuaro (conocido en el siglo XVI como Laguna de Mechoacan), en las laderas de los cerros Yarahuato y Tariaqueri, se encuentra *Tzintzuntzan*, «lugar de colibríes» o «lugar del colibrí mensajero» [*tsintsun-*, «colibrí»; *-tza-*, «rapidez»; y *-an*, «lugar»], traducido al náhuatl como *Huitzitzílan*. No obstante, los mexicas le llamaban *Mechuácan*, *Mychuacan* o *Michuácan*, «lugar de pescadores» o «lugar que tienen pescados», a la antigua capital del señorío *michua- que*, «gente que tiene pescado» (hoy en día denominado *tarasco* o *purépecha*), la cual abarcaba Michoacán, partes de Guerrero, Estado de México, Guanajuato y Jalisco.

Tzintzuntzan fue construida sobre amplias terrazas y grandes plataformas en las laderas de los cerros Yarahuato y Tariaqueri.

De acuerdo con estudios e investigaciones arqueológicos, en el territorio que hoy conocemos como Michoacán, los primeros rastros de vida datan de entre 25 000 a 7 000 años a. C. Posteriormente, hubo desarrollos locales, entre 300 a. C. y 600 d. C., en Chupícuaro, Zacapu, Tingambato y Santa María. Más adelante, hacia 600-900 d. C., en Huandacareo, Tres Cerritos y Zaragoza. Luego, de 900 a 1200 d. C., se dan cambios culturales, políticos y religiosos. Finalmente, entre 1200 y 1600 d. C., concurre la fundación del señorío michuaque, su auge, la llegada de los europeos y la caída del imperio.

En la *Relación de Michoacán* —escrita por fray Jerónimo de Al- calá hacia 1538 y 1539— se describe a los *uacúsechas* o *vacuxechas*, «gente de la casa del águila», como un pueblo de chichimecas bár- baros y cazadores, escogido por el dios *Curicaueri*. «También se ha propuesto que pudieron surgir del mismo tronco común que su pue- blo rival: el yutoazteca, y que llegaron procedentes de *Aztlán*, *Chicomóztoc* u otro sitio» (Oliveros, 2012: 32). Los michuaques iban liderados por Hire Ticátame, quien los conducía en busca de un lugar donde fundar su ciudad, aunque sin conseguir el sitio idóneo. Fue Tariácuri —hijo de Pauácume II y de la hija de un pescador de la isla de Xarácuaro— el que encontró la tierra adecuada, que «estaba primero poblada de gente mexicana, nahuatlatos» (De Alcalá, 2003: 37), y fundó Pátzcuaro. Antes de morir, Tariácuri dividió el señorío michuaque bajo un triunvirato entre su hijo menor Huiquíngaje y sus sobrinos Hirepan y Tangaxoan. Para Tangaxoan, las capitales en Tzintzuntzan. Para Huiquíngaje, Pátzcuaro, cuyo nombre completo era *Tzacapu-Amocutin-Pátzcuaro*, «donde están las piedras en la entrada», «en donde se hace la negrura», «donde se tiñe de negro», «donde todo se torna negro» o «donde reina la sombra». E *Ihuatzio* (Coyohuácan), «en la casa del coyote», para Hirepan. Tangaxoan se convirtió en el líder máximo y Tzintzuntzan en la capital del reino tripartita. «En la genealogía tarasca no son extrañas las intrigas cortesanas, ni los asesinatos de los miembros de la familia real considerados indignos o posibles rivales del pretendiente más fuerte» (Schöndube, 1996: 14-21).

La ciudad tenía una «organización de tipo militar, bajo un mando político muy bien jerarquizado» (Oliveros, 2012: 13), el cual estaba encabezado por el *cazonci*, «señor de muchos pueblos» (equivalente a un tlatoani nahua o un jalach winik maya), siempre descendiente de la dinastía *uacúsecha*, «señores águila». No obstante, «el gobierno tarasco no era propiamente hereditario; a la muerte del señor, llamado genéricamente cazonci, su sucesor era elegido entre sus parientes próximos» (Schöndube, 1996: 14-21). «El cazonci era el supremo sacerdote y el representante de dios en la Tierra; por ello su cadáver merecía el honor de ser quemado como ofrenda máxima al fuego y, probablemente, también para reincorporarlo a su calidad de ser omnipotente» (Sierra Carrillo, 2002: 62-69).

Yácatas

Las *yácatas*, «basamentos de piedras», eran edificaciones de plantas arquitectónicas mixtas, rectangulares y semicirculares, y los espacios rituales más importantes del señorío *Michhuácan* —pronúnciese *mish-huácan*—, al que los españoles llamaron *Cintsuntza* o *Uchichila*.

Actualmente subsisten yácatas en Tzintzuntzan, Huandacareo, Tingambato, Tres Cerritos e Ihuatzio. En Tzintzuntzan descansan cinco yácatas monumentales, construidas de manera tal que, unidas a otras, comparten sus paredes laterales, además de estar alineadas de norte a sur, en el lado oriente de una enorme terraza artificial que mide alrededor de 105 000 metros cuadrados (450 metros de largo por 250 de ancho y una altura frontal media de 12 metros).

> Las cinco yácatas debieron tener templos desplantados sobre cada una de ellas, que descansaban a su vez sobre la plataforma. Estas estructuras poseen un diseño poco usual que de manera simétrica combina un cuerpo rectangular integrado a otro semicircular, creando dos formas opuestas y al mismo tiempo complementarias. De manera armónica, cada yácata mide 40 metros de ancho, 80 de largo y aproximadamente 10 de altura hasta la base de aquellos santuarios que debieron coronarlas, hechos posiblemente con madera y paja. Un perfecto equilibrio en el diseño y las proporciones, demasiado bien calculado para un grupo de «silvestres nómadas» (Oliveros, 2012: 61).

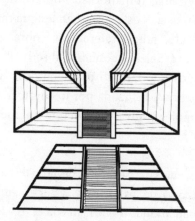

Figura 85. *Yácatas de Tzintzuntzan (a). Ilustrado por Eva Cavildo.*

Figura 86. Yácatas de Tzintzuntzan (b). Ilustrado por Eva Cavildo.

¿Tarasco, purépecha o michuaque?

De acuerdo con la historiadora Delfina López Sarrelangue, en su obra *La nobleza indígena de Pátzcuaro en la época virreinal*, los nahuas llamaban *michuaque* a los habitantes de *Mechuácan*, *Mychuacan* o *Michuácan*, «lugar de pescadores» o «lugar que tiene pescados». El término *tarasco* surgió después de la llegada de los españoles.

Fray Bernardino de Sahagún refiere que el «dios que tenían se llamaba Taras, del cual, tomando su nombre de los michoacanos, también se dice tarasca; y este Taras, en lengua mexica se dice Mixcóatl». No obstante, faltan referencias sobre el dios Taras, de acuerdo con Eduard Seler. Leoncio Cabrero ofrece una segunda versión que testifica que tarasco proviene de la voz *tarascue*, «mi yerno» o «mi suegro», utilizada por los indígenas para referirse a los primeros españoles y que, paulatinamente, fue remplazando a la voz michuaque.

> Los españoles, antes que se fuesen, llevaron dos indias consigo que le pidieron al cazonci, de sus parientas, y por el camino se juntaban con ellas y llamaban los indios que iban con ellos a los españoles, *tarascue*, que quiere decir en su lengua *yernos*. Y de allí ellos a los españoles empezaron a ponerles este nombre a los indios y en lugar de llamarles *tarascue*, los llamaron *tarascos*, nombre que tienen ahora y las mujeres tarascas (De Alcalá, 2003: 263).

Finalmente, el gentilicio *purépecha*, que significa «lugar donde viven los p'urhé», surgió mucho después. Algunas versiones sostienen que la voz *p'urhépecha* se refería a los sirvientes o esclavos y que los miembros de la nobleza eran llamados *achéecha*. «Por otro lado, se ha dicho que purépecha significa *hombres trabajadores* [...]. Así, *purépecha* y *tarasco* son nombres heredados de una deformación histórica, social, cultural y política que se originó en la Conquista y continuó a lo largo de la Colonia y hasta nuestros días» (Oliveros, 2012: 25). Por lo tanto, la palabra más apropiada para referirnos a los antiguos habitantes de Michuácan es *michuaque*, aunque ésta provenga de la lengua náhuatl, pues hasta hoy se desconoce cómo se llamaban a sí mismos los pobladores de este señorío, ya que su cronista más importante, fray Jerónimo de Alcalá, no lo menciona, ni siquiera en su obra *Relación de Michoacán*, a la que bien podía haber nombrado *Relación de Tzintzuntzan*, *Relación de Pátzcuaro* o *Relación de Ihuatzio*.

El señorío michuaque fue fundado por Tariácuri, aproximadamente en 1325, al mismo tiempo en el que los mexicas erigían su ciudad, México Tenochtitlan. En mayor su esplendor, Tzintzuntzan llegó a tener hasta 40 000 habitantes.

1. Yácatas
2. Rampa de acceso a la Gran Plataforma
3. Grupo II de petrograbados
4. Camino real
5. Campamento
6. Grupo I de petrograbados
7. Museo de Sitio y área de servicios
8. La Ciudadela

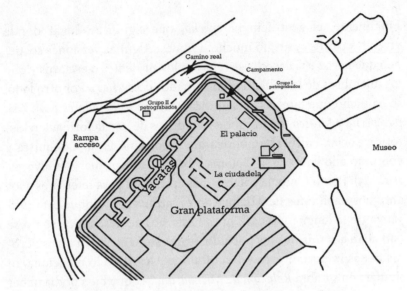

Figura 87. Mapa de Tzintzuntzan. Ilustrado por Eva Cavildo.

Flora y fauna

En Tzintzuntzan había gansos silvestres, patos golondrinos, garzas, gavilanes, zopilotes, cuervos, pescados blancos, charales blancos, achoques, ranas, coyotes, ardillas, armadillos, conejos, comadrejas, venados, liebres, serpientes, entre otras especies.

Asimismo, abundaban plantas como chuspata (o tupata), carrizo, tule, coníferas, pinos, encinos, abetos, praderas y matorrales. En el caso de la agricultura, había maíz, frijol, calabaza, semillas, resinas aromáticas, plantas medicinales «o psicotrópicas como la salvia (*Salvia divinorum*), un peculiar tipo de tabaco (pícietl) y un aromático trébol, el nurite, considerado una insignia y que como tal se utilizaba para distinguir a ciertas personalidades, además de tomarse en infusiones» (Oliveros, 2012: 59).

Uarhukua chanakua

El juego de pelota de michuaque se llamaba *uarhukua chanakua*. Una característica del uarhukua chanakua es que la pelota era golpeada con un bastón. En los murales de los palacios en Tepantitla se pueden apreciar referencias a un juego similar.

Curicaueri

La deidad más importante de los michuaque era *Curicaueri*, «gran fuego» o «gran hoguera», que era el dios creador de todos los dioses, padre del Sol, señor de las cinco casas divinas de la Tierra y del Universo. Curicaueri tenía cuatro hermanos, conocidos como los *Tiripemencha*, númenes tutelares de los rumbos de la Tierra. Por ello, la hoguera tenía un valor sumamente importante, especialmente en la concepción religiosa, pues en ellas «quemaban ofrendas y salía el humo que subía a los cielos, humo que era el contacto entre los seres humanos y la divinidad» (Sierra Carrillo, 2002: 62-69).

Cerauápperi

Cuerauápperi, «la que desata en el vientre», «la que engendra hijos» o «la que hace nacer», era la diosa madre. «La llaman aún en muchos pueblos Naná Cuerapperi» (Monzón, 2005: 22).

Thiuime

Thiuime, «ardilla negra», era el dios de la guerra y el señor del *Uarichao*, «lugar de las señoras», sitio al que iban las mujeres que morían en el parto.

La muerte entre los michuaques

Para los michuaques, el lugar de los muertos era conocido como *Cumiehchúcuaro*, «donde se está con los topos», y estaba gobernado por *Uhcumo*, «topo» o «tuza», es decir, el dios que tapaba la entrada o la boca con las manos. Cumiehchúcuaro estaba en el interior de la tierra, donde los muertos yacían en silencio y en deleite. No obstante, también tenían la creencia de que el mundo de los muertos era el espacio de la negrura o de la sombra. Los michuaques «consideraban a todos los animales que vivían bajo la superficie terrestre como representantes de los dioses de la muerte, sobre todo a los que comían raíces, como los topos y otros que causaban la muerte de las plantas» (Sierra Carrillo, 2002: 62-69).

Para los michuaque, morirse era *uirucumani*, «yacer en silencio».

> Concebían el universo en tres partes:
> La primera, *Avándaro*, correspondía al firmamento.
> La segunda, *Echerendo*, se encontraba en la Tierra.
> La tercera, *Cumiehchúcuaro*, pertenecía a la región de los muertos, localizada debajo de la Tierra.
> Cada región estaba habitada por diferentes dioses: en el firmamento los dioses estaban representados por los astros y las aves, y en las dos restantes, los dioses terrestres y de la muerte tenían apariencia de hombres y animales (Corona Núñez, 1957: 13).

«Cuando moría el cazonci, su cadáver era ofrecido como la máxima ofrenda a Curicaueri, y cuando una persona moría por un rayo o fuego del cielo, era deificada» (Sierra Carrillo, 2002: 62-69).

Sacrificios humanos entre los michuaques

> En sociedades complejas como la teotihuacana [y la mexica], el sacrificio humano en gran escala fue, fundamentalmente, un instrumento de represión por parte del Estado para fortalecer su poder [...]. Se trata de Estados despóticos que, para mantener el poder político, manejan lo sagrado como instrumento de represión (Cabrera y Cowgill, 1993: 21-26).

En Tzintzuntzan, el sacrificio humano se realizaba por tres motivos: castigo, intimidación política u ofrenda. Se sacrificaba a los delincuentes con un golpe en la nuca. Los prisioneros de guerra eran destinados a una muerte «digna», por medio de un rito majestuoso que enviaba dos mensajes: primero, tenían más poder político que sus adversarios y, segundo, todo lo hacían por motivos religiosos, pues aparentemente era más honroso que fallecer en el campo de batalla. Los ataviaban con harina de maíz y, luego, los *hatapatiecha*, «sacerdotes pregoneros», los embriagaban y cantaban delante de ellos; después los llevaban a la *iyapáraqua*, «piedra de sacrificio», en la cúspide de una *yácata*, «basamento», donde los *hupitiecha*, «sacerdotes sostenedores», encarnadores de las deidades de los cuatro partes del mundo, sujetaban al cautivo de los brazos y de las piernas mientras el *axamiecha*, «sacerdote sacrificador» o «enviador», el sacerdote del Sol, representante de Venus, le abría el pecho al cautivo para convertirlo en *Curita-Caheri*, «mensajero del dios Curicaueri». Posteriormente, los quiquiecha arrastraban el cadáver hasta el *eraquarécuaro* (equivalente al *tzompantli* de los mexicas), donde enterraban la cabeza en un palo sepultado en la tierra de forma vertical. Al final, recogían el resto del cuerpo y lo cortaban en trozos para cocinarlo en maíz y frijol, un guisado que era consumido en un acto de comunión con su dios, pues la antropofagia sólo era practicada con fines rituales.

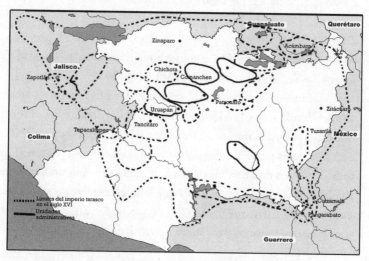

Figura 88. *Mapa de Michuacán. Ilustrado por Eva Cavildo.*

Michuaques *vs.* mexicas

Uno de los periodos más famosos de la historia de Michoacán es aquel en el que sostuvo conflictos bélicos con los mexicas. La *Crónica mexicana* aborda una de estas guerras:

Pasados unos días, dijo Axayácatl al cihuacóatl Tlacaélel:

—Señor, me parece que sería bueno que fuéramos a ver las tierras de Michuácan y al señor de ellas que es Caczoltzin (*cazonci*) [...]

La *Relación de Michoacán*, escrita por fray Jerónimo de Alcalá, habla de cuatro cazoncis, desde la fundación del imperio michuaque hasta su caída, con la llegada de los españoles. Sin embargo, debe tomarse en cuenta que faltan gobernantes, ya que se trata de 200 años de historia, es decir, no hay información sobre los cazoncis de la segunda mitad del siglo XIV y la primera mitad del XV. Existe información sobre su fundador, Tariácuri, quien aparentemente gobernó entre 1300 y 1350; Tzitzipandacuare (1440-1490) defendió el imperio michuaque de los ataques de Axayácatl; Zuangua (1490-1521), por su parte, protegió el imperio de las agresiones de Ahuízotl y murió de viruela; y Tangaxoan Tzintzicha rigió entre 1521 y 1529, después de la llegada de la viruela y de la caída del imperio mexica.

Dijo el cihuacóatl:

—Enhorabuena. Ordena que nuestros mensajeros vayan a dar aviso a los señores de Acolhuácan y Tlacopan.

Así fueron el tlacatécatl, «el señor del Tlacateco» [*Tlacateco*, «lugar donde se cortan los hombres»], el tlacochcálcatl, el teuctlamazqui y el huitznahuácatl a informar sobre la partida para Michuácan, los cuales eran vasallos del tlatoani Caczoltzin (el *cazonci*), eran todos unos, los mexitin, mexicas, chichimecas, porque cuando venían a poblar a Tenochtitlan, se había quedado gran parte de ellos con sus mujeres en la parte que llaman Pátzcuaro, que es ahora Michuácan y son llamados tarascos y el Huitzilopochtli era en su ayuda [...]

En efecto, varias fuentes, incluida la *Crónica mexicana*, han referido a Michoacán como uno de los puntos por donde transitaron las siete tribus nahuatlacas en su largo recorrido hasta el Valle del Anáhuac.

Después de relatada la embajada se despidieron los mensajeros y el tlatoani Nezahualcóyotl [Nezahualpilli] les dio para el tlatoani Axayácatl armas y divisas, que era un *quetzalpatzactli*, divisa muy rica de preciada plumería, un escudo con la mitad forrada con cuero de ocelote y en la otra mitad un sol de oro, puntas de agudas navajas y macuahuitles. Oída la razón fueron cada uno a su pueblo a ataviar toda la gente que pudieron llevar armados y las mujeres para que hicieran el *tlaxcaltotopochtli*, «matalotaje», pinole, chile molido en seco, sal, pimienta, entre otras cosas necesarias.

El tlatoani Axayácatl habló con el tlacatécatl, el tlacochcálcatl y a todos los demás capitanes y preguntó si estaban ya apercibidos los mexicas según la costumbre de cada barrio, cada uno con su capitán y les ordenó que iniciaran la marcha y que se encontrarían en Matlatzínco y Tolócan (Toluca). Asimismo, envió mensajeros a los señores matlatzincas para que los recibieran y les prepararan el matalotaje. Así fue luego mensajero para Matlatzínco, Calimaya y Zinacantépec, los cuales comenzaron a hacer el matalotaje con toda presteza. Fue otro embajador a hacer saber a Nezahualcóyotl [Nezahualpilli] que luego se aprestasen sus gentes y soldados y también los de Tlacopan, Azcapotzalco, Coyohuácan y Xochimilco.

Vuelto Ticocyahuacatl con la resolución de todos los principales comarcanos y como comenzaban a caminar para aguardar a todos los demás pueblos en Tolócan, Matlatzínco, dispuso él también su viaje. Luego llamó el cihuacóatl Tlacaélel al cuauhnochtli, al tlilancalqui, al tlacatécatl y al tlacochcálcatl y les encargó que, como tales valerosos capitanes, llevasen la delantera de los guerreros jaguares y águilas para que acometiesen con braveza.

—Compartan este aviso con los demás capitanes cuachic, otomitl, achcauhtin y tequihuaques —dijo Tlacaélel—, los primeros valerosos acometedores. Irán también dando ánimo a los mancebos, entre cinco jóvenes un cuachic, entre otros cinco un otomitl y por su orden otros tantos un achcauhtli y luego un tequihua, pero sobre todo les encargo a nuestro muy querido y amado tlatoani Axayácatl. Cuiden que no le suceda lo que en la batalla de los matlatzincas con Tlilcuetzpalin, porque serán condenados a muerte por el descuido.

Asimismo, aconsejó el cihuacóatl al tlatoani Axayácatl para que tuviese cuidado y no se metiese tanto entre sus enemigos. Axayácatl se despidió de él llevando al huitznahuatl, al tlacatécatl, al tlacochcálcatl, al ticocyahuacatl, al ezhuahuacatl, todos estos y los otros valerosos.

Llegados a Matlatzínco, los salieron a recibir todos los señores de los pueblos, los fueron aposentando en los palacios y les dieren de comer manjares de aves a todos los pipiltin y capitanes que llevaba Axayácatl. El tlatoani de Tolócan, Chimaltzin, presentó un escudo y un macuahuitl que se había hecho y labrado para Axayácatl. Asimismo, le presentaron cantidad de escudos y macuahuitles muy fuertes para su ejército. Axayácatl les agradeció las armas para sus soldados y llamó al cihuacóatl, al cuauhnochtli, al tlilancalqui y al teuctlamacazqui y les dijo:

—¿Ven aquí las armas que estos nuestros abuelos, padres y hermanos nos han dado? Repártanlas a los soldados.

Partieron para los pueblos de Necantépec, a orillas de los pueblos de Michuácan, y allegados allí, hicieron tiendas de varas, ramas y hierba seca. Repartieron a los capitanes las estancias conforme su merecimiento. Al otro día Axayácatl mandó a que se escogiesen para ser delanteros los más valerosos soldados. Fueron estos por orillas del monte hasta estar cerca de los michuaques y esperaron allí hasta ya bien noche. Fueron a ver el primer pueblo que se llama Matlatzínco [...]

En el siglo xv, Matlatzínco poseía un amplio territorio que abarcaba parte de Michoacán, Guerrero y el Estado de México. Se fundó en el xii y, a partir de la Conquista española, se fue desintegrando, y lo que en 1473 fue la capital matlatzinca, actualmente es una pequeña comunidad abandonada, llamada San Francisco Oxtotilpan, en el municipio de Temascaltépec, Estado de México, a 36 kilómetros al suroeste de Toluca, a nueve horas caminando o 50 minutos en automóvil. Tenantzinco, hoy Tenancingo Degollado, también fue fundada en el siglo xii y se encuentra al sur de Toluca, a nueve horas caminando y una hora en automóvil, y tiene poco más de 100 000 habitantes. Y Tolócan, del náhuatl *Tollohcan*, «lugar donde habita el dios Tolloh», fue erigida en el siglo vii y hoy es la capital del Estado de México: Toluca de Lerdo, nombrada así en memoria del político mexicano Miguel Lerdo de Tejada y que en la actualidad cuenta con casi un millón de pobladores.

Continuemos con la *Crónica mexicana*:

Llegaron a las guardias de la frontera, donde estaban en muy contentos juntos a la lumbre, con sus arcos, flechas y hondas de lanzar
piedras. Vueltos al tlatoani Axayácatl, le contaron que en el pueblo
de Matlatzínco había alrededor de cuarenta mil hombres *macuilxi-
quipilli yn macehuali*.

Los ejércitos de Tenochtitlan, Acolhuácan, Tlacopan y Chalco
tenían treinta y dos mil trescientos combatientes.

Llamó Axayácatl a los capitanes y le dijo:

—¿Ven el número de soldados que tenemos? Los michuaques
son cincuenta mil. No consiste en eso la bienaventuranza, pues vale
mucho más nuestro valerosos ánimos y corajes; más cuando tenemos
de nuestra parte a nuestro Tetzahuitl Huitzilopochtli, en quien tengo
firme esperanza para vencer a estos enemigos.

Los capitanes mexicas mandaron a todos los capitanes de los
pueblos a que estuviesen preparados para combatir a la mañana
siguiente. En la noche se untaron las caras y piernas para diferenciarse
de sus enemigos. Al alba se tocó el caracol y al sonido se adelantaron
cuatro *nahuatlatos* (intérpretes) dando voces y diciendo:

—¡Mexicas, ¿para qué vienen con tantos hombres armados a
nuestras tierras?

Respondieron los mexicas:

—Vinimos a ver sus tierras y a ustedes.

Dijeron los de Michuácan:

—Pues por su voluntad vinieron a buscar la muerte. Aquí morirán todos.

Respondieron los mexicas:

—Pues para luego es tarde —y al punto comenzó una brava y
muy reñida batalla entre los unos y los otros. Los mexicas acometieron
tan recio, que los michuaques no hallaron ánimo y poder, a pesar de
que iban siempre multiplicándose. Con todo eso llevaron los mexicas
a los michuaques hasta dentro del pueblo que llaman Matlatzínco [...]

Manuel Orozco y Berra, en la edición de *Crónica Mexicana* publicada por Editorial Porrúa, escribió este comentario sobre el error
de Hernando de Alvarado Tezozómoc al abordar el tema de Matlatzínco:

Llama el autor Matlatzinca y tarascos a las tribus de los primeros que en el señorío del tlatoani *Characu* de Michoacán fueron a avecindarse en aquel tlatocáyotl, después de haber ayudado a los michoacaneses en una guerra contra los tecos. Los matlatzinca y tarascos hablaban lenguas absolutamente diversas, tenían diferentes costumbres y cultos particulares: no se les debe confundir, pues pertenecen a troncos etnográficos muy remotos entre sí.

Nótese que Orozco y Berra se equivoca al nombrar al *cazonci* de Michuácan. Ahora bien, con respecto al pueblo que invadieron, en definitiva no fue Matlatzínco, por lo que, pudo haber sido cualquiera de los lugares que aparecen en el lado derecho de este mapa. Existe la posibilidad de que se trate del pueblo llamado Taximaroa, ya que más adelante el autor escribe: «llegó el campo tarasco, hasta Tajimaroa».

Al mismo tiempo llegó un principal a toda prisa con Axayácatl y le informó que estaban muriendo muchos mexicas.

Respondió Axayácatl:

—Que entren ahora los chinampanecas, chalcas, xochimilcas, tepanecas de Tlacopan y matlatzincas.

Llegados estos al socorro, no hallaron más de los cuatro valerosos soldados, que estaban tan lejos y muy cansados, llenos de polvo los rostros, que parecía estaban atónitos o como borrachos de los golpes que les habían dado; entonces les dieron a beber un brebaje que llaman *yolatl* [...]

El padre Durán, en el capítulo XXXVII, tradujo la palabra *yólatl* como «caldo esforzado». José Fernando Ramírez escribió: «Se compone de *yoli*, que, según su calidad, tiene las acepciones de vivir, animar, resucitar, cosa que contiene vida, etc.; y de aquí los derivados *yoliliztli*, vida, *yollotli*, corazón, y *teyolia*, o *teyolitla*, el alma». Con base en estas ideas y sentimientos, en México los sacrificios humanos terminaban siempre, con la ofrenda de los corazones de las víctimas, símbolos de la vida y del alma. El otro componente de la palabra es *atl*, «agua»; entonces, la traducción literal de *yólatl* es «agua de vida», que de manera metafórica quiere decir «de esfuerzo» y «de valor».

Entraron a la batalla los pueblos de refuerzo y también los consumieron los michuaques. Si entraban dos mil mexicas, los michuaques los recibían con diez mil. Axayácatl daba grandes voces, ordenando que entrase al combate otro de los pueblos aliados.

Dijo el viejo Tlacaélel:

—Señor, debemos aprovecha he irnos. No envíe dos ni tres mil soldados, que en cuanto lleguen morirán en manos de ochenta mil michuaques. Y si estás todavía determinado a que todos muramos aquí, yo seré el primero, por ser el más viejo. Si les parece volvamos México Tenochtitlan a rehacernos.

El tlacatécatl dijo:

—Hay dos cosas aquí que ver: lo primero, lo que hicieron nuestros abuelos por traernos a un estado tan alto de riquezas. Ellos prometieron que habíamos de servir en guerras y hacer sacrificios a Huitzilopochtli, quien nos trajo de Chicomóztoc Áztlan. Lo segundo, lo que representan para ustedes las recientes muertes de los valerosos Tlacahuepan, Cuauhtlecóatl, Cahualtzin, Quetzalcuauhtzin y más de dos mil mexicas, en las guerras que duraron más de trece años. Volvamos, señor, que estamos en duelo por la juventud.

Axayácatl respondió que les agradecía la buena voluntad. El tlacochcálcatl, el cuauhnochtli y el huitznahuácatl respondieron:

—Lleva a Tenochtitlan nuestra memoria. Moriremos aquí, en manos de nuestros enemigos.

No bien acababan de llegar, cuando ochenta mil michuaques acometieron y mataron a los mexicas [...]

El autor menciona al inicio de este capítulo que los michuaques tenían 40 000 hombres y los ejércitos de Tenochtitlan, Acolhuácan, Tlacopan y Chalco, 32 300. En el párrafo anterior alude a 80 000 michuaques. Puede ser que los mexicas habían contado mal antes de iniciar la guerra o que el autor simplemente haya exagerado las cifras, como lo ha hecho anteriormente para enaltecer la memoria de los mexicas. En este caso, para justificar su derrota.

Dijo Ticocyahuacatl al tlatoani Axayácatl:

—Has visto las crueles muertes de los valerosos mexicas. No podemos más. Por los pocos que aquí estamos en guardia de tu real persona, ruego que volvamos atrás.

Obedeció el tlatoani Axayácatl al viejo capitán y volvieron a Tenochtitlan. Llevaban poco camino de regreso cuando vieron a los michuaques victoriosos y pujantes. Eran tantos que cubrían una legua. Ante esta soberbia, los mexicas decidieron regresar. El huitznahuácatl dijo:

—Valerosos mexicas. Señores, a ustedes: tlacatécatl, tlacochcálcatl, acolnahuacatl, cuauhnochtli, ticocyahuacatl, tlilancalqui, tezcacoacatl y ezhuahuacatl, propongo aguardar a estos michuaques y jugar un rato con ellos. Veamos si como valientes que son, se atreven a pelear uno a uno conmigo.

En eso llegaron los michuaques arrojando tantas flechas que llovían a maravilla y se enterraban en el camino. Al encontrarse ambos ejércitos frente a frente, aunque les los mexicas propusieron pelear uno a uno, los michuaques no aceptaron y arrojaron tantas varas y flechas, que luego dieron con el huitznahuácatl y se lo llevaron muerto arrastrando ocho de ellos. Con esto cesó el ataque de los michuaques.

Llegó el campo tarasco, hasta Tajimaroa, que dicen *Tlaximaloyan* [Taximaroa].

Los otros que habían llegado hasta los términos de Tolócan, se volvieron viendo que sus soldados no llegaban ni iban adelante. Llegados los mexicas a Zinacantépec, pueblo sujeto de Tolócan, y viendo que venían tan pocos, Axayácatl habló a todos los pipiltin:

—Señores y hermanos míos, esfuércense. No por eso sientan temor.

Tomó la palabra el cuauhnochtli:

—Quiero con licencia suya que contemos los que volvemos con vida.

Axayácatl aceptó y hecha la cuenta de todos los pueblos que habían ido a la guerra, se hallaron por cuenta haber escapado cuatrocientos, incluyendo los pipiltin, más doscientos mexicas [...]

Si esta cantidad es correcta y el autor no exageró en las cifras anteriores, significa que murieron 31 800 soldados, pues al inicio de este

capítulo se menciona que los «ejércitos de Tenochtitlan, Acolhuácan, Tlacopan y Chalco tenían treinta y dos mil trescientos
combatientes». Es difícil determinar si esto es un error o una menti-
ra del autor. Si los números son correctos, estaríamos hablando del
peor fracaso militar de los mexicas antes de la caída de México Tenochtitlan en 1521.

Llegados a Zinacantépec, los naturales de allí, al enterarse que sus compañeros habían muerto, iniciaron un llanto. Cada pueblo, los saludaba,
lloraba, los consolaban y les daba algún socorro. En México Tenochtitlan los recibieron los tlamacazques de Huitzilopochtli, y después de
haber consolado al tlatoani, vinieron los viejos de la parcialidad mexica
que son llamados cuauhhuehueque. Después de consolar a los mexicas, les dieron el pésame por la muerte del huitznahuatl y se fueron a
la sala donde estaban sentados los principales comarcanos, donde les
dieron un discurso de consuelo muy pausado:

Antes que llegaran a México, fueron enviados mensajeros al
cihuacóatl en Tenochtitlan, Acolhuácan, Tlacopan y a todos los demás
pueblos, para que fueran a recibir al tlatoani y su gente y que en todos
los montes sagrados sonasen los caracoles y los atabales con tristeza.
Llegaron primero los *cuauh huehuetque* y *teopantlacas* con lágrimas.
Dijo el más viejo sacerdote:

—Tlatoani y señor, niño *cozcatl*, «piedra preciosa», preciado
collar de fina piedra, preciosa plumería rica y *toquetzale* «nieto nuestro» tan querido ya has cumplido el gran deseo de los mexicas de ver
y probar a los michuaques a costa de tanto sudor, trabajo y sangre de
nuestros leales amigos, hermanos he hijos. Ya lo has hecho por Huitzilopochtli, que es el día, la noche, el aire, el agua, el cielo, el infierno.
Tu corazón viene tan cansado, flaco, herido, lloroso y lastimado de
ver derramada la sangre de tus leales vasallos y padres, en especial la
del valeroso huitznahuatl. Con estas muertes das de comer a su dios
y señor el tetzahuitl, Huitzilopochtli.

Axayácatl les respondió a los sacerdotes del monte sagrado
—llamados *cuauh huehuetque*— que su voluntad era ir al cumplimiento y promesa del tetzahuitl Huitzilopochtli, por quien murieron

sus hermanos en campo de alegría y no en manos de mujeres, pues era un honor morir con por el tetzahuitl Huitzilopochtli.

—Grande es la alegría y agradecimiento que les hago —dijo Axayácatl—. Consuélense, porque aquí donde estamos digo que no por eso han de cesar las guerras en todas las partes y lugares de este mundo. Si no miren la muerte que con semejante guerra se les siguió aquí en Chapultépec a los mexicas y también en Acocolco. ¿No fue preso y muerto nuestro tlatoani Huitzilihuitl y con él muchos preciados mexicas? Nuestros abuelos, padres y hermanos salieron victoriosos ante Colhuácan, Azcapotzalco, Coyohuácan y Tlacopan y los demás. Ahora son nuestros vasallos y tributarios y así hemos de ir adelante. Miren a los chalcas que al cabo de trece años los sujetó el tlatocáyotl mexica.

Llegado Axayácatl a México, le recibió el cihuacóatl con el mismo parlamento, plática larga, consolación entre lágrimas.

Apogeo y declive

A partir de 1450, Tzintzuntzan incrementa sus conquistas militares, entra en su etapa de mayor expansión y, bajo el mando de Tzitzipandácuare y su sucesor Zuangua, quien fue cazonci en 1519 y que parece haber muerto de viruela, se convierte en la urbe más poderosa de la zona. Su sucesor, Tangaxoan II, entregó la ciudad a Cristóbal de Olid el 25 de julio de 1522, con lo cual cayó el imperio michuaque. Tangaxoan fue bautizado como don Francisco y asesinado por órdenes de Nuño de Guzmán en febrero de 1530.

Tras la conquista, en 1534, Tzintzuntzan, reconocida por los españoles como la capital del altépetl, fue renombrada ciudad de Michoacán, y ahí establecieron sus residencias el alcalde mayor, el obispo, el cabildo español, el gobernador indígena, los encomenderos, los colonos españoles y los frailes franciscanos.

En 1538, el oidor en la Nueva España y primer obispo de Michoacán, Vasco Vázquez de Quiroga y Alonso de la Cárcel, trasladó su sede episcopal a Pátzcuaro, a la que llamó ciudad de Michoacán, dejando a Tzintzuntzan como un pueblo más. Esto indignó, principalmente, a los descendientes de la nobleza michuaque. Finalmente, luego de muchas peticiones, el 3 de noviembre de 1593 Tzintzuntzan recuperó el título de ciudad, aunque nunca recobró el poder político, social y económico que poseía antes de la Conquista española.

Los daños

Después de la Conquista, inició el saqueo con el cual todas las ciudades de Mesoamérica sufrieron severos daños. Entre los saqueadores de Michoacán destacan los clérigos Domingo Reyes Corral e Ignacio Traspeña, quien perjudicó severamente la Yácata 5 en busca de tesoros. De la misma forma, el viajero inglés Charles Hartford destruyó en 1886 la Yácata 2, con la excusa de localizar el ingreso al edificio.

El rescate

Para fortuna nuestra, años después llegaron Nicolás León, Manuel Orozco y Berra, Alfredo Chavero, Eduard Seler, Paul Kirchhoff, José Corona Núñez, entre otros, quienes rescataron y comenzaron los primeros estudios de la historia de Michoacán. En 1930, el doctor Alfonso Caso y el profesor Eduardo Noriega llevaron a cabo las primeras incursiones en las zonas arqueológicas. En 1937, el presidente Lázaro Cárdenas le solicitó a Alfonso Caso que realizara las primeras excavaciones en Tzintzuntzan.

El comienzo de las investigaciones tenía como objetivo la limpieza, consolidación y reconstrucción de gran parte de la plataforma artificial que soporta el conjunto principal de la ciudad, en particular el lado norte y la sección semicircular de la esquina noroeste de la deteriorada Yácata 5, que de norte a sur es la primera estructura del conjunto más notorio. Tal información le permitió entender y describir el sistema constructivo de estos peculiares edificios. También fueron localizados los cimientos de otra construcción a la que se llamó Edificio A, que después fue considerada el vestigio de una *estructura colonial* ubicada hacia el frente de la Plataforma. De igual manera, Caso intervino el Edificio B, mejor conocido como El Palacio. Junto con Caso, entró en escena Jorge Acosta, quien al mismo tiempo inició trabajos en Ihuatzio, donde se localizaron excelentes esculturas que repiten un marcado y reconocido diseño, ahora con un novedoso estilo tosco, mucho más esquemático, pero tan definido como el del famoso Chac Mool, de supuesto origen tolteca. Se trata de la figura de un hombre descansando sobre su cintura y baja espalda, en una delgada base cóncava; tiene el resto del torso erguido, las piernas juntas y encogidas hacia el frente, el sexo prominente y las dos manos sobre su vientre sosteniendo una base plana, más la cabeza girada hacia su lado izquierdo (Oliveros, 2012: 50-51).

En 1968, Román Piña Chan llevó a cabo la novena temporada de excavaciones y la restauración de las yácatas 1 y 3. Entre 1970 y 1972, la arqueóloga Helen Pollard realizó estudios en la zona y definió el patrón del asentamiento. Asimismo, se reanudaron las investigaciones en las yácatas 2 y 3, el Palacio, el Edificio E y en un conjunto habitacional.

OTRAS CIUDADES DE MICHOACÁN

Huandacareo

(200-1300 d. C.)

Huandacareo, del vocablo purépecha *Uandakua*, «lugar de juicios», «lugar de oradores» o «tribunal», se ubica en el noroeste del lago de Cuitzeo. En el sitio se han encontrado piezas de cerámica similares a las de Teotihuacan y con rasgos provenientes del Bajío, con lo que se infiere que cohabitaban tradiciones culturales de diversos estados.

Tingambato

(450-900 d. C.)

Tingambato se encuentra entre Uruapan y Pátzcuaro. Se desconoce a qué grupo étnico pertenecía. Pero se sabe que se nutrió de la cultura teotihuacana. La ciudad fue una de las más importantes entre 600 y 800 d. C. Fue abandonada en el 850 d. C. Estudios arqueológicos han encontrado evidencia de un gran incendio, sin embargo, se ignora si fue por accidente, por conflictos bélicos o por un fenómeno natural.

Entre los hallazgos arqueológicos, destacan tres tumbas descubiertas en 1850, 1970 y 2012. El más reciente corresponde a una joven de alto rango, de entre 15 y 19 años, con deformación craneal, dientes modificados y ataviada con 19 000 cuentas de piedra verde, concha y huesos humanos.

Ihuatzio

(1250-1521 d. C.)

Ihuatzio, «en la casa del coyote» —en náhuatl, Coyohuacan (Coyohuácan), antes Yacatécharo—, se ubica al norte del estado de Michoacán.

Sus primeros habitantes fueron nahuatlatos, los cuales fueron desplazados o subyugados por los michuaques.

Otra característica del sitio son sus *huatziri,* caminos elevados
que demarcaban la ciudad y que fungían como calles que llevaban al
interior de ésta. Algo parecido al *sacbé* maya, «camino blanco», sólo
que elevados.

Tres Cerritos

(500-1200 d. C.)

Se desconoce el nombre original de esta ciudad. Tres Cerritos hace
referencia a la apariencia de las tres estructuras arquitectónicas
principales. Situado en la cuenca de Cuitzeo, fue un importante centro ceremonial. Al igual que otros sitios de Michoacán, Tres Cerritos
muestra elementos arquitectónicos similares a los de Teotihuacan.

> El grupo principal de estructuras arquitectónicas está formado por un
> patio o plaza central con edificaciones laterales en los cuatro rumbos
> cardinales; el basamento escalonado es el mayor elemento constructivo.
>
> Hacia el noreste se encuentra un segundo basamento, también
> escalonado y con una escalera que presenta alfardas. Por ser un
> elemento ajeno a esta región, la presencia de un basamento circular
> junto al lago de Cuitzeo es un dato medular para entender las redes
> de interacción de la población prehispánica. Se trata de uno de los
> lugares con mayores evidencias de relación con Teotihuacan (Cárde
> nas, 2013: 61-67).

TULA, HIDALGO

(650-1100 d. C.)

Localizada al norte de la Cuenca de México, en el estado de Hidalgo, a menos de diez kilómetros de la actual ciudad de Tula, en el lado norte, junto al río Tula y frente a los cerros La Malinche y Magoni, se encuentra una de las ciudades prehispánicas del Altiplano Central más importantes: Tula, *antigua Tollan Xicocotitlan* (pronúnciese *Tólan. Tollan*), «lugar de tules o juncos». *Tollan Xicocotitlan*, «la Tollan junto al cerro Xicuco». Su gentilicio era *toltecah* en plural, y *toltécatl* en singular, y significa «persona de Tólan».

Tollan Xicocotitlan está rodeada por el cerro Magoni (Nonoalcatépetl) al oeste; el Xicuco, al norte; el cerro El Cielito, al sureste; y el cerro de La Malinche (el pequeño Coyahualco), al suroeste.

En su momento de mayor esplendor, *Tollan Xicocotitlan* alcanzó una extensión de aproximadamente 16 kilómetros cuadrados y una población de entre 60 000 y 80 000 habitantes. «Desde sus orígenes, la ciudad fue asentamiento de grupos migrantes, como los tolteca-chichimecas y los nonoalca-chichimecas, quienes se disputaron el control político y económico de la región» (Paredes, 2005: 80-87).

1. Juego de pelota II
2. Palacio Quemado
3. Tzompantli
4. Adoratorio
5. Edificio K
6. Juego de pelota I
7. Coatepantli
8. Atlantes
9. Edificio 3
10. Templo de Tlahuizcalpantecutli
11. Palacio de Quetzalcóatl

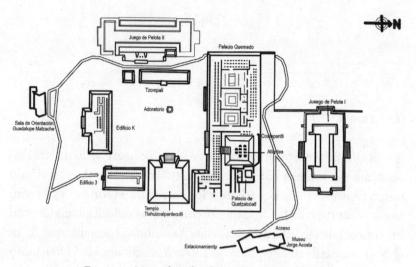

Figura 89. Mapa de Tula. Ilustrado por Eva Cavildo.

Los estudios

En 1873, Antonio García Cubas describió las ruinas en su informe del *Boletín de la Sociedad Mexicana de Geografía y Estadística*, en el cual sugería una relación entre Tula, Egipto y Grecia. En la década de 1880, Désiré Charnay realizó las primeras excavaciones en la Plaza Principal y fue el primero en fotografiarlas y en identificar, con base en el parecido de sus construcciones, a Tula con la mítica *Tólan* de las crónicas al relacionarla con Chichén Itzá «Gamio, Tozzer y Vaillant, entre otros, creían que Teotihuacan era Tollán» (Cobean y Mastache, 1995: 148).

En 1933, casi 50 años después de que Désiré Charnay explorara el sitio, Francisco Mújica Diez de Bonilla dibujó las ruinas.

En 1934, Wigberto Jiménez Moreno refuerza la hipótesis de que Tula es Tólan y de que en ese sitio se desarrolló la cultura tolteca. Esto llevó al gremio científico a reconsiderar lo que tenían planteado sobre Teotihuacan y los toltecas.

En 1938, Alfonso Caso, Jiménez Moreno, Ignacio Marquina y Paul Kirchhoff exploraron la zona. Y ese mismo año el arqueólogo George Vaillant excavó pozos estratigráficos.

En 1940, Jorge Acosta encabezó las investigaciones, excavaciones, restauraciones y reconstrucciones del asentamiento de Tula, donde fueron hallados los restos de los templos y palacios más emblemáticos, como el juego de pelota número 1, el Palacio Quemado, el Basamento C, el *Coatepantli*, «muro de las serpientes», El Corral y el Templo de *Tlahuizcalpantecuhtli*, «el dios Quetzalcóatl en su advocación de planeta Venus como lucero vespertino» (Cobean, Jiménez y Mastache 2012: 85). Asimismo, «obtuvo datos que indicaban que Tula correspondía a una cultura que se desarrolló después del apogeo y decadencia de Teotihuacan» (Cobean y Mastache, 1995: 148).

> Desde un principio, nos dimos cuenta de que se trataba de una ciudad que fue arrasada por un gran incendio y luego sufrió un saqueo desenfrenado. Por todas partes se encontraron restos de carbón, ceniza y madera a medio quemar.
>
> También se veía que los adobes de los muros se convirtieron en ladrillos debido al intenso calor del fuego. Todo al parecer, revela que la destrucción de la capital de los toltecas fue intencional y consumada por gentes que fabricaban la cerámica llamada *Tenayuca* o sea la *Azteca II*. Esto quedó confirmado al hallar grandes cantidades de tiestos, tanto sobre los pisos toltecas como encima del escombro de las estructuras.
>
> Una vez conquistada la ciudad, los invasores nahuas siguieron su camino, quizá hacia el Valle de México, quedándose sólo pequeños núcleos en el lugar conquistado. Se advierte esto, porque no levantaron ninguna estructura de grandes proporciones, sino bajas plataformas para soportar sus templos, conformándose con ocupar y reformar algunos de los edificios toltecas.
>
> Las investigaciones han sido difíciles y lentas, debido al estado en que se encontraban los monumentos, expuestos a un saqueo continuo desde la llegada de las hordas nahuas hasta el principio del presente siglo, cuando los habitantes del pueblo de Tula sacaban piedras labradas de las zonas arqueológicas para sus construcciones (Acosta, 1956: 75).

En 1941, la Sociedad Mexicana de Antropología llevó a cabo una mesa redonda en la cual los arqueólogos, antropólogos e historiadores más importantes de la época debatieron, reconsideraron y concluyeron que la mítica Tollan de las crónicas prehispánicas no era Teotihuacan, sino que se ubicaba en la recién explorada zona arqueológica afuera de la ciudad de Tula, Hidalgo.

En 1968, Eduardo Matos Moctezuma encabezó la exploración y restauración de la Plaza Principal. Luego Juan Yadéun elaboró un mapa preliminar. En 1970, Alejandro Pastrana realizó varias excavaciones. En 1973, Alba Guadalupe Mastache Flores y Ana María Crespo también estudiaron la zona. Posteriormente, participaron la Universidad de Missouri y la Universidad Tulane. A partir de 1980 y hasta la fecha, investigadores, como Robert Howard Cobean, del Centro INAH Hidalgo y de la Dirección de Estudios Arqueológicos del INAH, han estado a cargo de la zona arqueológica.

Tólan Xicocotitlan

Tólan Xicocotitlan —hoy Tula Chico— fue construido «al parecer, algunas décadas antes del abandono de los asentamientos teotihuacanos» (Cobean y Mastache, 1995: 148). Es considerado el primer núcleo urbano de la ciudad, que en sus inicios tuvo una extensión de cinco a seis kilómetros cuadrados. Hay quienes creen que Teotihuacan colapsó por el surgimiento de Tólan y Xochicalco. Sin embargo, «es importante enfatizar que no existe entre Teotihuacan y Tula una continuidad directa, [a pesar de que Tólan nació] como una síntesis cultural y étnica que integró elementos de la cultura teotihuacana» (Cobean y Mastache, 1995: 148). A mediados del siglo VII, posterior al periodo Epiclásico o Clásico Tardío, comenzaron a llegar tribus nómadas —de Guanajuato, Querétaro, Zacatecas y Jalisco—, cuyas culturas eran diferentes a las afincadas en Teotihuacan. Se asentaron en Tólan y establecieron una economía y política autónomas, sin desarrollar relaciones comerciales cercanas o lejanas.

Fase Prado

En la Fase Prado (650-750 d. C.) se construyó Tula Chico, también conocida como El Complejo Prado. «Aparentemente el momento de máxima expansión de la ciudad primitiva durante la segunda mitad del siglo octavo, comenzando aproximadamente en el año 750 d. C.» (Cobean, Jiménez y Mastache, 2012: 57).

Fase Corral

En la Fase Corral (750-850 d. C.), Tólan Xicocotitlan era el centro político-religioso y contaba con residencias, terrazas, basamentos, palacios, juegos de pelota y calzadas con orientación norte-sur. El resto de la población vivía en las lomas cercanas, como El Cielito, La Malinche y El Tesoro.

A inicios del 900, los toltecas abandonaron Tula Chico. Además, se destruyeron, incendiaron y saquearon varias estructuras de esta plaza. «Excavaciones realizadas por Cobean y Suárez encontraron evidencias de incendios en algunos de los edificios de Tula Chico» (Cobean, Jiménez y Mastache, 2012: 57). Aunque se ignora si fue antes o después del abandono, tampoco se sabe si fue debido a una guerra o a conflictos bélicos, pero sí que fue una especie de mudanza. Inmediatamente se construyó un nuevo recinto cívico religioso al suroeste de Tula Chico, en el cerro El Tesoro. El nuevo Tólan consistía en basamentos de mayores proporciones, juego de pelota, palacios más grandes y nuevas calzadas, terrazas con una nueva orientación 15° hacia el este, algo muy parecido al trazo de Teotihuacan. El tamaño de la ciudad aumentó trece kilómetros cuadrados y el número de habitantes ascendió al doble.

Tlahuizcalpantecutli

El Templo de Tlahuizcalpantecutli —también llamado *Estrella de la Mañana*— es un basamento de cinco cuerpos, labrados con relieves de águilas y zopilotes que devoran corazones y un rostro humano que surge de la boca de una serpiente, Quetzalcóatl, señor del alba o Tlahuizcalpantecutli.

Los Atlantes

Los Atlantes, actualmente colocados en la parte superior de la Pirámide B, son cuatro esculturas antropomorfas de cuatro metros y medio

de altura, labradas en bloques de basalto, ensambladas con cuatro partes, ataviadas con un pectoral de mariposa, *tezcacuitlapilli*, «disco
dorsal», decorado con *xiuhcóatl*, «serpientes de fuego», *átlatl*, «lan-
zador de dardos», cuatro dardos, un cuchillo de pedernal y un arma
curva, característica de los guerreros toltecas. Representan a los guerreros toltecas y funcionaban, principalmente, como columnas para
sostener la techumbre del templo.

Figura 90. Atlante de Tula. Ilustrado por Eva Cavildo.

La ciudad idealizada

Tólan Xicocotitlan es crónica, leyenda, mito y símbolo de la historia
de los aztecas. Los tlatoque mexicas presumían ser descendientes
directos de los toltecas, así que se apropiaron de la *toltecáyotl*, «toltequidad», que es la esencia y el conjunto de creaciones culturales
de los toltecas. Al mismo tiempo, realizan, con frecuencia, peregri-

naciones a Tólan y a Teo uácan, en cuyas ruinas llevaban a cabo ceremonias sagradas y dejaban ofrendas.

No se puede entender la importancia de la *toltecáyotl* sin el culto al dios Quetzalcóatl, Serpiente Emplumada, *Tlahuizcalpantecuhtli*, el dios creador y protector, el que rescata los huesos preciosos, el que encuentra el fuego, el que se convierte en hormiga negra, el mismo Sol de *Topiltzin* de Tólan, «nuestro hijo», que antes de ser este Sol, se llamaba Nana-huatzin de Tamoanchan, lucero del Alba, Ehécatl, dios del viento.

De acuerdo con la arqueóloga, antropóloga y etnóloga italiana Laurette Séjourné, los aztecas se apoderaron de una herencia espiritual que se transformó en un arma de dominación.

> Si se tiene en cuenta que el nivel intelectual prevaleciente entre estas poblaciones de cazadores nómades debía ser de lo más primitivo —recuérdese que poco antes de su llegada al Altiplano los aztecas estaban gobernados todavía por una hechicera—, resulta natural la metamorfosis de un alto pensamiento místico en magia.
>
> Lo cierto es que, fuera de la parte fácilmente discernible que toman de la doctrina de Quetzalcóatl, los aztecas no poseían ninguna creencia que pueda calificarse de religiosa, ya que todo concepto filosófico o moral expresado en sus textos se relaciona con la unidad espiritual tolteca. La única divinidad que se considera de origen azteca es Huitzilopochtli, el dios de la guerra; pero, como para todo lo demás, es imposible definir sus propiedades sin recurrir a la enseñanza de Quetzalcóatl. De hecho, con Huitzilopochtli se limitan a ilustrar el principio de reintegración en el gran Todo, por una entidad solar que se alimenta de la sangre de los mortales; es decir, no hubo cambio más que en el culto.
>
> Se puede afirmar entonces que la tradición antigua constituía el único cuadro espiritual de la sociedad azteca. Es sorprendente ver con qué fidelidad fue mantenida viva —por medio de oraciones, sermones, poemas, relatos míticos— una tradición que la realidad desmentía (Séjourné, 1957: 35-43).

Cierto es que el Quetzalcóatl-Ehécatl que veneraban los mexicas no es el sacerdote, «sabio benefactor, que muy pronto fue asimilado a Quet-

zalcóatl» y que gobernó Tólan (León-Portilla, 1968: 25-37). Tampoco
es la misma Serpiente Emplumada que se adoraba en Xochicalco,
Teotihuacan, Tajín, Chichén Itzá, Monte Albán o La Venta. Como se
mencionó, el culto a la Serpiente Emplumada inició en la cultura olmeca, se formalizó en Teotihuacan y se consolidó en Xochicalco,
Morelos; luego, pasó a Zuyúa, «el poniente», ubicado en Xicalango,
isla de Términos, Champotón, que fue el punto de concentración de
varios grupos: quichés, cakchiqueles, itzaes y xiues. De Zuyúa salieron y se dispersaron por Chiapas, Guatemala y Yucatán muchos
sacerdotes que se presentaban con el mismo nombre, «Serpiente Emplumada», que traducido a las lenguas de cada región era *Ah Mex Cuc,
Hapai Can, Nac-xit, Mizcit Ahau, Gucumatz, Kukulcán, Quetzalcóatl.*
Finalmente, uno de esos sacerdotes —Ce Ácatl Topiltzin Quetzalcóatl— llegó a Tollan. O, según cuenta la leyenda, «los toltecas fueron
a traer a Ce Ácatl Topiltzin Quetzalcóatl, sacerdote de esa deidad para
que los gobernase». A partir de ahí, el culto a la Serpiente Emplumada
se dispersó a todo el Valle del Anáhuac.

La leyenda de Quetzalcóatl, en los *Anales de Cuauhtitlán*

Los *Anales de Cuauhtitlán* narran la leyenda de Quetzalcóatl de la siguiente manera:

> En el año *chicuace ácatl*, «seis carrizo», (835 d. C.), murió Totepeuh,
> «nuestra montaña», padre de Quetzalcóatl y luego se enseñoreó Ihui-
> tímal, que gobernó en Tollan.
>
> En el año *ce ácatl*, «uno carrizo», (843 d. C.), nació Quetzal-
> cóatl, quien recibió el nombre de Topiltzin, sacerdote Ce ácatl Quet-
> zalcóatl. También se dice que su madre se llamaba *Chimalman*, y que
> cuando concibió en su seno a Quetzalcóatl fue porque se tragó una
> cuenta de *chalchihuite*, «piedra de jadeíta» [...]

Nótese que Totepeuh murió en el año *chicuace ácatl*, «seis carrizo» (835 d. C.), mientras que su hijo Topiltzin nació en *ce ácatl,*

«uno carrizo» (843 d. C.), ocho años más tarde. Esto se ha interpretado como una concepción milagrosa, ya que *Chimalman* se tragó una cuenta de *chalchihuite*, «piedra de jadeíta», y concibió en su seno a Quetzalcóatl.

En el año *ome tochtli*, «dos conejo», (870 d. C.), llegó Quetzalcóatl a Tollantzinco, donde se quedó cuatro años y edificó una casa de tablas de turquesa, [o una casa de tablas verdes que era] su casa de ayunos; venía de *Cuextlan*, desde donde pasó el río haciendo un puente de piedra, el cual dicen que existe todavía [...]

Cuextla, «la tierra de los huaxtecos» (*Códice Florentino*, X. 111, f. 130r-v.). *Cuextécatl*, de *cuachalólotl*, «caracol pequeño», o *huaxtécatl*, de *huáxitl*, «guaje», se refieren a *Waxtlan* o *Waxtekapan Tlalli*, «La Huasteca», una región que va del sur de Tamaulipas al norte de Veracruz y que forma parte del norte del Puebla, del este de Hidalgo y sureste de San Luis Potosí.

Al respecto fray Bernardino de Sahagún relata que:

su nombre es también *tohueyome*, también es su nombre *pantecas* o *panotecas*. Su nombre proviene de su tierra: el nombre de ese lugar llamado *Cuextlan*. Quienes viven en esa tierra, según se dice, son nombrados *Cuextecas*. El nombre de uno (en singular) es *cuextécatl* y respecto de su nombre *tohueyome*, uno solo se dice *tohueyo*. Este nombre de tohueyo significa nuestro vecino (León Portilla, 1968: 21).

Por su parte, en el *Códice Florentino* se refiere lo siguiente:

Allí, en *Cuextla*, «la tierra de los huaxtecos», hace mucho calor, hay clima ardiente; allí se produce todo lo que es nuestro sustento, frutas que aquí no se ven, las que se dicen muy variadas, muy maravillosas, el camote [...] toda clase de algodón y de flores. Se nombra [esa región] tierra de nuestro sustento, tierra florida (*Códice Florentino*, X. 111, f. 130r-v.).

En el año *macuilli calli*, «cinco casa», (873 d.vC.), los toltecas fueron a tomar a Quetzalcóatl para hacerlo su tlatoani en Tólan. En el año *chicome ácatl*, «siete carrizo», (875 d. C.), murió Xiuhtlacuilolxochitzin, señora de Cuauhtitlán, que gobernó durante diez años. En el año *chicuei técpatl*, «ocho pedernal», (876 d. C.), se enseñoreó Ayauhcoyotzin como tlatoani de Cuauhtitlán en el lugar llamado Tecpancuauhtla.

En el año *ome ácatl*, «dos carrizo», (883 d. C.), según la tradición de Texcoco, en este año murió Quetzalcóatl Topiltzin en Tólan Colhuácan. En este año Ce Ácatl Topiltzin Quetzalcóatl edificó sus casas de ayuno, penitencia y oración, edificó cuatro casas: una casa de tablas de turquesa, una casa de corales, una casa de caracoles y una casa de plumas de quetzal, donde él oraba, hacía penitencia y ayunaba. A medianoche bajaba al estanque de Atecpan Amochco; y se punzaba con espinas en lo más alto de los cerros Xicócotl, Huítzcoc, Tzíncoc y Nonohualcatépec. Sus espinas eran de chalchihuites, sus ramas de abeto eran plumas de quetzal; y sahumaba [quemando] turquesas, chalchihuites y corales. Sus ofrendas consistían en las serpientes, aves y mariposas que sacrificaba. Se dice que dirigía sus oraciones hacia el centro del cielo, al que adoraba, y que invocaba a *Citlalinicue*, *Citlallatónac*, *Tonacacíhuatl*, *Tonacateuctli*, *Tecolquenqui*, *Eztlaquenqui*, *Tlallamánac* y *Tlalíchcatl* [...]

Citlalinicue, «la falda de estrellas».

Citlallatónac, «el astro que hace lucir las cosas» y «faldellín luminoso de estrellas».

Tonacacíhuatl, «señora del sustento», también llamada *Xochiqueltzal*. Esposa de *Tonacatecutli*.

Tonacateuctli, «señor del sustento» [*tonacáyotl*, «sustento»; y *tecuhtli*, «señor»].

Tecolquenqui, deidad relacionada con el título de abuelo, tío, hermano de abuelo o de abuela.

Eztlaquenqui, nombre de una deidad, pareja divina de *Tecolquenqui*. Una de las cuatro parejas divinas que adoraba Quetzalcóatl.

Tlallamánac, multipresencia de Ometéotl, como acción sustentadora de la Tierra, «Tlallamánac».

Tlalíchcatl, nombre de una deidad masculina, una de las divinidades adoradas por Quetzalcóatl.

Hacia allá lanzaba sus ruegos, pues creía que el Omeyocan, «el lugar de la dualidad», se halla sobre los nueve cielos; y también creía que eran moradores de ese sitio, aquellos a quienes él invocaba en sus oraciones. Llevaba una vida pobre y humilde; pero al fin, cuando ya estaba gobernando, logró descubrir grandes riquezas de chalchihuites, turquesas, oro, plata, corales, caracoles, y plumas de *quetzal*, del *xiuhtototl*, del *tlauhquéchol*, del *zacuan*, del *tzinitzcan* y del *ayocuan* (todas las anteriores son aves).

Descubrió asimismo cacao y algodón de diversos colores. Se mostraba gran artífice en todos los utensilios que fabricaba para comer y beber, que eran de barro pintado de azul, verde, blanco, amarillo y rojo, y en otras muchas cosas.

Durante su vida, Quetzalcóatl comenzó a edificar su templo, donde puso unas columnas con forma de serpiente, aunque no pudo concluirlo ni llevarlo a buen término. Mientras vivía, no se mostraba en público, sino que permanecía recluido en sus aposentos, donde sus servidores lo custodiaban mediante cierres de vigilancia en varias partes. En cada cierre había un grupo de servidores custodiándolo.

Él se sentaba sobre petates de chalchihuites, de plumas de quetzal y de plata. Ya se dijo que había edificado cuatro casas de ayuno. Se dice que los *tlacatecolotin*, «búho-hombres», intentaron muchas veces persuadirlo de que ofreciera sacrificios humanos [...]

Tlacatecolotin, plural de *tlacatecólotl*, «búho-hombre», *nahualli* —pronúnciese *nahuáli*—, «brujo o ser sobrenatural con capacidad para transformarse en animal». En plural *nanahualtin*. Castellanizado como «nahual» o «nagual».

Pero él nunca accedió ni lo quiso, porque amaba mucho a sus macehuales, que eran los toltecas, sino que sus ofrendas consistieron siempre en las serpientes, aves y mariposas que sacrificaba. Se dice que por eso disgustó a los *tlacatecolotin*, quienes empezaron a burlarse de él y a escarnecerlo; así pues, los hechiceros se propusieron hostigar a Quetzalcóatl, hasta obligarlo a huir, como en efecto sucedió [...]

Esta «primera versión parece interpolada por un narrador ya influenciado por valores cristianos. En efecto, queda históricamente, iconográficamente y arqueológicamente establecido que se realizaban sacrificios humanos en Tollan en tiempos de Quetzalcóatl» (Johansson, 2016: 16-25).

En el año *ce ácatl*, «uno carrizo», (895 d. C.), murió Quetzalcóatl. Se dice que se puso en camino para ir a morir en *Tlillan Tlapallan*; y luego se enseñoreó Matlacxóchitl para gobernar en Tollan. Se dice que Quetzalcóatl tuvo que marcharse porque no quiso obedecer a los hechiceros que le exigían que hiciera ofrendas con sacrificios humanos; entonces se pusieron de acuerdo los *tlacatecolotin* llamados *Tezcatlipoca* e *Ihuimécatl Toltécatl*.

Se dijeron:

—Es preciso que él abandone su ciudad, para que nosotros vivamos allá.

—Preparemos *iztac octli*, «pulque» para dárselo a beber y hacerle perder el juicio, a fin de que ya no haga penitencia [...]

Iztac octli [*Iztac*, «blanco»; y *octli*, «bebida embriagante»], fermento de aguamiel extraído del maguey. *Iztac octli* era un término que, en general, aludía a las bebidas embriagantes, especialmente a la que hoy conocemos como pulque. Cabe aclarar que la voz *pulque* no proviene del náhuatl ni de ninguna lengua nativa de Mesoamérica. El vocablo es la deformación de una palabra que utilizaron los conquistadores para referirse a una bebida embriagante originaria de las islas del Caribe.

—Esto propongo —dijo Tezcatlipoca—. Vayamos a darle su cuerpo; y veamos qué hace. —Tomó un espejo de dos caras como de un jeme de diámetro, y lo envolvió en una manta. Cuando llegó a donde estaba Quetzalcóatl, dijo a los sirvientes que lo custodiaban—: Vayan a decir al sacerdote que ha venido un mancebo a darle y a mostrarle su cuerpo.

Entraron los sirvientes a informarle a Quetzalcóatl, quien les respondió:

—Abuelos, ¿qué es ese cuerpo que han traído? Vayan a ver y después podrá entrar.

—Yo mismo he de mostrárselo al sacerdote —respondió Tezcatlipoca—. Eso díganle.

Los sirvientes regresaron con Quetzalcóatl y le dijeron:

—No quiere, sino que insiste en verte.

—Pues que venga, abuelos —respondió Quetzalcóatl.

Fueron a llamar a Tezcatlipoca, el cual entró y saludó diciendo:

—Señor, sacerdote Ceácatl Quetzalcóatl, yo te saludo; he venido a mostrarte tu cuerpo.

—Enhorabuena, abuelo —le dijo Quetzalcóatl—. ¿De dónde vienes? ¿Qué es ese mi cuerpo? Quiero verlo.

—Señor sacerdote —le respondió Tezcatlipoca—: Yo, tu servidor, vengo de las faldas del Nonohualcatépetl; ¡mira tu cuerpo! —Luego le dio el espejo, diciéndole—: Conócete, mírate, mi señor; allí aparecerás en el espejo.

Quetzalcóatl se vio y se espantó, y dijo:

—Si me vieran mis macehuales, se echarán a correr.

Quetzalcóatl tenía los párpados hinchados y las cuencas de los ojos hundidas; su rostro estaba todo abotagado, deforme [...]

Tezcatlipoca saca entonces el *tézcatl*, «espejo», que tenía envuelto y se lo da a Quetzalcóatl para que se mire en él [...]. *Ximiximati*, «conócete a ti mismo». Tezcatlipoca le *da su cuerpo*, es decir, le presenta el espejo en el que se mira y Quetzalcóatl constata la degradación fisiológica de su cuerpo envejecido [...]. En este contexto, más allá de la vejez, toma conciencia de la finitud de la existencia, de la mortalidad del ser y de la necesidad de partir, es decir, de morir [...]. Quetzalcóatl tiene que dejar el poder, tiene que morir. Irá a Tlillan, Tlapallan, Tlatlayan donde aguarda un anciano [...]. *Conversarán y cuando regreses otra vez, te volverás un niño.* En nuestra perspectiva hermenéutica, el señor viejo con el que *conversará* Quetzalcóatl es Huehuetéotl, el dios del fuego, o sea la pira funeraria, *Tlatlayan*, donde arderá el cadáver del rey. Después de la incineración de su cuerpo, *se volverá un niño* [...]. Cabe recordar aquí que, según la ley de Topiltzin, cuando el rey enfermaba ponían un velo a las imágenes de Tezcatlipoca, es decir, a los espejos (hechos de la piedra llamada *tezcapoctli*), hasta que el rey sanara o muriera (Alva Ixtlilxóchitl, I, 1975: 350).

«El hecho de que el rostro del rey se reflejara en el espejo de Tezcatlipoca era la señal inconfundible de su muerte próxima» (Johansson, 2016: 16-25).

Después de verse en el espejo, dijo:
       —Nunca me han de ver mis macehuales; aquí me quedaré.
       Lo dejó Tezcatlipoca y salió a decirle a *Ihuimécatl* que no resultaba fácil engañarlo.
       —Que vaya entonces el *amanteca Coyotlináhual* —le respondió Ihuimécatl [...]

Ihuimécatl Toltécatl, nombre propio de un hechicero.

Amanteca, artesanos que trabajaban la pluma (GDN).

Coyotlináhual, trabajador de plumas mítico (GDN). Se entiende que Coyotlináhual es el nombre propio de dicho artesano de plumas.

Le dijeron al amanteca Coyotlináhual que él tenía que ir; y respondió:

—Está bien; yo iré a ver a Quetzalcóatl.

Fue y le dijo:

—Señor, escúchame. Sal para que te vean tus macehuales. Yo me encargaré de ataviarte.

—Hazlo, abuelo, y ya veré —le respondió Quetzalcóatl.

Enseguida el amanteca Coyotlináhual se dispuso a actuar: primeramente, le hizo a Quetzalcóatl un *apanecáyotl* y una máscara de turquesas, luego tomó color rojo y lo untó alrededor de la boca, tomó color amarillo y le pintó una jaula en el rostro, después le puso colmillos de serpiente y una barba, y finalmente lo revistió con una divisa de plumas de azulejo y de quechol [...]

Apanecáyotl, adorno de guerrero. Pañuelo de plumas para llevar al hombro. Abanicos emplumados que se ponían en la cabeza. Colgantes de papel pegado. Mitras de plumaje, con unos papeles adheridos. Ornato en forma de travesaño. Insignia de honor y adorno que consiste en una banda de plumas que atraviesa al hombre por el costado. Atavío usado en sus espaldas. Ornamentos de Quetzalcóatl (GDN).

Quechol, «espátula», ave ciconiforme de plumaje blanco y pico en forma de espátula, que anida en los árboles, formando colonias muy numerosas (RAE).

Después de que el amanteca Coyotlináhual hubo aderezado a Quetzalcóatl con los atavíos, le presentó el espejo. Quetzalcóatl se vio y le pareció bien, así que salió de su refugio. Y fue el amanteca Coyotlináhual a informar a Ihuimécatl:

—He hecho salir a Quetzalcóatl; ya puedes irte.

—Muy bien —le respondió.

Entonces Coyotlináhual e Ihuimécatl Toltécatl se hicieron amigos y se marcharon juntos. Así llegaron a *Xonacapacoyan*, «donde se lavan las cebollas», y se asentaron junto al labrador Maxtlaton, que cuidaba el *Toltecatépetl*, «cerro de los toltecas», hoy conocido como «Cerro El Tesoro».

Enseguida se pusieron a cultivar quelites, tomates, chiles, jilotes y ejotes, y a los pocos días todo se dio; había allí también unos magueyes, que le pidieron a Maxtla, y en cuatro días prepararon *iztac octli*, «pulque». Pusieron el pulque en unas ollitas para miel que se encontraron. Luego se dirigieron a Tólan, al palacio de Quetzalcóatl, llevando consigo los quelites, los chiles, etcétera, y también el pulque. Al llegar intentaron entrar, pero no se lo permitieron quienes custodiaban a Quetzalcóatl. Dos y tres veces regresaron, mas no fueron recibidos, hasta que les preguntaron de dónde venían; y ellos respondieron:

—Venimos del Tlamacazcatépetl, «el cerro de los tlamacazqui», y del Toltecatépetl, «el cerro de los toltecas» [...]

Tlamacazqui, sacerdote principal del templo. Título divino llevado por Tláloc y por Quetzalcóatl. Título sacerdotal, sumo sacerdote (GDN).

Dos sacerdotes mayores estaban colocados en el pico de la jerarquía. Eran el Quetzalcóatl-Tótec tlamacazqui y el Quetzalcóatl-Tláloc tlamacazqui. El primero era el representante del dios de la ciudad, Huitzilopochtli; el segundo era el representante de Tláloc, el dios de la lluvia (Caso, 1953: 124).

Al escucharlos, dijo Quetzalcóatl:

—Que entren.

Entraron y saludaron, y luego le dieron a Quetzalcóatl los quelites, tomates, chiles, jilotes y ejotes. Cuando terminó de comer le ofrecieron el *iztac octli*, «pulque», pero él les dijo:

—No puedo beberlo, porque estoy ayunando; quizá embriaga o hace soñar.

Le replicaron:

—Pruébalo, aunque sea con un dedo; está fuerte, punza como espina.

Quetzalcóatl lo probó con el dedo, le gustó, y dijo:

—Lo beberé, abuelos.

Tomó, pues, una ración; pero los *tlacatecolotin*, hechiceros, le dijeron:

—Cuatro has de beber. —Y le dieron una quinta, advirtiéndole—: Es tu trago.

Después de que Quetzalcóatl hubo bebido, les dieron también de beber a todos sus servidores; a cada uno le dieron sus cinco raciones, con lo que quedaron completamente ebrios. Luego le dijeron los hechiceros a Quetzalcóatl:

—Señor, canta: éste es el canto que has de entonar.

Entonces Ihuimécatl empezó a cantar:

—De plumas de quetzal es mi casa; de plumas de zacuán es mi casa, de coral es mi casa; mas tendré que dejarla.

Estando ya alegre Quetzalcóatl, ordenó:

—Vayan a traerme a mi hermana mayor *Quetzalpétlatl*, para que nos embriaguemos juntos.

Sus servidores fueron al *Nonohualcatépetl*, «Cerro de Nonohualco», donde ella estaba ayunando, y le dijeron: [...]

Quetzalpétlatl, «estera preciosa» o «petate hecho de plumas de quetzal».

Quetzalpétlatl era «una mujer dedicada al culto divino y por ello con votos de abstinencia» (Pastrana Flores, 2011: 30-35).

—Señora Quetzalpétlatl, ayunadora, hemos venido a tomarte; te manda llamar el sacerdote Quetzalcóatl, que quiere que estés con él.

Les respondió:

—Está bien, abuelos; vayamos.

Al llegar se sentó junto a Quetzalcóatl, le dieron sus cuatro raciones de iztac octli, y también la quinta, su libación. Luego los instigadores, Ihuimécatl Toltécatl y Coyotlináhual, le cantaron a la hermana mayor de Quetzalcóatl:

—¿Dónde estás, hermana Quetzalpétlatl? ¡Es hora de embriagarnos!

Cuando estuvieron ebrios, los ayunantes ya no dijeron:

—Pero si somos penitentes; ya no bajaron al estanque, ya no se punzaron con espinas, ni velaron hasta la aurora. Y cuando amaneció se entristecieron, se afligió su corazón, y Quetzalcóatl exclamó:

—¡Infeliz de mí!

Luego entonó un canto triste, su canto de despedida:

—¡Malas cuentas de un día fuera de mi casa! Que vengan acá los ausentes, porque ya nos vamos. Yo hago surgir los cuerpos de tierra, pero ya todo es tristeza y miseria; ¿nunca me recobraré?

Otro canto entonó, que decía:

—No hace mucho que me cargaba mi madre, *Coacueye*, cortesana de un dios; mas ahora me iré llorando.

Cuando Quetzalcóatl terminó de cantar, todos sus servidores se entristecieron y lloraron, y ellos también cantaron:

—Ah, nos habían hecho prósperos nuestros señores, sin embargo, ahora la cabellera de jade de Quetzalcóatl será de madera. ¡Miremos y lloremos!

Y cuando terminaron de cantar los servidores de Quetzalcóatl, éste les dijo:

—Abuelos, basta; tengo que dejar mi ciudad, tengo que partir. Ordenen que se haga una caja de piedra.

Al punto empezaron a labrar una caja de piedra, y cuando la acabaron, en ella pusieron a Quetzalcóatl. Él estuvo tendido cuatro días dentro de la caja de piedra; y cuando se sintió mal, les dijo a sus servidores:

—Basta, abuelos, partamos; escondan y encierren las riquezas que hemos acumulado, las que son nuestra fortuna.

Así lo hicieron sus servidores, y todo lo escondieron en el baño de Quetzalcóatl, que se hallaba en el lugar llamado *Atecpan Amochco*. Se puso en camino Quetzalcóatl, y de inmediato se detuvo, llamó a sus servidores, y lloró con ellos. Luego se dirigieron a *Tlillan Tlapallan*, a *Tlatlayan*, hacia todas partes iban, y hasta intentaron asentarse por allí pero ningún lugar les pareció apropiado [...]

Tlillan Tlapallan, «la orilla celeste del agua divina», que no es un lugar ni una región geográfica, sino «la bóveda celeste comprendida entre el oriente y el poniente».

> *Tlatlayan*, «el quemadero». Se le llama así porque en ese sitio Quetzalcóatl se prendió fuego.

Cuando llegó Quetzalcóatl adonde se dirigía, nuevamente se entristeció y lloró. Se dice que en este mismo año de *ce ácatl*, «uno carrizo», (895 d. C.), llegó a la orilla de las aguas celestes del mar; allí se detuvo y lloró, se revistió con sus atavíos, se puso su apanecáyotl y su máscara de turquesas. Cuando estuvo así ataviado, él mismo se prendió fuego; y por eso al lugar donde Quetzalcóatl se prendió fuego se le llama *Tlatlayan*, «el quemadero» [...]

> En el mundo náhuatl prehispánico la relación teocrática que existía entre el rey y el Sol, entre el mando terrenal y el mando celestial, parece haber generado paradigmas culturales que regían la vida y la muerte del máximo gobernante. Como Sol que era, el tlahtoani declinaba pasando el medio día, envejecía y moría en el poniente de su recorrido existencial. La senilidad del rey-Sol ponía en peligro la vitalidad de la nación que encabezaba y representaba (Johansson, 2016: 16-25).

Se dice que mientras ardía, sus cenizas comenzaron a remontarse a lo alto. Tenían la apariencia de aves preciosas que volaran hacia el cielo; se veían como el quechol, el azulejo, el tzinitzcan, el ayocuan, los loros, las guacamayas, los papagayos y otros vistosos pájaros. Cuando se consumieron sus cenizas, también subió a lo alto su corazón en forma de quetzal. Se creía que fue al cielo y allá entró; decían los antiguos que se convirtió en la estrella que brilla a la aurora, y decían también que cuando Quetzalcóatl volvió a aparecer lo llamaron *Tlahuizcalpanteuctli*. Decían que cuando murió, durante cuatro días no apareció, porque andaba en el Míctlan, y que durante otros cuatro días se armó de flechas; de modo que a los ocho días de muerto apareció como la estrella grande a la que llaman Quetzalcóatl, y entonces se enseñoreó [...]

En este contexto, la ley de Topiltzin correspondería a una toma de conciencia del rey tolteca de su decrepitud, describe su recorrido dentro del inframundo, la culminación que representa su incineración en Tlillan Tlapallan, Tlatlayan, su renacer como estrella de la mañana, así como la mimesis ritual (Johansson, 2016: 16-25).

Pensaban que cuando aparece, según el signo en que lo hace, lanza sus rayos y flecha a diversos grupos, causándoles daños:

Si cae en *ce cipactli*, «uno caimán», flecha a todos los viejos y viejas.
Si cae en *ce océlotl*, «uno jaguar», en *ce mázatl*, «uno venado», o en *ce xóchitl*, «uno flor», flecha a los niños pequeños.
Si cae en *ce ácatl*, «uno carrizo», flecha a los señores.
Si cae en *ce miquiztli*, «uno muerte», o en *ce quiáhuitl*, «uno lluvia», flecha a la lluvia, para que no llueva.
Si cae en *ce ollin*, «uno movimiento», flecha a los mancebos y doncellas.
Si cae en *ce atl*, «uno agua», causa sequías.

Todos estos efectos le atribuían los antiguos y antiguas. El dicho Quetzalcóatl, desde que nació en el año *ce ácatl*, «uno carrizo», (843 d. C.), hasta que murió en el año ce ácatl siguiente (895 d. C.), vivió en total 53 años. Ya se dijo cómo en este año de *ce ácatl*, «uno carrizo», (895 d. C.), le sucedió Matlacxóchitl en el gobierno de Tollan.

Los toltecas habían decretado que el gobernante no podía reinar (¿o vivir?) más de 52 años y que, llegando a este término, tenía que morir [...]. Los tlatoque toltecas *Chalchiuhtlanextzin*, *Ixtlilcuechahua*, *Huetzin*, *Totépeuh* y *Nacázxoc* murieron después de haber gobernado 52 años (Alva Ixtlilxóchitl, I, 1975: 291).

De acuerdo con fray Bernardino de Sahagún:

Los toltecas, que en romances se pueden llamar oficiales primos, según se dice, fueron los primeros pobladores de esta tierra, y los primeros que vinieron a estas partes que llaman tierras de México, o tierras de chichimecas; y vivieron primero muchos años en el pueblo de *Tullan-tzinco*, en testimonio de lo cual dejaron muchas antiguallas allá, y un *cu*, «templo o monte sagrado», que llamaban *Uapalcalli*, el cual está hasta ahora, y por ser tajado en piedra y peña ha durado tanto tiempo.

Uapalcalli se refiere a *Huapalcalco*, que actualmente es la zona arqueológica de Tulancingo, Hidalgo. *Huapalcalco*, «lugar de la casa de madera» [*huapalli* o *huapálitl*, «tabla» o «viga pequeña»; *calli*, «casa»; y *co*, «lugar»].

Antes de la fundación de Tólan, los toltecas fundaron la ciudad de Huapalcalco.

Y de allí fueron a poblar la ribera de un río junto al pueblo de Xocotit-lan, y el cual ahora tiene nombre de Tula, y de haber morado y vivido allí juntos hay señales de las muchas obras que allí hicieron, entre las cuales dejaron una obra que está allí y hoy en día se ve, aunque no la acabaron, que llaman *coatlaquetzalli*, que son unos pilares de la hechura de culebra, que tienen la cabeza en el suelo, por pie, y la cola y los cascabeles de ella tienen arriba [...]

Adoraban a un solo señor que tenían por dios, el cual le llamaban Quetzalcóatl, cuyo sacerdote tenía el mismo nombre que también le llamaban Quetzalcóatl, el cual era muy devoto y aficionado a las cosas de su señor y dios, y por esto tenido en mucho entre ellos y así lo que les mandaba lo hacían y cumplían y no excedían de ello; y les solía decir muchas veces que había un solo señor y dios que se decía Quetzalcóatl, y que no quería más que culebras y mariposas que le ofreciesen y diesen en sacrificio; y como los dichos toltecas en todo le creían y obedecían no eran menos aficionados a las cosas divinas que su sacerdote, y muy temerosos de su dios.

Finalmente fueron persuadidos y convencidos por el dicho Quetzalcóatl para que saliesen del pueblo de Tula, y así salieron de allí por su mandado, aunque ya estaban allí mucho tiempo poblados y tenían hechas lindas y suntuosas casas, de su templo y de sus palados, que habían sido edificados con harta curiosidad en el pueblo de Tula, y en todas partes y lugares donde estaban derramados y poblados y muy arraigados allí, los dichos toltecas, con muchas riquezas que tenían; al fin se hubieron de ir de allí, dejando sus casas, sus tierras, su pueblo y sus riquezas, y como no las podían llevar todas consigo, muchas dejaron enterradas y aun ahora algunas de ellas se sacan debajo de tierra, y cierto no sin admiración de primor y labor. Y así, creyendo y obedeciendo a lo que el dicho Quetzalcóatl les mandaba, hubieron de llevar por delante, aunque con trabajo a sus mujeres e hijos, y enfermos, y viejos y viejas, y no hubo ninguno que no le quisiese obedecer, porque todos se mudaron cual él salió del pueblo de Tula para irse a la región que llaman *Tlapallan*, donde nunca más pareció el dicho Quetzalcóatl (Sahagún, 1956: 184-189).

El abandono de Tula

En conclusión, la Serpiente Emplumada y Ce Ácatl Topiltzin Quetzalcóatl no son lo mismo. La primera es una deidad, cuya veneración comenzó desde la era olmeca; y el segundo es un tlatoani-sacerdote que, al llegar a los 52 años, se retiró al inframundo —Tlillan Tlapallan Tlatlayan—, para renacer como estrella de la mañana. Sin embargo, esto no debe interpretarse como razón para la caída de la antigua Tólan Xicocotitlan.

No hay consenso entre las distintas fuentes acerca de cuándo ocurrieron estos hechos. Algunos registros históricos lo ubican durante la fundación de Tula, mientras que otros lo relacionan con el apogeo de la ciudad o un periodo inmediato anterior al fin de la ciudad. Pero, independientemente de si el conflicto entre Quetzalcóatl y Tezcatlipoca es legendario o histórico, las investigaciones que se han llevado a cabo indican que la plaza principal y la mayoría de los edificios de Tula Chico fueron abandonados sin que se hayan erigido nuevas construcciones en su lugar, y que durante los siglos posteriores este centro continuó deshabitado a pesar de estar rodeado por una ciudad viva durante la fase Tollan (Cobean, Jiménez y Mastache, 2012: 57).

Sobre la destrucción de Tólan en 1100 d. C. se sabe muy poco. No obstante, se ha podido demostrar que en 1200 d. C. la ciudad fue repoblada en dos periodos (3A y 3B), pero sin intenciones de recuperar la grandeza de los toltecas o de darle continuidad a la antigua estructura social y política.

Los últimos vestigios de Tula-Xicocotitlan señalan fuertes pugnas ideológicas, religiosas y económicas, aunque por el momento no puede determinarse si los conflictos fueron internos o provocados por grupos invasores en la ciudad. El saqueo de los edificios, la destrucción de esculturas mediante la decapitación y el desprendimiento de brazos y piernas, el desmantelamiento de estructuras sagradas e incluso el enterrar a los dioses, además de incendiar el recinto sagrado, son prueba de un énfasis por aniquilar el orden social anterior (Cobean, Jiménez y Mastache, 2012: 263).

DEL TLACUILOLLI AL ALFABETO

Antes de la llegada de los españoles, la *huehuetlatolli*, «historia antigua», la *quinaxcantlatolli*, «historia de lo presente», la *toltecáyotl*, «toltequidad», la *chichimecáyotl*, «chichimequidad», la *tepanecáyotl*, «tepanequidad», y la *mexicáyotl*, «mexicanidad», se preservaban por medio de los *amoxtli*, «libros pintados», en hojas de amate, también conocidos como *tlacuilolli*, «escritura pintada», los cuales eran elaborados por los *amoxicuiloque, tlacuiloque* o *huei amatlacuiloque*, «los que escribían pintando». Pero no bastaba con pintar los amoxtli para preservar la historia en la memoria colectiva de los pueblos nahuas, también era necesario el *tlateccáyotl*, «arte escultórico en piedra o cerámica», la *tlahtolli*, «palabra», la *tlatollaliliztli*, «poesía», el *cuícatl*, «canto», el *teocuícatl*, «canto a los dioses», el *yaocuícatl*, «canto a la guerra», la *icnocuícatl*, «elegía», la *tenemilizpohualli*, «historia contada de forma oral», y las *nemiliztlacuilolli*, «leyendas», de tlatoani a tlacuilo, de *tlamatini*, «maestro», a *momachtiani*, «alumno», de padre a hijo, de madre a hija; en el *telpochcalli*, «casa de los mancebos», en el *calmécac*, «en la hilera de casas», en el *cuicacalli*, «la casa de cantos», en el *tlamacazcalli*, «casa de los que ofrendan»; de *calpulli* en calpulli, de teocalli en teocalli y de altépetl en altépetl. Un ejercicio de constante repetición oral para que la historia fuera de dominio público y credo absoluto.

Los tlacuilolli registraban datos relacionados con el *ilhuitlapohual*, «cuenta de los días»; el *tlapohualiztli*, «conteo, cálculo, adivinación y predicción»; la *ilhuicatlamatiliztli*, «astrología»; la *chicoquiztiuh tlaxtlahuiliztli*, «estadística y censos»; el *tecpillatoliztli*, «arte de hablar con elegancia»; la *tlatocayomachtiliztli*, «ciencias políticas»; el *altepetlalilli*, «leyes del altépetl»; las *huei teopixcanahuatilli*, «leyes religiosas»; las *tlacanahuatilli*, «leyes humanas» o «leyes naturales»; la *tlamelahuacachihualiztli*, «justicia»; el *panamachtiliztli*, «estudio de las plantas medicinales»; *nepatiloni*, «medicina»; el *quiáhuitlmachtiliztli*, «estudio de las lluvias»; *tlatocamecáyotl*, «linajes y jerarquías»; *teotlamachi-liztli*, «estudio de los dioses»; el *teyoliamachtiliztli*, «estudio del alma y lo invisible»; *hueltetoca*, «nombres de personas»; *hueyto-caitl*, «títulos»; *macehuallotl*, «vasallaje»; *tlacalaquilli*, «tributo»; *tlacazcaltiliztli*, «educación»; *teoyotica nemiliztli*, «religión», *mi-totia*, «danza», entre otros.

Los manuscritos pictóricos, las esculturas, los cantos, los poemas y la tradición oral también cumplían una función ideológica y legitima-dora de la clase dirigente, con el fin de mantener un orden social; sin verdaderas intenciones de registrar la historia de manera imparcial, sino más bien de plasmar un inmenso laberinto entre el mito y la realidad que enalteciera a sus gobernantes. Esto se debe a que en Mesoamérica no había distinción entre historia y mito, pues todo era parte de lo mismo.

Esta necesidad por dejar un testimonio para las generaciones ulte-riores hizo que algunos tlacuilos y pipiltin emigraran de la pictografía al sistema alfabético. Apenas habían transcurrido siete años desde la caída de *Meshíco* Tenochtitlan, cuando apareció el primer texto indí-gena escrito en náhuatl, con grafía latina y sin contenido pictórico. Un documento anónimo que afirmaba expresamente: «Este papel se es-cribió aquí en Tlatelolco, en el año 1528», y que permaneció en manos indígenas hasta que fue adquirido por Lorenzo Boturini alrededor de 1740, quien lo describió de la siguiente manera:

> *Historia mexicana, Manuscritos de autores indios*, VIII, 10: Unos Anales históricos de la nación mexicana, en papel indiano del tamaño casi de marca mayor y lengua náhuatl, encuadernados con cordeles de ixtle que se tejen con hilos sacados de las pencas del maguey, en 16 fojas útiles. Empieza desde la gentilidad y prosigue tocando algo de la conquista, en cuyo tiempo debió morirse el autor. Es pieza antigua y de mucha estimación. Tomo 5, en folio, original.

En 1833, los manuscritos 22 y 22 bis fueron adquiridos en la Ciudad de México por Joseph Marius Alexis Aubin, quien numeró las pági-nas. En 1939, Ernst Mengin publicó una traducción alemana de este manuscrito anónimo con el título *Unos annales históricos de la na-*

ción mexicana. En 1948, Heinrich Berlin tradujo la edición de Ernst Mengin al español y la tituló *Anales de Tlatelolco*. En 1956, Ángel María Garibay publicó sólo una parte bajo el nombre de *Relato de la conquista por un autor anónimo de Tlatelolco*, que podía leerse entre los apéndices a su edición de la *Historia general de las cosas de Nueva España*, de Bernardino de Sahagún. Actualmente está resguardado y catalogado con los números 22 y 22 bis, en el Fondo Mexicano de la Biblioteca Nacional de Francia.

Hay quienes creen que el manuscrito 22 pudo haberse escrito en la década de 1560, dato que en realidad no debe inquietarnos. El tema aquí es la pronta migración de los tlacuilos y pipiltin de los documentos pictográficos a la escritura europea, lo cual no sólo ocurrió en el caso de los *Anales de Tlatelolco*. «Los escritos en caracteres latinos fueron el resultado imprevisto de la educación religiosa, destinada en un principio a la transculturación del pueblo mexicano» (Lesbre, 2016: 51).

Esto no habría sido posible de forma tan expedita sin la intervención de los frailes españoles Juan de Tecto, Juan de Ágora y Pedro de Gante, quienes fueron hospedados en el palacio de Texcoco, lugar donde fundaron el primer centro de evangelización del continente americano en 1523. Los frailes aprendieron la lengua náhuatl y los pipiltin de Texcoco el idioma castellano. Al año siguiente, el 13 de mayo de 1524, llegó el grupo de los doce, también conocido como *los doce apóstoles de Nueva España*, constituido por doce misioneros franciscanos españoles: Martín de Valencia (a la cabeza), Toribio Paredes de Benavente (Motolinía), Luis de Fuensalida, Andrés de Córdoba, Juan de Palos, Antonio de Ciudad Rodrigo, Juan de Ribas, Francisco Jiménez, Martín de Jesús, Francisco de Soto, Juan Juárez y García de Cisneros, que fueron distribuidos en la Ciudad de México, Texcoco, Tlaxcala y Huexotzinco. En 1525, comenzó la construcción del convento de San Francisco en la Ciudad de México, en la actual calle Francisco I. Madero; en 1526, inició la del convento de Santiago Tlatelolco y, ese mismo año, también tuvo lugar la del de San Francisco, en Tlaxcala; y en 1527 se erigió el convento de San Antonio en Texcoco, donde se instaló la escuela de niños.

Mientras que los niños texcocanos podían copiar a la perfección las bulas y los modelos europeos, sus familiares aprendieron a escribir y se lanzaron a la redacción de escritos destinados a preservar su pasado y su cultura, antes incluso de que la generación formada por los misioneros tomara el relevo (Lesbre, 2016: 51).

«Tenían tanta memoria que un sermón o una historia de un santo, de una o dos veces oída, se les quedaba de memoria y después la decían con mucha gracia, osadía y eficacia» (Torquemada, lib. XV, cap. XVIII). Esta capacidad de memoria no era casual, más bien era producto de la tradición oral que, por siglos, se había implementado en Mesoamérica y que asombró a los frailes. Bartolomé de las Casas escribió al respecto:

> Yo tengo en mi poder una carta que me enviaron de la Nueva España los indios estando yo en la corte, y la metí en el consejo de las indias para mostrarla, y siendo las personas del consejo de tanta sabiduría y prudencia dotadas estuvieron mucho espacio de tiempo mirando y especulando letra por letra si era de molde o de mano; y finalmente, del todo se determinaron unos de aquellos señores diciendo sí, otros que no, como en verdad fuese ya hecha de mano de indio de la Nueva España (De las Casas, 1967: lib. III, cap. 63).

De esta manera, surgió una larga lista de documentos pictoglíficos, con glosas en náhuatl o castellano y textos —muchos de ellos anónimos— dibujados y escritos por pipiltin y tlacuiloque de *Meshíco* Tenochtitlan, *Meshíco* Tlatelolco, Texcoco, Cuauhtitlán, Chalco, Tlaxcala, y otros compuestos por frailes —como Juan de Torquemada y Bernardino de Sahagún— con ayuda de los *tlamatinime*, «sabios», los *huei amatlacuiloque*, «los que escribían pintando», y los pipiltin, gente que conocía muy bien la *huehuetlatolli*, «historia antigua», de los *altepeme*, «pueblos», y del *huei tlatocáyotl*, «gran señorío», y que, además, buscaba a toda costa preservarla en los libros escritos con el alfabeto europeo antes de que muriera la tradición oral y desaparecieran los amoxtli.

Para poder comprender a fondo la historia a través de las fuentes primarias, es indispensable conocer un poco a sus cronistas. Esto incluye a los primeros frailes que narraron la historia de los pueblos mesoamericanos. A continuación, se enlistan en orden alfabético los documentos pictoglíficos y manuscritos —de mayor relevancia— redactados después de la conquista:

Anales de Tlatelolco, mencionados previamente en este capítulo.

Anales de Tula, también conocido como *Anales aztecas* o *Anales mexicanos del Pueblo de Tezontepec*. Es un documento pictoglífico con glosas en náhuatl y castellano, elaborado en 150 cuadretes de papel amate en el siglo XVI. En éste se registran los tlatoque de Tenochtitlan, Texcoco y Tula, desde 1361 a 1521. Actualmente se encuentra en la Biblioteca Nacional de Antropología e Historia.

Códice Aubin, documento pictoglífico con glosas en náhuatl, realizado hacia 1575. Se desconoce su autor. Fue nombrado así en honor a Joseph Marius Alexis Aubin, quien lo compró en el siglo XIX al acervo de Lorenzo Boturini. Contiene 81 folios. Actualmente se encuentra resguardado en el Museo Británico en Londres. Hay una copia en la Biblioteca Nacional de Francia; otra que pertenece a Antonio Peñafiel y que está en Berlín; y una más en la biblioteca de la Universidad de Princeton, en la colección de Robert Garrett.

Historia tolteca chichimeca, también denominada *Anales de Cuauhtínchan*. Escrita entre 1547 y 1560, se trata de un *xiutlapoualli*, «cuenta de años», similar al concepto europeo de *anales*, y registra los acontecimientos de cada año de la misma forma en la que lo hacen los *Anales de Tlatelolco* y *Anales de Cuauhtitlán*. Perteneció a Tezcacóatl Cotzatzin, hijo de Xiuhcózcatl y padre de don Alonso de Castañeda, tecuhtli de Cuauhtínchan, *tecalli*, «casa de mando», de Tezcacoatecpan, del linaje de Moquíhuix, tecuhtli de Tlatelolco. El documento permaneció en Cuauhtínchan hasta 1718; luego, entre 1736 y 1743, pasó a la colección de Lorenzo Boturini. Después, formó parte de la colección de Aubin y, finalmente, terminó en la Biblioteca Nacional de Francia.

Códice Azcatitlan, documento pictoglífico con glosas en náhuatl, donde se narra la historia del pueblo mexica, desde su salida de

Áztlan hasta la caída de Meshíco Tenochtitlan. Consta de 25 folios de 21 cm por 28 cm. De autor anónimo, se escribió después de la conquista por uno o varios tlacuiloque. Entre 1736 y 1743, pasó a la colección de Lorenzo Boturini y, posteriormente, a la colección de Aubin.

Códice Chimalpopoca, elaborado hacia 1630. Es una copia de documentos anteriores, cuyos autores son desconocidos. Sin embargo, en la página 16 de los *Anales de Cuauhtitlán* se lee que esta fuente ya se estaba escribiendo en febrero de 1563; y en la página 31, plantea que corresponde al año 1570. Al inicio de la *Leyenda de los Soles*, se lee que el texto original comenzó a redactarse el 22 de mayo de 1558. Más adelante menciona el año de 4 casa, «1561». Expertos creen que el autor del códice fue el mexica tlatelolca Martín Jacobita, informante de Sahagún en el Colegio de Santa Cruz entre 1561 y 1562. Años más tarde, el documento pasó a manos de Fernando de Alva Ixtlilxóchitl; luego, a Carlos de Sigüenza y Góngora; y, posteriormente, a Lorenzo Boturini Benaducci. Antonio de León y Gama realizó una copia de los textos en náhuatl. Para el siglo XIX, el documento pasó a la biblioteca del Colegio de San Gregorio, donde Faustino Chimalpopoca Galicia hizo una traducción; por este motivo, Charles Étienne Brasseur de Bourbourg propuso, en 1849, el título *Códice Chimalpopoca*. José Fernando Ramírez tituló la primera parte como *Anales de Cuauhtitlán*; y la tercera como *Leyenda de los Soles*. En septiembre de 1946, el secretario del Instituto Nacional de Antropología e Historia, Salvador Toscano, «extravió» el manuscrito original. No obstante, para fortuna nuestra, Faustino Chimalpopoca Galicia conservó la copia que había realizado. Tras su muerte, el documento fue adquirido por Gumesindo Mendoza, director del Museo Nacional de México, hacia 1880. Asimismo, sobrevivió la copia que elaboró Antonio de León y Gama hacia 1790.

Códice de Santa María Asunción o *El título de propiedad de la tierra de Asunción* es un códice pictórico con glosas en náhuatl, que fueron agregadas en los 30 años posteriores. Se creó alrededor de 1544. Contiene censos de doce comunidades rurales de Tepetlaóztoc en territorio acólhua, así como información sobre la estructura económica y social de la comunidad después de la conquista.

Códice Florentino, elaborado por fray Bernardino de Sahagún entre 1575 y 1577, con la ayuda de ancianos y sabios de la nobleza indígena. Trata sobre historia, religión y vida cotidiana. Es el relato más extenso de la visión nahua de la Conquista. La primera edición se realizó en Madrid, en 1905, por Francisco del Paso y Troncoso. Fray Bernardino de Sahagún nació en 1499, en la villa de Sahagún, Tierra de Campos, en el reino de León. En 1520, ingresó a la Universidad de Salamanca. Entró a la orden franciscana alrededor de 1525 y 1527. Llegó a Nueva España en 1529. Se desempeñó como maestro de indígenas en el Imperial Colegio de Santa Cruz de Tlatelolco. Entre 1540 y 1545, recorrió varios pueblos del Valle de México. Entre 1553 y 1555, luego de haber estudiado a profundidad la lengua náhuatl y haber compartido muchos años con los locales, comenzó la escritura de la conquista desde la visión tlatelolca, debido a que su fuente principal eran precisamente sus alumnos tlatelolcas. A este documento se le conoció tiempo después como *Códice Florentino*. En 1558, comenzó el estudio de códices y manuscritos en náhuatl con la ayuda de sus informantes, con lo cual escribió los *Primeros memoriales*. A partir de 1561, amplió su obra de cuatro capítulos a cinco libros en borrador (uno de ellos se extravió), con 175 ilustraciones; hoy se conocen como *Códice Matritense*. En los cuatro años siguientes, reorganizó en 12 libros sus escritos en náhuatl. En 1570, algunos frailes franciscanos lo acusaron de gastar demasiado en sus libros, motivo por el cual sus documentos fueron confiscados. Como respuesta, escribió a la Corona española solicitando autorización para continuar con su labor. En 1574, el Consejo de Indias instruyó al comisario de la orden que Sahagún para que tradujera su obra al castellano; asunto que llevó a cabo entre 1575 y 1577. Concluyó cuatro volúmenes de 12 libros, a doble columna: en náhuatl clásico a la izquierda —hoy conocida como *Códice Florentino*—, y en castellano a la derecha —conocida como *Historia general de las cosas de la Nueva España*—; además de cientos de ilustraciones elaboradas por los tlacuiloque. Por orden del Consejo de Indias, la obra de Sahagún fue archivada. Por lo tanto, nunca logró ver publicados ni el *Códice Matritense* ni el *Códice Florentino* ni su *Historia general de las cosas de la Nueva España*. Sólo alcanzó a ver publicado un texto titulado *Psalmodia Christiana*, impreso en México en 1583. Murió en Tlatelolco el 5 de febrero de 1590. Una de las copias originales se encuentra en la Biblioteca del Palacio Real de Madrid, y la otra en la Biblioteca Medicea Laurenciana de Florencia; por esto se le llamó *Códice Florentino*. En 1829, se hicieron dos ediciones de la *Historia general de las cosas de la Nueva España*, una en México, por Carlos María de Bustamante, y otra en Inglaterra, por Lord Kingsborough. Actualmente, fray Bernardino de Sahagún es conocido como el padre de la antropología en el Nuevo Mundo.

Códice Ixtlilxóchitl, de autor anónimo, es un documento pictoglífico con glosas en náhuatl; fue elaborado alrededor de 1550. Es una recopilación de diversos manuscritos que contienen información sobre los dioses, las ceremonias, las veintenas, el calendario, imágenes que representan a los gobernantes de Texcoco, al dios Tláloc y al Templo Mayor, además de diez hojas escritas por Fernando de Alva Ixtlilxóchitl. Perteneció a Fernando de Alva Ixtlilxóchitl y, años más tarde, a Carlos de Sigüenza y Góngora. Después, pasó a manos de Lorenzo Boturini Benaducci, quien entró de manera ilegal a la Nueva España, motivo que le valió que su colección de manuscritos, códices y toda clase de reliquias fuera confiscada por Pedro de Cebrián y Agustín. El heredero de Boturini —Juan Francisco de Güemes— prestó el *Códice Ixtlilxóchitl* al abogado y anticuario Fernández de Echeverría y Veytia. Luego, perteneció Antonio de León y Gama y a sus herederos; posteriormente, al sacerdote José Pichardo; ulteriormente, a Joseph Alexis Aubin; después, al franco mexicano Eugène Goupil; y, finalmente, a la Biblioteca Nacional de Francia.

Códice Magliabecchiano, de autor anónimo y copia de un original. Es un documento pictoglífico con glosas en español y elaborado en papel europeo durante el siglo XVI. Es de tipo religioso y cosmológico. Contiene el tonalpohualli, los nombres de deidades, ritos y vestidos.

Consta de 92 páginas. Fue nombrado de esta manera por el archivero, coleccionista y bibliófilo italiano Antonio Magliabecchi, quien lo rescató. Actualmente, forma parte de la colección de la Biblioteca Nazionale Centrale de Florencia, en Italia.

Códice Mendocino o *Códice de Mendoza*, nombrado así por el primer virrey de Nueva España, Antonio de Mendoza. Es una copia realizada en 1542 —en papel español y encuadernado— por orden del virrey para enviarla al emperador Carlos V. Consta de 71 páginas divididas en tres secciones. Registra la leyenda del águila sobre el tunal, la fundación de México Tenochtitlan, la leyenda del águila, el *tlatocamecáyotl*, «linaje y jerarquía mexica», los altepeme sometidos y la vida cotidiana de los mexicas, los tributos, la organización social, las costumbres, los oficios, las fiestas, las ceremonias, los juegos, las tradiciones, la educación en el calmécac y el telpochcalli, los tipos de guerreros, las armas, la formación en el ejército, el sistema de justicia, los delitos y castigos. Desde 1659, se encuentra en la Biblioteca Bodleiana, en Oxford, Reino Unido.

Códice Osuna o *Pintura del gobernador, alcaldes y regidores de México,* de autor anónimo. Es un documento pictoglífico con glosas en náhuatl y elaborado alrededor de 1563. En éste se denuncian los abusos cometidos por el virrey Luis de Velasco (1550-1564), los oidores Alonso de Zorita, Vasco de Puga, Francisco Zeinos y un Villalobos, contra los indígenas de la Ciudad de México, Tlatelolco, Tula, Tetepango y otros pueblos, al obligarlos a reparar y construir sus casas y llevar cargas de hierba y zacate para alimentar a sus caballos.

Códice Ramírez o *Relación del origen de los indios que habitan La Nueva España, según sus historias* y *Origen de los Mexicanos* fueron escritos por Juan de Tovar, quien nació en Texcoco hacia 1543, y fue hijo de Juan de Tovar, uno de los hombres que acompañaban a Pánfilo de Narváez. En 1573, tomó los hábitos en la Compañía de Jesús y comenzó a evangelizar a los indígenas de San Gregorio y Tepotzotlán. Aprendió a hablar náhuatl, otomí y mazahua. Por orden del virrey Martín Enríquez, comenzó a estudiar los códices de Texcoco, Tula y México y, poco después, empezó a escribir la historia de los antiguos mexicanos desde la visión de los mexicas. En 1578, enviaron a España la única copia de su manuscrito y, al poco tiempo, le informaron que se había extraviado. En 1583, decidió reescribir lo que estaba en náhuatl —la historia de los mexicas, desde sus orígenes a la Conquista y sus ritos religiosos—, y a este texto lo tituló *Segunda relación*. Asimismo, escribió el *Origen de los Mexicanos*, un resumen del *Códice Ramírez*, el cual envió al padre José Acosta, quien publicó varios fragmentos en su libro. Juan de Tovar murió el 1 de diciembre de 1626. Su manuscrito se extravió y fue encontrado —sin nombre de autor ni fecha de redacción— por José Fernando Ramírez en 1856, en la biblioteca en ruinas del monasterio de San Francisco, en la Ciudad de México. En un principio, se pensó que se trataba de un documento escrito por algún descendiente de la nobleza nahua. Alfredo Chavero y Orozco y Berra lo bautizaron como *Códice Ramírez*, por José Fernando Ramírez. En 1860, Sir Thomas Phillipps, un anticuario inglés, publicó dos cartas cruzadas entre Acosta y Tovar y un relato extremadamente parecido al *Códice Ramírez*. En las cartas, José Acosta declaraba acuse de recibo de una historia antigua de los mexicas que le había enviado Juan de Tovar, quien a su vez contaba acerca del primer manuscrito extraviado en España y sobre una *Segunda relación*. En 1879, el arqueólogo norteamericano Adolph Bandelier concluyó que el *Códice Ramírez*, publicado en 1878, había sido escrito por Juan de Tovar. En 1885, Eugène Beauvois dijo que el *Códice Ramírez* era una copia, resumen o extracto de la obra de Diego Durán. Robert Barlow propuso, en 1945, que la *Crónica mexicana* de Hernando de Alvarado Tezozómoc, la *Historia de Las Indias de Nueva España e Islas de la Tierra Firme* de Diego Durán y la *Relación del origen de los indios que habitan La Nueva España, según sus historias*, mejor conocida como el *Códice Ramírez* y escrita por Juan de Tovar, derivaban de un documento hipotético al que llamó *Crónica X*.

Códice Telleriano Remensis es una copia de un códice original, hoy en día extraviado. Contiene iconografía y glosas, y está elaborado en cincuenta folios de papel europeo por diferentes autores anónimos alrededor de 1562 y 1563. Incluye un calendario de las veintenas del año solar, un ciclo adivinatorio de 260 días y un fragmento que narra la historia desde 1198 a 1562.

Códice Tepetlaóztoc, también conocido como *El Memorial de los Indios de Tepetlaóztoc* o *Códice Kingsborough*, es un documento pictórico con glosas y fue elaborado en este señorío acólhua. Contiene 72 fojas encuadernadas en papel europeo. Actualmente, se encuentra en el Museo Británico, en Londres, Inglaterra. El códice es una denuncia de los pobladores de Tepetlaóztoc, en 1551, sobre los abusos hacia ellos y las exigencias de tributos de oro, maíz, textiles, frijoles, chiles, sal, pinole, guajolotes, etcétera, más su servidumbre en cocinas, caballerizas, construcción, molinos y otras actividades más.

Códice Tlatelolco, de autor anónimo, es un documento pictoglífico con glosas en náhuatl. Fue elaborado alrededor de 1562 en Santiago Tlatelolco. Consta de nueve láminas pintadas en *ámatl*, «papel indígena», en las que se narran acontecimientos de 1542 y 1560. Actualmente, el documento pertenece a la Colección de Testimonios Pictográficos de la Biblioteca Nacional de Antropología e Historia, INAH.

Códice Tudela, de autores anónimos, es un documento pictoglífico con glosas en español, elaborado y encuadernado en papel europeo, alrededor del siglo XVI. Nombrado así por José Tudela de la Orden, subdirector del Museo de América, en 1947. Trata sobre la religión mexica, los retratos de indígenas y las representaciones del Templo Mayor.

Códice Xólotl, considerado por el etnólogo, lingüista y arqueólogo alemán Walter Lehmann como una «muy buena copia realizada en la época de la Conquista», en la cual se basó Fernando de Alva Ixtilxóchitl para escribir la *Historia chichimeca* y la *Relación histórica de la nación tulteca*.

Crónica Mexicáyotl, del pipiltin mexica Hernando de Alvarado Tezozómoc, hijo de Francisca de Motecuzoma y de Diego de Alvarado Huanitzin (Francisca de Motecuzoma, hija de Motecuzoma Xocoyotzin y de Diego de Alvarado Huanitzin, hijo de Tezozómoc Acolnahuácatl, hijo de Axayácatl y hermano de Motecuzoma Xocoyotzin), quien nació entre 1525 y 1530. Se cree que estudió en el Colegio de Santa Cruz de Tlatelolco, donde aprendió a hablar y escribir en castellano, y que, posteriormente, ejerció como *nahuatlato*, «intérprete de náhuatl», traduciendo documentos en la Real Audiencia de México. Asimismo, trabajó como tlacuilo. Escribió dos obras: la primera en castellano, titulada *Crónica mexicana*; y la segunda en náhuatl, bajo el nombre de *Crónica Mexicáyotl*, hacia 1598. Alvarado Tezozómoc murió alrededor de 1610. Se desconoce quién heredó los textos originales, pero se sabe que Carlos de Sigüenza y Góngora fue el primero en citar la *Crónica mexicana* en sus escritos, con lo que se deduce que él era el propietario. Luego, estos manuscritos pasaron al Colegio Máximo de San Pedro y San Pablo de la Compañía de Jesús, donde Francisco Xavier Clavijero tuvo acceso a ellos. Más tarde pasaron a la Biblioteca de la Universidad. Y, como era de esperarse, los manuscritos fueron adquiridos por Lorenzo Boturini. En 1743, el virrey Pedro de Cebrián y Agustín lo mandó encarcelar por haber entrado de manera ilegal a Nueva España y ordenó confiscar la colección de documentos que Boturini bautizó como su «Museo histórico», el cual consistía en poco más de 300 antigüedades y manuscritos de procedencia indígena. Un joven abogado novohispano, Mariano Fernández de Echeverría y Veytia, apoyó a Boturini desde el exilio para recuperar su «Museo histórico». Mariano Veytia aprovechó para escribir su *Historia Antigua de México*. Boturini nunca logró recuperar su colección y murió en la miseria. Tras la muerte de Veytia, la colección pasó a manos de la Secretaría de Cámara del Virreinato de Nueva España, donde muchos documentos comenzaron a desaparecer mientras otros iban degradándose. Una parte de los textos sobrevivientes fueron enviados a la Biblioteca de la Universidad, y después al Museo Nacional. La otra parte de la colección —donde estaba la copia de la *Crónica mexicana*— pasó a manos de Antonio de León y Gama, quien cedió dieciséis documentos a Alexander von Humboldt entre 1802 y 1803. Hoy en día, se encuentran en la Biblioteca Nacional de Alemania, en Berlín. En 1792, fray

Francisco Figueroa —por encargo del virrey Juan Vicente de
Güemes Pacheco y Padilla— reunió todos los documentos históricos bajo el nombre de *Memorias para la historia universal de
América Septentrional*, incluidas la colección de Boturini y una
copia de *Crónica mexicana* realizada por Veytia. Posteriormente,
se hicieron tres copias remitidas a la Real Academia de la Historia de Madrid, a la Secretaría del Virreinato (hoy Archivo General de la Nación) y a la biblioteca del Convento de San Francisco,
en México. En 1850, Manuel Orozco y Berra, director del
Archivo General de la Nación, y Joaquín García Icazbalceta
cotejaron las tres copias de la *Crónica mexicana*: la del Archivo,
una copia de García Icazbalceta, de la Colección del Convento
de San Francisco, y una copia de origen desconocido que poseía
Alfredo Chavero. *Crónica mexicana* fue publicada en Londres
en las *Antiquities of Mexico* del anticuario irlandés Edward King,
vizconde de Kingsborough, llamado Lord Kingsborough, casi
de manera simultánea con la edición de Manuel Orozco y Berra.
El manuscrito original forma parte de la Colección Aubin Goupil de la Biblioteca Nacional de Francia.

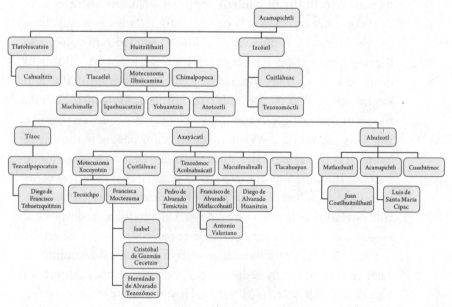

Figura 91. Árbol genealógico mexica.

Crónica X, fuente hipotética, aparentemente extraviada y titulada de esta manera por Robert Barlow, al concluir que de ésta derivaban la *Crónica mexicana*, de Hernando de Alvarado Tezozómoc; la *Historia de Las Indias de Nueva España e Islas de la Tierra Firme*, de Diego Durán; y la *Relación del origen de los indios que habitan la Nueva España, según sus historias*, conocida como *Códice Ramírez* y escrita por Juan de Tovar.

Historia de la nación chichimeca, de Fernando de Alva Ixtlilxóchitl, quien probablemente nació en 1568. Fue pentanieto de Nezahualcóyotl; hijo de Juan de Navas Pérez de Peraleda y de Ana Cortés (trastataranieta de Nezahualcóyotl); y tataranieto de Beatriz Papatzin (hija del tlatoani mexica Cuitláhuac) y de Ixtlilxóchitl, el joven (hijo de Nezahualpilli y nieto de Nezahualcóyotl). Estudió en el Colegio de Tlatelolco. Ocupó varios cargos públicos hasta que en 1612 asumió el gobierno indígena de Texcoco, bajo la supervisión de los virreyes de Nueva España. Se dice que de ellos recibió también el encargo de escribir la historia del pueblo texcocano, tarea que llevó a cabo, aparentemente, basándose en el *Códice Xólotl* y que concluyó hacia 1640. Murió el 25 de octubre de 1659. Tras su muerte, los manuscritos originales de Alva Ixtlilxóchitl se extraviaron, pero Lorenzo Boturini obtuvo copias. Luego, fueron publicadas por Lord Kingsborough. En 1891, las editó Alfredo Chavero. Finalmente, en 1975, el Instituto de Investigaciones Históricas de la UNAM publicó la edición definitiva, bajo la edición de Edmundo O'Gorman. Cabe mencionar que la escritura tendenciosa de Ixtlilxóchitl se debe a la inmensa fama de su pentabuelo Nezahualcóyotl, a quien empapó de apologías y más méritos que a cualquier otro personaje de la cultura nahua: gobernante humilde, guerrero, diseñador, arquitecto, filósofo, escritor, poeta, humanista, incluso ¡monoteísta! Asimismo, cambió a su gusto la historia de la caída de México Tenochtitlan, de manera que enaltecía a su tatarabuelo Ixtlilxóchitl, aunque cayó en repetidas contradicciones. Por ello, es indispensable leer la *Historia de la nación chichimeca* y *Relación histórica de la nación tulteca* con mucho cuidado, es decir, para no confundirnos con el

abismo de sucesos imaginarios e inventados, que en repetidas
ocasiones encontraremos en dichos textos. Ahora bien, las y los
lectores podrán cuestionarse: ¿por qué darle atención a una
fuente poco confiable? La respuesta es simple, porque existen
muy pocas fuentes indígenas texcocanas y la *Historia de la
nación chichimeca* y la *Relación histórica de la nación tulteca* son
algunas de ellas. Cabe aclarar que no todo en la obra de Alva
Ixtlilxóchitl son fábulas ni exageraciones. Paradójicamente, la
Historia de la nación chichimeca y *Relación histórica de la nación
tulteca* contienen información única, por esto es que resultan
fundamentales para entender la historia de Texcoco, como la de
Alvarado Tezozómoc para Tenochtitlan, Chimalpáhin para
Chalco y Muñoz Camargo para Tlaxcala. Por otra parte, no se
debe desdeñar ninguna fuente primaria. Todas aportan
información importante. Nuestro trabajo es analizarla,
desglosarla y explicarla lo mejor posible a las y los lectores.

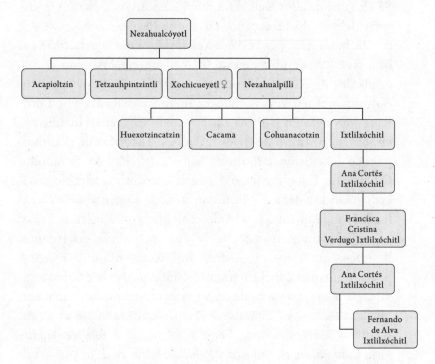

Figura 92. Árbol genealógico de Fernando de Alva Ixtlilxóchitl.

Historia de las Indias, de fray Bartolomé de las Casas, quien nació alrededor de 1484 en Sevilla. Estudió derecho en la Universidad de Salamanca. Por aquellos años conoció a Cristóbal Colón, pues éste era amigo de su tío paterno, Juan de la Peña, quien viajó con Colón en 1492. Pedro de las Casas —progenitor de Bartolomé— y su hermano Francisco de Peñalosa se embarcaron en el segundo viaje al continente americano. A su regreso, Pedro de las Casas le regaló un esclavo a Bartolomé, a quien tuvo que liberar cuando la reina Isabel prohibió la esclavitud de los indígenas. El 13 de febrero de 1502, Bartolomé de las Casas partió del puerto de Sanlúcar de Barrameda rumbo a La Española, a donde llegó el 15 de abril de ese mismo año. Cuatro años después regresó a Sevilla, para entrar al sacerdocio; y al año siguiente se trasladó a Roma para ordenarse como presbítero. En 1508, volvió a La Española, donde comenzó a adoctrinar a los nativos. En los años que vivió en el continente americano, despertó varias polémicas, que no abordaré para no desviarnos de lo que verdaderamente nos concierne: su obra, la cual se compone de más de veinte libros, entre los que destacan la *Historia de las Indias* y *Apologética historia sumaria*. Comenzó a escribir su *Historia de las Indias* en La Española en 1527, y la concluyó 35 años más tarde, en tres volúmenes. Antes de su muerte, De las Casas pidió que su *Historia de Indias* no fuese publicada en los 40 años posteriores a su muerte, que ocurrió en Madrid en 1566, a la edad de 92 años. El manuscrito original e inédito pasó al Colegio de San Gregorio de Valladolid y quedó en el olvido por casi 300 años. Fue hasta 1875 que la Academia de la Historia de Madrid, en la Colección de Documentos Inéditos para la Historia de España, Madrid, bajo la dirección del Marqués de la Fuensanta del Valle y de José Sancho Rayón, realizó la primera edición, publicada en cinco tomos. Actualmente, el original se encuentra en la Biblioteca Nacional de España.

Historia de las Indias de Nueva España e Islas de la Tierra Firme, de Diego Durán, quien nació en Sevilla hacia 1537 y fue traído por sus padres a Nueva España desde su infancia temprana. Todo indica que proviene de una familia humilde. Vivió su infancia en Texcoco. Se ordenó en el sacerdocio en 1561. Murió en 1588. Comenzó como evangelizador y terminó como uno de los principales defensores de los indígenas y su cultura. Escribió su *Historia*… entre 1571 y 1580, con informes de Francisco de Aguilar, de Juan de Tovar, de tlamatinime, tlacuiloque y de la hipotética *Crónica X*. En 1854, José Fernando Ramírez realizó una copia parcial, la cual fue publicada en 1867, pero pasó sin pena ni gloria debido a la situación política del país. El emperador Maximiliano había sido destituido, encarcelado y fusilado. En 1880, Alfredo Chavero rescató el manuscrito. Ángel María Garibay realizó, en 1967, una segunda edición, publicada por la Biblioteca Porrúa. Actualmente, el manuscrito original, ilustrado con 49 láminas, se encuentra en la Biblioteca Nacional de Madrid.

Historia de los indios de la Nueva España o *Relación de los ritos antiguos, idolatrías y sacrificios de los indios de esta Nueva España, y de la maravillosa conversión que Dios en ellos ha obrado*, de fray Toribio Paredes de Benavente, «Motolinía», nacido hacia 1482, en Benavente, Zamora, de donde tomó su apellido. Llegó a Nueva España en 1524. *Motolinía*, «pobre», es el sobrenombre que le dieron los indígenas debido a que este fraile vestía y vivía con humildad. Escribió su obra entre 1526 y 1540, pero no se editó sino hasta 1848, gracias a Lord Kingsborough (aunque sólo fueron algunos fragmentos); y en 1858 García Icazbalceta la publicó en su totalidad. En 1903, L. García Pimentel publicó los *Memoriales de Paredes de Benavente*. Murió en 1569.

Historia de los mexicanos por sus pinturas, manuscrito náhuatl de autor anónimo, escrito entre 1531 y 1537.

Historia de Tlaxcala, de Diego Muñoz Camargo, nacido entre 1528 y 1529. Fue hijo de un soldado español, del mismo nombre, que formó parte de las tropas de Hernán Cortés y de una mujer tlaxcalteca llamada Juana de Matlaxica. Diego Muñoz Camargo fue un mestizo adinerado, ganadero, productor y comerciante de sal, tierras, esclavos, maíz, vino y carne. Asimismo, ejerció como nahuatlato de la alcaldía mayor de Tlaxcala, teniente de gobernador, administrador de bienes y haciendas del cabildo. Escribió su

Historia de Tlaxcala entre 1576 y 1591, con la ayuda de los tlamatinime, los tlacuiloque, códices, cantares, anales, testigos, el *Lienzo de Tlaxcala*, las obras de Sahagún, de Motolinía, de Mendieta y de Olmos. Fray Juan de Torquemada utilizó como fuente la *Historia...* de Muñoz Camargo. Luego, el manuscrito pasó a manos de Lorenzo Boturini, a la biblioteca de la Universidad de México; en 1836, al Museo Nacional; en 1840, a José Aubin, quien la llevó a Francia, donde formó parte del Fondo mexicano de manuscritos de la Biblioteca Nacional de Francia. Veytia, León y Gama, Bautista Muñoz, Bustamante, Prescott, García Icazbalceta, Fernando Ramírez, Cahuantzin y Chavero obtuvieron copias de este manuscrito. Gracias a las múltiples copias existentes, el gobierno de Tlaxcala la publicó en 1870 como obra anónima. Se considera que la *Historia de Tlaxcala* de Muñoz Camargo es la única fuente que tenemos sobre Tlaxcala, aunque también sobreviven las de Manuel de los Santos y Salazar y de Nicolás Faustino Maxixcatzin y Calmecahua. «Hasta la década de los años sesenta se tenía conocimiento de 38 códices [...] tenemos ahora un total de 123 obras históricas tlaxcaltecas escritas en la época colonial» (Reyes García, 2020: 119).

Lienzo de Tlaxcala, de autor anónimo. Es una copia de un documento pictoglífico de 86 cuadros con glosas en náhuatl —hoy extraviado—; fue elaborado alrededor de 1552, a petición del virrey Luis de Velasco, por tlacuiloque tlaxcaltecas. Se conserva una copia de 1773 en el Museo Nacional de México. En 1892, Alfredo Chavero la publicó en *Antigüedades mexicanas.*

Monarquía indiana o *Los veinte y un libros rituales y Monarquía indiana,* de fray Juan de Torquemada, nacido entre 1562 y 1565, probablemente en Castilla la Vieja. Su familia lo trajo a Nueva España cuando tenía 10 años. Hacia 1587 se ordenó sacerdote. En 1609, recibió el cargo de cronista de la orden franciscana. Fue discípulo de fray Bernardino de Sahagún, y el último de los cronistas originales. Hacia 1612 concluyó su *Monarquía indiana* en tres volúmenes. Después viajó a Sevilla con su manuscrito, el cual fue publicado en 1615 por Mathias Clavijo. Juan de Torquemada murió en 1624. El manuscrito original se extravió, pero se

conservan tres ejemplares de la primera edición en la Biblioteca
Nacional de México. Se realizó una segunda edición en Madrid
en 1723; una tercera en 1943; una cuarta en 1969 por editorial
Porrúa; y la quinta por la UNAM, en 1975.

Relaciones originales de Chalco Amaquemecan, de Domingo Francisco de San Antón Muñón Chimalpáhin Cuauhtlehuanitzin,
pipiltin de Chalco Amaquemecan, hijo de gobernantes locales por parte de su madre, María Jerónima Xiuhtoztzin, y de
su padre, Juan Agustín Ixpintzin. A los 15 años de edad, Chimalpáhin entró a servir en la ermita de San Antonio Abad.
Empezó a escribir la historia de Chalco Amaquemecan, dividida en ocho relaciones y un diario, escritos en náhuatl hacia
1620. Murió en 1660.

En esta segunda parte del libro, las y los lectores leerán la historia de
Chalco, Texcoco, Cuauhtitlán, Tlaxcala, Tlatelolco y Tenochtitlan a
través de sus pipiltin, tlacuiloque y algunos frailes. El objetivo es
que puedan comparar y cotejar las diferentes versiones de la historia. Como mencioné en la introducción, esto no es una antología en
el más riguroso sentido de la palabra, ya que de ser así los extractos
tendrían que ser transcritos con exactitud. Leer obras antiguas suele
ser complicado a largo plazo, por lo que mi cometido principal es
que las y los lectores terminen de leer este libro y queden satisfechos. Para ello, modernicé y simplifiqué el lenguaje de las
transcripciones. Muchas veces eliminé extensos párrafos que no llegaban a ninguna parte o que simplemente le daban vueltas a un
mismo tema que se podía resumir en un párrafo. Esto lo realicé con
el mayor respeto a los autores y a la historia.

Asimismo, cambié el lenguaje «españolizado» por uno más
«mexicano» y, en algunos casos, por términos en náhuatl. Por ejemplo, sustituí palabras como *reyes* por *tlatoque; naciones* y *repúblicas* por
altepeme; duques y *principales* por *pipiltin; vosotros* por *ustedes;* y la con-
jugación de los verbos. Ofrezco disculpas si esto puede incomodar a
alguien, pero, con toda honestidad, me cuesta mucho trabajo imagi-
nar a Nezahualcóyotl diciendo: *Vosotros tendréis que...,* si nunca tuvo
contacto con los españoles. Sería como leerlo con un tono argentino:

Vos tenés que... Se entiende que los cronistas nahuas aprendieron castellano de los españoles y que ésa era la forma de escribir en el siglo XVI, sin embargo, creo firmemente que estas pequeñas modificaciones harán que esta lectura sea más agradable.

También se eliminaron todas las alusiones religiosas y los comentarios ofensivos sobre la religión mesoamericana, como llamarle *demonio* o *diablo* a *Huitzilopochtli* o acusar a los mexicas de *infieles*. Después de haber estudiado estas crónicas y relaciones por más de 20 años, he llegado a la conclusión de que nuestros cronistas amaban profundamente la cultura de sus pueblos. Los frailes la admiraban y aprendieron a respetar sus creencias. No encuentro razón para que alguien dedique décadas al estudio de una cultura, si no es para aprender de ella y preservar su memoria. (Los colonos ingleses no lo hicieron en el norte del continente americano, ya que no tenían intenciones de mezclarse con los nativos, a quienes consideraban inferiores. Ni siquiera documentaron sus viajes.) En Nueva España, fue un poco diferente. Eran tiempos difíciles. El Santo Oficio no perdonaba «los delitos cometidos contra la fe católica». Motolinía y Sahagún fueron acusados, en algún momento de sus vidas, por dar demasiado a los indígenas. Carlos Ometochtzin, Coanacotzin, señor de Texcoco, pagó con su vida en la hoguera por «rendirle culto al *demonio* [Tláloc, Quetzalcóatl y Xipe Tótec], a los que visitaba en la sierra, donde tenía ocultas estas efigies del *diablo*». Si Hernando de Alvarado Tezozómoc, Domingo Chimalpáhin o el mismo Diego Duran querían describir el culto a las deidades mesoamericanas, debían hacerlo desde una postura católica-inquisitorial, castigando con la fusta de sus palabras a los infieles, pero discretamente reconociéndolos y otorgándoles un aposento en la eternidad de las letras. Era eso o el olvido.

Finalmente, todas las palabras en náhuatl son graves, por lo tanto, las tildes —que en castellano se han colocado en la última sílaba, como en *Coyoacán* o *Pantitlán*— se han cambiado a la penúltima sílaba: *Coyohuácan, Pantítlan, Tenochtítlan, Tonátiuh, acólhua, Toltítlan, Cuauhtitlán, Chapultépec, Áztlan,* entre otras más. De hecho, Tezozómoc, Ixtlilxóchitl, Chimalpáhin, Muñoz Camargo y otras fuentes nahuas a veces agregaban una tilde a la sílaba tónica de acuerdo con la pronunciación en náhuatl.

En el náhuatl prehispánico no existían los sonidos correspondientes a las letras *b, d, f, j, ñ, r, v, ll* y *x*. Los sonidos que más han generado confusión son la *ll* y la *x*. Los primeros cronistas nahuas y españoles le dieron escritura al náhuatl en castellano antiguo, pero al carecer del sonido *sh* utilizaron en su escritura una *x* a forma de comodín. Asimismo, utilizaban *ll* con demasiada frecuencia.

A pesar de que Antonio de Nebrija ya había publicado *La gramática castellana* en 1492, el primer canon gramatical en lengua española, ésta no tuvo mucha difusión en su época y la gente escribía como consideraba acertado.

La ortografía difería en el empleo de algunas letras: *f* en lugar de *h*, tal es el caso de *fecho* en lugar de *hecho*; *v* en vez de *u* (*avnque*); *n* por *m* (*tanbién*); *g* en lugar de *j* (*mugeres*); *b* en sustitución de *u* (*çibdad*); *ll* por *l* (*mill*); *y* en lugar de *i* (*yglesia*); *q* en vez de *c* (*qual*); *x* en lugar de *j* (*traxo, abaxo, caxa*); y *x* en lugar de *s* (*máxcara*).

Es por lo anterior que los cronistas escribían con *ll* palabras que, en náhuatl (como *calpulli, Tollan, calli*) no se pronuncian como suena en la palabra *llanto*, sino como en *lento*: *calpuli, Tólan, cali*. Otro caso es la *x*, que en todo momento se pronunciaba *sh*, como *shampoo*, en inglés.

Se recomienda que al leer las palabras escritas en náhuatl con *x* se lean como *sh*. Por ejemplo: Mexitin > *meshítin*; Tlaxcálan > *Tlashcálan*; tlaxcalteca > *tlashcalteca*; Xólotl > *Shólotl*; Xocoyotzin > *Shocoyotzin*; Huexotla > *Hueshotla*, etcétera.

De igual manera, se sugiere leer las palabras escritas con *ll* como *l*. Por ejemplo: calpulli > *calpuli*; Tollan > *Tólan*; calli > *cali*; telpochcalli > *telpochcali*; pilli > *pili*; Izcalli > *Izcali*; Nezahualpilli > *Nezahualpili*, etcétera.

¿AZTECAS, MEXICAS, TENOCHCAS O NAHUAS?

En 1943, el antropólogo e historiador Robert H. Barlow cuestionó si era apropiado utilizar el gentilicio *azteca,* con lo cual inició un debate que, hasta el día de hoy, parece interminable. No obstante, muchos estudiosos han explicado las diferencias entre *azteca* y *mexica.*

El término *azteca* —*aztecatl* en singular, y *aztecah* en plural— se refiere a las tribus (tenochcas, tlatelolcas, tepanecas, matlatzincas, tlahuicas, malinalcas, acólhuas, xochimilcas, chalcas y huexotzincas) provenientes del mítico lugar llamado *Áztlan,* «lugar de garzas» o «lugar de blancura», también conocido como *Chicomóztoc,* «las siete cuevas», y *Teoculhuácan,* «tierra de los que tienen abuelos divinos», y cuya ubicación es, hasta el día de hoy, desconocida. Igualmente, se ha relacionado a Quinehuáyan y Tzotzómpan como ciudades míticas del origen. De acuerdo con la *Crónica mexicana,* «antiguamente ellos se hacían llamar *aztlantlaca,* "habitantes de Áztlan". Otros les llamaron *aztecas mexitin.* Ahora por el apellido de esta tierra ciudad de México Tenochtitlan».

El término *mexica* o *mexitin* —pronúnciese *meshítin*— se refiere a los oriundos de *Meshíco.* Mexicas es la castellanización de mexitin, que en singular es mexícatl. El sufijo *-tin* pluraliza los sustantivos, mientras que *-tl* los singulariza. Existen varias versiones sobre la etimología de esta palabra:

1. «En el ombligo de la luna» o «en el centro de la luna».
2. «En el ombligo del maguey», de *Mexictli,* «nombre de Huitzilopochtli» [*metl,* «maguey»; *xictli,* «ombligo»; y *-co,* «en»].

Según fray Diego Durán, *México* significa «el ombligo de la luna» [*metztli,* «luna»; *xictli,* «ombligo»; *toxic,* «ombligo»; y *-co,* sufijo locativo]. Para fray Bernardino de Sahagún, *matlálatl-tozpálatl* es el «ombligo de la tierra». De acuerdo con Alvarado Tezozómoc, «*Mexi* es uno de los nombres de Huitzilopochtli».

Según la *Historia de los mexicanos por sus pinturas*, el primer nombre de la ciudad isla fue *Cuauhmixtítlan*, «lugar del águila entre las nubes» o «lugar de la nube del árbol».

> En este primero año, como los mexicanos llegasen al lugar suso-dicho, *Uchilogos* [Huitzilopochtli] se aparesció á uno que se decía *Teunche* [Tenoch], y le dijo que en este lugar había de ser su casa, y que ya no habían de andar los mexicanos, y que les dijese que por la mañana fuesen á buscar alguno de Culuacán, porque los había maltratado, y ló tomasen y sacrificasen y diesen de comer al sol, y salió *Xomemitleut* [Xomímitl], y tomó á uno de Culuacán, que se decía *Chichilquautli* [Chichilcuauhtli], y en saliendo el sol lo sacri-ficaron, y llamaron á esta población *Quanmixtlitlán* [Cuauhmix-títlan], y después fué llamada *Tenustitán* [Tenochtitlan], porque hallaron una tuna nascida en una piedra y las raíces della salíen de la parte do[nde] fué enterrado el corazón de Copil, como está dicho (*Historia...*, 1882: cap. XIX).

El término *tenochca*, «los poseedores del tunal», se refiere a los habitantes de *Tenochtitlan*, «lugar de tuna de piedra» o «lugar del nopal de la piedra». *Tenochtli*, «nopal de la piedra». [*Tetl*, «pie-dra»; *nochtli*, «tuna»; y -*tlan*, sufijo locativo]. *Tenochtli* refiere a toda la planta y no sólo al fruto. «Mexico-Tenochtitlan se corres-ponde con los nombres de los dos principales fundadores: Cuauhtlequetzqui y Ténoch. El del primero reitera el carácter solar de Huitzilopochtli, pues significa "el que eleva el fuego del águila"; el del segundo alude a Tláloc» (López Austin y López Lujan, 2009: 187).

El término *nahua* —también *nahuatlaca* o *nahuatlacah*— alude a una persona que habla la lengua náhuatl. [*Náhuatl*, «cosas que suenan bien» o «lengua suave o dulce»; y *tlácatl*, «persona» o «ser humano»]. *Náhuac*, «rodeado». *Anáhuac*, «entre las aguas» [*atl*, «agua»; y *náhuac*, «rodeado»]. De esta manera, *nahua* también se puede traducir como «persona que vive en Anáhuac [entre las aguas]». Para los nahuas el *cemanáhuac*, «tierra totalmente rodeada por agua»; era todo el territorio que se extendía hasta los océanos Atlántico y Pacífico, es decir, la totalidad de la Tierra. *Cemanáhuac* [*cem*, «totalmente»; y *Anáhuac*, «entre las aguas»]. El náhuatl es una lengua perteneciente a la familia yuto-nahua. Es la más hablada en México (en 15 de las 31 entidades federativas), con 30 variantes y 1651958 hablantes registrados hasta 2020. *Nahuatlahto*, «traductor del náhuatl».

De acuerdo con el *Códice Ramírez*, «los pueblos originarios de esta tierra, según la común relación de las historias de ellos, proceden de dos señoríos diferentes: uno que llaman nahuatlaca, que quiere decir gente que se explica y habla claro». «*Nahuatlaca*, "que pertenece al pueblo náhuatl, nahua o nahoa"» (*Diccionario del Español de México*). «*Nahuatlaca*, "nombre que se dio a las naciones cultas que hablaban la lengua mexicana [náhuatl]"» (*Gran Diccionario Náhuatl*). «El vocablo *nahuatlato* remite, en primera instancia, al que habla la lengua náhuatl» (Johansson, 2017: 43).

En resumen, no es erróneo utilizar los términos *azteca* o *imperio azteca*. Ahora bien, cuando se quiera ser específico, se recomienda emplear el vocablo *azteca* si se habla de las tribus provenientes de Áztlan y sobre el imperio que constituía la Triple Alianza entre Tenochtitlan, Tlacopan y Texcoco. Se puede usar *mexica* o *tenochca* cuando se refiera a los habitantes de *Meshíco Tenochtitlan*. Pero si se quiere ser más puntual, se recomienda el término *tenochca*, ya que éste alude a los habitantes de *Meshíco Tenochtitlan* y no a los de *Meshíco Tlatelolco*, cuyos pobladores también eran mexicas. *Tenochca*, gentilicio de Tenochtitlan. *Tlatelolca*, gentilicio de Tlatelolco. *Meshíca*, de *Meshíco Tenochtitlan* y *Meshíco Tlatelolco*. «La oposición de ambas ciudades hermanas se manifestará también en sus símbolos zoomorfos de fuego/agua: Mexico-Tenochtitlan (la ciudad del sur) tendrá como emblema el águila, mientras que Mexico-Tlatelolco (la del norte), el jaguar» (López Austin y López Lujan, 2009: 187). Finalmente, el término *nahua* se puede utilizar al aludir a todos los hablantes de la lengua náhuatl y a los habitantes de la Cuenca de México, donde se hablaba esta lengua.

348 SOFÍA GUADARRAMA COLLADO

Gentilicios relacionados

«Los aztecas llamaban *nahuas* a todas aquellas tribus que hablaban el náhuatl, es decir, una lengua comprensible para ellos, y designaban a todos los demás con los nombres de *popolocas, nonohualcas* y *chontales*» (Krickeberg, 1961: 41).

«*Popoloca,* "persona que habla otra lengua"» (GDN). «La palabra *popoloca,* "los tartamudos", corresponde casi exactamente a la palabra griega "barbaroi"».

«*Nonohualca,* "habitantes de Nonohualco, distrito de Tenochtitlan"» (GDN). «La palabra *nonohualca,* "los mudos", se parece a *njemez,* palabra usada por los rusos para designar a los pueblos de habla extranjera».

«*Chontalli,* "extranjero" o "foráneo"» (GDN). La palabra maya *chontal,* que se utiliza para designar a la etnia de Tabasco, proviene del náhuatl, pero ellos se llamaban a sí mismos *yoko t'aanob,* «hablantes de la lengua verdadera», *yoko yinikob,* «hombres verdaderos», y *yoko ixikob,* «mujeres verdaderas», también conocidos como *Putunes.*

La ambigüedad de estas palabras tuvo por resultado que en el mapa etnográfico de México aparecieran varias veces los popolocas, los chontales y, en las leyendas mexicanas, varios nonohualcas, siendo que no tienen ninguna relación lingüística unos con otros.

Los *aztecas* consideraron como *nahuas,* en un sentido más estrecho, a aquellas tribus emparentadas entre sí y que llegaron, antes que ellos, a la meseta central:

- Los *tepanecas,* «los que se encuentran sobre la piedra», es decir, los que habitan en el campo de lava del Pedregal al suroeste.
- Los *acólhuas,* con su ciudad de Texcoco al este del lago del mismo nombre.

- Los *chinampanecas*, «habitantes de las *chinampas*», hacia el suroeste.
- Los *chalcas*, «moradores de Chalco», al sureste del Valle de México.
- Los *tlatepotzcas*, «los que viven a espaldas de los montes», en la Sierra Nevada, con sus ciudades de Tlaxcala y de Huexotzingo.
- Los *tlalhuicas*, «gente de tierra», en los valles del sur, con las mencionadas ciudades de Cuernavaca, Huaxtépec y Tepoztlán (Krickeberg, 1961: 41-46).

Etimología de la palabra chichimeca

El término *chichimeca* o *chichimécatl* se refiere a las tribus nómadas provenientes del norte; sin embargo, sobre su origen existen varias hipótesis.

La primera es «gente del lugar de perros» [*chichiman*, topónimo hipotético, «lugar de perros»; *chichi*, «perro»; y *-mecatl*, sufijo correspondiente a un gentilicio].

La segunda es «hombres salvajes», ya que «la derivación de este nombre procede de hombres que comían las carnes crudas y se bebían y chupaban las sangres de los animales que mataban, porque *chichiliztli* es tenido en lengua mexicana por mamar...» (Muñoz Camargo, 1892: 84).

La tercera, «del todo bárbaros».

Fray Bernardino de Sahagún nos dice que:

> los que se llamaban teuchichimecas, que quiere decir «del todo bárbaros», que por otro nombre se decían *cacachichimecas*, que quiere decir «hombres silvestres», eran los que habitaban lejos y apartados del pueblo, por campos, cabañas, montes y cuevas, y no tenían casa cierta, sino que de unas partes en otras andaban vagando y donde les anochecía, si había cueva, se quedaban allí a dormir (1956: 753).

No obstante, el mismo fray Bernardino de Sahagún se refiere a *aztecas* como *chichimecas*:

Las gentes nahuas, que son las que entienden la lengua mexicana, también se llaman chichimecas, porque vinieron de las tierras ya dichas, donde están las siete cuevas que ya están referidas, y son las que se nombran aquí: tepanecas, acólhuas, chalcas, tlahuicas, tlatepotzcas, tlaxcaltecas, huexotzincas, chololtecas, y otros muchos [...]. Los toltecas también se llamaban chichimecas, y los otomíes y michhuacas ni más ni menos (Sahagún, 1956: 777).

Las *Relaciones...* de Chimalpáhin nos dicen que:

se hace derivar *chichimeca* de dos voces nahuas, queriendo decir la una, «mamar» o «chupar», y la segunda refiriéndose al xolotlizcuintli, indica cierta especie de perro. Adhiriéndome a este último significado y considerándolo como interpretación de carácter clánico, creo que chichimeca es una nahuatlización de las formas *Tz'i* o *chu'ch* del grupo quicheano para perro, de uso propagado merced a grupos guerreros *huastecoides* o *quicheanos*.

En *Monarquía indiana* se lee lo siguiente:

Tomaron nombre de chichimecas estas gentes (que así se nombraron) del efecto, significa su nombre; porque chichimécatl tanto quiere decir como *chupador* o *mamador*; porque *chichiliztli* es el acto de mamar o la mamadura. *Chichinaliztli* es el acto de chupar o la chupadura. Así se llama a la teta de la mujer y la de cualquiera otro animal *chichihualli*. Estas gentes en sus principios se comían las carnes de los animales que mataban crudas y les chupaban la sangre a manera del que mama. Por eso se llamaron chichimecas, que quiere decir *chupadores* o *mamadores*. De este nombre *techichinani* que es el chupador o el que chupa.

La *Historia de Tlaxcala* dice que chichimecas, propiamente, quiere decir «hombres salvajes», aunque la derivación de este nombre procede de los hombres que comían las carnes crudas, se bebían y chupaban las sangres de los animales que mataban, porque *chichiliztli* es tenido en la lengua mexicana por «mamar», *chichinaliztli* por «cosa que chupa» y *chichihualli* es la «teta». Por la manera en que estas personas mataban y bebían la sangre, eran tenidas por crueles y feroces. Y por esta derivación de «chupadores» en la lengua mexicana chichimeca *techichinani*, llaman chichime a los perros, porque lamen la sangre de los animales y la chupan.

La *Historia...* de Diego Durán nos dice lo siguiente sobre los chichimecas:

> Este señorío se llamó *chichimeca*, «cazadores», o «gente que vive de aquel oficio», agreste y campesina. Los llamaron de esta manera a causa de que ellos vivían en los riscos y en los más ásperos lugares de monte, donde vivían una vida bestial, sin ninguna autoridad ni consideración humana, buscando la comida como las bestias del mismo monte, desnudos en cueros, sin ninguna cobertura de sus partes, andando todo el día a caza de conejos, venados, liebres, comadrejas, topos, gatos monteses, pájaros, culebras, lagartijas, ratones, langostas, gusanos y hierbas, raíces, con lo cual se sustentaban y toda la vida se les iba en esto. Estaban tan experimentados en ello que, para matar una culebra, se estaban todo el día hechos un ovillo, en cuclillas, tras un matorral, acechándola en el agujero que la vio entrar, peor que el gato que aguarda al ratón junto al agujero, cuando lo huele. Dormían en los montes debajo de las cuevas, debajo de los matorrales, sin ninguna preocupación por sembrar o cultivar. Comían lo que cazaban día a día, y así acudían al monte a buscar qué comer ellos y ellas, como el perro al muladar, donde, con instinto natural, halla qué roer. Y así ellas, cuando iban con sus maridos, dejaban al hijuelo colgado de una rama de un árbol, metido en una cestilla de juncos, bien harto de leche, hasta que volvían con la caza. Estos chichimecas eran tan pocos y tan apartados unos de otros, que no tenían entre sí ninguna conversación. No adoraban dioses ningunos, ni tenían ritos de ningún género. Vivían sólo ley natural.

La *Historia de la nación chichimeca* también nos proporciona su versión:

> El nombre de chichimeca lo tuvieron desde su origen, un vocablo propio de este señorío, que quiere decir «los águilas», y no lo que suena en la lengua mexicana, ni la interpretación bárbara que le quieren dar por

las pinturas y caracteres, porque allí no significa «los mamones», sino los hijos de los chichimecas habidos en las mujeres toltecas.

Ahora bien, cabe aclarar que el nombre *chichimeca* tiene un significado mitológico-nómada-originario y no se refiere estrictamente a los chichimecas civilizados-sedentarios que llegaron a la Cuenca tras la caída de Tollan. «Lo que se sabe por la arqueología nos lleva a afirmar que esos toltecas-chichimecas, de idioma náhuatl, no eran realmente bárbaros ni primitivos» (León-Portilla, 2004: 51). Incluso Chimalpáhin y Tezozómoc los incluyen como parte de las tribus migrantes: «*mexitin azteca chichimeca Chicomóztoca*» (Chimalpáhin, 1965: 17) y «*mexica azteca chichimeca*» (Alvarado Tezozómoc, 1949: 69).

Carlos Santamarina Novillo plantea lo siguiente:

> En definitiva, la historia postolteca del área central mesoamericana es pues la del proceso de integración —y hasta cierto punto aculturación— de los grupos migrantes chichimecas a la alta cultura mesoamericana de tradición tolteca, urbana, agrícola y socialmente estratificada. La supuesta fusión de ambas tradiciones se convierte así en un proceso paralelo a la paulatina centralización del poder político en el área central, que, si bien tiene una primera fase de culminación determinada por la hegemonía de Azcapotzalco, alcanzará su mayor expresión en el Imperio Tenochca (Santamarina, 2005: 302).

LOS IMPERIOS OLVIDADOS

En años recientes, la historia del imperio mexica ha opacado casi en su totalidad a los dos imperios que le precedieron: el imperio chichimeca y el imperio tepaneca. De éstos únicamente se menciona, de forma breve y ambigua, a Nezahualcóyotl, Maxtla y Tezozómoc. Rara vez se han abordado en libros comerciales las vidas de Xólotl, Quinatzin, Techotlala, por mencionar algunos.

Como lo mencioné en la introducción, en esta segunda parte del libro desglosaremos meticulosamente las fuentes primarias —las crónicas escritas por los descendientes de la nobleza mexica, acólhua, chalca, tlaxcalteca, tlatelolca y cuauhtitlancalca, entre otras fuentes anónimas, y aquellos estudios redactados por los primeros frailes—, para poder comprender a fondo los antecedentes a la historia de México Tenochtitlan.

Comenzaremos con el cronista mestizo, Fernando de Alva Ixtlilxóchitl.

De Tólan a Tenayócan, según la *Historia chichimeca*

Los más grandes autores históricos que hubo en la infidelidad [paganismo] de los más antiguos, se hallan [Ce Ácatl Topiltzin] Quetzalcóatl el primero; y de los modernos Nezahualcoyotzin, rey de Texcoco, y los dos infantes de México, *Itzcoatzin* [Izcóatl], y Xiuhcozcatzin, tlazopipiltin, «hijos del tecuhtli», *Huitzilihuitzin* [Huitzilíhuitl].

Alva Ixtlilxóchitl menciona a Xiuhcozcatzin como uno de los más grandes pensadores de aquella época. Sin embargo, no aparece entre los poetas que recopila el historiador e investigador Miguel León-Portilla en sus *Quince poetas del mundo náhuatl* ni en la *Historia de la literatura náhuatl,* de Ángel María Garibay. La única fuente que menciona a un Xiuhcozcatzin es el libro 12 del *Códice Florentino,* donde se narran las batallas contra los españoles.

Los capitanes de los mexicanos uno que se llamaba Xiuhcozcatzin, y otro Quaquauhtzin [Cuacuauhtzin]; otro Tezcacóatl; otro Tecpanecatl; otro Vitzitzi [Huitzitzin]; y otro Itzcuitzin; todos eran del barrio de Yacacolco todos estos defendían las entradas por que no entraran donde se habían refugiado las mujeres y niños, y luchando con mucha perseverancia hicieron la dicha retirada en dirección a otro canal, llamado Amaxac (*Códice Florentino*, libro 12, capítulo 37).

Continúa la *Historia chichimeca:*

Hubo muchos otros, que en donde sea necesario citaré, declaran por sus historias que el dios *Teotloquenahuaque* [Tloque Nahuaque] *Tlachihualcípal Nemoani Ilhuicahua Tlalticpaque*, que quiere decir «conforme al verdadero sentido, el dios universal de todas las cosas, creador de ellas y a cuya voluntad viven todas las criaturas, señor del cielo y de la tierra, etc.», el cual después de haber creado todas las cosas visibles e invisibles, creó a los primeros padres de los hombres, de donde procedieron todos los demás; y la morada y habitación que les dio fue el mundo, el cual dicen tener cuatro edades.

La primera que fue desde su origen, llamada por ellos *Atonatiuh*, que significa «Sol de agua»; que con sentido alegórico se refiere a la primera edad del mundo, en la que se acabó con el diluvio e inundación, con la que se ahogaron todos los hombres y perecieron todas las cosas creadas.

A la segunda edad llamaron *Tlalchitonatiuh*, que significa «Sol de tierra», por haberse acabado con terremotos, abriéndose la tierra por muchas partes, sumiéndose y derrocándose sierras y peñascos, de tal manera que perecieron casi todos los hombres, con cuya edad y tiempo fueron los gigantes que llamaron *quinametintzocuilhicxime*.

Al *Tlalchitonatiuh* de Ixtlilxóchitl en *Anales de Cuauhtitlán* se le llama *Ocelotonatiuh*, «Sol de ocelote». Prosigue la *Historia chichimeca:*

El Segundo Sol que hubo, cuyo signo es *Nahui Océlotl*, «Cuatro ocelote», se llama *Ocelotonatiuh*, «Sol de ocelote». Durante esta edad del mundo sucedió que se hundió el cielo; entonces el sol ya no siguió su camino, sino que se quedó en medio; luego anocheció y la gente fue devorada por las fieras. Entonces nacieron los gigantes. Dicen los antiguos que su saludo era: «No se vaya a caer usted», porque si alguien caía se caía para siempre.

A la tercera edad la llamaron *Ecatonatiuh*, que quiere decir «Sol de aire», porque feneció esta edad con aire, que fue tanto y tan recio el viento que hizo entonces, que derrocó todos los edificios y árboles y aun deshizo las peñas, y pereció la mayor parte de los hombres. Los que escaparon de esta calamidad hallaron cantidad de *monas* [simios] que el viento debió traer de otras partes. Dijeron que los hombres se convirtieron en esta especie.

Al *Ecatonatiuh* de Ixtlilxóchitl en los *Anales de Cuauhtitlán* se le llama Ehecatonatiuh, y es el Cuarto Sol: «El Cuarto Sol que hubo, cuyo signo es *Nahui Ehécatl*, "cuatro viento", se llama *Ehecatonatiuh*, "sol de viento". Durante esta edad del mundo todo fue arrastrado por el viento y los hombres se volvieron monos y fueron arrojados a los bosques».

En la *Historia chichimeca*, «[los] que poseían este nuevo mundo en esta tercera edad fueron los *ulmecas* y *xicalancas*».

No se refiere a los olmecas de 1200 a. C. —Preclásico Medio—, en el sur de Veracruz y oeste de Tabasco, que hoy conocemos como *Cultura Madre*,[1] sino a los olmeca-xicalancas (olmeca de Olman, Veracruz, y xicalanca de Xicalango, Campeche) que conquistaron Cholólan —periodo Epiclásico— tras la caída de Teotihuacan y Cholólan, y remplazaron el culto a *Chiconauhquiáuitl*, «dios de las nueve lluvias», por Quetzalcóatl.

Haremos una pausa en la crónica de Alva Ixtlilxóchitl para compararla, brevemente, con el capítulo primero de la *Historia...* de Diego Durán:

Me empezó a contar un viejo, natural de Cholólan, de edad de cien años, que de puro viejo andaba ya inclinado hacia la tierra, asaz docto

---

[1] Este término ya no se usa en el medio académico.

en sus antiguallas, el cual, rogándole me iluminara de algunas cosas para poner en esta mi obra, me preguntó que de qué materia quería me tratara. Yo le dije que, desde el principio del mundo, en lo que a su generación indiana tocaba y tenía noticia. A lo cual me respondió:

Toma tinta y papel, porque no podrás percibir todo lo que yo te diré.

Empezó de esta manera:

En el principio, antes de que la luz y el sol fueran creados, estaba esta tierra en obscuridad y tiniebla y vacía de toda cosa creada. Toda llana, sin cerros ni quebradas, cercada de todas partes de agua, sin árbol ni cosa creada. Y luego que nació el sol y la luz en el oriente, aparecieron unos hombres gigantes y se adueñaron de esta tierra. Luego, deseosos de ver el nacimiento del sol y su ocaso, propusieron de ir a buscarlo. Se dividieron en dos partes: unos caminaron hacia el poniente y los otros hacia oriente.

Caminaron hasta que la mar les atajó el camino, entonces determinaron volver al lugar de donde habían salido. De regreso a este lugar, llamado *iztac zulin inemian*, sin poder llegar al sol, enamorados de su luz y hermosura, determinaron edificar una torre tan alta que llegara al cielo. Llevaron materiales para su construcción. Hallaron un barro y betún muy pegajoso, con el cual muy de prisa empezaron a edificar la torre. Tras haber construido lo más posible, que parecía llegar al cielo, enojado el Señor de las alturas dijo a los moradores del cielo:

—¿Han notado cómo los de la tierra han edificado una alta y soberbia torre para subirse acá, enamorados de la luz del sol y de su hermosura? Vengan y confundámoslos, porque no es justo que los de la tierra viviendo en la carne, se mezclen con nosotros.

Luego en aquel punto salieron los moradores del cielo por las cuatro partes del mundo, así como rayos, y les derribaron el edificio que habían edificado. De lo cual, asombrados los gigantes y llenos de temor, se dividieron y derramaron por todas las partes de la tierra.

Prosigue la *Historia chichimeca*:

Y según por sus historias, vinieron en navíos de la parte de oriente hasta la tierra de Potonchán [Tabasco], desde donde comenzaron a poblarle en las orillas del río Atoyac, que es el que pasa entre la ciudad de [Puebla de] los ángeles y Cholólan. Hallaron algunos de los gigantes que habían escapado de la calamidad y consumación de la segunda edad, los cuales siendo gente robusta y confiados en sus fuerzas y mayoría de cuerpo, se señorearon de los nuevos pobladores de tal manera que los tenían como esclavos. Los dirigentes buscaron librarse de esta servidumbre en un convite que les hicieron muy solemne: después repletos y embriagados, con sus mismas armas los acabaron y consumieron, con cuya hazaña quedaron libres y exentos de esta sujeción y fue en aumento su *tecúyotl*.

Cuando estaban en la mayor prosperidad, llegó a esta tierra un hombre a quien llamaron [Ce Ácatl Topiltzin] Quetzalcóatl y otros Huémac por sus grandes virtudes, teniéndolo por justo santo y bueno enseñándoles por obras y palabras el camino de la virtud y evitándoles los vicios y pecados, dando leyes y buena doctrina para refrenarles de sus deleites y deshonestidades.

El *tecúyotl* y el *tlatocáyotl* se refieren a dos tipos de gobierno: el *tecúyotl* de los *tetecuhtin*, y el *tlatocáyotl* de los *tlatoque*. El *tecúyotl*, en plural *tetecúyo*, sería el equivalente a un gobierno municipal, en tanto que el *tlatocáyotl* a la administración federal o imperial. Antes de la creación de la Triple Alianza, el gobierno de México Tenochtitlan era un *tecúyotl*.

Alva Ixtlilxóchitl plantea que Ce Ácatl Topiltzin Quetzalcóatl y *Huémac*, «el que tiene las manos grandes», son el mismo gobernante de *Tólan*, lo cual es incorrecto.

De acuerdo con los *Anales de Cuauhtitlán*:

En el año *chiconahui tochtli*, «994», murió Tlilcoatzin, *tecuhtli*, «señor» o «gobernante», de Tólan, y luego se enseñoreó Huémac, que tomó el título señorial de Atecpanécatl. Es tan larga su relación que podrá verse en otro papel. Al poco tiempo de enseñorearse se casó y tomó por mujer a Coacueye, mujer valiente, a quien había criado un hechicero en

Coacueyecan, de dónde ella era originaria. Coacueye tenía las caderas como de un brazo de anchas. Y después Huémac fue a Xicócoc a traer a un sacerdote llamado Cuauhtli. Huémac se sentó en el petate y asiento de Quetzalcóatl, tomando el lugar de Quetzalcóatl; y también tomó su lugar en Tólan como sacerdote. Huémac era el sacerdote cuando se entregó a las diablesas que lo sedujeron, pues él tuvo parte Yáotl y Tezcatlipoca, que vivían en Tzapótlan. Desde allá vinieron éstos a engañar a Huémac, volviéndose mujeres para que tuviera parte con ellas, por lo cual tuvo que dejar el sacerdocio. Ya se dijo que le sucedió Cuauhtli.

Esto es lo que narran los *Anales de Cuauhtitlán* sobre el derrumbamiento de Tólan: «En el año *chicuei tochtli*, "1058", sucedieron muchos agüeros en Tólan: en este mismo año llegaron las Ixcuinanme».

Ixcuinanme [*Ixcuiname*] es el plural de *Ixcuina* o *Tlazoltéotl*, «diosa de la inmundicia». Las *Ixcuiname*, «las que toman varios rostros», eran las cuatro hermanas, personificaciones o edades de *Tlazoltéotl*, «diosa de la inmundicia» [*tla-*, prefijo; *zolli*, «inmundicia»; y *téotl*, «divino»], que era la diosa de la sexualidad, la lujuria y la inmundicia. Las cuatro hermanas se llamaban:

- Tiyacapan, la primogénita.
- Teicuih, también Teiuc, la segunda.
- Tlahco, también Tlahcoyehua, la tercera.
- Xocotzin, la menor.

Cuando descienden a la tierra las diosas llamadas Cihuapipiltin, o cuando se hace la festa de las diosas de la carnalidad que se llaman Ixcuiname [...] ayunarás cuatro días afligiendo tu estómago y tu boca; y llegado el día de la fiesta de estas diosas Ixcuiname [...] amaneciendo, pasarás [...] por la lengua o las orejas cuatrocientos u ochocientos mimbres (Sahagún, I, 12: 36).

Continúan los *Anales de Cuauhtitlán*:

Según la tradición de los antiguos, ellas venían de *Cuextlan* [*Cuextla*], «la tierra de los huaxtecos». En el lugar llamado *Cuextecatlichocayan*, «lugar donde llora el huasteco», dijeron a los cautivos que habían tomado en Cuextlan:

—Ahora vamos a Tólan, con ustedes llegaremos a esa tierra, con ustedes haremos fiesta, porque nunca ha habido allá flechamiento, pero nosotros lo inauguraremos flechándolos.

Cuando los cautivos oyeron esto, se afligieron y lloraron. Entonces comenzó el flechamiento, cuando las Ixcuinanme hicieron fiesta en la veintena de izcalli.

En el año *chiconahui ácatl*, «1059», llegaron a Tólan las Ixcuinanme. Llegaron a la tierra con los dos cautivos a los que habrían de flechar. Estos cautivos cuextecas eran los maridos de las Ixcuinanme; entonces comenzó por primera vez el flechamiento.

En el año *mátlactli omei ácatl*, «1063», ocurrieron muchos agüeros en Tólan. Entonces Yáotl dio principio a la guerra, cuando los toltecas se enfrentaron en Nextlalpan.

Yáotl o *Yaotzin*, «el enemigo», uno de los nombres de Tezcatlipoca.

Nextlalpan, «sobre el suelo de ceniza» [*nextli*, «ceniza»; *tlalli*, «tierra» o «suelo»; y *-pan*, «sobre»].

Prosiguen los *Anales de Cuauhtitlán*:

Cuando tomaron cautivos comenzaron los sacrificios humanos, porque los toltecas sacrificaron a sus cautivos. En medio de ellos andaba Yáotl, incitándolos para que, como por diversión, sacrificaran a la gente. Y luego comenzó asimismo el desollamiento de hombres, al tiempo que se cantaba en Texcalapan, estaba entonces una mujer otomí en el río, sacando hilos de unas pencas de maguey, cuando el tolteca *Xiuhcózcatl*, «collar de turquesas», la tomó, la desolló y luego se revistió su piel.

Alfredo López Austin propone cinco argumentos básicos para distinguir las funciones sociales y políticas que se han atribuido a los sacrificios humanos aztecas:

1. Aliviar la presión demográfica, equilibrando la relación entre número de habitantes y recursos naturales.

2. Liberar tierras en los lugares conquistados, que pasarían al control directo de los conquistadores.

3. Fundamentar un sistema de recompensas sociales para estímulo y reconocimiento de los méritos guerreros, de modo que el total de la sociedad se identificase con la ideología militarista promovida desde la élite de poder.

4. Utilizar la gran carga ideológica y emotiva de dichos rituales para, sobre la base del terror, inculcar —tanto en aliados como en enemigos— el poder del Estado, y la conveniencia de ceder a sus requerimientos.

5. Establecer un equilibrio entre control y explotación de los territorios conquistados (López Austin, 1989: 436-438).

Continúan los *Anales de Cuauhtitlán*:

Entonces, por primera vez, *Tótec* [*Xipe Tótec*], «nuestro señor desollado» [*xipe*, «desollado»; *to*, «nuestro»; y *tec*, «señor»], se revistió con la piel [del sacrificado]. Después comenzó toda suerte de sacrificios humanos. Dicen que antes, Quetzalcóatl, también llamado *Ceácatl* [Ce Ácatl], nunca aceptó los sacrificios humanos.

En el año *ce técpatl*, «1064», se dispersaron los toltecas, mientras gobernaba Huémac. Cuando salieron y se movieron llegaron a Cíncoc; y en este lugar Huémac ofreció en sacrificio a uno llamado Cecóatl. En Tlamacazcatzinco, por el camino, quiso meterse a una cueva, pero no pudo; entonces siguió y llegó a Cuauhnénec. Allí parió la mujer de Huémac, llamada Cuauhnénetl, y por eso ahora [el lugar] se llama Cuauhnénec. Partió y llegó a Teoconpan, donde Yáotl se paró sobre una biznaga, y desde allí se dirigió a sus amigos, diciéndoles:

—Deténganse aquí los que son mis amigos; que se vayan los toltecas, mas no se irán ustedes que son mis amigos.

En el año *chicome tochtli*, «1070», se mató Huémac en el Cincalco de Chapultépec. En el año *chicome tochtli*, «1070», terminaron los años de los toltecas, tras los siete años en que anduvieron yendo a diversos pueblos con la intención de asentarse entre ellos; de modo que los toltecas duraron en total 339 años. En este año Huémac se entristeció y lloró al ver que ya no había toltecas después de que él había partido, entonces se suicidó: se ahorcó en la cueva de Chapultépec.

Relata la *Historia chichimeca*:

Les constituyo el ayuno al primero que adoró y colocó la cruz que llamaron *Quiahutzteotlchicahualiztéotl* y otros *Tonacaquábuit* que quiere decir «dios de las lluvias y de la salud» y «árbol del sustento» o «de la vida». El cual habiendo predicado sobre las cosas de las ciudades de los ulmecas y xicalancas, y en especial en la de Cholólan, en donde asistió más, y al ver el poco fruto que hacía con su doctrina, se volvió por la misma parte de donde había venido, que fue por la de oriente, desapareciéndose por la costa de Coatzacoalco. Cuando se estaba despidiendo de esta gente les dijo que, volvería en el año *ce ácatl* y entonces su doctrina sería recibida y sus hijos serían pipiltin y poseerían la tierra, y que ellos y sus descendientes pasarían muchas calamidades y persecuciones; y otras muchas profecías que después vieron.

Quetzalcóatl, por interpretación literal, significa «sierpe de plumas preciosas»; por sentido alegórico, «varón sapientísimo»; y Huémac, dicen unos que le pusieron este nombre porque imprimió y estampó sus manos sobre una peña, como si fuera en cera muy blanda, en testimonio de que se cumpliría todo lo que les dejó dicho. Otros dicen que significa «el de la mano grande» o «el de la mano poderosa».

A los pocos días de que se fue Huémac, sucedió la destrucción de la tercera edad del mundo. Entonces se destruyó aquel edificio tan memorable y suntuoso de la ciudad de Cholólan [el Tlachihualtépetl] que era como otra segunda torre de Babel, que estas gentes edificaban casi con los mismos designios. Después, los que escaparon de la consumición de la tercera edad, en las ruinas de ella edificaron un templo a Quetzalcóatl a quien colocaron por dios del aire, por haber sido causa de su destrucción el aire, entendiendo ellos que fue enviada de su mano esta calamidad; y le llamaron asimismo *ce ácatl* que fue el nombre del año de su venida.

> El templo a Quetzalcóatl en Cholólan fue incendiado por los
> españoles en la matanza de 1519, y destruido en 1529 para edifi-
> car el Convento de San Gabriel Arcángel.

Sigue la *Historia chichimeca*:

> Desde este tiempo acá entró la cuarta edad que dijeron llamarse *Tleto-
> nátiuc*, «Sol de fuego», porque dijeron que esta cuarta y última edad
> del mundo se ha de acabar con fuego. Era Quetzalcóatl hombre bien
> dispuesto, de aspecto grave, blanco y barbado. Su vestuario era una
> túnica larga.

El *Tletonátiuc* de Ixtlilxóchitl es el *Quiauhtonatiuh*, «sol de lluvia»,
en los *Anales de Cuauhtitlán* porque llovía fuego.

> El Tercer Sol que hubo, cuyo signo es *Nahui Quiáhuitl*, «cuatro
> lluvia», se llama *Quiauhtonatiuh*, «sol de lluvia». Durante esta edad
> del mundo sucedió que llovió fuego, y la gente se abrasó; también
> llovieron arenas de ceniza. Dicen que entonces cayeron las arenas
> de ceniza que ahora vemos, que hirvió el tezontle y que se forma-
> ron los peñascos rojizos.
>   En esta cuarta edad llegaron a esta tierra de Anáhuac, los tolte-
> cas, los cuales según parece por sus historias fueron desterrados de su
> altépetl, y después de haber navegado y costeado diversas tierras hasta
> donde es ahora la California por la Mar del Sur, llegaron a la que llama-
> ron Huitlapalan, que es la que al presente llaman de Cortés, que por
> parecer bermeja le pusieron el nombre referido, en el año que llama-
> ron ce técpatl, que fue en el de 387 d. C. Y habiendo costeado la tierra
> de Jalisco y toda la costa del sur, salieron por el puerto de Huatulco y
> andando por diversas tierras hasta el altépetl de Tochtépec, que cae
> en la costa del Mar del Norte; y habiéndola andado y ojeado, vinie-
> ron a parar en el altépetl de Tolantzinco, dejando en los mejores luga-
> res y estos alguna de la gente que traían para poblarlos. Este señorío
> tolteca fue la tercera que pobló esta tierra, contando por los primeros
> a los gigantes, y por los segundos a los ulmecas y xicalancas.

Altépetl, «agua cerro» [*al*, «agua»; y *tépetl*, «cerro» o «montaña»], que se traduce como «montaña de agua», se refiere a los asentamientos o territorios poblados por gente y se puede utilizar como sinónimo de señorío, ciudad, pueblo o comarca Huey altépetl Azcapotzalco, «gran señorío de Azcapotzalco». Huey altépetl Teshcuco.

Estando en el puesto de Tolantzinco contaron ciento y cuatro años que habían salido de su altépetl; los cuales traían siete dirigentes, que por sus tiempos siempre entre estos siete elegían uno que los gobernaba.

- El primero de estos se llamaba Tlacomihua, aunque otros lo llaman Ácatl.
- El segundo, Chalchiúhmatz.
- El tercero, Ahuécatl.
- El cuarto, Coatzon.
- El quinto, Tziuhcóatl.
- El sexto, Tlapálhuitz.
- El séptimo y último, Huitz.

Francisco Javier Clavijero proporciona la siguiente lista de dirigentes:

- Zacatl
- Chalcatzin
- Ehecatzin
- Cohualtzin
- Tzihuacoatl
- Metzotzin
- Tlapalmetzotzin

Continúa la *Historia chichimeca:*

Después poblaron la ciudad de Tólan, que fue la cabeza de su tlatocáyotl, por parecerles lugar conveniente y pasar por el río.

Y a los siete años de su fundación eligieron a un señor supremo, que fue el primero que tuvieron. Este se llamaba Chalchiuhtlanetzin Chalchiuhtlatónac, que fue en el año que llamaban *chicome ácatl*, el cual fue en el de 510 de la encarnación.

Chalchiuhtlatónac, «el del brillo solar de jade», nombre divino, íntimamente asociado con Chalchíhuitl icue que preside el bautismo del recién nacido/nombre personal. *Chalchiuhtlatónac, Chalchiuhtlicue*, «señor y señora de las aguas» o «el de brillo solar de jade y la de falda de jade».

Prosigue la *Historia chichimeca*:

Este tecuhtli gobernó cincuenta y dos años, en cuyo tiempo fueron los de este tlatocáyotl aumentó en grande y trabaron parentesco y amistad con los naturales que había en la tierra, teniéndolos debajo de su dominio. A éste le sucedió Thilquecháhuac Tlalchinoltzin, que entró en el año llamado *chicome ácatl*, que fue en el 562, el cual gobernó otros tantos y murió en 613, que llaman *chicuacen tochtli*, y le heredó en el imperio Huetzin que gobernó otros cincuenta y dos años, por ser costumbre entre ellos reinar de cincuenta a cincuenta y dos años, y si antes de cumplirlos morían, gobernaba la república. Este tecuhtli Huetzin murió en el año 664, que llaman *chicuacen tochtli*. Le sucedió después Totepeuh, que gobernó otros tantos años y murió en el año llamado *macuili calli*, «716». Entró en la sucesión Nacázxoch, el cual gobernó cincuenta y dos años y acabó en el *macuili calli*, «768», y heredó el imperio Tlacomihua. Éste engrandeció y amplió mucho su señorío, hizo muy grandes y suntuosos edificios, entre los cuales fue el templo de la rana, en el que colocó por diosa del agua. Murió en el año *matlactli ce ácatl*, «826»; y le sucedió la reina Xiuhquentzin, que gobernó cuatro años y falleció en el año *ome ácatl*, «830».

Le sucedió en el imperio Iztaccaltzin, padre de Topiltzin [Ce Ácatl Topiltzin Quetzalcóatl], en cuyo tiempo se destruyó este señorío.

Al respecto, Francisco Javier Clavijero proporciona la siguiente lista de gobernantes toltecas:

- Chalchiutlanetzin (667-719 d. C.)
- Ixtlicuechahuac (719-771 d. C.)
- Huetzin (771-823 d. C.)
- Totepeuh (823-875 d. C.)
- Nacaxxoc (875-927 d. C.)
- Mitl (927-976 d. C.)
- Xiuhtzaltzin (reina) (979-1031)
- Topiltzin (1031-1052), que murió el año ome técpatl.

Continúa la *Historia chichimeca*:

Habiendo sucedido Iztaccaltzin en el tlatocáyotl, gobernó cincuenta y dos años, que fue el tiempo que constituyeron sus antepasados; en cuyo discurso trató amores con Quetzalxochitzin, esposa de un señor llamado Papantzin descendiente de la casa real; y en esta señora tuvo este tecuhtli a Topiltzin, y aunque adulterino, le sucedió en el señorío, que fue en el de 882 d. C., que también se llama *ome ácatl*; por cuya causa algunos de los señores sus vasallos se levantaron contra él.

En los *Anales de Cuauhtitlán*, «el tecuhtli Iztaccaltzin, hizo jurar a su hijo Topiltzin». Más adelante, dice: «En el año *chicuace ácatl*, "835", murió Totepeuh, padre de Quetzalcóatl». Además, en los *Anales de Cuauhtitlán* se percibe el nacimiento de Topiltzin como un milagro ya que éste nace años después de la muerte de su padre Totepehua. «En el año *ce ácatl*, "843", nació Quetzalcóatl, quien recibió el nombre de Topiltzin, sacerdote Ce Ácatl Quetzalcóatl. También se dice que su madre se llamaba Chimalman, y que cuando concibió en su seno a Quetzalcóatl fue porque se tragó una cuenta de chalchihuite». Sin embargo, para Ixtlilxóchitl, Topiltzin es producto del adulterio entre Iztaccaltzin y Quetzalxochitzin.

De acuerdo con la *Historia chichimeca*:

Unos intentaron apropiarse del tlatocáyotl, pues creían ser más dignos de él; otros, en venganza del adulterio, los más señalados Coanacotzin, Huetzin y Mixiotzin, señores de los señoríos que caían en las costas del Mar del Norte. Y es así que, tras haber gobernado cincuenta y dos años, el tecuhtli Iztaccaltzin hizo jurar a su hijo Topiltzin. En la jura estuvieron algunos de los tetecuhtin amigos, *Iztacquauhtzin* [Iztaccaltzin].

Iztacquauhtzin [Iztaccaltzin], «señor águila real» [*íztac*, «blanca»; *cuauhtli*, «águila»; y *-tzin*, «señor», sufijo reverencial].

Iztaccuauhtli, «águila blanca», águila real [*íztac*, «blanca»; y *cuauhtli*, «águila»].

Maxtlatzin, «el que tiene bragas» [*máxtlatl*, «braga»; *-tzin*, «señor», sufijo reverencial].

Continúa la *Historia chichimeca:*

Luego de que entró Topiltzin en la sucesión del tlatocáyotl, hubo grandes presagios de su destrucción, y se cumplieron ciertos pronósticos y profecías que habían pronosticado sus mayores; que fueron entre otras muchas, que cuando dominase un tecuhtli con el cabello levantado desde la frente hasta la nuca a manera de penacho, había de acabarse este señorío tolteca. Asimismo, los conejos en este tiempo habían de criar cuernos como venados, y el pájaro huitzitzilin criaría un espolón como gallipavo; todo lo cual sucedió así, porque el tecuhtli Topiltzin tuvo el cabello como está dicho, y se vio en el tiempo de su gobierno acaecer lo referido en los conejos y huitzitzilies.

Huitzitzilin «colibrí». *Opochtli*, «zurdo o izquierdo». *Huitzilopochtli*, «colibrí surdo» o «colibrí izquierdo».

Continúa la *Historia chichimeca:*

Ocurrieron otros prodigios que causaron mucho espanto y alteración al tecuhtli, quien ordenó juntar a los *teopixque,* «guardianes de los dioses», *tonalpouhque,* «adivinos», y *tlapouhque,* «videntes», para que le explicarán su significado. En cuanto le dijeron que se trataba de su destrucción, mandó llamar a sus mayordomos para entregarles sus tesoros —los cuales eran los mayores que había en aquel tiempo— para que los retiraran en el altépetl de Quiahuíztlan. Temiendo de los pipiltin contrarios, y tras los prodigios y señales, comenzó el hambre y esterilidad de la tierra, en la cual pereció la mayor parte de la gente, que sólo comían el gorgojo y gusanos de los bastimentos que tenían en sus trojes. Ocurrieron también otras calamidades y persecuciones del cielo, del cual parecía llover fuego. Fue tan grande la seca que duró veintiséis años, de tal manera que se secaron los ríos y fuentes.

Y al ver los tetecuhtin contrarios cuán faltos estaban de fuerzas y sustento, vinieron contra él [Topiltzin] con un poderoso ejército, y a pocos lances le fueron ganando muchas ciudades hasta venir a apoderarse de Tólan, cabecera del tlatocáyotl. Aunque Topiltzin y toda su gente salieron huyendo, los alcanzaron a pocas jornadas y los mataron. El primero en morir fue el rey viejo Iztacquauhtzin, su padre, y la dama Quetzalxochitzin que, según las historias, tenían casi ciento cincuenta años.

En el altépetl de Totolápan alcanzaron a los dos pipiltin *Iztaccalihtzin* [Iztaccaltzin] y Mantla —confederados de Topiltzin— en donde les dieron desastrada muerte, por más que se defendieron. Topiltzin se perdió y nunca más se supo de él. De dos hijos que tenía, sólo uno, el príncipe Póchotl, escapó. Pocos toltecas escaparon a las montañas, a las sierras fragosas y a los carrizales de la laguna de Colhuácan.

Este fin tuvo el tlatocáyotl de los toltecas que duró quinientos setenta y dos años. Los pipiltin que vinieron a sojuzgarle, vieron tan arruinado aquel tecúyotl que se volvieron a sus altepeme. Aunque victoriosos, también tuvieron gran pérdida de la mayor parte de sus ejércitos, que perecieron de hambre. La misma calamidad corrió en sus tierras, porque la sequía y esterilidad de la tierra fue general, pues de otra parte apenas quedaron algunos.

Estos toltecas eran grandes artífices de todas las artes mecáni-
cas. Edificaron muy grandes ciudades, como fueron Tólan, Teotihuácan, Cholólan, Tolantzinco y otras muchas, como parece por las
grandes ruinas de ellas.

Como las y los lectores podrán darse cuenta, Alva Ixtlilxóchitl se
equivoca por completo al adjudicar a los toltecas la construcción de
Teotihuácan, Cholólan y Tolanzinco.

Prosigue la *Historia chichimeca:*

> Su vestuario era unas túnicas largas a manera de los ropones que usan
> los japoneses. Por calzado traían unas sandalias. Usaban unos sombre-
> ros hechos de pala o de palma. Eran poco guerreros, aunque muy repu-
> blicanos. Eran grandes idólatras. Tenían por particulares dioses al
> Sol y a la Luna. Según parece por las historias referidas, vinieron por
> la parte de poniente costeando por la Mar del Sur. La última y total
> destrucción fue en el año *ce técpatl*, «959».

En este punto haremos una pausa en la *Historia chichimeca* para hacer
una breve comparación con lo que se relata en *Anales de Cuauhtitlán*.

> Allá flecharás un águila amarilla, un ocelote amarillo, una serpiente
> amarilla, un conejo amarillo y un venado amarillo. Tira hacia Huitz-
> tlan Huitznahuatlalpan Amilpan Xochitlalpan; allá flecharas un águila
> roja, un ocelote rojo, una serpiente roja, un conejo rojo y un venado
> rojo. Y cuando hayas terminado de tirar, pon las presas en manos de
> Xiuhteuctli Huehuetéotl, a quien guardarán estos tres: Mixcóatl,
> Tozpan e Íhuitl; éstos son los nombres de las tres piedras del hogar.
> De esta manera instruyó Itzpapálotl a los chichimecas.

- *Xiuhteuctli*, «señor del año» o «señor de la turquesa».
- *Huehuetéotl*, «nuestra madre», «nuestro padre» o «el
  dios viejo».
- *Mixcóatl*, «serpiente de nube» o «serpiente tornado».

- Al Dios Viejo, señor del fuego, «se le daba el tratamiento dual de *Teteo Innan*, "madre de los dioses", y *Teteo Íntah*, "padre de los dioses" […]. Debido a que su residencia principal era el Eje cósmico, ocupaba tres niveles verticales: el Cielo Alto, la parte media del cosmos y el helado Inframundo. Su acción era diferente en cada nivel, por lo cual se decía que el dios estaba formado por tres personas diferentes. Estas tres personas, que ocupaban los tenamaztes, "las tres piedras colocadas alrededor de las hogueras", eran Xiúhnel, Tozpan e Íhuitl. La primera de las trébedes, Xiúhnel, también era llamada Mixcóatl, por lo que se le puede asignar la posición más alta del Eje cósmico, correspondiente a la luz de la Vía Láctea con la que se identifica Mixcóatl […]. En cambio, cuando el dios del fuego era contemplado a partir de sus funciones sobre la horizontalidad de la tierra, tenía cinco personalidades, pues adquiría una por cada cuadrante de la superficie (Xiuhtecuhtli verde, Xiuhtecuhtli amarillo, Xiuhtecuhtli blanco y Xiuhtecuhtli rojo), a las que se agregaba su suma o fusión, pues en este caso el dios era *Nauhyotecuhtli*, «señor del conjunto de los cuatro» (López Austin, 2020, 62-66).

- *Itzpapálotl*, «Mariposa alas de obsidiana» [*iztli*, «obsidiana»; y *papálotl*, «mariposa» o «papalote»]. Diosa del sacrificio y de la guerra, patrona de la muerte, diosa de la Tierra y de la Luna, y deidad principal de los tolteca-chichimecas. También llamada Itzpapalocíhuatl. Itzpapálotl escoltó a los siete grupos tolteca-chichimecas y les asignó su lengua e insignias.

Según los *Anales de Cuauhtitlán*: «Mientras venían los chichimecas, los guiaban los cuatrocientos *mixcoas* [mimixcoa]».

Mimixcoa, «serpientes de nubes» [*mimixtin*, «nubes»; y *cóatl*, «serpiente»], deidades en el norte, asociadas con las llanuras

> áridas y la Vía Láctea. Personificación de las estrellas. *Mimixcoa* es la forma plural de *Mixcóatl*, «serpiente de nube» o «serpiente tornado» [*mixtli*, «nube»; y *cóatl*, «serpiente»].

Continúan *Anales de Cuauhtitlán:*

> Así llegaron a las nueve colinas, a las nueve llanuras. Pero luego los cuatrocientos mixcoas cayeron en manos de Itzpapálotl, que los devoró y los exterminó. Solamente escapó Iztacmixcóatl, también llamado Mixcoaxocóyotl. Éste se metió a una biznaga e Itzpapálotl allá lo persiguió, pero Mixcóatl salió de prisa. Luego la flechó e invocó a los cuatrocientos mixcoas que habían muerto, los cuales aparecieron y también la flecharon. Cuando Itzpapálotl ya estaba muerta, los mixcoas la quemaron y con sus cenizas se embijaron el rostro y se pintaron de negro las cuencas de los ojos. Con las cenizas sobrantes hicieron un envoltorio. Los mixcoas se ataviaron para la guerra en el lugar llamado Mazatépec. Allá comenzaron los cuatro contadores de los años: primero, *ácatl*; segundo, *técpatl*; tercero, *calli*; y cuarto, *tochtli*.
>
> En el año *ce ácatl*, «635», los chichimecas salieron de Chicomóztoc, según se dice en su relación. La cuenta de los años, de las veintenas y de los días estaba a cargo de los nombrados Oxomoco y Cipactónal; Oxomoco era la mujer y Cipactónal era el hombre. Ambos eran muy ancianos; y después también así se llamaba a los que eran viejos y viejas.

En el capítulo 2 de *Historia de los mexicanos por sus pinturas* se narra la historia de Oxomoco y Cipactónal de la siguiente manera:

> Pasados seiscientos años del nacimiento de los cuatro dioses hermanos e hijos de Tonacatecuhtli se juntaron todos cuatro y dijeron que sería bueno que ordenaran lo que debían hacer y la ley que debían tener. Todos eligieron a Quetzalcóatl y a Huitzilopochtli que ellos dos lo ordenasen. Y estos dos por comisión y parecer de los otros dos hicieron el fuego y con éste hicieron medio sol, el cual por no ser entero alumbraba poco. Luego hicieron a un hombre y a una mujer. Al hombre lo llamaron Oxomoco y a la mujer Cipactónal.

Relatan los *Anales de Cuauhtitlán*:

En el año *mátlactli omei tochtli*, «686», comienza la cuenta de años de los *chichimecas tetzcocas*. En el año *ce ácatl*, «687», se enseñoreó Chicontonatiuh de Cuauhtitlán, que asumió el tecúyotl en Quetzaltépec. En el año *macuilli ácatl*, «691», los chichimecas cuauhtitlancalcas llegaron a su tierra en Macuexhuacan Huehuetócan. Cuando salieron de Chicomóztoc en el año *ce ácatl*, «635», comenzó la cuenta de años de los chichimecas cuauhtitlancalcas. Los chichimecas que acá llegaron en el año *macuilli ácatl*, «691», venían flechando. No tenían casas ni tierras ni usaban tilmas de algodón, sino que se cubrían con pieles y con heno. A sus hijos los criaban dentro de redes y huacales. Comían tunas, biznagas, frutos de los cactos y xoconostles. Muchos trabajos padecieron durante los 364 años (equivalente a siete ciclos de 52) que tardaron en llegar a su ciudad de Cuauhtitlán, donde comenzó el señorío de los chichimecas cuauhtitlancalcas. Arriba se dijo que en realidad fue en el año *ce ácatl*, «687», todavía de camino, cuando se dieron señor. De los años en que los chichimecas venían caminando se decía: «Todavía era de noche», porque aún no tenían fama ni renombre, aún no eran prósperos, solamente venían caminando.

En el año *chiconahui calli*, «721», fundaron su ciudad los chichimecas cúlhuas.

En el año *mátlactli omei calli*, «725», gobernaba Chicontonatiuh en Cuauhtitlán, mientras la ciudad se hallaba en Macuexhuacan.

En el año *ce tochtli*, «726», iniciaron los toltecas y entonces comenzó su cuenta de años.

En los siguientes párrafos de los *Anales de Cuauhtitlán* se narra la historia de los soles, la cual ya se compartió en el apartado «La Leyenda de los Soles ». Por lo tanto, no lo repetiremos y avanzaremos al siguiente tema.

En el año *mátlactli omei ácatl*, «751», murió Chicontonatiuh en Macuexhuacan, que gobernó en Cuauhtitlán durante 65 años.

En el año *ce técpatl*, «752», los toltecas tomaron por señor a Mixcoamazatzin, quien fundó el señorío tolteca. También en este año

se enseñoreó Xiuhneltzin como tecuhtli de Cuauhtitlán. Los chichimecas estuvieron un año en Temilco, y luego se mudaron a Coaxoxouhcan,
en tiempos de Mixcóatl, que todavía los venía guiando. En tiempos de
Xiuhneltzin se trazaron linderos; después Mixcóatl envió a los chichimecas, quienes se dirigieron hacia diversos pueblos, y él fue a dejarlos
y a darles sus atavíos y armas.

En el año *ce técpatl*, «804», los chichimecas cuauhtitlancalcas se
dieron señor, cuando se fundó primeramente el tecúyotl chichimeca de
Cuauhtitlán en Necuameyócan, cuando hicieron a Huactli su primer
señor. Ésta es la tradición de los antiguos chichimecas, quienes dejaron dicho que al empezar el señorío de los chichimecas les habló una
señora llamada Itzpapálotl, diciéndoles:

Pondrán como su tecuhtli a Huactli. Vayan a Necuameyócan,
donde levantarán una casa de cactos y magueyes y pondrán un petate
de cactos y magueyes. Luego irán hacia *Tlapco*, «el oriente», y allá
flecharan hacia *Mictlampa*, «el norte», luego flecharan hacia *Huitztlampa*, «el sur», y allá flecharan hacia *Cihuatlampa*, «el poniente».
Cuando hayan terminado de flechar llevarán a los dioses un águila,
un ocelote, una serpiente, un conejo verde, amarillo, blanco y rojo, y
los pondrán en las manos de Xiuhteuctli, a quien guardarán Tozpan,
Íhuitl y Xíuhnel. Allí se cocerán sus cautivos. Cuando Huactli haya
concluido su ayuno señorial de cuatro días, se requerirán sus cautivos.

Para los nahuas, no existían los puntos cardinales, los cuales se deri-
van de una construcción cartográfica y cuyo eje es el norte. En
cambio, se basaban en puntos solsticiales, es decir, en la observación
directa de la salida y la puesta del sol. Tomando esto como referencia podían establecer los *nauhcampa*, «las cuatro direcciones» o
«cuatro puntos solsticiales»:

- *Tlahuiztlampa*, «dirección del lugar del amanecer» [*tlahuiz-
  calehua*, «el amanecer»; *tlan*, «lugar»; y *pa*, «dirección»].
- *Cihuatlampa*, «desde el lugar de las mujeres» [*cíhuatl*,
  «mujer»; *titlan*, «lugar»; y *pa*, «dirección»].

- *Mictlampa*, «desde el lugar de los muertos» o «el lugar de los mimixcoas» [*mimixcoa*, «serpientes de nube», o *micqui*, «muerto»; *titlan*, «lugar»; *pa*, «dirección»].

- *Huitztlampa*, «desde el lugar del sur» o «el lugar de los huitznahuas» [*huitz*, «sur»; *titlan*, «lugar»; *pa*, «dirección»].

De hecho, la *Piedra del Sol*, erróneamente conocida como *Calendario Azteca*, señala el oriente hacia arriba. Esto se debe a que toda la cartografía indígena se orienta al este.

Continúan los *Anales de Cuauhtitlán:*

Aquí se nombran los chichimecas que reconocieron a Huactli como tecuhtli: Mixcóatl, Xíuhnel, Mímich, Cuauhhuícol, Itztlacoliuhqui, Necuámetl, Amímitl, Iquéhuac, Nahuacan; y estas mujeres chichimecas: Cóatl, Miyáhuatl, Coacueye, Yaocíhuatl, Chichimecacíhuatl y Tlacochcue. Luego allá designaron a un noble chichimeca para que siempre los guiara e hicieron un estandarte de plumas blancas para que su guía lo llevara a donde quiera que fuera a establecerse, y para que al verlo fueran todos allá a congregarse.

En este mismo año de *ce técpatl*, «804», los chichimecas fueron a dispersarse por diversos pueblos: Michhuácan, Cohuixco, Yopitzinco, Totollan, Tepeyácac, Cuauhquechollan, Huexotzinco, Tlaxcálan, Tliliuhquitépec, Zacatlantonco y Tototépec. Algunos regresaron y se fueron a Cuextlan, otros se fueron a Colhuácan. Andaban de un lado para otro.

Quienes se dirigieron a Huexotzinco se llamaban Tepolnextli, Tlancuaxoxouhqui y Xiuhtochtli. A éstos su dios los separó en Coaxoxouhcan, y los fue a dejar en aquel pueblo. Entonces gobernaba Xiuhneltzin, y la ciudad de Cuauhtitlán se hallaba en Coaxoxouhcan.

En el año *ce calli*, «817», murió Mixcoamazatzin, tecuhtli de los toltecas, quien fundó el señorío; y luego se enseñoreó Huetzin, que gobernó en Tólan.

Sobre Xólotl, fundador del imperio chichimeca-acólhua, *Historia chichimeca* relata lo siguiente:

Pasaron cinco años luego de que los toltecas destruyeron y abandonaron la tierra, cuando llegó el huei chichimécatl tecuhtli Xólotl a
poblarla, tras recibir el informe de sus exploradores sobre la destrucción de Tólan en el año de 963. Xólotl salió de la región que llaman
Chicomóztoc. Entró por los términos y tierra de los toltecas hasta
llegar a la ciudad de Tólan, cabecera de su tlatocáyotl, en donde halló
muy grandes ruinas despobladas y sin gente, por lo que no quiso asentarse ahí, sino que prosiguió con su gente enviando siempre exploradores por delante, para que vieran si había algunas de las personas que
habían escapado de la destrucción de su tecúyotl.

Llegó a un lugar que se llama *Tenayócan Oztopolco*, que era la
principal habitación que este tecúyotl tenía.

En el costado norte del jardín central del poblado de San Bartolo Tenayuca, en el municipio de Tlalnepantla de Baz, Estado de México, en
medio de una zona urbanizada y plagada de establecimientos comerciales y automóviles, se ubica la antigua capital Tenayócan-Oztopolco
—hoy mejor conocida como Tenayuca—, una de las zonas arqueológicas más olvidadas de la Cuenca de México. *Tenayócan*, «lugar
amurallado» o «lugar lleno de murallas» [*tenamitl*, «muro»; *yoh*,
«lleno de»; y -*can*, sufijo locativo], fue la primera capital del *chichimecatlalli*, «territorio chichimeca», en el Valle de México.

Tras la caída del imperio tolteca, los pocos descendientes de los
toltecas y algunos chichimecas emigraron a la Cuenca de México y
fundaron la ciudad de Tenayócan en *El cerro del Tenayo*, también conocido como *Oztopolco*, «sitio de la cueva grande», «en la cueva
grande» o «lugar de muchas cuevas» (otros autores lo escriben
como *Oxtopolco*), que años más tarde se convertiría en el *huei chichimeca tlatocáyotl*, «gran imperio chichimeca». En la lámina II del
Códice Xólotl se marca Oztopolco como el sitio donde residía Xólotl.
Continúa la *Historia chichimeca*:

Tenayócan Oztopolco era de buen temple, buenos aires y buenas aguas.
Estaba ubicado del lado opuesto al nacimiento del Sol, cerca de la laguna
que ahora se llama mexicana. Con el acuerdo de Xólotl y los principales
de su ejército (seis pipiltin que se llamaban Acatómatl, Cuauhatlápatl,

Cozcacuauh, Mitlíztac, Tecpan e Iztaccuauhtlila), se fundó allí su corte y principal morada. Tras haber tomado posesión de forma pacífica de toda la tierra —que contenía dentro de todos los términos del señorío de los toltecas—, pobló con la gente de su ejército, que fue el mayor número que se halla en las historias, pues fue uno de los príncipes más poderosos que hubo antes o después en este nuevo mundo, porque según parece era más de un millón sin las mujeres y niños.

En este párrafo, Alva Ixtlilxóchitl exagera con la cantidad de chichimecas que fundaron Tenayócan, pues de acuerdo con los registros arqueológicos, Tenayuca no figura entre las ciudades más pobladas de Mesoamérica. De hecho, ninguna de las grandes urbes mesoamericanas superó el millón de personas. Las hipótesis más altas calculan entre 500 000 y 700 000 habitantes en México Tenochtitlan a la llegada de los españoles, sin que estas cifras sean respaldadas por arqueólogos. A continuación, una lista de las urbes más pobladas y el número de pobladores en su mayor apogeo, de acuerdo con estimaciones de los especialistas.

- Lakamha' (8 000)
- Mayapán (12 000)
- Xochicalco (15 000)
- Ek' Balam (18 000)
- Tajín (20 000)
- Dzibilchaltún (20 000)
- Cholólan (24 000)
- Uxmal (25 000)
- Monte Albán (30 000)
- Cuicuilco (40 000)
- Tzintzuntzan (40 000)
- Calakmul (50 000)
- Chichén Itzá (50 000)
- Tólan Xicocotitlan (80 000)
- Tikal (100 000)
- Teotihuácan (125 000)
- México Tenochtitlan (200 000)

Prosigue la *Historia chichimeca:*

Las tierras que pobló este gran ejército en su primer asiento fueron
todas las que caen de la parte de adentro de las sierras de Xocotitlan,
Chiuhnauhtécatl, Malinalócan, Itzócan, Atlixcahuacan, Temalaca-
titlan, Poyáuhtlan, Xiuhtecuhtitlan, Zacátlan, Tenamítec, Cuauh-
chinanco, Tototépec, Meztitlan, Cuachquetzaloyan, Atotonilco y
Cuahuacan, hasta dar con la sierra referida de Xocotitlan, que todo
ello contiene más de doscientas leguas de circunferencia.

A los pocos toltecas que habían escapado, les dejó vivir en los
puertos y lugares en donde estaban reformados y poblados cada uno
con su familia, que fue en Chapultépec, Colhuácan, Tlatzalante-
pexoxóma, Totolápan, Cuauhquechólan, y hasta la costa del Mar del
Norte en Tozápan, Tóchpan, Tziuhcóac y Xicotépec, y lo mismo en
Cholólan, aunque algunos de ellos no pararon hasta la tierra de Nica-
ragua a donde fueron a poblar, y a otras tierras remotas, en donde no
llegó con tanta fuerza la sequía y calamidad referida.

Este gran chichimécatl traía por mujer a Tomeyauh con quien tuvo
al príncipe Nopaltzin, que ya era mancebo cuando vino a estas partes,
y era uno de los más principales dirigentes de su ejército. Asimismo,
tuvo otras dos hijas que nacieron en Tenayócan, que fueron Cuetlaxxochitzin y Tzihuacxóchitl. Xólotl venía del antiquísimo linaje
de los tetecuhtin teochichimecas, cuyo tlatocáyotl estaba debajo del
septentrión, los cuales fueron Necuámetl Namácuix y otros muchos.
Según parece, por la historia de los tetecuhtin chichimecas y como lo
declara el canto que compusieron los infantes de México, Xiuhcozcatzin e Itzcoatzin, que se intitula «Canto de la historia de los tetecuhtin chichimecas».

Antes de continuar con la historia del linaje chichimeca-acólhua,
vale la pena mencionar que el *huei chichimécatl Xólotl* no es mencionado en la *Crónica mexicana* ni en el *Códice Ramírez* ni en
Historia de Las Indias de Nueva España e Islas de la Tierra Firme
ni en los *Anales de Tlatelolco* ni en los *Anales de Cuauhtitlán*. Chimalpáhin sólo lo menciona una vez: «Otros chichimecas
notorios, los de Texcoco, bajo la jefatura de un caudillo *Xólotl,*

durante el siglo xi». Ahora bien, esto no significa que Xólotl y su descendencia no hayan existido. Es tan sólo una muestra de la polarización que había entre los altepeme y sus tetecuhtin, quienes decidían qué se plasmaba en los libros pintados, como ya hemos corroborado y lo seguiremos haciendo en las siguientes páginas. En resumen, los acólhuas, tlatelolcas, cuauhtitlancalcas, chalcas, tlaxcaltecas y tenochcas contaron la historia a su manera para enaltecer a sus antepasados.

Xólotl, en la *Historia*... de Clavijero

El motivo que tuvieron para abandonar su patria es tan incierto como la etimología del nombre *chichimeca*. El último tecuhtli que habían tenido en Amaquemecan había dejado el gobierno dividido entre sus dos hijos: Achacauhtli y Xólotl. Éste o disgustado, como es natural, por compartir con otro su autoridad, quiso ver si la fortuna le proporcionaba otro tecúyotl en donde mandar solo, o bien, reconociendo que los montes de aquel tecúyotl no bastaban ya para proveer de sustento a sus habitantes, determinó remediar la necesidad. Sea por uno u otro motivo, después de haber explorado por algunos de sus capitanes mucha parte de las tierras meridionales, partió con un numeroso ejército de vasallos que quisieron seguirle por amor o por interés. En su marcha fueron reconociendo las ruinas de las poblaciones toltecas, y entre otras las de la gran ciudad de Tólan, a donde arribaron a los 18 meses de su peregrinación. De este lugar se encaminaron a los de Cempohualan y Tepepolco distante 12 leguas al nordeste de México; desde donde despachó Xólotl a su hijo el príncipe Nopaltzin con alguna gente a explorar de nuevo la tierra.

Corrió el príncipe las riberas de los lagos y los montes que circundan el valle hermoso de México, y luego de haber reconocido lo restante desde una alta cumbre, disparó cuatro flechas a los cuatro vientos en señal de posesión que tomaba a nombre del tecuhtli su padre de toda aquella tierra. Informado Xólotl de la calidad y disposición de la tierra, resolvió establecerse en Tenayócan y repartió gente por aquellos contornos; pero por haber sido la mayor población hacia el norte y nordeste, se dio a aquel tracto de tierra el nombre de *chichimecatlalli*, que después conservó. Dicen los historiadores que en Tenayócan se hizo la revista de la gente, y que por eso se llamó también Nepohualco, que es lugar donde se hace la numeración; pero es increíble lo que añade Torquemada, que en esa reseña se halló más de un millón chichimecas, y que hasta su tiempo duraban doce montecillos formados de las piedras que iban arrojando al pasar revista; porque ni es verosímil que se pusiese en movimiento un ejército tan numeroso para hacer un viaje tan dilatado, ni es posible que en tan corto espacio de tierra se pudiese mantener a un millón de cazadores.

Establecido el tecuhtli en Tenayócan, que se destinó para la corte, y dadas sus órdenes convenientes para la formación de las poblaciones, ordenó a uno de sus capitanes, que se nombraba Achitómetl, que fuese a reconocer el origen de ciertos humos que el príncipe Nopaltzin había observado en su expedición. Fue Achitómetl y halló en Chapultépec, en Coyohuácan y en otros lugares familias toltecas, de quienes supo la causa y el tiempo de su exterminio. No solamente se abstuvieron los chichimecas de inquietar a esas tristes reliquias de aquella célebre nación, sino contrajeron alianzas casando muchos nobles con mujeres toltecas, y entre ellos el mismo príncipe Nopaltzin desposó a Azcaxóchitl, joven descendiente de Póchotl, uno de los dos príncipes que, según dijimos, quedaron de la casa real de los toltecas, cuyas bodas se celebraron con extraordinario regocijo. Esta humanidad importó mucho a los chichimecas, porque en el trato familiar de aquella nación comenzaron a gustar del maíz y otras semillas, aprendieron la agricultura, el arte de sacar los metales de la tierra y de fundirlos, el de labrar las piedras, el de hilar y tejer el algodón y otras varias, con las cuales mejoraron su sustento, vestuario, habitación y costumbres.

Linaje de Xólotl, de acuerdo con *Monarquía indiana*

Hacia las partes del norte hubo unas provincias —y puede ser que al presente las haya—, cuya principal ciudad fue llamada Amaqueme y cuyos moradores en común y genérico vocablo fueron llamados chichimecas, gente desnuda de ropas de lana, algodón, ni otra cosa que sea de paño o lienzo; pero vestida de pieles de animales; feroces en el aspecto y grandes guerreros, cuyas armas son arcos y flechas. Su sustento ordinario es la caza, que siempre siguen y matan; y su habitación en lugares cavernosos, porque como el principal ejercicio de su vida es montear, no les queda tiempo para edificar casas [...]

Estos poblados chichimecas fueron gobernados por valerosos capitanes y señores, entre los cuales estuvo Icuahutzin, el cual gobernó su tecúyotl ciento y ochenta años. A éste le sucedió su hijo, llamado Moceloquichtli, el cual murió a los ciento y cincuenta y seis años de su gobierno. Muerto éste le sucedió Tlamacatzin, el cual gobernó ciento y treinta y tres años y murió el mismo año que los toltecas se destruyeron y dividieron, unos de otros (como queda dicho). Éste dejó dos hijos; uno llamado Achcauhtzin, y el otro Xólotl. De estos dos hermanos dicen unos que Achcauhtzin entró en el tecúyotl; otros que Xólotl. Y pudo ser que en orden de esto hubiese habido alguna diferencia y que por quitarla se encontraran de mandar entrambos. Xólotl —que por ventura— no estaba contento con el poder a medias con su hermano —porque el mandar no quiere igual—, como hombre valiente por su persona y muy animoso y codicioso, no sólo de sustentar su tecúyotl presente; pero de ganar tierras para acrecentarle, ampliarle y hacer célebre y glorioso su nombre, cosa natural de ánimos altivos y soberbios; semejantes a un Alexandro Magno; Julio César y otros sin cuento. Con esta natural codicia —y también por vengar injurias antiguas que su padre, abuelos y antepasados habían recibido de las naciones que habitaban la tierra, hacia las partes del sur y mediodía— se sujetó a nuevos acuerdos y cuidados.

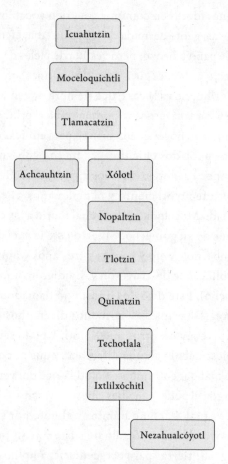

Figura 93. Linaje chichimeca según Torquemada.

Llegada de nuevas tribus al Anáhuac, de acuerdo con la *Historia chichimeca*

El nombre de chichimeca lo tuvieron desde su origen, un vocablo propio de este tecúyotl, que quiere decir «los águilas», y no lo que suena en la lengua mexicana, ni la interpretación bárbara que le quieren dar por las pinturas y los caracteres, porque allí no significa «los mamones», sino los hijos de los chichimecas habidos en las mujeres toltecas.

Habían pasado poco más de veinte años cuando comenzaron a venir otros seis dirigentes de su mismo origen y también con cantidad de gente.

- El primero de los dirigentes se llamaba Xiyotecua.
- El segundo, Xiyotzoncua.
- El tercero, Zacatitechcochi.
- El cuarto, Huihuaxtzin.
- El quinto, Tepotzoteaca.
- El sexto, Itzcuintecua.

Xólotl los recibió y mandó poblar en las tierras y términos de Tepetlaóztoc. Y al haberse reformado los toltecas que habían escapado de su destrucción y calamidad, tuvieron por cabeza principal a Nauhyotzin, que residía en Culhuácan, y era suegro del príncipe Póchotl.

> *Culhuácan*, «cerro encorvado, antiguo y venerable», «lugar de los ancestros», «lugar de los que tienen antepasados» o «lugar de cúlhuas». Ubicado en las faldas del actual Cerro de la Estrella, en la alcaldía Iztapalapa.

Alva Ixtlilxóchitl se refiere a este príncipe Póchotl de la siguiente manera: «Topiltzin se perdió y nunca más se supo de él. De dos hijos que tenía, sólo uno, el príncipe Póchotl, escapó».

En *Monarquía indiana* estos personajes se llaman de la siguiente manera:

- Tecuatzin
- Tzontehuayel
- Zacatitechcochi
- Huihuatzin
- Tepozotecua
- Itzcuincua

Continúa la *Historia chichimeca:*

Xólotl les pidió tributo y reconocimiento como supremo y universal señor que era de esta tierra de Anáhuac. Nauhyotzin, en nombre de todos los de su altépetl, respondió que la tierra la habían poseído sus mayores a quienes pertenecía y que ellos jamás reconocieron ni pagaron tributo a ningún señor extraño, y que así ellos, aunque eran pocos y estaban acabados, pretendían mantener su libertad y no reconocer a nadie, más que al Sol y a sus dioses.

Cuando Xólotl vio la determinación de Nauyotzin de no allanarse de forma pacífica, remitió el asunto a las armas y envió a su hijo, el príncipe Nopaltzin, con un ejército razonable, pues fue necesaria poca gente, ya que sus contrarios no eran tan aventajados en la milicia como los chichimecas, a pesar de que juntaron la mayor cantidad de gente que pudieron.

Se dio la batalla en la laguna y los carrizales de Colhuácan; y aunque los cúlhuas tenían el campo aventajado para pelear en canoas, en pocos lances fueron vencidos y desbaratados por el príncipe Nopaltzin, quien habiéndolos sojuzgado restituyó en el tecúyotl de los cúlhuas a Achichómetl (que entonces así se llamaban los del linaje de los toltecas), con cierto reconocimiento que dieran en cada año al huei chichimécatl Xólotl. Esto ocurrió en el año *mátlactli omei calli*, «984».

Alva Ixtlilxóchitl menciona a Achichómetl como señor de Colhuácan, sin embargo, parece confundir el nombre con Achitómetl y la época, ya que habla del año 984, lo cual en realidad debió ocurrir 286 años después, pues la destrucción o abandono de Tólan ocurrió entre los años 1050 y 1100 d. C. y la fundación de Tenayócan en 1250. También dice que habían pasado poco más de veinte años cuando comenzaron a venir otros seis dirigentes de su mismo origen. Según la cuenta de los años que llevan los *Anales de Cuauhtitlán* y los *Anales de Tlatelolco*, el año *mátlactli omei calli* también corresponde al 1297 d. C. Por otra parte, de acuerdo con los *Anales de Cuauhtitlán*, el año 984 d. C. corresponde al *mátlactli omome técpatl* y el 985 al *mátlactli omei calli*.

Prosigue la *Historia chichimeca*:

Xólotl había cumplido cuarenta y siete años en esta tierra de Anáhuac, y cincuenta y dos años de la última destrucción de los toltecas, que ya era el año de 1011 d. C. cuando llegaron las tribus de los acólhuas, los cuales salieron de las últimas tierras del altépetl de Michuácan, que eran de la misma tribu de los chichimecas michhuaques, aunque venían divididos en tres parcialidades, que cada una de ellas tenían diferente lenguaje, trayendo cada una de ellas su dirigente.

Los acólhuas, en la *Historia*... de Clavijero

No menos contribuyó a la pronta cultura de los chichimecas el arribo de otras tribus civiles. Apenas llevaba Xólotl ocho años de su residencia en Tenayócan, cuando llegaron a aquella tierra seis personas principales con séquito considerable de gente. Eran éstos de un altépetl septentrional contiguo al tlatocáyotl de Amaquemecan, cuyo nombre no expresan los historiadores; pero me inclino a creer, no sin fundamento, que fuesen del altépetl de Áztlan, tierra de los mexicas, y que éstos fuesen aquellos seis linajes célebres de nahuatlacas de que hablan todos los historiadores de Tenochtítlan y de los cuales haré mención adelante. Resulta muy verosímil que Xólotl notificase a su tierra las ventajas del altépetl en que se había establecido y que esta noticia, difundida en los altepeme comarcanos, alentara los ánimos a seguir sus huellas para participar de su felicidad. Los seis extranjeros que llegaron sucesivamente a Tenayócan fueron benignamente recibidos por el tecuhtli chichimeca, y sabido el motivo de su viaje y el deseo de establecerse en aquella tierra, les asignó sitios donde poblar.

Pocos años después arribaron tres tlazopipiltin, «príncipes», con un numeroso ejército de la nación Acólhua, originaria del tecúyotl de Teocolhuácan, que era colindante con el de Amaquemecan o muy vecino. Los tlazopipiltin se llamaban Acolhuatzin, del nombre común de la nación, Chiconcuauhtli y Tzontecomatl, y eran de nobilísima familia Citin. La tribu era más culta y civil de cuantas ocuparon aquella tierra después de los toltecas. Ya se deja entender el ruido que haría en aquel tecúyotl esta novedad y el cuidado en que pondría a los chichimecas tan extraordinaria muchedumbre de extranjeros, ni es creíble que el tecuhtli les permitiese la entrada en la tierra antes de ser informado del motivo de su venida. Se hallaba entonces el tecuhtli en Texcoco a donde había pasado su corte, o fastidiado del sitio de Tenayócan, o enamorado de la ventajosa situación de aquel nuevo lugar.

Aquí llegaron los tres tlazopipiltin y presentados al tecuhtli después de saludarlo con la mayor reverencia y de practicar la acostumbrada ceremonia de respeto de tocar el suelo con la mano y llevarla a la boca, le dijeron en sustancia estas palabras:

—Nosotros, señor, venimos del tecúyotl de Teocolhuácan, no muy distante de su tierra. Somos los tres hermanos e hijos de un gran señor, pero noticiosos de la felicidad que disfrutan los chichimecas bajo la dominación de un mismo tecuhtli tan humano, antepusimos la dicha de ser sus vasallos a la gloria que poseíamos en nuestro tecúyotl. Te suplicamos que tengas la dignación de señalarnos un lugar en su feliz tierra, donde vivamos dependientes de su autoridad y sujetos a sus órdenes.

Se complació el chichimécatl tecuhtli, no tanto del aire señoril y modales cortesanos de aquellos jóvenes, ni de la lisonja de ver humillados en su presencia a tres tlazopipiltin atraídos de tan remotas tierras, sino de la fama de su poder y clemencia. Respondió agradecido a sus expresiones y ofreció recompensar su buena voluntad; pero mientras que deliberaba sobre el partido que debía tomar, ordenó al tlazopilli Nopaltzin que los alojase y cuidase de su regalo como exigía la calidad de sus personas.

Tenía Xólotl dos hijas *cihuapipiltin*, «princesas», que desde luego se inclinó a dar por mujeres a los dos tlazopipiltin mayores; pero no quiso declarar su pensamiento hasta haberse informado de su genio y carácter por medio de su hijo Nopaltzin, y de certificarse de la voluntad de la nación. Asegurado de uno y otro llamó a si a los tlazopipiltin, que estaban algo cuidadosos de la resolución del tecuhtli y les declaró su voluntad en estos términos:

—Puede ser, oh, ilustres tlazopipiltin, que hayan atribuido a olvido mío el no haber satisfecho antes a sus pretensiones; pero no ha sido olvido sino atención debida a sus personas. Me pareció una importunidad tratar estos negocios antes de que hubiesen reposado de las fatigas de su largo viaje. El jefe que los ha merecido, el esplendor de su sangre y las prendas personales que los adornan me empeñan en acordarles cuanto merecen. Ustedes me pidieron tierra en que vivir y yo les doy una en que mandar. Ustedes pretenden ser mis vasallos, y yo los quiero señores. No satisfecho con esto, quiero también que entren en el número de mis hijos. Dos hijas tengo y ambas doy por mujeres a los dos mayores, y ojalá tuviera tres para que ninguno de ustedes se quede excluido de esta nueva alianza. ¿Qué les negará quien les da su propia sangre? Por lo que toca a su gente, tendrán la satisfacción de verla cómodamente establecida en los lugares que les señalaré. Espero de su nobleza que hará conocer al mundo el acierto de mi determinación, sirviendo con su consejo y su abrazo al bien común del tecúyotl.

Aceptaron los tlazopipiltin con humilde reconocimiento el partido, no hallando expresiones con que ponderar el favor que les hacía la benevolencia del tecuhtli y ofreciendo servirle con la mayor fidelidad. Se publicó desde luego el día y el lugar donde se celebrarían las bodas. Fue tan grande la asistencia de gente a la ciudad de Tenayócan, que fue el lugar destinado para esta ruidosa función, que al no caber toda en la población, se quedó mucha en el campo. El tlazopilli mayor se casó con la mayor de las princesas, que se llamaba Cuetlachxóchitl. El tlazopilli Chiconcuauhtli, con la menor, nombrada Cihuaxóchitl. El tercer tlazopilli tuvo por mujer a Coátetl, joven nacida en Chalco de padres muy nobles, en quien se había unido la sangre de los toltecas con la de los chichimecas. Las fiestas duraron 60 días y se celebraron con la lucha y combates de fieras, cuyos ejercicios eran del genio de la nación chichimeca, y en ambos se distinguió el tlazopilli Nopaltzin.

A ejemplo de las personas reales se fueron enlazando las naciones hasta formarse de ambas una sola que, al tomar la denominación de la parte más noble, quedó con el nombre de Acólhua. El tecúyotl se llamó Acolhuácan, quedando el nombre de chichimecas a aquellos hombres que apreciando más el ejercicio de la caza que las fatigas de la agricultura, o impacientes de vivir en subordinación, se fueron a los montes que están al norte y noroeste.

La llegada de los aztecas a Chalco, según las *Relaciones*… de Chimalpáhin

Antes de continuar, analizaremos las *Relaciones originales de Chalco Amaquemecan*, de Domingo Francisco de San Antón Muñón Chimalpáhin Cuauhtlehuanitzin, a cuya obra nos referiremos como *Relaciones*… de Chimalpáhin.

Descendencia y generación de los tetecuhtin de Amaquemecan, en las *Relaciones*... de Chimalpáhin

La descendencia y generación de los tetecuhtin naturales del pueblo de Amaquemecan, altépetl de Chalco, es la que sigue:

Aquí comienza la llegada de la gente y cómo se originaron estas generaciones de todos los honorables tetecuhtin, los cuales vinieron a establecerse en el pueblo de Chalchiuhmomozco Amaquemecan Chalco.

Amaquemecan, «lugar de las revestiduras ceremoniales de papel» [*ámatl,* «papel»; *queme,* «revestimientos ceremoniales de papel»; y *-can,* sufijo locativo].

Amaquemecan aparece constelada de 13 nombres acompañantes:

1. *Itztlacozauhcan,* «en el lugar de la obsidiana dorada».
2. *Itenyocan Ymachiyocan Ytotolimpa,* «en el lugar de la fama y la gloria de los totolimpas».
3. *Chalchiuhmomozco,* «en el lugar donde está el altar de chalchíhuitl».
4. *Cuauhtlitempa,* «en el lugar al borde de los bosques».
5. *Icepayauhtenco,* «en el lugar al borde de los hielos y las neblinas».
6. *Inmotenehua Poyauhtlan,* «en el lugar de la bruma».
7. *Xochithualco,* «en el hermoso valle».
8. *Ayauhithualco,* «en el valle de las neblinas».
9. *Iníztac Zollininemiayan,* «en donde la codorniz blanca vive».
10. *Incóhuatl imomanayan,* «en donde la serpiente se estira y despereza».
11. *In Ocellomeinemian,* «en donde los tigres habitan».
12. *In Tamohuanchan,* «en la casa de los tamihuas».
13. *In Xochitlicacan,* «en el lugar donde se levanta flor».

En las *Relaciones...* de Chimalpáhin, *Chalco* significa «lugar del chalchíhuitl». De acuerdo con Rafael Tena, en su paleografía y traducción de *Anales de Tlatelolco*, es «tal vez apócope de *Chalchiuhco*, "en el chalchihuite"; o quizá, "en la entrada" (challi)». El *Códice Ramírez* dice que *Chalco* «quiere decir "lugar de las bocas" y los *chalcas*, "gente de las bocas" [*challi*, "hueco a manera de boca"], y así lo hueco de la boca llaman camachalli [*camac*, "la boca", y *challi*, "lo hueco"], y de este nombre *challi* y esta partícula *ca* se compone *chalca*, que significa "poseedores de las bocas"». La *Historia de Tlaxcala* los llama *chalmecas*. Según la *Enciclopedia de los municipios y delegaciones de México*, de Oralia Alemán Reyes, Chalco significa «en el borde del lago» [*challi*, «borde de lago»; y -*co*, sufijo locativo]. Sin embargo, el *Gran Diccionario Náhuatl* y el *Diccionario de Molina* no muestran resultados sobre el significado de *Chalco*, *chalca* o *challi*. No obstante, éstos sí contienen el significado de *camachalli*, «mejilla o quijada». Fuentes poco confiables en internet dicen que *Chalco* significa «en la concavidad del terreno».

Continúa la *Cuarta Relación...* de Chimalpáhin:

> El glorioso y famoso lugar del guajolote. Al borde de los bosques y al borde de las nieves. En el llamado *Lugar de la Bruma*, en el terraplén de la flor, en el terraplén de la niebla. En donde vive la codorniz blanca. En donde se despereza la serpiente. En donde viven los ocelotes. En la casa del *tamiahua*, «en las flores de maíz de la tierra», donde está erguida la flor.
>
> Adonde vinieron a gobernar aquellos pipiltin chichimecas de *Tzacualtítlan Tenánco*, de *Tecuanípan*, de *Panohuáyan*, y cómo se estableció el *tlahtocahuayolcáyotl* [tlatocáyotl].

- *Tzacualtítlan*, «junto a la pirámide» de los toltecas. Antiguo pueblo perteneciente al actual Amecameca.
- *Tenánco*, «en la muralla».
- *Tecuanípan*, «donde la fiera».
- *Panohuáyan*, «puente de piedra» o «lugar de paso».

Así relata la *Cuarta Relación*... de Chimalpáhin:

En el año *ce tochtli*, según la cuenta de los ancianos, vinieron nave-
gando en canoas los viejos chichimecas, los dichos teochichimecas,
sobre una gran extensión de agua, cielo de agua. Vinieron traídos por
sus pipiltin, buscando dónde habitar. Vinieron remando hasta llegar
a Áztlan. Los guiaba *Hueyayeyécatl*, «el costeño», «el del lado de las
grandes aguas salobres».

En el año *chicome tochtli*, tenían 32 años los antiguos chichimecas de estar en Áztlan, todavía uno era su lenguaje, todavía no se les
cambiaba la lengua.

En el año *chicuei ácatl*, algunos de los antiguos chichimecas allá en
Áztlan, se volvieron *otomíes*, otros se volvieron *tenimes* otros se volvieron
cuextecas. No se sabe bien cómo fue que ocurrió esto entre los antiguos.

- *Otomí* [*otómitl*]. Etimología incierta. Probablemente, «flechador de pájaros».
- *Tenimes* «*extranjeros*» [*ténitl*, en singular; *tenimeh*, en plu-
  ral]. Nombre genérico de un grupo de pueblos que no
  hablaban una lengua náhuatl.
- *Cuextecas* [*Cuextécatl*], de *cuachalólotl*, «caracol pequeño»,
  o de huaxtécatl, de *huáxitl*, «guaje». *Cuextla*, «la tierra de
  los huaxtecos».

Narra la *Cuarta Relación*... de Chimalpáhin:

En el año *chiconahui técpatl*, comenzaron los antiguos chichimecas
a abandonar sus moradas de Áztlan. Las tribus salieron de la cueva
que llaman «Gruta de los siete», «Lugar de donde ha de partirse»,
«Donde se Levantan los *tzompantlis* de mezquite».

En el año *ce técpatl*, «1064», fue el primero que salieron de sus
casas de Áztlan los *aztecas mexitin chichimecas* que ahora dicen *tenochcas*, para llegar a Tenochtítlan como aparece al fin de este año en que
fueron convocados por el dios que tenían, de nombre Huitzilopochtli.

En el año *chicuace técpatl*, «1160», 97 años de que habían salido
de Áztlan los mexitin aztecas, salieron los chichimecas *totolimpanecas* de Áztlan. Los trajo su señor, de nombre *Hecatzinteuhctli*, *Chichimeca teuhctli* [tecuhtli], *Tlaquitzcaliuhqui*.

- *Tzompantli*, «hilera de cráneos» [*tzontecómatl*, «cabeza»
  o «cráneo»; y *pantli* «hilera» o «fila»].
- *Totolimpanecas* se refiere al primer grupo en establecerse
  en Amaquemecan en 1268.
- *Hecatzinteuhctli* [*Hecatzin* o *Ecatzin*], «señor viento».
- *Chichimeca teuhctli*, «señor chichimeca». *Teuhctli* [tecutli
  o tecuhtli] —en plural tetecuhtin—, «señor» o «gobernante». Los tetecuhtin eran generalmente los gobernantes
  de pequeños altepeme que, por lo tanto, no alcanzaban el
  título de *tlatoani*, en plural *tlatoque*.
- *Tlaquitzcaliuhqui* [*Tlauhquéchol* o *Tlauhquecholli*], sobrenombre de Ecatzin teuhctli.

Continúa la *Cuarta Relación*... de Chimalpáhin:

> Los trajo su señor, de nombre Hecatzinteuhctli, Chichimeca teuhctli,
> Tlaquitzcaliuhqui. Y aquí están todos los que venían siendo sus padres:
> - Primero, *Chicahuaztli*, «sonaja».
> - Segundo, *Teotlamaxiuhtlapoca*, «el dios de la red de turquesa
>   que abre».
> - Tercero, *Nexéhuac*, «el despellejado con ceniza».
> - Cuarto, *Challot*, «gruñón».
> - Quinto, *Tzihuactli*.
> - Sexto, *Matlalcóhuatl*, «diez serpiente».
> Por donde quiera que pasaron, establecían su tecúyotl. Cuando salie-
> ron de la Cueva de los Siete, los chichimecas totolimpanecas amaque-
> mes tenían ya mucho tiempo de estar en Áztlan. En el año 1110, según
> aparece en la cuenta de sus viejos, según les ordenó aquel con quien
> andaban, su dios de nombre Totollini.

> • *Totollini*, «señor pájaro» [*totolli*, «guajolote»; y -*ni*, «perso-
> na» o «señor»]. *Totollapan* [totolápan], «río de pájaros».
> *Totolimpanecas*, «los del río de pájaros».

Prosigue la *Cuarta Relación*... de Chimalpáhin:

Entonces fueron a establecerse allá en el nombrado Itztépec, en donde,
a los cuatro años, en el año *chicome tochtli*, «1174», ocurrió la muerte
del príncipe Ecatzin, Chichimeca Teuhctli, Tlaquitzcaliuhqui, quien
los gobernó 15 años.

El tiempo que anduvo gobernándolos en los caminos, cuando
anduvo gobernándolos mientras no estaban establecidos, fueron 15 años.
Dejó dos hijos, uno, el primero, de nombre *Huehueteuhctli*, «jefe anciano»,
el segundo, *Mapihuatzin*, «el que echa a empellones a la gente».

Igualmente, en el año *chicome tochtli*, «1174», Huehueteuhctli
se instaló como señor en Itztépec y se casó con Tziuacxotzin, «flores
resecadas por la helada», hija de Chicahuaztli, «sonaja», que vino de
allá de la Gruta de los Siete.

Huehueteuhctli y Tziuacxotzin ♀ tuvieron tres hijos:
- El primero, *Tiltecatzin* [Tliltécatl], quien fue capitán militar
  chichimeca.
- El segundo, *Xochitzin*, también capitán militar gemelo.
- El tercero, *Atonaltzin*, «el del signo del agua», quien, a pesar
  de ser el menor, se convirtió en Chichimeca teuhctli.

Llegaron a Chalco Atenco en el año *chiconahui calli*, «1241». 82 años
desde que se separaran de sus casas en Áztlan sus tres hijos: Tliltécatl, Xochitzin y Atonaltzin. Y del padre del de nombre Mapihuatzin,
de éste, cuando vino.

Cuando llegaron ya estaban allí los nonohualcas teotlixcas, que ahora
llaman chalcas tlalmanalcas, porque éstos fueron los primeros que llegaron
al referido «borde de la laguna», allá donde estaba alzada la Casa del Jade,
por lo que ahora llaman al sitio «Lugar del jade» al «Borde del agua».

Estos nonohualcas teotlixcas llegaron en dos partidas a Xalipi-
tzahuayan, traídos por el famoso *Tlatlauhqui Tezcatlipoca*; y el *teohua*
teuhctli, *Cahuetzcatzin*, asentado en el trono en Tólan.

- *Tezcatlipoca Rojo* (del oriente), el segundo de los Tezcatlipo-cas. *Tlatlauhqui Tezcatlipoca* [*tlatlauhqui*, «rojo», «rojizo» o «marrón». *Tezcatlipoca*, «el espejo que humea», «humo de espejo» o «espejo reluciente»]. También llamado Xipe Tótec y Camaxtli. *Xipe Tótec*, «nuestro señor desollado» [*xipe*, «desollado»; *to*, «nuestro»; *-tec*, «señor»]. *Camaxtli* o *Camaxtle*, «el que tiene bragas y calzado» [*cactli*, «calza-do»; *maxtlatl*, «braga»; *-e*, «que tiene»].

- *Teohua*, «el que tiene un dios». Sacerdotes de los barrios, en plural teohuaque.

- *Cahuetzcatzin*, «el de la nariz aguzada».

Continúa la *Cuarta Relación*… de Chimalpáhin:

Estos nonohualcas teotlixcas no eran chichimecas, sino que se les llamaba «gente cortesana» por la manera que tenían de servir a Tezca-tlipoca: se peleaban unos con otros por humillársele y servirle. Estos nonohualcas teotlixcas chalcas fueron los que primeramente llegaron a la orilla de las lagunas y se establecieron. Su *itacate* era el maíz seco desgranado, el frijol, el bledo, la chía, el chile, la calabaza. Eso era lo que cosechaban.

Estos chichimecas totolimpanecas lo que tenían como itacate era no nada más lo que andaban recogiendo. Flechaban venados, conejos, culebras, pájaros y bestias. Esto era lo que comían, pues no cultivaban frutos de la tierra. No comían más carrizos tiernos. A veces flechaban sin que su flecha nada alcanzara. Sólo por pura brujería así flechaban, porque nada sacaban con estas flechadas. Por eso se les llama chichimecas.

Igualmente, para cuando llegaron al borde de la laguna los chichi-mecas totolimpanecas amaquemes, ya habían llegado antes los acxo-tecas que se llamaron chalcas, cuando ocurrió la tribu de los chalcas.

También éstos habían venido de Tólan. Y el que andaba gobernándolos era el de nombre Teconehua Teuhctli Tecuach-cauhtli, quien había sido instalado en el trono en Tetlhuehueya-can cuando migraron.

Cuando los chichimecas alcanzaron los bordes de las lagunas, ya habían llegado allí los tenancas, los cuixcocas, los temimilolcas, los ihuipanecas. Este gobierno que le tocó al nombrado Totoltécatl Tzompachtli Tlayllótlac Teuhctli había comenzado siendo instalado en Teotenanco, cuando aún no llegaban estos chichimecas del Totolimpaneca Amaqueme. Tres años después de su arribo, ocurrió su muerte.

- *Tenanco*, «recinto de piedra».

- *Cuixcoc*, «donde llegan los milanos».

- *Temimilco*, «lugar de la columna redonda de piedra».

- *Ihuipan*, «bandera adornada con pluma ceremonial».

- *Totoltécatl*, «de los totollin».

- *Tzompachtli*. Alva Ixtlilxóchitl menciona una mujer llamada de la misma forma, casada con Tzontecómatl de Coatlíchan.

- *Tlayllótlac*, «señor de Tlayllótlacan». *Tlayllótlacan*, «lugar de dar o poner manchas».

Así relata la *Cuarta Relación...* de Chimalpáhin:

Su hijo querido tenía entonces tres años de edad, y así de tres años fue instalado en el trono el de nombre Cuahuitzatzin Tlayllótlac Teuhctli para que se hiciera cargo del gobierno al borde de las lagunas. Su consejero de gobierno fue la persona del Huehue Itzcuauhtzin, Atlauhtécatl Teuhctli.

Aquel señor, el Huehue Teuhctli Chichimeca Teuhctli, sólo trabajó para llegar al borde del lago, pues tan pronto como llegó, murió en el año *chiconahui calli*, «1241». Anduvo gobernando en tanto andaban caminando por todas partes, 68 años hasta su instalación en el trono de Itztépec.

En este mismo año *chiconahui calli*, fue instalado en el trono de Atenco Atonaltzin, quien fue investido Chichimeca Teuhctli. Ya se dijo que era hijo del señor Huehue Teuhctli; Atonaltzin fue hecho señor sucediendo al Huehue teuhctli.

La llegada de los aztecas al Anáhuac, según la *Historia de Tlaxcala*

A continuación, revisaremos la *Historia de Tlaxcala* de Diego Muñoz Camargo: «Linaje de los tlaxcaltecas y que pasó con ellos y que viniendo por el camino nació el *Camaxtle*, dios de los tlaxcaltecas».

Camaxtli o *Camaxtle*, «el que tiene bragas y calzado» [*cactli*, «calzado»; *maxtlatl*, «braga»; y -*e*, «que tiene»]. También llamado *Xipe Tótec*, «nuestro señor desollado» [*xipe*, «desollado»; *to*, «nuestro»; -*tec*, «señor»], y *Tezcatlipoca Rojo* (del oriente), el segundo de los Tezcatlipocas. *Tlatlauhqui Tezcatlipoca* [*Tlatlauhqui*, «rojo», «rojizo» o «marrón». *Tezcatlipoca*, «el espejo que humea», «humo de espejo» o «espejo reluciente»].

Prosigue la *Historia de Tlaxcala:*

Éste atravesó de la mar del norte y la del sur y después salió por las partes de Pánuco, como tenemos referido y adelante diremos. Mas en efecto, después de que Tezcatlipoca Huemac vino en demanda de *Quetzalcohuatl* [Quetzalcóatl], se hizo temer por la gente, porque hizo matanzas en toda la tierra, se hizo temer y adorar por dios.

Vino a señorear los altepeme de Cholólan, Cuauhquechollan, Izúcar, Atlixco, Tepeyacac, Tecamachalco, Quecholac y Teohuacan. De tal manera que no había altépetl en el que no lo adorasen; y así, no fue menos en el altépetl de Tlaxcálan, donde lo ponían por primero y más valiente. La causa que de la división de los tarascos michuacanenses, según dejamos atrás declarado.

Los nahuas llamaban *michuaque* a los habitantes de Michoacán (*Mechuácan, Mychuácan, Michhuácan* o *Michuácan*), «lugar de pescadores» o «lugar que tienen pescados». El término *tarasco* (de la voz *tarascue*, «mi yerno» o «mi suegro») surgió después de la llegada de los españoles. El gentilicio *p'urhépecha*, «lugar donde viven los *p'urhé*» u «hombres trabajadores», se refería a los sirvientes o esclavos.

Continúa la *Historia de Tlaxcala:*

> Como los tarascos se adelantaron, luego que pasaron el estrecho de mar, en los árboles se metieron a vivir en las siete cuevas. Desde allí fueron creciendo y tomando la tierra para poblarla. Tenemos noticia de cómo la mayor parte de estas tribus es gente desnuda y desarrapada y de cómo la mayor parte no alcanzaban ropa para cobijarse, aunque algunas tribus vestían cueros y pieles de animales, ya que no tenían instrumentos para tejer algodón o lana. Por esta causa vinieron en busca de tierras más templadas, para poder conservar su desnudez y modo de vivir. Los tarascos no acostumbraban traer bragueros, calzones, ni zaragüelles, ni otras maneras de coberturas para las partes deshonestas. Solamente tenían unas ropetas cortas a manera de saltaembarcas, que no les llegaban a las rodillas y sin mangas, como unos coseletes sueltos, sin cuellos, abiertos para meter la cabeza, y lo demás todo cerrado, que los mismos tarascos llaman *tzanatzi* y los mexicanos *ayatl*.
>
> Éste fue su traje antiguo. La sobrerropa, manta o sábana era tejida con colores muy vivos y diferentes imitativas, que se hacían de pelos de liebres y conejos, y que el día de hoy se usan y se estiman mucho entre los naturales. Estas mantas anudaban sobre un hombro y les llegaban al tobillo, más o menos. Las más cortas las usaban los mozos y las largas, los ancianos. Éste fue el uso antiguo de la gente tarasca y el modo de su traje. Aunque usaban de otros géneros de ropa de plumas, que llaman pellones, de diferentes colores y géneros de aves. Los mexitin, cúlhuas, tepanecas, ulmecas, xicalancas y demás tribus no usaron las camisas de los tarascos ni de estas saltaembarcas, usaron de unos bragueros y coberturas para las partes genitales, aunque todo lo demás de su cuerpo quedaba desnudo y descubierto.

No se refiere a los olmecas de 1200 a. C. —Preclásico Medio—, en el sur de Veracruz y oeste de Tabasco, que hoy conocemos como *Cultura Madre,* sino a los olmeca-xicalancas (olmeca de Olman, Veracruz, y xicalanca de Xicalango, Campeche), que conquistaron Cholólan —en el periodo Epiclásico— tras la caída de Teotihuácan y Cholólan, y remplazaron el culto a *Chiconauhquiáuitl*, «dios de las nueve lluvias», por *Quetzalcóatl*.

Continúa la *Historia de Tlaxcala:*

> Así vinieron a poblar los altepeme de Michhuácan donde, después de muy cansados, pararon. Los que se quedaron atrás, fueron los mexitin y tepanecas. Llamaron los mexitin tarascos a estos del altépetl de Michhuácan, porque traían los miembros genitales de pierna a pierna y sonando, especialmente cuando corrían. Se llamaron los *michoacanenses, michhuaques*, porque las tierras que poblaron eran abundantes de pescado. Así se llama *Michhuácan*, «el altépetl del pescado».

El arte militar, según la *Historia de Tlaxcala*

> Para entender mejor haré mención de su arte y ejercicio militar que, aunque bárbaros y no guiados enteramente por la razón, los tuvieron en su ser y modo de gobierno. Diremos de sus armas ofensivas y defensivas con las cuales combatían a sus enemigos.
>
> La primera arma que usaron fueron arcos y flechas, con que mataban las cazas con que se sustentaban. Usaron, asimismo, hondas en las guerras y *vardaseos*, «ballestas con dardos», todos de más de una braza y media, arrojados con amientos de palo, que son a manera de *gorguses* [gorguces], «especie de dardo o lanza corta», y *azagayas*, «lanzas», o dardos, los cuales tiraban con tan gran fuerza que hacían notable daño, porque tenían puntas tan fuertes como si fueran de acero, o puntas de espinas de pescado, o puntas de cobre o pedernal. Las flechas también eran de lo mismo.
>
> Usaban porras de palo muy fuertes y pesadas, con espadas de pedernal agudas y cortadoras que llamaban *macuahuitles*. Usaban rodelas recias con que se escudaban.
>
> Hacían emboscadas muy sutiles y engañosas para sus enemigos. Cavaban la tierra en pasajes forzosos. Dentro ponían estacas puntiagudas hacia arriba y las cubrían con tierra, con lo cual engañaban y mataban innumerables personas.

Emponzoñaban las aguas de los ríos y fuentes para que los contrarios bebieran de ellas y murieran. Hacían sus asaltos de noche, a deshora, en los reales de sus enemigos. Peleaban desnudos y embijados la mayor parte de ellos con tiznes y otros colores.

Algunos mexitin, acolhuaques y tlaxcaltecas usaban unos sacos estofados de algodón de nudillo, a manera de cueros. Usaban divisas de fieras: tigre, leones, osos, lobos y de águilas, guarnecidas de oro y plumería verde de mucha estima y valor. Todo labrado y compuesto con mucha sutileza y primor.

Solían llevar a las guerras muchas riquezas de joyas de oro y plumería muy preciada y muy ricos atavíos, según su modo. Peleaban por sus escuadrones apesgados, y no por la orden nuestra. Salía una cuadrilla de un puesto contra otro, que salía del contrario.

En medio del campo se encontraban uno contra otro con el mayor furor e ímpetu que podían. Salía otro escuadrón al socorro contra los que iban aventajados. De este modo sobresalían otros escuadrones de nuevo hasta que se trababa gran batalla, aunque siempre había gente de socorro de todas partes, según la orden de los generales y más astutos capitanes en la guerra. Aquellos que ganaban gritaban ¡victoria! a grandes voces, invocando a sus dioses con más ánimo. Saqueaban los altepeme, quemaban las casas y mataban a los habitantes.

Llegada de los chichimecas, según la *Historia de Tlaxcala*

Luego de haberse poblado México y toda su comarca y redondez de la laguna, al cabo de tanto tiempo vinieron los ulmecas, chalmecas y xicalancas, unos detrás de otros. Debido a que hallaron toda la tierra poblada, determinaron pasar adelante y se encaminaron hacia la parte del volcán y faldas de la Sierra Nevada, donde se quedaron los *chalmecas* [chalcas], que fueron los del altépetl de Chalco, porque quedaron en aquel lugar poblados.

Los ulmecas y xicalancas pasaron adelante, atravesaron los puertos y otros los rodearon hasta que llegaron a Tochimilco, Atlixco, Calpan y Huexotzinco, hasta llegar al altépetl de Tlaxcálan. Pero antes de llegar a ella fueron tomando el tiento, reconociendo la disposición de la tierra hasta que hicieron su asiento y fundaron donde ahora está el pueblo de Santa María de la Natividad y en Huapalcalco, junto a una ermita que llaman de Santa Cruz, que los naturales llaman Texoloc, Mixco y Xiloxochitla, donde está la ermita de San Vicente y el cerro de Xochitecatl y Tenayacac, donde están dos ermitas, a poco trecho una de otra, que se llaman de San Miguel y de San Francisco, que por medio de estas ermitas pasa el río que viene de la Sierra Nevada de Huexotzinco.

En este sitio hicieron los ulmecas su principal asiento y poblaron, como el día de hoy nos lo manifiestan las ruinas de sus edificios que, según las muestras, fueron grandes y fuertes.

En este fuerte tan antiguo, tan inexpugnable, en las cumbres de él y en la sierra de Tlaxcala, que llaman Matlalcueye, y en lo alto y cumbre de Tepeticpac, se retiraron y guarecieron las mujeres y niños cuando el capitán Hernando Cortés y sus compañeros vinieron a la conquista de esta tierra y entraron por este altépetl de Tlaxcálan, hasta que se le dio su paz y seguridad.

Asimismo, hubo otra población de ulmecas, xicalancas y zacatecas, cuyo guía fue Coxanatecuhtli. Según parece, estos primeros pobladores vinieron en tres legiones de las Siete Cuevas. Estos pueden ser los primeros pobladores de Tlaxcálan, que poblaron sin defensa ni resistencia alguna, poque hallaron estas tierras inhabitadas y despobladas.

Estando estos ulmecas, xicalancas y zacatecas quietos y en paz, en estas poblaciones, llegaron con sedienta ambición, los chichimecas sediciosos y crueles, últimos pobladores y conquistadores de este altépetl de Tlaxcálan, cuyo principio y origen... copiosamente, según y de la manera que han venido prosiguiendo hasta que se sujetaron estas tierras y sus habitantes, y hasta que las pusieron bajo su dominio.

Los chichimecas fueron los últimos habitantes de Tlaxcálan, el cual puede haber sido hace trescientos años que vinieron de las Siete Cuevas, peregrinando por grandes desiertos, arcabucos, serranías y grandes y muy ásperas montañas, en busca de los cúlhuas, tepanecas, acolhuaques, chalmecas, ulmecas y xicalancas, deudos y parientes suyos, todos de la misma descendencia, linaje y lengua, aunque en cada altépetl tenía diferentes maneras de hablar en su consonancia o sonsonete, que le quisieron dar por diferenciarse. Aunque es tenida la lengua mexica por materna y la tezcucana por más cortesana y pulida. Fuera de éstas, todas las demás lenguas son tenidas por groseras y toscas. Las otras lenguas son tenidas por bárbaras y extrañas. Entre este barbarismo la hablan comúnmente y tienen intérpretes mexicas que la dan a entender y se precian y estiman de saberla hablar. El náhuatl es la lengua más amplia y copiosa que se ha hallado; después de la dignidad, es suave y amorosa. En sí, es muy señoril y de gran presunción, compendiosa, fácil y dócil. Se pueden componer versos con facilidad, mensura y consonancia.

Llegaron siguiendo a sus parientes y hallaron la mayor parte de la tierra ocupada por sus propios deudos. Así, de tierra en tierra, llegaron a los altepeme de Xilotépec, Hueypóchtlan, Tepotzótlan y Cuauhtínchan, donde estuvieron algún tiempo. Allí trataron a muchas tribus: cúlhuas y tepanecas mexicas, que tenían poblada la laguna.

Procuraron seguir su viaje hacia Texcoco, tecúyotl de los acolhuaques. Fueron muy bien recibidos por los señores de aquella tierra, sabiendo que eran todos parientes y venidos de una misma tierra. Al ver que no tenían tierras para asentar tanta gente, les señalaron un sitio donde pudieran establecerse. Así poblaron junto a la laguna, entre Texcoco y Chimalhuácan, arrimados a la falda de la sierra y montaña de Texcoco, que los naturales llaman los llanos de Poyáuhtlan. Donde ahora es el pueblo de *Cohuatlíchan* [Coatlínchan].

Su fundación fue en el *ome técpatl xihuitl*, «año dos pedernales». Siempre estuvieron en continua arma y vela, porque, aunque los naturales de aquellos altepeme les habían dado tierras y los hubieran recibido de manera pacífica, no se fiaban del todo de ellos. Temían que los traicionaran y los cogieran descuidados.

Mientras estuvieron en los llanos de Poyáuhtlan, se sustentaban de cazas, como chichimecas, por ser, como eran, muy buenos arqueros y más aventajados en esta arma que otras tribus. Chichimecas, propiamente, quiere decir «hombres salvajes», aunque la derivación de este nombre procede de hombres que comían las carnes crudas, se bebían y chupaban las sangres de los animales que mataban, porque *chichiliztli* es tenido en la lengua mexicana por «mamar» y *chichinaliztli* por «cosa que chupa», y *chichihualli* es la «teta». Por la manera en que estas personas mataban y bebían la sangre, eran tenidas por cruel y feroz. Y por esta derivación de «chupadores» en la lengua *mexicana chichimeca techichinani,* llaman *chichime* a los perros, porque lamen la sangre de los animales y la chupan.

Al día de hoy ha quedado este nombre de chichimecas ya tan arraigado que todos aquellos que viven como salvajes y se sustentan de cazas, hacen crueles asaltos y matanzas en las gentes de paz, y aquellos que andan alzados con arcos y flechas como alarbes, son llamados chichimecas. Especialmente en los tiempos de ahora son los más crueles y espantosos, porque en otros tiempos (a menos de cuarenta años) no mataban sino cazaban animales fieras y silvestres, y ahora matan hombres. Saltean caminos y hacen grandes estragos e inauditas crueldades en los españoles, en sus haciendas y estancias.

Los mexitin tepanecas y chichimecas, según la *Historia de Tlaxcala*

Aquellos sinceros y antiguos chichimecas que vinieron a las poblazones y en seguimiento de sus parientes y amigos, trajeron por ídolo a Camaxtli. Hablaba con ellos, les revelaba lo que había de suceder y lo que habían de hacer, y en qué lugares habían de permanecer. Asimismo, estos chichimecas eran grandes hechiceros y nigrománticos. Usaban el arte mágico con que se hacían temer y así eran temidos. Por esta razón los vecinos no los hacían enojar. Con esto se sustentaron en Poyáuhtlan por mucho tiempo. Cuando los comarcanos vieron que estos chichimecas iban ocupando muchas tierras, les tuvieron recelo y temor de que en algún tiempo no prevalecieran después de que éstos vinieran a ser pipiltin y los vinieran a sujetar.

Entonces les declararon la guerra de parte de estos tepanecas y cúlhuas mexitin, mientras Huitzilihuítzin gobernaba en México, el año que ellos llamaban *ce tochtli xihuitl,* «año uno conejo», para lo cual se juntaron grandes huestes por la laguna y por tierra. Fueron a dar sobre los chichimecas de Poyáuhtlan, los cuales por ser gente belicosa y feroz no estaba tan descuidada. Salieran al encuentro con gran furia a defenderse. Dicen las historias antiguas que desde donde está el pueblo de Cohuatlíchan hasta el pueblo de Chimalhuácan y toda aquella orilla de la laguna, no había otra cosa sino arroyos de sangre y hombres muertos, de tal suerte que el agua parecía ser una laguna de sangre. Desbarataron a sus enemigos con gran afrenta y se volvieron victoriosos, llenos de gloria a su principal asiento.

En memoria de tan sangrienta batalla los naturales de allí comen cierto marisco, que en esta laguna se cría, que tiene por nombre *Izcahuitli*, de lo cual hay mucha cantidad. Tiene color de sangre requemada y cara leonada, a manera de lama colorada. En la cual se coge mucha cantidad. La tienen por granjería los pescadores. Así, quieren decir que es de la sangre de allí. Sin embargo, sólo quedó en la memoria de aquella guerra y cruel estrago que hubo, porque «sangre» en la lengua mexicana se llama *eztli* y así por corrupción del vocablo se llama esta lama *izcahuitl*.

Pasada esta gran guerra, los mexitin tepanecas y los chichimecas, determinaron de irse de allí y pasar adelante en busca de tierras más anchas. Asimismo, su dios Camaxtli les decía que alzaran su *tlaxilacalli*, «asentamiento», que su permanencia no había de ser allí, que adelante habían de pasar a donde habían de amanecer y anochecer.

Les dijeron a los pipiltin tezcuanos que querían alejarse de los tepanecas, porque no habían venido con deseos de pelear sino de hallar un lugar donde vivir con comodidad, pues traían a sus hijos y mujeres. Querían pasar hacia la parte donde sale el Sol y llegar hasta la mar *teuhtlixco Anáhuac*, que quiere decir «al fin de la tierra y hasta la orilla y costa de la mar», pues estaba todo desierto y despoblado. Para emprender esta jornada querían su beneplácito y que los favorecieran como a hermanos, amigos y parientes.

En esta despedida y apartamiento pasaron grandes negociaciones con los *acolhuaques*. Al fin, quedaron resueltos en que se fueran y que buscaran asiento donde pudieran poblar a su voluntad. Antes de esta partida, para más favorecerlos, les dieron adalides que los guiaran por las sierras altas de Texcoco para que les mostraran desde la más alta cumbre de aquellas montañas y sierras de Tlalócan, altísimas, llenas de cedros, cipreses y pinares.

¿Acolhuaque, acólhua, acúlhua, cúlhua o cólhua?

El término *acólhua* o *acolhuaque*, «los que tienen antepasados del agua», se refiere a los chichimecas descendientes de los migrantes tempranos postoltecas —una fusión otomí, tolteca y nahua—, que llegaron guiados por Xólotl y que se mudaron a Texcoco, luego de que Quinatzin decidiera cambiar la capital de Tenayuca a Texcoco, ciudad que con el paso de los años adoptó el nombre de *Acolhuácan*, «donde están los *cólhuas* del agua». «El término *acolhua* se ha generalizado para ciertos grupos de chichimecas procedentes de Chicomóztoc o Acolhuacan» (Davies, 2004: 119-120).

Acúlhua es una variación de *acólhua* en la escritura de algunos cronistas. El término *cúlhua* o *cólhua*, «los que tienen antepasados», alude principalmente a los habitantes de Colhuácan, también conocido como *Culhuácan*, «lugar de los que tienen antepasados». Sin embargo, también se asocia a los descendientes de los tolteca-chichimecas y los nonoalcas del sureste que llegaron después de los chichimecas de Xólotl. Luego, los mexicas se apropiaron del término al autoproclamarse herederos de la prestigiosa cultura tolteca y se llamaron a sí mismos *colhua-mexica*.

En conclusión, *acólhua* es de Texcoco o Acolhuácan; *cúlhua*, de Colhuácan y mexicas. Al final, los numerosos enlaces matrimoniales crearon una casta multiétnica que hoy podemos llamar tolteca-chichimeca-colhua-tepaneca-acolhua-tlatelolca-mexica. Eso sin contar con los matrimonios que extendieron su linaje hasta Cuauhnáhuac [Cuernavaca] o Monte Albán, cuando el tlatoani Ahuízotl se casó con la hija del gobernador zapoteco Cocijoeza.

Llegada de nuevas tribus al Anáhuac, según la *Historia chichimeca*

«Los tepanecas traían por señor a Acólhua, cabecilla de los tres. El segundo se decía Chiconcuauh, señor de los otomíes».

El dirigente de los tepanecas llamado *Acólhua* no está relacionado con los *cúlhuas* o *acólhuas*.

Continúa la *Historia chichimeca:*

El tercero se llamaba *Tzontecómatl,* «cabeza», señor de los verdaderos acúlhuas, los cuales se fueron a la presencia de Xólotl para que los
admitiera en su tecúyotl y diera tierras. En cuanto Xólotl se enteró de
los altos linajes de estos tres tetecuhtin, se holgó infinito; y no solamente los admitió, sino que también les dio tierras y a dos de ellos los
casó con sus dos hijas, dándoles *cihuatlalli.*

> *Cihuatlalli,* «tierras de la mujer» [*cíhuatl,* «mujer»; y *tlalli,*
> «tierra»], dote de tierras, pueblos y señoríos que se entregaban
> al marido cuando se casaba con la hija de un tecuhtli o tlatoani.

Prosigue la *Historia chichimeca:*

A su hija *Cuetlaxxochitzin* [o *Cuetlaxóchitl,* según Torquemada] la casó
con Acólhua y le dio con ella la ciudad de Azcapotzalco por cabeza de
su señorío. A la otra hija, *Tzihuacxóchitl* [o *Cihuaxoch,* según Torque-
mada], la casó con Chiconcuauhtli, y le dio a Xaltócan como tecúyotl,
el cual por muchos años fue señorío otomí. A Tzontecomatl, señor de
los acólhuas, le dio a Coatlíchan y lo caso con *Cuatetzin* [o *Coatetl,*
según Torquemada], hija de Chalchiutlatónac, señor tolteca y uno de
los primeros pipiltin del altépetl de Chalco.

Acólhua, primer señor de Azcapotzalco y de los tepanecas, tuvo
con *Cuetlaxxochitzin* [*Cuetlachxóchitl*] tres hijos varones:

- El primero se llamó Tezozómoc, y al cual después le heredó
  en el tecúyotl.
- El segundo se llamó Epcoatzin, que después vino a ser primer
  señor de los tlatelolcas.
- El menor, Acamapichtli de los tenochcas que es el altépetl
  mexica, y que después fueron los últimos que vinieron a poblar.

En este párrafo, Alva Ixtlilxóchitl confunde no sólo los nombres de
los tres hijos de Acólhua y *Cuetlaxxochitzin* [*Cuetlachxóchitl*], «flor

de cuero curtido», sino también su linaje. Según los *Anales de Tlatelolco*, el líder de los tepanecas se llamaba Matlaccóatl.

De acuerdo con la mayoría de las fuentes, existieron varios personajes con el nombre de *Epcoatzin*, «serpiente de nácar», pero el más conocido es el tecuhtli de Toltítlan, nieto de Tezozómoc e hijo de Cuacuauhpitzáhuac, primer tecuhtli de Tlatelolco.

Acamapichtli, «puñado de carrizos» o «puñado de flechas», es el primer tlatoani de los mexicas, pero no es descendiente de los chichimecas ni mucho menos de Xólotl.

Primera parte de la genealogía tepaneca, en los *Anales de Tlatelolco*

Aquí comienza la genealogía de los tetecuhtin de Azcapotzalco. Cuando llegaron los chichimecas encontraron a otros chichimecas:

- *Tzihuactlatónac*, «cacto resplandeciente», tecuhtli de *Cuitlachtépec*, «en el cerro de los lobos».
- *Tecuanitzin* de Tenayócan.
- *Ixcozauhcatzin* de Zahuátlan.
- *Tlalolinteuctli* de Cuauhuácan.
- *Opantzin*, «en el camino», de Xaltócan.
- *Tlahuizcalpotonqui*, «aurora brumosa», de Citlaltépec.
- *Huáuhquil*, «planta de huauhtle», y *Tlotliteuctli* de Tecpayócan.
- *Tzontecómatl* de Coatlíchan, cuya mujer se llamaba Tzompachtli y su hijo, Tlazoxiuh Tzontecómatl.

Éstos fueron los chichimecas que primero poseyeron tierras.

Cuando llegaron los tepanecas, los venía guiando Matlaccóatl, quien no fue recibido con flechas y se quedó cuatro años en Atzcapotzaltongo. De allá vino Matlaccóatl, «diez serpiente», para solicitar una hija del chichimeca Tzihuactlatónac, «cacto resplandecientes», y la mujer se llamaba Azcuéitl, «falda Blanca». Matlaccóatl y Azcuéitl engendraron un hijo al que llamaron *Chiconquiauhtzin* [Chiconquiáuhtl], «siete lluvia».

El fundador del tlatocáyotl de Azcapotzalco fue *Matlaccóhuatl*, cuya mujer, llamada *Azcuéitl*, era hija de *Tzihuactlatónac*, tecuhtli de *Cuitlachtépec*, uno de los señoríos chichimecas que encontraron establecidos en el valle. Matlaccóhuatl y Azcuéitl tuvieron por hijo a *Chiconquiáhuitl*.

- *Matlaccóhuatl* [*Matlaccóatl*], «diez serpiente».
- *Azcuéitl*, «falda blanca».
- *Tzihuactlatónac*, «cacto resplandeciente».
- *Cuitlachtépec*, «en el cerro de los lobos».
- *Chiconquiáhuitl*, «siete lluvia».

Continúan los *Anales de Tlatelolco:*

> Matlaccóhuatl gobernó durante 70 años; aún los venía acaudillando él cuando llegaron a *Azcapotzaltonco*, «Azcapotzalco el chico». Allí se quedaron tres años, viviendo todavía como chichimecas; y al cuarto año bajaron para construir su palacio donde ahora está Azcapotzalco. En el año *nahui ácatl*, «1223» se levantó la casa señorial. Y en ese mismo año murió Matlaccóhuatl.

Cuando murió Matlaccóatl, se asentó su hijo Chiconquiauhtzin, quien fue a solicitar una hija al chichimeca Opantzin, de Xaltócan, que le dio por esposa a su hija llamada *Xicomoyáhual*, «dispersión de jicote».
Chiconquiauhtzin y Xicomoyáhual tuvieron dos hijos:

- *Tezcapoctzin*, «humo de espejo».
- *Acolnahuacatzin*, «cerca del hombro».

Cuando murió Chiconquiauhtzin, se asentó Tezcapoctzin. Con la muerte de Tezcapoctzin, se asentó Acolnahuacatzin y solicitó a Tecuanitzin de Tenayócan una hija por esposa. *Tecuanitzin*, «felino feroz», le entregó a su hija llamada *Cuetlaxotzin*, «flor de cuero curtido».

Acolnahuacatzin y Cuetlaxotzin ♀ engendraron seis hijos:

- *Huitzilíhuitl Tepanquizqui* ♀ [*Huitzilíhuitl*, «pluma de colibrí»; *Tepanquizqui*, «el que pasa sobre la gente»].
- *Epcoatzin*, «serpiente de nácar».
- *Moxotzin Tlatzotzonízcatl* ♀ [*Moxotzin*, «tu flor»; *Tlatzotzonízcatl*, «el que percute un instrumento musical»].
- *Chalchiuhnenetzin* ♀, «muñeca de jade».
- *Tianquiznenetzin* ♀, «muñeca del mercado».
- *Tezozomóctli Yacatéltetl Ipeuhqui* [*Tezozomóctli*, «el encolerizado» o «piedra crepitante»; *Yacatéltetl*, se desconoce su significado; e *Ipeuhqui*, «el que comienza»]. Tezozómoc fue el menor de los seis hijos.

Huitzilihuitzin Tepanquizqui, Epcoatzin y su padre Acolnahuacatzin murieron descuartizados en Oztopolco de Coyohuácan, porque los tepanecas se enojaron con ellos por hacerse amigos de los mexicas. La hija de Acolnahuacatzin, llamada Moxotzin Tlatzotzonizcatzin, se casó con Acolmiztli Huitzilíhuitl [*Acolmiztli*, «puma robusto»], tecuhtli de Coatlíchan.

Moxotzin Tlatzotzonizcatzin y Acolmiztli Huitzilíhuitl engendraron dos hijos:

- *Ixcuecuetzin*, «rostro travieso».
- *Acxocuéitl* ♀, «falda de abeto».

Enseguida se asentó su hijo Chiconquiáhuitl, cuya mujer, llamada *Xicomoyáhual*, «dispersión de jicotes», venía de Xaltócan y era hija del chichimeca *Opantzin*, «en el camino», que allí encontraron.

Chiconquiáhuitl y Xicomoyáhual ♀ tuvieron dos hijos:

- *Tezcapoctzin*, «humo de espejo».
- *Acolnahuacatzin*.

Chiconquiáhuitl gobernó durante 26 años. Cuando él murió, se asentó Tezcapoctzin, el cual no tuvo hijos y gobernó durante 35 años. Cuando murió Tezcapoctzin, se asentó su hermano Acolnahuacatzin, que tomó por mujer a *Cuetláxoch*, «flor de cuero curtido», hija de *Tecuanitzin*, «felino feroz», de *Tenayócan*, «lugar lleno de murallas».

Acolnahuacatzin y Cuetláxoch ♀ tuvieron estos hijos:

- *Huitzilíhuitl* y *Tepanquizqui* ♀ [*Huitzilíhuitl*, «pluma de colibrí»; *Tepanquizqui*, «el que pasa sobre la gente»].
- *Epcoatzin*, «serpiente de nácar».
- *Moxotzin Tlatzotzonízcatl* ♀ [*Moxotzin*, «tu flor»; *Tlatzotzonízcatl*, «el que percute un instrumento musical»].
- *Chalchiuhnenetzin* ♀, «muñeca de jade».
- *Tianquiznenetzin* ♀, «muñeca del mercado».
- *Tezozomóctli Yacatéltetl Ipeuhqui* [*Tezozomóctli*, «el encolerizado» o «piedra crepitante»; *Yacatéltetl*, cuyo significado se desconoce; e *Ipeuhqui*, «el que comienza»]. Tezozómoc fue el menor de los seis hijos.

Este Acolnahuacatzin estaba gobernando cuando llegaron los mexicas, y fue el cuarto señor de Azcapotzalco.

Así narra *Anales de Tlatelolco*:

Cuando llegaron a Chapultépec, los mexicas no venían separados, todavía estaban juntos. Aquí se nombran todos los principales: *Poyáhuitl, Memella, Xolman, Michiníztac, Cemacachiquíhuitl, Aátlatl, Xomímitl, Atlacuáhuitl, Ténoch, Ocelopan, Acacitl, Océlotl, Chalchiuhtlatónac, Ayocuan, Xocóyol* y *Tláquetz*.

- *Poyáhuitl*, «montaña despejada de nubes».
- *Memella*, «flujo o jugo del maguey».
- *Xolman*, «el que está de pie».
- *Michiníztac*, «pescado blanco».
- *Cemacachiquíhuitl*, «un canasto de carrizos».
- *Aátlatl*, «tiralanzas de agua».

- *Xomímitl*, «flecha en la pierna» o «flecha de saúco».

- *Atlacuáhuitl*, «árbol de tiralanzas».

- *Ténoch*, «nopal de tunas duras», «tuna de piedra». *Tenochtli*, «nopal de la piedra» [*tetl*, «piedra»; *nochtli*, «tuna»; y -*tlan*, sufijo locativo, «lugar en el que abunda»]. *Tenochtli* refiere también a toda la planta y no sólo al fruto.

- *Ocelopan*, «estandarte de ocelote».

- *Acacitli*, «liebre del carrizal».

- *Océlotl*, «ocelote».

- *Chalchiuhtlatónac*, nombre divino, íntimamente asociado con Chalchíhuitl icue, que preside el bautismo del recién nacido/nombre personal. *Chalchiuhtlatónac* y *Chalchiuhtlicue*, «señor y señora de las aguas», «el de brillo solar de jade y la de falda de jade».

- *Ayocuan*, «maguey acuoso».

- *Xocóyol*, «cascabel en la pierna».

- *Tláquetz*, «erguido».

Continúa *Anales de Tlatelolco*:

Y su dirigente, llamado *Tozcuécuex*, «loro travieso», todavía los gobernó durante 20 años en Chapultépec. Tras la muerte de éste, se asentó Huitzilihuitzin, quien llevaba gobernando 23 años cuando los mexicas fueron despojados en el año *ce tochtli*, «1298», aunque algunos lograron salvarse. Después se fueron a Culhuácan, cuando *Eztlocelopan*, «bandera de piel de ocelote ensangrentada», fue a suplicarles. Los enviaron Xomímitl, Michiníztac, Ténoch e Iztacchiauhtótotl. Anduvieron juntos por Nextícpac, Tecuictollan, Iztacalco, Temazcaltítlan. 13 años después, en el año *ce calli*, «1337», se separaron y se fueron a *Tlatelolco Xalliyácac* [*Tlatelolco*, «montículo de arena»; y *Xalliyácac*, «en el comienzo de la arena»].

Treinta años después de que los mexicas se dispersaron, se enseñoreó *Cuacuauhpitzáhuac*, «cuerno filoso de venado», en el año *ce tochtli*, «1350»; pero todavía se quedó un año en Azcapotzalco, y sólo vino a Tlatelolco para asentarse aquí en el año *ome ácatl*, «1351». En este segundo año de su gobierno, los mexicas conquistaron Chimalhuácan Atenco.

Se ataron los años de los mexicas. Cuacuauhpitzáhuac llevaba 15 años gobernando cuando los mexicas construyeron su teocalli. Al cumplir 21 años de gobierno, Cuacuauhpitzáhuac conquistó *Tepanohuayan*, y tres años después *Mízquic, Cuitláhuac, Xochimilco* y *Cuauhnáhuac. Cuacuauhpitzáhuac* gobernó durante 37 años.

- *Tepanohuayan*, «en el puente de piedra». Tepanohuayan se refería al territorio tepaneca, es decir, al tlatocáyotl de *Azcapotzalco*, «en el hormiguero».

- *Mízquic*, «en el mezquite» o «lugar de mezquites» [*mizquitl*, «mezquite»; y *-c*, locativo].

- *Cuitláhuac*, generalmente traducido como «donde tienen excremento». Sin embargo, la traducción correcta es «lugar rodeado de alga espirulina». «Donde tienen excremento» proviene de la traducción «donde tienen tecuitlatl». *Tecuitlatl*, «excremento de las aguas», se refiere a lama verde de la laguna, hoy conocida como alga espirulina. Por lo tanto, la traducción correcta es «agua rodeada de alga espirulina» o «lugar rodeado de alga espirulina». *Tecuitlatl*, «excremento de las aguas», es alga espirulina. [*Cuitlatl*, «cámara», «excremento», «deshecho»; y *náhuac*, «rodeado»]. *Cuitlatl*, traducido como «excremento», alude también a un «betún», una «emisión» como «obsequio». De forma compuesta lo podemos ver en la palabra *teocuitlatl*, «obsequio divino» [*teo*, «dios» o «divino»; y *cuitlatl*, «obsequio»], refiriéndose a la plata, aunque generalmente se le traduce como «excremento divino». También *coztic teocuitlatl*, «obsequio divino de color amarillo», aludiendo al oro [*coztic*, «amarillo»; *teo*, «divino»; y *cuitlatl*, «obsequio»]. Otro ejemplo: *ichca cuitlatl*, «betún fuerte».

- *Xochimilco*, «tierra de flores», «huerta de flores» o «en el plantío de flores» [*xochi*, «flor»; *mil*, «tierra de labranza»; y -*co*, sufijo locativo].

- *Cuauhnáhuac* [Cuernavaca], «lugar rodeado de árboles» [*cuáhuitl*, «árbol», «madera», «palo»; y *náhuac*, «rodeado»]. De acuerdo con el *Códice Ramírez*, *Cuauhnáhuac* quiere decir «lugar donde suena la voz del águila».

Genealogía chichimeca
a través de la *Historia chichimeca*

Chiconcuauh, señor de Xaltócan y del altépetl otomí, y Tzihuacxochitzin tuvieron estos hijos.
- La primera, Tzipacxochitzin, que casó con Chalchiuhtotemotzin, primer señor de Chalco Atenco.
- El segundo, Macuilcoatlochopantecuhtli, que vinieron a ser primeros señores y pobladores del altépetl de Metztítlan.

Tzontecómatl tecuhtli tuvo solo un hijo que se llamó *Tlacotzin*, «mediano» o «jara», que se casó con una hija de Cozcacuauh, uno de los primeros pipiltin del altépetl de Chalco.

Al respecto, Alva Ixtlilxóchitl menciona lo siguiente «Tzontecómatl de Coatlíchan, cuya mujer se llamaba Tzompachtli, y su hijo, Tlazoxiuh Tzontecómatl». Asimismo, plantea que «se casó con una hija de Cozcacuauh, uno de los primeros señores del altépetl de Chalco».

Pero de acuerdo con *Monarquía indiana*:

Itzmitl, señor de Cohuatlichan, hijo de Tzontecoma, uno de los tres señores acólhuas que de sus tierras vinieron a éstas, cuando ya Xólotl las poseía. Este señor, como tuviese un hijo llamado Huetzin y desease verle señorear y mandar como él señoreaba y mandaba, [...] fue con Xólotl y le pidió algún pueblo donde asistiese hasta que entrase en la posesión de la herencia de Cohuatlichan. Xólotl no puso dificultad y preguntó qué ciudad se le podía encargar, a lo cual Itzmitl dijo que la de Culhuácan era buena, la cual tenía a su cargo uno de los señores descendientes de los toltecas.

No fundaba mal su razón porque según hemos visto Tzontecomatl se casó con Coatetl, que era de aquella casa, cuyo nieto era Huetzin y no se dice la causa de querer aquel señorío habiendo en el poseedor que era Nauhyotl que reinó en aquella ciudad más de sesenta años. Para esto ordenó Xólotl irse a holgar aquel lugar y llamó a Ameyal, nieto del señor de Culhuácan. Le dijo que le parecía bien que Huetzin estuviese en compañía de su abuelo en Culhuácan hasta que llegase el tiempo de su herencia. Ameyal le respondió que gustaba mucho de ello y que era favor y merced la que se le hacía a su abuelo Nauhyotl; pero después de hablar con Xólotl, Ameyal mandó avisar secretamente a su abuelo. Con esto, Nauhyotl comenzó a vivir con cuidado. Huetzin fue tan mal recibido que a no valerle los pies le hubieran valido poco las manos; porque salió el señor de Culhuácan con ejército formado contra él. Vino luego este alboroto a los oídos de Xólotl y juntamente a las del príncipe Nopaltzin, el cual con el enojo que recibió salió con la gente que pudo y le hizo la guerra a Nauhyotl, a quien venció, prendió y tuvo preso mucho tiempo, hasta que murió en aquella prisión. A Ameyal le quitó el tecúyotl que a su cargo tenía. Entró Huetzin en el gobierno y señorío de Culhuácan y luego se regresó a Cohuatlichan por muerte de su padre, le heredó Nonohuálcatl. Huetzin se casó con Atotoztli, hija de Achitómetl, señor de aquel altépetl de Culhuácan, que después de Nonohuálcatl entró en el tecúyotl.

Continúa la *Historia chichimeca:*

El príncipe Nopaltzin se casó con Azcaxochitzin, hija legítima del príncipe Póchotl, y nieta de Topiltzin último rey de los toltecas. Con esta unión quedaron en paz y comenzaron a emparentar los unos con los otros.

Nopaltzin y Azcaxochitzin tuvieron tres hijos:
• El primero, *Tlotzinpóchotl* [Tlotzin].
• El segundo, Huixaquentochintecuhtli.
• El tercero, Coxanatzin Aténcatl.
• También tuvo antes de éstos un hijo natural, que se llamó Tenancacaltzin.

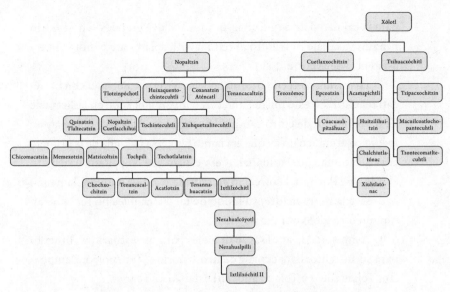

Figura 94. Genealogía chichimeca a través de Historia chichimeca.

Distribución de las tierras que hizo Xólotl, de acuerdo con la *Historia chichimeca*

Hasta la llegada de los acólhuas, ninguno de los señores que trajo consigo el huei chichimécatl tecuhtli tenía señorío particular, porque los traía ocupados en las poblaciones, unas veces en unos señoríos y otras en otros. Consciente de que ya era tiempo de premiarlos, acordó repartir todos los señoríos conforme a sus méritos.

A tres de los seis señores que trajo consigo, que fueron Acatómatl, Cuauhatlápatl y Cozcacuauh, para que juntamente con Chalchiuhtlatónac, señor tolteca, fueran señores del altépetl de Chalco, tierra fertilísima y abundante de todas las cosas necesarias a la vida humana.

A Metlíztac le dio el altépetl de Tepeyácac. A los otros dos, Técpatl y Cuauhtlíztac, los hizo pipiltin del altépetl de Mazahuácan.

A sus dos nietos, hijos del príncipe Nopaltzin, fuera del sucesor, Huixaquen y Coxanatzin, los envió a Zacátlan y Tenamítec para que fueran tetecuhtin de todas aquellas tierras, que caen fuera de la circunferencia de las sierras, corriendo desde los términos de las sierras y tierras de la Cuexteca hasta las de la Mixteca, suficiente territorio para la calidad de sus personas, porque incluye grandes señoríos, sin ningún vasallaje ni tributo al tlatocáyotl, solamente el homenaje y asistencia de la corte.

La misma merced gozaron las hijas y yernos del huei chichimécatl tecuhtli. En este mismo año cercó un gran bosque en la sierra de Texcoco, en donde entró cantidad de venados, conejos y liebres; y en medio de él edificó un cu que era como templo, en donde de la primera caza que cogían por las mañanas él y el príncipe Nopaltzin, o su nieto el príncipe Póchotl, la ofrecían en sacrificio al Sol, a quien llamaban padre y a la tierra madre, su modo de idolatría, pues no reconocían ningún otro ídolo por dios.

Asimismo, de aquí sacaban pieles para su vestuario y alimento para su sustento. Esta cerca y cuatro señoríos (Tepepolco, Zempoalan, Tolantzinco y Tolcuachiócan) estaban a su cargo.

Al príncipe Tlotzin le dio las rentas que pertenecían al tlatocáyotl que tenían obligación a dar los de los señoríos de Chalco, Tlanahuacaztlálhuic, y todo lo que contenía desde el volcán, sierra-nevada hasta donde acaba aquella cordillera y la sierra de Texcoco.

Tlotzin puso su asiento y corte en Tlatzalantlalanóztoc, y se casó con Pachxochitzin, hija de Cuauhatlápal.

- Tlotzin y Pachxochitzin ♀ tuvieron estos hijos:
- El primero, Quinatzin Tlaltecatzin.
- El segundo, Nopaltzin Cuetlacchihui.
- El tercero, Tochintecuhtli, que fue el primer señor de Huexotzinco.
- El cuarto, Xiuhquetzalitecuhtli, primer señor de Tlaxcálan.

Distribución de las tierras que hizo Xólotl, de acuerdo con *Monarquía indiana*

Después de haberles hecho este parlamento y plática, nombró por señor de los altepeme de:
- Cohuatépec a Acatonale
- Mamalhuazco a Cohuatlapal y Cozcacuauhtli
- Tepeaca a Iztacmitl
- Mazahuacan a Tecpa e Iztaccuauhtli

Rebelión de chichimecas,
en la *Historia*... de Clavijero

Concluidas las fiestas de los desposorios, dividió Xólotl su tecúyotl en varios señoríos y dio la investidura de ellos a sus yernos y a otros nobles de una y otra nación. Nombró al tlazopilli Acolhuatzin señor de la ciudad y distrito de Azcapotzalco, y de él descendieron aquellos tetecuhtin bajo cuyo yugo estuvieron más de 50 años los mexicas. A Chiconcuauhtli confirió el señorío de Xaltócan, cinco leguas al norte de Azcapotzalco, y a Tzontecomatl el de Coatlíchan, cerca de la misma corte de Texcoco.

Crecían cada día las poblaciones y con ellas la cultura de la nación, pero al mismo tiempo se iban excitando en los ánimos la ambición y otras pasiones que eran como adormecidas por falta de ideas en el tiempo de vida salvaje. Xólotl, que en la mayor parte de su largo régimen había gobernado con mucha dulzura y había experimentado en sus súbditos la mayor docilidad, en los últimos años de su vida se vio precisado a usar la severidad para reprimir las inquietudes de algunos rebeldes, privando a unos de los empleos que obtenían, y a otros, más culpables, de la vida. Estos justos castigos, que debían aterrar la insolencia de los vasallos, agriaron de tal suerte los ánimos que algunos concibieron el detestable designio de deshacerse de tecuhtli, paro lo cual se les presentó luego una ocasión favorable.

Había Xólotl mostrado deseo de aumentar el agua de sus jardines en donde solía recrearse y aun dormirse agravado de los años o provocado de la frescura y amenidad del sitio. Sabedores los rebeldes, resolvieron hacer una presa al arroyo que pasaba por Texcoco y abrir una zanja para conducirla a los jardines del tecuhtli con intento de echarle toda el agua y ahogarle al tiempo de que incautamente durmiese, esperando sin duda que quedase oculto su mal intento y se atribuyese la desgracia a una mera contingencia o a mal tomadas medidas de sus vasallos que sinceramente deseaban servir a los deseos de su señor. No fue tan secreta la conjuración que no llegase a oídos del tecuhtli, pero le pareció mejor disimular por entonces y esperar que ejecutaran el golpe. Fuese pues al jardín y se echó a dormir en un lugar donde no pudiese el agua perjudicarle. Los conjurados, que no esperaban más de este momento decisivo, rompieron la presa y dieron con toda el agua en el jardín. Al ruido dio gritos el tecuhtli llamando a su gente para que reconociese el origen de aquella repentina avenida.

Se supo inmediatamente la traición, pero el tecuhtli determinó llevar adelante su disimulo y burlarse de sus enemigos.

—Yo estaba persuadido de que mis vasallos me amaban —dijo—, pero esta vez he conocido que me aman más de lo que yo pensaba. Deseaba yo aumentar el agua en mis jardines, y vean aquí cómo mis vasallos me la han traído sin costo alguno. No puedo menos que celebrar con públicos regocijos mi felicidad.

Mandó hacer fiestas en la corte y al terminarse se fue Tenayócan lleno de indignación y dolor, resuelto en castigar a los traidores, pero ahí le asaltó la última enfermedad que templó el ardor de su venganza.

Conflictos políticos de Xólotl, según la *Historia chichimeca*

Tlacotzin, hijo de Tzontecómatl, señor de Coatlíchan y de los acólhuas, se casó con Malinal Xochitzin, la mayor de las dos hijas del príncipe Tlotzinpóchotl.

Tlacotzin y Malinal Xochitzin ♀ tuvieron dos hijos:

• Huetzin
• Chichimecacihuatzin

Xólotl le dio a Huetzin, entonces mancebo de poca edad, el altépetl de Tepetlaóztoc que le aumentó el señorío. El tributo que estos chichimecas pagaban era conejos, liebres, venados, pieles de fieras y mantas de henequén.

El príncipe Nopaltzin dio orden de que su bisnieto Huetzin se casara con Atototzin, la mayor de las hijas de Achitometzin [Achitómetl], señor de los cúlhuas, y la menor que se decía Ilancuéitl se casara con su sobrino Acamapichtli, hijo de Acólhua, primer señor de Azcapotzalco y tecuhtli de los tepanecas. Esto sucedió en el año de 1050 d. C., que llaman ce ácatl.

Alva Ixtlilxóchitl menciona que Nopaltzin y Azcaxochitzin tuvieron tres hijos: Tlotzinpóchotl [Tlotzin], Huixaquentochintecuhtli y Coxanatzin Aténcatl, y un hijo natural, que se llamó Tenancacaltzin. En el párrafo anterior dice que Huetzin es bisnieto de Nopaltzin. En otro párrafo escribe: «Tlacotzin y Malinal Xochitzin ♀ tuvieron dos hijos: Huetzin». Pero el Tlacotzin que señala como padre de Huetzin es el mismo que refiere como hijo de Tzontecómatl, señor de Coatlíchan.

Sobre Atototzin o Atotoztli, hija de Achitometzin [Achitómetl], los *Anales* de Chimalpáhin la mencionan como «hija de Coxcoxtli y madre de Acamapichtli el joven, primer rey de Tenochtitlan»; mientras que Durán dice que es «hija de Náuhyotl señor de Culhuácan. Se casó con Opochtzin y engendraron a Acamapichtli quien fué solicitado por los mexicanos para que los gobernase». (No se confunda a esta Atotoztli con la hija del tlatoani Motecuzoma Ilhuicamina.)

Sobre Ilancuéitl, Durán apunta lo siguiente:

> Aatl era un principal de México que ofreció una hija suya al tecuhtli Acamapichtli para que de ella tuviera descendencia por ser infecunda su mujer Ilancuéitl [...]. Acamapichtli era hijo de Opochtzin, señor mexicano y de una señora de Culhuácan. Los mexicanos se fijan en él para que los gobierne pidiéndoselo al señor de Culhuácan llamado Náuhyotl. Estaba casado con Ilancuéitl.

El *Origen de los mexicanos* dice lo siguiente:

> Después de la muerte de su padre adoptivo, Acamapichtli el Viejo fué a México con su madre adoptiva Ilancuéitl, donde los recibieron muy bien. Le consideraron principal y lo tuvieron en mucho, pero no le hicieron señor. Casó primero con Ilancuéitl, mujer de Acamapichtli de la que no tuvo descendencia. Luego casó con otras veinte mujeres de las cuales una, mexicana, era la principal.

Por su parte, el *Códice Ramírez* señala:

> la mujer de este tlatoani era estéril, por cuya causa los grandes y principales de su pueblo determinaron darle sus hijas, de las cuales tuvo hijos muy valerosos y de animosos corazones, que después algunos de ellos fueron tetecuhtin, y otros capitanes y de grandes dictados.

En los *Anales de Cuauhtitlán* se menciona que en el año *mátlactli toch-tli*, «1346», fue Ilancuéitl, acompañada por sus señoras, a Coatlíchan para ir a tomar a Acamapichtli, que allá se estaba criando.

Finalmente, Alva Ixtlilxóchitl plantea que «esto sucedió en el año de 1050 d. C., que llaman *ce ácatl*». Sin embargo, en la cuenta de los años en los *Anales de Cuauhtitlán* el año ce ácatl coincide con el 999 y el 1155.

Continúa la *Historia chichimeca*:

> Yacánex [también Yacacocólotl o Yacazozólotl], señor princi-
> pal de Tepetlaóztoc —altépetl que estaban bajo del tecúyotl del
> mancebo Huetzin, al que pagaban tributo—, se opuso al matrimo-
> nio de Huetzin y Atototzin y la pidió con violencia y amenazas a
> Achitometzin [Achitómetl], señor de los cúlhuas, quien respondió
> que no podía quebrar su palabra prometida al príncipe Nopaltzin.
> En el ínterin andaban con demandas y respuestas, y despacharon en
> secreto a la princesa para entregarla a su esposo Huetzin, temiendo
> que Yacánex la sacase a fuerza de armas, pues había ido acompa-
> ñado de gente y armas.
>
> Asimismo, Yacánex se negó a rendir vasallaje [a] Huetzin y albo-
> rotó a todos los demás chichimecas de Tepetlaóztoc, de tal manera
> que el huei chichimécatl tecuhtli Xólotl en el año de 1062, que llaman
> mátlactli omei ácatl, por atajar alteraciones y novedades y excusar
> guerras, mandó llamar a Tochintecuhtli, hijo de Quetzalmázatl señor
> de Cuahuácan, hombre valeroso y muy experto en la milicia, y con él
> cantidad de familias de chichimecas.

En la cuenta de los días de los *Anales de Cuauhtitlán*, el año 1062 co-rresponde al *mátlactli omome tochtli* y el *mátlactli omei ácatl* al 959, 1011, 1063 y 1115.

Prosigue la *Historia chichimeca*:

> Xólotl envió a Tochintecuhtli a Xaltócan se desposara con Tomiauh,
> su bisnieta, hija de Opantecuhtli —que a la sazón era recién entrado en
> el tecúyotl de Xaltócan y gobernado por los otomíes— y hecho esto se
> fuera a Huexutla con su ejército a la defensa de Huetzin y que procu-
> rara aprehender y matar a Yacánex y a sus consortes. Tochintecuhtli

se puso Huexutla el año siguiente de 1064 que llaman ce técpatl. El príncipe Quinatzin pasó su corte y morada a Oztocticpac, que es en Texcoco y dio principio a esta ciudad en su población, dejando a su padre en Tlazalan.

En la cuenta de los días de los *Anales de Cuauhtitlán*, el año 1064 corresponde al *ce técpatl*. Esto significa que por primera vez la cuenta de los años que lleva Ixtlilxóchitl concuerda con la de *Anales de Cuauhtitlán*; sin embargo, aún sigue muy lejos de la fecha en la que debería situar su historia, pues en el año 1064 apenas había caído el imperio tolteca y faltaba mucho para la llegada de los chichimecas a Tenayuca, y aún más para que naciera Quinatzin.

Continúa la *Historia chichimeca:*

> Dos años antes, Huetzin hizo tres cercas grandes: una abajo de Huexutla, hacia la laguna; otra en Texcoco, donde había comenzado a sembrar maíz y otras semillas. Dio el cargo a dos chichimecas: Acótoch y Coácuech, los cuales se aliaron con Yacánex. El príncipe Quinatzin y su sobrino Huetzin juntaron sus gentes con las de Tochintecuhtli, primer señor de Huexutla, para acometer al enemigo en dos partes: una, donde había fortalecido con su gente que fue donde está ahora el pueblo de Chiautla. Fue Huetzin sobre él y tuvieron muy cruel batalla, en donde murió mucha gente de ambas partes hasta que fueron vencidos. Yacánex se fue huyendo sin parar hasta Panuco.

En su *Relación histórica de la nación tulteca*, Alva Ixtlilxóchitl se refiere a Yacánex como Yacacocolotl, Yacazozólotl y Yacatzotzoloc, y escribe lo siguiente:

> A los 100 años de la destrucción de los toltecas, este señor Yacacocolotl de los chichimecas, hijo de Huihuatzin, que vivía en Tepetlaoztoc, pidió por mujer a Atotoztli hija del tecuhtli Achitómetl, pero éste respondió que su cuñado el príncipe Nopaltzin había dado a sus hijas, una a Huetzin y la otra a Acamapichtli; entonces le declara la guerra a Huetzin y sostiene una lucha muy sangrienta en Chiauhtla en donde pierden la vida gran cantidad de chichimecas y Huetzin que

era más poderoso gana. «Izcazozolotl». Los pueblos que tenía Yacatzotzoloc fueron dados a Huetzin por mandato de Xólotl.

Muerte de Xólotl,
según la *Historia chichimeca*

En este mismo año tuvo también guerra Acólhua, señor de Azcapotzalco, con Cozcacuauh, uno de los chichimecas rebelados que se había
alzado con el altépetl de Tepotzótlan y que después escapó. En el año
matlactli omei técpatl, «1075», falleció este huei chichimécatl tecuhtli,
Xólotl, mientras estaba en su corte de Tenayócan, a los ciento doce
años de su gobierno y a los ciento diecisiete de la última destrucción de
los toltecas, en la mayor prosperidad, paz y concordia que tuvo en este
nuevo mundo, al cual se le hicieron muy solemnes honras y fue enterrado su cuerpo en una de las cuevas de su morada, asistiendo a ellas la
mayor parte de los tlazopipiltin, «príncipes», y pipiltin de su tlatocáyotl.

Muerte y exequias de Xólotl,
en la *Historia...* de Clavijero

Conociendo la cercanía de su muerte, Xólotl hizo llamar a su hijo, el
tlazopilli Nopaltzin, a sus dos hijas y a su yerno Acolhuatzin, pues los
otros dos tlazopipiltin ya estaban muertos. Ya en su presencia les dijo:
—Amados hijos míos: yo me siento ya tan agravado, no menos
por mis años que por la enfermedad, pues me quedan pocos momentos de vida. Les pido por el gran amor que siempre les he tenido qué
vivan en paz y armonía, que así se ganarán los corazones de sus vasallos. A ti, Nopaltzin, hijo y sucesor mío, y digno heredero del tlatocáyotl no menos por tu valor que por tu nacimiento, te encargo el cuidado
de los pueblos, el amor de tus hermanos, la protección de la nobleza y
la mansedumbre para con todos tus vasallos.
Poco después de pronunciadas estas palabras murió entre las
lágrimas y gemidos de sus hijos. Era de edad muy avanzada y había
reinado a lo que parece más de 40 años en aquella tierra. Era hombre
sano y robusto y de gran valor, muy amante de sus hijos y muy benigno
para con sus vasallos.

Se anunció su muerte por todo el tlatocáyotl, se dio aviso a los pipiltin para que asistieran al funeral. Adornaron el cadáver con joyas de oro y de plata y lo sentaron en una silla hecha de copal y de otras materias aromáticas, y así lo tuvieron cinco días mientras llegaban los señores convocados a las exequias. Juntos ya todos, con inmenso concurso de pueblo, se quemó en una grande hoguera el cadáver, según una pequeña urna de piedra muy dura. Esta urna estuvo expuesta 40 días en unas de las principales salas de la real casa, a donde diariamente concurría la nobleza a llorarle, y con las mismas demostraciones de sentimiento, pasados los 40 días, depositaron la urna en una cueva que había cerca de Tenayócan.

Jura de Nopaltzin y las leyes que implementó, según la *Historia chichimeca*

Acabadas las honras del gran Xólotl, luego todos los pipiltin juraron al *tlazopilli*, «príncipe», Nopaltzin por señor supremo, quien supo gobernar tan bien que en treinta y dos años que le duró el tlatocáyotl ningún señor se atrevió a desobedecerlo.

En este tiempo entró en la sucesión del tecúyotl de los cúlhuas Calcozametzin, tercero por orden y confirmación de Nopaltzin.

Nopaltzin mandó guardar las siguientes leyes:

- La primera, que nadie encendiera fuego en los campos y montañas sin su licencia y, en caso necesario, so pena de muerte.
- La segunda, que nadie tomara la caza que hubiera caído en redes ajenas, so pena de perder el arco, flechas y el permiso para cazar.
- La tercera, que ninguna persona tomara la caza que hubiera tirado, aunque la hallara muerta en el campo.
- La cuarta, que ninguna persona quitara los cazaderos de particulares amojonados, so pena de muerte.
- La quinta, que los hombres y las mujeres adúlteros fueran degollados o muertos con flechas.

Su nieto el príncipe Quinatzin Tlaltecatzin, que tenía su corte en la ciudad de Texcoco, se casó con Cuauhtzihuátzin, hija de Tochintecuhtli, primer señor de Huexutla.

Nopaltzin, en la *Historia*... de Clavijero

Se celebró luego la exaltación al trono del tlazopilli Nopaltzin con regocijos públicos que duraron otros 40 días. Terminadas las fiestas despidió el tecuhtli a los señores a sus respectivos estados y al despedirse uno de ellos, a nombre de los demás, le arengó de esta suerte:

—Gran señor y huei chichimécatl tecuhtli. En cumplimiento de su orden vamos a gobernar los pueblos que nos has encargado como vasallos y criados tuyos. Confesamos ser incomparable el beneficio de servir a tan alto y poderoso señor, y te suplicamos nos mires con ojos de padre y nos ampares con tu poder, para que a su sombra vivamos seguros, pues eres agua mansa y fuego abrasador y en tus manos está nuestra vida y nuestra muerte.

—Agradezco, amados hijos y hermanos míos —les respondió el tecuhtli—, el servicio que me han hecho y el amor que han mostrado a mi difunto padre. Han honrado a un hermano suyo, hijo de su padre y nacido entre ustedes. Como conozco el servicio sabré también premiarlo. Vayan a sus pueblos y no se les olvide que son mis lugartenientes, como lo fueron de mi padre.

Despedidos los señores, se quedó el tecuhtli a vivir en Tenayócan en compañía de su hermana Cihuaxóchitl, viuda del tlazopilli Chiconcuauhtli. Sería de unos 60 años cuando subió al trono y tenía ya hijos y nietos. Sus hijos legítimos fueron:

- Tlotzin, a quien dio el señorío de Texcoco para que se fuese instruyendo en el arte difícil del gobierno.
- Quauhtequihua, a quien crio señor de Zacatlan.
- Apoyozoc, a quien confirió el estado de Tenamihe.

Un año estuvo en la corte de Tenayócan arreglando las cosas del tecúyotl que no estaban ya tan tranquilas como en los primeros tiempos. Después pasó a Texcoco a conferir con su hijo Tlotzin sobre los medios de restituir el estado a su primitiva tranquilidad. Estando aquí entró en una ocasión a recrearse en el jardín real en compañía de su hijo y de otros señores de la corte. En medio de la conversación prorrumpió en un llanto deshecho y preguntando de la causa.

—Son dos los motivos de mis lágrimas —respondió—, uno la memoria de mi buen padre que se me aviva con la vista de este lugar en que solía divertirse, y el otro la comparación que hago de estos amargos días con aquellos felices tiempos. Cuando mi padre plantó este jardín, tenía vasallos más pacíficos de los que ahora tengo yo. Servían entonces con sinceridad a su tecuhtli y aceptaban con humildad y reconocimiento los cargos que se les encomendaban. Hoy domina la ambición y la discordia. Me duele verme precisado a tratar como extraños y enemigos a los que en este mismo lugar traté como amigos y hermanos.

Y vuelto a su hijo, le habló de esta suerte:

—Tú, hijo mío, ten siempre ante tus ojos la imagen de tu grande abuelo, idea perfecta de príncipe. Tú que algún día has de ocupar el trono, esfuérzate en imitar los ejemplos de prudencia y justicia que nos dejó. Arma desde ahora tu ánimo de cuanto después habrás menester para regir a tus vasallos. Después de haberse consolado el tecuhtli algún tiempo con su hijo se volvió a la corte de Tenayócan.

Vivía aún por ese tiempo el mayor de los tlazopipiltin, Acolhuatzin, el cual, pareciéndole estrechos los términos de su señorío de Azcapotzalco, resolvió apoderarse por la fuerza de las armas de Tepozótlan, distante cinco leguas al norte. Armó a su gente y dio repentinamente sobre aquel lugar y lo tomó a pesar de la resistencia que hizo Chalchiuhcua, que era quien mandaba en él. Es de creer que Acolhuatzin no ejecutó esta violencia sin expreso consentimiento o anuencia de tecuhtli, quien por ventura querría vengar de esa suerte alguna particular ofensa recibida de Chalchiuhcua. Esto sucedió en el cuarto año de Nopaltzin.

Algo más sangrienta fue la guerra que tiempo después se encendió por interés de otra naturaleza. Huetzin, señor de Coatlichan, hijo del difunto tlazopilli Tzontecomatl, quiso tomar por mujer a una noble y hermosa doncella llamada Atotoztli, sobrina de la reina. Al mismo tiempo la pretendía Yacazozólotl, señor de Tepetlaoztoc, quien o por estar más enamorado de ella que su rival o por ser de genio más violento, no satisfecho con pedirla a su padre, quiso hacerse dueño de su hermosura por las armas. Levantó un pequeño ejército de su gente al cual se agregó Tochinteuctli, señor que había sido de Cuahuácan, y por su mala conducta se hallaba desterrado de Tepetlaoztoc. Noticioso Huetzin de este atentado salió prontamente a oponérsele con mayor número de tropas. Se dio la batalla en las inmediaciones de Texcoco, en la cual murió alguna gente de Tepetlaoztoc y su mismo señor Yacazozólotl, y lo restante del ejército fue desbaratado. Tochinteuctli se salvó con la fuga y se refugió en Huexotzingo, lugar situado de la otra parte de los montes. Libre Huetzin de su rival, se apoderó con el beneplácito del tecuhtli de la doncella y de la ciudad de Tepetlaoztoc.

A estas guerrillas entre los señores particulares siguió una guerra considerable de la misma corona con el altépetl de Tollantzinco, situada al norte, que se había rebelado. Salió el mismo tecuhtli en persona con un buen ejército, pero como los rebeldes eran muchos y belicosos, hicieron una gran resistencia y en 19 días que duró la guerra llevó muchas veces la peor parte el ejército real, hasta que, reforzado con nuevas tropas que envió el tlazopilli Tlotzin, sujetó finalmente el altépetl, haciendo castigo ejemplar de los principales culpados. El ejemplo de los Tollanzincas empeñó a otros señores en la rebelión, pero fueron prontamente castigados.

Ya tenía Nopaltzin tranquilo su tecúyotl cuando murió Acolhuatzin, primer señor de Azcapotzalco, dejando por heredero a su hijo Tezozómoc. Se celebraron sus exequias con la solemnidad correspondiente, con la asistencia del mismo tecuhtli y la nobleza de ambas naciones. No mucho tiempo después murió el tecuhtli en la corte de Tenayócan, a los 32 años de su reinado, nombrando sucesor en la corona a su hijo mayor Tlotzin. Su funeral se hizo en la misma corte y con el mismo aparato y ceremonias que el de su padre Xólotl, a quien fue muy semejante no menos en la índole que en la fortaleza y valor.

Tlotzin, en la *Historia...* de Clavijero

Se proclamó el nuevo tecuhtli con las solemnidades acostumbradas. Entre los señores que concurrieron a esta función fueron sus dos hermanos Quauhtequihua y Apopozoc, a quienes entretuvo en su casa un año. Era este tecuhtli tan benigno y afable que era el ídolo de sus vasallos. Todos los nobles solicitaban pretextos para visitarle, por gozar de la dulzura y amabilidad de su trato. Cuidaba mucho de que su gente se ejercitase en las armas, y él frecuentemente se divertía en cazar en los bosques y en pasear por sus jardines con mucho séquito de nobleza; pero nada sabemos en particular de sus acciones, ni de los sucesos del tecúyotl en los 36 años que gobernó. Murió aquejado de gravísimos dolores en Tenayócan. Sus cenizas se guardaron en una urna de piedra estimable cubierta de planchas de oro, y se expuso 40 días a la vista del pueblo en una tienda adornada de bellas plumas.

Hijos de Quinatzin, según la *Historia chichimeca*

Quinatzin Tlaltecatzin y Cuauhtzihuátzin ♀ tuvieron cinco hijos:
- El primero, Chicomacatzin.
- El segundo, Memexotzin [o según otros Memoxoltzin o Memelxtzin].
- El tercero, Matzicoltzin.
- El cuarto, Tochpili.
- El quinto, Techotlalatzin.

Hijos de Huetzin, según la *Historia chichimeca*

Huetzin y Atototzin ♀ tuvieron siete hijos:
- El primero fue Acolmiztli (que le sucedió en el señorío).
- La segunda se llamó Coxxochitzin.
- La tercera, Coazánac.
- El cuarto, Quecholtecpantzin Cuauhtlachtli.
- El quinto, Tlatónal Tetliopeuhqui.
- El sexto, Memexoltzin Itzitlolinqui.
- El último, Chicomacatzin Matzicolque.
- Chicomacatzin, Matzicolque [Matzicoltzin] y Tlacatlánex fueron a Huexotzinco, y Meméxol [Memexotzin] a Tlaxcálan.

Hijos de Tochintecuhtli, según la *Historia chichimeca*

Tochintecuhtli, primer señor de Huexutla, y Tomiacuhtzin ♀ tuvieron cinco hijos:

- El primero, Matzicoltzin.
- La segunda, Cuauhcihuátzin.
- El tercero, Quiauhtzin.
- La cuarta, Nenetzin, que se casó con Acolmiztli, señor de Coatlíchan.
- El quinto, Yáotl.

El segundo hijo de Acólhua, llamado Epcoatzin, se casó con Chichimecazoatzin [Chichimecacihuatzin], hermana de Huetzin señor de Coatlíchan, con quien tuvo dos hijos.

Quaquauhpitzáhuac [Cuacuauhpitzáhuac], segundo señor de los tlatelolcas y la segunda y última que casó con Chalchiutlatónac su primo hermano, que vino a ser primer señor de Coyohuácan.

Al respecto, Alva Ixtlilxóchitl menciona que Chalchiutlatónac es una señora tolteca y madre de Cuatetzin: «A Tzontecomatl, señor de los acólhuas, le dio a Coatlíchan y lo casó con Cuatetzin [o Coátetl, según Torquemada], hija de Chalchiutlatónac señor tolteca y uno de los primeros señores del altépetl de Chalco».

Culhuácan, Xochimilco y Chalco, en los *Anales de Cuauhtitlán*

En el año *mátlactli omome ácatl*, «1127», Cuauhtexpetlatzin llegó a Culhuácan, y al punto envió a algunos de sus macehuales a Ocuillan y Malinalco, donde todavía están establecidos.

En el año *ce calli*, «1129», murió Cuauhtexpetlatzin, tecuhtli de Culhuácan. Después se enseñoreó Huetzin. De inmediato, se marchó el noble Acxocuauhtli, hermano menor de Nauhyotzin.

En el año *ome tochtli*, «1130», se enemistaron los xochimilcas y los cúlhuas, quienes persiguieron a los xochimilcas hasta Teyahualco, para que allá se quedaran.

En el año *yei ácatl*, «1131», murió Tozquihua, tecuhtli de Chalco, todavía en Xicco. Luego se enseñoreó Ácatl, durante su gobierno llegaron muchos de los que ahora se llaman a sí mismos chalcas.

En el año *chicome ácatl*, «1135», llegaron los chalcas mihuaques, huitznahuas chichimecas, etcétera.

En el año *mátlactli tochtli*, «1138», llegaron los chalcas a Tlahuácan y se fueron al bosque sagrado de Mixcóatl. También en este año llegaron otros chalcas y varios pueblos.

En el año *mátlactli omei calli*, «1141», los xochimilcas perdieron su supremacía ante los cúlhuas.

En el año *ce tochtli*, «1142», los cúlhuas persiguieron a los xochimilcas, y los empujaron a donde ahora están establecidos.

En el año *chiconahui tochtli*, «1150», murió Huetzin, tecuhtli de Culhuácan. Ese mismo año se enseñoreó Nonohualcatzin en Culhuácan.

En el año *ce ácatl*, «1155», murió Ácatl, tecuhtli de Chalco, y se enseñoreó Aolliteuctli.

En el año *ce técpatl*, «1168», llegaron los chalcas tlacochcalcas. También en este año comenzaron los señoríos de Tepeyácac y Cholólan.

En el año *nahui ácatl*, «1171», murió Nonohualcatzin, tecuhtli de Culhuácan y se enseñoreó Achitómetl.

En el año *chicuei ácatl*, «1175», se enseñoreó en Techichco Huehue Quinatzin, que también tenía casas señoriales en Tepetlápan y en Tequixquináhuac Huitztonpan.

En el año *macuilli calli*, «1185», murió Achitómel, tecuhtli de Culhuácan, y luego se enseñoreó Cuahuitónal.

En el año *mátlactli omei calli*, «1193», los cúlhuas dominaron solos durante 130 años.

En el año *chicuace ácatl*, «1199», murió Cuahuitónal, tecuhtli de Culhuácan, y luego se enseñoreó Mazatzin.

En el año *yei tochtli*, «1222», murió Mazatzin, tecuhtli de Culhuácan y luego se enseñoreó Cuezaltzin.

En el año *chiconahui técpatl*, «1228», los huexotzincas —gobernados por Miccacálcatl— y los acólhuas —gobernados por Acolmiztli— flecharon a los tlaxcaltecas en sus murallas.

En el año *mátlactli once tochtli*, «1230», se enseñoreó Coatomatzin en Cuitláhuac Tícic.

En el año *ce calli*, «1233», los tlaltecayohuacas, los mihuacas y los acxotecas se separaron de los chalcas y se fueron a Cuitláhuac Tícic.

En el año *yei ácatl*, «1235», murió Cuezaltzin, tecuhtli de Culhuácan, y luego se enseñoreó Chalchiuhtlatónac. En este mismo

año fueron derrotados los chololtecas, cuando Miccacálcatl de Huexotzinco les destruyó su teocalli.

En el año *nahui técpatl*, «1236», murió Coatomatzin, tecuhtli de
Cuitláhuac Tícic.

En el año *chicuace tochtli*, «1238», el pilli chalca Miahuatonal-
tzinteuctli fue a enseñorearse en Cuitláhuac.

Cuando los mexitin fueron despojados, la ciudad de Cuauhtitlán estaba en Techichco; y ordenó el tecuhtli Quinatzin que los
xaltocamecas que habían ido a pelear en Chapultépec fueran vigilados, perseguidos y obligados a liberar a sus cautivos. Así se hizo
en Iltítlan Acalloco, donde tenía su casa la cautiva llamada Chima-
lláxoch. Fueron los cuauhtitlancalcas a flechar a los xaltocamecas,
para obligarlos a dejar a su cautiva. Después la condujeron a Tepetlápan, ante la presencia del tecuhtli Quinatzin.

Cuando el tecuhtli la vio, al punto se prendó de ella, y quería
tener parte con ella. Pero la doncella no se lo consintió, sino que le dijo:

—Señor, eso no es posible, porque estoy ayunando. Ya luego se
hará lo que pretendes, pues por ahora soy hermana mayor y me dedico
a barrer para mi dios. Otros dos años ha de durar mi voto, antes de
que termine. Señor, haz que por tu mandato me edifiquen un monte
sagrado, para que allí yo pueda ofrendar a mi dios mis vasos sagrados
y me entregue al ayuno.

El tecuhtli Quinatzin ordenó que edificaran el monte sagrado
en Tequixquináhuac Huitznáhuac Huitztonpan; y cuando el teocalli estuvo terminado, fue a dejar a la mujer para que allá prosiguiera
su ayuno.

Una vez concluido el ayuno, el tecuhtli Quinatzin desposó a la
mujer. Cuando ésta tuvo a su hijo, dijo:

—Vayan a informar al tecuhtli que ha nacido su hijo, para que
le ponga nombre.

Enseguida el tecuhtli le puso nombre a su hijo:

—Se llamará *Tlatzanátztoc* [*Tlatzatzanátztoc*], «están haciendo
ruido los carrizos» o «están haciendo ruido las flechas».

Al saberlo la madre, dijo:

—Es porque el tecuhtli lo engendró entre bosques y zacatales,
donde él caza y flecha.

Tras el nacimiento de su hijo, el tecuhtli Quinatzin ordenó que se dijera a los pipiltin chichimecas, como era preciso, que ya no fueran amigos de los xaltocamecas y que ya no les permitieran entrar a sus dominios. Así se hizo, pues cuando los xaltocamecas intentaban entrar al bosque, los cuauhtitlancalcas los flechaban para impedírselos; entonces comenzó la guerra entre los xaltocamecas y los cuauhtitlancalcas. A los xaltocamecas les pusieron el mote de «huipiles negros», como a los nonohualcas y cozcatecas.

La mujer que era hija de los mexitin tuvo un segundo hijo. Pero esta vez ya no preguntó al tecuhtli Quinatzin cómo lo llamaría, sino que ella misma le puso el nombre de Tezcatlteuctli, en honor de su dios Tezcatlipoca. Desde que era cautiva, siempre traía consigo un espejo envuelto en un ayate azul. A su segundo hijo le puso el nombre de Tezcatlteuctli, porque no le agradó el nombre de su primogénito Tlatzanátztoc; por eso ella misma le dio el nombre de Tezcatlteuctli a su segundo hijo, el cual llegó a ser tecuhtli de Cuauhtitlán.

Cuando creció Tlatzanátztoc, el primogénito del tecuhtli huehue Quinatzin, éste lo puso como guardián de las *centemilli*, «huertas», de Tepotzótlan.

Allá Tlatzanátztoc tuvo estos hijos:

- El primero, Xaltemoctzin, que fue capturado y sacrificado en Matlatzinco.
- El segundo, Quinatzin, de cuyos hijos se darán los nombres.
- La tercera fue una mujer, y se fue a vivir a Chimalpan, donde ahora está el mercado, en la esquina de las casas señoriales, y donde había una lagunilla.

Estos tres fueron nietos de huehue Quinatzin.

La señora que era hermana mayor de los mexitin tuvo otros hijos:

- Teocetzin fue el tercero de sus hijos.
- Tochtzin, el cuarto.
- Una mujer, la quinta.

El nieto de Quinatzin, hijo de Tlatzanátztoc, tuvo estos hijos:

- El primero, Ihuitltemoctzin.
- El segundo, Chahuacuetzin.

- El tercero, Cuauhizomoca.
- El cuarto, Cuecuénotl.

De éstos, Ihuitltemoctzin tuvo un hijo a quien también llamó Quinatzin y quien fue el fundador del tecúyotl de Tepotzótlan. Solicitó para él el título de tecuhtli su padre Ihuitltemoctzin, cuando fue llevado cautivo a Chalco para ser sacrificado. Desde allá suplicó a Moteuczomatzin que le concediera a su hijo unas tierras. Y se dio a entender que sólo por eso Ihuitltemoctzin fue a morir sacrificado, para que los hijos y nietos de huehue Quinatzin alcanzaran honra, nobleza y señorío, así como las tierras donde ellos estaban por voluntad de su abuelo y porque su padre había cuidado aquellas huertas.

Quien habló con huehue Moteuczomatzin fue un sacerdote natural de Tenayócan, quien también fue capturado, pero logró escapar de Chalco. El tecuhtli huehue Moteuczomatzin accedió a la petición de Ihuitltemoctzin, y luego enseñoreó a Quinatzin, quien fundó el tecúyotl de Tepotzótlan.

Este Quinatzin tuvo estos hijos:

- La primera, Tzicuiltzin.
- El segundo, Cuauhquece.
- El tercero, Nanahuatzin, a quien Quinatzin mandó matar por adúltero.
- El cuarto, Petlauhtocatzin.
- El quinto, Acatentehuatzin.
- El sexto, Aztatzontzin.
- El séptimo, Totecyatetzin Tocuiltzin.

En el año *ome ácatl*, «1247», se enseñoreó Tezcatlteuctli en Tequixquináhuac Huitzompa, sucediendo a su padre Huehue Quinatzin. Algunos dicen que Tlatzanátztoc y Huehue Xaltemoctzin fueron hijos de Tezcatlteuctli; y dicen también que Xaltemoctzin gobernó durante 19 años, y que lo mataron los tepanecas. Pero estos datos genealógicos no son ciertos, pues lo correcto es lo que arriba quedó asentado.

En el año de *yei técpatl*, «1248», murió el tecuhtli Miahuatamaltzin, y se enseñoreó Azayoltzin como tecuhtli de Cuitláhuac Tícic.

En el año *chicome técpatl*, «1252», murió Chalchiuhtlatonactzin, tecuhtli de Culhuácan, y luego se enseñoreó en su lugar Cuáuhtlix para gobernar en Culhuácan.

En el año *mátlactli once técpatl*, «1256», murió Azayoltzin, y se enseñoreó Atzatzamoltzin para gobernar en Cuitláhuac Tícic.

En el año *mátlactli omome calli*, «1257», fueron derrotados los chalcas; los vencieron los huexotzincas, a quienes gobernaba Xayacamachan, y los tlaxcaltecas, los totomihuacas, los tepeyacahuacas, los cuauhtinchantlacas y los chololtecas, a quienes gobernaba Quéhuatl.

En el año *ce ácatl*, «1259», murió Cuauhtlixtli, tecuhtli de Culhuácan, y luego se enseñoreó en su lugar Yohuallatónac. También en este año fueron derrotados los cuauhquecholtecas, cuando los sitiaron los huexotzincas, los tlaxcaltecas, los totomihuacas, los tepeyacahuacas, los cuauhtecas, los cuauhtinchantlacas y los chololtecas. En este mismo año murió Tlalliteuctli, tecuhtli de Chalco, y luego se enseñoreó Tozquihuateuctli para gobernar en Chalco.

En el año *ome técpatl*, «1260», llegaron los otomíes cuauhhuacas para asentarse en Chichimecacuicoyan, cuando allá gobernaba como noble Tochtzinteuctli, hijo de Tezcatlteuctli, quien les permitió asentarse en sus dominios. Estuvieron allí 15 años, y luego él los envió para que se establecieran en Tlacopantonco, en las barrancas de Xólotl en Tepotzótlan.

En el año *mátlactli técpatl*, «1268», comenzaron los calpiscazgos en Cuauhtitlán.

En el año *mátlactli once calli*, «1269», murió Yohuallatónac, tecuhtli de Culhuácan, y luego se enseñoreó Tziuhtecatzin para gobernar en Culhuácan.

En el año *ce técpatl*, «1272», murió Atzatzamoltzin, tecuhtli de Cuitláhuac, y luego se enseñoreó Totepeuhteuctli; entonces comenzó el gobierno de los chalcas en Cuitláhuac Tícic.

En el año *yei tochtli*, «1274», Tezcatzinteuctli hizo que los otomíes se mudaran a Tepotzótlan, al sitio llamado Tlacopantonco, en las barrancas de Xólotl. Entonces los otomíes se dividieron, pues unos se fueron a Cíncoc, otros a Huitziltépec y a Xóloc, y otros se mudaron a Cuauhtlaápan Tianquizolco.

En el año *mátlactli once tochtli*, «1282», murió Tziuhtecatzin, tecuhtli de Culhuácan, y luego se enseñoreó Xihuitltemoctzin para gobernar en Culhuácan.

En el año *mátlactli omei técpatl*, «1284», nació Tezozomóctli en Azcapotzalco, según los cúlhuas. Pero los cuitlahuacas dicen que nació en el año *mátlactli tochtli*, «1294».

En el año *chicome ácatl*, «1291», murió Totepeuh, tecuhtli de Cuitláhuac Tícic, y luego se enseñoreó Epcoatzin.

En el año *chicuei técpatl*, «1292», nació huehue Ixtlilxochitzin en Texcoco, de acuerdo con los cúlhuas. Según dicen los cuitlahuacas, fue en el año *ome calli*, «1325».

En el año *yei calli*, «1313», murió Quetzalmichinteuctli y luego se enseñoreó Cuauhtlotliteuctli en Cuitláhuac Tícic.

En el año *chicome calli*, «1317», murió Cuahtlotliteuctli y luego se enseñoreó Mamatzinteuctli para gobernar en Cuitláhuac Tícic.

En el año *mátlactli técpatl*, «1320», Huactli, tecuhtli de Cuauhtitlán, ordenó que llevaran a combatir a su hijo Iztactótotl, y mandó a sus enviados a Acpaxapócan de Xaltócan con estas instrucciones:

—Vayan a decir a mis principales que están como guardianes en Acahuácan Tepeyacac, Acatzin, Tlacuatzin, Xochipan y Mecéllotl, que aquí en Cuauhhuácan ya no es posible, que lleven a rodear por allá al joven Iztactototzin, pero que no permitan que caiga en manos de los enemigos; así que vean bien lo que estoy pidiendo a mis principales.

Fueron a decírselo a los chichimecas que estaban de guardianes en Tepeyácac:

—Nos ha hecho merced nuestro señor —respondieron—, así lo haremos.

Entonces los chichimecas enviaron mensajeros a Coacalco, donde gobernaba Xóchmitl, para que hablaran con los tepanecas que hacía poco habían ido a asentarse en Coacalco. Cuando Xóchmitl supo que los chichimecas habrían de llevar a combatir a Iztactótotl, el hijo del tecuhtli, enseguida dispuso que algunos de sus hijos tepanecas acompañaran en el combate al hijo del tecuhtli Huactzin.

Siguieron, pues, a Iztactótotl, el hijo del tecuhtli, hasta Acpaxapócan, donde solían sacrificar los xaltocamecas. Y cuando vinieron a sacrificar, llegaron como siempre apercibidos para el combate; entonces arremetió Iztactótotl y logró capturar a uno, pero al punto se desató la batalla. Luego por eso murieron los chichimecas Acatzin y Tlacuatzin, así como ocho de los tepanecas de Coacalco que había enviado Xóchmitl, aunque sólo Iztactótotl logró prender a un cautivo. Le informaron al tecuhtli Huactli de la presa, y también le dijeron que habían muerto diez hombres, por lo cual se afligió y ordenó que arreciara la guerra, y que los chichimecas no dieran tregua a los xaltocamecas. Cuando Iztactótotl tomó a su cautivo, se lo comunicó a su madre, y ésta le dijo:

—Ve a ver a tu abuelo Coxcoxteuctli, que es el tecuhtli de Culhuácan. Ve a saludarlo y a mostrarle el cautivo que tomaste en Xaltócan.

Obedeció Iztactótotl a su madre, porque era una señora de Culhuácan; así que fue con su cautivo a rendir honores a su abuelo, acompañado también por algunos principales chichimecas. Cuando llegó para saludar al tecuhtli y mostrarle su cautivo, le manifestó que era su nieto, con estas palabras:

—Señor tecuhtli, he venido de Cuauhtitlán a saludarte, pues he oído decir que perdiste a una hija llamada Itztolpanxóchitl. Ella es mi madre, y me dijo que tú eres su padre; por eso he venido ante tu presencia para saludarte. Mi padre Huactzin está en guerra con Xaltócan, y allá yo he tomado un cautivo.

—Enhorabuena, hijo mío —respondió—. Es verdad que perdí a una hija, de la cual tú naciste. Siéntate, pues eres mi nieto. Yo ya estoy viejo y a punto de morir; así que tú has de ser tecuhtli en Culhuácan, tú serás el tecuhtli de los cúlhuas.

E Iztactótotl, que era un poco adivino cuando hablaba, al oír estas palabras no dijo nada. Luego entró el tecuhtli Coxcoxteuctli a sus aposentos, y le mandó decir a Iztactótotl que no volviera a su tierra. Le dijeron también que él sería el tecuhtli en lugar de su abuelo. Y cuando escuchó esto el joven, se echó a reír y repuso:

—¿De quién voy a ser tecuhtli? Si ya no va a haber ciudad de Culhuácan, pues se dispersará. Y digo esto, además: Que lo escuche el señor, mi abuelo, aunque quizá no suceda en su tiempo. Algunos de aquí irán a nuestra casa, allá nos seguirán; extensas son nuestras tierras, que están detrás de los montes, un día se requiere para atravesarlas, y el tecuhtli es mi padre Huactzin.

Se lo informaron al tecuhtli Coxcoxteuctli, quien al oírlo se enojó, y dijo:

—¿Qué es lo que dice este muchachito? Pregúntenle qué será de nuestra ciudad. ¿Quién se atreverá a atacarnos? ¿No reside aquí la muerte? ¿Pues cómo alguien se alzará contra nosotros? Aquí viven las enfermedades: la disentería, el catarro, la fiebre y la tisis; además, nosotros sabemos cuándo se eclipsará el sol, cuándo habrá temblores de tierra, cuándo condenaremos a muerte. ¿Cómo podrá morir nuestra ciudad? ¿Qué dice el muchacho? Que hable claramente.

Salieron los enviados con enojo y admiración, y lo interrogaron.

—¿Por qué se aflige el tecuhtli? —preguntó—. Debe saber que no será con guerras como habrá de perderse la ciudad y nadie la desafiará. Ningún extraño le causará pena. Cuando eso suceda, sólo habrá disensiones y alborotos entre los pipiltin y sus macehualtin; luego se dispersarán y la ciudad quedará desierta. Por eso he dicho: Después de que perezcan, irán a nuestra casa, que está detrás de los montes. Allá mi padre, el tecuhtli, los esperará y les dará tierras.

Se lo fueron a decir al tecuhtli, que se quedó callado.

En el año *ce técpatl*, «1324», murió Coxcoxtli, tecuhtli de Culhuácan, y luego se enseñoreó Acamapichtli para gobernar en Culhuácan.

Quinatzin, en la *Historia*... de Clavijero

Sucedió a Tlotzin en el tecúyotl su hijo Quinatzin y Quauhcihuatzin ♀, hija del tecuhtli de Huexotla. Su exaltación se celebró con mayor solemnidad que la de sus antecesores, no en Tenayócan sino en Texcoco, donde fijó su corte y quedó desde entonces constituida la capital del tecúyotl de Acolhuácan hasta la conquista de los españoles. Pero para pasar de la antigua a la nueva corte se hizo transportar en unas andas que cargaban sobre sus hombros cuatro pipiltin, debajo de una especie de palio, cuyas varas llevaban otros cuatro. Hasta este tiempo todos los señores habían caminado siempre a pie. Este tecuhtli fue el primero quien la vanidad enseñó una especie de magnificencia, cuyo ejemplo siguieron sus sucesores, y los tetecuhtin y próceres de toda aquella tierra esforzándose cada uno por vencer el fausto de los demás. Emulación fatal no menos perniciosa a los soberanos que a sus estados.

Los principios de su gobierno fueron muy tranquilos, pero después se le rebelaron los altepeme de Metztítlan y Tototépec, situados en

unas montañas al norte del tlatocáyotl. Salió prontamente el tecuhtli contra ellos con un poderoso ejército y mandó decir a los jefes de
la rebelión que, si su valor era tan grande como su perfidia, bajasen
dentro de dos días a la llanura de Tlaximalco a una batalla decisiva;
que de no hacerlo entrarían a sus ciudades a sangre y fuego, no perdonando a niños ni a mujeres. Los rebeldes, que ya estaban bien apercibidos, bajaron a dicha llanura antes del término fijado por hacer
ostentación de su valor. Diose allí la batalla y se peleó con tan notable
ardor de una parte y otra parte hasta la noche, que dividió los ejércitos
dejando indecisa la victoria. Así se continuó por 40 días en frecuentes
encuentros, en los cuales, aunque lograba siempre mayores ventajas el
ejército real, no perdía su valor el de los rebeldes para nuevos combates; pero reconociendo finalmente en la mortandad y disminución de
su gente el inminente riesgo de su total ruina, se rindieron al tecuhtli, el cual, perdonando su delito a los pueblos, hizo un castigo ejemplar en los autores de la rebelión. Lo mismo ejecutó con el estado de
Tepepolco, haciendo morir al señor y a los principales de la ciudad.

Parece que el espíritu de la rebelión se había difundido por todo
el tecúyotl; porque no bien reprimidos los conatos de los tepepolcas, se
levantaron los de Huehuetoca, los de Mizquic, los de Totolápan y los
de otras cuatro ciudades cuyos nombres ignoramos. Armó el tecuhtli
contra ellas siete pequeños ejércitos, los seis al mando de otros tantos
jefes de cuya fidelidad estaba bien satisfecho, y él mismo, al frente del
séptimo, fue contra los totolapas. Fue tanta su felicidad que en poco
tiempo y sin notable pérdida volvió a sujetar todos los lugares rebelados. Estas victorias se celebraron con grandes fiestas en la corte por
espacio de ocho días y fueron premiados los jefes y soldados que más
se habían distinguido. Como el mal ejemplo de unos estados había
excitado a otros a la rebelión, así la experiencia del mal éxito sirvió
después de escarmiento a los demás.

Por lo cual Quinatzin, en los restantes años de su reinado, que
según dicen fueron 60, gozó de una gran tranquilidad. Cuando murió
este tecuhtli, se hicieron con su cadáver algunas demostraciones
que no se habían practicado con otros tetecuhtin. Lo abrieron y le
sacaron los intestinos, después de adornarlo con aromas y confec-
ciones para preservarlo, le cosieron de nuevo la piel. Lo colocaron

adornado con las vestiduras reales en una gran silla, y lo armaron con arco y flechas. Le pusieron a los pies un águila de madera muy bien labrada y a las espaldas un tigre, denotando en esas insignias su genio intrépido y belicoso. Lo tuvieron en esta postura expuesto al público por 40 días y después del llanto acostumbrado lo quemaron y enterraron sus cenizas en una cueva cercana a la ciudad. Le sucedió en la corona Techotlala.

Por no saber con exactitud los años que reinaron Xólotl y Techotlala, no podemos averiguar el año que comenzaron a gobernar los cinco primeros tetecuhtin; pero conjeturamos, por los fundamentos que exponemos en nuestra segunda disertación, que la monarquía chichimeca en Anáhuac comenzó hacia el año de 1170 y duró más de 300 años hasta el 1521, en que acabó de un golpe con la mexica. Ocuparon el trono once tetecuhtin legítimos y dos tiranos. Los acolhuas llegaron a la tierra de Anáhuac entrado el siglo XIII.

TODOS LOS CAMINOS
LLEVAN A TENOCHTITLAN

La peregrinación de las tribus nahuatlacas, según la *Crónica mexicana*

Aquí comienza la *Crónica mexicana*, la cual trata sobre el linaje, la llegada al Anáhuac, las conquistas que hicieron los mexicas y la ciudad que hoy habitan.

Adelante se dirá sobre el viaje que hicieron y los años que demoraron en llegar a estas tierras. Y así, persuadiendo a los naturales por la estrechura en que estaban, les hablaron sus dioses Huitzilopochtli, Quetzalcóatl, Tlalocateutl y otros como se irán tratando.

Tlalocateutl [Tláloc], «dios del néctar de la tierra» [*tlalli*, «tierra»; *octli*, «pulque»; y *téotl*, «dios»]. Fray Bernardino de Sahagún describe a Tláloc como el dios del rayo, de la lluvia y de los terremotos.

En *Crónica mexicana*, los «mexicas muy antiguos vinieron de una casa antigua hoy llamada Chicomóztoc, también conocida por su segundo nombre Áztlan».

Chicomóztoc, «casa de siete cuevas cavernosas» [*chicome*, «siete»; y *ooztotla*, «lugar lleno de cavernas o cuevas»]. *Áztlan*, «asiento de la garza» o «abundancia de garzas» [*aztatl*, «garza»; y *-tlan*, sufijo locativo].

Continúa *Crónica mexicana*:

Tenían en las lagunas y su tierra Áztlan un *Cú*, «montaña hecha a mano», y en ella el *teocalli*, «casa de [algún] dios», de Huitzilopochtli, el cual tenía en su mano una flor blanca y una rama del tamaño de una rosa de más de una vara de largo, que llaman ellos aztaxochitl, de suave olor. Antiguamente ellos se hacían llamar *aztlantlaca*, «habitantes de

Áztlan». Otros les llamaron *aztecas mexitin*. Ahora por el apellido de esta tierra ciudad de México Tenochtítlan.

Cuando los mexicas fundaron *Meshíco* Tenochtítlan, estaban huyendo derrotados por los naturales de Culhuácan, sus vecinos, que ahora está a dos leguas de la ciudad de México. Iban persuadidos por Huitzilopochtli. El día que llegaron con sus balsas de carrizo, en medio de la isla estaba una peña y un hormiguero, que tenía encima un gran tunal, en el cual un águila estaba despedazando una culebra. Así tomaron el apellido, armas y divisa del tunal y el águila, que es *tenochca* o *Tenochtítlan*.

Alfredo López Austin y Leonardo López Luján, en su libro *Monte sagrado-Templo mayor: el cerro y la pirámide en la tradición religiosa mesoamericana* nos brindan la mejor explicación que hay sobre el significado de México Tenochtitlan:

El símbolo es doble; está compuesto por una figura acuática y otra solar. Una de ellas es símbolo de la casa de Tláloc, el sitio del *tenochtli* o «nopal de la piedra», donde la leyenda cuenta que el dios de la lluvia recibió a Huitzilopochtli para que gobernaran juntos. Axolohua y Cuauhcóatl fueron los dos *teopixque*, «guardianes de los dioses», que encontraron el lugar prodigioso entre el carrizal. El primero se sumergió en el «agua azul», por lo que su compañero lo dio por muerto; pero al día siguiente apareció Axolohua, relatando su entrevista con Tláloc en las profundidades:

—Ciertamente fui a ver a Tláloc porque me llamó; dice esto: «Padeció por ello, ha llegado mi hijo Huitzilopochtli. Es cierto que aquí estará su morada; que él será valioso en cuanto vivamos en la tierra nosotros dos».

La otra figura es el águila, el ave rapaz en que se transformaba el dios patrono, Huitzilopochtli. Del símbolo del ave deriva el topónimo Mexico, ya que *Mexi* es uno de los nombres de Huitzilopochtli. La unión complementaria de las dos figuras del milagro y su derivación que da origen al nombre compuesto Mexico-Tenochtitlan, se corresponde con los nombres de los dos principales fundadores: Cuauhtlequetzqui y Ténoch.

El del primero reitera el carácter solar de Huitzilopochtli, pues significa «el que eleva el fuego del águila»; el del segundo alude a

Tláloc. En un diálogo premonitorio entre ambos personajes se asume
que cada uno de ellos es personificación de los dos dioses complemen-
tarios. Cuauhtlequetzqui dice a Ténoch:

—Y tú partirás, tú que eres Ténuch irás a ver, allí donde brotó
el tenuchtli, al corazón de Cópil; allí, sobre él, se yergue un águila
que está asiendo con sus patas, que está picoteando a la serpiente que
devora. Y aquel tenuchtli serás, ciertamente, tú, tú Ténuch; y el águila
que veas, ciertamente yo.

El milagro daba a conocer a los mexicas la ubicación de la tierra
que les había prometido Huitzilopochtli. La oposición originaria
águila (fuego)/nopal de la piedra (agua) tendría como posterior equivalente la oposición más reducida de águila (fuego)/serpiente (agua).
Hay que hacer notar que, desde antes del asentamiento definitivo de
los mexicas, la dualidad fuego/agua se había manifestado portento-
samente en otro nivel.

Según Torquemada, cuando los mexicas estaban en Coatlicámac, en su búsqueda de la tierra prometida, surgieron divergencias
entre los dos grupos que serían después los tenochcas y los tlatelolcas. Su dios les había entregado dos envoltorios de diferente contenido. Uno de ellos atesoraba una piedra preciosa «que resplandecía
con muy claros visos de esmeralda»; en el otro sólo había dos palos.
Ambos bandos ambicionaron la piedra; ésta quedó en poder de
los tlatelolcas y surgieron por ello las riñas. Sin embargo, el dios mostró
a los tenochcas el gran valor de su don, pues tomó los palos, los frotó y
produjo fuego. La oposición de ambas ciudades hermanas se manifestará también en sus símbolos zoomorfos de fuego/agua: Mexico-Tenochtitlan (la ciudad del sur) tendrá como emblema el águila, mientras que Mexico-Tlatelolco (la del norte), el jaguar (2009: 186-187).

Continúa *Crónica mexicana:*

Cuando llegaron a esta ciudad, habían andado por muchas tierras,
montes, lagunas y ríos. Primero anduvieron por tierras y montes
que hoy habitan los chichimecas: Chalchihuites, Xalisco, Xuchipila,
Michuácan y otros muchos pueblos. A los lugares a donde llegaban, si
les parecía tierra fértil, abundante en montes y aguas, se asentaban uno,

dos, tres, diez, veinte, treinta o cuarenta años. A veces sólo veinte días, luego alzaban el *zarzo*, «tejido de varas, carrizos, mimbres o juncos, que forma una superficie plana», por mandato de su dios Huitzilopochtli, quien les hablaba y ellos respondían.

—Adelante, mexicas —les decía Huitzilopochtli—, que ya vamos llegando al lugar.

Llevaban siempre su *matalotaje*, «equipaje y provisiones». Las mujeres lo cargaban. Los niños, los viejos y los mancebos cazaban venados, liebres, conejos, ratones y culebras, con los cuales daban de comer a los padres, mujeres e hijos. La comida que traían era maíz, frijol, calabaza, chile, jitomate y miltomate, que iban sembrando y cosechando en los tiempos y lugares donde hacían asiento. Y como el *chian*, «chía», y el *huauhtli*, «amaranto», eran livianos, lo traían cargado los muchachos. Pero, sobre todo, lo primero que hacían cuando llegaban a un lugar era el *Cú* o *teocalli* de su dios Huitzilopochtli.

Venían siete barrios. Cada uno traía el nombre de su dios: Quetzalcóatl Xocomo, Matla, Xochiquetzal, Chichitlc, Centéotl, Piltzintecuhtli, Meteutli, Tezcatlipoca, Mictlantecuhtli y Tlamacazqui y otros dioses, aunque cada barrio de los siete traía señal de su dios, asimismo traían otros dioses con ellos, de los cuales los que más hablaban con la gente eran *Huitzilopochtli*, *Tlacolteutli* y *Mictlantecuhtli*.

Tlaltecuhtli, «señora de la Tierra» [*tlal*, «tierra»; y *tecuhtli*, «señor»]. Para los mexicas, el ser humano tenía tres entidades anímicas equivalentes al alma: el *tonalli* en la cabeza; el *teyolia* en el corazón; y el *ihiyotl* en el hígado. Cuando una persona moría de forma natural, *Tlaltecuhtli*, la diosa de la tierra, devoraba los cadáveres, al mismo tiempo que el tonalli, el teyolia y el ihiyotl se desprendían del cuerpo para bajar al *Míctlan*, «el lugar de los muertos». Otra interpretación es que Tlaltecuhtli devoraba los cadáveres y después paría el tonalli, el teyolia y el ihiyotl de cada difunto para que éstos iniciaran el viaje al Míctlan.

Mictlantecuhtli, «señor del Míctlan» o «señor de la mansión de los muertos» [*miquitl*, «muerto»; -*tlan*, sufijo locativo; y *tecuhtli*, «señor»]. «Míctlan, Xibalbá, Nith y Hel engloban un solo concepto: el mundo subterráneo, el submundo, el mundo inferior, el infierno (del latín: *ínferus*, «inferior» «de abajo»), el cual corresponde al tercer plano mitológico del universo primitivo indígena: el reino de los muertos, la región de las sombras» (Mendoza, 1962: 3). «*Míctlan*, "infierno, lugar de dañados; obscura y tenebrosa cosa"» (Molina, 1970: 56).

Prosigue *Crónica mexicana:*

> Uno de los calputin se llamaba Iopico Tlacoch calca; el tercer barrio Huitznahuac, Cihuatepaneca, Chalmeca, Tlacatepaneca. Y el séptimo barrio se llama Izquiteca.
>
> En las partes que llegaban que era tierra inútil, dejaban liebres vivas y éstas se multiplicaban. En los lugares en que sus dioses los incitaban a seguir el camino, dejaban el maíz en la mazorca y la flor. Otras veces la llevaban recién cogida de la *centemilli*, «sementera», de manera que venían caminando y haciendo labores, casas y teocallis a los dioses, hasta que llegaron a Culhuácan Xalixco y muchos otros lugares a los que les iban poniendo nombres hasta llegar a Michuácan, donde se asentaron y dejaron descendencia.

Salida de las tribus de Áztlan, según los *Anales de Tlatelolco*

«Este papel fue escrito hace ya mucho tiempo aquí en *Tlatelolco*, en el año 1528, al poco tiempo de llegados los españoles; comienza desde la salida de Teocolhuácan Áztlan, y todo aquí podrá verse».

> *Tlatelolco*, «en el islote», «montículo de arena» o «en el montón redondo de tierra» [*tlatelli*, «terraza», «altozano», «cuesta pequeña» o «montón de tierra grande»; y *xaltilolli*, «punto arenoso» o «montículo de arena»]. «En sus principios no se llamó *Tlatelulco*, que quiere decir: "nombre de tierra hecha a mano o terrapleno", sino *Xaltilulco*, que quiere decir: "nombre de arena"» (Torquemada, lib. III, cap. XXIV). Diego Durán lo llama *Xaltelulli*.

Así narran los *Anales de Tlatelolco:*

De Culhuácan Chicomóztoc *Quineuhyan* [Quinehuayan], «donde anduvieron como poseídos», salieron nuestros abuelos hacia todos los pueblos. Salieron de una cueva llamada Chicomóztoc, en el año *ce ácatl,* «1051», en el día de signo *ce cipactli.* Anduvieron caminando por 13 años entre magueyales y cactos. Sus tilmas y bragas eran de cuero. Sus sandalias, cunas circulares, arcos y ajorcas eran de palma. Comían culebras, conejos, venados, plantas espinosas, tunas agrias y nopales.

En el año *ce técpatl,* «1064», 14 años después de haber salido de la «Cueva séptuple» se pusieron en camino y llegaron a *Quetzaltépec,* «en el cerro de los quetzales», donde se separaron.

- Primero salió la tribu azcapotzalca, guiada por *Matlaccóhuatl* [Matlaccóatl], «diez serpiente».
- Luego la tribu xochimilca, guiada por *Cuauhquilaztli,* «águila propiciadora de las verduras» [*cuauhtli,* «águila»; *quilaztli,* «la que llega a hierba comestible»].
- Prosiguió la tribu chalca, guiada por *Chichimecateuctli,* «señor chichimeca».
- Ulteriormente, fue la tribu acolhua, guiada por *Mázatl,* «venado».
- Después, la tribu huexotzinca, guiada por *Mazamoyáhual,* «dispersión de venados».
- Luego, la tribu colhua, guiada por *Cuauhtepextla,* «águila de los peñascos».
- Posteriormente, fue la tribu cuitlahuaca, guiada por *Yayauhquixíhuitl,* «turquesa negra».
- Después, la tribu mizquica, guiada por *Xalpanécatl,* «el de *Xálpan*» [*Xálpan,* «en la arena»].
- Luego, la tribu cuauhnahuaca, guiada por *Péchitl,* «el que se inclina».
- Prosiguió la tribu cohuixca, guiada por *Tlecuilhua,* «dueño del fogón».
- Ulteriormente, fue la tribu matlatzinca, guiada por *Técpatl,* «cuchillo de pedernal».

- Posteriormente, la tribu malinalca, guiada por *Citlalcóhuatl*, «serpiente de estrellas» [«*citlalli*, «estrella»; y *cóatl*, «serpiente»].
- Los mexicas, los *cuaochpame*, «etnia», y los *matlactezacahuacas* [¿matlatzincas?] todavía se quedaron allá algún tiempo. Finalmente, partió también el mexica, guiada por *Tlotépetl*, «cerro del gavilán».

A los michhuacas los acaudillaba *Tálatl* [Teoatl] o [Teóatl], [¿mar?]

El jefe de los matlactezacahuacas se llamaba *Ácix*, «el que se rehúsa».

—Partamos —ordenó Tlotépetl a los cuaochpame y a los matlactezacahuacas.

Y se pusieron en marcha. Pero luego le dijeron:

—Ve tú por delante y ve poniendo señales. Cortando la corteza de los árboles y amontona piedras para que nosotros podamos seguir el camino.

Partió, pues, primeramente, *Tlotépetl Xiuhcóhuatl*, «serpiente de turquesa», y lo acompañaban:

- *Cuitlacíhuatl*, «mujer de espalda ancha».
- *Epcóhuatl*, «serpiente de nácar».
- *Apanteuctli*, «señor de Apan».
- *Cuauhcóhuatl*, «serpiente águila».
- *Xiuhteuctli*, «el señor del año» o «señor de la turquesa».
- *Acamílcatl*, «el de Acamilco» [*Acamilco*, «en el sembrado de carrizos»].
- *Mixcóhuatl* [Mixcóatl], «serpiente de nube» o «serpiente tornado» [*mixtli*, «nubes»; y *cóatl*, serpiente].
- *Cuauhtliquetzqui*, «águila erguida» o «el que dé fuego a la leña».
- *Tecuilama*, «señora anciana».
- *Cuitlachcóhuatl*, «serpiente lobo».
- *Cípac*, «caimán».
- *Íhuitl*, «pluma».

En el día nahui cuauhtli, un día antes de llegar a *Tlatzallan*, «entre dos serranías», el *tlacatecólotl*, «búho humano», Huitzilopochtli, a quien adoraban los mexicas, se le apareció a Tlotépetl y le dijo:

—Tlotépetl, no estés triste, no te aflijas. Yo sé lo que debes hacer. Yo te iré guiando.

Llegaron a Tlatzallan, donde murieron Tlotépetl y su hermana mayor *Huitzilmoyáhual*, «dispersión de colibríes».

Salida de las tribus de Áztlan, en las *Relaciones*... de Chimalpáhin

En el año *matlactli omei ácatl*, «1063», y *ce tochtli*, «1064», según el relato de los ancianos, apenas comenzando a contar el año ocurrió que *Tetzáhuitl Huitzilopochtli*, «agüero pavoroso», se le apareció al sacerdote de los aztecas allá en aquel país llamado *Áztlan Nauhtlan Colhuacatepec*, en donde habitaban estos antiguos chichimecas. Este lugar quedaba en una isla situada en medio de una laguna y en él poblaban cuatro clanes aun cuando de origen hayan sido sólo los aztecas sus fundadores. Cada uno de estos clanes habitaba su propio calpulli; así el de Tlacatecco habitaba el calpulli de Tlacatecco; el segundo clan, Tlacochcalco, el tercero en el calpulli de Capilco, y el cuarto clan en el calpulli de Tolnáhuac. Pero estos dos últimos clanes desaparecieron posteriormente y se perdieron sus nombres.

En esta época la costumbre era que las tribus viniesen por medio de sus embarcaciones a un lugar que servía de baño, trayendo ramas de Acxóyatl en las manos, allá donde llamaban Quinehuayan Óztotl, que quedaba en *Chicomóztoc*, «siete cavernas». De aquí mismo partieron los aztecas cuando se dispusieron a marcharse porque era la costumbre que todo mundo aquel viniese portando ramas de Acxóyatl al bañarse.

Para entonces ya tenían los aztecas 1004 años habitando la isla en medio de la laguna en la enorme ciudad poblada de Áztlan. Estos chichimecas antiguos también conocidos por aztecas. Y según refieren los viejos sabios, el símbolo *ce técpatl* era el signo de la cuenta de sus años.

Fueron congregados los aztecas por orden de su deidad, primera que tuvieron porque después, según dicen, tuvieron muchedumbre de divinidades. En el año mencionado se le apareció al sacerdote Tetzahuitl Huitzilopochtli, que cuando quería hablar a la gente a él se dirigían aquellos que no podían verle.

Llamó el Tetzahuitl Huitzilopochtli al guía a cuyo cuidado estaba el mando militar de los aztecas, cuando estaban en Áztlan, el capitán Íztac Mixcohuatzin y le hablo así Huitzilopochtli:

—Es hora de ponerse en camino. ¡Oh, Íztac Mixcohuatzé, ya no puedo estar más tiempo aquí, tú conoces cuan grandes y penosas son nuestras necesidades! Mi deseo es que veas luego de acomodar a la gente a tus órdenes de pie y en hileras y que procuren salir a hacer algo. Pero lleven la mayor cantidad de gente que puedan juntar para que se una a la azteca. A los siete linajes, bien conocidos, pero no a cualquiera que pretenda acompañarlos de las siete tribus, sino los que sean valerosos, robustos y fuertes. Mira que los ancianos le den labia al mayor número posible de macehualtin y advierte también a los que vayan con ustedes que deberán seguirlos por donde tú decidas conquistar sin tener reparos sobre ningún lugar donde existan macehualtin. Pero cuida de que no otros, sino el que realmente contigo vaya sea quien contigo obre. Cuídense de que se les hable de esta manera: *¡Ustedes guerreros, funcionarios hombres esforzados y de coraje, ustedes serán quienes apresarán, aquellos que marcharán por todas partes de la tierra!* Pero sólo para ustedes señores de la nobleza, que convengan en esto, que intervengan en esto, que estén dispuestos a correr peligros de salteadores y piratas, dispuestos a salir a batir el agua con los remos, sólo los que se ofrezcan, son los únicos que llegarán a contar con servidores y tributarios, que en cuanto a los demás no se les dará nada de grandes cantidades de jades chalchihuites, de amarillo oro, de plumas de quetzal, de corales y piedras cristalinas de diversos colores, ni bellas vestimentas. Ni serán ellos quienes lleguen a tener multitud de gente para que les busque la vida, ni lleguen a poseer cantidad de pluma rica, de la bermeja del ave tlauhquéchol, del ave flamingo, y las plumas de fuego del ave tzinitzcan, ni de ninguna clase de preciosa pluma. Y lo mismo vale decir del cacao colorado y del algodón coloreado, todo lo cual ustedes los que salgan llegarán a ver y poseer, que ésa será mi obra, tarea y meta.

Tal fue el discurso de Huitzilopochtli, con cuya orden y embajada partió el Íztac Mixcohuatzin a tratar con las siete tribus extendidas en Áztlan. Y aquí aparecen los señores de aquellas siete tribus que se aprestaron a salir cada quien cuidando de sus propias deidades, pues por todos lados se repetía que los mexicas abandonarían Áztlan.

- El primer linaje es de las yopes, Yopico.
- El segundo es el de los tlacochcalcas.
- El tercero, el de Huitznáhuac.
- El cuarto es el de los cihuatecpanecas.
- El quinto, el de la parcialidad de los chalmecas.
- El sexto, el de los tlacapanecas.
- El séptimo, el de la parcialidad de los izquitecas.

Juntos partieron en compañía de la hermana mayor de Huitzilopochtli, Malinalxóchitl, aquella misma de quien se había separado en Michuácan, allá en Pátzcuaro, y que después vino a establecerse en Malinalco. Ésta los acompañó trayendo cantidad de sus vasallos malinalcas.

Luego de que estuvieron dispuestos los viejos chichimecas, se marcharon con las siete tribus. Y se ha dicho antes que, para esta fecha, hacía 811 años que los chichimecas aztecas tenían de estar viviendo en la grandiosa ciudad poblada Áztlan, en la isla en medio del agua. Y la razón de que la llamaban Áztlan, era que en el centro de la isla se levantaba un hermoso y enorme *azcáhuitl*, «árbol de flor blanca», por lo cual la nombraban Áztlan, «el lugar del azcáhuitl» [*azcáhuitl*, «árbol de flor blanca»; y *-tlan*, sufijo locativo].

Salida de las tribus de Áztlan, en *Anónimo mexicano*

Dicen que allí, en aquel altépetl, era la gente numerosísima, tanto que pronto se dividieron, se apartaron completamente unos de otros y se dirigieron al Anáhuac. Huitzínton, uno de los más entendidos de los que conducían a aquellos hombres, acertó a oír cómo cantaba un pajarito que decía: *tihui tochian, tihui tochian*. Le comunicó a Tecpantzin lo que había oído, y fue muy eficaz el modo con que estos dos solicitaron a toda la gente azteca, representándole el canto del pajarito como buena señal de que había llegado su dicha. Les decían que dejasen su tierra y fueran a otra región.

Con ellos salieron nueve tribus, aunque todos del mismo linaje. Se habían dividido en otras tantas familias. Algunos dicen que eran solamente cuatro:

- Mexicas
- *Tlacochalcas*
- Chalmecas
- *Calpitzcas*

Pero lo cierto es que vinieron en nueve grupos:

- Chalcas
- Matlatzincas
- *Tecpanecas*
- Malinalcas
- Xochimilcas
- Cuitlahuacas
- Chichimecas (que éstos son los tlaxcaltecas)
- Mizquitecas
- Tenochcas

Algunos de éstos tomaron el nombre del lugar en donde poblaron. Salieron guiados por Tecpantzin y Huitzínton, en el primer año llamado tochtli. Se contaban 1194 años cuando salieron de la tierra llamada Áztlan.

Luego de que llegaron a *Chimozcoc*, se separaron los otros diversos pueblos, se multiplicaron, allí dejaron a los mexicas tenochcas; aunque se dice que primero entraron los mexicas, y no los que iban delante.

Salida de las tribus de Áztlan, según la *Monarquía indiana*

Según las pinturas, parece que para venir del lugar primero de donde salieron, para éste, a donde ahora están, pasaron algún grande río o pequeño estrecho y brazo de mar, cuya pintura parece hacer media isleta, en medio de los brazos que divide estas aguas, y dejando para otro lugar el sentimiento y parecer que tengo acerca de qué gentes sean éstas que han poblado esta tierra, que es la causa porque trato de este sitio, digo ahora, fue el fundamento que tuvieron para hacer esta jornada y ponerse en ocasión de este tan largo camino, que dicen fabulosamente que un pájaro se les apareció sobre un árbol muchas veces; el cual cantando repetía un chillido, que ellos se quisieron persuadir a que decía: *tihul*, que quiere decir, ya vamos, y como esta repetición fue por muchos días y muchas veces, uno de los más sabios de aquel linaje y familia, llamado Huitziton, reparó en ello y considerando el caso le pareció asir este canto para fundar su intención. Dijo que era el llamado de algún dios oculto por medio del canto de aquel pájaro.

Dio parte de ello a otro llamado Tecpatzin y le dijo:

—¿Por ventura no adviertes aquello que aquel pájaro nos dice?

Tecpatzin le respondió que no. A lo cual Huitziton dijo:

—Lo que aquel pájaro nos manda es que nos vayamos con él porque así conviene que le obedezcamos y sigamos.

Tecpatzin, que atendió a lo mismo que Huitziton, del canto del pájaro, fue con el mismo parecer y los dos juntos le dijeron a la tribu, la cual persuadida a la ventura grande que los llamaba, movieron, dejaron el lugar y siguieron la fortuna que el porvenir les guardaba.

Pero, aunque todos eran de una misma generación y linaje, no todos vivían debajo de una sola familia, sino que estaban repartidos en cuatro:

- La primera se llamaba mexicana.
- La segunda, *tlacochcalca*.
- La tercera, *chalmeca*.
- La cuarta, *calpilco*.

Otros dicen que estas familias eran nueve, conviene a saberlo:

- Chalca
- Matlatzinca
- Tepaneca
- Malinalca
- Xochimilca
- Cuitlahuaca
- Chichimeca
- Mizquica
- Mexica

También dicen otros que aquel chillido, *tihui* sólo se oía de Huitziton y de Tecpatzin, pero que no se veía quien lo pronunciaba. Salieron, pues, los aztecas, guiados por Tecpatzin y Huitziton de su tierra, en el primer año de su primer siglo, porque desde entonces comenzaron a contarlo, y anduvieron algunas jornadas, en las cuales gastaron espacio y tiempo de un año, al cabo del cual llegaron a un lugar llamado huei Culhuacan, donde estuvieron tres.

En este lugar se les apareció Huitzilopochtli y les dijo que él era el que los había sacado de la tierra de Áztlan y que lo llevasen consigo, que quería favorecerlos en todas las cosas y que supiesen que su nombre era Huitzilopochtli. Les pidió que le hicieran una silla en que lo llevasen, la cual hicieron de juncos. Ordenó que cuatro de ellos fuesen sus ministros, para lo cual fueron nombrados:

- Cuauhcóhuatl
- Apanécatl
- Tezcacohuácatl
- Chimalman

Y los teopixque Huitziton y Tecpatzin. Todo se hizo con grande agradecimiento de los aztecas. Al ver que ya no seguían su jornada a ciegas, sino que llevaban un dios que los guiaba, a sus sacerdotes los llamaron: *theotlamacaztin* [teotlamacazque]; a la silla en que iba: *teoycpalli* [teoicpalli], y al acto de llevarlo a cuestas le pusieron: *theomama* [teomama].

Viaje de los mexicas, en la *Historia...* de Clavijero

Los mexicas o aztecas, que fueron los últimos pobladores de la tierra de Anáhuac y son el objeto de nuestra historia, vivieron hasta más de la mitad del siglo XII en Áztlan, altépetl situado hacia el noroeste, según se puede colegir del rumbo que siguieron en su peregrinación y de algunas noticias que adquirieron los españoles en las entradas que hicieron hacia aquellas partes. El motivo de abandonar su tierra sería el mismo que tuvieron otras naciones. Puede también creerse que alguna esterilidad que afligió a los países septentrionales por aquel tiempo fuese la causa que puso en movimiento a tantos pueblos para solicitar en las tierras del sur el remedio a su necesidad. Sea el que fuere el motivo, no puedo menos de exponer al juicio libre de los lectores lo que los mismos historiadores mexicas refieren sobre el origen de semejante resolución.

Había, dicen, entre los aztecas un personaje muy autorizado nombrado Huitziton, a cuyo dictamen y superiores luces referían los demás. Éste se había empeñado, no sé por qué causa, en persuadir a su gente la transmigración de su tierra a otro país. Andando en estos pensamientos oyó casualmente cantar en las ramas de un árbol a un pajarillo cuya voz remedaba el sonido de la palabra *tihui*, que en la lengua mexica significa «vamos». Le pareció esta buena ocasión para lograr su intento y, así, llamó a otro hombre de distinción nombrado Tecpáltzin, lo llevó hacia el árbol donde solía cantar el pajarillo y le dijo:

—¿No has adivinado, amigo Tecpáltzin, lo que esa avecilla nos está diciendo? Ese *tihui, tihui*, que incesantemente nos repite, ¿qué otra cosa significa, sino que conviene salir de esta tierra y buscar otra? Éste sin duda es aviso de alguna oculta deidad que se interesa en nuestro bien. Obedezcamos, pues, a su voz, no sea que nuestra resistencia atraiga su indignación sobre nosotros.

Asintió plenamente Tecpáltzin a la interpretación de Huitziton, o por el concepto que tenía de sus luces, o porque estaba preocupado del mismo pensamiento. Unidos estos dos hombres tan principales no tardaron mucho en atraer al cuerpo de la nación al mismo partido.

Finalmente, la salida de los aztecas o siete tribus de nahuatlacas, que es cierta, fuese por el motivo que se quiera, sucedió, según lo que he podido rastrear por la cronología, hacia el 1160. Torquemada testifica haber visto en todas las pinturas antiguas del viaje de los aztecas representado un brazo de mar o río grande que pasaron. No hay duda de que para ir de su tierra a Hueicolhuacan.

Un año tardaron de Áztlan a Culiacán, y aquí estuvieron tres años. Es natural que edificasen chozas para su habitación y sembrasen las semillas que consigo llevaban para su sustento, como hicieron en los demás lugares en que fue larga su demora. En este lugar fabricaron un ídolo de Huitzilopochtli, dios protector, para que los acompañara en toda su peregrinación. Para transportarlo hicieron una silla de juncos que llamaron *teoicpalli*, «asiento de dios», y señalaron los sacerdotes que debían llevarlo en hombros, que eran cuatro cada vez, a los cuales dieron el nombre de *teotlamacazque*, «siervos de dios», y a la acción misma de llevarlo llamaron *teomama*, «cargar a dios».

De Culiacán por algunas jornadas pasaron a Chicomóztoc, en donde quedó la tribu de los mexicas, habiendo pasado adelante la de los xochimilcas, chalcas, tepanecas, tlahuicas y tlaxcaltecas. Esta división, dicen ellos que se hizo por orden expresa de su dios, pero lo más verosímil es que alguna discordia los separó. El ídolo quedó con los mexicas, después de haber estado nueve años en Chicomóztoc, pasaron a Coatlicámac, en donde se dividió la tribu en dos facciones y partidos, que en lo de adelante produjeron funestos efectos. La causa dice haber sido dos envoltorios que aparecieron en medio de su real. Llegando algunos a descubrir el primero, hallaron en él una piedra preciosa sobre la cual hubo contiendas, pretendiendo todos poseerla como prenda de su dios. Pasando a descubrir el otro envoltorio, vieron que sólo contenía dos leños. A la primera vista lo despreciaron, pero advertidos del prudente Huitzon de la grande utilidad de aquellos leños para sacar fuego, los apreciaron más que la piedra preciosa. Los que se adjudicaron la piedra fueron los que después de la fundación de Tenochtítlan se llamaron tlatelolcas, por el lugar que fundaron junto a aquella ciudad, y los que se quedaron con los leños fueron los que después se llamaron tenochcas o mexicas. Estos dos partidos no obstante su emulación, caminaron siempre juntos por el interés de la protección de su dios. A los tres años de estadía en Coatlicámac, pasaron a otro lugar cuyo nombre ignoramos, y de allí a Huahuacátlan, a Apanco, a Chimalco y a Pipiolcomic, en que consumieron 20 años y en 1196 arribaron a la célebre ciudad Tólan. Los nombres de algunos de los expresados lugares o se han olvidado enteramente o son poco conocidos.

Lugares por donde estuvo la peregrinación de los mexicas y tlatelolcas, según los *Anales de Tlatelolco*

Los mexicas pusieron a Cuauhtliquetzqui para que los condujera.

- *Huaxcuauhtla*, «bosque de guajes». Erigieron un monte sagrado y se quedaron doce años.

- *Cohuatlicámac*, «en las fauces de la serpiente», donde también construyeron un monte sagrado y donde se quedaron tres años.
- *Matlahuacallan*, «entre los huacales de red», donde construyeron un monte sagrado y donde se quedaron tres años.
- *Ocozacapan*, «en las hojas secas de ocote», donde construyeron un monte sagrado y se quedaron cinco años.
- *Cohuatépec*, «en el cerro de las serpientes», donde al cuarto año construyeron un monte sagrado. Allá se ataron sus años, y se quedaron nueve años.
- *Chimálcoc*, «en el escudo», donde al segundo año construyeron un monte sagrado. Allá dejó el gobierno Cuauhtliquetzqui. Al quinto año de su estancia en Chimálcoc nadie dirigió a los mexicas durante los próximos tres años.
- *Tlemaco*, «en el sahumador», donde construyeron un monte sagrado y pusieron a Apanteuctli para que los guiara, porque Cuauhtliquetzqui se había hecho viejo. Ahí se quedaron dos años.
- *Tólan*, «lugar de tules o juncos», donde construyeron un monte sagrado y donde se quedaron nueve años.
- *Atlitlalacyan*, «donde el agua se resume en la tierra», donde construyeron un monte sagrado y se quedaron tres años.
- *Atotoniltonco*, «Atotonilco el chico», donde construyeron un monte sagrado y donde estuvieron un año.
- *Apazco*, «en el lebrillo», donde al segundo año construyeron un monte sagrado y donde se quedaron tres años. Ahí murió Apanteuctli y en su lugar pusieron a *Cítlal*, «estrella».
- *Tequixquíac*, «en el agua salitrosa», donde construyeron un monte sagrado y donde se quedaron dos años.
- *Tlílac*, «en el agua negra», donde construyeron un monte sagrado y donde se quedaron once años.
- *Ciltlaltépec*, «cerro de la Estrella», donde *Tlahuizcalpotonqui*, «aurora brumosa», los recibió con flechas y con escudos. Luego se apoderaron de Tlahuizcalpotonqui, lo sacrificaron y ensartaron su cabeza en un palo; por eso los mexicas nombraron a ese al lugar Tzonpanco, porque allí levantaron un tzompantli. Luego los envolvió una niebla espesa durante 80 días. Allá se extraviaron los mexicas. Algunos se fueron a Chalco;

otros a Huexotzinco; y otros a Matlatzinco. Llegaron a Cuauhtitlán, donde murió Cítlal y donde se asentó Tecuilama.

- *Nextlatilco*, «en el montículo de ceniza», donde construyeron un monte sagrado y donde estuvieron un año.

- Tolpétiac Nepopohualco, donde construyeron un monte
sagrado y donde murió Tecuilama. Luego se asentó Tlazotzin, y allá estuvieron cinco años.

- *Tecpayócan*, «tierra tepaneca», donde encontraron a *Huáuhquil*, «planta de huauhtle», y a Tlotliteuctli, y allí construyeron un monte sagrado. Al quinto año se ataron sus años. Allí
estuvieron nueve años.

- *Acolnáhuac*, «lugar cerca de los hombros», donde murió
Tlazotzin y se asentó *Tozcuécuex*, «loro travieso».

- *Tepetzinco*, donde construyeron un monte sagrado y donde
padecieron hambre y una enfermedad de jiotes, en el año
chicuei calli, «1253». Entonces Tozcuécuex tomó a su hija y
la sacrificó en *Pantítlan*, «entre las banderas», para curar a
su gente de la enfermedad. Allí estuvieron cuatro años.

Malinalxóchitl,
según la *Crónica mexicana*

«Llegaron a Malinalco, donde ahora es Pátzcuaro».

- La ubicación de Malinalco en la mitología es desconocida
hasta el día de hoy. La que menciona Alvarado Tezozómoc
no está en Pátzcuaro, Michoacán. La zona arqueológica de
Malinalco, Estado de México, construida por los matlatzincas, no es el Malinalco que se menciona en las fuentes.

- *Malinalco*, «en la enredadera» [*malinalli*, «matorral», «enredadera» o «hierba muerta»; y -*co*, sufijo locativo].

- *Malinalli*, «hierba muerta», también es el nombre de un
día del calendario mesoamericano. Malinalli era un hombre utilizado en hombres y mujeres.

- *Malínal Xóchitl*, «flor de hierba» o «flor del matorral» [*malinalli*, «hierba»; *xóchitl*, «flor»]. Malínal Xóchitl, también era advocación de *Cihuacóatl*, «serpiente hembra». Diosa de los nacidos y los fallecidos. Señora de los curanderos y recolectora del *tonalli*, «el soplo divino, materia sagrada que da vida a los seres humanos».

Relata la *Crónica mexicana*:

Hombres y mujeres comenzaron a retozar de gran contento en el agua. Llegaron los otros mexicas y les quitaron por la fuerza sus mantas, sus calzoncillos, llamados *maxtli* [máxtlatl], «bragas», a las mujeres sus huipiles y naguas. Los varones se quedaron sin taparse sus vergüenzas y las mujeres con la prisa hicieron a manera de capote, que llaman ellos *cicihuilli* [cicuilli], que hoy día los traen puestos por el calor que hace ahí. Los varones usaban el traje a manera de huipil, con su hombro labrado.

La hermana mayor, llamada Malinalxóchitl, que se quedó con ellos, decía ser hermana del dios Huitzilopochtli. Venía con ellos, después de haber consolado a los que quedaron en la parte de Michuácan. Los padres antiguos de ellos, los más ancianos la traían, pero la dejaron ahí, cuando ella se quedó dormida en un monte.

Ella era de malas decisiones, con muchos resabios, usando con ellos sus artes, con los que mataba a muchos de ellos, pues si miraba a una persona, ésta moría días después y le comía vivo el corazón. También si alguien la miraba ella le comía la pantorrilla, que es lo que ahora llaman entre ellos *Teyolocuani tecotzana teixcuepani*, que, mirando a alguno a un monte o río, le trastornaba la vista y le hacía creer que veía algún animal grande o árboles u otras visiones de espanto.

- *Teyolocuani*, «brujo que comía vivo el corazón a la gente».
- *Tecotzana*, «para ser malvado, una especie de hechicero que agarra los terneros para comérselos». Ver *tecotzcuani*.

• *Teixcuepani*, «hipócrita, carácter engañoso, engañoso, astuto, burlón, encantador» (*Gran Diccionario Náhuatl*).

Se lee en la *Crónica mexicana*:

Malinalxóchitl llevaba personas dormidas, cargadas a cuestas, a su dormitorio y atraía una víbora y se la echaba a alguno. Utilizaba alacranes, ciempiés, arañas u otros animales para hacer muchos males o causar muchas muertes. Usaba del arte de la brujería con que se transformaba en el ave o animal que ella quería. Por esta causa su dios Huitzilopochtli no permitió llevarla con los mexicas y la dejaron dormida en un camino.

—No es mi voluntad que mi hermana Malinalxóchitl tenga tales oficios desde la salida hasta aquí —dijo el tlamacazqui Huitzilopochtli a los viejos que la solían traer cargada (que se llamaban Cuauhtlonquetzque, Axoloa el segundo, Tlamacazqui Cuauhcoatl el tercero llamado, Ocacaltzin el cuarto)—. Asimismo, fui enviado y se me dio por cargo traer armas, arco, flechas y escudo. Mi principal oficio es la guerra. Yo con mi pecho, cabeza y brazos en todas partes debo hacer mi oficio en muchos pueblos con la gente que hay. Tengo que estar por delante para cuidar, dar de comer y beber a la gente de diversos poblados. Primero he de conquistar en guerras para tener y nombrar mi casa adornada con esmeralda, oro y plumería. Asimismo, ha de poseer géneros de preciadas mazorcas, cacao de muchos colores, algodón e hilados. Todo lo tengo que ver y tener, pues es mi oficio y a eso vine. Ea, pues, padres míos, recojan gran cantidad de matalotaje para este viaje, que allí es donde llevamos nuestra determinación y asiento.

Con esto empezaron a caminar y llegaron a la parte que llaman Ocopipilla, donde no permanecieron mucho tiempo. Luego fueron a Acahualtzinco y ahí se asentaron por mucho tiempo. Al término de dos años estos antiguos mexicas salieron de Ocopipilla y Acahualcingo y partieron a Coatépec, en términos de Tonálan, lugar del sol.

Cuando despertó Malinalxóchitl, comenzó a llorar y plañir reciamente.

—Padres míos —dijo a sus padres que allí se quedaron con ella—. ¿A dónde iremos?, pues con engaños me dejó mi hermano Huitzilopochtli. ¿Por dónde se fue, que no veo rastro de su ida, y aquellos malvados con él? Averigüemos a qué tierra fueron a parar. Toda la tierra está poblada por gente extraña.

Así vieron el cerro de la gran peña llamada Texcaltépec y allí fueron a hacer asiento. Entonces llegaron los naturales de aquel lugar, llamados texcaltepecas, a los cuales rogaron les dieran permiso de habitar en aquel peñasco, a lo que los vecinos de allí aceptaron contentos. Malinalxóchitl estaba ya preñada y a días de parir, y donde algunos días parió un hijo que le llamaron Cohuil.

- *Cohuil* más conocido como *Cópil* o *Copilli*. Manuel Orozco y Berra adjudica el nombre de Cópil a Diego Durán.
- *Cópil*, hijo de Malinal Xóchitl [también Malinalxóchitl].
- *Cópil*, «diadema de gobierno» o «mitra real».
- *Acopilco* o *Copilco*, «en el manantial de Cópil», «lugar de las aguas de Cópil» o «el agua de Cópil».
- *Cópil Teomama*, «el portador del dios que usa la mitra» [*cópil*, «mitra»; y *Teomama*, «portador del dios»].

Continúa la *Crónica mexicana*:

Malinalxóchitl estaba ya preñada y a días de parir, y donde algunos días parió un hijo que le llamaron *Cohuil* [Cópil Tlaciuhque de Tezcaltépetl] estando de asiento en términos de Texcaltépec, en los lados que llaman el sitio de Coatépec.

Allí se mostraron los chichimecas y los moradores cercanos otomíes, murmurando: «¿Qué gentes son éstas? ¿De dónde vinieron? Parecen gentes remotas, alborotadores, malos, belicosos».

Los mexicas, después de haber hecho asiento, bohíos (casa o morada hecha de madera, cañas y paja), su teocali y Cú de su dios, comenzaron a hacer adoración de Huitzilopochtli. Pusieron al pie de

Huitzilopochtli una gran jícara, como batea grande. Le pusieron junto a éste otras deidades:

- Yopico
- Tlacochcalco
- Huitznahuac
- Tlacatecpan
- Tzomolco
- Atempan
- Texcacoac
- Tlamatzinco
- Mollocotlilan
- Nonohualco
- Zihuatecpan
- Izquitlan
- Milnahuac
- Coaxoxouhcan
- Aticpan

Todos sujetos a Huitzilopochtli. Les pusieron altares de piedra grande labrada, su juego de pelota, que se llama *Itlach* [*tlachtli* u *ollamaliztli*], sus asientos y agujero en medio, del tamaño de más de una bola, con que juegan ahora a la bola, que llaman *Itzompan* [*in tzompantli*], «muro de cráneos», y luego la atajan por medio, quedando un triángulo en medio del agujero, que llaman «el pozo de agua», que al caer allí la pelota, el que allí la echa, les quitan a todos los miradores cuantas ropas traen, y así alzan todos un vocerío, diciéndole:

—¡Grande adúltero de este *cahuelhuey tetlaxinqui* que ha de venir a morir a manos del marido de alguna mujer! O ¡ha de morir en guerras! —y dentro de aquel agujero le echaron agua por señal, todo por mandato del dios Huitzilopochtli.

Luego el mismo dios Huitzilopochtli les habló a los mexicas, quienes no lo veían, sino entendían lo que les hablaba:

—Ea, mexicas, ya está hecho esto. El pozo está lleno de agua, ahora siembren y planten árboles de sauces y ciprés de la tierra *ahuehuetl*, «ahuehuetes», carrizales, fulares, *atlacuezonauxochitl*.

Y en el río que allí hallaron se multiplicaron muchos géneros de pescado, ranas, ajolotes, camarón, axaxayatl y otros géneros de animales

que hay en las lagunas pequeñuelas de agua dulce. Asimismo, el izcahuitl y tecuitlatl y todo género de patos y tordos de diferentes maneras, y allí les dijo a los mexicas que el izcahuitl colorado era el cuerpo
y su sangre de Huitzilopochtli, y luego les comenzó un cantar, que
dice cuicoyan nohuan mitotia.

En el lugar del canto conmigo danzan, y canto mi canto que llamo
cuitlaxoteyotl y tecuilhuicuicatl [...]

- *Atlacuezonauxochitl*, «flor de la madre de las olas». Flores blancas y amarillas.

- *Axaxayatl*, «rostro de agua». Moscas de la laguna.

- *Izcahuitl* [*yxcahuitle, Izcahuitle* o *izcahuitli*], gusano de color rojo, aparentemente sin cabeza, con una cola en cada extremo. Diego Muñoz Camargo lo describe como «cierto marisco que en esta laguna se cría, que tiene por nombre *izcahuitli*, de lo cual hay mucha cantidad: tiene color de sangre requemada, cara leonada y a manera de lama colorada».

- *Tecuitlatl*, «excremento de las aguas». También *teutlatlac* y *tecuitlatl*. Alga lacustre comestible. Lama verde de la laguna. Alga espirulina. Por lo tanto, la traducción correcta es «agua rodeada de alga espirulina» o «lugar rodeado de alga espirulina». *Cuitlatl*, traducido como «excremento», alude a un «betún», una «emisión» como «obsequio» [*cuitlatl*, «cámara», «excremento», «deshecho»]. De forma compuesta, lo podemos ver en la palabra *teocuitlatl*, «obsequio divino» [*teo*, «dios» o «divino», y *cuitlatl*, «obsequio»], refiriéndose a la plata, aunque generalmente se le traduce como «excremento divino». También *coztic teocuitlatl*, «obsequio divino de color amarillo», refiriéndose al oro [*coztic*, «amarillo»; *teo*, «divino»; y *cuitlatl*, «obsequio»]. Otro ejemplo: *ichca cuitlatl*, «betún fuerte».

- *Cuicoyan* [*Cuicayan*], «lugar del canto». Lugar de los cantares; alegría grande de las mujeres. También es lugar de reunión para alumnos del telpochcalli y soldados de rango cuachic.

- *Nohuan*, «conmigo».

- *Mitotia*, «bailar» o «baile».

- *Cuitlaxoteyotl*, «canto de arrojarse a los pies de la dignidad». Canto en honor de Huitzilopochtli, que iniciaba al caer la noche y concluía al amanecer.

- *Tecuilhuicuicatl*, «canto al señor del cielo», en honor a Huitzilopochtli.

Malinalxóchitl, a través
de la *Historia*... de Diego Durán

El dios de los mexicas, Huitzilopochtli, tenía una hermana, la cual se llamaba Malinalxóchitl y venía en esta tribu. Era muy hermosa, de gentil disposición y de tanta habilidad que vino a ser hechicera de tan malas mañas que, para ser adorada como diosa, hacía mucho daño en la tribu. Por ser hermana de Huitzilopochtli, los mexicas le pidieron a su dios que les dijera cómo librarse de ella. Huitzilopochtli le respondió al sacerdote en un sueño que la dejaran, y a sus guardianes [les dijo] el lugar que él les señalaría.

Para consuelo del pueblo, el sacerdote dio la noticia a toda la multitud:

—Nuestro dios dice que su hermana, con sus mañas, les es perjudicial, por lo que está muy enojado con ella al ver el poder que tiene ya adquirido de los animales bravos y por medio de hechicerías para matar a los que la enojan, mandando a la víbora, al alacrán, al cientopiés o a la araña mortífera a que piquen. Por tanto, para librarlos de esta aflicción, por el amor que a todos tiene, quiere y es su voluntad que esta noche, estando ella durmiendo con todos sus guardianes y señores, la dejemos y nos vayamos.

Aquella noche partieron, dejándola a ella y a sus aliados durmiendo, y tomaron el camino hacia la parte de Tula, donde su dios los guiaba, y aportaron a un lugar y cumbre de un cerro que se llama Coatépec. Al amanecer, hallándose sola con sus guardianes, Malinalxóchitl lloró con mucho dolor y se quejó de su hermano por la burla de haberla dejado. Se fueron a un lugar que ahora llaman Malinalco, el cual fue poblado por aquella señora y su gente. Y así, este pueblo se llama Malinalco.

Malinalxóchitl, de acuerdo con el *Códice Ramírez*

Iba con ellos una mujer, hermana de su dios Huitzilopochtli, la cual era tan grande hechicera y mala, que era muy perjudicial su compañía, haciéndose temer con muchos agravios y pesadumbres que daba con mil malas mañas, que usaba para después hacerse adorar por dios. La sufrían todos por ser hermana de su ídolo, pero no pudiendo tolerar más su desenvoltura, los *teopixque*, «guardianes de los dioses», se quejaron con su dios, el cual respondió a uno de ellos en sueños que dijese al pueblo que estaba muy enojado con su hermana por ser tan perjudicial para su gente, que no le había dado él aquel poder sobre los animales bravos para que se vengase y matase a los que la enojan, mandando a la víbora, al alacrán, al ciento pies y a la araña mortífera. Por tanto, que para librarlos de esta aflicción y por el grande amor que les tenía, mandaba que aquella noche al primer sueño, estando ella durmiendo, con todos sus guardianes y señores la dejaran allí y se fueran secretamente sin quedar quien le pudiese dar razón de su real y dirigente, y que ésta era su voluntad.

Propuso el sacerdote la plática al pueblo, y quedando muy agradecidos y consolados, hicieron lo que el ídolo les mandaba, dejando allí a la hechicera y su familia. Pasó adelante el real guiándolos su dios a un lugar que se dice Tula. Cuando amaneció, la hechicera vio la burla que le habían hecho y comenzó a quejarse de su hermano Huitzilopochtli, y al fin no sabiendo a qué parte había encaminado su real, determinó quedarse por allí, y pobló un altépetl que se dice Malinalco, donde le pusieron este nombre porque lo pobló esta hechicera que se decía Malinalxochi, y de este nombre y de esta partícula componen Malinalco, que quiere decir «lugar de Malinalxochi». Y así, a la gente de este pueblo han tenido y tienen por grandes hechiceros como hijos de tal madre, y ésta fue la segunda división del real de los mexicas, porque, como queda referido, la primera fue en Michhuácan, y esto sin los enfermos, viejos y gente cansada que fueron dejando en diversas partes que de ellos se poblaron como al principio queda dicho.

La muerte de Cópil, hijo de Malinal Xóchitl, según el *Códice Ramírez*

Los mexicas hicieron sus chozas lo mejor que pudieron y consultaron a su dios sobre lo que debían hacer. Huitzilopochtli respondió que esperasen, que él sabía lo que había de hacer y a su tiempo les avisaría; pero que estuvieran advertidos que no era aquel el lugar que él había elegido para su morada y que tendrían diferencias con dos señoríos. Ellos, temerosos con esta respuesta de su ídolo, eligieron un capitán y guía de los más ilustres que en su compaña venía, tenía por nombre Huitzilíhuitl, que significa «la pluma del pájaro». Lo eligieron porque todos lo conocían por hombre industrioso y de valeroso corazón. Electo éste por capitán general, mandó fortalecer las fronteras de aquel cerro con unas terraplenas, que acá llaman albarradas, haciendo en la cumbre un espacioso patio donde todos se recogieron y fortalecieron, teniendo su centinela y guarda de día y de noche con mucha diligencia y cuidado, poniendo las mujeres y niños en medio del ejército, aderezando flechas, varas arrojadizas y hondas, con otras cosas necesarias a la guerra.

En este tiempo, la hechicera, hermana de su dios, que dejaron desamparada, ya tenía un hijo [en] edad madura, llamado Cópil, a quien la madre había contado el agravio que Huitzilopochtli le había hecho, por lo cual Cópil sufrió una gran pena y enojo, y prometió a la madre vengarla en cuanto pudiese. Y así, en cuanto Cópil tuvo noticia de la presencia del ejército mexica en el cerro de Chapultépec, comenzó a discurrir por todos aquellos pueblos para que mataran a los mexicas, argumentando que eran hombres perniciosos, belicosos, tiranos y de costumbres perversas. Aquella gente temerosa e indignada determinó matarlos a todos. Cópil se subió a un cerro junto a la laguna de México, donde están unas fuentes de agua caliente que hoy en el día llaman el Peñol.

Huitzilopochtli, muy enojado llamó a sus *teopixque*, «guardianes de los dioses», y dijo que fueran todos a aquel Peñol, donde hallarían

al traidor de Cópil, que lo mataran y trajeran el corazón. Ellos lo hallaron descuidado, lo mataron, le sacaron el corazón y se lo presentaron
a su dios, quien mandó a uno de sus guardianes a que lo arrojaran en
medio de un carrizal por la laguna. Y así fue hecho, de aquel corazón
dicen que nació el tunal donde después se edificó la ciudad de México.
También dicen que luego de Cópil fue muerto en aquel Peñol, nacieron aquellas fuentes de agua caliente en el mismo lugar y que por eso
las llaman Acopilco [Copilco], que quiere decir «en el manantial de
Cópil», «lugar de las aguas de Cópil» o «el agua de Cópil».

Al respecto, la *Crónica mexicana* señala que sucedió estando «de
asiento en términos de Texcaltépec, en los lados que llaman el sitio
de Coatépec».

De acuerdo con la página oficial del INAH, Fernando López
Aguilar, uno de sus investigadores, aseguró haber encontrado en
la geografía hidalguense el cerro Coatépec, actualmente conocido
como cerro Hualtépec o del Astillero, a escasos 30 kilómetros de
la zona arqueológica Pahñú, asiento de la cultura xajay, cuya antigüedad se remonta, según cálculos, al periodo Preclásico (500 a.
C.-300 d. C.).

Cópil, en los *Anales de Tlatelolco*

Llegaron a *Chapultépec*, «monte de los grillos», donde construyeron
un monte sagrado. *Tozcuécuex*, «loro travieso», los dirigió durante
20 años. Entonces llegó Cópil, natural de Teticpac, «encima de las
piedras», y durante tres días estuvo haciendo hechicerías para destruir
a los mexicas. Al ver a *Cuauhtliquetzqui*, «águila erguida» o «el que
dé fuego a la leña», le dijo el hechicero:

—Cuauhtliquetzqui, ¿qué andas haciendo? Ya viene Cópil a
despojarlos, pues dentro de tres días los destruirá. Avísale a Ténoch.

Cuauhtliquetzqui fue a decirle a Ténoch:

—Mira. Alguien vino a decirme que tal vez dentro de tres días nos
destruirá Cópil. Vete a *Acuezcómac*, «en el depósito de agua», y toma
contigo mucho ocote y fuego. Si llegas a atrapar al hechicero, enciende
un fuego y yo acudiré. Mientras tanto me iré a *Cuauhximalpan*, «en

las astillas de madera». Si yo logro atraparlo, encenderé fuego para que vayas a verme.

Luego fue Cuauhtliquetzqui y se tendió en el suelo. Cuando Cópil paso por ahí, Cuauhtliquetzqui lo capturó y le preguntó:

—¿Quién eres tú?

—Yo soy Cópil —le respondió—, uno de ustedes. De los que nos perdimos en *Tzompanco* [Zumpango], «en el lugar en que se conservan los cráneos de las víctimas». Pero esto no lo hago por mi cuenta, porque me envía *Acxocuauhtli*, «águila de los abetos», de Culhuácan. Yo voy al lugar donde dejé a mi hija; vayamos por ella.

Fueron a buscarla, se internaron en el bosque y encontraron a *Xicomoyáhual* ♀, «dispersión de jicotes», parada en un árbol; entonces le dijo Cópil:

—Hija mía, vete con Cuauhtliquetzqui. Él es tu tío. —Luego se dirigió a Cuauhtliquetzqui y le dijo—: Toma a mi hija, pero no te burles de ella.

Cuauhtliquetzqui la tomó de la mano y luego degolló a Cópil hasta matarlo. Después recogió su cabeza y su corazón y los guardó en un costal. Luego sepultó el cuerpo en un lugar que Cuauhtliquetzqui nombró *Acopilco* [Copilco], «en el manantial de Cópil».

Cuauhtliquetzqui salió a la orilla del bosque y encendió fuego. Pronto llegó Ténoch:

—En hora buena —le dijo.

—Atrapé a Cópil —presumió Cuauhtliquetzqui—. Aquí está su cabeza, entiérrala en *Tlatzinco*, «abajo».

Ténoch fue a enterrar la cabeza y Cuauhtliquetzqui enterró el corazón de Cópil en medio de los carrizos, donde crecía un nopal de pencas manchadas de blanco, por el excremento de águilas y por eso al lugar se le llamó Tenochtítlan. Entonces los mexicas cumplieron 20 años de haber llegado.

Cópil, en la *Historia…* de Diego Durán

Los mexicas llegaron al cerro de Chapultépec y se aposentaron ahí por órdenes de su dios Huitzilopochtli, quien les advirtió que ése no era el lugar a donde los traía.

Pero para continuar con la historia es necesario recordar a la hermana de Huitzilopochtli, la cual se llamaba Malinalxóchitl, y cómo por sus malas artes y mañas, su hermano mandó que la dejaran con sus guardianes. Así la dejaron, de suerte que ella ignoraba el rumbo que había tomado su hermano y se quedó allí por algunos años. Después se fue y fundó el altépetl de Malinalco.

Esta Malinalxóchitl —como dijimos— era gran hechicera y parió un hijo al que enseñó aquellas malas mañas y hechicerías. Después de que su hijo tuvo edad, ella le contó el agravio que Huitzilopochtli le había hecho en segregarla.

El hijo, enojado y movido por las lágrimas de la madre, le prometió ir a buscarlo y procurar —con sus artes— destruirlo a él y a toda su tribu.

La madre, al ver la determinación de su hijo, no se dejó persuadir y mostró que aquella era su voluntad. El hijo fue a buscar a su tío e incitó a las tribus a que lo destruyeran con sus malvadas artes y mañas.

Cópil anduvo de pueblo en pueblo para encender y mover los corazones de todas las tribus contra los mexicas y los incitó a que los destruyeran y mataran. La gente temerosa y asombrada temió admitir a los mexicas y así determinaron matarlos. Para lo cual se conjuraron todas las ciudades comarcanas de Azcapotzalco, Tlacopan, Coyohuácan, Xochimilco, Culhuácan y Chalco, para que todos los cercaran y los mataran, sin que quedara ni uno más.

Al ver el malvado de Cópil que ya su juego estaba entablado y que su deseo tenía efecto, se fue a la cima de un monte que está al principio de la laguna, que llaman Tepetzinco, que tiene en sus faldas unas fuentes de agua caliente —a todos notorio— para desde allí aguardar el fin y la pérdida de todos los mexicas. Pero le salió al revés, porque su dios Huitzilopochtli, avisó a toda la tribu mexica y mandó que —antes de que los cercaran— fueran a aquel monte y que lo tomaran descuidado, lo mataran y le llevaran el corazón de Cópil.

Uno de los sacerdotes, llamado *Cuauhtlequetzqui* [carácter solar de Huitzilopochtli, que significa «el que eleva el fuego del águila»] y otros sacerdotes fueron al cerro y tomaron descuidado a Cópil, lo mataron, le sacaron el corazón y se lo presentaron al dios, el cual mandó que su sacerdote, lo arrojara en medio del tular con la mayor fuerza que pudiera. El corazón fue a caer en un lugar que ahora llaman *Tlal-comomocco*, donde dicen que nació el tunal donde después se edificó la ciudad de México. También dicen que luego de que Cópil fue asesinado, en el mismo lugar nacieron aquellas *fuentes de agua caliente* y que por eso le llaman *Acopilco*, que quiere decir «el agua de Cópil».

Con la muerte de Cópil, no cesó la rebelión ni las malas intenciones de la gente de la tierra que quería matar a los mexicas. Encendidos en la ira, cercaron todo el cerro de Chapultépec, donde los mexicas estaban asentados. Puesto el cerco, los mexicas se vieron en grande aprieto y aflicción y movidos por los llantos de sus mujeres y niños, *hicieron*, como dicen, *de tripas corazón* y no mostraron ninguna cobardía, antes ánimo y valor.

Resulta interesante que desde el siglo XVII ya existía la expresión *hacer de tripas corazón*.

Los Centzon Huitznáhuac, en la *Crónica mexicana*

—Aquí es donde hemos de venir a hacer asiento. Ea, mexicas —dijo a Azentzon huitznacal—. Aquí deberán aguardar y esperar. Las cuatro partes cuadrantes del mundo habrán de conquistar, ganar y avasallar para que ustedes tengan cuerpo, pecho, cabeza, brazos y fortaleza, pues les costará sudor, trabajo y sangre, para que ustedes alcancen y gocen las finas esmeraldas, piedras de gran valor, oro, plata, fina plumería de preciados colores, cacao venido de lejos, pieles, diversas flores olorosas, frutas muy suaves y sabrosas y otras muchas cosas de mucho placer, pues han plantado y edificado su pueblo con mucha fortaleza en este lugar de Coatépec. Hagan que sus padres se descansen, labren sus casas y sus devotos parientes y vasallos los aztecas, llamados así del lugar *Aztantos* [Áztlan] mexitin.

Y luego todos ellos juntos *Zentzon Huitznahuaca*.

Los *Centzon Huitznáhuac* o *Centzonhuitznáhuac*, «cuatrocientos rodeados de espinas» o «cuatrocientos sureños» [*centzontli*, «cuatrocientos»; *huitztli*, «espina»; y *náhuac* «rodeado», o *huitz*, «sur»], son los 400 hijos de Coatlicue, diosa de la fertilidad, patrona de la vida y de la muerte y hermanos de la diosa lunar Coyolxauhqui.

Continúa la *Crónica mexicana:*

Y luego todos ellos juntos zentzon huitznahuaca le agradecieron con mucha humildad, reverencia y lágrimas. Entonces se enojó Huitzilopochtli y les dijo:

—¿Qué están diciendo? ¿Quieren ser más que yo? ¿Quieren aventajarse? Yo los guío, traigo y llevo. Soy sobre todos ustedes. No curen de más. —Así se fue al Cú y dijo—: Ya comienzo a esforzarme. Vienen sobre los *Zentzon Napam* y sobre mí que soy Huitzilopochtli, que en el teotlachco comen a sus padres.

Iba contra ellos una mujer llamada *Coyolxauh*, en el *tlachco*. En el agujero del agua que está en medio, Huitzilopochtli degolló a la Coyolxauh, la mató y le sacó el corazón. Al otro día, muy de mañana, se descubrieron los *Zentzonapas* con todos los cuerpos agujerados y sin corazón, pues todos se los comió Huitzilopochtli, quien se tornó gran brujo, y entonces se atemorizaron los mexicas.

—Con esto entenderán que en este lugar de *Coatépec* ha de ser México —les dijo Huitzilopochtli.

Quebró el río del nacimiento del agua que ahí había, en señal de misterio del *tlachtli*, se volvió al lago grande y debido a que lo agujereó del agua salieron aves, peces, árboles y plantas. Todo se secó de improviso, se convirtió en humo y se desapareció. Pareció otro mundo todo lo que había puesto en Coatépec. Allí fue el fin de los años pasados que llaman *inxiuh molpilli in mexica*, como año bisiesto.

- *Zentzon napam* [Zentzonapas, Çentzonnapam o Centzonappa], «cuatro veces cuatrocientos». Se refiere a los centzon huitznáhuac.
- *Teotlachco*, «donde el juego de pelota sagrado».

- *Coyolxauhqui*, «la que tiene pintura facial de cascabeles» o «la adornada de cascabeles» [*coyolli*, «cascabel»; y *xauhqui*, «que adorna»].
- *Tlachco*, «donde se practica el tlachtli».
- *Tlachtli*, «juego de pelota».
- *Coatépec*, «en el monte de las serpientes» o «en el monte de la serpiente». Torquemada lo traduce como «monte de las culebras». Alvarado Tezozómoc, Diego Durán, *Códice Ramírez* y Chimalpáhin sostienen que el Coatépec se ubicaba cerca de Tula.
- *Inxiuh molpilli* se refiere al *Xiuhmolpilli*, «se atan los años», unión de dos periodos de 52 años. También *xiuhmolpilia*, «atadura de los años». El xiuhpohualli es el calendario solar dividido en trescientos sesenta y cinco días, divididos en dieciocho veintenas. El *xiupohualli*, «cuenta del año», se dividía en dieciocho ciclos de veinte días, llamado *cempoallapohualli*, «la cuenta de las veintenas».

Sobre los chichimecas, en el *Códice Ramírez*

A diferencia del segundo altépetl, que entonces era muy salvaje y bárbara, sólo se ocupaban en andar a caza, los nahuatlacas los nombraron *chichimecas*, que significa cazadora y que vive de aquel oficio agreste...

También les llamaban otomíes. El primer nombre se lo pusieron porque [...] habitaban en los riscos y más ásperos lugares de las montañas, donde vivían bestialmente, desnudos y sin [...] autoridad.

Toda la vida se les iba en cazar venados, liebres, conejos, comadrejas, topos, gatos monteses, pájaros, culebras, lagartijas, ratones, langostas, gusanos, con los cuales (y con yerbas y raíces) se sustentaban. Eran diestros en la caza y tan codiciosos de ella que, para matar una culebra o cualquier otra sabandija, se estaban todo el día en cuclillas, hechos un ovillo tras una mata, acechándola en lugar de sembrar o cultivar. Dormían por los montes, en las cuevas y entre las matas. Las mujeres iban con sus maridos a los mismos ejercicios de caza, dejando los hijuelos (hijos) colgados de la rama de un árbol, metidos en una cestilla de juncos, bien hartos de leche hasta que volvían con la caza.

Eran muy pocos y tan apartados que no tenían trato, ni conversación alguna entre sí. No se conocían, no tenían un líder ni adoraban dioses algunos, ni tenían ritos de ningún género. Solamente se andaban cazando sin otra consideración alguna, viviendo cada uno por sí mismo.

Estos chichimecas son los naturales de esta tierra, que por ser pocos y vivir en las cumbres de los montes, estaban todos los llanos y mejores sitios desocupados, los cuales hallaron los nahuatlacas viniendo de otra tierra hacia el norte, donde ahora se ha descubierto un reino que llaman el nuevo México. En esta tierra están dos altepeme, uno llamado *Áztlan*, que quiere decir «lugar de garzas», y el otro dicen *Teuculhuácan* [Teoculhuácan], que quiere decir «tierra de los que tienen abuelos divinos», en cuyo distrito están siete cuevas de donde salieron siete guías de los nahuatlacas, que poblaron esta tierra, según tienen por antigua tradición y pinturas.

¿Dónde estaba Áztlan?

Hay quienes aseguran que Teoculhuácan se encuentra en el cerro de Culiacán, Guanajuato.

Teoculhuácan, hoy en el estado de Hidalgo, anteponía el teo, de téotl, dios, antiguo, viejo, para distinguirlo del nuevo Culhuácan en el valle de Mexico, guardador de la cerámica denominada Pánuco V, aun cuando antes le decían Azteca II; en el ámbito del viejo Culhuácan quedaban las cuevas llamadas Chicomóztoc [...]. Este Culhuácan [Teoculhuácan] ya estaba localizado por [Paul] Kirchhoff [Teoculhuácan-Chicomóztoc], quedaba en el rumbo de Molango; los Papeles de Nueva España lo dan con Xochicoatlan, y cerca, en el área de Tianguistengo (Melgarejo, 1993: 11 y 22).

En la conferencia «Entre Áztlan y Tenochtítlan», en el marco del 43 aniversario del hallazgo del monolito de la diosa Coyolxauhqui, registrado el 21 de febrero de 1978, Eduardo Matos Moctezuma agregó:

sobre Áztlan hay dos posturas. Una, la de quienes creen que todavía está por descubrirse el sitio que confirme su ubicación al occidente o en el norte del país. La otra, la de aquellos que consideran que Áztlan —punto que las fuentes también relacionan con los nombres de Teoculhuácan o Chicomóztoc— no existió, y que el grupo que llegaría a convertirse en la civilización mexica habitó siempre la Cuenca de México (Prensa-INAH).

Segunda lámina de la
Tira de la Peregrinación

En la segunda lámina de la *Tira de la Peregrinación* —elaborada en forma de biombo, de 5.49 metros y en 22 láminas de amate, también conocida como *Códice Boturini*, debido a que perteneció a la Colección de Lorenzo Boturini— se ven diferentes personajes, con una vírgula delante de la boca, la cual los identifica como tetecuhtin de la casa y grupo del cual procedían.

Matlatzincas
Tepanecas
Tlahuicas
Malinalcas
Acolhuas
Xochimilcas
Chalcas
Huexotzincas

Figura 95. Segunda lámina de la Tira de la Peregrinación *(imagen tomada de Galarza, 1999). Ilustrado por Eva Cavildo.*

Los nahuatlacas de Áztlan,
según el *Códice Ramírez*

Y es de advertir que, aunque dicen que salieron de siete cuevas no es porque habitaban en ellas, pues tenían sus casas y *centemilli*, «huertas» (comúnmente llamadas sementeras), con mucho orden de su altépetl, sus dioses, ritos y ceremonias. Eran gente muy civilizada, como se echa bien de ver en el modo y traza de México.

En aquellos señoríos se acostumbra que cada linaje tenga su sitio y lugar conocido: el que señalaban en una cueva diciendo la cueva de tal y tal linaje, o descendencia como en España se dice: *la casa de los Velasco, de los Mendozas*, etc.

Los nahuatlacas salieron de [Áztlan, Teoculhuácan o Chicomóztoc] en el año 820 d. C. y tardaron en llegar a esta tierra más de ochenta años. La causa fue porque venían explorando la tierra, buscando las señales que sus dioses les mandaban. Y así, según iban hallando buenos sitios, los iban poblando, sembrando y cogiendo *centemilli*, «huertas». Conforme iban descubriendo mejores lugares, abandonaban los que habían poblado, dejando entre ellos a los viejos, a los enfermos y a la gente cansada. Así quedaban poblados aquellos sitios, quedando en ellos muy buenos edificios, que hoy en día se hallan en ruinas. Ésta fue la razón de tanta demora en un viaje que se puede hacer en un mes. Y así llegaron a este lugar del Anáhuac en el año 902 d. C.

Los primeros que salieron de Áztlan [Teoculhuácan o Chicomóztoc] fueron seis linajes:

- El primero es de los *xochimilcas*, que quiere decir «gentes de las sementeras de flores» [*xochitl*, «flor»; y *centemilli* o *milli*, «sementera»], se compone de *xochimilli*, «sementera de flores». De aquí se dice el nombre *xochimilca*, «poseedores de las sementeras de flores».
- El segundo linaje es el de los *chalcas*, «gente de las bocas» [*challi*, «hueco a manera de boca»], y así lo hueco de la boca llaman *camachalli* [*camac*, «la boca»; y *challi*, «lo hueco»], y de este nombre *challi*, y esta partícula *ca* se compone chalca, que significa «poseedores de las bocas».
- El tercer linaje es de los *tepanecas*, que quiere decir «la gente del puente» o «pasadizo de piedra».

- *Tepanécatl*, «habitante de un palacio o un lugar pedregoso» (*Gran Diccionario Náhuatl*). [*Tépan*, «sobre una piedra» o «encima de alguno»; *tetl*, «piedra»; *panohua*, «navegable cosa» o *pano*, «pasar el río a pie, nadando o en barca»].

- *Tepanohuayan*, «puente de piedra» [*tetl*, «piedra»; *panohua*, «vadear el agua»; *yan*, «lugar»].

Continúa el *Códice Ramírez:*

> El cuarto linaje es el de los *cúlhuas*, que quiere decir «gente de la tortura o corva» [*coltic*, «cosa corva»; y *hua*, «posesión»], porque en la tierra de donde vinieron está un cerro con la punta encorvada.

El cerro que menciona es el Cerro de la Estrella —situado en la alcaldía Iztapalapa de la Ciudad de México, el cual aparece como glifo en la lámina 1 del *Códice Boturini*, en el que podemos ver que «dentro del cerro hay una cueva, *ozototl* [oztotl], donde aparece una cabeza que se asoma de un pico de colibrí: Huitzilopochtli. Lo reconocemos precisamente por este yelmo, ya que Huitzilopochtli significa "colibrí de la izquierda" y así se le representaba en los códices» (Galarza, 1999: 10-13).

Figura 96. Representación del glifo Colhuacan en el primer folio de la Tira de la Peregrinación *(imagen tomada de Galarza, 1999). Ilustrado por Eva Cavildo.*

Según el *Códice Ramírez*, el «quinto linaje es de los *tlahuicas*. Su nombre se deriva de *tlalhuic*, que significa «hacia la tierra». *Tlahuica*, «gente de hacia la tierra» [*tlalli*, «tierra»; *huic*, «hacia»; y -*ca*, «persona»].

Los tlahuicas habitaban en *Cuauhnáhuac* [Cuernavaca], *Huaxtépec* [Oaxtépec], Coatetelco, Teopanzolco, Xochicalco y Tepozteco, entre otros pueblos menores del estado de Morelos.

Al respecto, el *Códice Ramírez* dice: «El sexto linaje es el de los *tlaxcaltecas* que quiere decir la "gente de la tortilla" [*tlaxcalli*, "tortilla"; y *tecatl*, "persona"]».

El sufijo -*catl* proviene de *tecatl*, «persona», y es utilizado para identificar la afiliación, título, cargo público o identidad asociada a un lugar. Los naturales de un poblado cuyo nombre termina en -*co*, por ejemplo, México o Atlixco. En plural puede ser -*cah* o -*ca*. También puede incluir el sufijo -*catl*, por ejemplo: *mexícatl*, «persona de México», o *atlíxcatl*, «persona de Atlixco». En cargos o títulos militares se aplica de la siguiente manera: Tlacochcálcatl, tlacatécatl, tocuiltécatl, pantécatl y cuauhquiahuácatl. Un *tlaxcaltécatl* era una persona de *Tlaxcálan*, «lugar de la tortilla».

Continúa el *Códice Ramírez*:

Todos estos nombres y dictados son tomados de sus antepasados, unos derivados de sus lugares, otros de sus dirigentes, y otros de sus dioses, y ésta es la costumbre que estos indios tenían en imponer sus nombres. Me he detenido en explicar las etimologías de éstos porque adelante se han de repetir muchas veces, y porque en muchos nombres, que en el progreso de esta historia se han de ofrecer, no se dirán las etimologías tan a menudo, porque éstas bastan para entender el modo de todas ellas, que ponerlas todas de esta manera sería gran prolijidad.

Estos seis linajes referidos no salieron todos juntos ni todos en un año, sino unos primeros y otros después, y así sucesivamente iban saliendo de sus tierras dejando sus solares o cuevas. La primera tribu que salió fue el de los xochimilcas, luego siguió la de los chalcas, luego la de los tepanecas, y luego la de Cúlhua. Y tras ellos los de Tlahuic, y los tlaxcaltecas, quedándose allá los de la séptima cueva, que son los mexicas: dicen que por ordenación divina para venir a ser pipiltin de esta tierra después de haberse extendido por toda ella estos otros seis linajes referidos, los cuales vinieron a esta tierra, trescientos dos años primero que los mexicas: y así poseyeron la tierra seiscientos dos, el de Xochimilco que salió primero, y los mexicas que vinieron los últimos la poseyeron trescientos un años después que a ella llegaron.

Estando ya estos pueblos por esta tierra, los xochimilcas que fueron los primeros, vinieron a dar a un grandísimo llano rodeado de serranía, cuyas vertientes hacían en medio de él una gran laguna de agua salobre y dulce donde ahora está fundada la gran ciudad de México. Estos xochimilcas poblaron a la orilla de esta laguna hacia el mediodía, extendiéndose sin contradicción alguna por el llano hacia la serranía en grandísimo espacio donde está fundado un altépetl de este señorío de muy grandes altepeme; a la ciudad principal pusieron *Xochimilco*, que quiere decir «lugar de sementeras de flores», por ser derivados de este nombre los que la poblaron. Llegaron no mucho después los chalcas, los cuales se juntaron con los xochimilcas, partieron términos con ellos quieta y pacíficamente, extendiéndose también en gran parte de la tierra, llamaron a su altépetl *Chalco*, que quiere decir «lugar de las bocas» por haberla poblado los chalcas, cuyo nombre se deriva de esto otro. Después de estos llegaron los tepanecas, los cuales poblaron quieta y pacíficamente a la orilla de la laguna. Éstos tomaron el sitio que cae a la parte del occidente, extendiéndose tanto por toda aquella parte, y crecieron en tanto número que a la cabecera de su altépetl llamaron *Azcapotzalco* que quiere decir «hormiguero» por la mucha gente que tenía. Y así vino a ser este el mayor y más principal tlatocáyotl. Después de éstos vinieron los que poblaron el tlatocáyotl de Texcoco, que según dicen son los cúlhuas. Éstos tomaron el sitio a la orilla de la laguna, hacia el oriente, extendiéndose tanto que vinieron a cumplir el cerco restante de la laguna. Ésta es una gente muy política y cortesana, y en su lenguaje tan prima que puede competir en elegancia con cuantas lenguas hay en el mundo, por lo menos en sus frases y modo de explicar. Llamaron a la cabecera de su tlatocáyotl Texcoco porque en ella hay una yerba que se llama *teztculli*: y de este nombre y de esta partícula *co*, que denota lugar, dicen *Texcoco* que significa «lugar de la yerba teztculli».

Cercada ya la laguna toda a la redonda de estas cuatro parcialidades, y habiendo dividido términos entre sí, los cuales corrían hasta las serranías que estaban en torno del llano en cuyo sitio estaba la laguna, llegaron los tlahuicas que era la gente más tosca de estas seis tribus, los cuales como hallaron ocupado todo el llano de la laguna hasta las sierras, pasaron a la otra parte de la serranía hacia el mediodía, donde hallaron una tierra muy espaciosa toda desocupada de gente: esta tierra es caliente por estar amparada del norte con la serranía que tiene delante, por cuya causa es muy fértil y abundante de todo lo necesario; creció en ella tanto esta generación que está poblada de muchos y grandes pueblos de muy suntuosos edificios y muchísimos altepeme; llamaron éstos a su altépetl *Tlalhuic* porque la poblaron los tlalhuicas, a la cabecera de este altépetl llamaron *Cuauhnáhuac*, que quiere decir «lugar donde suena la voz del águila». Este altépetl es la que ahora llaman el Marquesado.

Después de éstos, llegaron los tlaxcaltecas, y al ver ocupados los sitios de la laguna, pasaron hacia otra parte de la serranía, hacia el oriente, atravesando la sierra que acá llaman nevada por estar todo el año cubierta de nieve, junto a la cual hay un volcán entre la ciudad de México y la de los Ángeles [Puebla]. Esta gente halló grandísimos sitios despoblados donde se extendieron y crecieron tanto que sería difícil enumerar los altepeme. A la cabecera de su altépetl le llamaron *Tlaxcálan*, que quiere decir la «tierra de tortilla». Pusieron este nombre porque la poblaron los tlaxcaltecas, «los que hacen *tlaxcalis*».

Al tiempo que todos estos altepeme poblaban estos sitios despoblados, los chichimecas que habitaban los montes que, como queda referido, son los naturales de esta tierra, no mostraron pesar, ni resistencia alguna, solamente se extrañaban y admirados se escondían en lo más oculto de las peñas. Los chichimecas que habitaban a la otra parte de la sierra nevada, donde poblaron los tlaxcaltecas, dicen que éstos eran gigantes, y que éstos quisieron defender el sitio, pero como era gente tan bárbara fácilmente los engañaron porque los aseguraron fingiendo paz, con lo cual los calmaron y les dieron una gran comida. Mientras tanto, tenían puesta gente que con mucho secreto les hurtaron las armas y luego salieron de improviso sobre ellos, de tal forma que no quedó ninguno con vida. Algunos quisieron ponerse en defensa, pero no hallaron sus armas que desgajaban las ramas de los árboles con tanta facilidad como si trincharan un rábano. Pero al fin vinieron todos a morir; para testimonio de esto se hallan hasta hoy por aquella parte muchos *huesos muy grandes de gigantes.*

Los huesos gigantes

Es muy probable que estos *huesos muy grandes de gigantes* que se mencionan aquí hayan sido de mamuts y que de ahí haya surgido el mito de la existencia de gigantes en la época de los toltecas. Excavaciones emprendidas por el Instituto Nacional de Antropología e Historia (INAH) han demostrado que «la cuenca de México fue tierra de mamuts. Apenas en 2019, arqueólogos del INAH excavaron ocho cráneos, cinco mandíbulas, un centenar de vértebras, 179 costillas, 11 escápulas, cinco húmeros, además de ulnas (cúbitos de un hueso largo), pelvis, fémures, tibias y otros huesos "pequeños", correspondientes a 14 mamuts en Tultepec, Estado de México» (Prensa INAH). Asimismo, desde mediados de 2020, la Dirección de Salvamento Arqueológico del INAH ha recuperado y estudiado «más de 40 mil elementos óseos de mamut —mayoritariamente—, caballos, camellos, bisontes, perezosos, tigres dientes de sable, entre otros animales pleistocénicos, en terrenos donde se construye el Aeropuerto Internacional Felipe Ángeles, en Santa Lucía, municipio mexiquense de Zumpango» (Prensa INAH).

Continúa el *Códice Ramírez:*

> Con esto, los tlaxcaltecas y todos los demás linajes se quedaron sosegados, edificando ciudades, dividiendo sus términos unos entre otros y cultivando sus tierras sin pleito alguno. Al ver esto, los chichimecas comenzaron a poner guardias y a cubrir sus carnes, y a serles vergonzoso lo que hasta entonces no les era, y comenzando a conversar con esta otra gente perdiéndoles el miedo que les tenían, y emparentando con ellos por vía de casamiento, comenzaron a hacer chozas y bohíos donde meterse en congregación y orden de altépetl, eligiendo sus señores, y reconociéndoles superioridad: y así salieron de aquella vida bestial que tenían, pero siempre en los montes, y llegados a las sierras apartadas de los demás.

Estando ya los chichimecas en alguna policía y la tierra ya poblada y llena de los seis linajes referidos, pasados trescientos dos años que habían dejado sus cuevas o solares, aportaron a esta tierra los de la séptima cueva, que es la tribu mexica, la cual como los demás salió de las tierras de Áztlan y Teuculhuácan, gente belicosa y animosa, que emprendía sin temor grandes hechos y hazañas, política y cortesana.

Traían consigo un ídolo que llamaban *Huitzilopochtli*, que quiere decir «siniestra de un pájaro» que hay acá de pluma rica. Componen su nombre de *Huitzitzilin*, que así llaman al pájaro, y *opochtli*, que quiere decir «siniestro» [surdo].

Afirman que este ídolo los mandó salir de su tierra, prometiéndoles que los haría príncipes y señores de todos los pueblos que habían poblado los otros seis señoríos. Así salieron los mexicas, llevando consigo este ídolo metido en un arca de juncos y cuatro sacerdotes principales, quienes dictaban las leyes y les enseñaban los rituales, ceremonias y sacrificios. No se movían sin el parecer o mandato de este ídolo.

Fueron caminando con su arca por donde su ídolo los iba guiando, llevando por dirigente a uno que se llamaba *Mexi*, del cual toma el nombre de mexicas; porque de *Mexi*, con esta partícula *ca*, componen mexica, que quiere decir «la gente de México». Caminaron con la misma prolijidad que los otros seis señoríos, poblando, sembrando y cogiendo en diversas partes.

Lo primero que hacían donde quiera que paraban era edificar teocalli para su dios, siempre en medio del *tlaxilacalli*, «asentamiento». Lo segundo que hacían era sembrar maíz y las demás semillas que usaban para su sustento. Si su dios tenía por bien que cosecharan lo sembrado, lo hacía, si no, les mandaba alzar el real, allí se quedaba todo lo sembrado, la semilla y sustento de los enfermos, viejos, viejas y gente cansada, para que quedase toda la tierra poblada por ellos, pues ése era su principal intento.

La salida de las tribus nahuatlacas, en la *Historia*... de Diego Durán

Salieron siete tribus de aquellas siete cuevas donde habían habitado mucho tiempo, en el año ochocientos y veinte. Tardaron en llegar

a esta tierra más de ochenta años, debido a las grandes pausas que
venían haciendo, edificando pueblos, poblándolos, que luego desam-
paraban, dejando en aquellos lugares a los viejos, a los enfermos y la
gente cansada, con los cuales quedaban poblados aquellos lugares.
Así llegaron a este lugar el año novecientos y dos.

Los que salieron de aquellas cuevas fueron: los xochimilcas, los
chalcas, los tepanecas, los cúlhuas, los tlahuicas y tlaxcaltecas. Aunque
es de saber que no salieron todos juntos, ni el mismo año, sino unos
primero y otros después. Los primeros en salir fueron los xochimilcas;
luego les siguieron los chalcas, los tepanecas, los cúlhuas, los tlahuicas y tlaxcaltecas, quedándose allá los mexicas, según dicen ellos, por
ordenación divina. Estuvieron quedos y no desampararon el lugar de
las cuevas en aquellos trescientos y dos años, los cuales se hallan en
la cuenta de sus años. De manera, los mexicas poseyeron esta tierra
trescientos un año, después que a ella llegaron, y las demás naciones,
seiscientos y dos.

Altepeme que poblaron los xochimilcas, según la *Historia*… de Diego Durán

Los de Xochimilco se asentaron por toda aquella cordillera que hoy
en día se llama altépetl xochimilca, que llega hasta un pueblo que se
llama Tuchimilco, y por otro nombre, Ocopetlayuca, de cuya genealogía y generación son los de:

- Ocuituco
- Tetela
- Ueyápan
- Tlamimilulpan
- Xumiltépec
- Tlacotépec
- Zacualpa
- Temoac
- Tlayacapa
- Totolápan
- Tepuztlan

- Chimalhuácan
- Ecatzinco
- Tepetlixpan

Todas las demás cabeceras estaban sujetas a Chimalhuácan, los cuales son de la tribu xochimilca. Así la llaman a toda esa parte de la generación xochimilca, con Cuitlahuac, Mízquic y Culhuácan.

Altepeme que poblaron los chalcas, según la *Historia…* de Diego Durán

Los segundos que llegaron, no mucho después, fueron los chalcas, quienes tomaron cabecera y asiento en:
- Tlalmanalco
- Amaquemecan
- Tenango
- Ayotzinco
- Chalco
- Atenco
- San Martin

Lo cual es mucho menos que lo que Xochimilco ocupó.

Capitales de las cinco cortes de Chalco Amaquemecan, según las *Relaciones…* de Chimalpáhin

Las *Relaciones* de Chimalpáhin nos proporcionan esta lista de las capitales de las cinco cortes de Chalco Amaquemecan:
- Tzacualtitlan Tenanco Chiconcóhuac (de los tlayllotlacas)
- Tzacualtitlan Tenanco Atlauhtlan (de los tlayllotlacas)
- Tenanco Tepopollan Texocpalco (de los tlayllotlacas)
- Tzacualtitlan Tenanco Tlayllotlacan (de los tlayllotlacas)
- Tecuanipan Pochtlan Amaquemecan (de los tecuanipas)
- Tecuanipan Huixtoco (de los tecuanipas)
- Amaquemecan propiamente (de los totolimpanecas)
- Teohuacan Amaquemecan (de los nonohualcas)
- Tlalmanalco Opochhuacan (de los nonohualcas)
- Chalco Itzacahuacan (de los nonohualcas)

- Chihuateopan Chalco (de los nonohualcas)
- Panohuayan Amaquemecan (de los poyauhtecas panohua-yas, también nonohualcas)

Altepeme que poblaron los tepanecas, según la *Historia*... de Diego Durán

Tras éstos, llegaron los tepanecas, quienes tomaron por principal asiento en:
- Tlacopan
- Azcapotzalco
- Atlacuihuayan
- Coyohuácan
- Tlalnepantla
- Tenayuca

Con toda aquella cordillera que corre hasta los confines de los otomíes.

Altepeme que poblaron los texcocanos, según la *Historia*... de Diego Durán

La cuarta tribu en llegar fue la tezcocana, de mucha más gente que la de Xochimilco, acompañada de muchos grandes ilustres varones de mucha autoridad y valor, que tomaron asiento en lo que ahora es la ciudad de Texcoco.

Los texcocanos se dividieron y poblaron estos altepeme:
- Huejutla
- Coatlíchan
- Tepetlaóztoc
- Acolman
- Chiauhtla
- Tecziztlan
- Tepechpan
- Otompan
- Coatépec
- Chimalhuácan
- Chicualoapa

Altepeme que poblaron los tlalhuicas, según la *Historia…* de Diego Durán

Cercada ya la laguna por estas cuatro parcialidades, llegaron los tlalhuicas, gente por cierto muy tosca, los cuales, al hallar todo ocupado,
se asentaron en los lugares que ahora llaman:

- Cuauhnáhuac
- Yauhtépec
- Oaxtépec
- Acapichtlan [Yacapichtlan]
- Tlaquiltenango

Y todos los demás pueblos que llamamos Marquesado, pues es el del
felicísimo Marqués del Valle.

Altepeme que poblaron los tlaxcaltecas, según la *Historia…* de Diego Durán

Asentados éstos, vinieron los de *Tlaxcala*, que en otro tiempo su nombre
era *Texcallan*, que al ver que había dónde asentarse, se fueron a vivir
tras la Sierra Nevada, donde ahora tienen el tlatocáyotl de:

- Tlaxcálan
- Huejotzingo
- Calpa
- Cholólan

Asentadas estas seis tribus, es menester saber cómo hallaron esta tierra
y el género de gentes que en ella hallaron. Para lo cual es de saber que
hay entre éstas, dos pinturas, que señalan dos géneros de gentes; una
de esta parte de la Sierra Nevada, a la parte de México, y otra, de la
otra parte, en la parte de Puebla y Cholólan. Y que los de esta parte
(de México), eran chichimecas, y los de la otra parte, eran gigantes
los cuales llamaron *quiname*, «hombres de gran estatura». La gente
que vivía de esta parte era muy poca, con un modo brutal y salvajino.
Este señorío se llamó *chichimeca*, «cazadores» o «gente que vive de
aquel oficio», agreste y campesina.

Llegada de los mexicas al Anáhuac,
según la *Historia…* de Diego Durán

Pasados trescientos dos años de que las seis tribus habían salido de aquellas cuevas donde vivían, en la tierra de Áztlan y Tecolhuácan [Teoculhuácan], aportó a esta tierra la séptima tribu, que es la mexica, a quien, según opinión suya, les estaba prometido por los dioses. Eran belicosos, animosos y emprendían sin temor grandes hazañas. Eran gente política y cortesana.

Traían un ídolo al que llamaban Huitzilopochtli. Lo cargaban cuatro *teomamaque*, «cargadores del dios», a quienes él les decía en secreto todos los sucesos de camino, y les pronosticaba todo lo que les iba a suceder. Era tanta la reverencia y temor que a este ídolo tenían, que ninguno de los seguidores osaba tocarlo ni acercársele. Venía metido en un arca de juncos, que hasta el día de hoy no hay quien haya visto la forma de este ídolo.

El año de mil ciento noventa y tres llegó a esta tierra la tribu mexica, la cual había salido como todas las demás de unas cuevas que eran en número siete y de una tierra que llamaban *Áztlan*, que quiere decir «blancura» o «lugar de garzas», y así les llamaban a estas tribus «azteca», que quiere decir «la gente de la blancura».

Los llamaban por otro nombre *mecitin* [mexítin], que quiere decir «mexicas», ya que el sacerdote que los guiaba se llamaba *Meci* [Mexi], de donde toda la tribu tomó su denominación. Tienen ahora otro nombre, el cual heredaron después que poseyeron esta tierra, que fue tenochca, por causa del tunal que hallaron nacido en la piedra, en el lugar donde edificaron su ciudad, y así *tenochca* quiere decir «los poseedores del tunal».

Después de que los mexicas dejaron aquellas cuevas, puestos en camino, para buscar esta tierra que les era prometida por sus dioses. Claramente vi en una pintura —que me mostraron en Santiago de Tlatelolco— que habían edificado muchos pueblos que hoy en día se habitan y otros que ya están despoblados. Lo segundo que hacían al acabar de edificar el tabernáculo para la cestilla en que su dios venía, era luego sembrar maíz, chile, legumbres, los cuales muchas veces se quedaba para los viejos y viejas y enfermos que no podían pasar adelante.

Mexicas en Michhuácan,
de acuerdo con el *Códice Ramírez*

Prosiguiendo su viaje, llegaron a *Michhuácan*, que significa «tierra de los que poseen el pescado», por la gran cantidad de pescado que allí en ese lugar. También hallaron muy hermosas lagunas. Muy contentos con este sitio, consultaron los teopixque al dios Huitzilopochtli, si aquella era la tierra que les había prometido. El ídolo les respondió en sueños que le placía lo que le rogaban y que entraran a bañarse en la laguna que está allí en Pátzcuaro; luego, que les hurtaran la ropa a hombres y mujeres locales sin que lo sintieran y alzaran el *tlaxilacalli*, «asentamiento». Y así se hizo. Los otros, que no advirtieron el engaño con el gusto de bañarse, cuando salieron se hallaron despojados de sus ropas. Y así, burlados y desamparados de los otros, quedando muy agraviados, por negarlos en todo, de propósito mudaron el vestido y el lenguaje, y así se diferenciaron de la gente o tribu Mexica.

Mexicas en Michhuácan,
según la *Historia…* de Diego Durán

Pasaron y rodearon toda la tierra de los chichimecas y vinieron al altépetl que ahora se dice Mechoácan, a un lugar que pusieron por nombre Pázcuaro. Es de saber que los tarascos que habitan el altépetl de Mechoácan y los de Malinalco eran parientes de aquella séptima cueva. El dios Huitzilopochtli dijo a sus teopixque en sueños que entraran a lavarse a una laguna grande, que después dieran aviso a los de afuera para que les hurtaran la ropa y, sin que lo sintieran, alzaran el *tlaxilacalli*, «asentamiento», y se fueran con ella y los dejaran desnudos. Los mexicas obedecieron el mandato de su dios, alzaron el real y partieron de allí, tomando la vía que su dios les señaló. Después de haberse lavado, los que estaban en la laguna salieron y buscaron su ropa para cubrirse, pero no la hallaron; luego fueron al real donde habían dejado a la demás gente, pero lo hallaron sin personas. Al verse desnudos y desamparados, determinaron quedarse allí y poblar aquella tierra.

Coyolxauhqui, de acuerdo
con la *Historia...* de Diego Durán

Oído por su dios Huitzilopochtli, como aficionados muchos de la compañía, cuyo dirigente de aquella murmuración y concierto era Huitznahua y una señora que llamaban Coyolxauh, no querían pasar adelante, sino que enamorados de aquel sitio decían:

—Aquí es tu morada, Huitzilopochtli. A este lugar eres enviado. Aquí te conviene ensalzar tu nombre. En este cerro Coatépec te es concedido gozar del oro, de la plata, de todos los demás metales, de las piedras preciosas, de las plumas de diversos colores, de las preciosas mantas, del cacao y de todo lo demás que en este nuevo mundo se cría. Aquí has de ganar lo que resta de las cuatro partes del mundo, con la fuerza de tu pecho y de tu cabeza y de tu brazo. Aquí es el lugar donde has de alcanzar la gloria y ensalzamiento de tu nombre: ésta es la cabecera de tu señorío. Manda a tus padres y guardianes que hagan junta sobre ello y que se concluya el andar a buscar más descanso del que aquí tenemos, porque descansaran ya los aztecas mexicas y tengan fin sus trabajos.

Airado el dios Huitzilopochtli respondió a los teopixque y dijo:

—¿Quiénes son éstos que así quieren pasar por encima de mis designios? ¿Son ellos por ventura más que yo? Díganles que yo tomaré venganza antes de mañana, para que sepan todos que sólo a mí han de obedecer.

Dicen que vieron el rostro del ídolo en aquel punto tan feo y tan espantoso, con una figura endemoniada que a todos llenó de terror. Cuentan que a medianoche, mientras todos estaban en sosiego, escucharon un gran ruido en un lugar sagrado dedicado a este dios llamado Teotlachco. Al amanecer, hallaron muertos a los responsables de aquella rebelión, junto a la señora Coyolxauh. Todos abiertos por los pechos y sacados los corazones. De ahí se tomó principio de sacrificar hombres y abrirlos por los pechos, sacarles los corazones y ofrecérselos al dios Huitzilopochtli. Los mexicas se atemorizaron. Para mostrar más su bravura, Huitzilopochtli mandó a sus guardianes y sacerdotes a que abrieran la presa y dejaran que el agua siguiera su antiguo curso.

Deshecha la laguna, se empezaron a secar los carrizales y los árboles y a morirse los pescados, ranas y todas las demás sabandijas que el agua engendra. Empezaron a irse las aves marinas y a quedar aquel lugar tan seco y sombrío como estaba antes.

Monolito de Coyolxauhqui

El monolito de Coyolxauhqui fue descubierto el 21 de febrero de 1978, en el basamento de las escaleras del Templo Mayor, por empleados de la Compañía de Luz y Fuerza del Centro, que llevaban a cabo excavaciones para instalar cableado subterráneo. Actualmente, es exhibido en el Museo del Templo Mayor, en la Ciudad de México.

Peregrinaje de los mexicas desde Tólan a Tenochtitlan, en la *Historia…* de Diego Durán

La tribu mexica quedó dividida en tres partes:

Una se quedó en Mechoácan y sin ser conocidos como mexicas, agraviada por la injuria de dejarlos.

La segunda quedó en Malinalco. La que aportó a Coatépec fue muy poca gente, aunque valerosa y de grande ánimo y la que había dejado en un sitio que llamaban Ocopilla, y en otro que llamaban Acahualtzinco.

La tercera siguió hasta Tólan, donde los chichimecas mostraron enojo y pesadumbre, especialmente la tribu otomí, que les dijo:

—¿Qué gente es ésta? Parece desvergonzada, pues se atreve a ocupar nuestros sitios sin nuestro parecer. ¡No es posible que ésta sea buena gente!

Los mexicas entraron a Tólan en el año de 1168, donde estuvieron muy poco tiempo.

- De allí pasaron a Atlilalaquian.
- De allí vinieron a Tequixquiac, donde estuvieron algunos años sembrando.
- De allí vinieron a un lugar que llaman *Tzompanco*, «en el muro de cráneos», donde queriendo hacer pausa y descansar,

hallaron contradicción y tuvieron algunos reencuentros, saliendo algunas personas de ambas partes a defender sus partidos.

- De allí vinieron a Xaltócan donde, hallando más benevolencia en los naturales, hicieron sus *centemilli*, «huertas», de maíz y chile y de todas las demás semillas de que ellos venían provistos.
- Vinieron a Ecatépec.
- De allí a Tulpetlac.

Al fin, se vieron entrando poco a poco a tierras de los tepanecas, que eran los de Azcapotzalco, Tlacopan y Coyohuácan, y tenían mando sobre todos los demás poblados.

Vinieron a parar a un cerro que se dice Chapultépec donde, no con poco temor y sobre salto, hicieron su *tlaxilacalli*, «asentamiento», e hicieron sus chozas y bohíos.

Los mexicas eligieron un capitán y dirigente de los más ilustres que en la compañía venía, el cual tenía por nombre Huitzilíhuitl, para que éste los guiase.

Electo capitán general de esta gente, mandó que por toda la frontera de aquel cerro se hicieran muchas albarradas de piedra, las cuales a trechos iban subiendo, unas tras otras, a manera de escalones anchos, de un estado de ancho, las cuales, en la cumbre, venían a hacer un espacioso patio, donde todos se recogieron y fortalecieron, haciendo su centinela y guardia de día y de noche, con mucha diligencia y cuidado, poniendo las mujeres y niños en medio del ejército, aderezando con flechas, macuahuitles y varas arrojadizas.

Peregrinación de los mexicas, en los *Anales de Cuauhtitlán*

- En el año *ce tochtli*, «1090», los mexitin se movieron desde Áztlan.
- En el año *chicuace ácatl*, «1095», los mexitin llegaron a Tepetlimonamiquiyan.
- En el año *mátlactli omome calli*, «1101», los mexitin llegaron a Tepetlmaxaliuhyan.

- En el año *chicuei tochtli*, «1110», los mexitin llegaron a Coaya-yauhcan.
- En el año *mátlactli omome tochtli*, «1114», los mexitin llega-ron a Zacatépec.
- En el año *yei tochtli*, «1118», los mexitin llegaron a Tema-tlahuacalco.
- En el año *chicome tochtli*, «1122», los mexitin llegaron a Coatépec.
- En el año *nahui técpatl*, «1132», los mexitin llegaron a Chimal-cotítlan. En este mismo año arribaron los chalcas tenancas a merecer sus tierras. Cima conquistó pueblos en Anáhuac.
- En el año *macuilli tochtli*, «1146», los mexitin llegaron a Tólan.
- En el año *chiconahui tochtli*, «1150», llegaron los mexitin a Atlitlalacyan.
- En el año *ce ácatl*, «1155», los mexitin llegaron a Cuauhti-tlán. También llegaron a Citlaltépec de Tzompanco, donde estuvieron diez años.
- En el año *mátlactli once calli*, «1165», los mexitin llegaron a Ecatépec.
- En el año *mátlactli omome tochtli*, «1166», los mexitin llega-ron a Coatítlan.
- En el año *macuilli técpatl*, «1172», los mexitin llegaron a Tolpétlac.
- En el año *chiconahui técpatl*, «1176», los mexitin llegaron a Tecpayócan, junto al Chiquiuhtépetl.
- En el año *chicuace tochtli*, «1186», los mexitin llegaron a Pantítlan. Luego se mudaron a Popótlan y a Acolnáhuac.
- En el año *ce tochtli*, «1194», los mexitin llegaron a Chapultépec.
- En el año *chicuei técpatl*, «1240», sitiaron a los mexitin en Chapultépec, y les tomaron muchos cautivos.

Los tetecuhtin cuauhtitlancalcas, de acuerdo con los *Anales de Cuauhtitlán*

En el año *ome ácatl*, «1091», murió el tecuhtli *Eztlaquentzin*, «respe-table vestido de sangre», que gobernó en Cuauhtitlán durante 57 años. Por el camino, en tiempos de Cuauhtexpetlatzin de Culhuácan, se ataron los años en Xochiquilazco; entonces los mexitin llegaron a Cuahuitlicácan.

En el año *yei técpatl*, «1092», se enseñoreó Ezcoatzin de Cuauhtitlán en Cimápan Tehuiloyócan, junto a la casa de zacate del pueblo de Techichco. También en este año murió Ácatl, tecuhtli de Chalco, mientras estaba en Xicco. Luego se enseñoreó Tozquihuateuctli, que gobernó durante 40 años.

En el año *macuilli ácatl*, «1107», murió el tecuhtli Ezcoatzin de Cuauhtitlán, que gobernó durante 16 años. En el año *chicuace técpatl*, «1108», se enseñoreó en Cuauhtitlán el tecuhtli Teiztlacoatzin, que tenía su casa de zacate en Xóloc.

En el año *ce ácatl*, «1155», llegaron los mexitin a Cuauhtitlán.

En el año *chicome tochtli*, «1174», murió Teiztlacoatzin, tecuhtli de Cuauhtitlán, quien gobernó durante 57 años.

En el año *ome tochtli*, «1286», murió Tezcatlteuctli, tecuhtli de Cuauhtitlán, que gobernó durante 39 años.

En el año *yei ácatl*, «1287», se enseñoreó Huactzin como tecuhtli de Cuauhtitlán, y su casa señorial, desde donde gobernaba, estaba en Techichco. En este año, los huehuetecas fueron derrotados por los huexotzincas, los tlaxcaltecas, los totomihuacas, los chololtecas, los cuauhtinchantlacas y los tepeyacahuacas.

En el año *yei técpatl*, «1300», murió Xihuitltemoctzin, tecuhtli de Culhuácan, y luego se enseñoreó Coxcoxteuctli.

En el año *macuilli tochtli*, «1302», murió Epcoatzin, tecuhtli de Cuitláhuac Tícic, y se enseñoreó Quetzalmichinteuctli.

En el año *chicuace ácatl*, «1303», Huactzin, tecuhtli de Cuauhtitlán, fue de cacería y en Tepolco se topó con una mujer, sin saber que ella era noble le preguntó:

—¿Quién eres? ¿De quién eres hija? ¿De dónde vienes?

—Señor, soy de Culhuácan —ella respondió—, y mi padre es el señor Coxcoxteuctli.

—¿Y cómo te llamas?

—Me llamo Itztolpanxóchitl.

Luego Huactli la llevó a su casa y la hizo su mujer.

Tuvieron estos hijos: Cuauhtliipantémoc e Iztactótotl.

La guerra de Xaltócan,
según los *Anales de Cuauhtitlán*

En el año *mátlactli omei calli*, «1297», mientras Cuauhtitlán se hallaba en Techichco, en tiempos del tecuhtli Huactli, se separaron y se marcharon algunos principales de los chichimecas:

- Maxtla
- Xochipan
- Mecéllotl
- Acatzin
- Tlacuatzin
- Tzonhuitzin
- Cuauhticatzin

Éstos se fueron a establecer en Tecoactonco. Y cuando se asentaron allá estos chichimecas, acababa de morir uno de los primeros chichimecas, llamado Tecóatl, el cual se encontró con los también chichimecas Huáuhquil y Télpoch en Zacatlatiltítlan, que ahora se nombra Tlatilco. Huáuhquil y Télpoch ya estaban allí cuando algunos chichimecas de Cuauhtitlán se separaron y se establecieron en Tecoactonco. Luego se mudaron y se asentaron en otro lugar llamado Xalla, donde estuvieron algún tiempo. Por tercera vez se mudaron y se fueron a Tlalcozpan. Algunos se separaron y fueron a establecerse allá.

Por ese tiempo se hallaban en Izquítlan los chichimecas Ixahuatzin, Yaocotzitzitli y Xíyatl. Los que se mudaron a Tlalcozpan fueron Tzonhuitzin y Cuauhticatzin. Después de estar allí por algún tiempo, notaron que siempre les ponían dificultades los xaltocamecas cuando ellos iban a cazar codornices al Zoltépetl, pues se consideraba que ése era el monte donde los xaltocamecas cazaban sus codornices. Entonces se preguntaron:

—¿Quiénes son estos xaltocamecas?

—Persigamos a los que nos han de seguir molestando, porque no son buenos sino malvados; ellos son los que hicieron guerra a los mexitin. Nuestro tecuhtli ha ordenado que nunca seamos amigos de los xaltocamecas.

Los atacaron. Esto venía desde los tiempos de los tetecuhtin Quinatzin y Tezcatlteuctli, cuando los cuauhtitlancalcas les arrebataban lo que les veían y se burlaban de ellos, con lo que les hacían saber cómo los tetecuhtin difuntos habían dejado dicho que serían enemigos.

Así que en tiempos del tecuhtli Huactzin comenzó definitivamente la guerra con los de Xaltócan, pues se dice que aquellas tierras eran antes de los xaltocamecas. Los linderos de esas tierras pasaban por Acaltecoyan, Ocozacayócan, Coyomilpan, Cuepopan, Ixayoctonco, Tlilhuatonícac, Ixáyoc, Citlaliniteopan, Cotzxipetzco, Zoltépec, Tepemaxalco, Cuitlachtépetl, Temacpalco, Cuauhxomolco, Huilacapichtépec, Otlayo, Cuauhtépetl, Tezonyócan, Tlacochcalco, Tehuepanco, Ecatépec, Chiucnauhtlan, Tecanman, Malinallócan, Tonanítlan, Papahuácan, Ichpochco, Tzompanco y Xaltenco, para ir a encontrarse nuevamente con Acaltecoyan.

Cuando comenzó la guerra en Tlalcozpan, acordaron los chichimecas que en todas partes habrían de combatir a los xaltocamecas. Entonces estaba en Xochicaltítlan el chichimeca Pitzállotl, guerrero muy esforzado, que también cerró el paso a los xaltocamecas. Asimismo, les cerraron el paso los chichimecas que estaban en Tehuiloyócan: Totoómitl, Tlahuítol y otros.

Después de algún tiempo, obligaron a los xaltocamecas a dejar sus linderos, y tuvieron que mudarse de lugar por causa de la guerra. Entonces se mudaron los linderos, a Tlamacazcatépec, donde ahora está el camino calizo de Iztaccóac, a Tamazólac, de donde seguían derecho para ir a encontrarse con Iyehuácan, a Teloloiyácac y a Tepanahuiloyan, donde se dice que la guerra duró 15 años.

Al cabo de los 15 años, los chichimecas hicieron nuevamente que los xaltocamecas abandonaran sus linderos. Luego la guerra llegó a Tezcacóac y allí se asentó; allí estuvieron también los linderos de los xaltocamecas, es decir, en Tezcacóac, Tlatlacualoyan, Tepanahuiloyan, Tenopaltítlan, Acocotla, Teciuhtecatítlan, Nextlalpan, Atizápan, Teopanzolco, Iltítlan, Coacalco y Cuauhtépec.

Ahí estuvieron durante nueve años, en los cuales hubo guerra entre los Cuauhtitláncalcas y los xaltocamecas. Nuevamente persiguieron a los xaltocamecas, cuando la guerra de los chichimecas llegó a Acpaxapócan; y sólo después se aplacó un poco la guerra, mientras gobernaba en Cuauhtitlán el chichimeca Huactzin. La guerra se asentó en Acpaxapócan, aunque sólo en ocasiones acudían los chichimecas a combatir. Los xaltocamecas ya no se atrevían a rebelarse, porque temían a los chichimecas cuauhtitlancalcas. Allá en Acpaxapócan, donde estaba la guerra, muchas veces la diosa de los xaltocamecas les hablaba en forma humana, pues allá salía y se les aparecía en medio de las aguas la nombrada Acpaxapo, que era una gran serpiente con rostro de mujer, y sus cabellos eran largos como los cabellos de las mujeres; ésta daba instrucciones a los xaltocamecas, diciéndoles lo que habría de sucederles, si tomarían cautivos o si morirían o serían cautivados, y les informaba sobre cuándo habrían de salir los chichimecas para ir a enfrentar a los xaltocamecas.

Por su parte, los chichimecas también sabían cuándo habrían de venir los xaltocamecas a ofrecer sacrificios a Acpaxapo, y entonces los esperaban allá donde estaban los linderos. Luego, cuando llegaron los cúlhuas a la región, también ellos fueron a pelear en Acpaxapócan por mandato de los pipiltin chichimecas Totomatlatzin y Cuauhtzoncaltzin, que eran sus padres. Allá los cúlhuas tomaron luego a tres cautivos xaltocamecas y con ellos dedicaron el primer adoratorio que edificaron a sus dioses, según se dirá a el propósito del año *mátlactli once ácatl*, «1347», dos años antes de la muerte del tecuhtli Huactli.

Después, mientras gobernaba en Cuauhtitlán Huehue Xaltemoctzin, en el año *chicome ácatl*, «1395», se desbarataron los xaltocamecas.

La guerra con que los combatieron los chichimecas cuauhtitlancalcas duró 100 años, desde que comenzó cuando perecieron los mexitin en Chapultépec, pues ya se dijo que entonces comenzó la enemistad de los chichimecas cuauhtitlancalcas.

En *Tecanman*, «lugar de bocas de piedra», se desbarataron los xaltocamecas, y luego, por el miedo que tenían, enviaron mensajeros a Metztítlan para decir que irían a asentarse junto a ellos, y también los enviaron a Tlaxcálan diciendo que allá vivirían con su favor. Al preguntárseles por qué querrían vivir junto a otros, respondieron:

—Porque nos afligen nuestros enemigos los chichimecas cuauhtitlancalcas, y estamos a punto de caer en sus manos; hace ya bastante tiempo que nos combaten, pues la guerra comenzó en tiempos de nuestros padres.

—Tráiganlos acá —les dijeron—, para que veamos quiénes son esos que los molestan.

Entonces los xaltocamecas entraron a Metztítlan y a Tlaxcálan llevando a sus cautivos. De esto se hablará todavía en el año *chicome ácatl*, «1395», cuando gobernaba huehue Xaltemoctzin Tecpanecatl teuctli. Pues siendo huehue Xaltemoctzin tecuhtli de Cuauhtitlán se desbarató Xaltócan; y él los puso como guardianes de sus linderos en Tzompanco, en Citlaltépec, en Huehuetócan y en Otlazpan. Entonces se mudaron de lugar los linderos que están rodeando a la ciudad de Cuauhtitlán, y son los que aquí se nombran linderos de la ciudad de Cuauhtitlán.

Matrimonios chichimecas, en la *Historia chichimeca*

Se casaban con una sola una mujer y sin ningún parentesco. Sin embargo, las siguientes generaciones se casaron con primas hermanas y tías, costumbre que tomaron de los toltecas. Finalmente, fue el altépetl más belicoso que ha habido, por lo cual señorearon todos los demás.

La forma en la que los chichimecas tomaban posesión de acuerdo con *Historia chichimeca*:

Cuando tomaban posesión de alguna tierra, encendían fuego sobre las más altas sierras. Los que no tenían cuevas, hacían sus chozas de paja y la caza la comían todos juntos, excepto las pieles que eran para su vestuario en tiempo de fríos y aguas. Los tetecuhtin solían traer debajo de las pieles algunos paños menores de henequén muy delgados o de algodón.

Los tetecuhtin chichimecas, de acuerdo con la *Historia chichimeca*

Tras ser jurado, Tlotzin enfocó su atención en cultivar la tierra. Revisó cuánto maíz y demás semillas y legumbres eran necesarios para el sustento de la vida humana. Dio orden de que en toda la tierra fuera cultivada y labrada. Aunque a muchos de chichimecas les pareció conveniente, otros que todavía estaban en la dureza de sus pasados, se fueron a las sierras de Metztítlan y Totépec [Tototépec] y a otras partes más remotas sin osar levantar armas, como lo habían hecho Yacánex y sus aliados. A partir de este momento, comenzaron a cultivar la tierra en todas partes. Sembraban maíz, algodón y otras semillas y legumbres.

El modo que tenían en la jura y coronación de los tetecuhtin chichimecah era coronarlos con una yerba, llamada pachxóchitl, que se cría en las peñas. Les ponían penachos de plumas de águila real encajados en unas ruedecillas de oro y pedrería, que llamaban coco-yahuálol, con otros dos penachos de plumas verdes, que llamaban tecpílotl, los cuales se ataban en la cabeza con unas correas coloradas de cuero de venado.

Después de haberle puesto en la cabeza, los tetecuhtin salían a ciertos campos en donde tenían acorraladas una cantidad de fieras de todo género, con quienes peleaban. Luego de haber matado, despeda-zado, corrido, saltado y flechádose unos a otros y hecho otras cosas de regocijo a su modo, iban a los palacios, que eran unas cuevas grandes, en donde comían todo género de caza asada en barbacoa, y no, como algunos piensan, seca al Sol, porque los chichimecas siempre usaron el fuego y era ley entre ellos.

Tras haber gobernado treinta y seis años, Tlotzin Póchotl murió en el año *ce tochtli*, «1141 d. C.». Su cuerpo fue sepultado en la misma parte que estaban su padre y su abuelo. El modo de su entierro era sentar el cuerpo en cuclillas y ataviarlo con las vestimentas e insig-nias reales. Sacaban y sentaban al difunto en su trono y allí entraban sus hijos y deudos. Después de hablar con él, entre llantos y tristeza, se sentaban hasta que era hora de llevarlo a la cueva de su entierro, en donde tenían hecho un hoyo redondo, que tenía más de un estado de profundidad y donde lo metían y cubrían de tierra.

Tlotzin Póchotl fue el último que tuvo su corte en Tenayócan, porque su hijo Quinatzin no quiso vivir ahí, ya que Texcoco estaba muy poblada y él ya tenía su corte ahí. Entonces dejó a su tío Tenan-cacaltzin en Tenayócan y lo hizo señor de esta capital.

Texcoco, nueva capital chichimeca, según la *Historia chichimeca*

La ciudad de Texcoco inició su población en tiempo de los toltecas. Se llamaba Catlenihco [Catenichco], se destruyó y acabó con las demás ciudades de los toltecas. Después la fueron reedificando los tetecuhtin chichimecas y en especial Quinatzin, quien la ilustró mucho y se quedó en ella haciéndola cabeza del tlatocáyotl. Después de la venida de los chichimecas, le pusieron *Texcoco,* que significa «lugar de detención», como en efecto lo fue, pues en ella se poblaron casi todas las tribus que había en esta tierra.

De acuerdo con el *Códice Ramírez, Texcoco* significa «lugar de la yerba teztculli».

«*Tlacotl,* "jarilla", "vardasca", se refiere a la que brota en los terrenos llanos; *Texcotli* es la jarilla de los riscos, tomando la radical de texcalli, peñasco o risco; de aquí la verdadera ortografía del nombre de *Texco-co,* "en la jarilla de los riscos"» (interpretación de Orozco y Berra, en Peñafiel, 1885: 201).

Continúa la *Historia chichimeca:*

Después de haber dado sepultura a su padre en Tenayócan, Quinatzin Tlaltecatzin se vino a la ciudad de Texcoco con todos los señores que se hallaron en las honras y con los que después vinieron. Fue recibido y jurado por supremo señor, en donde estuvo y asistía siempre.

En este mismo año, entraron los mexicas a la isla que hoy es la ciudad de México, en tierras de Acólhua, señor de Azcapotzalco. Habían peregrinado desde Áztlan, que es en lo último de *Xalixco* [Jalisco], los cuales, según parece por las pinturas de la historia antigua, eran del linaje de los toltecas y de la familia de Huetzitin, un señor que escapó con su gente y familia cuando ocurrió la destrucción de los toltecas en el puesto de Chapultépec. Después fue derrotado y se fue por las tierras de Michhuácan hasta el altépetl de Áztlan, donde murió. Entonces su hijo *Ozelopan* [Ocelopan] tomó su lugar. Éste tuvo un hijo al que llamó Áztatl, quien nombró a su hijo Ozelopan, segundo de este nombre. Ozelopan, el joven, se acordó de la tierra de sus antepasados y acordó viajar a ella, con todo su altépetl, que ya se llamaban *Mezitin* [mexitin]. Junto a él venían liderando Izcahui Cuexpálatl Yopi y según otros Áztatl y Ácatl. Asimismo, venía con ellos una hermana suya, mujer varonil llamada Matlalatl.

En su peregrinación traían a su ídolo Huitzilopochtli, quien los regía por medio de sus teopixque y los protegía de las calamidades que pasaban al estar bajo el amparo del tecuhtli de Azcapotzalco, en cuyas tierras comenzaron a poblar. Asimismo, le pidieron les diera quien los gobernara, y éste les dio a dos hijos que tenía, ya que estaban ya divididos en dos parcialidades: unos se llamaban tenochcas y los otros tlatelolcas. Los nombres los habían tomado conforme a los lugares donde estaban poblados. Porque los tenochcas hallaron un águila que estaba comiendo una culebra sobre un nopal que había nacido entre unas piedras, de donde tomaron la etimología de su nombre y los tlatelolcas una isla que en medio tenía un montón de arena. *Acólhua* [Acolhuatzin], tecuhtli de Azcapotzalco, les dio por señor a Epcoatzin a los tlatelolcas y a Acamapichtli a los tenochcas, quienes fueron los primeros pipiltin que tuvieron los tlatelolcas y los mexicas, con que se ennoblecieron y fueron en aumento sus señoríos.

De acuerdo con los *Anales de Tlatelolco*, Tezozomóctzin e Iztacxóchitl ♀ tuvieron estos hijos:

- El primogénito *Cuacuauhpitzáhuac Epcoatzin* [*Cuacuauhpitzáhuac*, «cuerno filoso de venado»; *Epcoatzin*, «serpiente de nácar»].
- El segundo, *Acolnahuacatzin*, «cerca del hombro».
- El tercero, *Teyolcocohuatzin*, «el que causa pena a la gente».
- El cuarto, *Maxtláton* [también *Maxtla*], «braguero pequeño».
- El quinto, *Cuacuauhtzin*, «cuerno».
- El sexto, *Moquihuitzin*, «rostro hinchado por la ebriedad».

Continúa la *Historia chichimeca*:

Así los mexicas se animaron a vengarse de los que los habían injuriado, como los cúlhuas que aunque eran de su mismo altépetl les habían sido muy contrarios y así dieron sobre la ciudad de Culhuácan una madrugada y la saquearon, sin que los vecinos pudieran defenderla.

Al segundo año de su fundación, tuvieron guerras con Tenancacaltzin, señor de Tenayócan, a quien no pudieron vencer, sin embargo, acordó en irse a la tierra septentrional de sus pasados. Desde entonces, comenzaron las tiranías entre los mismos deudos unos contra otros. Los primeros tiranos fueron los tetecuhtin de Azcapotzalco y los de su familia, que se fueron ensanchando hasta el altépetl de Atotonilco.

Acolmiztli, señor de Coatlíchan, y su esposa Nenetzin tuvieron cuatro hijos:

- El primero, Coxcox que heredó el tecúyotl de los cúlhuas.
- El segundo, Huitzilihuitzin.
- El tercero, Mozocomatzin, que heredó el tecúyotl de Coatlíchan.
- La cuarta, Tozquentzin, que se casó con Techotlalatzin, tecuhtli chichimeca.

Prosigue la *Historia chichimeca*:

Si Tlotzin tuvo muy particular cuidado de que se cultivase la tierra, fue mayor el que tuvo Quinatzin en su gobierno, quien exigió a los chichimecas no tan solamente a cultivar la tierra, sino a que edificaran ciudades, para sacarlos de sus rústicas y silvestres viviendas. Quinatzin estaba siguiendo el orden y estilo de los toltecas, por lo cual muchos de los chichimecas se alteraron. De cinco hijos que el tecuhtli tenía, los cuatro mayores y otros pipiltin se levantaron. Los primeros fueron los que estaban poblados en Poyáuhtlan, que quemaron muchas labranzas y luego se confederaron con el tirano Yacánex. Asimismo, hicieron levantar a los del altépetl de Metztítlan, Tototépec, Tepepolco y otros más pequeños, los cuales luego de reunir un grueso ejército, se fueron contra la ciudad de Texcoco y la sitiaron por Chiuhnauhtlan, Zoltépec y por la sierra de Texcoco. Quinatzin con toda la mayor prisa que pudo reunió a su gente y la repartió en cuatro escuadrones, colocando como capitanes a Tochintecuhtli para que marchara contra Yacánex, en Chiuhnauhtlan. El segundo escuadrón se lo encargó a su hermano Nopaltzin Cuetlachihuitzin para que fuera sobre Ocotoch en los altepeme Zoltépec, Meztítlan y Tototépec. A Huetzin, señor de Coatlíchan, lo mandó a Patlachiuhcan, en donde estaban alojados los principales de Tototépec y Metztítlan. El cuarto escuadrón lo lideró Quinatzin, quien se fue a la parte de la sierra que llaman *Cuauhximalco* [Cuauhxo-molco], en donde estaba alojada parte de los pipiltin de Metztítlan, Tototépec, Zacatitechcochi y Tepepolco.

Todos comenzaron la batalla al mismo tiempo y aunque los tiranos hicieron todo lo posible por salir con su intento, fueron vencidos, desbaratados, algunos asesinados, mientras que otros se fueron huyendo. Quinatzin llegó hasta las últimas tierras de Tepepolco, a una sierra que se dice Teapazco. La misma victoria tuvieron Huetzin, Nopaltzin y Tochintecuhtli, quienes mataron personalmente (Tochintecuhtli, al tirano antiguo Yacánex y Nopaltzin a Accotochtli).

Después de que se encontraron los cuatro escuadrones, Quinatzin mandó castigar los altepeme rebelados, los cuales se rindieron y dieron a merced al huei chichimeca tecuhtli. Los chichimecas que se fueron huyendo, llegaron a la tierra septentrional, donde se quedaron como salteadores sin reconocer al huei chichimeca tecuhtli, como están hasta hoy en día.

Fernando de Alva se refiere a los chichimecas rebeldes del siglo XVI que se negaban a reconocer a la Corona española.

Continúa la *Historia chichimeca...*

Todos los que fueron presos, especialmente los hijos de Quinatzin y otros pipiltin de Poyáuhtlan, fueron desterrados y enviados al altépetl de Tlaxcálan y a la de Huexotzinco, para que los hermanos de Quinatzin, pipiltin de allí, los tuvieran bajo su dominio. Aunque iban desterrados, a modo de castigo, fueron muy bien recibidos de sus tíos y se hicieron pipiltin de aquellos señoríos y de ellos descienden y proceden los que de allí fueron después.

En este mismo tiempo, murió Calcozametzin, tecuhtli de los cúlhuas y le sucedió Coxcox, quien tuvo guerras con los mexicas por los términos de sus tierras; asimismo, socorrió al sumo sacerdote de la ciudad de Cholólan llamado Itzacima, pues le hacían guerra los de Quecholanchalchiuhápan y otros chichimecas que por allí estaban poblados. Le socorrió con la gente que pudo y con la que le dio Quinatzin, echando de toda aquella tierra a los chichimecas que ofendían al sumo sacerdote y a los chololtecas.

Continúa la *Historia chichimeca*:

Recién inició Quinatzin su gobierno, vinieron de los señoríos de la Mixteca dos tribus que llamaban tlailotlaques y chimalpanecas, que eran asimismo del linaje de los toltecas. Los tlailotlaques traían por dirigente a Aztatlitexcan o según la historia general Coatlitepan, los cuales eran consumados en el arte de pintar y hacer historias, más que en las demás artes. Traían por ídolo principal a Tezcatlipoca. Los chimalpanecas traían por sus dirigentes y cabezas a dos pipiltin que se decían Xiloquetzin y Tlacateotzin, los cuales eran de la casa y linaje de Quinatzin y así los casó con sus nietas.

- A Xiloquetzin con Coaxochitzin, hija de Chicome ácatl.
- A Tlacateotzin con Tetzcocazihuatzin hija de Memexoltzin.

Los hizo poblar dentro de la ciudad de Texcoco y a los demás los repartió entre otras ciudades, como el día de hoy permanecen sus descendientes con los apellidos referidos de Tlailotlacan y Chimalpan. Antes habían estado estas dos tribus mucho tiempo en Chalco.

Casi a finales del gobierno de Quinatzin, se levantaron los de Cuitláhuac, Huehuétlan, Totolápan, Huaxtépec y Zayolan.

- Cuitláhuac pertenecía a los pipiltin mexicas.
- Mízquic, al pueblo de Acátlan.
- Amintzin, a Chalco Atenco.
- Huehuétlan, a Huetzin, señor de Coatlíchan.
- Totolápan, al chichimeca tlatocáyotl.
- Huaxtépec, a Acacitzin, uno de los pipiltin de Chalco.
- Para castigarlos, mandó a los pipiltin que confinaban con sus señoríos sobre ellos.
- Hepcoatzin [Epcoatzin] y Acamapichtli fueron contra los de Cuitláhuac y ésta fue la primera guerra que tuvieron los mexicas en favor del chichimeca tlatocáyotl.
- Amintzin, señor de Chalco Atenco, fue sobre los de Mízquic y Acátlan.
- Huetzin, señor de Coatlíchan, contra los de Huehuétlan.
- Acacitzin, señor de Tlapican, contra los de Zayolan.
- Quinatzin, en persona, fue contra los de Totolápan.

Con facilidad los sojuzgaron y castigaron, con que quedaron sujetos al chichimeca tlatocáyotl. En las demás tierras remotas no había guerra ninguna, respecto a ser la gente poca que iba poco a poco poblando. Así, en esta sazón las guerras eran las que había habido dentro de los límites de las sierras de la primera población atrás referida, a donde había muchos pipiltin que daban motivo a estas alteraciones; aunque después de las guerras, en todo el tiempo que le quedó de vida a Quinatzin no se atrevieron a levantar ni a substraerse del chichimeca tlatocáyotl. Quinatzin murió en el año de 1253 d. C., habiendo gobernado casi ciento doce años y en el año que llaman *chicuei calli*; el cual murió en el bosque que llaman de Tetzcutzinco y fue enterrado como sus antepasados.

Guerra de los cúlhuas, los azcapotzalcas, los xochimilcas y los coyohuacas contra los mexicas, en los *Anales de Cuauhtitlán*

En este año los tepanecas de Azcapotzalco, los xochimilcas y los coyohuacas sitiaron a los mexicas en Chapoltépec, porque habían causado muchas molestias. Chalchiuhtlatónac era tecuhtli de Colhuácan e Iztacteuctli de Xaltócan. Notificaron a Quinatzin, tecuhtli de Cuauhtitlán, para que también enviara a sus vasallos, pero él se negó y envió a sus mensajeros a consolar a los mexicas, pues no habían de pelear los cuauhtitlancalcas. Cimatecatzintli fue a darles codornices, pájaros, huevos de gallina y culebrillas, como un saludo de parte de los cuauhtitlancalcas. Los mexitin se habían hecho amigos de los chichimecas cuauhtitlancalcas cuando estuvieron en Tólan, en Atlitlalacyan, en Tequixquíac, en Apazco, en Citlaltépec, en Tzompanco, un año en Cuauhtitlán y en Coatítlan.

Cuando el tecuhtli Quinatzin se enteró de que los mexitin habían sido derrotados y despojados, de inmediato ordenó que, si veían a los xaltocamecas, los obligara a liberar a sus cautivos. Así se hizo cuando el tecuhtli Quinatzin les arrebató a los xaltocamecas una cautiva llamada Chimallaxochtzin, la cual era hija del tecuhtli Huitzilíhuitl, que gobernaba a los mexitin en Chapultépec. Huitzilíhuitl fue llevado como cautivo a Culhuácan. Huitzilíhuitl era hijo de Tlahuizpotoncatzin, noble xaltocameca, aunque otros aseguran que era hijo de Nezahualtemocatzin, noble de Tzompanco.

Los mexitin habían vivido 47 años en Chapultépec, donde causaban muchas molestias: se burlaban de la gente, tomaban sus mujeres e hijas y hacían cosas que enfadaban a los de Tlacopan, Azcapotzalco, Coyohuácan y Culhuácan. Luego se pusieron de acuerdo para matar a los mexitin.

—Ataquemos a los mexitin —dijeron los tepanecas—, ¿por qué han venido a asentarse entre nosotros? Despojémoslos. Pero primero saquemos a los varones. Les diremos que tenemos que ir a pelear en Culhuácan y que los enviaremos por delante. Y cuando se hayan ido, les robaremos a sus mujeres.

A los cúlhuas les pareció bien, y así se hizo: ordenaron a los mexitin que se adelantaran para ir a pelear en Culhuácan, diciéndoles:

—Cáiganles encima y tomen cautivos en Culhuácan; luego iremos nosotros a pelear.

Fueron los mexitin a pelear, pero los cúlhuas ya estaban prevenidos, así que salieron a su encuentro. Entonces los tepanecas cayeron sobre las mujeres de los mexitin en Chapultépec, las derrotaron y se las robaron. Cuando los cúlhuas se enfrentaron a los mexitin y los vieron desbaratados, arreciaron la pelea y así murieron allá los mexitin.

Aquí una estrofa del cantar que entonces se compuso:

Con los escudos volteados
perecimos los mexicas
entre las peñas de Chapultépec.
Los nobles fueron llevados
hacia los cuatro rumbos;
y el tecuhtli Huitzilíhuitl ya va llorando,
con una bandera entre sus manos,
hacia Culhuácan.

Captura y asesinato de Huitzilíhuitl huehue, en la *Historia...* de Diego Durán

Los del cerco los empezaron a combatir por todas partes, deseando matar a cuchillo a todos, incluyendo mujeres y niños. Pero Huitzilopochtli los esforzó con la mejor manera que pudo e hizo frente a los chalcas, los cuales traían por dirigente a un tecuhtli llamado Cacámatl, quien arremetió contra ellos, llevándose a todas las mujeres, niños y viejos en medio y prendieron al señor de los mexicas Huitzilíhuitl.

Pero no se rindieron los mexicas, rompieron el cerco y salieron huyendo hasta dar a un altépetl que llamamos Atlacuihuayan, el cual hallaron desierto y sin gente. Los chalcas y todas las demás gentes, derrotados por tan poca gente, no quisieron seguirlos, casi como avergonzados. Se conformaron con llevar preso al tecuhtli de los mexicas, al cual llevaron a Culhuácan y mataron, en venganza por el daño que habían recibido.

Guerra de los cúlhuas contra los xochimilcas, en los *Anales de Cuauhtitlán*

En el año *mátlactli once ácatl*, «1243», Chalchiuhtlatónac, tecuhtli de Culhuácan, que se hallaba temeroso de los xochimilcas, buscó a los mexitin para que combatieran a los xochimilcas en los campos cosechados. Los mexitin persiguieron a los enemigos, los capturaron, les cortaron la oreja y las pusieron en talegas, para saber cuántos habían capturado.

Los mexitin se asentaron en Tizápan durante los años *mátlactli omome técpatl*, «1244»; *mátlactli omei calli*, «1245», y *ce tochtli*, «1246». Nuevamente comenzaron los mexitin a causar molestias, porque Tezcatlipoca hacía que los mexitin ganaran siempre en el juego cuando cúlhuas y mexitin se enfrentaban arrojándose arena. Los que ganaban golpeaban y cortaban un pecho a los otros, por lo cual una vez más los cúlhuas hicieron la guerra a los mexitin, los atacaron y los mexitin tuvieron que huir.

En el año *ome calli*, «1273», los cúlhuas ordenaron a los mexitin que se mudaran y fueran a establecerse en Tlalcocomocco, cuando gobernaba en Culhuácan el tecuhtli Tziuhtecatzin. Después fueron los cúlhuas a combatir a los mexitin, pero algunos cúlhuas cayeron en manos de los mexitin, quienes luego les sacaron el corazón. En venganza, los cúlhuas persiguieron a los mexitin.

En el año *chicuei tochtli*, «1318», comenzó Mexico Tenochtítlan, cuando los mexicas hicieron algunos jacales y donde se asentaron eran puros tulares.

Peregrinación de los mexicas, de Tólan a Tenochtitlan, según la *Crónica mexicana*

Al inicio del año siguiente Huitzilopochtli les dijo:

—Alcen el sarzo y caminemos, que cerca de aquí descansaremos otra vez.

Se habían secado el lago, los árboles y plantas que allí habían plantado. Quedaron algunos árboles y el Cú que habían hecho a su dios. Así llegaron al pueblo que es ahora de Tula. Señorearon con los de Tólan veintidós años.

- De allí salieron y llegaron Atlitlaquian, que es ahora Atitalaquia, pueblo de otomíes.
- De allí vinieron a Tequixquiac (donde antes estaba el lago de Zumpango), donde labraron camellones, islas artificiales, que llamaron *chinamitl*, «chinampas».
- De ahí llegaron a Atengo [Atenco], allí pusieron el Tzompan, un término de cantidad, y así se le quedó al lugar como *Tzompanco*, que ahora es pueblo de *Zumpango*.
- De allí vinieron y llegaron a Cuachilco, y de allí a Xaltócan, donde hicieron chinampas, sembraron maíz, *huautli*, «amaranto», fríjol, calabaza, *chilchotl*, «chile jalapeño», y jitomate.
- En pocos años llegaron a Eycoac (se ignora su ubicación actual), en la parte de las tres culebras. Asimismo, hicieron sus huertas y sembraron.
- Pocos años después llegaron a Ehecatépec.
- De allí se habían dividido en Acolhuácan.
- De allí se vinieron a Tulpetlac.
- De allí se vinieron a Huixachtítlan.
- De allí vinieron a Tecpayuca.

Comenzó otro año que llamaron *ome calli*, «dos casa», y se asentaron en los siguientes lugares:

- Atepetlac. Topónimo.
- Coatlayauhcan, «delante de Coátlan». Islote ubicado en la calzada que unía Tenochtitlan con Tenayuca.
- Tetepanco. Topónimo.

- Acolnahuac, «en el recodo».
- Popótlan, «lugar de popotes». Caserío perteneciente al tecú-
  yotl de Tlacopan.
- Techcatépec, en la falda del monte de Chapultépec.

Así le pusieron nombre los mexicas a este cerro Chapultépec.

Inició el año *ome tochtli*, «dos conejo», y allí les habló Huitzilopochtli a los sacerdotes mexicas, llamados *teomamaque*, «cargadores del dios», que eran:

- *Cuauhtloquetzqui* [Cuauhtlequetzqui], «águila que va hacia
  el fuego».
- *Axoloa*, «dueño de los axolotes».
- *Tlamacazqui*, «el encargado de dar o restituir» o «el que
  ofrenda». Sacerdote principal del templo. Con el paso del
  tiempo el nombre de tlamacazqui se convirtió en un alto
  rango sacerdotal, que a veces se le daba al dios Huitzilopochtli y al tlatoani Ahuítzotl. Título divino llevado por
  Tláloc y por Quetzalcóatl. Título sacerdotal, sumo sacerdote. «Dos sacerdotes mayores estaban colocados en el
  pico de la jerarquía. Eran el Quetzalcóatl-Tótec tlamacazqui y el Quetzalcóatl-Tláloc tlamacazqui. El primero era
  el representante del dios de la ciudad, Huitzilopochtli; el
  segundo era el representante de Tláloc, el dios de la lluvia»
  (Caso, 1953: 124).
- *Ococaltzin, «casa de pino».*

—Padres míos —dijo Huitzilopochtli—, miren lo que ha de
venir, aguarden y verán, que yo sé todo esto y lo que ha de suceder.
No debemos seguir aquí. Iremos adelante. Cantemos que dos géneros de gentes vendrán sobre nosotros muy presto.

Al regresar al primer asiento en *Temazcaltítlan Teopantlan* [*Temazcaltítlan*, «junto a la casa del baño de vapor». *Teopantlan*, «junto al
templo»], les dijo el sacerdote Cuauhtlo quetzqui:

—Hijos y hermanos míos, comencemos a sacar y cortar céspedes de los carrizales y de debajo del agua. Hagamos un poco de lugar
para el sitio a donde vimos el águila estar encima del tunal, que algún
día querrá venir allí nuestro dios Huitzilopochtli.

Peregrinación de los mexicas, de Tólan
a Tenochtitlan, en el *Códice Ramírez*

Al llegar al pueblo que ahora se dice Tula, la tribu de los mexitin se había disminuido debido a las divisiones. Estuvieron allí mucho tiempo rehaciéndose de gente y bastimentos, en un cerro que se dice *Cohuatepec* [Coatépec], que quiere decir «el cerro de las culebras».

Allí mandó el ídolo en sueños a los teopixque que atajaran el agua de un río muy caudaloso que por allí pasaba, para que el agua se derramase por todo aquel llano y tomase en medio de aquel cerro donde estaban, ya que les quería mostrar la semejanza de la tierra que les había prometido. Hecha la presa se extendió y derramó aquella agua por todo aquel llano haciéndose una laguna muy hermosa, la cual cercó de sauces, álamos y sabinos. Se crio en ella mucha juncia y espadaña, por cuya causa la llamaron *Tólan*, que quiere decir «lugar de la juncia o espadaña».

Comenzó la gran abundancia de pescado y aves marinas como son patos, garzas, gallaretas. Se cubrió toda aquella laguna con muchos géneros de pájaros. Se hinchó aquel sitio de carrizales y flores marinas, a donde acudían diferentes clases de tordos: colorados y amarillos.

Los mexicas estaban tan contentos en este lugar que habían olvidado que el ídolo les había dicho que aquel sitio solamente era muestra de la tierra que les pensaba dar. Comenzaron a decir que se querían quedar ahí por siempre y que aquél era el lugar electo por su dios Huitzilopochtli. Esto enojó mucho al ídolo, quien dijo a los teopixque:

—¿Quiénes son éstos que así quieren traspasar y poner objeción a mis determinaciones y mandamientos? ¿Son ellos por ventura mayores que yo? Díganles que yo tomaré venganza de ellos antes de la mañana porque no se atrevan a dar parecer en lo que yo tengo determinado, y sepan todos que sólo a mí han de obedecer.

Afirman que vieron el rostro del ídolo tan feo y espantoso que a todos aterrorizó. Cuentan que aquella noche, estando todos en sosiego, oyeron un gran ruido, por lo que al amanecer fueron a ver de qué se trataba y hallaron a todos los que habían propuesto quedarse en aquel lugar, muertos y abiertos por los pechos, con los corazones sacados. Entonces les enseñó aquel cruel sacrificio que a partir de entonces usaron: abriendo a los hombres por el pecho y sacándoles el corazón para ofrecerlo a los dioses.

Hecho este castigo, Huitzilopochtli mandó a sus guardianes a deshacer la represa y reparos de la toma del agua con que se hacía aquella laguna para que dejaran ir el río que habían represado por su antiguo curso. Aquella laguna quedó seca. Al ver la esterilidad en que había quedado aquel lugar, los mexicas consultaron a su dios y éste mandó que alzaran el *tlaxilacalli*, «asentamiento». Así, el año de 1168 salieron de aquellos términos de Tólan.

Vinieron marchando hacia la gran laguna de México, haciendo algunas pausas, sembrando y cogiendo sin tener encuentro de importancia con la gente de por allí, aunque siempre iban con recelo hasta que llegaron a un cerro llamado *Chapultépec*, que quiere decir «cerro de las langostas».

Llegados a este cerro, junto a la gran laguna de México, hicieron su *tlaxilacalli*, no con poco temor y sobresalto por ser, en los términos de los tepanecas, gente ilustre que entonces tenía el mando sobre todos esos otros pueblos, cuyo tlatocáyotl principal era Azcapotzalco, que quiere decir «hormiguero» o «en el hormiguero», por tanta gente que tenía.

Tímal, en los *Anales de Tlatelolco*

Cuando murió Tozcuécuex, también falleció Cuauhtliquetzqui, entonces asumió el cargo Huitzilíhuitl. Treintaiún años después de que el mexica murió en Chapultépec llegó el nonohualca *Tímal* [timalli], «pus», «podredumbre», el cual venía conquistando. Construyó dos casas de plumas de quetzal e hizo dos *cuauhxicalli*, «jícara del águila», pues le venía hablando su dios *Tlacatecólotl*, «búho-hombre».

«*Tlacatecólotl*, "búho-hombre", es un término de connotación sumamente negativa que, en ocasiones, se usa para aludir a la acción nociva o aterradora del nahualli, de los dioses, las palabras o de cualquier otro elemento» (Martínez González, 2011: 338).

Continúa *Anales de Tlatelolco:*

Tlacatecólotl, vencía en todas partes, porque tenía a la lluvia y al viento como muralla protectora. Conquistó en Cuauhnáhuac.

—Sabes que ya todos son nuestros amigos; yo me voy —le dijo el Tlacatecólotl.

—Que te vaya bien —le respondió Tímal—, pero ¿cómo podré llegar a donde me dirijo, si ya no te veré?

—Así está bien, no te preocupes —respondió Tlacatecólotl.

Se despidieron en Chiquimollan, «entre los jilguerillos». Tímal lloró y compuso un canto:

¡Tímal, Tímal!
Yo, Tímal, estoy vivo y soy un noble guerrero águila.
Llegaré lejos. Cuando caiga la noche.
Una serpiente será mi padre.
Y el sol blanco se eclipsará.
Quiero tomarlos por mis dioses.
Me iré yo, el nonohualca, pregonando:
«Que vengan, yo seré el vencedor.
Eso será lo que reciban.
Yo, Tímal, me asentaré orgulloso
en el lugar de las águilas y los jaguares.
Yo engrandeceré al altépetl chichimeca».
Yo, el nonohualca, me iré pregonando:
«Que vengan los osados».

Se fue, se detuvo a la orilla del bosque y se llenó de temor al mirar cómo se alzaba el humo. Se fue caminando por la orilla del bosque. Cuando llegó a Chalco, los conquistó. Allá Tímal hizo el sacrificio del rayamiento. Se marchó y llegó a Cholólan, donde fue recibido en son de guerra. Allá fue capturado. Allá le arrebataron su gloria. Allá lo abandonó lo que le daba fuerzas. Allá murieron él y sus vasallos en el año *chicuace tochtli*, «1290».

Llegada de los mexicas al Anáhuac, en las *Relaciones*... de Chimalpáhin

Para entonces ya hacía un año que también habían llegado los mexicas chichimecas a Tepopótlan, junto de Tlacopan, cuando decían:
—Ya vámonos. Es tiempo es de que sigamos. Ya vámonos.

Aquel que los acaudillaba se llamaba *Tozcuecuextli* [tozcuecuechtli], «tuza atrevida».

En el año *ce pedernal* fue cuando los mexicas vinieron a *Techantítlan* junto a Chapultépec. Algunos ancianos mexicas nos cuentan, según sus enseñanzas, que en este año *ce pedernal*, «1272», fue la muerte de Tozcuecuextli, el que dirigió a los mexicas por 20 años. En este mismo año fue instalado en el *tlatocaicpalli*, «trono», huehue Huitzillíhuitl, el primer tecuhtli que tuvieron los mexicas chichimecas.

En el año *ome calli*, «1273», huehue Itzcuauhtzin Atlauhtécatl teuhctli, solamente duró 6 años aquí en Tzacualtítlan Tenanco Amaquemecan en el gobierno, también en éste se regresó, se fue a Atenco, donde luego murió, al llevar a su hijito para ser puesto en lugar suyo, el mancebo llamado Ilancuéitl Atlauhtécatl teuhctli, para establecerse se casó en Culhuácan, con una mujer noble de nombre no bien conocido, hija de huehue Tezozomóctli, tecuhtli de Culhuácan.

Ilancuéitl Atlauhtécatl teuhctli, realmente no vino a Tzacualtítlan Tenanco porque gobernó en Atenco, en donde fue dejado por los tenancas.

En el año *chiconahui técpatl*, «1280», se movieron de Chapultépec los mexicas chichimecas que habían estado establecidos a un lado del cerrito en donde tuvo su gobierno la persona del huehue Huitzillíhuitl chichimécatl.

En el año *mátlactli calli*, «1281», Coxcoxtli fue nombrado tecuhtli de Culhuácan. Coxcoxtli era suegro de los tenancas atlauhtecas, porque su nieta era esposa de Ilancuéitl Atlauhtécatl teuhctli.

En el año *nahui técpatl*, «1288», cumplieron 20 años de estar aquí los totolimpanecas y los amaquemes con los tzacualtítlan tenancas.

En el año *chicuace tochtli*, «1290», Ilancuéitl Atlauhtécatl teuhctli engendró un hijo en Atenco de nombre Itzcuauhtzin.

En el año ome ácatl, los mexicas ya tenían 20 años allá en Chapultépec. Hacia la mitad de este año, se trasladaron a Acocolco, allá en
donde fueron rodeados en son de guerra. Y estando cercados allá fue
cuando se hizo nuestra atadura de años. Fue allá en donde anduvieron vestidos con papeles; y allá mismo fue donde los agarraron con
huehue Huitzillíhuitl y aquella que estaba con él, la joven llamada
Ázcatl Xochitzin, y los llevaron completamente desnudos a Culhuácan ante Coxcoxtli. Huehue Huitzillíhuitl sufría mucho al ver desnuda
a la joven y dijo al tecuhtli Coxcoxtli:

—¿Acaso no te apiadarás de la joven?

—¡No quiero! —contestó Coxcoxtli—. ¡Así andará!

Huehue Huitzillíhuitl murió allá en Culhuácan, por los culhuaques. Gobernó durante 28 años, en los que tuvo bajo su control a los
mexicas chichimecas. Esto ocurrió cuando Coxcoxtli llevaba gobernando 19 años en Culhuácan. Así fue como los mexicas fueron tras-
ladados a Culhuácan en este propio año de ome ácatl. Luego de
asentados los mexicas, aquel que los dirigió fue el Tenochtzin, el cual
los gobernó como jefe militar allá en Tizápan Culhuácan, en donde
lo dispuso Coxcoxtli.

En el año *mátlactli ácatl*, «1307», murió Coxcoxtli, quien gobernó
27 años. Dejó estos hijos:

- Huehue Tezozomóctli, príncipe gobernante.
- El segundo de nombre huehue Acamapichtli, quien gobernó
  allá en Culhuácan y cuya hija, la de nombre *Matotoztli*, «mano
  rápida», fue casada con un mexica de nombre Itzcahuatzin
  Opochtli, con cuya persona del segundo Acamapichtli, fue
  a gobernar a Tenochtitlan. Éste fue quien vino a comenzar, a
  ser la raíz del linaje de gobernantes de todos aquellos que
  formaron las generaciones de los señores de Meshíco Tenochtitlan, que fueron descendiendo de este referido Acamapichtli, el que gobernó en Culhuácan.

En el año mátlactli *omei ácatl*, «1323», los mexicas seguían aposentados en Tizápan, donde ya tenían 25 años. Fue entonces cuando
nuevamente comenzó la pelea con los culhuaques, cuando fueron
perseguidos los mexicas en este año de *mátlactli omei ácatl*, mismo
en el cual se fueron.

En el año *ce pedernal,* comenzaron la *Guerra de la Flor,* y fue entonces cuando «dispusieron carrizos» tlacochcalcas y la totalidad de los chalcas frente a la imagen del diablo. Una vez dispuestos los carrizos comenzaron a herirse según era la costumbre. Después que éstos habían dado bastante sufrimiento en la ceremonia «se disponen los carrizos», de que habían comenzado a lastimarse y herirse, a causarse daños y padecimientos, luego fue que vino el separarse por los montes, apartándose por las divisiones de los cerros, el apedrearse constantemente y el sufrir de los tlacochcalcas, porque muchos de los que cayeron prisioneros murieron. Ya después intervino «el cargador de la deidad», de nombre *Quetzalcanauhtli.*

- *Quetzalcanauhtli,* «ánade precioso», «pato precioso» o «pluma de ganso».
- *Quetzalli,* «pluma larga, verde y rica», «pluma grande», «pluma preciosa», «preciosa» o «precioso»; metafóricamente, «algo precioso», «hija» o «hijo».
- *Canauhtli,* «ánade», «pato» o «ganso».

La primera Guerra florida

«Guerra de la Flor», «Guerra florida». *Xochiyaoyotl* [*xochi,* «flor»; *yao,* «guerra»; *yo,* derivativo]. La «Guerra de la Flor» se refiere a la primera «Guerra florida», la cual ocurrió justamente contra Chalco.

El ritual de las guerras floridas —tal y como se le ha reconstruido generalmente— daba inicio en un tiempo y lugar acordado previamente por los contrincantes. Se llevaba a cabo en un espacio sagrado, que los contendientes desalojaban para tal efecto, llamado *cuauhtlalli,* «territorio del águila», o *yaotlallí,* «territorio enemigo»; la señal para que comenzara la batalla era la quema de una gran pira de papel e incienso. Aunque en las guerras algunos guerreros resultaban heridos y otros morían, el propósito fundamental no era éste, sino el de tomar prisioneros. Cuando ambos contingentes cumplían su cometido regresaban a sus lugares de origen y sacrificaban a los cautivos (Hassig, 2003: 46-51).

Atadura de años

«Se disponen los carrizos», al llegar al año *ome ácatl,* «dos carrizo», culmina un ciclo de 52 años (18 980 días), llamado *xiuhmolpilli,* «atadura de los años», inicia un ciclo nuevo, un día vuelve a tener el mismo nombre en ambos calendarios, el cual se celebraba con una fiesta solemne dedicada a *Ixcozauhqui,* «el dios del fuego». En resumen, en el *xiuhmolpilli,* «atadura de los años», se juntan los dos calendarios: el *tonalpohualli* (el calendario de 260 días) y el *xiuhpohualli* (de 365 días). El *tonalpohualli* (73 años de 260 días = 18 980 días). El *xiuhpohualli* (52 años de 365 días = 18 980 días).

En la siguiente tabla están marcados los *xiuhmolpilli,* los cuales siempre comienzan con el año *ome ácatl,* «dos carrizo».

Xiuhmolpilli, «atadura de los años»			
ome ácatl, «dos carrizo»	1299	*ome ácatl,* «dos carrizo»	1767
ome ácatl, «dos carrizo»	1351	*ome ácatl,* «dos carrizo»	1819
ome ácatl, «dos carrizo»	1403	*ome ácatl,* «dos carrizo»	1871
ome ácatl, «dos carrizo»	1455	*ome ácatl,* «dos carrizo»	1923
ome ácatl, «dos carrizo»	1507	*ome ácatl,* «dos carrizo»	1975
ome ácatl «dos carrizo»	1559	*ome ácatl,* «dos carrizo»	2027
ome ácatl, «dos carrizo»	1611	*ome ácatl,* «dos carrizo»	2079
ome ácatl, «dos carrizo»	1663	*ome ácatl,* «dos carrizo»	2131
ome ácatl, «dos carrizo»	1715	*ome ácatl,* «dos carrizo»	2183

La Pelea de Flor de los chalcas, según las *Relaciones...* de Chimalpáhin

Quetzalcanauhtli se dirigió a los chalcas:

—¿Acaso osan llamarse chalcas aún? —preguntó Quetzalcanauhtli—. ¿Acaso es ésta nuestra manera de ley, nuestra tradición? ¿Acaso es ésta nuestra ceremonia «colocar los carrizos»?

—Ustedes los que hieres, ¿andan queriendo las propiedades que son suyas? Cese todo esto concéntrense, avénganse.

Así fue como vino a detenerlos el Quetzalcanauhtli, quien una vez separados, se marchó. Pero otra vez dio comienzo el sufrimiento de la «Pelea de Flor». Los tlacochcalcas se venían a las manos a sus mujeres en todas partes les echaban chile a sus jarros en que guardaban el agua. A sus hijos les daban de leñazos, por donde quiera les arrojaban palitos encendidos para incendiarlos. Mucha fue la burla que sufrieron los tlacochcalcas.

Muerte de Quinatzin y coronación de Techotlalatzin, en *Historia chichimeca*

Aunque era el menor de los hijos de Quinatzin, Techotlalatzin entró en la sucesión del chichimeca tlatocáyotl, por sus virtudes y su lealtad a su padre. La mujer que lo crio era señora de Papaloxóchitl, altépetl tolteca, que en aquel tiempo era de Culhuácan, y el primero en la que se habló la lengua náhuatl. Los antepasados de Techotlalatzin nunca usaron la lengua náhuatl, entonces el huei chichimécatl tecuhtli ordenó que en todos los altepeme chichimeca la hablaran, en especial todos los que tuvieran oficios y cargos de república.

Mientras tanto observaba el buen régimen de las ciudades y otros asuntos de seguridad, lo cual les fue fácil, porque ya en esta sazón estaban muy interpolados con los del altépetl tolteca. En las faldas del cerro Huexachtécatl, se habían poblado cuatro barrios del altépetl tolteca (que se tenían por más religiosos de sus ritos y ceremonias), en donde tenían puestos unos templos y efigies de sus dioses. Cóxcox, tecuhtli de los cúlhuas, los echó de allí y los principales de ellos fueron a parar a la ciudad de Texcoco para pedir a Techotlalatzin que les diera tierras en donde poblar. El huei chichimécatl tecuhtli los dejó vivir en Texcoco, ya que eran gente política y conveniente a sus propósitos para el buen régimen de sus altepeme. Así poblaron en cuatro barrios dentro de Texcoco. Por ser tantas las familias de estos toltecas (o según en este tiempo se llamaban cúlhuas).

- Un barrio lo poblaron los de la familia de los mexitin, cuyo dirigente se llamaba Ayocuan.

- El segundo barrio se lo dio a los colhuaques, que tenían por dirigente a Náuhyotl.
- El tercero a los huitzinahuaques, cuyo dirigente se llamaba Tlacomihua.
- El cuarto a los panecas, cuyo dirigente se llamaba Achitómetl.

Asimismo, despachó a otros a que poblaran otras ciudades y pueblos. La población de estos cuatro barrios acaeció en el año de 1301. Esta gente era muy política y traía muchos dioses, entre los cuales destacaban Huitzilopochtli y Tláloc. Era tan grande el amor que Techotlalatzin tenía por el altépetl tolteca que no sólo les consintió vivir entre los chichimecas, sino que también les dio facultad para hacer sacrificios públicos a sus dioses y dedicar los teocallis, algo que no había consentido Quinatzin. Así comenzaron a prevalecer los toltecas en sus ritos y ceremonias.

Descendencia de Techotlalatzin, en *Historia chichimeca*

Techotlalatzin se casó con Tozquentzin, hija de Acolmiztli, señor de Coatlíchan, con quien tuvo cinco hijos:
- Ixtlilxóchitl
- Chochxochitzin ♀
- Tenancacaltzin
- Acatlotzin
- Tenannahuacatzin
- Al príncipe Ixtlilxóchitl Ometochtli, que nació en el bosque y recreación de Tzinacanoztoc, le puso por ama de cría a una señora llamada Zacaquimiltzin, natural del altépetl de Tepepolco y para crianza señaló los pueblos siguientes: Tepetlaóztoc, Teotihuácan, Tezoyócan, Tepechpan, Chiuhnauhtlan, Cuextecatlichocayan, Tepepolco, Tlalaxápan, Tizayócan, Ahuatépec, Axapochco y Cuauhtlatzinco.

Ixtlilxóchitl, «cara de flor» [*ixtli*, «rostro»; y *xóchitl*, «flor»].

Ometochtli, «dos conejo» [*ome*, «dos»; y *tochtli*, «conejo»].

Muerte de Acólhua y coronación de Tezozómoc,
en *Historia chichimeca*

En esta sazón, después de haber gobernado muchos años, murió Acólhua, tecuhtli de Azcapotzalco, y le sucedió su hijo llamado Tezozómoc. Según por la historia parece, estos pipiltin chichimecas y acólhuas vivían doscientos y cincuenta y trescientos años, lo cual vino a faltar en sus descendientes. Después de que se dieron a los regalos de las comidas y a los deleites y comunicación con muchas mujeres, porque antes no tenían más que una sola mujer. Cuando ella quedaba preñada y paría, el esposo no tenía comunicación con ella hasta que sus hijos eran grandes.

Tezozómoc, Tezozomóctzin, Tezozomóctli

Existieron varios personajes con el nombre de *Tezozómoc* [*Tecocomoc, Teçoçomoctli, Tezozomóctzin, Tezozomóctli* o *Tetzotzómoc*]. De acuerdo con *Anales de Tlatelolco, Tezozómoc* significa «el encolerizado» o «piedra crepitante»; Chimalpáhin lo describe como «el de la piedra fofa»; según Lockhart, es «señor que rompe piedras» [*tetl*, «piedra»; y *zozomoc*, «partir golpeando»]; y el *Gran Diccionario Náhuatl* define *tetl*, «piedra»; *zozoma*, «enojarse»; y *-tli* o *-tzin*, sufijos reverenciales].

- *Tezozómoc* (personaje hipotético). Algunos historiadores creen que en Azcapotzalco hubo dos gobernantes llamados *Tezozómoc* —padre e hijo, que gobernaron sucesivamente—, y que el más célebre de ellos no vivió más de cien años, como dicen las crónicas, sino que se le atribuye el gobierno de su padre.
- *Tezozómoc Yacatéltetl Ipeuhqui*, más conocido como *Tezozómoc huehue*, «Tezozómoc viejo», tecuhtli de Azcapotzalco, padre de Maxtla, Tayatzin, Tecutzintli, Tecpatlxóchitl y Ayacíhuatl.
- *Tezozómoc*, hijo de Izcóatl y Huacaltzintli, hija de Tezozómoc huehue.
- *Tezozómoc*, tecuhtli de Cuauhtitlán, hijo de Tlacateotzin y bisnieto de Tezozómoc huehue.

- *Tezozómoc Acolnahuácatl*, hijo de Axayácatl.
- *Tezozómoc*, señor de Tenantzinco.
- *Tezozómoc*, hijo de Motecuzoma Xocoyotzin.
- *Hernando de Alvarado Tezozómoc*, pipiltin, tlacuilo y descendiente del linaje mexica.

Pero el más conocido es *Tezozómoc Yacatéltetl Ipeuhqui*, hijo de Acolhuatzin —también llamado Acolnahuacatzin—, pero no del que se casó con Cuetlachxóchitl, pues transcurrieron varias generaciones para que Tezozómoc llegara al poder, lo cual ocurrió durante el gobierno de Techotlala en Texcoco.

Continúa la *Historia chichimeca:*

> Así como Tezozómoc entró en la sucesión del tecúyotl, convocó a sus dos hermanos Hepcoatzin y Acamapichtli pipiltin de México, para hacer guerra contra Tzonpantecuhtli, tecuhtli de los otomíes, en Xaltócan y contra los de Cuauhtitlán y Tepotzótlan. Se apoderaron del tecúyotl de los otomíes, y Tzonpantecuhtli se fue huyendo al altépetl de Metztítlan de donde era. Al ver estas alteraciones, Techotlalatzin juntó su gente y marchó a Chiconautla, para conocer los designios de los tepanecas y mexicas desde allí.
>
> Aquella noche, cuando dieron la batalla a Tzonpantecuhtli y le ganaron la ciudad de Xaltócan, pasó cerca del ejército de Techotlalatzin un escuadrón de los otomíes que iban huyendo y que llevaba muchas mujeres, niños y viejos miserables. Techotlalatzin entendió que eran algunos de los enemigos que pretendían entrarse en las tierras del señorío de Texcoco y los siguió hasta Tezontépec en donde echó de ver que era gente forajida. Al saber de su calamidad y trabajos, los mandó regresar y les dio tierras y lugares en el altépetl que desde entonces se llama de *Otopan* [Otompan] para que lo poblaran.
>
> Tezozómoc se alzó con el señorío otomí y los altepeme de Mazahuácan, *Coauhtitlan* [Cuauhtitlán] y *Tepozotlan* [Tepotzótlan], repartiendo algunos pueblos y lugares a los pipiltin mexicas.
>
> Asimismo, vinieron otros otomíes del señorío de los tepanecas y del altépetl de Cuauhuácan para que Techotlalatzin los amparara y les diera tierras para poblar, porque Tezozómoc los tenía muy oprimidos

con tributos excesivos que cada día les imponía Techotlalatzin los admitió y los envió a Yahualiuhcan y Macápan, en donde permanecieron.

Los mexicas se rebelan contra los cúlhuas, en *Historia chichimeca*

Al verse favorecido por el tecuhtli Tezozómoc, Acamapichtli, señor de los tenochcas, procuró alzarse contra el tecúyotl de los cúlhuas, por el derecho que pretendía tener por *Yllancueitl* [Ilancuéitl], su mujer, hija, aunque menor, de *Achitometzin* [Achitómetl], lo cual hizo con facilidad. Uno, porque en aquella sazón Coxcoxtzin, tecuhtli de los cúlhuas, estaba escaso de gente, pues el de Coatlíchan lo había dejado a su hermano Mozocomatzin con la codicia de heredar el tecúyotl de los cúlhuas, como en efecto lo heredó; y lo otro porque entre los mismos cúlhuas había bandos y discordias sobre sus idolatrías y antigüedades de sus dioses. Así Acamapichtli se apoderó del tecúyotl sin contradicción. Coxcoxtzin se fue a Coatlíchan y con él algunos de los cúlhuas. Acamapichtli no quiso vivir en Culhuácan, cabecera de aquel tecúyotl, sino que puso como gobernador a Quetzaloya, hijo de Chalchiutlatónac señor de Coyohuácan.

Acamapichtli y su hermano Hepcoatzin, señor de Tlatelolco, murieron casi a un tiempo, habiendo gobernado cincuenta y un años, según la historia general, que es la que sigo.

Los mexicas en Culhuácan, en la *Historia…* de Diego Durán

Los mexicas se recuperaron y construyeron más armas e inventaron aquel modo de armas y varas arrojadizas que llamamos fisgas. Proveídos con este género de armas, se pasaron a un lugar que llaman Mazatla y de allí se fueron acercando a Culhuácan. Al llegar, el dios Huitzilopochtli habló a los teopixque:

—Padres y guardianes míos, bien he visto su trabajo y aflicción, pero consuélense, que para poner el pecho y la cabeza contra sus enemigos han venido aquí. Lo que pueden hacer es enviar a sus mensajeros con Achitómetl, señor de Culhuácan y, sin más ruegos ni cumplimientos, pídanle que les señale el sitio y lugar donde puedan estar y descansar. No teman al entrar con osadía, que yo sé lo que digo y ablandaré su corazón para que los reciba. Tomen el sitio que les señalare, bueno o malo, y asiéntense en él, hasta que se cumpla el plazo determinado de su consuelo y quietud.

Ellos, confiando en estas promesas enviaron sus mensajeros a Culhuácan, para que le dijeran al tecuhtli Achitómetl que los mexicas le rogaban que les señalara lugar donde pudieran vivir con sus mujeres e hijos y que se encomendarían a él. El tecuhtli Achitómetl, inclinado a sus ruegos, les mandó aposentar y dar lo necesario a sus personas, como entre ellos es uso y costumbre, agasajando a los mensajeros y caminantes otorgándoles muy buenos hospedajes.

Mientras los mexicas descansaban, Achitómetl, señor de Culhuácan, mandó llamar a los pipiltin y les dijo:

—Los mexicas, con toda la humildad posible, me ruegan que les señale en mis tierras un sitio donde puedan hacer una ciudad. ¿Qué lugar les parece que se les dé?

Hubo entre sus *nenonotzaleque*, «consejeros», muchas contradicciones, pero el tecuhtli Achitómetl siempre se mostró favorable, por lo que se determinó que se les diera un lugar en Tizaápan, ubicado en la otra parte del cerro de Culhuácan, donde ahora se parten los dos caminos a Cuitláhuac y a Chalco.

El lugar estaba desierto y cubierto de muchas víboras ponzoñosas que descendían del cerro. El sitio les fue señalado por los nenonotzaleque con mucha malicia. Pero los mexicas aceptaron la merced que se les hacía. Empezaron a hacer sus chozas. Al ver la cantidad de culebras y malas sabandijas que había, los mexicas se llenaron de pena y angustia, pero después las culebras se les rendían y amansaban y les sirvieron de sustento, pues no comían otra carne más que la de aquellas víboras. Fue tal el gusto que les tomaron que se engolosinaron y se las acabaron. Después, apenas si hallaban una para comer.

Los cúlhuas estaban confiados que aquellas sabandijas iban a matar poco a poco a los mexicas.

—Vayan y vean a los mexicas —les dijo el tecuhtli Achitómetl—, y saluden de mi parte a los que hayan quedado vivos y pregunten cómo les va en el sitio que se les dio.

Los mensajeros hallaron a todos los mexicas muy alegres con sus huertas muy cultivadas y puestas en orden; un teocalli para su dios, chozas, asadores y ollas llenos de culebras asadas y cocidas. Llegaron a la casa de los señores, los saludaron con el debido acatamiento, como ellos se suelen saludar y les dieron su embajada de parte de Achitómetl, tecuhtli de Culhuácan. Los mexicas respondieron que estaban muy contentos y agradecieron el bien que les habían hecho y les suplicaban eran dos cosas: que les concediera entrada y contratación en su ciudad, y consentimiento para emparentar los unos con los otros por vía de casamientos.

Los mensajeros, admirados por la pujanza de los mexicas, fueron con su tecuhtli y le relataron todo lo que habían visto y oído, y todo lo que los mexicas le pedían. El tecuhtli Achitómetl y todos los pipiltin estaban admirados, pues era una cosa que nunca habían oído. Sintieron gran temor a los mexicas y les concedieron todo lo que pedían.

—Concedámosle lo que pidan —dijo el tecuhtli—. Ya les he dicho que esta gente es favorecida por su dios. Es gente mala y de malas mañas. Déjenlos. No los hagan enojar. Mientras no les hagan mal, ellos estarán sosegados.

Desde entonces, los mexicas empezaron a entrar en Culhuácan, a tratar libremente y a emparentar unos con otros por vía de casamientos, y a tratarse como hermanos y como parientes.

Chalcas *vs.* Mexicas, en el *Códice Ramírez*

A pesar de haber matado a Cópil, los mexicas no lograron deshacerse de la difamación. Luego vinieron ejércitos de los comarcanos con mano armada a ellos. Corrían hasta los chalcas. Los combatían por todas partes con deseos de destruir a los mexicas. Al ver tantos enemigos, las mujeres y niños comenzaron a dar de gritos, pero no por eso los mexicas se dieron por vencidos. A la primera refriega prendieron a Huitzilíhuitl, capitán general de todos los mexicas, mas no por eso se rindieron, y apellidando a su dios Huitzilopochtli, rompieron por el ejército de los chalcas, llevando en medio todas las mujeres y niños y viejos. Salieron huyendo entre ellos hasta meterse en una aldea que se llama Atlacuihuayan, donde la hallaron desierta y se hicieron fuertes. Los chalcas y los demás, al verse desbaratados por tan poca gente, no intentaron seguirlos, casi como avergonzados, y se conformaron con llevar preso al guía de los mexicas, al cual mataron en un pueblo de los cúlhuas llamado Culhuácan. Los mexicas se recuperaron y reabastecieron de armas en esta aldea y allí inventaron un arma a manera de fisga que ellos llamaron *atlatl*, y por esto llamaron a aquel lugar *Atlacuihuayan*, que quiere decir «lugar donde tomaron el arma *atlatl*».

Atlacuihuayan, «donde se saca agua del pozo». Actual Tacubaya. No se confunda con Tacuba, anteriormente conocida como *Tlacopan*, «lugar de las jarras» o «lugar de los esclavos». Atlacuihuayan pertenecía al tecúyotl de Coyohuácan.

Mexicas en Culhuácan,
en la *Historia…* de Clavijero

En medio de tanta miseria eran libres y la dulzura de la libertad les templaba las demás amarguras, pero el año de 1314 se añadió la desgracia de la esclavitud a las demás miserias. El suceso se refiere con variedad; unos historiadores dicen que el señor de Culhuácan, ciudad no muy distante de aquel sitio y no sufriendo que los mexicas se mantuviesen sin pagar tributo en su territorio, les hizo guerra y vencidos los llevó cautivos. Otros afirman les envió un capitán que de su parte les dijese que, compadecido de la vida miserable en las estrecheces de aquellos islotes, les acordaba en sus tierras un sitio más acomodado donde podrían vivir con mayor desahogo y quietud; y que los mexicas, que no deseaban otra cosa, aceptaron luego con agradecimiento el partido y salieron con mucho gusto de sus pobres islotes, pero que apenas pusieron el pie fuera de la laguna, dieron sobre ellos los cúlhuas y los hicieron prisioneros. Fuese de una y otra suerte, es cierto que fueron conducidos cautivos a Tizapán, lugar de aquel señorío; y no dudo que estuvieron también presos en Huitzillopochco o Churubusco, y que ese nombre se le dio por haber edificado allí un adoratorio a su dios protector Huitzilopochtli.

Ya llevaban algunos años de servidumbre, cuando se les ofreció a los cúlhuas hacer guerra a sus vecinos los xochimilcas, y con tanta infelicidad que en todos los encuentros que tuvieron llevaron siempre la peor parte. Afligido el general de los cúlhuas de tantas pérdidas, resolvió servirse de los cautivos y les ordenó se dispusiesen a la guerra, pero no les proveyó de armas porque se habían ya acabado, según se puede creer, las que había. Los mexicas, creyendo que esa era una bella ocasión para merecerse la gracia de su señor, determinaron emplear el último esfuerzo de su valor. Se proveyeron de unos palos largos y fuertes cuyas puntas tostaron al fuego, así para que les sirviesen de lanzas contra los enemigos, como para ayudarse ellos en el salto de uno a otro césped, si se ofreciese, como efectivamente se ofreció, combatir en lugar pantanoso. Hicieron adargas de caña mojada y todos llevaron unas navajas de *ixtli*. Se concertaron antes de la batalla en no detenerse, como acostumbraban, en hacer prisioneros, sino cortar solamente una oreja a los que les viniesen a las manos y dejarlos ir sin más daño. Con esta prevención salieron a campaña los mexicas, y mientras los cúlhuas y los xochimilcas combatían por tierra en la ribera de la laguna y parte por agua en barquillos bien aderezados, se arrojaron impetuosamente sobre los enemigos ayudándose en el agua con las lanzas, a cuantos habían a la mano les cortaban la oreja y las guardaban en unos cestillos que habían prevenido para ese efecto, y si el enemigo hacía resistencia le quitaban la vida. Obtuvieron tan completa victoria con el socorro de los mexicas, que los xochimilcas no solamente abandonaron el campo quedando en él muchos muertos, sino que, no permitiéndoles el terror parar en su ciudad, se refugiaron en las montañas.

Concluida esta acción con tanta gloria, se presentaron según la costumbre los soldados cúlhuas a su general con los prisioneros que habían hecho en aquella batalla, porque en aquellas naciones no se apreciaba tanto el valor de los soldados por el número de los enemigos que habían muerto cuanto por los que habían apresado vivos. Máxima en que tenían mucha razón y no poca humanidad. Si puede el príncipe devengar sus derechos y repeler la fuerza sin dar muerte a sus enemigos, la humanidad exige que se les conserve la vida. Si se atiende a la propia utilidad el enemigo muerto no pude dañar, pero tampoco puede servir, y del prisionero puede sacarse mucho provecho sin peligro de recibir perjuicio. Si a la gloria, mucho menos esfuerzo se requiere para quitar a un hombre la vida en el calor de una acción que para privarle solamente de su libertad. Fueron también llamados los mexicas a hacer alarde de sus cautivos, pero no presentando ningunos —porque cuatro solamente que habían apresado los tenían ocultos para el fin que ya diremos— fueron burlados como hombres cobardes del general y sus soldados. Entonces los mexicas presentando las cestillas de orejas que habían cortado:

—Ven ahí —les dijeron—, por el número de orejas que les presentamos, el de los cautivos que podríamos haber traído si hubiéramos querido, pero no quisimos perder tiempo en maniatarlos, por anticiparnos a la victoria.

Con esto quedaron los cúlhuas satisfechos, pero al mismo tiempo más recelosos que antes de la astucia y valor de sus cautivos.

Los aztecas se volvieron al lugar de su habitación —que era entonces, según sospechamos, Huitzilopochco—, en donde edificaron un altar a su dios protector, pero necesitando para su dedicación de alguna particular ofrenda, la pidieron al señor de Culhuácan, el cual la envió por medio de sus sacerdotes. Éstos la llevaban envuelta en un lienzo sucio y colocándola en el altar de los mexicas se retiraron prontamente sin hablarles palabra. Los mexicas, ansiosos de ver la ofrenda, desenvolvieron el lienzo y hallaron con un poco de estiércol, una maraña de cabellos y un ruin pájaro muerto. Ya se deja entender la ira que concibieron con tan indigna burla, pero reservando para otro tiempo la venganza, arrojaron de allí aquellas suciedades y en su lugar pusieron una navaja muy aguda y una hierba odorífera. Llegado el día de la dedicación del altar, fue a asistir el señor colhua con los principales de la ciudad, más por burlarse de sus cautivos que por honrar su fiesta. Los mexicas comenzaron con un solemne *mitotia*, «baile», para el cual sacaron los mejores vestidos que pudieron, y cuando los circunstantes estaban más divertidos, sacaron repentinamente al baile los cuatro prisioneros xochimilcas que hasta entonces habían tenido ocultos, y después de hacerlos bailar por un rato, los sacrificaron sobre una piedra redonda rompiéndoles el pecho con un cuchillo de itztli y sacándoles el corazón, que caliente y vaheando ofrecieron a su dios. De este sacrificio, el primero de su especie que sabemos haberse ejecutado en aquella tierra, quedaron tan aturdidos los cúlhuas que, vueltos a su ciudad, deliberaron sobre el partido que convendría tomar para deshacerse de unos hombres tan crueles que con el tiempo les podían ser muy perjudiciales. Resolvió Coxcox, señor de Culhuácan, que saliesen luego de su tlatocáyotl.

Salieron los mexicas, no poco gustosos, de su cautiverio y se encaminaron hacia el norte de Culhuácan a un lugar que se llamaba Acatzitzintlán y después se llamó Mexicaltzingo, que significa casi lo mismo que México, y le impondrían el nombre por el mismo motivo que tuvieron para ponerlo poco después, como ya veremos, a su ciudad, pero por parecerles poco cómodo este lugar, o por retirarse más de los cúlhuas, pasaron a Iztacalco, acercándose cada vez más al sitio de México. En Iztacalco fabricaron un montecillo de papel en que representaban, según conjeturo a Culhuácan y pasaron una noche entera bailando en contorno de él y cantando su victoria sobre los xochimilcas y dando gracias a su dios por haberlos liberado de los cúlhuas. A los dos años de estar en Iztacalco y a los 21 de haber ido cautivos a Culhuácan pasaron finalmente al lugar de la laguna donde debían edificar su ciudad. Hallaron en él un nopal, o árbol de tierra, nacido en una piedra y sobre él un águila. Por esta circunstancia dieron a aquel lugar y después a la ciudad el nombre de Tenochtitlán. Dicen todos o casi todos los historiadores de Tenochtítlan que ésa era la señal que les había dado su oráculo para la fundación de la ciudad.

Los mexicas en Culhuácan, según el *Códice Ramírez*

Marcharon por la orilla de la laguna hasta llegar a Culhuácan, donde Huitzilopochtli habló a sus teopixque:

—Padres y guardianes míos, bien he visto su trabajo y aflicción, pero consuélense, que para poner el pecho y la cabeza contra sus enemigos han venido, aquí lo que harán: enviarán mensajeros al señor de Culhuácan y sin más ruegos ni cumplimientos, le pedirán que les señale el sitio y lugar donde puedan estar y descansar. No teman ir con él, que yo sé lo que les digo. Ablandaré su corazón para que los reciba. Tomen el sitio que les dé, bueno o malo, hasta que se cumpla el plazo determinado de su consuelo.

Los mexicas enviaron sus mensajeros al señor de Culhuácan y le dijeron que acudían a él como al más benigno, con la esperanza de que, no sólo les daría sitio para su ciudad, sino que también tierras para sembrar. El tecuhtli de Culhuácan recibió muy bien a los mensajeros de los mexicas, y los mandó aposentar, tratándolos muy bien mientras consultaba con sus principales y consejeros, los cuales se mostraron en desacuerdo. Al fin, les dieron un sitio a los mexicas en *Tizápan*, que significa «lugar de las aguas blancas» o «agua yesosa». Aquello fue con gran malicia de los de Culhuácan, porque Tizápan estaba al pie de un cerro donde se criaban muchas víboras y sabandijas muy ponzoñosas y por lo cual no se habitaba. Los mexicas aceptaron el sitio de buena gana.

En cuanto comenzaron a poblar aquel sitio hallaron tantas malas sabandijas que sintieron gran pena y temor, pero Huitzilopochtli les dio un remedio: que las cocinaran y se las comieran. Aquellas culebras les quedaron tan sabrosas que en poco tiempo se las acabaron e hicieron en este lugar una muy buena población, con su teocalli y sus huertas, muy bien labradas, con que estaban ya muy contentos. Al cabo de muchos días, los de Culhuácan se dieron cuenta de que los mexicas habían consumido aquellas sabandijas, entonces les dijo el tecuhtli cúlhua a sus mensajeros:

—Vayan a ver a los mexicas, salúdenlos de mi parte a los que hayan quedado y pregúntenles cómo les va.

Al llegar los mensajeros, hallaron a los mexicas muy alegres con sus huertas, muy cultivadas, un teocalli para su dios, sus casas recién construidas y los asadores y ollas llenas de culebras asadas y cocidas. Les dieron el mensaje de su tecuhtli y los mexicas en gran merced respondieron que estaban muy contentos y agradecieron el bien que se les había hecho. Y pues tanta merced les hacía el tecuhtli que le suplicaban les concediera dos cosas: que les dieran entrada y contratación en su ciudad, y su consentimiento para que emparentaran los unos con los otros por vía de casamiento.

Los mensajeros volvieron con su tecuhtli y dieron el mensaje. El señor de los cúlhuas y sus principales quedaron muy admirados y así se atemorizaron.

—Ya les he dicho que esta gente es muy favorecida de su dios —dijo el tecuhtli—. Es gente mala y de malas mañas. Déjenlos, no les hagan mal, que mientras no les hagan enojar ellos estarán sosegados.

Desde entonces comenzaron los mexicas a entrar en Culhuácan, a contratar libremente y a emparentar unos con otros tratándose como hermanos y parientes.

Desollamiento humano en el Templo Mayor de Tenochtitlan

En años recientes se ha popularizado la versión, sin fundamentos, que afirma rotundamente que los sacrificios humanos y desollamientos en México Tenochtitlan nunca existieron y que fueron invenciones de los españoles. Para aclarar esta duda, una cantidad innumerable de arqueólogos y especialistas se ha dado a la tarea de estudiar minuciosamente los restos óseos hallados en diversas zonas arqueológicas, en particular, el recinto sagrado de México Tenochtitlan. Uno de tantos estudios tuvo como resultado el libro *El desollamiento humano entre los mexicas*, de Víctor Cortés Meléndez:

De acuerdo con Botella y sus colaboradores (2000: 36-41), el cráneo es uno de los segmentos osteológicos en los que pueden distinguirse con más facilidad las huellas de desollamiento. Esto se debe a que la piel se encuentra muy cerca del hueso, por lo que es muy frecuente que las incisiones se observen claramente sobre la bóveda [...]. Una vez que se identificaron las huellas de desollamiento, se procedió a seleccionar los materiales osteológicos que presentaban las marcas de corte producto del desprendimiento de la piel entre los restos óseos humanos recuperados durante las excavaciones del recinto sagrado de Tenochtitlan. Así, el corpus de estudio quedó conformado por 31 individuos, entre ellos: cráneos con perforación basal, máscaras-cráneo y cráneos de tzompantli.

Haciendo un breve paréntesis en relación con estos últimos, sabemos que se trataba de cráneos descarnados con perforaciones bilaterales por las cuales eran espetados en alguno de los edificios conocidos como tzompantli (Chávez Balderas, 2017: 183). Es interesante mencionar que, gracias al reciente descubrimiento del Huei Tzompantli por parte del PAU, sabemos que las marcas por desollamiento y descarne a menudo aparecen asociadas con este tipo de restos óseos humanos (Chávez y Vázquez, 2017; Ramírez y Flores, 2019, II: 144). De hecho, esta relación puede entenderse a la luz de las fuentes históricas, en las que se menciona que gran parte de las cabezas de las víctimas inmoladas eran decapitadas, desolladas y después colocadas en estos edificios (Torquemada, 1986, II: 147) […]

Cerrando el paréntesis y retomando nuestro tema con relación al corpus de estudio, es preciso señalar que dichos materiales provienen de tres distintas áreas de excavación. Una cantidad considerable de la colección, por ejemplo, está conformada por restos óseos humanos recuperados, como parte de las ofrendas del Huei Teocalli tenochca, en la primera temporada de excavación del PTM. Asimismo, pudimos contar con cráneos obtenidos por este mismo proyecto en el marco de su quinta y séptima temporada bajo la dirección de Leonardo López Luján. La presente investigación también incluye huesos rescatados en los trabajos de salvamento del PAU a cargo de Raúl Barrera y bajo la dirección de Eduardo Matos Moctezuma (Cortés Meléndez, 2020: 133-140).

Tóci, Nuestra Abuela, según el *Códice Ramírez*

Estando en esta paz y sosiego, Huitzilopochtli, dios de los mexicas, dijo a sus viejos y guardianes:

—Tenemos necesidad de buscar una mujer, la cual se ha de llamar: la Mujer de la Discordia. Ésta se ha de llamar mi abuela en el lugar donde moraremos, porque éste no es el sitio donde hemos de hacer nuestra habitación. Más atrás queda el asiento que les tengo prometido, y es necesario que la ocasión para dejar este que ahora habitamos, sea con guerra y muerte. Y que empecemos a levantar nuestras armas, arcos, flechas, rodelas y espadas, y demos a entender al mundo el valor de nuestras personas. Comiencen pues a apercibiros de las cosas necesarias para su defensa y ofensa a nuestros enemigos. Busquen el medio para que salgamos de este lugar. Luego vayan con el tecuhtli de Culhuácan y pídanle a su hija para mi servicio.

Los mexicas, siempre obedientes a su dios, fueron luego con el tecuhtli de Culhuácan y solicitaron una hija para señora de los mexicas y abuela de su dios. Con codicia se las dio sin dificultad. Los mexicas la llevaron con toda la honra posible y mucho regocijo de ambas partes, así de los mexicas como de los de Culhuácan.

Aquella noche habló el ídolo a sus guardianes y sacerdotes:

—Maten a esa moza y sacrifíquenla en mi nombre, a la cual desde hoy tomo por mi madre. Después de muerta, deben desollarla toda y con el cuero vestir a uno de los principales mancebos y encima vestirle de los demás vestidos mujeriles de la moza. Luego inviten a su padre a que venga a hacer adoración a la diosa, su hija, y le ofrezca sacrificio.

Todo se puso por obra (y ésta es la que después los mexicas tuvieron por diosa, que en el libro de los sacrificios se llama Tóci, que quiere decir Nuestra Abuela). Llamaron luego al tecuhtli, su padre, para que viniera a adorarla según el ídolo lo había mandado. Aceptó el convite y dijo a sus pipiltin que juntaran muchas ofrendas y presentes para ir a ofrecer a su hija que era ya diosa de los mexicas. Ellos, entendiéndolo como cosa muy justa, juntaron muchas cosas acostumbradas en sus ofrendas. Llegaron al lugar de los mexicas, los cuales los recibieron y aposentaron lo mejor que pudieron.

Después de que descansaron, los mexicas metieron al mozo que estaba vestido con el cuero de la hija del tecuhtli al aposento del ídolo Huitzilopochtli y lo pusieron a su lado; luego salieron a llamar al tecuhtli de Culhuácan y le dijeron:

—Señor, puedes entrar a ver a nuestro dios y a la diosa tu hija para hacerles reverencia con tus ofrendas.

El tecuhtli, teniéndolo por bien, se levantó, entró en el aposento del ídolo, comenzó a hacer grandes ceremonias. Cortó las cabezas de muchas codornices y otras aves que había llevado. Las puso delante de los dioses con muchos manjares, incienso, flores y otras cosas. Debido a que el aposento estaba obscuro no veía delante de quién hacía aquellos sacrificios. Hasta que tomó un brasero, echó incienso en él y, en cuanto comenzó a incensar, la llama se encendió de modo que aclaró el lugar donde el ídolo y el cuero de su hija estaba. Al ver aquella crueldad tan grande, se llenó de horror, soltó el incensario y salió dando grandes voces:

—¡Aquí! ¡Aquí mis vasallos de Culhuácan! ¡Han matado a mi hija! ¡La desollaron y vistieron con el cuero a un mancebo, a quien me han hecho adorar! ¡Mueran y sean destruidos los hombres tan malos y de tan crueles costumbres! ¡Que no quede rastro ni memoria de ellos!

Los mexicas huyeron con sus hijos y mujeres por la laguna en cuanto escucharon las voces que daba el tecuhtli de Culhuácan y vieron el alboroto en que a sus vasallos ponían los cuales echaban ya mano a las armas. Salió toda la gente con mano armada y combatió a los mexicas. Los metieron tan adentro de la laguna, que casi perdían pie, por cuya causa las mujeres y niños levantaron gran llanto, mas no por eso los mexicas perdieron el ánimo, sino que se esforzaron más y comenzaron a arrojar contra sus enemigos muchas varas arrojadizas como fisgas, con las cuales los de Culhuácan recibieron mucho detrimento, de suerte que comenzaron a retirarse. Y así, los mexicas comenzaron a salir de la laguna y se fueron a un lugar a la orilla de la laguna que se dice Iztapalapan.

Iztapalapan, «en el agua de las lajas» o «sobre la losa en el agua» [iztapalli, «losas» o «lajas»; atl, «agua»; y apan, «sobre»]. Su gentilicio era: iztapalapanecatl en singular; iztapalapanecah en plural. A Iztapalapan también se le conocía como Techichco, cuyo gentilicio era techichcotlacatl, en singular, y techichcotlacah, en plural.

Tóci, en la *Historia...* de Diego Durán

Huitzilopochtli, dios de los mexicas, enemigo de tanta quietud y paz, amigo del desasosiego y la contienda, al ver el poco provecho que sacaba de esa paz, dijo a sus viejos y sacerdotes:

—Necesitamos buscar una mujer, la cual se ha de llamar «la mujer de la discordia». Y ésa ha de llamarse *mi abuela* o *mi madre*, en el lugar donde hemos de ir a morar. Porque no es este lugar donde hemos de hacer nuestra habitación y morada. No es este el asiento que les tengo prometido. Está más atrás. Es necesario dejar este lugar donde ahora moramos, pero no será con paz, sino con guerra y muerte de muchos. Empecemos a levantar nuestras armas, arcos, flechas, escudos y macuahuitles, y demostremos al mundo el valor de nuestras personas. Comiencen a proveerse de las cosas necesarias para nuestra defensa. Busquen el medio para que salgamos de este lugar. Vayan con el tecuhtli Achitómetl y pídanle a su hija para mi servicio, que él se las dará. Ésta ha de ser «la mujer de la discordia», como adelante verán.

Los mexicas, muy obedientes a su dios, fueron con el tecuhtli de Culhuácan y le pidieron a su hija para señora de los mexicas y mujer de su dios. El tecuhtli, con codicia de que su hija iba a reinar y ser diosa en la tierra, la dio luego a los mexicas, los cuales la llevaron con toda la honra del mundo y mucho regocijo. La alegría era de ambas las partes, así de la mexica como de la cúlhua.

Aquella noche habló Huitzilopochtli a sus teomamaque:

—Ya les avisé que esta mujer ha de ser 'la mujer de la discordia' y enemistad entre ustedes y los de Culhuácan. Y para que lo que yo tengo determinado se cumpla, maten a esta moza y sacrifíquenla en mi nombre, a la cual desde hoy tomo por mi madre. Después de haberla matado, desuéllenla toda y con su piel vistan a uno de los principales mancebos, y encima pónganle los vestidos de la doncella. Luego inviten al tecuhtli Achitómetl a que venga a adorar a la diosa, su hija, y le ofrezca sacrificio.

Oído esto por sus teomamaque, tomaron a la *cihuapilli*, «mujer de la nobleza», de Culhuácan y heredera de aquel altépetl, la mataron, sacrificaron a su dios, la desollaron y vistieron a un *pilli*, «hombre de la nobleza», según la voluntad de su dios. Luego invitaron al tecuhtli de Culhuácan para que hiciera adoración y sacrificio a su hija como a diosa, pues su Huitzilopochtli la había tomado por madre y por esposa. Ésta es la que los mexicas desde entonces adoran por madre de los dioses, llamada *Tóci*, que quiere decir «madre» o «abuela».

Tóci, «nuestra abuela» [*to*, «nuestra»; y *tecihtzin* o *citli*, «abuela»], tenía otros nombres o advocaciones:

- *Yohualteci*, «abuela de la noche» [*yohual*, «noche»; y *tecihtzin*, «abuela»].

- *Citlalicue*, «la de la falda de estrellas» [*citlalli*, «estrella»; y *cueitl*, «falda»].

- *Tlalli Iyollo*, «corazón de la tierra» [*tlalli*, «tierra»; *i-*, «su»; y *yóllotl*, «corazón»].

Éstos son los nombres que los nahuas utilizaban para referirse a la madre de los dioses o simplemente como madre.

- *Teteoh Innan*, «madre de los dioses» [*teteoh*, «de los dioses»; *in*, «de»; y *nantli*, «madre»].

- *Tonantzin*, «nuestra madre» [*to*, «nuestra»; *nantli*, «madre»; y *-tzin*, «venerada»].

- *Coatlicue*, «la que tiene su falda de serpientes» [*cóatl*, «serpiente»; *i-*, «su»; y *cuéitl*, «falda»]. Madre de Huitzilopochtli y los cuatrocientos huitznahuas.

- *Chalchiuhtlicue*, «señor y señora de las aguas» o «el de brillo solar de jade y la de falda de jade» [*chalchihuítl*, «jade»; *i-*, «su»; y *cuéitl*, «falda»]. También era denominada «nuestra madre».

- *Omecíhuatl*, «madre de los dioses» [*ome*, «dos»; y *cíhuatl*, «mujer»]. Dualidad de *Ometéotl/Ometecuhtli*.

- *Tlaltecuhtli* y *Tonátiuh* (la Tierra y el Sol) son «nuestra madre y nuestro padre» por su relación recíproca de nutrición.

- *Mictlantecuhtli*, «dios de la muerte», también era *padre* y *madre* porque *morir* era, de forma metafórica, ir a conocer a nuestro padre y a nuestra madre, quienes vivían en el lugar de los muertos.

Prosigue la *Historia...* de Diego Durán:

El tecuhtli aceptó la invitación y juntó a todos los pipiltin de su altépetl, y les encargó que llevaran muchas ofrendas y presentes para la
celebración de aquella fiesta, donde su hija iba a quedar por diosa de
los mexicas y esposa de su yerno el dios Huitzilopochtli.

Ellos se apercibieron y aderezaron lo mejor que pudieron, de
mantas, bragueros y ofrendas de papel, copal, plumas y diversos tipos
de comidas, para ofrecer a la nueva diosa, con muchos otros tipos de
aves, como codornices, aves marinas y todo para ofrecer y honrar a la
diosa de los mexicas. El tecuhtli y todos sus pipiltin salieron de Culhuácan y fueron a Tizápan.

Los mexicas los salieron a recibir y a darles la bienvenida. Después
de aposentar a sus invitados, los mexicas metieron al mancebo que
estaba vestido con la piel de la hija del tecuhtli, en el teocalli junto al
ídolo y dijeron:

—Señor, si eres servido, podrás entrar y ver a nuestro dios y a la
diosa tu hija, y hacerles reverencia y entregar tus ofrendas.

El tecuhtli se levantó y fue al teocalli y al entrar hizo grandes
ceremonias, cortó las cabezas a las codornices, ofreció sacrificio, puso
aquella comida delante de los dioses y ofreció copal y rosas. Y ya que
el interior del teocalli estaba algo oscuro, no veía a quién delante hacía
aquel sacrificio. Tomó un brasero con lumbre, echó incienso en él y
empezó a incensar al *tlaquimilolli*.

El *tlaquimilolli*, «bulto sagrado», era un bulto relleno de artículos, reliquias e instrumentos, considerado parte de una divinidad
y reverenciado más que las esculturas de piedra o madera por los
nahuas.

Prosigue la *Historia...* de Diego Durán:

Y al alumbrar con el fuego, vio junto al ídolo que estaba sentado, al
mancebo vestido con la piel de su hija. Una cosa tan fea y horrenda

que, cobrando grandísimo espanto y temor, soltó el incensario que tenía en las manos y salió dando grandes voces:

—¡Aquí, aquí, mis vasallos! ¡Vengan a ver esta maldad tan grande que estos mexicas han cometido! ¡Han asesinado a mi hija! ¡La han desollado! ¡Y han vestido a un mancebo con la piel de ella! ¡Mueran y sean destruidos, hombres tan malos y de tan malas costumbres y mañas...! ¡Que no quede rastro ni memoria de ellos! ¡Demos, vasallos míos, fin a ellos!

Los mexicas, al ver el alboroto y las voces que Achitómetl daba y que los vasallos alborotados echaban mano a las armas, se retiraron con sus mujeres e hijos hacia el agua. Tomando por defensa la misma laguna y por seguridad de las espaldas. Los cúlhuas mandaron llamar a todos los de la ciudad. Salió toda la gente armada y les dieron combate a los mexicas. Los metieron a la laguna, hasta que casi no hallaban pie.

Al verse tan apretados —entre los llantos de las mujeres y los niños— cobraron ánimo y empezaron a disparar tantas varas arrojadizas que los *culhuácanecas* comenzaron a retraerse, de suerte que los mexicas pudieron recuperar la tierra e irse retrayendo hacia Iztapalapa. Ellos fueron dándoles batería, hasta un lugar que se llama Acatzintítlan, y allí se echaron todos al agua y haciendo balsas con las mismas fisgas y rodelas y yerbas pasaron los niños y las mujeres, por estar el agua profunda.

Al pasar a la otra parte del río, se metieron en los carrizales y tulares de la laguna, donde las mujeres y niños pasaron aquella noche con mucha angustia y lágrimas, pidiendo que los dejaran morir allí, que ya no querían más trabajo y aflicción.

Los mexicas en Culhuácan, según los *Anales de Tlatelolco*

Los mexicas cumplieron 42 años en Chapultépec. Al año siguiente, en el año *ce tochtli*, «1298», fueron despojados. Huitzilíhuitl, el tecuhtli de los mexicas, fue llevado a Culhuácan, junto con su hija *Chimallaxotzin*. En Xochimilco fueron llevados al sacerdote *Cimatécatl*. *Tezcacohuácatl* y *Tozpánxoch* fueron llevados a Matlatzinco con algunas mujeres. A Cuauhnáhuac fueron llevados Cohuatzontli y algunas mujeres. A Chalco fueron llevados Huitziltécatl y algunas mujeres. A Acolhuacan fueron llevadas algunas mujeres. A Xaltócan fueron llevados Tepantzin y Tezcatlamiahualtzin, los cuales lograron huir y no fueron sacrificados, sino que luego se reunieron con los demás en Culhuácan. A Azcapotzalco fueron llevadas algunas mujeres. A Mazahuacan fue llevado Yaózol, el cual logró huir y luego se reunió con los demás en Culhuácan.

- *Chimallaxotzin,* «flor de escudos».
- *Cimatécatl,* «el de Cimátlan» [*Cimátlan,* «junto a las raíces de címatl o cimates»].
- *Tezcacohuácatl* [Tezcacóatl], [Tezcacoacatl], «el de Tezcacoac». *Tezcacoac,* «en el lugar de la serpiente de espejo».
- *Tozpánxoch,* «flor como bandera amarilla».
- *Cohuatzontli,* «cabellera de serpientes». Hijo de Cuauhtlequetzqui y Xicomoyahualtzin. Huitziltécatl, «el habitante de Huitzillan» [*Huitzillan,* «entre los colibríes»].
- *Xaltócan,* «lugar de arena».
- *Tepantzin,* «muro».
- *Tezcatlamiahualtzin* [Tezcatlamiyahuatl], nombre personal, hija del señor de Tepanco, segunda esposa del soberano mexicano.
- *Mazahuacan,* «donde tienen venados».
- *Yaózol,* «guerrero viejo».

Así narran los *Anales de Tlatelolco:*

Unos cuantos se salvaron metiéndose entre las aguas de *Acocolco.* Pasados cinco días, algunos mexicas fueron a suplicar a Culhuácan. *Eztlocelopan* y su gente fueron a suplicar a los señores *Acxocuauhtli, Coxcoxtli, Chalchiuhtlatónac* y *Achitómetl.*

- *Acocolco*, «en las curvas del agua».

- *Eztlocelopan*, «bandera de piel de ocelote ensangrentada».

- *Acxocuauhtli*, «águila de los abetos».

- *Coxcoxtli*, «venerable señor faisán» [*coxox*, «faisán»].

- *Chalchiuhtlatónac*, «el del brillo solar de jade», nombre divino, íntimamente asociado con Chalchíhuitl icue que preside el bautismo del recién nacido/nombre personal. *Chalchiuhtlatónac* [Chalchiuhtlicue], «señor y señora de las aguas», «el de brillo solar de jade y la de falda de jade».

- *Achitómetl*, «pequeño maguey».

Continúan los *Anales de Tlatelolco*:

Les dijeron, pues, los ancianos mexicas:

—Señores nuestros, oh, tetecuhtin, acá nos envían Ténoch, *Iztacchiauhtótotl*, «pájaro-víbora blanca», *Ahuéxotl*, «sauce de agua», y *Tenantzin*, «muralla», que nos dijeron: «Vayan a suplicar a los pipiltin de Culhuácan por la pobre gente que se quedó sufriendo entre las aguas. Y digan que nos sometemos a ellos, que encenderemos el fuego y que barreremos».

—¿Y dónde se han refugiado? —les preguntaron los pipiltin.

—En medio de las aguas de Acocolco —les respondieron.

Llamaron a *Tecpóyotl*, «pregonero», y le dijeron:

—Ve a ver cuántos se salvaron.

Fue a ver y eran alrededor de cuarenta. Una hermana mayor de los mexicas, que estaba encinta, parió en medio de las aguas, y le pusieron a la criatura el nombre de *Axólotl*, «monstruo de agua». Huitzilíhuitl aún no había sido sacrificado cuando llegaron los enviados. Le preguntaron qué opinaba y si acaso vendrían todos sus vasallos, porque estaban llegando algunos de los que se habían salvado. Entonces la mujer que iba con Huitzilíhuitl se puso a gritar:

—¿Por qué no habríamos de morir? ¿Por qué habrían de venir ellos? Que escuchen los pipiltin: «¿Por qué no habríamos de morir?». Vayamos a pedir la tiza y las plumas.

Escucharon los pipiltin y dijeron:

—Vayan a preguntar a Huitzillíhuitl si él también quiere la tiza y las plumas.

Deshicieron el carbón con las manos y se lo untaron en el cuerpo, pues habían tomado el tizón de fuego. Antes de que los subieran a la piedra de sacrificios, una mujer exclamó entre lágrimas:

—¡Oh, cúlhuas, ya me voy a donde está mi dios, pero mis cabellos y mis uñas se convertirán en hombres!

Luego de blanquear a los mexicas con tiza y cal, los sacrificaron con un cuchillo en forma de tizón. De la misma manera se expresó Huitzilíhuitl. Después de sacrificarlos, limpiaron su sangre. Luego los mexicas fueron a Culhuácan donde les dijeron:

—¡Oh, mexicas! Se han fatigado. Pueden asentarse en Tizápan.

Diez días después, los pipiltin de Culhuácan les dijeron:

—Mexicas, tienen que venir arrastrando una chinampa, donde estén una garza, una serpiente y donde haya liebres. La tienen que dejar en la entrada del palacio.

Al escuchar la orden, los mexicas se pusieron a llorar y respondieron:

—¡Infelices de nosotros! ¿Qué vamos a hacer?

Entonces Huitzilopochtli les habló:

—No teman, yo sé lo que deben hacer. Allá está la chinampa que deben llevar, yo se las mostraré.

Los mexicas arrastraron la chinampa que estaba preparada y que llevaba encima la garza y una serpiente viva. Los pipiltin de Culhuácan se maravillaron y dijeron:

—¿Quiénes son estos mexicas?

Entonces les dieron un nuevo mandato:

—Mexicas, los pipiltin de Culhuácan les mandan decir que les traigan un venado que no esté herido y que no tenga ningún hueso roto. Si hacen esto, nosotros sabremos lo que habrá de hacerse.

Al recibir esta orden, los mexicas se entristecieron. Luego fueron a buscar el venado por varias partes, entre ellas Acuezcómac y Chapultépec, hasta que se toparon con los mexicas Tépan y su hermana mayor Tezcatlamiahualtzin, que habían estado presos en Xaltócan. Los encontraron entre los carrizos donde estaban escondidos, pero ellos no dijeron: «Somos mexicas».

Después de apresarlos, les mandaron decir a los pipiltin de Culhuácan:

—Escuchen. No hemos hallado el venado que quieren, pero apresamos a un hombre y a una mujer.

Llevaron a sus cautivos y fueron a dar con un venado que andaba entre los carrizos. Lo persiguieron en dirección a Culhuácan, pero se atascó en el lodo y de esta manera pudieron fácilmente tomarlo y atarlo. Por esto llamaron a ese lugar *Mazatla*, «entre los venados». Luego llevaron el venado ante los pipiltin de Culhuácan y éstos vieron que el animal estaba sano. Después preguntaron:

—Mexicas, ¿y dónde están sus cautivos?

Al oír esto Tépan y Tezcatlamiáhual, se echaron a llorar y dijeron:

—Nosotros somos los mexicas que fuimos apresados. Señores nuestros, nosotros somos mexicas; somos los mexicas que fueron llevados a Xaltócan, pero logramos huir.

Así pues, los dejaron con los demás mexicas.

Cuando los mexicas ya estaban establecidos en Tizápan, fueron a suplicar a los pipiltin de Culhuácan:

—Señores nuestros, quizá les causemos pena, porque construir un monte sagrado y un teocalli donde nos han permitido asentarnos.

No consintieron los señores, pero luego dijo Coxcoxtli:

—Hermanos, que lo construyan.

Cuando el monte sagrado y un teocalli estuvieron terminados, los mexicas regresaron a Culhuácan:

—Señores nuestros, ya está terminado nuestro monte sagrado. Déjennos ir por allí; quizá logremos coger un conejo o una serpiente, para que sobre ellos caiga el tizón de fuego.

—Está bien, pueden ir —respondieron los señores—, pero tendrán que ir lejos, por el rumbo de Xochimilco.

Cuando los mexicas se marcharon, los pipiltin de Culhuácan mandaron decir a los xochimilcas:

—Xochimilcas, ¿qué les parece? Allá van los mexicas, no dejen ninguno de ellos con vida.

Ya iban los mexicas ojeando y gritando y fueron a dar con los xochimilcas, que les habían tendido una celada. Se entabló la batalla y todos los mexicas tomaron cautivos. Luego enviaron a unos mexicas que fueran a decir a los pipiltin de Culhuácan:

—Señores nuestros, los mexicas han tomado cautivos, y delante de ellos huyeron los xochimilcas.

Los cúlhuas se maravillaron al oír esto y se preguntaron:

—¿Quiénes son estos mexicas?

Los mexicas construyeron un monte sagrado y un teocalli en el año *ome ácatl*, «1299», y también entonces se ataron sus años.

—¿Acaso es tierra mexica el sitio donde erigieron su altar? —se cuestionaron los pipiltin de Culhuácan—. Que se le vaya a poner un corazón.

Llamaron a los que adivinan con papeles y les ordenaron ir a poner un corazón al teocalli de los mexicas. Pero ellos pusieron excremento, basura, polvo, malacates y algodón en el teocalli. Luego fueron los mexicas a sacar lo que los adivinos habían enterrado, y en su lugar pusieron carrizos, espinas de sacrificio y ramas de ahuehuete. El excremento, la basura, el polvo, el algodón y las plumas los enterraron en medio del patio.

—¿Aquí es nuestra casa? —se preguntaron los mexicas.

Rodearon el sitio donde habían erigido su altar con jacales de tules y convidaron a todos los señores, pero éstos no acudieron, sino sólo Coxcoxtli, quien dijo:

—Quiero ver lo que hacen los mexicas.

Cuando llegó Coxcoxtli, estaban para ofrendar a los cautivos xochimilcas, a quienes habían puesto en el centro; después de que bajó una figura de *tzohualli* y también la *xiuhcóhuatl*, subieron a los xochimilcas, que fueron sacrificados.

La figura de *Tzohualli* [tzoalli], «carne de los dioses», que se menciona era una *ixiptla*, «efigie», divina hecha por dentro con una estructura de madera, que luego tapizaban con una masa de semillas de *huauhtli*, «amaranto», *izquitl*, «maíz tostado», y *menecuhtli*, «miel negra de maguey». Cabe mencionar que la ingesta del *tzoalli* estaba severamente reglamentada y que no se debía consumir fuera de los rituales religiosos.

A lo largo del calendario del año solar, las ocasiones para elaborar estas efigies eran variadas: las veintenas tóxcatl y panquetzaliztli eran cuando se moldeaban las imágenes de Huitzilopochtli y de Tezcatlipoca, las veintenas Xócotl Huetzi e Izcalli eran cuando se elaboraba la efigie del dios del fuego, y las veintenas Tepeílhuitl y Atemoztli eran cuando se realizaban las imágenes de masa de los *Tepictoton*, «los pequeños dioses de los cerros». Estas efigies eran comidas por grupos específicos de personas: podía tratarse de toda la población o de las personas que lograban apoderarse de estas figuras comestibles, o de miembros de la jerarquía religiosa (Mazzetto, 2017: 73-118).

Xiuhcóhuatl [Xiuhcóatl], «serpientes de fuego». «La *xiuhcóatl* —arma del dios— se utilizaba para poner fuego simbólicamente a los atavíos de papel de las víctimas, que se habían echado en el cuauhxicalli» (Sahagún, 1956, II: 136).

Continúa *Anales de Tlatelolco*:

Luego los mexicas celebraron una fiesta, como no lo habían hecho desde su llegada. Mientras sacrificaban a los cautivos, los mexicas y Coxcoxtli escucharon cómo retumbaba el cielo. Entonces bajó un águila, que se posó sobre el jacal del templo, como si allí le hubieran preparado un nido, pues encima se posó el águila. Cuando terminó el sacrificio de los xochimilcas, el águila voló y volvió al sitio de donde había bajado. Los mexicas estuvieron veinte años en Culhuácan. Allá tomaron mujeres y tuvieron hijos, pero al vigésimo año se enemistaron. Así pues, los que habían tomado mujeres, y las que habían tomado maridos, se ocultaron en el año chicuei tochtli, «1318». Cuatro años estuvieron los mexicas ocultos en Contítlan.

En el año mátlactli omome tochtli, «1322», los pipiltin cúlhuas se dijeron:

—Cúlhuas, ¿dónde están todos los mexicas? ¡Búsquenlos, porque los xochimilcas ya vienen a nuestras casas!

Encontraron a los mexicas y les ordenaron:

—Mexicas, ahora toca a ustedes, porque ya vienen los xochi-milcas.

Cuando recibieron esta orden, los mexicas se pusieron de acuerdo y dijeron:

—Mexicas, ¿qué les parece? Nos han impuesto una tarea. Vaya-mos. Que nadie escape. Ataquemos a esos otros y cortémosles las orejas.

Así lo hicieron. Luego trajeron las orejas que habían cortado. Llama-ron a los pipiltin de Culhuácan y delante de ellos arrojaron las orejas. Así hicieron la cuenta de los cautivos que habían prendido y dijeron:

—Hemos cumplido nuestra tarea y replegamos a los xochimil-cas a sus casas.

Cuando los mexicas se retiraron, los pipiltin de Culhuácan deli-beraron:

—¿Quiénes son estos mexicas? No escaparán. Cúlhuas, destruyá-moslos como se acordó.

Luego, Coxcoxtli mandó decir a los mexicas:

—Les advierto que los prenderé, esta misma noche morirán. Quizá todavía puedan hacer algo. ¡Huyan al anochecer!

Para salir horadaron la pared trasera de las casas, porque todos los frentes estaban vigilados y cuando los descubrieron, ya habían acabado de salir. Los cúlhuas gritaron y los siguieron rumbo a Mexi-catzinco; cuando se detuvieron, se dio la batalla en Acatzintítlan. Se combatió en el agua, y los mexicas tuvieron que atravesar sobre sus escudos para escapar, tomaron algunos cautivos y los sacrificaron, para luego reunirse en Mexicatzinco. No se quedaron allí mucho tiempo; le pusieron al sitio el nombre de Mexicatzinco porque allí se hicieron fuertes, allí se abrazaron entre lágrimas, allí se contaron. Partieron y se asentaron en Nextícpac, donde erigieron un altar de tierra y quema-ron sus canastos y chiquihuites. Los quemaron en el año *mátlactli omei ácatl*, «1323».

Los mexicas en Iztacalco, según los *Anales de Tlatelolco*

Partieron, y en el año *ce técpatl*, «1324», se asentaron en Tecuictollan; estando allí construyeron un monte sagrado. Partieron y se asentaron en Iztacalco; luego los mexicas solicitaron a los que habían tomado mujeres de Culhuácan que éstas llevaran sus papeles de registro, y solicitaron a las que allá habían tomado maridos que éstos llevaran sus papeles de registro. Se preguntaron:

—¿Adónde vamos, adónde nos dirigimos? Aún no somos muchos; no vayan a despojarnos. ¿Qué vamos a hacer con los papeles de los cúlhuas que hemos traído? Juntémoslos.

Juntaron todos los papeles, los cubrieron con *tzohualli*, «carne de los dioses», y así formaron un cerro de papel; de tzohualli le hicieron la cabeza, y luego lo exhibieron. Entonaron un canto:

—En *Iztacaltzinco*, cobró vida nuestro *Amatépetl*, en una noche surgió. En el campo de batalla se le dio de beber a nuestro amatépetl. Así *Nanocihuatzin*, «señora madre», se volvió contra Tetocatzin. En el campo de batalla se le dio de beber a nuestro amatépetl.

- *Iztacaltzinco*, «Iztacalco el chico» o «la casa chica de la sal». *Iztacalco*, «en la casa de la sal» [*izta*, «sal»; *calco*, «casa o lugar»; y *-tzinco*, «pequeño» o «en el venerable»]. «Sufijos: *-tzinco*, *-tonco* y *-tonca* denotan pequeñez en el término o complemento de la posposición, en el primer caso con reverencia y/o afecto, y en el segundo con desprecio» (Sullivan, 1992: 79).

- *Amatépetl*, «cerro de papel» [*ámatl*, «papel»; *tépetl*, «monte o cerro»]. También, *amatépetl tzoalli*, «la montaña de papel de masa de amaranto». *Tzoalli*, «carne de los dioses». Un *ixiptla*, «efigie», divina hecha por dentro con una estructura de madera, que luego tapizaban con una masa de semillas de *huauhtli*, «amaranto», *izquitl*, «maíz tostado», y *menecuhtli*, «miel negra de maguey».

- *Nanocihuatzin*, «señora madre». *Nanontl*, «maternidad» o «conjunto de madres». Diosa-Madre. *Icuepea nanocihuatzin*, trasformación de la Mujer-madre.

Continúa *Anales de Tlatelolco*:

Los coyohuacas y los cúlhuas alcanzaron a escuchar el canto, porque se extendía sobre ellos. Entonces convocaron a la guerra:

—¡Tepanecas, apoderémonos de ellos! ¿Acaso son tantos los mexicas que se engañan declarando la guerra?

Fueron en busca de los mexicas y los hallaron cantando frente a su *amatépetl*. A los coyohuacas les pareció que era un *tzitzimitl*. Los mexicas alzaron la gritería. Empezó el combate, arreció y murieron muchos coyohuacas; hasta las mujeres prendieron cautivos, y los sacrificaron delante del *amatépetl*.

Tzitzimitl, «flecha puntiaguda», monstruosas deidades celestiales; fantasmas vivos, bajados de las nubes, dioses de los aires que traían las lluvias, aguas, truenos, relámpagos y rayos. En plural *Tzitzimime*.

LA TIERRA PROMETIDA

Los mexicas llegan a Tenochtitlan, según el *Códice Ramírez*

De allí pasaron a otro lugar llamado Acatzintítlan, por donde entraba un gran río a la laguna, el cual estaba tan hondo que no lo podían vadear. Hicieron balsas con las mismas fisgas, rodelas y yerbas que por allí hallaron. Con ellas pasaron las mujeres y niños a la otra parte del río. Luego se metieron por un lado de la laguna entre unos carrizales, espadañas y carrizales, donde pasaron aquella noche con mucha angustia, trabajo y llanto de las mujeres y niños, que pedían que los dejaran morir allí, pues ya no querían más trabajos.

El dios Huitzilopochtli habló aquella noche a sus teomamaque y les dijo que consolaran a su gente y la animasen, pues todo aquello era para bien. Los teopixque consolaron al pueblo lo mejor que pudieron. Así, algo aliviados con la exhortación, gastaron todo aquel día en enjugar sus ropas y macuahuitles y escudos. Construyeron un baño que ellos llaman *temazcalli*, que es un aposento estrecho con un hornillo a un lado por donde le dan fuego, con cuyo calor queda el aposento más caliente que una estufa. Llaman a este modo de bañarse. Hicieron este baño en un lugar que está junto a una ciudad llamada Mexicalzinco.

De allí pasaron a otro lugar llamado Iztacalco, más cerca de la ciudad de México, donde estuvieron algunos días. Después, pasaron a otro lugar a la entrada de esta ciudad, donde ahora está una ermita de San Antonio. De aquí entraron en un calpulli que ahora es de la ciudad, llamado San Pablo, donde parió una señora de las más principales de su campaña, por cuya causa hasta hoy se llama este sitio *Mixiuhtlan*, que significa «lugar del parto». De esta manera, su ídolo se fue metiendo poco a poco al sitio en el que pretendía edificar su gran ciudad, la cual ya estaba muy cerca de este lugar. Ellos comenzaron a buscar si había por aquella parte de la laguna algún sitio acomodado para poblar y fundar su ciudad, porque ya en la tierra no había remedio porque estaba todo poblado por sus enemigos.

Anduvieron por unas y otras partes, entre los carrizales y espadañas. Hallaron un ojo de agua hermosísimo donde vieron cosas maravillosas y de grande admiración, las cuales habían antes pronosticado sus teopixque. Lo primero que encontraron en aquel manantial fue un arbusto blanco muy hermoso al pie del cual manaba aquella fuente. Luego, vieron que todos los sauces alrededor tenían aquella fuente, eran blancos, sin una sola hoja verde. Todas los carrizos y espadañas de aquel lugar eran blancas. Mientras miraban con grande atención, comenzaron a salir del agua ranas blancas y muy vistosas. Salía esta agua de entre dos peñas, tan clara y tan linda que daba gran contento.

Los teopixque se acordaron de lo que su dios les había dicho. Comenzaron a llorar de gozo y alegría:

—Ya hemos hallado el lugar que nos fue prometido. Ya hemos visto el consuelo y descanso de este cansado pueblo mexica. Ya no hay más que desear. Consuélense, hijos y hermanos, que hemos hallado lo que nos prometió nuestro dios, pero callemos, no digamos nada. Volvamos al lugar donde ahora estamos. Aguardemos lo que nos mande nuestro señor Huitzilopochtli.

Al regresar al lugar de donde salieron, aquella noche apareció Huitzilopochtli en sueños a uno de sus teomamaque, y le dijo:

—Ya estarán satisfechos, como yo. No les he dicho cosa que no haya sido verdadera. Han visto las cosas que les prometí en este lugar, donde yo los he traído. Pues esperen. Les falta mucho por ver. Recuerden cómo les mandé matar a Cópil, hijo de la hechicera que se decía mi hermana. Y mandé que le sacaran el corazón y lo arrojaran entre los carrizales y espadañas de esta laguna, lo cual hicieron bien. Sepan, pues, que ese corazón cayó sobre una piedra y de él salió un tunal, el cual está tan grande y hermoso que un águila habita sobre él. Allí encima se mantiene y come de los mejores y más galanos pájaros que hay. Allí extiende sus hermosas y grandes alas, recibe el calor del sol y la frescura de la mañana. Vayan allá en la mañana, que hallarán al águila hermoso sobre el tunal. Y alrededor de él verán gran cantidad de plumas verdes, azules, coloradas, amarillas y blancas de los galanos pájaros con que esta águila se sustenta. A este lugar donde encontrarán el tunal con el águila encima, le pongo por nombre Tenochtitlán.

México quiere decir «lugar de los mexicas»; *Tenochtitlán* porque *tetl* es la piedra y *nochtli* es «tunal», y de estos dos nombres componen *tenochtli*, que significa «el tunal y la piedra» en que estaba, y añadiéndole esta partícula *tlan*, que significa lugar, dicen *Tenochtítlan*, que quiere decir «lugar del tunal en la piedra».

A la mañana siguiente, el sacerdote mandó juntar a hombres, mujeres, viejos, mozos y niños, sin que nadie faltase, y comenzó a contarles su revelación:

—En este lugar del tunal está nuestra bienaventuranza, quietud y descanso —dijo—, aquí deberá ser engrandecido el nombre del pueblo mexica. Desde este lugar será conocida la fuerza de nuestro valeroso brazo y el ánimo de nuestro valeroso corazón, con que hemos de rendir a todos los señoríos, pueblos y aldeas remotas de un mar a otro. Aquí nos servirán y tributarán. En este lugar se edificará nuestro tlatocáyotl, donde recibiremos a todos los tetecuhtin y donde ellos acudirán y reconocernos como a suprema corte. Por lo tanto, hijos míos, vamos por entre estos carrizales, espadañas y carrizales donde está la espesura de esta laguna, y busquemos el sitio del tunal, que nuestro dios dice que no dudemos.

Al terminar la plática del sacerdote, todos dieron gracias a su dios y entraron por diversas partes de la laguna. Buscaron por varias partes. Regresaron a la fuente que habían visto el día anterior y vieron que el agua que antes salía muy clara y linda, ahora manaba muy bermeja, casi como sangre, y se dividía en dos arroyos. En la división del segundo arroyo salía el agua tan azul y espesa, que era cosa de espanto. Aunque repararon en que aquello no carecía de misterio, no dejaron de pasar adelante a buscar el tunal y el águila. Al fin dieron con el lugar del tunal, encima del cual estaba el águila con las alas extendidas hacia los rayos del sol y en las uñas tenía un pájaro muy galano de plumas muy preciadas y resplandecientes. Ellos se humillaron e hicieron reverencia. El águila los vio, se les humilló bajando la cabeza a todas partes donde ellos estaban. La gente comenzó a llorar y hacer muchos movimientos en señal de alegría y decían:

—¿Cómo merecimos tanto bien? ¿Quién nos hizo dignos de tanta gracia, excelencia y grandeza? Ya vimos lo que deseábamos, ya hemos alcanzado lo que buscábamos, ya hemos hallado nuestra ciudad y asiento, demos gracias a nuestro dios Huitzilopochtli.

Al día siguiente dijo el sacerdote a todos los de su tribu:

—Hijos míos, debemos ser agradecidos con nuestro dios por tanto bien que nos hace. Vayamos todos y hagamos en aquel lugar del tunal un teocalli donde descanse ahora nuestro dios Huitzilopochtli. Debido a que en este momento no podemos edificarla con piedra, hagámosla de céspedes y tapias.

Al escuchar esto, todos fueron de muy buena gana al lugar del tunal, cortaron céspedes de aquellos carrizales, lo más gruesos que podían e hicieron un asiento cuadrado junto al tunal para la fundación, sobre la cual construyeron una pequeña y pobre casa cubierta de paja.

Al juntarse todos en consejo, hubo algunos a los que les pareció que deberían ir con mucha humildad a Azcapotzalco a ofrecer su amistad con intenciones de pedirles piedra y madera para la construcción de su ciudad. La mayoría pensó lo contrario y dijo que se ponían en riesgo de que los recibieran mal y que los maltratasen; que sería mejor que salieran a los pueblos y ciudades a la redonda de la laguna los días de mercado. Luego que ellos y sus mujeres llevaran pescado, ranas con todo género de sabandijas y todas las aves marinas que en la laguna se crían, con lo cual podrían comprar piedra y madera, libremente, sin reconocer ni sujetarse a nadie, pues su dios les había dado aquel sitio.

Al parecerles a todos este medio el más acertado, lo pusieron en ejecución, se metieron en los carrizales, espadañas y carrizales de la laguna, pescaron muchos peces, ranas, camarones y otras cosillas. Asimismo, cazaron muchos patos, ánsares, gallaretas, corvejones y otros diversos géneros de aves marinas. Salieron al mercado con nombre de cazadores y pescadores y los intercambiaron por madera de morillos, tablillas, leña, cal y piedra. Aunque la madera y piedra era pequeña, con todo eso comenzaron a hacer el teocalli de su dios lo mejor que pudieron, cubriéndolo de madera y poniéndole por fuera sobre las tapias de tierra, una capa de piedras pequeñas revocadas con cal. Aunque chico y pobre el teocalli quedó algo galán. Luego, fueron poco a poco haciendo plancha para el cimiento y sitio de su ciudad encima del agua, hincando muchas estacas y echando tierra y piedra entre ellas. Cuando acabaron de reparar su teocalli, Huitzilopochtli habló a uno de sus teomamaque de esta manera:

—Díganles a los mexicas que dividan a los señores con sus parientes, amigos y allegados en cuatro calputin tomando en medio el teocalli que han edificado para mi descanso, y que en cada calpulli edifique a su voluntad.

La fundación de Meshíco Tenochtitlan en la *Crónica mexicana*

—Hijos y hermanos míos, comencemos a sacar y cortar céspedes de los carrizales y debajo del agua. Hagamos un poco de lugar para el sitio a donde vimos el águila encima del tunal, que algún día querrá venir allí nuestro dios Huitzilopochtli.

Así cortaron una cantidad de céspedes y fueron ensanchando el sitio del águila desde la quebrada y el ojo de agua. Luego hicieron un teocalli pequeño de carrizo y tule para Quetzalcóatl, junto al tunal del águila y ojo de agua, ya que, por estar en medio del gran lago, no tenían adobes, madera. Estaban cercados por todas partes de carrizo, tule y aves de todo género.

Estaban entre los tepanecas, acólhuas y cúlhuas, por lo tanto, los mexicas padecían extrema necesidad. Por esta causa fueron obligados a dar vasallaje a los de Azcapotzalco. Algunos mexicas estuvieron en contra; otros propusieron quedarse callados. Así dijeron:

—Hermanos míos mexicas, hagamos otra cosa, compremos a los tepanecas de Azcapotzalco y texcocanos su piedra y madera, démosle en trueque todo género de pescado blanco y xohuilli, ranas, camarones, *axólotl* y todo género de lo que en el agua se cría, en especial *izcahuitle teutlatlac, ahuahtli axaxayacatl* y todo género de patos.

• *Xohuilli* [xohuilli, xohuili o xohuilin]. Peces pequeños, parecidos a la trucha.

- *Axólotl*, «monstruo de agua» [*atl*, «agua»; y *xólotl*, «extraño» o «monstruo»], también se traduce como «transformista de las aguas». Mide entre 15 y 30 centímetros de largo. El ajolote es capaz de regenerar extremidades amputadas, órganos y tejidos lesionados.

- *Izcahuitle* [izcahuitli], gusano de color rojo, aparentemente sin cabeza, con una cola en cada extremo.

- *Teutlatlac*, «excremento de las aguas». Alga lacustre comestible. También *tecuitlatl*. Alga espirulina.

- *Ahuahtli axaxayacatl*, «bledo acuático del axaxayacatl». Huevos de la mosca axayácatl.

Continúa la *Crónica mexicana*...

Así comenzaron a cazar con redes las aves y fueron a Azcapotzalco y Texcoco a traer madera y piedra. La madera era menuda como morillos pequeños. La estacaron en el agua y construyeron la casa de Huitzilopochtli. De noche hicieron junta y les dijo el sacerdote Cuauhtlequetzqui:

—Hermanos, ya es tiempo de que dividan un trecho unos de otros, en cuatro partes, cercando en medio el teocalli de Huitzilopochtli y nombremos los calputin.

Concertados para dividirse les habló Huitzilopochtli. A la mañana siguiente, todo lo tenía puesto por orden el *Teomana* en el camellón.

Teomana [teomama], «portador del dios». En plural *teomamaque*. Durante la migración de los mexicas, el *teomama* era el máximo cargo político y religioso.

Los mexicas llegan a Tenochtitlan, según las *Relaciones...* de Chimalpáhin

En este año fueron perseguidos los mexicas nuevamente por los culhuaques, por lo que fueron a establecerse en *Nextícpac*, «sobre las cenizas», en donde ya tenían un año para el *ce pedernal.* Tenochtzin andaba acaudillándolos. Para este año de *ce pedernal,* igualmente, aquel que estaba instalado en el trono era huehue Acamapichtli —hijo de Coxcoxtli— como señor de Culhuácan.

En el año *ome calli*, «1325», llegaron los chichimecas allá al centro de los carrizales y de los tulares, cuando tuvieron que hacer el atado de cabellos, a fin de obtener tierras, cuando fue su padecimiento, cuando vinieron a Tenochtítlan, cuando fue el «rayamiento de la cara de Tenuchtli».

Arriba está parada un águila y comiendo, por lo que ahora es llamado «el lugar asiento de Tenochtli», en donde está el «comedero del águila». Aquí se enumeran los nombres de aquellos que están: Ténoch, Acacitli, Ocelopan, Áhatl, Cópil Teomama, Cuauhtliyolqui, Ahuéxotl, Xiúhcac Teomama, Tenzacátetl y Xomímitl.

- *Ténoch*, «nopal de tunas duras», «tuna de piedra». *Tenochtli*, «nopal de la piedra» [*tetl*, «piedra»; *nochtli*, «tuna»; y *-tlan*, sufijo locativo]. Tenochtli refiere también a toda la planta y no sólo al fruto.
- *Acacitli*, «liebre de carrizal».
- *Ocelopan*, «estandarte de ocelote».
- *Áhatl*, «encina».
- *Cópil Teomama*, «el portador del dios que usa la mitra» [*Cópil*, «mitra»; y *Teomama*, «portador del dios»].
- *Cuauhtliyolqui*, «águila alerta».
- *Ahuéxotl*, «sauce del agua».
- *Xiúhcac Teomama*, «el sacerdote de las sandalias azules».

- *Tenzacátetl,* «bezote» o «bezotera de zacates».
- *Xomímitl,* «pato lagunero», «flecha en la pierna» o «flecha de saúco».

Prosiguen las *Relaciones…* de Chimalpáhin:

Todos los mexicas pasaron 26 años en Culhuácan. Aquellos otros 12 chichimecas que aún no han sido nombrados son aquellos que se establecieron en Tlatillolco, porque allá fue donde obtuvieron tierras, a ellos se les enumerará en el año en que sea el establecimiento de Tlatillolco. Y para cuando se establecieron en Tenochtítlan los mexicas, ya 57 años que estaban aquí los amaquemes totolimpanecas y los tzacualtítlan tenancas.

Ya tenían 60 años de estar aquí en Amaquemecan los totolimpanecas y los tzacualtítlan tenancas. Ya hacía 8 años que habían sido debilitados los tlacochcalcas.

En el año *chiconahui técpatl,* «1332», Quetzalcanauhtli fue llamado por Tezcatlipoca, quien le dijo:

—Oh, Quetzalcanauhtlé, debemos marcharnos. Dejemos a la gente y al pueblo de Chalco, pues verdaderamente estoy a disgusto, así pues, marchemos hacia Coyohuácan.

Por esto fue que ayunó por ellos la hermana mayor *Chalchiuhtlicue,* «la diosa de las aguas terrestres» o «la de la falda de jade»; la maga, la sabia que estaba allá en la tierra caliente, en Coyohuácan. En este mismo año *chiconahui técpatl* a causa de esta orden, Chalchiuhtlicue ayunó con agua amarga, siendo así como llegaron a Coyohuácan, cuyos habitantes, los coyohuacas, acostumbraban narigueras de metal labrado a honra de Tezcatlipoca. Por estas narigueras labradas, se llama ahora el lugar Yacapichtlan. Para entonces comenzaron los dos años en que no llovió.

En el año *mátlactli calli,* «1333», se cumplieron los dos años en que no llovía. Entonces fueron a implorar a Tezcatlipoca, pero antes de que llegaran a Coyohuácan ahora Yacapichtlan, les dijo:

—Quetzalcanauhtlé, ésos habrán de venir hacia nosotros.

Una vez que llegaron los chalcas a Coyohuácan Yacapichtlan, rogaron al cargador de la deidad *Quetzalcanauhtli,* diciéndole:

—Llévale nuestros ruegos a nuestro dios. Nosotros serviremos su corazón. Estamos desolados y atormentados. Dígale que tome como guste mejor las aguas, los cerros, el país como su morada.

La fundación de Meshíco Tenochtitlan, en la *Historia*... de Diego Durán

El dios Huitzilopochtli, al ver la aflicción del pueblo habló aquella noche a sus teomamaque y les dijo que consolaran al pueblo, que todo aquello era para tener después más bien y descanso. Que descansaran allí en aquel lugar.

Los teopixque hablaron al pueblo y lo consolaron lo mejor que pudieron, y así en todo aquel día lo dedicaron a enjugar sus ropas, los escudos y armas y en edificar un baño, que llaman *temazcalli*. Y así después llamaron Mexicatzinco a este lugar.

Mientras huían entre aquellos carrizales se les ahogó uno de los teomamaque —muy anciano— del dios Huitzilopochtli. Lo quemaron, honraron, y dieron muy solemne sepultura. Caminaron entre aquellos carrizales hasta un lugar que ahora llaman Iztacalco. Allí hicieron la fiesta de los cerros, que ellos tanto solemnizaban, por ser aquel su día, e hicieron muchos cerros de masa, poniendo los ojos y bocas; en fin, celebraron su fiesta lo mejor que pudieron, conforme al poco recaudo que tenían consigo.

De allí se pasaron a donde ahora llamamos San Antonio, luego al lugar que ahora es San Pablo, donde parió la hija de un pilli. Hasta el día de hoy llaman a ese lugar *Mixiuhtlan*, que quiere decir «el lugar del parto». De este lugar vinieron buscando algún lugar para hacer asiento. Y andando en estas partes de esta manera por unas y por otras, entre los carrizales hallaron un ojo de agua hermosísimo, en la cual fuente vieron cosas maravillosas y de gran admiración. Lo cual los teomamaque y teopixque lo habían pronosticado al pueblo, por mandado de su dios Huitzilopochtli.

Lo primero que hallaron fue una sabina blanca toda, muy hermosa, al pie de la cual salía aquella fuente. Lo segundo que vieron fue que todos los sauces que aquella fuente tenía alrededor eran blancos, sin tener una sola hoja verde. Todos los carrizos de aquel sitio eran blancos. Empezaron a salir del agua ranas, todas blancas, y pescado, todo blanco, y entre ellos, algunas culebras del agua, blancas y vistosas. Salía esta agua de entre dos peñas grandes, la cual salía tan clara y linda que daba sumo contento.

Los sacerdotes y viejos, acordándose de lo que su dios les había dicho, empezaron a llorar de gozo y alegría.

—Ya hemos hallado el lugar que nos ha sido prometido —dio uno de ellos—. Ya hemos visto el consuelo y descanso de ese cansado pueblo mexica. Ya no hay más qué desear. Consuélense, hijos y hermanos, que hemos hallado lo que les ha prometido su dios. Porque él nos dijo que veríamos cosas maravillosas entre los carrizales. Hermanos, callemos y vámonos al lugar donde estábamos y esperemos el mandamiento de nuestro dios, que él nos avisará de lo que hemos de hacer.

Se fueron a Temazcaltítlan, el lugar donde edificaron el baño para la parida, como ellos lo tienen de costumbre de, al quinto o sexto día, bañar a las paridas en un baño caliente.

Aquella noche apareció Huitzilopochtli en sueños a uno de sus teomamaque llamado Cuauhtlequetzqui y le dijo:

—Ya estarán satisfechos. Yo no les he dicho cosa que no haya sido verdadera. Ya han visto las cosas que les prometí. Verdades en este lugar a donde los he traído. Esperen, que aún les falta ver. Recuerden cómo les mandé matar a Cópil, que le sacaran el corazón y que lo arrojaran entre los carrizales. Pues sepan que ese corazón cayó encima de una piedra, del cual nació un tunal, y es tan grande y hermoso que un águila hace de él su morada. Cada día, encima de él extiende sus hermosas y grandes alas y recibe calor del sol y el frescor de la mañana. Este tunal emanó del corazón de mi sobrino Cópil. Hallarán al águila a la hora que sea de día. Alrededor verán mucha cantidad de plumas verdes, azules, coloradas, amarilla y blancas, de los galanos pájaros con que esa águila se sustenta. Pues a ese lugar donde hallaran el tunal con el águila encima le pongo por nombre Tenochtítlan.

Al mañana siguiente, el sacerdote Cuauhtloquezqui mandó convocar a todo el pueblo: grandes y chicos, hombres y mujeres, viejos y jóvenes. Les contó la revelación de su dios. Después de haberles recordado los misterios y prodigios que el día antes habían visto en las fuentes, de culebras blancas, ranas blancas, pescados blancos, sauces blancos y sabinas blancas, que de nuevo le había revelado otra cosa, de no menos admiración, para confirmación de que aquél era el lugar que su dios elegía para su descanso y consuelo y para aumento y excelencia del altépetl mexica y renombre de su grandeza:

—Han de saber, hijos míos, que anoche se me apareció nuestro dios Huitzilopochtli y me dijo que ya se acuerdan cómo, llegados que fuimos al cerro de Chapultépec, estando allí su sobrino Cópil, había intentado hacernos la guerra, y cómo por su persuasión, las tribus nos cercaron y mataron a nuestro tecuhtli Huitzilíhuitl, y nos echaron de aquel lugar. Lo matamos y sacamos el corazón. Puestos en el lugar que él nos mandó, arrojé el corazón entre los carrizos y fue a caer encima de una peña. Según la revelación que anoche me mostró: de este corazón ha nacido un tunal, y encima de él una hermosa águila hace su morada. Huitzilopochtli nos manda que busquemos este lugar y que, una vez hallado, nos sintamos dichosos y bienaventurados, porque éste es el lugar de nuestro descanso, quietud y grandeza. Aquí ha de ser ensalzado nuestro nombre y engrandecido el altépetl mexica. Será conocida la fuerza de nuestro poderoso brazo y el ánimo de nuestro valeroso corazón, con que hemos de sujetar a todas las tribus, cercanas como lejanas, de mar a mar, todos los pueblos y ciudades. Nos haremos señores del oro y de la plata, de las joyas y piedras preciosas, plumas y divisas. Seremos los tetecuhtin de todos ellos, y de sus hijos e hijas, y nos han de servir y serán nuestros tributarios. A este lugar manda Huitzilopochtli que se llame *Tenochtítlan*. Hijos míos, vamos entre estos tulares y carrizales, pues nuestro dios lo dice, ya que en todo lo que nos ha dicho y prometido hemos hallado verdad, también la hallaremos ahora.

Tras escuchar lo que Cuauhtloquezqui les dijo, todos se humillaron ante su dios, dieron gracias a Ometéotl, señor de todo lo creado, del día y de la noche, y del aire y fuego. Se dividieron y entraron por los carrizales buscando a una parte y a otra.

Regresaron a la fuente que el día antes habían visto, y vieron que el agua que el día antes salía clara y linda, aquel día salía bermeja, casi como sangre, la cual se dividía en dos arroyos: el segundo en el mismo lugar que se dividía salía tan azul y espesa, que era cosa de espanto.

Pasaron adelante a buscar el pronóstico del águila y andando de una parte en otra, divisaron el tunal, y encima de él, el águila, con las alas extendidas hacia los rayos del sol, tomando el calor de él y el frescor de la mañana. En las uñas tenía un pájaro muy galano, de plumas muy preciadas y resplandecientes. Los mexicas se le humillaron casi haciéndole reverencia, como a cosa divina. El águila, como los vio, se les humilló, bajando la cabeza a todas partes a donde ellos estaban.

Los mexicas al ver el águila que se humillaba y que ya habían visto lo que deseaban, empezaron a llorar y a hacer grandes ceremonias y meneos, en señal de alegría y acción de gracias.

—¿Dónde merecimos nosotros tanto bien? ¿Quién nos hizo dignos de tanta gracia, grandeza y excelencia? Ya hemos visto lo que deseábamos. Ya hemos alcanzado lo que buscábamos. Hemos hallado nuestra ciudad y asiento. Gracias a Ometecuhtli, señor de lo creado y a nuestro dios Huitzilopochtli. —Señalaron el lugar y se fueron a descansar por aquel día.

Al día siguiente, el sacerdote Cuauhtloquezqui dijo a todos los de la tribu:

—Hijos míos, seamos agradecidos con nuestro dios. Agradezcamos el bien que nos hace. Vamos todos. Hagamos en aquel lugar del tunal un pequeño teocalli donde descanse nuestro dios. Aunque no sea de piedra, sino de céspedes y tapias, pues por el momento no se puede hacer de otra cosa.

Luego todos, con grandísima voluntad, se fueron al lugar del tunal, cortaron gruesos céspedes de aquellos carrizales junto al mismo tunal, hicieron un asiento cuadrado, el cual serviría de cimiento del teocalli e hicieron una pobre y casa chica cubierta de paja de aquella que cogían de la misma agua, porque de presente no podían más.

Pues estaban edificando en lugar que aún no era suyo, pues era de los tepanecas de Azcapotzalco y en los términos de Texcoco y de Culhuácan. Y así estaban tan pobres, apretados y temerosos que aun aquella casita de barro que hicieron para poner a su dios, la hicieron con temor. Entonces se reunió el consejo: hubo algunos que opinaron que con mucha humildad los mexicas fueran con los tepanecas de Azcapotzalco —que son los de Coyohuácan y Tlacopan—, y que se les ofrecieran como amigos y se sujetaran a ellos, con intención de pedirles piedra y madera, para la edificación de su ciudad. Lo cual contradijeron los demás diciendo, sería mucho menoscabo y que, en lugar de recibirlos bien, los maltratarían. Sin embargo, el mejor consejo fue que los días de mercado, que se hacían en Azcapotzalco, Coyohuácan y Tlacopan, fueran los mexicas y sus mujeres —con aves marinas, pescado, ranas y todo género de sabandijas que el agua produce—, y que, como señores ya de aquel sitio, sin hacer ruido, ni reconocer sujeción a ninguno, pues su dios les había dado aquel sitio, fueran y compraran piedra, madera y lo que fuera necesario para sus casas edificios.

Comenzaron a cazar aquellas aves, patos, gallaretas y todos los pájaros que había entre aquellos carrizales, y a pescar peces, ranas, camaroncillos y todo género de sabandijas, hasta gusanillos y moscos de la lama de la laguna. Los días de mercado, salieron en nombre de cazadores de aves y pescadores, y trocaban aquellas cazas y pescas por madera de morillos, tablillas, leña, cal y piedra. Y aunque la piedra y madera era pequeña, empezaron a hacer su casa, la plancha y cimientos encima del agua con tierra y piedra, que entre aquellas estacas echaban.

El teocalli que habían hecho sólo de barro y tapia, le pusieron por fuera una capa de piedrecillas, muy labradas todas, revocadas con cal, que aun chica y pobre, con aquello quedó la morada de su dios algo galana y vistosa y de algún lustre y parecer.

A la noche siguiente, los mexicas acabaron de reparar el teocalli de su dios y tenían gran parte de la laguna cegada y la plancha y asiento para hacer casas construida.

—Dile a la tribu mexica —Huitzilopochtli dijo a su sacerdote—, que se dividan los señores, cada uno con sus parientes, amigos y allegados, en cuatro calputin principales, tomando en medio la casa que para mi descanso han edificado.

Estos calputin son los que hoy en día permanecen en México: el barrio de San Pablo, el de San Juan, el de Santa María la Redonda y el barrio de San Sebastián.

Los calputin y sus dioses, en el *Códice Ramírez*

Éstos son los calputin que hasta hoy en día permanecen en esta ciudad de México, que ahora se llaman San Pablo, San Juan, Santa María la Redonda y San Sebastián.

Después de divididos los mexicas en estos cuatro calputin, les mandó su dios que se repartieran entre sí los dioses que él les señalara, y que cada calpulli nombrase otros *tlaxilacalli*, «barrios», donde aquellos dioses fueran reverenciados. Así cada calpulli se dividió en muchos, conforme al número de dioses que su dios les mandó adorar, a los cuales llamaban *capultetes*, que quiere decir «dioses de los calputin».

- *Calpultéteo* o *calpoltéteo*, «dioses de los barrios» [*calpulli*, «barrio»; y *téteo*, «dioses»]. En singular, *calpultéotl*, «dios del barrio». Diego Durán los llama *capulteteo*. El *Códice Ramírez*, *capultetes*.
- *Calpolli* o *calpulli*, «casa grande» o «casa comunal». Barrio o subdivisión del altépetl. En plural, *calputin*.
- *Téotl*, «dios». En plural, *téteo*.
- *Calpúlec*, «jefe de calpulli». En plural, *calpuleque*.
- *Calpulco*, «teocalli del calpulli».
- *Tlaxilacalli*, «barrio pequeño» o «asentamiento». Los calputin estaban divididos en tlaxilacalli.
- *Tlaxilacale*, «jefe de barrio».
- *Tlayácatl*, altépetl. La palabra *tlayácatl* se utilizaba para referirse a un altépetl o la subdivisión de un altépetl, que sería un calpulli o un tlaxilacalli.

Los calputin de Meshíco Tenochtitlan

En su fundación, Meshíco Tenochtitlan se hallaba distribuido en cuatro calputin:

- Atzacoalco
- Cuepopan
- Teopan
- Moyotlan

Con el paso del tiempo, la isla fue creciendo y el número aumentó. Cuando llegaron los españoles en 1519, ya había veinte calputin:

- Tlacochcalca
- Cihuatecpan
- Huitznáhuac
- Tlacatecpan
- Yopico
- Tezcacóac
- Tlamatzinco
- Molloco itlillan
- Chalmeca
- Tzonmolco
- Coatlan
- Chililico
- Izquitlan
- Milnáhuac
- Cóatl Xoxouhcan
- Tlillancalco
- Atémpan
- Napantéctlan
- Atícpac
- Tlacateco

Los nombres pueden ser inexactos debido a que las fuentes no siempre los nombran o escriben de la misma manera.

Los *calpultéteo* que traían los mexicas, según la *Historia...* de Diego Durán

Traían otros siete *calpultéteo* que a contemplación de las siete cuevas donde habían habitado siete congregaciones. Estos siete dioses tenían sus dictados y nombres.
- El dios del primer barrio se llamaba Yopican teuctli.
- El segundo, Tlacochcalcatl teuctli.
- El tercero, Huitznahuatl teuctli.

- El cuarto, Cuatecpan teuctli.
- El quinto, Chalmecatl.
- El sexto, Tlacatecpanecatl.
- El séptimo, Izquitécatl.

Otras deidades mexicas, en la *Crónica mexicana*

- *Yopico*, «en el arrancadero de corazones». (Diego Durán lo llama Yopican teuctli.)
- *Tlacochcalco*, «en la casa de los dardos». (Diego Durán lo llama Tlacochcalcatl teuctli.)
- *Huitznahuac*, «en el lugar de las espinas», «casa de navajas o punzaderas». Este nombre también se refiere a los Centzon Huitznáhuac o *centzonhuitznahuac*, «cuatrocientos rodeados de espinas» [*centzontli*, «cuatrocientos»; *huitztli*, «espina»; y nahuac, «rodeado»], que son los 400 hijos de Coatlicue, diosa de la fertilidad, patrona de la vida y de la muerte y hermanos de la diosa lunar Coyolxauhqui. (Diego Durán lo llama huitznahuatl teuctli.)
- *Tlacatecpan*, «palacio masculino». (Diego Durán lo llama Tlacatecpanecatl.)
- *Tzomolco*, «en el cabello mullido».
- *Atempan*, «en la ribera».
- *Texcacoac*, «en el lugar de la serpiente de espejo».
- *Tlamatzinco*, «en el lugar del cautivo».
- *Mollocotlilan* [Moyocotítlan], «donde abundan los mosquitos zancudos».
- *Nonohualco*, «en el lugar del mudo». El nombre también alude al de un calpulli de Tlatelolco y al teocalli del mismo.
- *Zihuatecpan* [Cihuatecpan], «palacio femenino». (Diego Durán lo llama Cuatecpan teuctli.)
- *Izquítlan* [Yzquítlan], «en el maíz tostado» o «entre las flores olorosas». (Diego Durán lo llama Izquitécatl.)
- *Milnahuac*, «en el lugar cercano a la milpa» o «en el lugar del sagaz milpero».

- *Coaxoxouhcan*, «el lugar donde se recoge o ingiere coatl-xoxouhqui».
- *Aticpan* [Aticpac], «sobre el agua».
- Algunos nombres aluden a los calputin de Tenochtitlan y al teocalli del mismo.

Fundación de Xaltelullí, en la *Historia...* de Diego Durán

Después de que los mexicas dividieron estos cuatro lugares, su dios les mandó que repartieran entre si a los dioses y que cada barrio nombrara y señalase calputin particulares, donde aquellos dioses fueran reverenciados. Así, cada barrio de éstos se dividió en muchos calputin pequeños, conforme al número de los dioses, que ellos llamaban *capulteteo*, que quiere decir «dioses de los calputin».

Hecha esta división y puestos ya en orden, algunos de los viejos, entendiendo que merecían más que lo que les daban y que no se les hacía aquella honra que merecían, se amotinaron y determinaron ir a buscar nuevo asiento. Anduvieron entre aquellos carrizales y hallaron una albarrada pequeña. Informaron de esto a sus aliados y se fueron a hacer asiento en ese sitio, al cual lugar llamaron *Xaltelulli*, al ahora llamamos *Tlatilulco* [Tlatelolco], que es el barrio de Santiago.

Los viejos y pipiltin que allí se pasaron fueron cuatro. Se llamaban:

- Atlacuáhuitl
- Huicton
- Opochtli
- Atlacol

Estos cuatro señores se separaron de los mexicas y se fueron a vivir a *Tlatilulco*. Según algunas opiniones, eran conocidos por ser hombres inquietos, revoltosos y de malas intenciones, porque desde el día que se pasaron allí, nunca tuvieron paz, ni se llevaron bien con sus hermanos los mexicas. Esta inquietud ha ido de mano en mano hasta el día de hoy, pues siempre ha habido y hay bandos y rencor entre los unos y los otros.

Ésta fue la tercera división entre los mexicas:

- La primera fueron los de Mechoácan.

- La segunda, los de Malinalco.
- La tercera, esta de Tlatelulco.

Los mexicas que habían quedado en el principal sitio del tunal hicieron un cabildo sobre el reparo de su ciudad y guardia de sus personas, pues no se sentían seguros ya que los que se habían apartado de ellos ya se iban multiplicando y ensanchando lo que más podían.

Uno de los más ancianos dijo:

—Hijos y hermanos míos, ya ven cómo estos parientes nuestros se fueron a vivir a Tlatilulco y dejaron el sitio que nuestro dios nos señaló para nuestra morada. Ellos, como rebeldes e ingratos, no conociendo el bien, se fueron y apartaron de nosotros. Temo y me persuado de sus malas mañas que algún día nos han de querer sujetar y han de levantarse a mayores. Querrán elegir a un tecuhtli y hacer cabeza por sí mismos. Antes de que nos veamos en algún aprieto, elijamos un tecuhtli que a ellos y a nosotros nos tenga sujetos. Y, si les parece, que no sea de nuestra tribu, sino traigámoslo de fuera, pues está Azcapotzalco tan cerca y estamos en sus tierras. O, si no, que sea de Culhuácan. O del altépetl de Texcoco. Hablen, mexicas, digan lo que les parece.

En cuando Meci acabó de hablar (así se llamaba el que la propuso) a todos les pareció muy bien y determinaron no ir a Azcapotzalco, ni a Texcoco, sino a Culhuácan, donde ellos habían vivido y donde tenían hijos e hijas casadas y nietos. Se acordaron de un gran señor que había venido con ellos, que se había quedado en Culhuácan cuando salieron huyendo, que se llamaba Opochtzin, el cual se había casado con una cihuapilli, y tenía un hijo llamado Acamapichtli, y que querían que él los gobernara en México. Decidieron ir a pedírselo al tecuhtli Náuhyotl de Culhuácan, para esto propusieron que fueran dos personas ancianas:

—Gran señor, nosotros, tus siervos y vasallos, los mexicas, metidos y encerrados entre los carrizales de la laguna, solos y desamparados de todas las tribus, encaminados únicamente por nuestro dios al sitio donde ahora estamos, cuya jurisdicción es de Azcapotzalco, de tu altépetl y de la jurisdicción de Texcoco. Con todo eso, ya que nos han permitido estar ahí, no será justo que estemos sin cabeza ni señor que nos mande, corrija, guíe, enseñe cómo hemos de vivir y nos libre, defienda y ampare de nuestros enemigos. Por lo tanto, acudimos a ti, sabiendo que entre ustedes hay hijos de nuestra generación, emparentada con la suya, salidos de nuestras entrañas y de las suyas; sangre nuestra y suya. Especialmente, sabemos de un hijo de *Opochiztahuatzin* [Opochtzin], el cual tiene por nombre Acamapichtli. Es hijo de una hija tuya, llamada Atotoztli. Te suplicamos que nos lo des por señor, para que lo tengamos en lo que él merece, pues es de la línea de los mexicas y de los tetecuhtin de Culhuácan.

El señor de Culhuácan les respondió de esta manera:

—Honrados mexicas. Ya he oído su justa petición, y huelgo mucho de, en eso, darles contento, porque, además de ser honra mía, ¿de qué me sirve aquí mi nieto? Tómenlo y llévenlo mucho de en hora buena. Que sirva a su dios, que esté en el lugar de Huitzilopochtli y gobierne las criaturas de aquel por quien vivimos, señor de la noche y del día, del viento, del agua y de la tierra y del altépetl mexica. Les hago saber que, si fuera mujer, no se las daría, y que, si su madre estuviera viva, que tampoco lo haría sin su voluntad; pero llévenlo en hora buena y trátenlo como él merece y como a hijo y nieto mío.

Los mexicas, agradecieron la liberalidad del tecuhtli, le rindieron muchas gracias y le suplicaron les diera una señora del mismo linaje para casarla con el tecuhtli Acamapichtli. Así, luego lo casaron con una señora que se llamaba Ilancuéitl.

Cuando los llevaron a Tenochtítlan, salió todo el altépetl mexica: hombres, mujeres, chicos y grandes, a recibir a su tecuhtli. Los llevaron directo a los aposentos reales que, aunque pobres, tenían hechos para aquel efecto, y los sentaron en unos asentaderos. Los juraron tetecuhtin de México y les prometieron obediencia y sujeción. Uno de aquellos ancianos, le dijo:

—Hijo mío, tecuhtli nuestro, seas muy bienvenido a esta tu casa y ciudad, entre estos carrizales, donde sus pobres padres, abuelos y parientes los mexicas padecen lo que sabe Ometecuhtli, el señor de lo creado. Miren que vienen a ser amparo, sombra y abrigo de este señorío mexica y a tener el mando y jurisdicción, y a ser semejanza de nuestro dios Huitzilopochtli. Y bien sabes que no estamos en nuestra tierra, sino en tierra ajena, y no sabemos lo que será de nosotros mañana o al día siguiente. Mira que no vienen a descansar ni a recrearse, sino a tomar trabajo y carga muy pesada. A trabajar y ser esclavo de toda esta multitud y de toda la gente de la comarca. Por tanto, señor, sean muy bienvenidos, tú y nuestra señora la reina Ilancuéitl.

Hecha esta plática, les pusieron en las cabezas unas tiras, a manera de medias mitras, las cuales usaban poner a los tetecuhtin cuando los coronaban. El recibió a cargo el tecúyotl y prometió el cargo de su defensa.

Cuacuauhpitzáhuac, en la *Historia*... de Clavijero

El tecuhtli Tezozómoc les dio a su hijo Cuacuauhpitzáhuac, al cual coronaron luego tecuhtli de Tlatelolco con grandes aclamaciones. Esta coronación se celebró el año de 1353. Es muy verosímil que los tlatelolcas, en ocasión de hacer esa demanda al tecuhtli de Azcapotzalco, así por adularle como por hacer daño a sus rivales, le ponderasen el atrevimiento de los mexicas en haber elegido tecuhtli sin su consentimiento.

Fundación de Tlatelolco, en el *Códice Ramírez*

Tras hacer esta división, a algunos de los viejos les pareció que en la repartición de los sitios no se les daba la honra que merecían. Agraviados —ellos, sus parientes y amigos— se amotinaron y se fueron a buscar un nuevo asiento, y andando por la laguna encontraron una albarrada o terraplén, que ellos llamaban *tlatelolli*, donde poblaron y dieron el nombre al lugar *Tlatelolco*, que quiere decir «lugar de terraplén» y estos hicieron la tercera división mexica, porque, como queda referido, los de Michhuácan hicieron la primera; los de Malinalco, descendientes de la hechicera, hicieron la segunda. Cuenta la historia que estos de la tercera división eran inquietos, revoltosos y de malas intenciones, y así les hacían muy mala vecindad, porque desde el día que allí se pararon nunca tuvieron paz ni se llevaron bien con sus hermanos los mexicas, y hasta ahora hay bandos y enemistades entre ellos.

Acamapichtli,
en la *Historia…* de Diego Durán

En el año 1318, empezaron los mexicas a edificar la ciudad de *Meshíco* y a hacer chozas y casas pajizas encima de albarradas, porque todo era una gran laguna llena de grandes carrizales y juncos.

Desde este tiempo empezó el altépetl mexica a mejorar y a gozar de paz, pues ya dividido en calputin, se iban ilustrando en dignidades y multiplicando. Se mezclaban con las demás tribus en trato y conversación. Todavía estaban vivos muchos de los viejos que de aquel camino habían venido. Personas de mucha autoridad y respeto, cuyos nombres eran:

- Acacitli
- Tenoch
- Meci
- Ahuéxotl
- Ocelopan
- Tezacátetl

Y con los cuatro teomamaque de Huitzilopochtli, los cuales le veían visiblemente y le hablaban, que se llamaban:

- Cuauhtloquezqui
- Ococal
- Chachaláyotl
- Axolohua

Eran como padres, amparo y reparo de aquella gente.

Los mexicas decidieron buscar un tecuhtli y trajeron por señor a un hijo de Opochtzin, señor de los mexicas, que mientras vivía con los mexicas en Tizaápan se había casado con una señora de Culhuácan, llamada Atotoztli, de la cual había nacido este hijo, llamado Acamapichtli, del cual los mexicas tenían noticia de que, además de ser del linaje de sus tetecuhtin, era un mozo muy valeroso.

Después de que lo llevaron a su ciudad y —en paz y concordia y sin contradicción de ninguna persona— lo eligieron tecuhtli de Meshíco Tenochtítlan. Acamapichtli recibió, con toda humildad, el mando y con la carga de la sujeción a los de Azcapotzalco, pues les eran tributarios, por haber edificado su ciudad en sus tierras.

Acamapichtli, en la *Historia*… de Clavijero

Hasta el año de 1352 había sido aristocrático el gobierno de los mexicas, obedeciendo siempre la nación a un cuerpo formado de las personas más notables y distinguidas. Los que la mandaban cuando fundaron la ciudad eran 20, entre los cuales el de más autoridad era Ténoch, según expresan sus pinturas. El sumo abatimiento en que se hallaba la nación, las molestias que recibían de los comarcanos y el ejemplo de los chichimecas, los tepanecas y los cúlhuas, los obligaron a erigir su gobierno, confiando que la autoridad real daría algún lustre a todo el cuerpo de la nación y que en el nuevo jefe tendrían un padre que velaría sobre el estado y un general que se apersonaría a los peligros y los defendería de los insultos de sus enemigos.

Fue electo de común acuerdo Acamapichtli o por aclamación del pueblo o por sufragios de algunos electores, en cuyo parecer se comprometieron los demás, como se acostumbró después. Era Acamapichtli uno de los más nobles y prudentes que entonces tenían. Era hijo de Opochtli, nobilísimo mexicano, y de Atotoztli, joven princesa de la casa real de Culhuácan. Por parte de padre descendía de Tochpané-catl, aquel señor de Tzompanco que tan benignamente acogió a los mexicas, y era a lo que parece un cuarto nieto. Las fiestas de su coronación serían, como se deja entender, proporcionadas a la humilde fortuna en que vivían.

Trataron de darle mujer, porque era soltero, y para su mayor exaltación se pensó en que fuese una hija de alguno de los pipiltin de aquella tierra. Despacharon a este fin una al señor de Tlacopan y otra al tecuhtli de Azcapotzalco, pero en ambas partes fueron desechados con desprecio. No acobardados con tan ignominiosas repulsas, fueron con la misma demanda a Acolmiztli, señor de Coatlínchan y descendiente del menor de los tres tlazopipiltin acólhua, suplicándole humildemente se dignase de honrar a la nación mexicana dándole por reina una de sus hijas. Condescendió Acolmiztli a sus deseos y le dio a su hija Ilancuéitl, la cual llevaron en triunfo a Tenochtítlan y con singular regocijo festejaron los desposorios. Los tlatelolcas qué, como vecinos y rivales estaban siempre a la mira de lo se hacía en la parte de Tenochtitlán, por emular la gloria de los mexicas y por no ser en algún tiempo oprimidos de su poder, crearon también su soberano, pero no pareciéndoles conveniente que fuese de su altépetl, sino de la de los tepanecas —a cuyo señor pertenecía no menos el sitio de Tlatelolco que el de Tenochtítlan—, pidieron al tecuhtli de Azcapotzalco les concediese uno de sus hijos que los gobernase como tecuhtli y a quien sirviesen como vasallos.

Acamapichtli, en el *Códice Ramírez*

Los mexicas hicieron cabildo sobre el reparo de su ciudad y guarda de sus personas. Al no sentirse seguros ante la multiplicación de los que se habían ido a Tlatelolco y el ensanchamiento de su altépetl. Determinaron ganarles:

—Elijamos un tecuhtli que a los de Tlatelolco y a nosotros nos tenga sujetos y si les parece, que no sea de nuestra tribu, sino que traigámoslo de fuera, pues está Azcapotzalco tan cerca y estamos en sus tierras, o si no, sea de Culhuácan o del altépetl de Texcoco.

Se acordaron de que habían emparentado con los de Culhuácan y que entre ellos tenían hijos y nietos. Así, los pipiltin determinaron de elegir por tecuhtli a un mancebo llamado Acamapichtli, hijo de un gran pilli mexica y una gran señora hija del tecuhtli de Culhuácan. Hecha la elección, determinaron mandar a pedirlo al tecuhtli de Culhuácan, de quien era nieto. Para esto aparejaron un gran presente. Escogieron a dos personas ancianas y retóricas. Enviaron su presente al tecuhtli, al cual los embajadores hablaron en esta forma:

—Gran señor, nosotros tus siervos y vasallos los mexicas, metidos y encerrados entre los carrizales de la laguna, solos y desamparados de todos los señoríos, encaminados solamente por nuestro dios al sitio donde ahora estamos, que está en la jurisdicción de este tu altépetl, el de Azcapotzalco y el de Texcoco. Con todo eso, ya que nos has permitido entrar en él, no será justo que estemos sin señor y cabeza que nos mande, corrija, guíe y enseñe en nuestro modo de vivir, y nos defienda y ampare de nuestros enemigos. Por tanto, acudimos a ti, sabiendo que entre nosotros hay hijos de nuestra generación emparentada con la suya, salidos de nuestras entrañas y de las suyas, sangre nuestra y suya. De esto, sabemos de un nieto, tuyo y nuestro, llamado

Acamapichtli. Te suplicamos nos lo des por tecuhtli, al cual estimaremos en lo que él merece, pues es de la línea de los señores mexicas y de los tetecuhtin de Culhuácan.

El señor de Culhuácan al ver la petición de los mexicas y que él no perdía nada en enviar a su nieto a gobernar a México, les respondió:

—Honrados mexicas, he oído su justa petición, y huelgo mucho en eso. Porque, además de ser honra mía, ¿de qué me sirve aquí mi nieto? Tómenlo y llévenlo mucho de enhorabuena, y sirva a su Dios, y esté en lugar de Huitzilopochtli, y rija y gobierne las criaturas de aquel por quien vivimos, señor de la noche y día, y de los vientos, y sea señor del agua y de la tierra en que está el señorío mexica. —Se acordó cómo habían desollado a la hija del tecuhtli pasado y dijo—. Y les hago saber que, si fuera mujer, de ninguna manera se las daría. Llévenlo enhorabuena, trátenlo como se merece, como hijo y nieto mío.

Los mexicas agradecieron y le suplicaron les diera juntamente una señora de la misma línea con quien su tecuhtli se casara. Así, lo casaron con una cihuapilli y con toda la honra posible los llevaron a su ciudad, donde salió todo el pueblo mexica, hombres y mujeres, grandes y chicos, a recibir a su tecuhtli, al cual llevaron a los aposentos reales que entonces tenían, que eran bien pobres, y sentándolo a él y a su mujer en unos asientos reales a su modo, se levantó uno de aquellos ancianos e hizo una plática al tecuhtli en esta forma:

—Hijo mío, tecuhtli nuestro, seas muy bienvenido a esta tu pobre casa y altépetl, entre estos carrizales, donde los pobres de tus padres, abuelos y parientes, los mexicas, padecen lo que sabe Ometéotl, señor de lo creado. Mira, señor, que vienes a ser amparo, sombra y abrigo de este pueblo mexica por ser la semejanza de nuestro dios Huitzilopochtli, por cuya causa se te da el mando. Bien sabes que no estamos en nuestra tierra, pues la que poseemos ahora es ajena y no sabemos lo que será de nosotros mañana u otro día. Considera que no vienes a descansar ni a recrearte, sino a tomar nuevo trabajo con carga tan pesada que siempre te ha de hacer trabajar, siendo esclavo de toda esta multitud que te cupo en suerte, y de toda esa otra gente vecina, a quien has de procurar tener muy gratos y contentos, pues sabes que vivimos en sus tierras y términos, y así ceso con decir que seas muy bienvenido tú y la cíhuatl tecuhtli, nuestra señora a este nuestro pueblo.

Él respondió dando las gracias. Recibió a cargo el altépetl, prometió su defensa y cuidado. Después le juraron por tecuhtli de Meshíco, le prometieron toda la sujeción y obediencia. Le pusieron luego un *copilli*, «corona real», sobre la cabeza y así quedó electo el primer tecuhtli de Meshíco, que como queda referido, tenía por nombre *Acamapichtli*, que quiere decir «carrizo en puño», porque de *ácatl*, que es «carrizo», y *maquipi*, que es «cerrar la palma de la mano y empuñarla», componen *Acamapichtli*, que quiere decir «empuñadura de carrizos» o «carrizos en puño», al modo que dicen en castellano «lanza en puño». Otros llaman este primer tecuhtli *Acamapich*, que es lo mismo que ese otro nombre, y para significarlo le ponen una insignia de una mano empuñada con un manojo de carrizos.

A esta elección de Acamapichtli no acudieron los que se habían ido a vivir a Tlatelolco, ni vinieron a darle la obediencia. Se quedaron quedos sin hacer caso del tecuhtli. En cambio, se mostraron rebeldes y sin temor. Aunque los mexicas sintieron gran enojo, disimularon por entonces, para después —como lo hicieron— destruirlos, según adelante se verá.

Comenzó pues a reinar Acamapichtli el año de 1318, a la de edad de veinte años, en cuyo tiempo los mexicas edificaron la ciudad de *Meshíco* y comenzaron a mejorar, gozando de alguna quietud y multiplicándose por haberse ya mezclado con los demás pueblos. Estaban todavía vivos algunos de los viejos de aquel largo camino.

Ilancuéitl, esposa de Acamapichtli, en la *Historia…* de Diego Durán

Acamapichtli se casó con una gran señora natural de Culhuácan, llamada Illancuéitl, la cual era estéril, por lo que el tecuhtli mexica y todos los pipiltin sentían mucho pesar. Por temor a que el tecúyotl se quedaría sin heredero, los pipiltin reunieron el consejo y determinaron que cada uno de ellos le daría una de sus hijas, para que ellas le dieran herederos y sucesores.

Acacitli fue el primero que le ofreció a su hija:

—Señor —le dijo Acacitli—, hemos visto que después de que te casaste, Ometecuhtli, el señor de lo creado, de la noche y el día, no ha querido darte hijos de nuestra señora Ilancuéitl, por lo cual tus vasallos hemos determinado que cada uno de nosotros te dé una hija por mujer, para que después de tus días quede sucesor en el tecúyotl. Queremos que sean nuestros nietos e hijos, para que el altépetl mexica sea más ilustre y engrandecido. Así aquí, señor, te traigo a mi hija, para que sea tu mujer y te sirvas de ella.

Lo mismo hicieron Tezacátetl, Ahuéxotl, Ocelopan, Tenoch y Aatl, cada uno de los grandes teopixque y teomamaque del dios, cada uno ofreció al tecuhtli una de sus hijas como mujer.

Es muy probable que para aquellas fechas Ténoch ya habría muerto, pues se le menciona en temporadas muy posteriores a este suceso.

Hijos de Acamapichtli, según la *Historia…* de Diego Durán

Antes de que pasemos a contar sobre los hijos que tuvieron estas señoras, es importante mencionar que el tecuhtli tenía una esclava natural de un barrio de Azcapotzalco llamado *Cuauhacalco*. Era tan hermosa y de tan buen parecer que el tecuhtli Acamapichtli se enamoró de ella, quien quedó preñada y parió un hijo, al que llamaron Itzcóatl. Aunque era un hijo bastardo llegó a ser tan valeroso y tecuhtli de *Meshíco* Tenochtítlan.

Hizo dios tan fecundas a sus hijas que empezaron a parir y el tecuhtli a tener hijos:
- Al primero que nació lo llamaron Cuatlecóatl.
- Al segundo, Tlacahuepan.
- Al tercero, Tlatolzaca.
- Al cuarto, Huitzilíhuitl (éste nació de la hija del teopixqui de Huitzilopochtli que se llamaba Cuauhtloquezqui), como otras veces lo hemos nombrado, por el ser el más principal de los cuatro.
- El quinto hijo fue llamado Epcóatl.
- El sexto se llamó Ihuitltémoc.
- El séptimo, Tlacacochtoc.
- Entre éstos nació una hija, la cual se llamó Matlalxoch [Matlalxóchitl], la cual se casó con el tecuhtli de Chalco.

Pero la mujer principal del tecuhtli tuvo tanta tristeza de ver que sus ojos eran fuentes de vida y de noche. El tecuhtli, amándola entrañablemente, la consolaba todo lo que podía. Y ella le pidió que para que aquel pueblo perdiera aquella mala opinión que de ella tenía de infecunda, le concediera que aquellos hijos que de las otras mujeres nacieran, los metería en su seno: ella se acostaría y fingiría que paría, para que los que entraran a visitarla le dieran el parabién del parto y del nuevo hijo.

El tecuhtli, inclinado a su ruego, mandó que así se hiciera. Y cuando paría alguna de aquellas mujeres, Ilancuéitl se acostaba en la cama, tomaba el niño en sus brazos, se fingía parida y recibía las gracias y dones de los que la visitaban. Y aunque en realidad no era ella la parida, quedaba en opinión de ello. Y el día de hoy lo hay y contradicen este punto con diferente información, la cual no tuve por verdadera y cierta, por ser muy contraria de la común opinión, que es la que tengo referida. Pero, como quiera que sea, esta señora quedó en opinión del vulgo por madre de todos aquellos hijos que dejo referidos, los cuales fueron origen, cepa y sucesión del señorío de México.

Hijos de Acamapichtli, según la *Historia chichimeca*

Acamapichtli, el menor de los hijos de Acólhua, con la infanta Ilancuéitl tuvo tres hijos:

- El primero, Huitzilihuitzin, segundo señor de los tenochcas y de los cúlhuas.
- El segundo fue Chalchiutlatónac que fue el primer señor de Coyohuácan.
- El tercero, Xiuhtlatónac, que lo mató Huepantécatl.

Todos estos linajes y descendencias sucedieron en el tiempo que imperó Nopaltzin, el cual estando en la ciudad de Tenayócan, falleció el año 1107 d. C., que llaman macuili ácatl.

Alba Ixtlilxóchitl vuelve a errar en la fecha. Asimismo, insiste en que Acamapichtli es descendiente de Acólhua, tecuhtli de Azcapotzalco.

Ilancuéitl, en el *Códice Ramírez*

Cuenta la historia que la mujer de este tecuhtli era estéril, por cuya causa los grandes y principales de su pueblo determinaron darle sus hijas, de las cuales tuvo hijos muy valerosos y de animosos corazones, que después algunos de ellos fueron tetecuhtin, y otros capitanes y de grandes dictados. Entre estos, tuvo el tecuhtli un hijo —en una esclava suya— llamado Izcóatl, que después vino a ser tecuhtli por ser hombre muy generoso, y de grande valor como en su lugar se verá.

Acamapichtli, en *Monarquía indiana*

El primer tecuhtli mexica que hubo —que dio principio a esta monarquía mexica— fue Acamapichtli, hombre del linaje y gente mexica, el cual fue electo tecuhtli por el altépetl mexica. La causa de su elección fue que los mexicas habían crecido en número y estaban muy rodeados de enemigos que les hacían guerra y los afligían. Fue elegido de común acuerdo. Su elección fue muy festejada por todos los electores.

Acamapichtli era joven y soltero. Para tomar mujer y extender su nobleza no la quiso a las doncellas de su altépetl, sino que fuese hija de uno de los tetecuhtin, comarcanos. Para lo cual mandó pedirla al tecuhtli de *Tlacupa* [Tlacopan], el cual no quiso dársela, para no tener a los mexicas por gente noble ni principal y despidió a sus mensajeros con palabras desabridas y afrentosas. Aunque los mexicas volvieron con este mal despacho, su tecuhtli no sólo no se mostró agraviado, sino que también sufrió la afrenta. Acamapichtli hizo la misma petición al señor de Azcapotzalco. Los mensajeros volvieron con el mismo recado; luego fueron a Texcoco, para ver si tenían más suerte con los acólhuas y volvieron con la misma respuesta; pero no por esto se dio por vencido el valeroso mancebo, esperando la clemencia de alguno de aquellos tetecuhtin. Con este ánimo despachó su mensaje al tecuhtli de *Cohuatlichan* [Coatlíchan], diciéndole que le suplicaba que le hiciese merced de darle una de sus doncellas por esposa y que estimaría el don como verdadero criado. Tras oír la humilde petición del joven tecuhtli y satisfecho de cómo lo habían elegido los mexicas, le envió a una de sus hijas, llamada Ilancuéitl; cuya llegada a Mexico fue muy festejada y con grandes acompañamientos.

Acamapichtli hizo vida con esta señora algunos años, sin tener hijos, ni esperanzas de tenerlos. Cuando los mexicas se dieron cuenta que la esposa del tecuhtli mexica era estéril, se mostraron disgustados y pidieron que el tecuhtli la repudiara y enviara a su tierra, lo cual fue hecho (según dicen algunos). Ilancuéitl se fue con la afrenta que se le hacía, de ser repudiada y con la misma fue recibida por los suyos.

Hecho este repudio y viendo los mexicas al tecuhtli solo y sin hijos, determinaron volverle a dar mujer. Así fueron a Tetepanco y le pidieron una hija al tecuhtli, quien les dio y trajeron una señora llamada Tezcatlamiyahuatl, la cual al primer año parió un hijo. Hubo grandes regocijos en la ciudad. El tecuhtli —muy alegre por el recién nacido—, hizo junta con los pipiltin y les pidió su parecer acerca del nombre del niño.

—Nos parece que se llame Tlatolzaca, que quiere decir «hombre que trae nuevas».

Acamapichtli tuvo muchos hijos e hijas con esta mujer y así comenzó la nobleza mexica. Otros dicen que se llamó Huitzilíhuitl y que Ilancuéitl lo crio como propio. El segundo se llamó Chimalpopoca y el tercero Itzcuauhtzin.

Esto dicho a cerca del segundo matrimonio es verdad, pero en lo primero no aciertan los que dicen Acamapichtli repudió a Ilancuéitl, hija del tecuhtli de Coatlíchan, porque, aunque no pudiera darle hijos a Acamapichtli, le era para darle mucha honra, por ser hija del tecuhtli Acolmiztli de Coatlíchan, hombre muy sediento de sangre, poder y fuerzas. Si el tecuhtli mexica sabía que debía estimarla, para valerse de ella, en caso de que sus enemigos lo agredieran (para lo cual podría acudir al suegro).

Lo que hubo en este caso es que viendo el tecuhtli que carecía de hijos (que era lo que él y su pueblo deseaban) recibió a la segunda señora por mujer, persuadido de sus gentes por el deseo que tenían de verse ennoblecidos con la mina sangre de los tetecuhtin vecinos. Esto con consentimiento de la primera esposa. De aquí Gómara tomó motivo (por no saber de raíz la historia) de decir en su libro que esta señora Ilancuéitl fue ama de Acamapichtli, siendo la verdad que como reina lo había criado y prohijado. Este hijo fue Cozcatlamiahuatl. Esta señora Ilancuéitl enviaba a su padre Acolmiztli, tecuhtli de Coatlíchan, las cosas que pescaban en la laguna; y él retoraba con maíz, otras semillas y legumbres que en la tierra firme se hacían, con que su hija se sustentaba y criaba al niño Huitzilíhuitl, que fue segundo tecuhtli de Mexico, por muerte de su padre, aunque no por herencia sino por elección.

Ya en esta ocasión tributaban estos mexicas al tecuhtli de Azcapotzalco, reconociéndole con las cosas que se crían en esta laguna; el cual tributo prosiguió este primer tecuhtli por todo el tiempo que duró su señorío.

El disgusto de Tezozomóctli, en la *Historia*... de Diego Durán

El tecuhtli Acamapichtli estaba muy quieto y sosegado, cuando los tepanecas, al ver cómo los mexicas habían electo tecuhtli, se sintieron agraviados y no muy seguros. El tecuhtli Tezozomóctli llamó a sus vasallos y pipiltin de su corte y les dijo:

—¿Han notado, azcapotzalcas, cómo los mexicas, además de haber ocupado nuestras tierras, han electo a un tecuhtli? ¿Qué les parece que debemos hacer? Miren que ya hemos tolerado un mal. No nos conviene que tolerar otro. Quizá, después de nuestra muerte quieran subyugar a nuestros hijos y sucesores. Porque, poco a poco, se nos irán subiendo a la cabeza. Y para que no suban más, vayan y exijan doble tributo de lo que nos solían dar.

A todos pareció muy bueno el consejo del tecuhtli Tezozomóctli. Enviaron sus mensajeros a México para que dijeran al nuevo tecuhtli, de parte del tecuhtli Tezozomóctli de Azcapotzalco, que el tributo que daban era muy poco, que él lo quería acrecentar y que él quería reparar y hermosear su ciudad. Que, junto con el tributo de pescado, ranas y legumbres que solían llevar, ahora llevaran sabinas y sauces ya crecidos para plantar en su altépetl. Y que hicieran una balsa [chinampa] encima del agua, y que plantaran en ella de todas las legumbres de la tierra, maíz, chile, frijoles, calabazas, bledos, etcétera.

Los mexicas empezaron a llorar y a hacer muestras de tristeza. Aquella noche el dios Huitzilopochtli habló con uno de sus teomamaque, llamado Ococaltzin, y le dijo:

—He visto la aflicción de los mexicas y sus lágrimas: diles que no se aflijan, ni reciban pesadumbre, que los sacaré de todos estos trabajos, que acepten el tributo. Dile a mi hijo Acamapichtli que tenga buen ánimo, que lleven las sabinas y los sauces que les piden, que hagan la balsa y siembren en ella todas las legumbres que les piden, que yo lo haré todo fácil y llano.

Al amanecer, Ococaltzin fue con el tecuhtli Acamapichtli y le dio la revelación del dios Huitzilopochtli. Acamapichtli mandó que, sin ninguna dilación, aceptaran el tributo. Los mexicas hallaron con facilidad las sabinas y sauces; los llevaron a Azcapotzalco y los plantaron en el lugar que el tecuhtli de Tezozómoc les mandó, y llevaron la balsa encima del agua, toda sembrada de maíz con mazorca, chile, tomates, bledos, frijol, calabazas, rosas, etcétera.

Cuando Tezozomóctli vio el tributo de los mexicas, dijo a los suyos:

—Esto me parece, hermanos, cosa más que humana, porque, cuando yo lo mandé, casi lo di por cosa imposible. Para que entiendan lo que les digo, traigan acá a esos mexicas. Quiero que entiendan que estos mexicas son favorecidos de su dios y que ellos han de venir a ser sobre todas las tribus en otro tiempo.

Llegaron los mexicas ante Tezozomóctli, quien les dijo:

—Hermanos, me parece que todo se les hace fácil y que son poderosos. Mi voluntad es que cuando me traigan el tributo, asimismo traigan una pata y una garza, cada una echada en su nido con sus huevos, y los traigan justo el día en que saquen sus pollitos, porque, si no, serán muertos.

Esto se divulgó por Tenochtítlan. Los mexicas lo recibieron con pena y desasosiego. Pero el tecuhtli Acamapichtli, confiado en su dios, mandó que no hubiera ningún sentimiento, ni se diera a entender cobardía ni pesadumbre.

Aquella noche hablo el dios Huitzilopochtli a su teopixqui Ococaltzin:

—Padre mío, no tengas temor, ni te espanten las amenazas. Dile a mi hijo el tecuhtli, que yo sé lo que conviene; que lo deje a mi cargo, que yo sé lo que he de hacer; que haga lo que le mandan, que todas esas cosas son en pago de su sangre y vidas, y entienda que con eso los compramos. Ellos serán muertos o esclavos en algunos años. Sufran mis hijos y padezcan ahora, que su tiempo les vendrá.

El viejo Ococaltzin dio esta revelación de Huitzilopochtli al tecuhtli Acamapichtli, el cual a su vez lo contó a toda la ciudad. Los mexicas se animaron a hacer lo que les era mandado. Al terminar de hacer su balsa, sembrada con todo género de legumbres, apareció entre ellas una pata echada sobre sus huevos y una garza. De inmediato las llevaron al tecuhtli Tezozomóctli a Azcapotzalco. También, por mandado de su dios, le llevaron una *ixiptla*, «efigie», hecho con unos gusanillos colorados de la laguna que se llaman *ezcahuitli* [izcahuitl].

El gobernante, cuando vio su tributo, confirmó lo que en el año pasado había dicho a sus pipiltin.

La irritación de Tezozómoc, según la *Crónica mexicana*

Estando en término de los de Azcapotzalco, Acólhuas y Cólhuas, los mexicas padecían extrema necesidad. Por esta causa fueron obligados a dar vasallaje a los de Azcapotzalco. Algunos mexicas estuvieron en contra; otros propusieron quedarse callados. Así dijeron:

—Hermanos míos mexicas, hagamos otra cosa, compremos a los tepanecas de Azcapotzalco y Texcocanos su piedra y madera, démosle en trueque todo género de pescado blanco y *xohuilli* (pequeños peces, juiles), ranas, camarones, ajolotes y todo género de lo que en el agua se cría, en especial *izcahuitle teutlatlac, ahuahtli axaxayacatl* y todo género de patos.

Así comenzaron a cazar con redes las aves y fueron a Azcapotzalco y Texcoco a traer madera y piedra. La madera era menuda como morillos pequeños. La estacaron en el agua y construyeron la casa de Huitzilopochtli. De noche hicieron junta y les dijo el sacerdote *Cuauhtloquetzqui*:

—Hermanos, ya es tiempo que dividan un trecho unos de otros, en cuatro partes, cercando en medio el teocalli de Huitzilopochtli y nombremos los calputin.

Concertados para dividirse les habló Huitzilopochtli. A la mañana siguiente, todo lo tenía puesto por orden el *Teomana* que en el camellón estaba puesto, echaron mazorca de maíz florido, mazorca entera verde, sazonada, chile, tomate, calabaza y frijol. En él estaba echada una culebra viva y un pato real sobre los huevos. Los mexicas la llevaron arrastrando hasta las caserías de Azcapotzalco. El tecuhtli de los tepanecas, Tezozómoc, llamó a todos los suyos y les dijo:

—¿Qué les parecen a ustedes de estos mexicas? ¿Cuán belicosos y muy sospechosos son? Verdaderamente tengan por cierto, que en algún tiempo éstos se harán señores de todas estas comarcas, si no mírenlos por las obras.

La tercera vez que les fue impuesto otro tributo fue de más carga. Un principal de Azcapotzalco, con expreso mandato de Tezozómoc, les exigió que llevaran un camellón poblado de tular y en él trajeran una garza con sus huevos echada y un pato real con sus huevos. Entendido por los mexicas, se entristecieron y comenzaron a llorar amargamente. Visto por su dios Huitzilopochtli, los llamó, aunque no lo veían y dijo a Ococaltzin, sacerdote y principal:

—Ea, padres y hermanos mexicas, esfuércense y hagan lo que les mandan estos tepanecas y su tecuhtli Tezozómoc, que el secreto de este misterio yo lo sé, no les dé pena de ello y cumplan con su obligación que, con esto, no tendrán en algún tiempo excusa alguna, pues los compramos como a esclavos, y lo serán en adelante sin remisión alguna. Por eso tengan paciencia y cumplan sus mandatos. Asimismo, hagan de mi propio cuerpo una *ixiptla*, «efigie», toda llena de *izcahuitli*, que es mi cuerpo y sangre, que ya vendrá el tiempo en que les costará su pueblo, señorío, gente y mando.

Así llevaron los mexicas el camellón [chinampa] con la garza, pato real y culebra enroscada.

- *Izcahuitle*, izcahuitli, gusano de color rojo, aparentemente sin cabeza, con una cola en cada extremo.
- Al decir una estatua toda llena de izcahuitli, se refiere a la figura de *tzohualli* [tzoalli], «carne de los dioses», una *ixiptla*, «efigie», divina hecha con una masa de semillas de *huauhtli*, «amaranto», *izquitl*, «maíz tostado», y *menecuhtli*, «miel negra de maguey».

El enojo de Tezozómoc,
en la *Historia...* de Clavijero

El huei tepanécatl tecuhtli llamó a consejo a los principales de Azca-potzalco para deliberar sobre el caso.

—¿Qué les parece, nobles tepanecas el atentado de los mexi-cas? Ellos se han introducido en nuestros dominios y han aumentado considerablemente su ciudad y su comercio, y lo que es más, se han atrevido a elegir tecuhtli sin nuestro permiso. Si esto hacen en los prin-cipios de su establecimiento, ¿qué no harán después cuando se haya multiplicado su gente y aumentado sus fuerzas? ¿No es de temer que, con el tiempo, en vez de pagarnos el tributo que les hemos impuesto, pretendan que nosotros lo paguemos a ellos, y que el tecuhtli de los mexicas quiera serlo también de los tepanecas? Por lo tanto, me parece necesario agravarles tanto el tributo que trabajando por pagarlo se consuman, o no pagándolo los obliguemos con otros males a salir de nuestro tlatocáyotl.

Aplaudieron todos, como se debía esperar, la resolución de su tecuhtli tepaneca, porque el príncipe que en sus consultas manifiesta su inclinación, más solicita panegiristas que lo ensalcen que conseje-ros que lo iluminen.

Mandó luego decir a los mexicas que el tributo que hasta allí habían pagado era muy corto y por tanto en adelante los doblasen; que además de eso necesitaba de cierto número de estacas de sauces y abetos para plantarlos en las calles y huertas de su corte, y junta-mente le condujesen por agua una sementera de toda especie de semi-llas usuales ya nacidas. El tributo que les había impuesto algún tiempo antes el tecuhtli de Azcapotzalco era de cierta cantidad de pescado y cierto número de aves palustres. Se afligieron mucho los mexicas viéndose ahora agravados con esta nueva servidumbre, y temiendo que cada día fuera mayor, pero cumplieron todo lo que se les ordenó, llevando al tiempo prefijo el pescado y la caza, las estacas y la semen-tera nadante. El que no haya visto los bellísimos jardines que hasta el tiempo presente se cultivan en medio del agua, la facilidad con que los transportan a donde quieren, calificará de patraña este suceso, pero los que las han visto como yo y cuantos hemos navegado aquel

lago, que es una de las más dulces recreaciones del mundo, no tendrá
motivo para desconfiar de la verdad de la historia.

Recibido este tributo, mandó el tecuhtli que para el año siguiente
le llevasen otra sementera como la pasada y en ella un ánade y una
garza empollando sus huevos, pero de tal suerte que al llegar a Azcapotzalco comenzasen una y otra a sacar sus pollos. Obedecieron los
mexicas y tomaron tan bien sus medidas que tuvo el necio príncipe
el placer de ser testigo del nacimiento de los pollos. Les ordenó luego
que, además de la sementera, le llevase un ciervo vivo. Esta orden era
de más difícil ejecución para los mexicas, porque para cazar el ciervo
era menester ir a los montes de tierra firme, lo cual no podían hacer sin
grave riesgo de caer en poder de sus enemigos. Sin embargo, de la dificultad, lo ejecutaron por quitar al tecuhtli todo pretexto para mayores vejaciones. Los historiadores dicen que en todos estos aprietos
acudían a su dios y éste les facilitaba la ejecución, pero es cierto que
para nada de cuanto se les ordenó necesitaban el auxilio del demonio.

Los mexicas sufrieron esta pesada servidumbre por más de
cincuenta años. El pobre Acamapichtli tuvo sobre estos trabajos el
de la esterilidad de la reina Ilancuéitl; la cual, reconocida de los mexicas trataron de darle una segunda mujer, que pidieron al señor de
Tetepanco. Éste les dio a su hija Tezcatlamiáhual, con la cual tuvo el
tecuhtli muchos hijos, y entre otros a Huitzilihuitl y Chimalpopoca,
que fueron sus sucesores en la corona. Tomó la segunda mujer sin dejar
la primera, y estaban ambas tan bien avenidas entre sí que Ilancuéitl
se encargó de la educación de Huitzilihuitl. Tuvo, aunque no en calidad de reinas, otras mujeres, y entre ellas una esclava en quien tuvo
al célebre *Ixcóatl* [Izcóatl], uno de los mejores tetecuhtin que hubo en
Anáhuac, como después diremos. Gobernó pacíficamente su ciudad,
por espacio de casi 37 años. En su tiempo se acrecentó la población, se
edificaron algunas casas de piedra y se comenzaron las acequias que
fueron de tanta hermosura y utilidad a la ciudad.

El intérprete de la colección de Mendoza atribuye a este tecuhtli la conquista de Mixquic, Cuitlahuac, Cuauhnáhuac y Xochimilco,
pero mal podrían conquistar los mexicas otras ciudades cuando apenas
podían mantenerse en la suya. Lo más verosímil es que sirviesen de
tropas auxiliares a otros estados contra aquellos lugares, como sirvieron

poco después al tecuhtli de Texcoco contra Xaltócan. Pero antes de morir Acamapichtli llamó a los principales de la ciudad y les hizo un buen razonamiento encargándoles el buen trato de sus mujeres e hijos y el celo del bien público. Les dijo que, habiendo recibido libremente de su mano la corona, se las volvía para que la diesen a quien les pareciese que sería más útil al estado. Les dijo que moría con dolor a dejar al altépetl tributario de los tepanecas. Su muerte, que fue el año 1389, fue muy sentida y sus exequias se celebraron con cuanta solemnidad permitía su altépetl.

Desde su muerte hasta la elección de su sucesor hubo, según dice el Dr. Sigüenza y Góngora, un intervalo de cuatro meses, lo cual no volvió a suceder en lo adelante, pues a pocos días de la muerte de uno se elegía otro. Esta vez pudo haberse retardado la elección, por haberse ocupado de arreglar el número de electores y el ceremonial de la coronación, según se puede rastrear de la misma historia. Juntos, pues, los electores, nombrados por la nobleza, tomo la voz un anciano y les habló de esta suerte:

—Mis canas me dan confianza para hablar el primero. Ya ven, nobles mexicas, la pérdida lamentable que hemos tenido en la muerte de nuestro tecuhtli. Ningunos más le deben llorar que nosotros que éramos las plumas de sus alas y las pestañas de sus ojos. Vean también la triste situación en que nos hallamos bajo la dominación de los tepanecas, con sumo oprobio de nuestra nobleza y esfuerzo. Piensen pues en elegir un tecuhtli que cele el honor de nuestro poderoso Huitzilopochtli, que repare con el esfuerzo de su brazo los ultrajes que padece nuestro altépetl y que ampare con su clemencia a los viejos, los huérfanos y las viudas.

El enfado de Tezozómoc, en el *Códice Ramírez*

Gobernó Acamapichtli muy a contento, con mucha paz y quietud. Se estaba multiplicando la gente mexica y la ciudad estaba en buen orden. Por lo cual los tepanecas hicieron una junta. Azcapotzalco era la cabecera del lugar donde residía de toda esta tierra tepaneca. Por esta razón los mexicas le pagaban tributo. El tecuhtli llamó a sus nenonotzaleque y a los pipiltin de su corte y les dijo:

—Bien saben, oh, azcaputzalcas, como los mexicas después de haber ocupado nuestras tierras han electo tecuhtli y hecho cabeza por sí. ¿Qué les parece que debemos hacer? Miren que ya que hemos disimulado con un mal, no conviene disimular con otro, porque quizá muertos nosotros, estos mexicas querrán sujetar a nuestros hijos y sucesores, haciéndose nuestros señores. Pretenderán que seamos sus tributarios y vasallos. Me parece que poco a poco se van ensalzando y ensoberbeciéndose y subiéndosenos a la cabeza. Para que no se ensalcen más, si les parece, vayan y mándenles que doblen el tributo dos tantos, en señal de reconocimiento y sujeción.

A todos le pareció muy bueno el consejo del tecuhtli de Azcapotzalco y lo llevaron a cabo: enviaron sus mensajeros a Tenochtítlan para que dijeran a su tecuhtli, de parte del de Azcapotzalco, que el tributo que daban era muy poco, y lo quería acrecentar, y que Tezozómoc quería reparar y hermosear su ciudad, y que juntamente con el tributo que solían dar, llevaran sabinas y sauces ya crecidos para plantar en su ciudad. Asimismo, que hicieran una *sementera* [chinampa] en la superficie de la laguna que se moviese como balsa, y que en ella sembraran las semillas que ellos usaban para su sustento: maíz, chile, frijoles, *huautli*, «amaranto», calabazas, chía, etcétera.

Los mexicas comenzaron a llorar y hacer grandes extremos de tristeza. Pero, aquella noche, el dios Huitzilopochtli habló a uno de sus teomamaque:

—He visto la aflicción de los mexicas y sus lágrimas, diles que no reciban pesadumbre, que yo los sacaré en paz y salud de todos estos trabajos. Diles que acepten el tributo. Dile a mi hijo Acamapichtli que tenga buen ánimo, que lleven las sabinas y sauces que les piden y hagan las chinampas y siembren en ella todas las legumbres y cosas que les piden, que yo lo haré fácil y llano.

A la mañana siguiente, el teopixqui fue con el tecuhtli Acamapichtli y le contó la revelación, por lo cual sintió consuelo y mandó que sin ninguna dilación los mexicas aceptaran el tributo y se pusiese por obra. Así hallaron con facilidad las sabinas y sauces, las llevaron a Azcapotzalco, los plantaron donde el tecuhtli Tezozómoc les mandó. Asimismo, llevaron la sementera movediza como balsa encima del agua, toda sembrada con mazorca de maíz, chile, tomates, bledos, frijoles, calabazas, con muchas rosas, todo ya crecido. Cuando Tezozómoc lo vio, quedó muy maravillado y dijo a los de su corte:

—Esto me parece, hermanos, cosa más que humana, porque cuando yo lo mandé lo tuve por imposible, y para que sepan que lo que les digo no es engaño, traigan a esos mexicas, que quiero que entiendan que son favorecidos de su dios y por eso se convertirán en dueños de todos los señoríos.

Llamados los mexicas ante Tezozómoc, les dijo:

—Hermanos, me parece que todo se les hace fácil y son poderosos. Así mi voluntad es que cuando me traigan el tributo al que están obligados, que en la sementera o balsa entre las legumbres traigan una garza y una pata, echadas cada uno sobre sus huevos, y vengan tan justos los días que llegando acá saquen sus hijuelos, y esto se ha de hacer en todo caso, donde no suceda de esta manera, serán muertos.

Los mexicas dieron la embajada a su tecuhtli Acamapichtli. Esto se divulgó por el pueblo, y los mexicas sintieron mucha pena y congoja. Pero confiando el tecuhtli Acamapichtli en su dios Huitzilopochtli, mandó que sobre ello no se hiciera ningún sentimiento, ni se diera a entender ni se mostrara cobardía o pesadumbre, por lo cual todos procuraban mostrar buen ánimo en público.

Aquella noche quiso consolarlos su ídolo y así habló con el teopixqui, el más anciano y allegado:

—Padre mío —le dijo Huitzilopochtli—, no tengan temor ni los espanten esas amenazas. Dile a mi hijo, el tecuhtli, que yo sé lo que conviene, y lo que se debe hacer, déjenlo a mi cargo, haga lo que le mandan y piden, que todas esas cosas son para en pago de su sangre y sus vidas, pues con eso se las compramos. Ellos serán muertos y cautivos en algunos años. Sufran y padezcan ahora mis hijos, que ya les vendrá su tiempo.

El sacerdote dio esta revelación al tecuhtli y su pueblo quedó muy confortado con gran confianza en su dios. Cuando llegó el tiempo de llevar su tributo, remaneció en la balsa, sin saber ellos cómo una pata y una garza empollando sus huevos. Así se fueron a Azcapotzalco, donde luego sacaron sus pollos. Cuando el tecuhtli de Azcapotzalco los vio, quedó más admirado que nunca, confirmándose más en lo que el año pasado había dicho a sus grandes, de nuevo se los refirió. Perseveraron los mexicas en este género de tributo cincuenta años disimulando y sufriendo, multiplicándose y reforzándose más.

La ira de Tezozómoc, en los *Anales de Tlatelolco*

No se quedaron mucho tiempo en Iztacalco, pues enseguida llegaron a Tenochtítlan, y se asentaron donde crecía un nopal entre los tules y los carrizos; esto sucedió en el año *ome calli*, «1325». Allí levantaron un montículo de céspedes; levantado el montículo, salieron de caza para ir a buscar una serpiente o un conejo; tomaron por el rumbo de Acuezcómac y fueron a dar con un sendero trillado que venía de Culhuácan. Miraron a lo lejos y les pareció ver a un caminante, entonces se dijeron:

—Mexicas, alguien se acerca, ¡escondámonos!

Así que se pusieron a ambos lados del camino, y enseguida apareció una mujer que venía por delante, mientras que a su marido la seguía una braza detrás atando un mecate en la punta de su macana. Enseguida *Xomímitl*, «flecha en la pierna» o «flecha de saúco», se apoderó de la mujer, y el guerrero corrió para impedirlo, pero Xomímitl también se apoderó de él. Entonces todos los mexicas alzaron la gritería; los rodearon, y él les dijo:

—Mexicas, ¿acaso ya he muerto? Por ustedes voy a Xaltócan y a Mazahuacan: dentro de cinco días perecerán. Yo soy el guerrero y *ticomécatl Chichilcuáhuitl*.

Enviaron un mensajero a *Ténoch, Ocelopan, Acacitli, Xíuhcac* y *Ahuéxotl*; les mandaron decir:

—*Tenzacátetl Chiauhtótotl* ha prendido cautivos.

El mensajero les dijo:

—*Xomímitl* ha tomado cautivos a unos de Culhuácan.

- *Acuezcómac*, «en el depósito de agua».
- *Xomímitl*, «pato lagunero», «flecha en la pierna» o «flecha de saúco».
- *Xaltócan*, «lugar de arena».
- *Mazahuacan*, «donde tienen venados».

- *Chiauhtótotl*, «árbol rojo».

- *Ténoch*, «nopal de tunas duras».

- *Ocelopan*, «estandarte de ocelote».

- *Acacitli*, «liebre de carrizal».

- *Xiúhcac Teomama*, «el sacerdote de las sandalias azules».

- *Ahuéxotl*, «sauce del agua».

- *Tenzacátetl*, «bezote» o «bezotera de zacates».

- *Chiauhtótotl*, «pájaro-víbora».

Se relata en *Anales de Tlatelolco*:

> Éstos murieron en el día *ce cipactli* y por ellos se dedicó el montículo de céspedes de Tenochtítlan. Cuando los mexicas cumplieron 40 días, Acolnahuacatzin, tecuhtli de Azcapotzalco, mandó que fueran a ver el humo que se levantaba de entre los carrizos y para esto envió al *tezcacoácatl* y al *tlacochcálcatl Cacáhuitl*, el cual fue a ver a los mexicas que en medio de los carrizos estaban haciendo humaredas. Llegó y les preguntó [...]

- *Acolnahuacatzin*, «cerca del hombro».

- *Azcapotzalco*, «en el hormiguero», «en el montículo de hormigas» o «lugar donde [el linaje] hormiga rebulle» [*ázcatl*, «hormiga»; *potzalli* o *putzalli*, «hervidero»; y -*co*, sufijo locativo].

- *Tezcacoácatl*, «el de Tezcacóac» [*Tezcacóac*, «lugar de serpientes de espejo»].

- *Tlacochcálcatl*, «el hombre de la casa de los dardos», rango militar de alto nivel, equivalente a gran general. *Tlacochcalco*, «casa de dardos». El tlacochcalco era una armería y un cuartel militar.

- *Cacáhuitl*, «pluma de cacao».

Continúa *Anales de Tlatelolco:*

—Me envía Acolnahuacatzin. ¿Quiénes son ustedes?

    —Somos mexicas —respondieron.

El tezcacoácatl y al tlacochcálcatl fueron a decirle al tecuhtli de Azcapotzalco que los mexicas eran quienes estaban haciendo humo. Entonces los envió nuevamente:

    —Díganles a los mexicas que pueden establecerse en mi territorio. Esto les doy por el largo tiempo en que han padecido al no hallar reposo en ningún lugar.

    Luego los mexicas acordaron:

    —Mexicas, vayamos a barrer a Azcapotzalco, vayamos a suplicar al señor Acolnahuacatzin.

    Y empezaron a llevar aves, pescados, ranas, carrizos y varas para ir a barrer y a hacer fuego en Azcapotzalco, en el palacio del tecuhtli Acolnahuacatzin. Cuando llegaron los mexicas, en Azcapotzalco ya llevaban 170 años de gobierno, y entonces estaba gobernando el cuarto señor.

Descendencia de Tezozómoc, en *Historia chichimeca*

Tezozómoc se casó con Chalchiuhcozcatzin con quien tuvo once hijos:

- El primero, Maxtla.
- El segundo, Tecuhicpaltzin.
- El tercero, Tayatzin.
- La cuarta, Cuetlachcihuatzin, que se casó con Tlacateotzin, señor de Tlatelolco.
- La quinta, Cuetlaxxochitzin, que se casó con Xilomantzin, hijo de Quetzalia de Culhuácan.
- La sexta, Tzihuacxochitzin, que se casó con Acolnahuacatzin, señor de Tlacopan.
- La séptima, Chalchiuhcihuatzin, que se casó con Tlatocatlatzacuilotzin, señor de Acolman.

- La octava, Tecpaxochitzin, que habiendo sido casada con téc-patl, señor de Atotonilco, la repudió y después pretendió su padre darla por mujer legítima a Ixtlilxochitzin tecuhtli de Tex-coco, quien sólo la admitió como concubina, lo cual fue una de las causas de Tezozómoc para tiranizar el chichimeca tlatocáyotl.
- La novena, Papaloxochitzin, que se casó con Opantecuhtli, señor de Coatlíchan.
- Las últimas fueron hembras.

Hijos de Tezozómoc, según los *Anales de Cuauhtitlán*

- Cuappiyo
- Quetzalcuixin
- Tecpatlxóchitl ♀
- Tepanquizqui
- Quetzalmaquiztli
- Ayacíhuatl ♀
- Tayatzin
- Tecutzintli

Tezozomóctli puso a sus hijos para que gobernaran:
- Al primero, Quetzalmaquiztli, en Coatlíchan.
- Al segundo, Cuappiyo, en Huexotla.
- Al tercero, Teyolcocohua, en Acolman.
- Al cuarto, Epcóatl, en Toltítlan.
- Al quinto, Quetzalcuixin, en Mexicatzinco.
- Al sexto, llamado Quetzalayatzin [Tayatzin], en Azcapotzalco, y le dio esta orden: «Cuando yo muera, tú ocuparás mi lugar y serás el tecuhtli de Azcapotzalco».
- Al séptimo, Maxtla, en Coyohuácan
- Al octavo, Tepanquizqui, en Xochimilco.

Segunda parte de la genealogía tepaneca, a través de los *Anales de Tlatelolco*

Cuando murió Acolnahuacatzin, se asentó Tezozomóctzin, el cual solicitó una hija a *Ixcozauhcatzin*, «rostro amarillo», de *Zahuátlan*, «junto al río Záhuatl», llamada *Iztacxóchitl*, «flor blanca».

Tezozomóctzin e Iztacxóchitl ♀ tuvieron estos hijos:

- El primogénito Cuacuauhpitzáhuac Epcoatzin [*Cuacuauhpitzáhuac*, «cuerno filoso de venado»; *Epcoatzin*, «serpiente de nácar»].
- El segundo, *Acolnahuacatzin*, «cerca del hombro».
- El tercero, *Teyolcocohuatzin*, «el que causa pena a la gente».
- El cuarto, *Maxtláton* [también *Maxtla*], «braguero pequeño».
- El quinto, *Cuacuauhtzin*, «cuerno».
- El sexto, *Moquihuitzin*, «rostro hinchado por la ebriedad».

Luego Tezozomóctzin puso en Tlatelolco como tecuhtli a Cuacuauhpitzáhuac Epcoatzin, el cual solicitó una hija a Acolmiztli Huitzilíhuitl de Coatlíchan, quien le dio para esposa a Acxocuéitl.

Cuacuauhpitzáhuac Epcoatzin y Acxocuéitl ♀ engendraron ocho hijos:

- El primogénito *Tlacateotzin* [también *Tlacatéotl*], «dios-hombre» u «hombre-sol».
- *Yaocuíxtli*, «milano aguerrido».
- *Tezozomóctli*, «el encolerizado» o «piedra crepitante».
- *Xiuhcoyolmaquiztli* ♀, «brazalete de cascabeles de turquesa».
- *Atotoztli* ♀, «loro de agua».
- *Epcoatzin*, «serpiente de nácar».
- *Huacaltzintli* ♀, «huacal», caja hecha con varas para transportar sólidos.
- *Matlaltzin* ♀, «azul-verde».

Tezozomóctzin les dio a sus hijos las siguientes ciudades para que gobernaran:

- Acolnahuacatzin en *Tlacopan*, «en las jaras».
- Teyolcocohuatzin en *Acolman*, «lugar de los acólhuas».
- Maxtlaton en *Coyohuácan*, «donde tienen coyotes».
- Cuacuauhtzin en *Tepechpan*, «en los cimientos de piedra».
- Moquihuitzin en *Cuauhnáhuac* [Cuernavaca], «lugar rodeado de árboles» [*cuáhuitl*, «árbol»; y *náhuac*, «rodeado»].

No se confunda a este Moquihuitzin con el hijo de Cuauhtlatoa, nieto de Tlacateotzin, bisnieto de Cuacuauhpitzáhuac y tataranieto de Tezozómoc, que perdió el gobierno de Tlatelolco tras la guerra contra los mexicas durante el gobierno de Axayácatl.

Crónica mexicana menciona a otra hija, llamada Ayacíhuatl ♀, la cual se casó con el tecuhtli mexica Huitzilíhuitl. *Historia Chichimeca* menciona a Tecpatlxóchitl ♀.

Genealogía tlatelolca,
en los *Anales de Tlatelolco*

Cuando murió Cuacuauhpitzáhuac, tecuhtli de Tlatelolco, se asentó su hijo Tlacateotzin, quien solicitó mujer en Coatlíchan. (Era la segunda vez que allá solicitaban esposa.) Le entregaron a Chalchiuhxochitzin, hija de Xaquintzin, el cual era nieto de Acolmiztli.

Tlacateotzin y Chalchiuhxochitzin tuvieron estos hijos:

- *Acolmitzin*, «puma robusto».
- *Pillicihuatzin* ♀, «mujer noble», quien se casó con *Tlaltecatzin*, «el que pacifica a la tierra», de Cuauhnáhuac.
- *Chicomoyollotzin* ♀, «siete olotes», se casó con *Teiztlacoatzin*, «el que espía a la gente», de Cuauhnáhuac.
- **Quetzalxilotzintli Huacaltzintli** ♀ [*Quetzalxilotzintli*, «jilotequetzal», y *Huacaltzintli*, «huacal», caja hecha con varas para transportar sólidos] se casó con *Tizahuatzin*, «el que tiene tiza», de *Toltítlan*, «entre los tules».
- *Tlacochcuetzin* ♀, «falda de dardos», se casó con *Ceolinteuctli*, «señor uno movimiento», de Oztotícpac.
- *Coatonaltzin* ♀, «la del signo de serpiente», se casó con *Xiuhyaoteuctli*, «jefe guerrero de turquesa», de *Tianquiztenco*, «a la orilla del mercado».
- *Mocelcihuatzin* ♀, «mujer valiente», se casó con *Tepanquizcatzin*, «el que pasa sobre la gente», de *Huaxtépec*, «en el cerro de los guajes».
- *Xocotzin* ♀, «fruta agridulce», se casó con *Acacitli*, «liebre del carrizal», de Pochtlan Chalco [*Pochtlan*, «entre los pochotes» o «entre las ceibas»].

En esta lista se menciona a Tezozomóctli, tecuhtli de Cuauhtitlán, como hermano de Tlacateotzin y no como hijo. Tampoco se escribe sobre Matlalatzin, esposa de Chimalpopoca, tecuhtli de Tenochtitlan, y Cuauhtlatoa, tecuhtli de Tlatelolco, también hijos de Tlacateotzin. Continúa la genealogía tlatelolca a través de los *Anales de Tlatelolco*:

Referencia de los hermanos de Tlacateotzin:

- Yaocuixtli, se enseñoreó en Mexicatzinco.
- Tezozomóctzin, se enseñoreó en Cuauhtitlán.
- Xiuhcoyolmaquiztli ♀, hermana mayor, se casó con Matlaccalli de Quechólac, hijo de Cuetzpaltzin de Cuauhtépec.
- Atotoztli ♀ se casó con Tochinteuctli de Totomihuacan.
- Huacaltzintli ♀ se casó con Itzcoatzin, tlatoani de Tenochtitlan. Ambos tuvieron estos hijos: Tezozomóctzin y Tizahuatzin, quien llegó a ser tecuhtli de Toltítlan.
- Matlaltzin se casó con Iztaccóyotl de Totomihuacan.
- Acolmitzin, hijo de Tlacateotzin, llegó a ser tlacatécatl, y solicitó por esposa a una hija de *Oceloteuctli*, «señor ocelote», de *Cuauhuácan*, «donde tienen bosques», llamada *Mizquixahualtzin*, «aceite de mezquite».

Tlacateotzin y Atepexotzin ♀ tuvieron estos hijos:

- *Moquihuitzin*, «rostro hinchado por la ebriedad».
- *Cuauhtzin*, «águila», quien se casó con Miccacálcatl de Huexotzinco.
- *Cuauhtomicicuiltzin*, «costilla de águila» o «costilla de madera», quien gobernó Cuauhtínchan.

Acolmitzin y Mizquixahualtzin ♀ tuvieron estos hijos:

- *Cuauhtlatoatzin*, «el que habla como águila».
- *Xiuhquecholpotoncatzin* ♀, «emplumada con plumas de quechol y turquesas».
- *Tzihuacpopocatzin*, «cacto humeante».
- *Mometzcopinatzin*, «sacado de la pierna».
- *Colhuatzin* ♀ «pobladora de Culhuácan». Era la hermana mayor, se fue a *Tepéxic*, «sobre el peñasco».

Cuando murió Tlacateotzin, se asentó en Tlatelolco su nieto Cuauhtlatoatzin, quien tomó por esposa a una hija de Macuextecatzin.

Cuauhtlatoatzin y *Macuextecatzin* ♀, «habitante de Macuextlan» o «entre las pulseras» o «entre los brazaletes», tuvieron dos hijas:

- *Anepantlatzin* ♀, «en medio del agua».
- *Xiuhcanahualtzin* ♀, «turquesa fina» o «turquesa delgada».
- Cuando murió Cuauhtlatoatzin, se asentó como tecuhtli su tío Moquihuitzin.

Los tetecuhtin tlatelolcas, de acuerdo con los *Anales de Tlatelolco*

Al morir Cuacuauhpitzáhuac, se asentó Tlacateotzin, en el año *chicome técpatl*, «1408». Cuando llevaba siete años gobernando, estalló la guerra de Chalco. En el año nono de su gobierno se apoderó de los de *Tecpantla*, «lugar lleno de palacios» [*tecpan*, «palacio»; y *-tlah* o *tla*, «lugar sembrado de» o «lugar lleno de»].

Aquí se enumeran todas sus conquistas:

- *Toltítlan*, «entre los tules».
- *Cuauhtitlán*, «junto al águila», «lugar de las águilas» [*cuauhtli*, «águila»; y *tlan*, «lugar»]. Otras fuentes aseguran que el significado es «junto a los árboles» [*cuáhuitl*, «árbol»; *-títlan*, «lugar entre»].
- *Chalco*, «en la concavidad del terreno».
- *Acolman*, «lugar de los acólhuas».
- *Otonpan* [Otompan], «lugar de los otomíes».
- *Acolhuácan*, «donde están los cólhuas del agua» o «en el recodo superior» o «la tierra de los que no tienen antepasados».
- *Tólantzinco*, «Tólan el chico».

Cuando Tlacateotzin murió en forma ignominiosa, murieron también Teuhtlehuacatzin y Chimalpopoca, tecuhtli de Tenochtitlan. De mala manera fueron asesinados, y quien los mandó matar fue Maxtláton de Azcapotzalco. En forma ignominiosa se les dio muerte. A Tlacateotzin lo apedrearon en Atzonpan. Tlacateotzin gobernó durante 17 años.

Al morir Tlacateotzin, se asentó Cuauhtlatoatzin, en el año *mátlactli técpatl*, «1424». Durante el primer año de su gobierno, en

Tlatelolco se reunieron en consejo el tlacochcálcatl y todos los capitanes y principales, para tratar sobre la muerte de los señores.

Entonces, estalló la guerra tepaneca. También entonces se acabó de edificar el teocalli de Tenochtítlan. Cuauhtlatoatzin derrotó a los tepanecas. Y murió Maxtláton.

No debe sorprender a las y los lectores una afirmación como ésta: «Cuauhtlatoatzin derrotó a los tepanecas». Para Alva Ixtlilxóchitl, los mexicas derrotaron a los tepanecas; para Alvarado Tezozómoc, Izcóatl fue el gran héroe. Más allá de escribir su historia, el objetivo de los tlacuilos y después de los cronistas mestizos era enaltecer su linaje, sin importar si mentían o exageraban. A continuación, podemos leer claramente una exageración en la que Cuauhtlatoatzin, gobernante de Tlatelolco, se muestra como el conquistador más grande del Anáhuac.

Continúa *Anales de Tlatelolco*:

A los 25 años de su gobierno, los mexicas se aconsejaron; entonces fueron llevados como esclavos, con colleras de madera. Al año siguiente, se ataron los años de los mexicas.

Las conquistas de Cuauhtlatoatzin fueron éstas:

- *Azcapotzalco*, «en el hormiguero».
- *Acolhuácan*, «donde están los cólhuas del agua» o «en el recodo superior» o «la tierra de los que no tienen antepasados».
- *Tlacopan*, «lugar de las jarras» o «lugar de los esclavos».
- *Atlacuihuayan*, «donde se saca agua del pozo».
- *Teocalhueyácan*, altépetl otomí, actual San Andrés Atenco, al poniente de Tlalnepantla de Baz, Estado de México.
- *Mízquic*, «en el mezquite».
- *Cuitláhuac*, «donde tienen tecuitlatl».
- *Xochimilco*, «tierra de flores».
- *Coyohuácan*, «donde tienen coyotes».
- *Coatlíchan*, «en la casa de la serpiente».
- *Itztapalócan*, «lugar lleno de lajas».
- *Cuauhnáhuac*, «lugar rodeado de árboles».
- *Xihuacan*, «donde tienen turquesas».

- *Copallan*, «junto al copal».
- *Yohuallan*, «junto a la noche».
- *Tepecuacuilco*, «en la cabeza pelada del cerro».
- *Tetella*, «tierra fragosa».
- *Cuauhtla*, «arboleda».
- *Tecalco*, «en la casa de piedra».
- *Patlanallan*, «entre los pájaros voladores».
- *Tepeyácac*, «punta del cerro».
- *Oztotícpac*, «encima de la cueva».
- *Tlaollan*, «junto al maíz desgranado».
- *Ahuilizápan*, «Orizaba».

Cuauhtlatoatzin gobernó durante 29 años.

Cuacuauhpitzáhuac, tecuhtli de Tlatelolco, en *Historia chichimeca*

A Hepcoatzin le sucedió en el tecúyotl de Tlatelolco, *Cuacuauhpitzáhuac* [Cuacuauhpitzáhuac], el cual se casó con Coaxochitzin de Coatlíchan y con quien tuvo tres hijos:

- El primero, Amantzin.
- El segundo, Tlacateotzin.
- La tercera, Matlalatzin.

Tlacateotzin, tecuhtli de Tlatelolco, en *Historia chichimeca*

Cerca de los fines del gobierno de Techotlalatzin, murieron Cuacuauhpitzáhuac, señor de Tlatelolco, y entró en su lugar su hijo Tlacateotzin, quien tuvo tres hijos con Cuetlachcihuatzin, hija de Tezozómoc:

- Tzontecomoctzin
- Cuauhtlatoatzin
- [Ixtlilxóchitl no menciona a la tercera.]

Tlacateotzin, en la *Historia…* de Clavijero

El mismo año en que sucedió esta tragedia en Tenochtítlan, que fue el 1399, murió en Tlaltelolco su primer tecuhtli Cuacuauhpitzahuac,

TODOS LOS CAMINOS LLEVAN A TENOCHTITLAN

585

dejando su población considerablemente aumentada con buenos edificios, hermosos jardines y mayor policía. En su lugar fue electo Tlacatéotl, de cuyo origen hablan con variedad los historiadores; unos dicen que fue tepaneca como su antecesor, y otros que fue acúlhua pedido al tecuhtli de Texcoco. La emulación que había entre los mexicas y tlatelolcas contribuyó infinito al engrandecimiento de una y otra población, procurando cada partido exceder en todo al otro. Los mexicas por su parte habían emparentado con las naciones comarcanas, habían multiplicado sus sementeras en el agua, tenían ya un buen número de canoas, con que habían adelantado pesca y comercio y se ejercitaban en combates navales previendo de cuanta utilidad les sería en el futuro. Con eso pudieron celebrar el año *ce tochtli*, «1402», sus fiestas seculares con mucho mayor aparato que todas las antecedentes.

Reinaba aún por este tiempo en Acolhuácan, Techotlala, ya décrepito y oprimido de los años, pero conociendo que ya se le acercaba la muerte llamó a su hijo el tlazopilli Ixtlilxóchitl y le encargó, entre otras cosas, que procurase ganarse los ánimos de los señores sus vasallos, porque podría ser que Tezozómoc, viejo astuto y ambicioso que hasta entonces se había contenido por temor, después de sus días se rebelase al tlatocáyotl. Murió finalmente el tecuhtli el año de 1406 después de un largo reinado, aunque no tan dilatado, ni con mucho, como lo piensan algunos historiadores.

Muerte de Acamapichtli, en la *Historia*... de Diego Durán

Después de haber gobernado cuarenta años en la ciudad de Meshíco Tenochtítlan, haber regido con mucha paz y sosiego, y haber puesto en orden las casas, acequias, calles y otras cosas necesarias, el tecuhtli Acamapichtli, adoleció y dio fin a sus días, dejando la ciudad muy triste y desconsolada.

En su lecho de muerte llamó a todos los pipiltin y les hizo una larga y prolija plática. Les encargó los asuntos del gobierno y a sus hijos y mujeres, sin señalar a alguno de ellos como heredero. Y dejó que el pueblo eligiera entre ellos o de otros, los que ellos quisieran para que los gobernaran. Finalmente, mostró gran pesar por no haber podido liberar a su ciudad de la sujeción y tributo en que Azcapotzalco la tenía.

Le hizo la ciudad grandes lamentaciones funerales, pero con menos ceremonias, conforme a su usanza, pues en aquel tiempo, por estar pobres, arrinconados y muy caídos, el tecuhtli apenas tenía qué comer. Los principales y grandes, al ver muerto a su señor, empezaron a tratar de darle sucesor.

Acamapichtli comenzó a reinar a la edad de veinte años y gobernó cuarenta. Dejó hijos muy valerosos y de animosos corazones, que después, algunos de ellos, fueron gobernantes y muy valerosos capitanes. Murió el año 1404.

Dos años antes de que muriera Acamapichtli, había nacido el gran señor y tecuhtli de Texcoco, Nezahualcóyotl, que fue el año de 1402. El cual, además de ser pariente muy cercano de los tetecuhtin de México, fue muy favorable a los del altépetl mexica y muy amigo de ellos. Muy pocos, o ninguno, lo igualaron, ni hicieron ventaja, según los capítulos siguientes adelante lo dirán; la manera y modo que tuvo para perpetuar la confederación y amistad de los mexicas, y buscando modos para hacerlo, sin que se entendiera de las demás tribus.

A continuación, compartiré una lista de fechas, de inicio a fin de los primeros tres gobiernos de Tenochtitlan que proponen las fuentes principales:

Fuente	Acamapichtli	Huitzilíhuitl	Chimalpopoca
Códice Mendocino	1376-1396	1396-1417	1417-1427
Códice Telleriano-remense	1366-1406	1406-1414	1414-1426
Bernardino de Sahagún	1369-1390	1390-1411	1411-1421
Diego Durán	1363-1403	1403-1416	1416-1426
Juan de Torquemada	1371-1392	1392-1414	1414-1427

Alva Ixtlilxóchitl	1230-1281	1281-1353	1353-1424
Francisco Javier Clavijero	1352-1389	1389-1410	1410-1423
Manuel Orozco y Berra	1376-1396	1396-1417	1417-1427

A partir de Izcóatl, la mayoría de las fuentes coinciden en las fechas.

Acamapichtli, en los *Anales de Tlatelolco*

Acamapichtli se enseñoreó en el año *ce técpatl*, «1376». Llevaba once años gobernando cuando los mexicas erigieron un altar. Gobernó Acamapichtli durante 21 años. Y sus conquistas fueron: Mízquic, Xochimilco, Cuauhnáhuac y Cuitláhuac.

Acamapichtli, en los *Anales de Cuauhtitlán*

Año *mátlactli omei calli*, «1349». En este año trajeron a Acamapichtli a Tenochtítlan. Se dice que lo puso a gobernar Ilancuéitl, su mujer, quien de ese modo dio principio al señorío de Mexico. En el año *ome ácatl*, «1403», cuando se ataron nuestros años, murió Acamapichtli y que se enseñoreó Huitzilíhuitl. Al mismo tiempo se designó a Chimalpopocatzin —hermano menor de Huitzilihuitzin— como tlacatéccatl. Chimalpopocatzin se casó con una princesa de Cuauhnáhuac cuando aún no era tlatoani; engendró a su hijo *Itzcoatzin* y tuvo también por hijo a huehue *Moteuczomatzin*. A sus madres las había solicitado Ilancuéitl en Culhuácan.

Como ya se citó anteriormente, Chimalpopoca fue hijo de Huitzilíhuitl y sobrino de Izcóatl.

Acamapichtli, en las *Relaciones*... de Chimalpáhin

En el año *nahui tochtli*, «1366», sucedió la instalación en el trono de Acamapichtli, primer señor de Tenochtítlan. Pertenecía al linaje real de Culhuácan, del cual provinieron los gobernantes mexicas.

Achitómetl, que gobernaba en Culhuácan, tenía un hijo de nombre Acxocuauhtli, quien posteriormente también gobernó Culhuácan. El mexica, llamado Huitzíllatl, tenía dos hijos:

- Azcaxotzin ♀
- Teuhctléhuac

Azcaxotzin se casó con el señor Acxocuauhtli, y de ellos nacieron:

- Coxcoxtli
- Xíuitl Témoc

Estos dos gobernaron posteriormente en Culhuácan. El señor Coxcoxtli tuvo, a su vez, dos hijos:

- Macuextin o Tezozomóctli, no se sabe con certeza en dónde gobernó.
- Huehue Acamapichtli, quien posteriormente gobernó Culhuácan. Este huehue Acamapichtli se casó con su parienta consanguínea, la hija del mexica Teuhctléhuac, resultando por tanto Huitzíllatl, abuelo de la mujercita noble Ixxóchitl (hija de Teuhctléhuac). El Huehue Acamapichtli primero amigo, luego marido de Ixxóchitl engendró con ella un hijo, segundo de nombre Acamapichtli, que fue el que vino a gobernar como primer señor en Meshíco Tenochtítlan.

Este Acamapichtli se casó con Ilancuéitl, hija del tecuhtli de Culhuácan, Xíhuitl Témoc. A estos dos fue a quienes se fue a traer con grandes regocijos, yendo los mexicas por el segundo Acamapichtli a Culhuácan, y fue este el primer señor que tuvieron, tronco y nervio de la nobleza que se hizo aquí en Tenochtítlan, el cual ya se refirió que comenzó a gobernar desde el año *chicome calli*, «1369», habiéndose iniciado con él el linaje real gobernante en Meshíco Tenochtítlan.

En el año *ce calli*, «1389», ocurrió la muerte del tecuhtli de Tenochtitlan, Acamapichtli. Gobernó 21 años. Dejo 23 hijos, príncipes de sangre:

- Cuatlecóhuatl
- Ixehuatzin
- Ometochtzin, que fue asentado en Tólan donde fue a gobernar, pero murió luego.
- Cuatlachtzin, que fue a gobernar a Tólan, donde se casó con Xilloxochtzin ♀, hija de Cuatlachíhuitl, señor de Tólan.

- Citlalcohuatzin
- Macuextzin
- Itzcohuatzin
- Huehuezaca
- Tetlepanquetza
- Yaotlantzin
- Ixcuitlántoc

Muerte de Acamapichtli, en el *Códice Ramírez*

Dentro de este tiempo murió el tecuhtli Acamapichtli de edad de sesenta años, tras haber gobernado cuarenta en la ciudad de México, en mucha quietud y paz. Dejó su ciudad abundante en casas, calles y acequias, con todas las cosas necesarias al orden de un buen altépetl, de lo cual era muy cuidadoso. Así al tiempo de su muerte, llamó a todos sus pipiltin y les hizo una larga y prolija plática, les encargó los asuntos del pueblo y a sus mujeres e hijos, sin señalarles a ninguno de ellos por heredero del altépetl, sino que dejó que el pueblo eligiese de ellos a quien le pareciese para que los gobernara. Porque no gobernaban los tlazopipiltin, hijos de los tetecuhtin, por herencia, sino por elección, como adelante se verá mejor. Mostró gran pena por no haber podido poner la ciudad en libertad del tributo y sujeción en que Azcapotzalco. Así, Acamapichtli dio fin a sus días, dejando a todos sus vasallos muy tristes y desconsolados. Le hicieron sus exequias lo mejor y más solemne que pudieron, aunque fue con todas las ceremonias que ellos usaban, pero no con el aparato de riquezas y esclavos que después usaron, por estar en este tiempo muy pobres.

Techotlala, en la *Historia...* de Clavijero

Reinaba por ese tiempo en Acolhuácan, Techotlala, hijo del tecuhtli Quinatzin. Los treinta primeros años de su gobierno habían sido muy pacíficos, pero pasado ese tiempo, se le rebeló al señor de Xaltócan que se nombraba Tzompan, y haciéndose cargo de que no tenía fuerzas bastantes para contrarrestar a su soberano, llamó en su auxilio a los de Otompan, Metxtitlán, Cuauhuácan, Tecómic, Cuauhtitlán y Tepotzotlán.

Al enterarse el tecuhtli acólhua de su rebelión, lo convidó con su gracia con tal de que depusiese las armas y se sometiese a su legítimo señor, pero Tzompan fiado en la mucha gente que tenía de su parte, despreció con altanería la propuesta. Indignado el tecuhtli armó a su gente y llamó a los tepanecas, a los mexicas y a otros pueblos de la laguna, y con este golpe de tropas dio sobre los rebeldes. La guerra fue muy obstinada y no pudo concluirse en dos meses, pero quedando finalmente victorioso el ejército real, fueron castigados con el último suplicio Tzompan y los demás jefes de los lugares rebelados. En dicho Tzompan acabó la estirpe de los señores de Xaltócan, descendientes del tlazopilli acólhua Chiconcuauhtli, que casó con la segunda hija de Xólotl.

Los mexicas se retiraron a su ciudad y el tecuhtli Techotlala, para obviar nuevas rebeliones en el futuro, dividió su tlatocáyotl en 65 pequeños estados, señalando a cada uno su señor, pero con sujeción y reconocimiento a la corona. De cada estado sacó alguna gente para establecerla en otros, pero quedando sujeta al señor de cuyo estado salía, persuadido de que servía de freno a todos los pueblos la porción que en ellos había de gente extraña y obediente a otro señor. Política en algún modo útil para impedir la rebelión, pero injuriosa a los vasallos inocentes y de mucho embarazo para los señores subalternos. No satisfecho con esto, llamó a cinco de los pipiltin y les confirió empleos proporcionados a sus personas. A uno, nombrado Tetlato, hizo general de las armas; a Yolqui hizo introductor y aposentador de embajadores; a Tlami dio el empleo de mayordomo de su real casa; a Amechichi encargo la limpieza y aseo de palacio, y a Cóhuatl lo hizo director de los plateros de Ocolco. Las piezas de oro y plata que se hacían para el tecuhtli las trabajaban los hijos del mismo director, que a ese fin habían aprendido el arte. El aposentador de embajadores tenía a sus órdenes varios otros oficiales acólhuas; el mayordomo presidía a cierto número de chichimecas, y el superintendente de la limpieza mandaba a otro número de tepanecas. Con esta disposición acrecentó el esplendor de su corte y se aseguró de los pipiltin.

La nueva alianza que el tecuhtli de Tenochtítlan contrajo con el de Azcapotzalco y la gloria que habían ganado sus armas en la guerra de Xaltócan contribuyeron mucho, no menos al vigor de su pequeño estado que al mejor trato de sus personas, porque teniendo ya mayor franqueza y extensión en su comercio, comenzaron por este tiempo a vestirse de algodón, el cual hasta entonces habían carecido por su miseria. Pero apenas comenzaban a respirar de la larga servidumbre de los tepanecas, cuando de la misma familia real de Azcapotzalco les salió un nuevo enemigo y un sangriento perseguidor.

Muerte de Techotlala y coronación de Ixtlilxóchitl, en *Historia chichimeca*

Murió el huei chichimécatl tecuhtli Techotlalatzin en sus palacios de Oztotícpac dentro de la ciudad de Texcoco (después de haber gobernado ciento y cuatro años). Sus honras y entierro se llevaron a cabo en el año *chicuei calli*, «1357 d. C». Luego los señores que se hallaron presentes juraron por a Ixtlilxóchitl como huei chichimécatl tecuhtli.

Tezozómoc se enteró de la muerte de Techotlalatzin por parte de Teyolcocoatzin, su nieto y tecuhtli de Acolman. Luego convocó a los señores mexicas y les dijo que estaba muy ofendido por Ixtlilxóchitl por su altivez. Además, Tezozómoc creía que a él competía la sucesión del chichimeca tlatocáyotl, por ser nieto de Xólotl; además de que Ixtlilxóchitl era mancebo de poca experiencia para poder conservar tan un señorío tan grande. Así que de ninguna manera quiso asistir a la jura, ni reconocerlo como huei chichimécatl tecuhtli, sino que antes le había de sojuzgar y poner debajo de su mando y tecúyotl, pues tenía tantos y tan principales deudos y parientes —como los señores de Acolman y Coatlíchan—, que con facilidad a éstos y a todos los señores de su casa y vasallos atraería a su voluntad.

Los señores mexicas le respondieron que les parecía muy bien lo que intentaba hacer. Le recomendaron que lo hiciera con mucho cuidado, porque Ixtlilxóchitl, aunque joven, era belicoso y amado de sus vasallos. A lo cual Tezozómoc replicó que así sería.

Nacimiento de Nezahualcóyotl, según la *Historia chichimeca*

Después de que Ixtlilxóchitl entró en la sucesión del chichimeca tlatocáyotl, se casó con Matlalcihuatzin señora de México Tenochtítlan y hermana del tecuhtli Chimalpopoca, con quien tuvo dos hijos:

- El primero, Acolmiztli, «felino fuerte» o «brazo de puma», Nezahualcóyotl, «coyote en ayunas».
- La segunda, Atotoztzin.
- Ixtlilxóchitl tuvo otra hija con Tecpaxochitzin, a la que llamaron Ayancuiltzin.

De acuerdo con José Luis Martínez, el hijo de Tecpatlxóchitl e Ixtlilxóchitl era Tlilmatzin, por lo tanto, era el heredero legítimo al trono. Asimismo, menciona estos hijos:

- Atotoztzin
- Tzontecochatzin
- Ichantlatocatzin
- Acotlotli
- Ayancuiltzin
- Xiconacatzin
- Cuauhtlehuanitzin
- Xontecóhuatl
- Tlilmatzin
- Tozcuetzin

Continúa *Historia chichimeca:*

> El *tlazopilli*, «príncipe», Nezahualcóyotl nació en la mañana, al salir el sol del día ce mázatl, del mes de *tocoztzintlan* [huei tozoztli], año ce tochtli, que corresponde al 28 de abril de 1402. Su nacimiento fue muy notado por los astrólogos y adivinos de aquel tiempo. Nació con gran gusto de su padre, quien le señaló lugares para su crianza, le dio maestros para su doctrina, entre los cuales estaba Huitzilihuitzin, que era un gran filósofo en aquel tiempo.

Tezozómoc se niega a reconocer a Ixtlilxóchitl como huei chichimécatl tecuhtli, según la *Historia chichimeca*

Al ver los tetecuhtin que las pretensiones del tecuhtli de Azcapotzalco estaban remotas de la corte, se fueron substrayendo poco a poco, de tal

manera que comenzó a decaer el huei chichimeca tlatocáyotl. Ixtlilxóchitl no osó salir a castigarlos por tener, como dicen, al enemigo
dentro de su casa, que con facilidad se alzaría con ella; además de que
les andaba al oído, y así lo remitió para otro tiempo. Quiso por buenos
medios atraer al tirano Tezozómoc y a sus aliados, pero de ninguna
manera los pudo aquietar, por lo cual lo remitió a las armas. Convocó
a su gente, juntó a los doce altepeme que tenía de su lado, entre las
cuales estaban Tolantzinco, Tepepolco, Huexotla, Coatlíchan, Acolman. Comenzó a castigar a los pueblos que favorecían en secreto a
los tepanecas, como fueron los de Xaltépec, Otompan, Axapochco,
Temaxcalápan y Tolcuauhyócan.

Huitzilíhuitl, en el *Códice Ramírez*

Hechas las obsequias del tecuhtli muerto, los mexicas buscaron un
nuevo tecuhtli, por lo cual hicieron consejo, donde el más anciano y
honrado, propuso:
    —Ya ven, mexicas, cómo nuestro tecuhtli está muerto. ¿Quién
les parece que elijamos por tecuhtli y cabeza de ese altépetl, que tenga
piedad de los viejos, de las viudas y de los huérfanos, siendo padre de este
señorío, pues nosotros todos somos las plumas de sus alas, las pestañas
de sus ojos y las barbas de su rostro? ¿A quién se inclinan para que tenga
el mando y se siente en el *tlatocaicpalli*, «trono», de este altépetl, y nos
defienda y ampare de nuestros enemigos, porque muy en breve, según el
aviso de nuestro dios, necesitaremos las manos y el corazón animoso? Por
tanto, ¿quién consideran que tendrá valor para ser el esfuerzo de nuestros brazos, poniendo el pecho con libertad y sin cobardía a la defensa de
nuestro pueblo y de nuestras personas, y no deshonre y abata el nombre
de nuestro dios, sino que como semejanza suya lo defienda ensalzando su
nombre, haciendo conocer a todo el mundo que el pueblo mexica tiene
valor y fuerzas para sujetarlos a todos y hacerlos sus vasallos?
    Todos se inclinaron por el hijo del tecuhtli Acamapichtli, llamado
Huitzilíhuitl, y así le eligieron con mucho contento de todo el pueblo,
que estaba todo junto fuera del consejo, esperando. Así se levantó entre
toda aquella gente un vocerío, diciendo palabras equivalentes a las que
suelen decir en nuestra lengua: ¡Viva el tecuhtli!

Hecha la elección, los señores puestos todos en orden se fueron donde estaba el tecuhtli electo, lo sacaron de entre los demás hermanos y parientes suyos, lo tomaron en medio, lo llevaron al *tlatocaicpalli*, donde lo sentaron y pusieron el *copilli*, «corona», en la cabeza, y le untaron todo el cuerpo con la unción que acostumbraron siempre para ungir a los tetecuhtin, que ellos llamaban «unción divina» por ser la misma con que untaban a su dios Huitzilopochtli. Uno de ellos le dijo:

—Valeroso mancebo, tecuhtli y señor nuestro, no desmayes ni pierdas la respiración y el aliento con el nuevo cargo de ser guía de este altépetl, metido entre esta aspereza de carrizales, donde estamos debajo del amparo de nuestro dios Huitzilopochtli, *cuya semejanza eres*. Bien sabes el sobresalto con que vivimos y trabajos que padecemos por estar en términos ajenos, como tributarios de los de Azcapotzalco. Te lo traigo a la memoria, no porque lo ignores, sino para que cobres nuevo ánimo y no pienses que entras en este lugar a descansar, sino a trabajar, pues ves que no tenemos otra cosa que ofrecerte ni con que regalarte, sino la pobreza y miseria con que reinó tu padre, la cual llevó y sufrió con grande ánimo y cordura.

Hecha esta plática, llegaron todos a hacerle reverencia, diciendo cada uno su salutación. Y así quedó electo el segundo tecuhtli de Tenochtítlan, el cual comenzó a reinar el año de 1359. Su nombre era Huitzilíhuitl, que quiere decir «pluma rica», porque de *huitzili* que es el «pájaro» de la más rica pluma que hay acá, y de este nombre *ihuitl* que es la «pluma», componen *Huitzilíhuitl*, que significa «pluma de este hermoso pájaro».

Huitzilíhuitl, en *Historia chichimeca*

Entró en la sucesión Huitzilihuitzin, el cual se casó con Tetzihuatzin hija de Acolnahuacatzin, señor de Tlacopan y de Tzihuacxochitzin ♀, con la cual tuvo ocho hijos:

- El primero, Chimalpopocatzin, que le heredó en el tecúyotl.
- La segunda, Matlatzihuatzin, que se casó con Ixtlilxochitzin tecuhtli de Texcoco.
- El tercero, Omipoxtectzin.
- El cuarto, Tlatopilia.

- El quinto, Zacahuehuetzin.
- El sexto, Itzcoatzin, que vino a ser tlatoani de Tenochtítlan.
- El séptimo, Temilotzin.
- El octavo y último, Temictzin.

Huitzilíhuitl, en la *Crónica mexicana*

En este periodo falleció el tecuhtli de los mexicas Acamapichtli. Los mexicas se reunieron:

—Mexicas antiguos, ha fallecido nuestro tecuhtli Acamapichtli. ¿A quién pondremos en su lugar, que rija este pueblo mexica? Pobres de nuestros viejos, niños y mujeres. ¿Qué será de nosotros? ¿A dónde iremos a demandar un tecuhtli para nuestro altépetl mexica?

—Hablen todos. Elijamos tecuhtli. Que ninguno se quede sin hablar, pues a todos nos importa para el reparo y cabeza de nuestra tierra. Asimismo, necesitamos un jefe que asista y repare la casa de Huitzilopochtli. Hay en nuestro altépetl mujeres, niños, niñas, viejos y viejas de dos, tres, cuatro, cinco años, de un año, y de meses. Hay muchos hijos que dejó nuestro tecuhtli y señor Acamapichtli.

Con esto los pipiltin, viejos y teopixque de los cuatro calputin:

- *Atzacoalco* (Diego Durán le llama *Atzacualco*.)
- *Cuepopan* (Diego Durán le llama *Cuepan*.)
- *Teopan* (Diego Durán le llama *Teopantlaca*.)
- *Moyótlan* (Diego Durán le llama *Moyotla*.)

—Mexicas tenochcas —dijo uno de los viejos—. ¿A quién podremos elegir como nuestro tecuhtli, así como estamos congregados los cuatro calputin de Meshíco Tenochtítlan, si no es a nuestro nieto e hijo muy querido, que aunque es mancebo, guardará, regirá la casa de Huitzilopochtli y nuestro altépetl mexica?

Todos juntos —mancebos, viejas y viejos— respondieron a una voz:

—Enhorabuena, a él queremos como tecuhtli.

Determinaron irle a reverenciar y recibirlo como segundo tecuhtli de los mexicas tenochcas. En este altépetl y consejo mexica le dijeron:

—Hijo nuestro, muy querido. Toma el cargo y trabajo de regir este pueblo mexica, que está metido entre laguna, tulares y carrizales, donde es querido, reverenciado y adorado Huitzilopochtli. Es sabido, hijo y nieto nuestro muy querido que los mexicas estamos sometidos a la servidumbre de los tepanecas y al señor de ellos en Azcapotzalco, Tezozómoc. Por ende, hijo nuestro, esfuérzate y consigue el valeroso ánimo de su padre, el tecuhtli Acamapichtli, que sufrió con mucha paciencia esta servidumbre y pobreza en esta laguna.

Huitzilíhuitl, en los *Anales de Tlatelolco*

Cuando murió Acamapichtli, se eligió a Huitzilíhuitl, en el año *chicuei técpatl*, «1396». Huitzilíhuitl conquistó Toltítlan, Cuauhtitlán, Otompan, Tollantzinco y Acolman. Gobernó durante 22 años.

Huitzilíhuitl, en los *Anales de Cuauhtitlán*

«En el año ome ácatl, "1403", cuando se ataron nuestros años, se enseñoreó Huitzilíhuitl. Murió en el año *yei calli*, "1417"».

Huitzilíhuitl, en la *Historia*... de Clavijero

Concluida esta arenga dieron sus sufragios y salió electo Huitzilíhuitl, uno de los hijos de Acamapichtli, correspondiendo de esta suerte los electores a la generosidad con que el difunto tecuhtli dejó a su arbitrio la elección. Salieron luego de la junta puestos en orden a la casa del electo, sacándole de entre sus hermanos, lo llevaron en medio, lo colocaron en el *tlatocaicpalli*, «asiento real», le pusieron el *copilli*, «corona», le ungieron y uno por uno le dieron la obediencia.

Entonces uno de los principales levantó la voz:

—No desmayes, generoso joven, con la nueva carga que se ha echado sobre tus hombros de jefe este altépetl encerrado entre cañaverales. Pena es grande poseer un tecúyotl establecido en términos ajenos y mandar una nación tributaria de los tepanecas. Pero consuélate, que estamos bajo la protección de nuestro gran dios Huitzilopochtli, a cuya imagen eres y cuyo lugar ocupas. La dignidad que se te ha conferido no debe servirte de pretexto para el ocio sino de aliento para la fatiga. Ten siempre presentes los ilustres ejemplos de tu gran padre, que no perdonó trabajo alguno para el bien de su pueblo. Quisiéramos, señor, hacerte unos presentes dignos de tu persona, pero ya que no lo permite nuestra fortuna, recibir nuestros buenos deseos y la fidelidad constante que te prometemos.

Aún no era casado Huitzilíhuitl cuando subió al trono, y así trataron luego de darle mujer y que no fuese otra que una de las hijas de su señor tecuhtli de Azcapotzalco; mas por no exponerse a un desaire tan ignominioso como el que sufrieron en tiempo de Acamapichtli, concertaron hacer la demanda con las mayores demostraciones de sumisión y rendimiento. Fueron, pues, algunos nobles a Azcapotzalco y presentados ante el tecuhtli, se arrodillaron y propusieron en estos términos su demanda:

—Aquí tienes, gran señor, a los pobres mexicas postrados a tus pies, esperando de tu clemencia una merced muy superior a sus méritos, porque ¿a quién hemos de acudir, si no a ti que eres nuestro padre y nuestro señor? Venos aquí pendientes de tu boca y obedientes a cuanto tu corazón nos dicte. Te pedimos pues, con la mayor humidad, que tengas compasión de nuestro tecuhtli y siervo Huitzilíhuitl, metido entre los espesos carrizales de la laguna. Él está sin mujer y nosotros sin reina. Dígnate, señor, de soltar de tus manos una de tus joyas, una de tus ricas y preciosas plumas. Danos una de tus hijas para que vaya a mandar a tu propia tierra.

Estas expresiones, que son especialmente bellas en la lengua mexicana, movieron de tal suerte el ánimo de Tezozómoc, que luego condescendió a sus súplicas y les entregó a su hija Ayauhcíhuatl que, conducida a Tenochtítlan con grande acompañamiento y regocijo, fue dada por mujer a Huitzilíhuitl con la acostumbrada ceremonia de atarles las extremidades de los vestidos. De esta mujer tuvo el tecuhtli el primer año un hijo llamado Acolnahuácatl, pero deseando ennoblecer más su altépetl con nuevas afinidades, pidió y obtuvo del señor de Cuauhnáhuac una de sus hijas nombrada Miahuaxóchitl, con la cual tuvo a Motecuzoma Ilhuicamina, el tecuhtli más célebre que tuvieron los mexicas.

Huitzilíhuitl, en la *Historia…* de Diego Durán

Muerto el tecuhtli Acamapich —que, con tanta solicitud y prudencia había gobernado el altépetl mexica, procuró el aumento de ella por todas las vías posibles—, los mexicas determinaron elegir a un nuevo tecuhtli. Hicieron cabildo entre los pipiltin y mucha gente común. Uno de los más ancianos dijo:

—Ya ven, mexicas, nuestro señor ha muerto. ¿Quién les parece que será bueno que elijamos por cabeza y señor de esta ciudad, que nos ampare y defienda y que tenga piedad de los viejos, de las viudas y huérfanos y que sea padre de esta república? Hablen todos con libertad, y digan quién es al que más se inclinan, para que tenga el mando y se asiente en el estrado y silla real de este tecúyotl, nos ampare y defienda de nuestros enemigos, porque muy en breve, según el aviso de nuestro dios, nos serán menester las manos y el corazón animoso. ¿Quién les parece, oh, mexicas, que tendrá valor para ser esfuerzo de nuestros brazos, que ponga el pecho con libertad y sin cobardía a la defensa de nuestra ciudad y de nuestras personas, y que no amengüe y abata el nombre de nuestro dios Huitzilopochtli, sino que, como semejanza suya, le defienda y ensalce su nombre y haga conocer al mundo que el altépetl mexica tiene valor y fuerzas para sujetarlos a todos y hacerlos vasallos? Y, finalmente, elijan uno que sea padre y madre, pues nosotros todos somos las plumas de sus alas, las pestañas de sus ojos y las barbas de su rostro. Hablen mexicas, digan, nombren, señalen, quién es el que ha de *echar la mano a la vara*, para no torcer la justicia, el que ha de tomar el azote, para no perdonar el castigo y el que se ha de sentar a la izquierda mano de nuestro dios. Salga ya. Veámosle, aquí delante. Gocemos de su rostro. Ya ven que nosotros los principales somos viejos de edad, sin fuerzas; bien tienen que escoger: ahí tenemos nietos y *tlazopipiltin*, «hijos del tecuhtli», pasado y nacidos de nuestras hijas.

La frase *echar la mano a la vara* se refiere a tomar y ejercer el poder del *tlatocatopilli*, «vara de mando» o «bastón de mando», objeto que se sigue utilizando en algunos pueblos de México y que los indígenas entregan a sus presidentes municipales y gobernantes estatales cuando visitan sus comunidades, incluso lo hacen con el presidente de la República.

Continúa la *Historia...* de Diego Durán:

Los *calpuleque*, «jefes de barrios», de los cuatro calputin —*Moyotla*, *Teopantlaca*, *Atzacualco* y *Cuepan*— respondieron todos a una sola voz:

—Mexicas, aquí estamos todos en nuestra junta; aquí, sin hacer injuria a nadie. Hablamos libremente. Nuestra voluntad es que sea nuestro tecuhtli y señor el hijo de Acamapichtli, nuestro tecuhtli pasado, que se llama Huitzilíhuitl, un mancebo, gentil, de buen corazón, amable, apacible, animoso y de buenas y loables costumbres. Éste queremos que nos rija, que sea nuestro tecuhtli y sea semejanza de nuestro dios Huitzilopochtli.

Hecha la elección, salió uno de los ancianos y les dijo a todos en alta voz:

—Hermanos míos, aquí están todos los del altépetl mexica, han de saber que los principales de los cuatro calputin, los calpuleque han electo por señor de este tecúyotl al mancebo Huitzilíhuitl, para que les sea padre y amparo en sus necesidades. Miren lo que les parece, porque sin su parecer no se hará nada.

Respondieron todos —chicos y grandes, hombres y mujeres, viejos y mozos— que confirmaban la elección, que era enhorabuena y empezaron con gran ruido a decir:

—Viva el tecuhtli Huitzilíhuitl, semejanza de nuestro dios Huitzilopochtli, con el cual está nuestro corazón contento. Sean dadas muchas gracias a Ometéotl, señor de lo creado, de la noche, del día, del aire y del agua.

Los señores todos, puestos en orden, se fueron para donde estaba el tecuhtli electo y sacándolo de entre los demás mancebos y príncipes, sus hermanos y parientes, le tomaron en medio y le llevaron al *tlatocaicpalli*, «asiento real», donde le sentaron y le pusieron el *copilli*, «media mitra», en la cabeza, le untaron todo el cuerpo con el betún con que ungían la estatua de su dios Huitzilopochtli y le pusieron sus mantas reales.

—Valeroso mancebo, tecuhtli y señor nuestro —dijo uno de ellos—. No desmayes ni pierdas huelgo por el nuevo cargo que te es dado, para que tengas cargo del agua y de la tierra de este tu nuevo tecúyotl, metido entre carrizales y juncia, a donde estamos debajo del amparo de nuestro dios Huitzilopochtli, cuya semejanza eres. Bien sabes el sobresalto y trabajos con que vivimos por estar en tierra y términos ajenos, por lo cual somos tributarios de los de Azcapotzalco.

Te lo digo y te lo traigo a la memoria, no porque entienda que lo ignoras, sino para que cobres ánimo nuevo y no pienses que entras en este lugar a descansar, sino a trabajar. Por tanto, señor, bien ves que no tenemos cosa que ofrecerte, ni con qué regalarte. Bien sabes con cuánta miseria y pobreza gobernó tu padre, llevándolo y sufriéndolo con gran ánimo y cordura.

Al terminar esta plática, se acercó uno por uno a hacerle reverencia y razonamiento. Esto ocurrió en el año 1404. Desde su origen, este señorío resolvió no heredar el gobierno a los hijos por sucesión, como lo usan otras naciones, que el hijo mayor hereda al padre. En este señorío no fue así, sino por elección y beneplácito de los electores y de todo el pueblo. Y así, teniendo el tecuhtli Huitzilíhuitl hermanos mayores, fue electo señor de Tenochtítlan.

Ayauhcíhuatl, en la *Crónica mexicana*

Puesto el tecuhtli Huitzilíhuitl, el Consejo mexica hizo cabildo:

—Ya tenemos tecuhtli —dijo el más viejo del consejo mexica—: ¿Les parece que con esto descansaremos de la servidumbre que damos a los de Azcapotzalco, de Acolhuácan y los de Culhuácan? Es mucho y muy pesada la carga de tanta servidumbre a tantos señores. Busquemos algún descanso a tantos trabajos y en tantas partes. Es menester que vayamos con el tecuhtli de Azcapotzalco, Tezozómoc, con nuestra embajada, para solicitarle que nos dé a su hija para nuestro tecuhtli Huitzilíhuitl.

Con esta resolución fueron todos los mexicas antiguos y viejos a Azcapotzalco, a pedirle su hija a Tezozómoc. Llevaron como presentes cantidad de pescado blanco y ranas. Llegados, hicieron reverencia a Tezozómoc, tecuhtli de Azcapotzalco, diciéndole:

—Hijo nuestro muy querido, obedecido de nosotros los miserables mexicas, le suplicamos por el alto valor y señorío que rige nuestro altépetl mexica, que nos dé una de sus esmeraldas, piedras preciosas y tan queridas hijas para que vaya a gobernar nuestro pueblo mexica y sea mujer de Huitzilíhuitl.

Tezozómoc respondió:

—Hijos y hermanos mexicas, estoy muy contento. ¿Qué puedo decir? Ellas fueron nacidas para ese efecto, como mujeres que son.

Llévensela. —Señalo a la que había de ser mujer de Huitzilíhuitl—. Ella es mi hija Ayacíhuatl.

Con esto los mexicas se humillaron y reverenciaron a Tezozómoc tecuhtli por concederles luego su hija Ayacíhuatl para mujer de su tecuhtli. Los mexicas la llevaron a Meshíco Tenochtítlan, donde los viejos le hicieron una oración y la pusieron en su trono con su marido Huitzilíhuitl, donde algunos años después procrearon un hijo.

Luego fueron con esta nueva a Tezozómoc, quien la recibió con mucho contento. Después fueron todos los pipiltin de Azcapotzalco y Culhuácan a Tenochtítlan. Estando todos juntos Tezozómoc hizo una oración a todos ellos:

—En gran manera estamos todos consolados, por habernos dado un nieto varón y así le pongo por nombre Chimalpopoca.

Respondieron los mexicas con mucha alegría que ellos quedaban muy contentos de ello, se fueron con alegría, en casa de Tezozómoc y por todo Culhuácan se publicó la noticia.

Ayauhcíhuatl, en la *Historia...* de Diego Durán

Los pipiltin mexicas comenzaron a buscar entre sí un remedio para su ciudad, sintiéndose ya con algunas fuerzas:

—Ya estamos cansados de ser vasallos y tributarios de los señores de Azcapotzalco. Y no solamente los tepanecas, también nos tienen avasallados los de Culhuácan y los de Texcoco. Nos faltan las fuerzas para acudir a tanto; no sabemos a dónde acudir. ¿Qué hacemos? Trabajemos de aliviar esta intolerable carga de nuestros hombros; descansemos. De donde más nos fatigan es de Azcapotzalco, por estar allí la corte y el tecuhtli Tezozómoc. Vayamos a Azcapotzalco y pidamos la hija del tecuhtli Tezozomóctli por mujer para nuestro tecuhtli Huitzilíhuitl. Quizá, si nos la diera, nos aliviaría algo de nuestros tributos. ¿Qué les parece, mexicas, este consejo?

Respondieron los viejos y señores que les parecía acertado aquel consejo. Y con esta determinación, enviaron dos de los más ancianos a Azcapotzalco, para que pidieran al tecuhtli su hija por mujer para el señor de Tenochtítlan. Los cuales llegados ante él le dijeron:

—Señor e hijo nuestro, estamos aquí ante tu grandeza, postrados en la tierra, con toda la humildad posible para suplicarte una merced. ¿A quién, señor, hemos de acudir sino a ti? Somos tus vasallos y siervos y estamos esperando tus palabras y mandamientos, colgados de las palabras de tu boca, para cumplir todo lo que tu corazón quiera. Ve aquí, señor, la embajada con que hemos venido de parte de tus siervos, los señores y ancianos viejos de Tenochtítlan. Ten por bien, señor, de concedernos un don. Ten lástima de aquel tu siervo, señor de Tenochtítlan, metido entre aquellas macuahuitles y carrizales espesos, rigiendo y gobernando y mirando por tus vasallos, que es Huitzilíhuitl, el cual es soltero y por casar. Lo que pedimos es que dejes caer de la mano una de tus joyas y galanos plumajes: una de las señoras, no para que vaya a lugar ajeno, sino a su misma tierra y lugar, donde tendrá el mando de toda ella. Por tanto, señor, te pedimos que no nos prives de lo que te pedimos.

El tecuhtli Tezozómoc les respondió con mucho amor y benevolencia:

—Mexicas, me han vencido tanto sus palabras y humildad que no sé qué responderles. Aquí están mis hijas; para eso las tengo y fueron creadas por Ometecuhtli, el señor de lo creado. Yo les quiero señalar una de mis hijas muy queridas, la cual se llama Ayauhcíhuatl. Llévenla enhorabuena.

Ellos, postrados por tierra ante el tecuhtli, le dieron innumerables gracias, y tomando a la hija del tecuhtli, la llevaron acompañada de mucha gente de Azcapotzalco, a Tenochtítlan. La cual fue muy bien recibida de toda la ciudad, con todo placer y buen recibimiento —a su modo que pudieron—. La recibió el tecuhtli con mucho amor. La llevaron al *tecpancalli*, «casas reales», y le hicieron su plática de la bienvenida y la ceremonia de casamientos, que era atar con un nudo la manta del uno con la del otro, en señal de vínculo de matrimonio.

Ayauhcíhuatl, en el *Códice Ramírez*

Este tecuhtli era soltero cuando comenzó a gobernar, por lo que los pipiltin trataron de casarlo. Para disminuir el gran tributo y servidumbre en que los tenía puestos el tecuhtli de Azcapotzalco, le pidieron una de sus hijas para casarla con su tecuhtli. Al fin, determinaron a ponerlo por obra. Fueron ante el tecuhtli Tezozómoc y puestos ante él le dijeron:

—Señor nuestro, venimos ante tu grandeza postrados por tierra con toda la humildad posible a pedir y suplicarte una gran merced, porque, señor, ¿a quién hemos de acudir sino a ti, pues somos tus vasallos y siervos? Estamos esperando tus órdenes, colgados de las palabras de su boca, para cumplir todo lo que tu corazón quiera. Venos aquí, señor, la embajada con que hemos venido de parte de tus siervos, los señores viejos, para que tengas lástima de aquel tu siervo el tecuhtli de Tenochtítlan, metido entre aquellos carrizales espesos, gobernando y mirando por sus vasallos, que es Huitzilíhuitl, quien es soltero. Pedimos que le des la mano de una de tus joyas y galanos plumajes que son tus hijas, para que vaya —no a lugar ajeno—, sino a su misma tierra, donde tendrá el mando. Por tanto, señor, te suplicamos que no nos prives de lo que tanto deseamos.

Luego de haber estado muy atento a la demanda de los mexicas, el tecuhtli quedó inclinado a condescender a su ruego y así, con mucho amor y benevolencia, les respondió:

—Oh, mexicas, me han convencido tanto sus palabras y humildad, que no sé qué más responder, sino que ahí están mis hijas, para eso las tengo. Fueron criadas por el señor de lo creado, y así condescendiendo a sus ruegos, les quiero señalar a una de ellas cuyo nombre es Ayauhcíhuatl, llévenla con mi aprobación.

Los mexicas, postrados por tierra, dieron innumerables gracias al tecuhtli. Tomaron a la señora y —acompañados por mucha gente de Azcapotzalco— la llevaron a Tenochtítlan, donde fue recibida con grandes regocijos y fiestas por toda la ciudad. La llevaron al *tecpancalli*, «casas reales», le hicieron largas retóricas de bienvenida. Después la casaron con su tecuhtli Huitzilíhuitl, haciendo la ceremonia que usaban en sus casamientos, que era: atar con un nudo la manta del uno y del otro en señal del vínculo del matrimonio.

Ayauhcíhuatl, en la *Monarquía indiana*

Con este casamiento que Huitzilíhuitl, tecuhtli de Meshíco, hizo con Ayauhcíhuatl, hija de Tezozomóctli, vivieron en paz y sosiego por ocho años, según parece por las pinturas de sus historias.

Pasados estos ocho años, Maxtla, hijo del huei tepanecatl tecutli Tezozomóctli y tecuhtli de Coyohuácan —o movido por su natural inclinación, que era soberbio y bullicioso o porque le pesaba de ver a Huitzilíhuitl tan enseñoreado y hecho yerno de su padre y temeroso de que al crecer el señorío, sería posible quitárselo a él y a los suyos— fue de su ciudad a Azcapotzalco y trató con algunos pipiltin y capitanes del agravio que los mexicanos causaban a sus comarcanos y que sería buena idea mandarle llamar y matarlo, y que tomarían a su mujer Ayauhcíhuatl.

Así fueron mensajeros, de parte del consejo, a llamar a Huitzilíhuitl, que no se negó por ser cosa muy ordinaria, principalmente por ser yerno del huei tepanécatl tecuhtli y cuñado de Maxtla.

Cuando llegó al huei tecpancalli, fue recibido por su cuñado y los señores que le aguardaban. Fue aposentado en una sala, donde de ordinario había fuego encendido —como estos naturales acostumbraban— y después de haberle regalado y dado de comer, en presencia de Maxtla y de los otros señores que habían sido de su parecer y acuerdo, dijo Maxtla a Huitzilíhuitl:

—No sé, Huitzilíhuitl, cómo has tenido atrevimiento de robarme a mi mujer de tantos años y la llevaste a tu ciudad. Por lo cual has cometido un gran pecado y culpa contra mí, pues siendo mi mujer te atreviste a recibirla por tuya. Por esto no sólo yo, sino todos los que están presentes, te hallamos digno de muerte.

El tecuhtli Huitzilíhuitl le respondió:

—Mi señor, Tezozomóctli, me dio a Ayauhcíhuatl por mujer y la he tenido por legítima, sin saber que fuese de otro, ni tampoco presumo que el huei tepanécatl tecuhtli, mi señor, la hubiese dado a nadie. Tengo un hijo con ella.

Maxtla no puso en ejecución lo que tenía pensado, pero sin dar ni tomar más razones lo despidió:

—Bien podría, sin oírte, aquí darte muerte o cuando menos tratarte muy mal, dándote de palos o hiriéndote como más quisiera, pero no quiero que se diga de Maxtla, te castigó a traición y a puerta cerrada. Vete ahora libre y sano y aguarda la ocasión que por ventura se ofrecerá presto de que conozcas en ella tu ventura, que cuando ultrajado y abatido te veas padecer y sufrir trabajos.

Huitzilíhuitl se regresó a Tenochtítlan, espantado del caso y Maxtla se quedó urdiendo tramas, como hombre caviloso e inquieto que era. Una de las cuales fue pensar que si Acolnahuácatl, hijo de Huitzilíhuitl y sobrino suyo, llegase a tener edad, podía ser que como nieto que era del emperador Tezozomoctli, fuera recibido por señor en el imperio o dándole alguna mano para mandar y ser señor con libertad entre los tepanecas, así como era hijo de tecuhtli entre los mexicas y por esto dio orden que secretamente le matasen, como en realidad sucedió y fue puesto en ejecución, sin sabiduría del abuelo, no más que por voluntad y parecer del soberbio Maxtla.

De aquí toman los que no tienen bien sabidas estas historias, de decir que Chimalpopoca, tercero tecuhtli de Tenochtítlan, siendo niño de nueve años fue muerto por los tepanecas, con una grande fábula que cuentan, de haberle enviado a pedir a su abuelo que les trajese el agua de Chapultepec encarada a su ciudad. Chimalpopoca no fue hijo de este tecuhtli Huitzilíhuitl, que casó con Ayauhcíhuatl, hija de Tezozomoctli, sino hermano suyo e hijo de Acamapichtli y de Tezcatlamiyahuatl, segunda mujer.

Acolnahuácatl, en la *Historia…* de Clavijero

Maxtláton, señor de Coyohuácan e hijo del tecuhtli Tezozómoc, hombre ambicioso, indómito y cruel, y a quien según parece temía su mismo padre, había llevado muy mal el casamiento del tecuhtli de Tenochtítlan con su hermana Ayauhcíhuatl. Disimuló algún tiempo su pesar por respeto a su padre, pero a los nueve años del reinado de Huitzilíhuitl se fue Azcapotzalco y convocó a la nobleza para exponerle las quejas que tenía contra los mexicas y su tecuhtli. Les representó los incrementos de la población de Tenochtítlan, les exageró la altivez y arrogancia de aquel altépetl y los funestos efectos que se podían temer de las disposiciones presentes, y sobre todo se lamentó de la gravísima ofensa que le había hecho Huitzilíhuitl en tomarle su mujer. Era el caso de Ayauhcíhuatl y él, aunque hijos de Tezozómoc, eran nacidos de distintas madres, y en aquel tiempo serían por ventura permitidos semejantes matrimonios entre los tepanecas. O en realidad quisiese Maxtláton desposar a su hermana, o fuese, como es verosímil, un mero pretexto para ejecutar sus crueles designios, de la junta salió que se llamase a Huitzilíhuitl a Azcapotzalco para hacerle el cargo que convenía.

Fue en efecto el tecuhtli mexica, porque en aquel tiempo era muy ordinario que se visitasen los señores, así por la suma inmediación de las ciudades como por el trato más desembarazado de artificios y de etiquetas que usaban aquellas naciones y en Huitzilíhuitl concurría el motivo particular de feudatario de Azcapotzalco, porque desde el nacimiento de Acolnahuacatl había obtenido la reina de Tenochtítlan que su padre Tezozómoc relevase a los mexicas del tributo que por tantos años le habían pagado, quedaron éstos con la obligación de presentarle anualmente en reconocimiento dos ánades o algunos peces.

Maxtláton recibió a Huitzilíhuitl en una sala de su palacio, y después de haber comido con él en presencia de los nobles que le lisonjeaban sus proyectos, le hizo una fuerte y agria reconvención sobre la ofensa que decía haber recibido en el casamiento con Ayauhcíhuatl. Huitzilíhuitl protestó con la mayor humildad su inocencia, afirmando que ni él habría pretendido jamás tal mujer, ni su padre el tecuhtli se la habría dado si perteneciera a otro dueño. Sin embargo, de la humildad de sus descargos y de la eficacia, Maxtláton le replicó lleno de indignación:

—Bien podría yo sin oíros —le dijo— date aquí la muerte. Así quedaría castigado tu atrevimiento y satisfecho mi agravio, pero no quiero que se diga que un tlazopilli tepaneca dio muerte a traición a su enemigo. Ve ahora en paz, que el tiempo me presentará la ocasión de tomar una venganza más decorosa a mi sangre.

Huitzilíhuitl fue con esto a Tenochtítlan, reventando de dolor y de rabia, y no pasó mucho tiempo sin que experimentase los efectos de la enemistad de su cuñado. El verdadero motivo de esta enemistad fue el recelo que concibió Maxtláton de que en algún tiempo recayese el señorío de los tepanecas en Acolnahuácatl, como nieto que era del tecuhtli Tezozómoc y consiguiente fuese su altépetl dominado por los mexicas. Para aquietar, pues sus recelos, resolvió y ordenó que se diese muerte a dicho sobrino, como se ejecutó, aunque los historiadores no expresen el modo. Tezozómoc ni había permitido ni sabido lo que pasaba, pero cuando lo supo no parece que mostró particular resentimiento, quizá por no exasperar la ira de su mal hijo. En el decurso de la historia veremos cómo la soberbia, ambición y crueldad de Maxtláton, disimulada y aún fomentada por su indulgente padre, fue la causa de su ruina y de la nación. Huitzilíhuitl sufrió a más no poder un golpe tan sensible, porque no se hallaba con fuerzas suficientes para tomar venganza.

Nacimiento de Chimalpopoca, en el *Códice Ramírez*

Ayauhcíhuatl y Huitzilíhuitl tuvieron un hijo, cuyo nacimiento alegró a toda la ciudad. Dieron la noticia al tecuhtli de Azcapotzalco, quien la recibió con tanta alegría que él mismo echó la suerte y cuenta según sus agüeros para saber el nombre de su nieto, el cual fue: *Chimalpopoca*, que quiere decir «rodela que humea». Toda la corte de Azcapotzalco, Tlacopan y Coyohuácan fue a Tenochtítlan para llevar el nombre del recién nacido y grandes presentes a la madre. Hicieron unos con otros sus ofrendas y agradecimientos, ya que en esto son muy cumplidos.

Al ver que ésta era una buena oportunidad para aliviar a sus vasallos de tanta vejación y tributo, Ayauhcíhuatl le dijo a su padre Tezozómoc que —como él ya tenía un nieto mexica y ella era la esposa del tecuhtli mexica— no era justo que los llevara por aquel estilo de vida tan pesado. Tezozómoc quedó convencido de lo que le pedía su hija, juntó a su consejo. Después de hablarlo, determinó que exentaban a los mexicas de los tributos y servidumbre; pero que en señal de reconocimiento al tecúyotl tepaneca, estarían obligados a dar cada año solamente dos patos, algunos peces, ranas y otras cosillas que muy fácilmente hallaban en su laguna. Quedaron con esto los mexicas muy aliviados y contentos.

Nacimiento de Chimalpopoca,
en la *Historia...* de Diego Durán

Al poco tiempo de haberse casado con Huitzilíhuitl, la hija del tecuhtli de Azcapotzalco, Ayacíhuatl, vino a parir un hijo, el cual la ciudad
recibió con gran alegría. Quisieron que participara el tecuhtli Tezozomóctli, suegro del señor de Tenochtítlan. El día del parto fueron
enviados mensajeros a Azcapotzalco, los cuales le dijeron:

—El tecuhtli de Tenochtítlan y todos los pipiltin te besan las
manos y te hacen saber cómo nuestra señora y tu hija ha parido un
niño, el cual nos ha sido concedido por Ometéotl, el señor de lo creado.
Venimos a satisfacer y quietar tu corazón.

El tecuhtli Tezozomóctli respondió:

—Mexicas, he recibido mucho contento y placer con esa nueva.
Descansen, mientras doy noticia de ello a mis pipiltin.

Llegaron ante él los pipiltin y tetecuhtin de Azcapotzalco, Tlacopan y Coyohuácan. Les dio noticia del parto de su hija, ellos le dieron el
parabién, mostrando de ello mucho contento. Luego les pidió el nombre
que mandaban poner a su nieto. Ellos, al ver el tiempo en que había
nacido, según sus agüeros conjeturas, dijeron que se debía llamarse
Chimalpopoca, que en su lengua quiere decir «rodela humeadora».
Con este acuerdo, salieron de su presencia.

Luego partieron todos los señores de Azcapotzalco, Tlacopan y
Coyohuácan a Tenochtítlan con los mejores presentes que pudieron, a su
usanza y fueron a felicitar al tecuhtli y a su esposa. Luego les rogaron que
le pusieran al niño el nombre que Tezozómoc le daba. Los mexicas agradecieron a los tepanecas y le enviaron al tecuhtli Tezozomóctli las gracias.

Considerando que Tenochtítlan ya tenía nieto heredero, la hija le
puso por delante al niño, persuadió a su padre de que el trabajo que la
ciudad padecía era mucho. El tecuhtli Tezozómoc, movido por el piadoso
ruego de su hija, hizo una junta con sus pipiltin, con intención de quitar
el tributo a los mexicas. Los pipiltin de Azcapotzalco, no mostrando
muy buen rostro a lo que su tecuhtli pedía, pero para no desanimarlo,
condescendieron en que se les fuera exentada mucha parte del tributo.
Así el tecuhtli Tezozomóctli, al ver la voluntad de los pipiltin determinó
dejarles a sólo las cosas que fácilmente pudieran cumplir.

Envió a sus mensajeros a Tenochtítlan a que dijeran al tecuhtli y a los demás señores, de su parte, que la razón para tener piedad de ellos era justa, pues tenía a su hija y a su nieto en aquella ciudad, y que el tributo que hasta aquel día solían dar, él lo quitaba, y que los de su corte no veían mal en que se les quitara todo, que de ahí en adelante llevaran cada año dos patos de los que se criaban en su laguna y algunos peces y ranas, con las demás sabandijas que cría la laguna, y que descansaran, que lo tenía por bien; tomaran algún resuello de lo mucho que hasta entonces habían sido molestados y afligidos.

Oída la buena nueva por los mexicas, con grandísima humildad fueron a rendir las gracias al señor de Azcapotzalco y a agradecer tan gran beneficio.

Muerte de Huitzilíhuitl, en la *Historia*... de Diego Durán

Los mexicas estaban muy contentos cuando la reina Ayauhcíhuatl, su protectora, murió, dejando a su hijo Chimalpopoca huérfano a la edad de nueve años. Los mexicas se entristecieron y tuvieron mucho miedo, al perder tan buena abogada. Pero confiando en el niño, se aquietaron. Dicen algunos que los pipiltin casaron a su tecuhtli Huitzilíhuitl con una hija del señor de Cuauhnáhuac, con quien tuvo muchos otros hijos. Otros cuentan que no tuvo más hijos y que murió un año después. Y que no gobernó más de trece años. Murió muy joven, de poco más de treinta años. Gobernó con mucha quietud y sosiego. Fue muy querido por sus señores y por la demás gente común. Creó leyes en su tecúyotl, en especial en lo que tocaba al culto de sus dioses, que era en lo que sobre todo se esmeraban todos los pipiltin y tetecuhtin, asumiéndose ellos por semejanza de sus dioses y entendiendo que la honra que se les hacía a los dioses, se la hacían a ellos. Tenían entre todas las prioridades el aumento de su templo, el culto de su dios y el deseo la liberar a de su tecúyotl.

Aunque el tiempo de su prosperidad no había llegado, ellos estaban muy apartados, por la libertad y provisión que las demás tribus tenían. A pesar de que estaban afligidos, no se mostraban perezosos ni flacos, por el contrario, se esforzaban en hacer barcos. No solamente intentaron contratar con ellos, andando de acá para acullá, trayendo provisión a su ciudad y en pescas. Juntamente empezaban sus barcos y canoas, y se ejercitaban en las cosas de la guerra, por el agua, entendiendo adelante les sería menester estar ejercitados en el tal menester.

Porque si se ha de tratar verdad, todos los halagos y tratos y amistad con que las demás tribus trataban a los mexicas, eran fingidas y fundadas sobre malicia y traición, todo aforrado en falsedad encubierta, para después hacer su hecho más a su salvo. Con esta humildad fingida con que los trataban y aseguraban a sus vecinos, se emparentaban con ellos por vía de casamientos.

Y así, aunque en tiempo Huitzilíhuitl, que fue el segundo de este nombre, no hubo cosa notable, aumentó su ciudad y se esforzó en agradar a todas las tribus y en convidarlas y atraerlas en favor del altépetl mexica.

Tristes los mexicas por la muerte de su señor, y al ver que tan poco les había durado, siéndole tan aficionados por la inclinación y deseo que en él sentían de poner en libertad la ciudad y de procurar tierras para el sustento del altépetl y huertas. Sintieron mucha pesadumbre por no tener dónde hacer sus chinampas, pues estaban en manos de los comarcanos, quienes los atajaban y no los dejaban entrar provisiones.

Reunieron el consejo y hablaron sobre la elección del que había de gobernarlos. Deseaban que fuera alguien con los mismos propósitos y deseos que el pasado tecuhtli, y que no solamente les asegurara su ciudad, pero que también les procurase libertad, sintiéndose ya con fuerzas y aliento de ponerse en armas, si fuera necesario. Sólo les faltaba quien los animara e industriara en ello. Determinaron elegir al hijo de Huitzilíhuitl, que a la sazón tenía diez u once años de edad, llamado Chimalpopoca, nieto del tecuhtli de Azcapotzalco, para tenerlo propicio y descuidado en lo que pretendían.

Muerte de Huitzilíhuitl, en las *Relaciones…* de Chimalpáhin

En el año *nahui tochtli*, «1418», murió Huitzilíhuitl. Gobernó 26 años. Los hijos que dejó Huitzillíhuitl fueron:
- Chimalpopoca
- Teotlatlauhqui

- Huehue Cuitlahuatzin, que fue a gobernar a Iztapalapan.
- Motecuzoma Ilhuicaminatzin
- Yaocíhuat ♀, la cual marchó a establecerse a Coatlichan con el tlazopilli llamado Toyaotlancatzin, que era hijo de huehue Cuixtécatl, tecuhtli de Coatlíchan. De ellos nació el llamado huehue Tepollomitzin quien, a pesar de que su madre lo engendró y tuvo en Coatlíchan, no permaneció allí, sino que se vino vivir aquí a Meshíco con su tío el Huehue Motecuzoma Ilhuicaminatzin.
- Huehue Tlacaeleltzin
- Huehuezaca
- Citlacóatl
- Aztacóhuatl
- Axicyotzin
- Cuauhtzitzimitzin
- Xicónoc
- Tlacacochto

La última fue mujer, pero de ésta no se conoce bien el nombre.

Jura de Nezahualcóyotl y la guerra
contra Azcapotzalco, en la *Historia chichimeca*

El año *matlactli omei tochtli*, «1414», Ixtlilxóchitl se reunió con los señores y capitanes de su parcialidad, para hablar sobre la manera en la que se había de sujetar al tecuhtli de Azcapotzalco y a todos sus aliados que pretendían alzarse contra el huei chichimeca tlatocáyotl. Todos acordaron que convenía jurar a Nezahualcóyotl como príncipe heredero del huei chichimeca tlatocáyotl y que debían sitiar la parte de la laguna del lado de Azcapotzalco y México. Nezahualcóyotl fue jurado a la edad de doce años. Entre los capitanes principales que fueron señalados para esta guerra fueron Tzoacnahuacatzin y Coacuecuenotzin por dirigente y general, respectivamente.

Tlacateotzin, señor de Tlatelolco, fue nombrado general del ejército de los tepanecas, salió al encuentro de Tzoacnahuacatzin por la laguna antes de que llegara a la mitad, de tal manera que le fue forzoso retirarse. Tuvieron una cruel batalla sin que de una y otra parte hubiera ventaja. Aun así, no les dejaron pasar a la otra parte de la laguna para sitiar México y Azcapotzalco.

El año siguiente, ce ácatl, a seis días de su segundo mes, en el día que llaman matlactli omei técpatl, entraron los tepanecas por la parte que llaman Aactahuácan [Aztahuácan], y fueron ganados todos aquellos lugares hasta el pueblo de Iztapalocan [Ixtapaluca], que pertenecía al señorío de Texcoco. Aunque se defendieron, muchos fueron asesinados, y otros hechos cautivos. Entre los muertos estuvo Cuauhxilotzin, *calpixqui*, «el que guarda la casa» o «cobrador de tributo» [*calli*, «casa»; y *pixqui*, «guardián»], que tenía el tecuhtli puesto en Iztapalócan. Además, quemaron todas las casas. Ésta fue la primera de las victorias que tuvieron los tepanecas.

Coacuecuenotzin —general de las tropas chichimecas— entró con su ejército por Xilotépec hasta dar por Citlaltépec y Tepotzótlan. Prosiguió su viaje asolando los pueblos que se defendían hasta llegar a Cuauhtitlán, en donde le salieron los tepanecas con un poderoso ejército y peleando con él los desbarató. Pasó por Cuetlachtépec hasta llegar a las faldas del cerro que llaman Temacpalco. Desde allí sitió la ciudad de Azcapotzalco sin dejar entrar ningún socorro y donde estuvo casi cuatro años.

Rendición de Tezozómoc,
según la *Historia chichimeca*

Al ver Tezozómoc que en cuatro años de guerra de los chichimecas contra él no había podido sujetarlos, sino que antes había perdido mucha gente de su ejército y que en poco entrarían a su ciudad, en donde podían correr riesgo su persona, sus deudos y aliados, decidió llevar las negociaciones por otro camino y pidió una tregua, en el cual prometía rendir obediencia a Ixtlilxóchitl y volver a la paz y la concordia. Para ello, envió a sus embajadores con Ixtlilxóchitl, el cual, siendo demasiado noble y sin advertir el daño, de inmediato ordenó alzar el cerco que tenía puesto sobre Azcapotzalco y envió a su gente a descansar en sus pueblos. Ixtlilxóchitl se quedó solo y desapercibido en la ciudad de Texcoco.

Conociendo Tezozómoc el descuido con que vivía Ixtlilxóchitl y que sus designios se iban logrando, fingió quererle hacer ciertas fiestas en las faldas de un cerro llamado Chiuhnauhtécatl en confirmación de las paces que fingidamente decía querer hacer con Ixtlilxóchitl. Llevó muchos danzantes y preparó juegos que usaban estos señores. A la vuelta llevó un grueso ejército para que embistieran contra los texcocanos y mataran a Ixtlilxóchitl y a todos los que iban con él. En este pacto de tiranía fueron participantes los pipiltin mexicas. Tezozómoc se puso con todo lo referido en un bosque y casa de recreación que tenía allí, que se decía Temamátlac, y aguardó a Ixtlilxóchitl. Sin embargo, el huei chichimécatl tecuhtli recibió noticias de que el viejo astuto pretendía llevar a cabo su tiranía. Lo que más sintió el tecuhtli Ixtlilxóchitl fue que ya era tarde y apenas pudo fortificar su ciudad, sin pedir socorro, porque los demás tetecuhtin estaban ya en compañía del tirano. Envió a excusarse de las fiestas, fingiendo estar indispuesto, y pidió que las remitieran para otro tiempo. Para esto llamó a su hermano, el infante Tocuiltécatl Acotlotli, y le encargó llevar esta embajada. Tocuiltécatl Acotlotli sabía que esta empresa era de mucho riesgo y que no podía escapar con vida, entonces le pidió al tecuhtli que se acordara de sus hijos y los amparara, y que entregara a sus hijos los dos lugares que le había hecho merced de dar —Cuauhyócan y Tequixquináhuac— y de los cuales aún no había tomado posesión. El tecuhtli lo consoló y le dijo que el mismo riesgo aguardaba a su persona, pues estaba tan escaso de socorro, y el tirano tan aventajado, pues le hacía la guerra con sus propias armas y con los de su propia casa.

Tras haber dicho esto, Ixtlilxóchitl ordenó que a Tocuiltécatl Acotlotli le pusieran las vestiduras y preseas de oro y pedrería que el tecuhtli solía ponerse. Luego llamó a sus criados personales para que lo acompañaran al bosque de Temamátlac, que estaba en Chiuhnauhtécatl, como está referido.

Cuando Tocuiltécatl Acotlotli llegó, vio que estaban hablando con el tirano muchos pipiltin del señorío de Texcoco, algunos de Huexotla, de Coatlíchan, de Chimalhuácan, de Coatépec, de Itztapalócan y de Acolman. Tocuiltécatl Acotlotli hizo su acatamiento al tirano y a los demás, dio su embajada y la respuesta que se le dio fue que a él no lo habían llamado, sino a Ixtlilxóchitl. Luego lo desollaron vivo y su piel la colgaron en una peña cerca de allí. La misma muerte les dieron a todos los que iban con él.

El tecuhtli Ixtlilxóchitl fue avisado de lo ocurrido. Sus enemigos, al ver que no lo pudieron atrapar, marcharon a gran velocidad para tomarlo desapercibido y saquear la ciudad. Aunque el tirano y sus aliados se dieron mucha prisa, no pudieron ejecutar su mal intento con tanta facilidad, porque Ixtlilxóchitl defendió la ciudad por más de cincuenta días, en los cuales sucedieron muchas cosas. Un señor llamado Toxpilli —cercano al tecuhtli Ixtlilxóchitl— y los de un calpulli de la ciudad, llamados chimalpanecas, mataron a los guardianes y gente de la recámara del tecuhtli, pues ya se habían cambiado al bando de los tiranos. Entre estos, Iztactecpóyotl y Huitzilíhuitl entraron en sus casas con macuahuitles y los hicieron pedazos. A otro llamado Tequixquenahuacatlayacaltzin lo mataron a pedradas dentro de su casa y lo sacaron de su casa y lo arrastraron por las calles. Ixtlilxóchitl vio con tristeza como hasta los de su casa y corte y de quienes tenía gran confianza se habían rebelado y se habían ido al bando tepaneca, y los señores que habían defendido su persona y la ciudad estaban muertos.

La muerte de Coacuecuenotzin,
en la *Historia chichimeca*

Era tan grande la confusión, no solamente dentro de la ciudad de Texcoco sino en todo el *chichimecatlalli*, «tierra chichimeca», que unos apellidaban el nombre de Ixtlilxóchitl y otros el del tirano, de tal manera que los padres defendían un bando y los hijos el otro. Aun entre hermanos y deudos había esta división. Los macehualtin se pararon hasta la otra parte de las montañas, a los señoríos de Tlaxcálan y Huexotzinco.

Ixtlilxóchitl, habiendo desamparado la ciudad, se hizo fuerte en un bosque de los de recreación, llamado Cuauhyácac, en compañía de su capitán general, Coacuecuenotzin, el tlazopilli, «príncipe», Nezahualcóyotl y todos los de su valía. Desde ahí pelearon contra los enemigos que andaban tan pujantes, que tuvieron que retirarse: unos por las montañas a otro bosque que llaman Tzicanóztoc, desde donde le llegaron noticias de como Iztlacautzin señor de Huexotla, Tlalnahuácatl, señor de Coatlíchan, y Totomihua de Coatépec, que defendían su causa, también lo habían desamparado y se retiraron a la sierra.

Ixtlilxóchitl mando a su sobrino Coacuecuenotzin a pedir socorro a Quetzalcuiztli, capitán y dirigente que tenía en Otompan.

—Sobrino mío —le dijo—, grandes son los trabajos y persecuciones que padecen mis vasallos, los acólhuas chichimecas, que habitan ya en las montañas, desamparando sus casas. Ve a decirles a mis parientes los del altépetl Otompan que les hago saber que es muy grande la persecución que los míos padecen, y así les pido socorro, porque los tepanecas y mexicas nos tienen muy oprimidos y que con una entrada que hagan, acabarán de sojuzgar el chichimeca tlatocáyotl. Los pobres acólhuas texcocanos han comenzado a pasarse a los señoríos de Tlaxcálan y Huexotzinco.

—Muy alto y poderoso señor —Coacuecuenotzin le respondió—, agradezco mucho la dádiva que me hace en quererme ocupar en este viaje el cual haré con gran voluntad, pero le advierto que no he de volver más, porque como le consta, ya en aquel altépetl aclaman el nombre del tirano Tezozómoc. Le pido que no desampare a sus criados Tzontécatl y Acolmíton. El tlazopilli Nezahualcóyotl los podrá ocupar en su servicio.

Fue tan grande el sentimiento y las lágrimas que por un rato no pudieron hablar, hasta que volviendo en sí le dijo:

—Sobrino mío muy amado, con tu partida me dejas en el mismo riesgo que tú. Quizás en tu ausencia los tiranos me quiten la vida.

Coacuecuenotzin entró por el pueblo de Ahuatépec y fue capturado preso por los de Cuauhtlatzinco, quienes lo llevaron a Otompan, donde lo mostraron ante los pobladores en medio de la plaza. Le preguntaron el motivo de su venida. Él explicó la razón. El capitán Quetzalcuiztli escuchó la embajada y luego dijo a voces a todos los que estaban presentes:

—Ya han oído la pretensión de Ixtlilxóchitl para que le demos socorro, lo cual de ninguna manera se ha de hacer, sino que todos nos hemos de someter debajo de la protección y amparo del gran Tezozómoc, nuestro padre.

Luego habló Lacatzone, tecuhtli de aquel altépetl:

—¿A qué hemos de ir? Que se defienda él solo, pues tan gran señor dice ser y de tan alto linaje se jacta.

Entonces habló su capitán general:

—Háganlo pedazos aquí.

El primero que lo asió fue un soldado Xochpoyo, natural de Ahuatépec. Aunque Coacuecuenotzin se quiso defender, llegaron otros que lo hicieron pedazos, que a voces decían:

—¡Viva el gran señor Tezozómoc, nuestro huei chichimécatl tecuhtli!

Luego llegó *Icatzone* [o Lacatzone] y pidió que le dieran las uñas de los dedos de Coacuecuenotzin. En cuanto se las dieron, las ensartó y se las puso de collar a modo de vituperio y dijo:

—Éstos son señores tan grandes. Deben ser de piedras preciosas e inestimables sus uñas y así las quiero tener por ornato de mi persona.

La gente popular comenzó a tirarse unos a otros los pedazos del cuerpo de Coacuecuenotzin. Asimismo, mataron a otros cuatro criados suyos, que habían ido con él. Esta muerte tan desastrosa sucedió a los 18 días del octavo mes llamado *miccailhuitzintli* [xócotl huetzi], en el día de *macuilli cóatl*, que es el 24 de agosto del año de 1418 d. C.

Itzcuintlatlacca, un señor natural de Ahuatépec, quien se hallaba presente, fue a toda prisa a darle cuenta del caso infeliz a Ixtlilxóchitl, el cual mandó llamar a la mujer de Coacuecuenotzin para consolarla:

—Sobrina mía —dijo Ixtlilxóchitl—, ya mi amado sobrino y capitán general del chichimeca tlatocáyotl cumplió con lo que debía, pues empleó su vida en mi amparo. Ahora te ruego que tengas ánimo en las adversidades que la fortuna nos depara y te consueles con mis hijos, que aquí tienes presentes. Lo que importa es librarlos de esta persecución —dijo derramando lágrimas.

Así se fue el huei chichimécatl tecuhtli de este lugar a Chicuhnayócan, en donde estuvo treinta días retirado.

La muerte de Ome Tochtli Ixtlilxóchitl, según la *Historia chichimeca*

Viéndose Ixtlilxóchitl tan desamparado, dejó a todos los de su casa y familia en el bosque de Chicuhnayócan y —acompañado por su hijo Nezahualcóyotl y dos capitanes: Totocáhuan y Cozámatl—, se fue hacia una barranca profunda llamada Queztláchac, junto a la cual estaba un árbol grande caído, donde pasó la noche bajo de sus raíces. Al salir el sol el día siguiente —que fue *matlactli cozca-cuauhtli*, a los nueve días de su décimo mes llamado *ochpanaliztlique* [ochpaniztli], que fue el 24 de septiembre del año 1418—, llegó a él muy apresurado un soldado de los espías que tenía puestos, llamado Tezcacoácatl, quien le dijo que había descubierto que por aquellas lomas venía a gran prisa una cantidad de gente armada. Al verse ya cercano a la muerte y que era forzoso irse a las manos con sus enemigos, Ixtlilxóchitl les dijo a los pocos soldados lo acompañaban que procuraran escaparse, pues él no podía hacer más que morir hecho pedazos en manos de sus enemigos. Luego llamó al príncipe y le dijo con muy sentidas y tiernas palabras:

—Hijo mío muy amado, Acolmiztli Nezahualcóyotl, ¿a dónde te tengo que llevar que haya algún deudo o pariente que te salga a recibir? Aquí ha de ser el último día de mis desdichas. Me duele partir de esta vida. Te encargo y ruego que no desampares a tus vasallos, que no eches en olvido que eres chichimeca, que te ejercites con el arco y las flechas, que recuperes el chichimeca tlatocáyotl, y que vengues la muerte de tu afligido padre. Sólo resta que te escondas entre estas arboledas, para que con tu inocente muerte no se acabe el chichimeca tlatocáyotl tan antiguo de tus antepasados.

Fueron tantas las lágrimas de hijo y padre, que de ninguna manera pudieron hablarse más. Tras haberse abrazado tiernamente, el príncipe se apartó de su padre y se fue a un árbol muy copado, dentro de cuyas ramas se mantuvo escondido, y desde donde vio la muerte de su padre, el cual salió al encuentro de los enemigos, que en su mayoría eran de Otompan y Chalco y a quienes había hecho muchos favores. Los embistió y peleó un gran rato. Mató algunos de ellos, hasta que cayó en tierra muerto, por muchas lanzas. En cuanto los enemigos, se dieron cuenta de que muchos soldados bajaban a favorecer al huei chichimécatl tecuhtli, se contentaron con dejarlo muerto y se fueron con gran prisa por la vía de Otompan.

Totocáhuan, uno de los capitanes, fue el primero que levantó a su tecuhtli y comenzó a hacer una lamentación hablando con el difunto:

—¡Oh, Ome Tochtli Ixtlilxóchitl, ya llegó el fin de tus desdichas y principio de tu descanso! Que empiece el llanto de todo tu chichimecatlalli y que llore su orfandad pues hoy te falta luz y padre.

¿A dónde irán a parar el niño Acolmiztli Nezahualcóyotl y sus leales y desdichados vasallos?

Tras decir esto, comenzó a amortajar el cuerpo de Ixtlilxóchitl. Entre los que fueron llegando, fue un señor llamado Queztláchac. En la parte más acomodada que vieron, aderezaron lo mejor que pudieron un estrado y asiento real, en donde pusieron el cuerpo del gran Ixtlilxóchitl y estuvieron con él aquella noche. Al amanecer lo quemaron, que fue en el que llaman *mátlactli oceolin* [ome ollin u ocelotl], y sus cenizas las guardaron hasta que fuera tiempo de colocarlas en el lugar conveniente a su persona y calidad.

Duraron estas últimas guerras de los tepanecas tres años y doscientos setenta y tres días. El tlazopilli Nezahualcóyotl tenía quince años de edad y doscientos días de haber sido y jurado y reconocido como legítimo heredero del chichimeca tlatocáyotl. Ixtlilxóchitl fue el primer huei chichimécatl tecuhtli que se enterró con semejantes exequias, que es conforme a los ritos y ceremonias de los toltecas.

EL IMPERIO TEPANECA

La matanza de niños ordenada por Tezozómoc, según la *Historia chichimeca*

Luego que fue muerto Ixtlilxóchitl, sexto huei chichimécatl tecuhtli, los matadores llevaron la noticia al tirano Tezozómoc y se hizo jurar huei chichimécatl tlatocáyotl. Premió a los asesinos e hizo muchas mercedes a sus aliados, como eran Tlacateotzin de Tlatelolco, Chimalpopoca de Tenochtítlan, Teyolcocoatzin señor de Acolman, y a otros que se hallaron en la fiestas y jura, aunque los tetecuhtin de los altepeme más remotos se fueron alzando poco a poco, sin reconocer a una ni otra parte. Después el tirano pretendió sojuzgarlos. La primera diligencia que mandó hacer contra los leales vasallos de Ixtlilxóchitl fue que a los niños que supieran hablar hasta los de siete años, se les preguntase a quién reconocían por señor natural. A los que respondiesen Ixtlilxóchitl o Nezahualcóyotl los mataran; y los que dijeran Tezozómoc, los premiaran juntamente con sus padres. Usó esa crueldad para que en todo momento fueran aborrecidos Ixtlilxóchitl y Nezahualcóyotl. Lo cual se puso luego por ejecución. Y como los inocentes niños siempre habían oído decir a sus padres y mayores que eran vasallos de Ixtlilxóchitl y Nezahualcóyotl, respondieron esta verdad, por cuya causa perecían en manos de crueles verdugos, los cuales mataron a muchos millares de ellos, una de las mayores crueldades que cualquier pilli hizo en el cemanáhuac.

Para los nahuas el *cemanáhuac*, «tierra totalmente rodeada por agua», era todo el territorio que comprendía los océanos Atlántico y Pacífico, es decir, la totalidad de la Tierra. *Cemanáhuac* [*cem*, «totalmente»; y *Anáhuac*, «entre las aguas»].

La persecución de Nezahualcóyotl,
en la *Historia chichimeca*

La segunda orden que dio Tezozómoc fue mandar juntar en un llano que está entre Texcoco y Tepetlaóztoc a todos los pipiltin y macehualtin de todos los altepeme, los *tlaxilacallis*, «asentamientos», y los *calputin*, «barrios», pertenecientes al chichimecatlalli. Un capitán se subió en un cu y a voces les dijo en lengua chichimeca y tolteca que desde aquel día en adelante reconocieran por huei chichimécatl tecuhtli a Tezozómoc tecuhtli de los tepanecas, y a él acudieran con todas las rentas y tributos pertenecientes al chichimeca tlatocáyotl, y no a otro altépetl, so pena de muerte; y que si hallaban al tlazopilli Nezahualcóyotl, lo prendieran y lo llevaran vivo o muerto a la presencia de Tezozómoc, que él los premiaría.

El tlazopilli Nezahualcóyotl se enteró de esto en un cerro cerca de allí, llamado Cuauhyácac. Así procuró vivir con recato y desamparado. Esto sucedió en los últimos días del año 1418. El año siguiente, tras haber estado escondido con sus tíos, los pipiltin y tetecuhtin de Tlaxcálan, se fue a Chalco para estar más cerca de su altépetl. Entró a Chalco simulando que era soldado y se incorporó en una campaña del ejército chalca, que traía guerras contra ciertos pueblos comarcanos. Pudo estar oculto y disfrazado por algunos días, hasta que un día mató a una señora llamada *Zilamiauh* [Citlamiyauh], en cuya casa se albergaba, porque tenía trato de vender cantidad de *pulque* [iztac octli] con que se embriagaban muchas personas [...]

La palabra *pulque* no tiene raíces mesoamericanas. Es falso que provenga de la voz *poliuhqui*, «perdido sin remedio», «perecido» o «cosa perdida», etimología inventada por Cecilio Robelo en la década de 1880. No existe registro alguno que respalde su hipótesis. A esta famosa bebida de aguamiel se le llama *chih* en maya; *seí* en otomí; *urapi* en purépecha; y en náhuatl *octli* a todas las bebidas embriagantes; *iztac octli*, «licor blanco», al hoy tan famoso y transfigurado pulque; *tlal-octli*, «licor de la tierra» y *teo-octli*, «licor de los dioses». No hay ninguna semejanza fonética ni etimológica con la voz *pulque*.

Fray Diego Durán escribió que «este vocablo "pulque" no es vocablo mexicano, sino de las islas, como "maíz" y "naguas", y otros vocablos que trajeron de la Española» (Durán, 1880: 203).

Continúa la *Historia chichimeca*...

hasta que un día Nezahualcóyotl mató a una señora llamada *Zilamiauh* [Citlamiyauh], en cuya casa se albergaba, porque tenía trato de vender cantidad de *pulque* [iztac octli] con que se embriagaban muchas personas, lo que a Nezahualcóyotl le pareció indecente a la calidad de la señora y contra lo que las leyes disponían.

Nezahualcóyotl fue descubierto, preso por los chalcas y llevado ante el tecuhtli Toteotzintecuhtli, quien lo mandó poner en una jaula, vigilado por su hermano Quetzalmacatzin y una cantidad de gente. Asimismo, ordenó que en ochos días no le dieran comida ni bebida. Quetzalmacatzin, aunque fingió cumplir lo que se le mandaba, ocultamente llevaba de comer y de beber al príncipe. Al cumplirse los ocho días, Toteotzintecuhtli preguntó a Quetzalmacatzin si el preso había fallecido, a lo que su hermano respondió que no. Toteotzintecuhtli se enojó y mandó que el día siguiente, que había de ser la feria general del altépetl, lo hicieran pedazos.

Aquella noche Quetzalmacatzin, compadecido por Nezahualcóyotl, entró a verlo en secreto, le informó sobre la cruel sentencia que estaba dada contra él. Le dijo que no era justo, pues era sucesor del chichimeca tlatocáyotl, que antes, por su amor, prefería él mismo padecer en su nombre aquella muerte, que para que pudiera salir entre los guardias, intercambiaran sus vestiduras y que con toda prisa saliera huyendo aquella noche por la vía de Tlaxcálan o Huexotzinco, o en otro altépetl donde no pudiera ser atrapado. Finalmente le rogó que se acordara de su mujer e hijos y los amparara. Agradecido el príncipe y prometió hacer todo cuanto le pedía. Salió —quedando en su lugar dentro de la jaula Quetzalmacatzin— sin ser reconocido por los guardias y toda aquella noche caminó a gran prisa por la vía de Tlaxcálan. En cuanto se enteró, mandó ejecutar a su hermano Quetzalmacatzin.

Prosigue la *Historia chichimeca*:

El año siguiente de 1420 d. C., llamado chicuacen técpatl, dos años después de la muerte del infeliz Ixtlilxóchitl, cuando la ciudad de Texcoco y todos las demás del chichimecatlalli estaban con alguna quietud, acordó el tirano Tezozómoc repartir el señorío de Texcoco en este modo:

- El pueblo de Coatlíchan con todo su territorio —que eran muchos pueblos desde los términos de Chalco hasta los de Tolantzinco, en donde entraban los señoríos de Otompan, Tepepolco y Cempoálan—, los tomó para sí mismo.
- Huexotla, que era la otra cabecera —que asimismo contenía muchos pueblos— se le dio a Tlacateotzin, señor de Tlatelolco.
- La ciudad de Texcoco —con los pueblos que lo rodeaban— se lo dio a Chimalpopoca, tecuhtli de Tenochtítlan.
- Dio investidura de tetecuhtin a su nieto Teyolcocoatzin, señor de Acolman.
- A Quetzalmaquiztli, lo nombró señor de Coatlíchan.

Hecho esto, comenzó a hacer algunas guerras y entradas con sus capitanes contra los de los señoríos remotos, llevando la cosa con rigor. Muchos de los señores de ellas se le rindieron, sin dar lugar a que sus súbditos padecieran calamidades y persecuciones, las que en tales ocasiones causaban las guerras.

En esto ocupó todos los seis años que le restaban de vida: habiendo estado Nezahualcóyotl en el altépetl de Tlaxcálan con sus tíos los señores de allí, y a quienes comunicó sus designios. Ellos le dieron el orden que había de tener para recobrar su chichimeca tlatocáyotl.

En este periodo, las señoras mexicas, tías de Nezahualcóyotl, pidieron de merced al tirano por la vida de su sobrino, el cual se la concedió, con tal de que se mantuviera dentro de la ciudad de Tenochtítlan, sin salir de ahí. En una segunda visita, las mismas señoras convencieron al tirano de que Nezahualcóyotl pudiera ir a la ciudad de Texcoco en donde le restituyó los palacios y cosas de sus padres y abuelos y algunos lugares para que le sirvieran, con lo cual tuvo más libertad para poder tratar la restauración del chichimeca tlatocáyotl en el año de 1426 que llaman *matlactli omome tochtli*.

Las pesadillas de Tezozómoc,
según la *Historia chichimeca*

El tirano Tezozómoc soñó una madrugada —cuando por el oriente salía
la estrella del alba—, que el príncipe Nezahualcóyotl se transformaba
en águila real, le desgarraba el corazón a pedazos y se lo comía. En otra
ocasión se transformaba en un felino, que con sus garras y colmillos le
despedazaba los pies; luego se metía en las aguas y hacía lo mismo dentro
de las montañas y sierras convirtiéndose en el corazón de éstas. Tezozómoc despertó despavorido. Entonces hizo llamar a sus adivinos para
que le descifraran este sueño. Ellos respondieron que el águila real que
le despedazaba y comía el corazón, significaba que el tlazopilli Nezahualcóyotl habría de destruirle su casa y linaje; y que el felino habría de
destruir la ciudad de Azcapotzalco con todo su señorío y que convertirse
en corazón de las aguas, la tierras y montañas, significaba que recuperaría
el chichimeca tlatocáyotl. Después de haber escuchado la interpretación
de su sueño, Tezozómoc les pidió que le dieran su consejo, para que con
tiempo pudiera remediarlo. Ellos le respondieron que no hallaban otra
más que matar a Nezahualcóyotl y que esto se debía de hacer cuando
estuviera descuidado, porque de otra manera sería imposible lograrlo.

Luego de despedir a los adivinos, Tezozómoc mandó llamar a
sus tres hijos, Maxtla, Tayatzin y Tlatoca y les dijo que si ellos querían
ser señores del chichimeca tlatocáyotl, mataran a Nezahualcóyotl
cuando viniera a la ciudad de Azcapotzalco a su funeral, lo cual sería
muy pronto, porque él se hallaba en sus últimos días, pues como sabían
había gobernado ciento ochenta y ocho años y que en su lugar entra-
ría Tayatzin su hijo a quien nombraba por sucesor.

Elección de Chimalpopoca,
en el *Códice Ramírez*

Pocos años después murió Ayauhcíhuatl y su hijo Chimalpopoca de
nueve años, quedó muy desconsolado y triste. El pueblo temiendo
que no les tornaran a imponer los tributos tan pesados y servidumbre que tenían con los de Azcapotzalco, pero consolándose con la
prenda que les quedaba del infante Chimalpopoca.

Un año después murió el tecuhtli Huitzilíhuitl, segundo tecuhtli
de Tenochtítlan, el cual no reinó más de trece años y murió muy joven
(poco más de treinta años). Rigió y gobernó con mucha quietud y paz,
siendo muy querido de todos. Dejó su altépetl muy bien ordenado con
nuevas leyes, de lo cual fue muy cuidadoso, especialmente en lo que
referente al culto de sus dioses, cosa en que sobre todo se esmeraban
estos tetecuhtin, ya que ellos mismos se consideraban a semejanza de
sus dioses, por lo cual la honra que se hacía a los dioses se hacía a ellos.

Así tenían como prioridad el aumento de su teocalli y la libertad
de su pueblo, para cuyo fin, por la destreza y diligencia de este tecuhtli, los mexicas no sólo se trabajaron mucho en hacer canoas para
moverse por toda la laguna, sino que también se esforzaron en aumentar su pesca y su caza.

A las canoas en náhuatl se les llamaba *acalli*, «agua casa» [*atl*, «agua»;
y *calli*, «casa»], pero se interpreta más bien como «casa sobre el agua»
o «casa flotante».

Existían varios tipos de canoas y de diversos tamaños. Las canoas chicas
podían transportar entre dos y cuatro personas. Las canoas de grandes
dimensiones eran empleadas en las festividades religiosas para transportar a los sacerdotes con sus ofrendas y otras más para conducir al
tlatoani [...] adornadas con bancos y cubiertas con techumbres que
protegían a la gente del sol y de la lluvia. Las embarcaciones tenían un
fondo plano perfectamente adaptado al contexto lacustre, lo que permitía a los tripulantes manejarlas de manera fácil y rápida. Los instrumentos de propulsión eran: la pértiga, el remo con forma de pala larga
y estrecha, y otro en forma de pala acorazonada. El monóxilo exhibido
en el Museo Nacional de Antropología fue encontrado en la década
de los sesenta en la Calzada de Tlalpan. De acuerdo con sus dimensiones y su capacidad de carga, podemos estimar que podía transportar alrededor de una tonelada de peso (Bihar, 2012: 18-23).

Cabe aclarar que las palabras *trajinera* y *chalupa* no son vocablos de
origen náhuatl, como generalmente se cree. *Trajinera* proviene del
Caribe, y era utilizada para referirse a las pequeñas embarcaciones

empleadas para el comercio. *Chalupa* viene del francés *chaloupe*, que significa «bote».

Continúa el *Códice Ramírez*:

Contrataban a las gentes vecinas y colmaron su altépetl de provisiones. Engalanaron sus canoas y se ejercitaron en las armas y las cosas de la guerra por el agua, pues entendían que en adelante sería necesario estar diestros y prevenidos en el arte militar, para liberar a su pueblo.

Entraron luego los mexicas en consulta sobre la elección del nuevo tecuhtli, llorando todavía por la muerte del tecuhtli Huitzilíhuitl. Después de muchos pareceres, determinaron elegir al hijo de Huitzilíhuitl, llamado Chimalpopoca, que entonces era de edad de diez años, para tener contento y descuidado al tecuhtli de Azcapotzalco: Tezozómoc abuelo de Chimalpopoca.

Electo Chimalpopoca por común consentimiento de todos los mexicas, muy contento el pueblo, pusieron al niño en su *tlatocaicpalli*, «trono», le ungieron con la unción divina, le pusieron el *copilli* con un *chimalli*, «escudo», en la mano izquierda y en la otra un macuahuitl, según el dios que querían representar, en señal de que prometía la defensa de la ciudad y el morir por ella. Eligieron a este tecuhtli así armado, porque ya entonces pretendían los mexicas libertarse por fuerza de armas, lo cual hicieron, como luego se verá.

Chimalpopoca, en el *Códice Ramírez*

Después de algunos años que gobernó Chimalpopoca, muy amado por el tecuhtli de Azcapotzalco, su abuelo, teniendo los mexicas por esto más entrada y familiaridad en Azcapotzalco, los señores de Tenochtítlan persuadieron a su tecuhtli, para que le pidiera el agua de Chapultépec, porque la de su laguna estaba cenagosa y no la podían beber.

Chimalpopoca envió sus mensajeros a su abuelo el tecuhtli Tezozómoc, el cual al ver que no perdían en ello ni era detrimento de su pueblo, pues no se aprovechaban de ella, con sentimiento de los suyos se la dio. Los mexicas muy alegres y contentos con el agua comenzaron con gran cuidado a sacar céspedes, estacas, carrizos y otros materiales. En breve tiempo trajeron el agua a Tenochtítlan, aunque con trabajo, porque por estar todo fundado en la laguna, y el golpe del agua que venía era grande, el caño [acueducto] como era de barro, se les deshacía y derrumbaba por muchas partes.

Los mexicas tomaron esto como excusa para provocar la enemistad de los de Azcapotzalco, deseando viniera ya todo en rompimiento para hacer lo que tanto deseaban, que era ponerse en libertad.

Volvieron a mandar sus mensajeros al tecuhtli de Azcapotzalco, haciéndole saber de parte del tecuhtli, cómo no podían gozar de aquella agua que les había dado, porque, por ser de barro, se les desbarataba el caño que había hecho para llevarla. Pidieron que les hiciera el favor de darles madera, piedra, cal y estacas, y que les mandaran a sus vasallos para que les fueran a ayudar a hacer un caño de cal y canto.

Al tecuhtli tepaneca y a los pipiltin de su corte les pareció muy atrevida y osada aquella embajada. Aunque el tecuhtli quisiera disimular por amor del nieto, los de su corte se encolerizaron tanto, que con mucha libertad le respondieron diciendo:

—Señor y tecuhtli nuestro, ¿qué piensan tu nieto y los demás de su consejo? ¿Creen que somos sus vasallos y criados? ¿No les basta con que estén aposentados y admitidos en nuestras tierras, les hayamos consentido que fundaran su ciudad, habitaran su tierra y les hayamos dado el agua que nos pidieron? ¿Ahora quieren tan sinvergüenza que tú y todos les vayamos a servir y edificarles el caño por donde vaya el agua? No queremos ni es nuestra voluntad perder nuestras vidas.

Luego dejaron al tecuhtli Tezozómoc y tuvieron entre sí una reunión donde estaban los señores de Tlacopan y Coyohuácan, poco simpatizantes con el altépetl mexica, donde determinaron no sólo no darles lo que pedían, sino ir a quitarles el agua que les habían dado y destruirlos y acabarlos, sin que quedase hombre de ellos ni lugar que se llamase Tenochtítlan. Comenzaron a incitar a la gente del pueblo y a ponerla en armas. Les decían que los mexicas los querían avasallar y hacerlos sus tributarios y para manifestar más el enojo que ellos tenían y que la guerra se efectuase, dieron la orden de que en el tlatocáyotl tepaneca ninguno fuese a tratar ni contratar mercaderías en Tenochtítlan, so pena de la vida. Pusieron guardias por todos los caminos para que ni los de la ciudad de Tenochtítlan entraran en Azcapotzalco ni los de Azcapotzalco en Tenochtítlan.

Al ver el tecuhtli de Azcapotzalco a los suyos tan alborotados y que se determinaron a matar a los mexicas haciéndoles guerra, quiso impedirlo; pero al ver que era imposible, les rogó que antes de que ejecutaran su ira le hurtaran al tecuhtli de Tenochtítlan su nieto, para que no padeciera con los demás. Algunos estuvieron de acuerdo con este parecer, excepto los señores ancianos que dijeron que no era conveniente, porque aunque venía de casta de tepanecas, era hijo de los mexicas tenochcas, a cuya parte siempre se inclinaría más, y por esta causa, al primero que habían de procurar matar era al tecuhtli de Tenochtítlan.

Chimalpopoca, en *Historia chichimeca*

Murió Huitzilihuitzin y Chimalpopocatzin entró en la sucesión de Tenochtítlan, el cual se casó con Matlalatzin, hija de Cuacuauhpi-tzáhuac, señor de Tlatelolco, con la cual tuvo siete hijos, de los cuales los dos últimos fueron Cuatlecoatzin y Moctezumatzin Ilhuicamina, primero de este nombre que vino a ser tlatoani de Tenochtítlan, y el menor de todos sus hermanos.

Chimalpopoca, en *Monarquía indiana*

Maxtla, siendo huei tepanécatl tecuhtli tras la muerte de su padre, hizo prender a Chimalpopoca, tecuhtli de Mexico, y en la prisión que le tenía, se ahorcó él mismo Chimalpopoca como en su historia veremos y no de niño, ni mancebo, como esos otros fingen; pues gobernó veinte y dos años; y según otra veinte y seis. Murió a los trece años de su gobierno, que sin contar los que tenía, cuando su hermano Huitzilíhuitl entró en el tecúyotl. Son cuando menos treinta y cinco años.

Chimalpopoca, en los *Anales de Tlatelolco*

Cuando murió Huitzilíhuitl, se asentó Chimalpopoca, en el año *yei calli*, «1417». Al segundo año de su gobierno estalló nuevamente la guerra de Chalco. Al cuarto año de su gobierno, Chimalpopoca sujetó a los de Tecpantla. Murió de mala manera por orden de Maxtláton de Azcapotzalco. Gobernó durante once años.

En el año *matlactli omome tochtli*, «1426», murió Tezozomóctzin, tlatoani de Azcapotzalco. Tras su muerte, Maxtlaton, tecuhtli de Coyohuácan, se apoderó del tlatocáyotl de Azcapotzalco, y para validar su señorío inició la guerra. Entonces perecieron los toltitlancalcas. También entonces murió Chimalpopocatzin, que se ahorcó, y con él murió su tlacatécatl Teuhtlehuacatzin; asustados por la guerra, se dijeron:

—¿Adónde iremos? Ahora que el tepaneca es nuestro enemigo, ¿dónde está nuestro hermano Tlacateotzin? Su casa está en Azcapotzalco, ya no regresará acá.

En el año *matlactli omome ácatl*, «1427», murió Tlacateotzin, quien había gobernado durante 20 años. También en este año se enseñorearon Cuauhtlatohuatzin en Tlatelolco, e Itzcohuatzin en Tenochtítlan.

Chimalpopoca, en los *Anales de Cuauhtitlán*

En el año *yei calli*, «1417», murió Huitzilíhuitl, tecuhtli de Tenochtitlan y luego se enseñoreó Chimalpopocatzin. En el año *ce técpatl*, «1428», los tepanecas mataron a Chimalpopocatzin, por órdenes de Maxtláton. Una vez muerto Chimalpopocatzin, lo sacaron a las calles y lo arrastraron. Fue condenado a muerte por que dicen que incitaba a Quetzalayatzin, hermano de Maxtláton, diciéndole:

—Hermano, ¿por qué te ha despojado de tu señorío tu hermano Maxtla? Tú eres el tecuhtli, pues así lo dispuso tu padre Tezozomóctzin. Mata a tu hermano Maxtla. El señorío te pertenece y tú debes gobernar. Para que puedas matarlo, construye un jacal, invítalo a comer, y allí lo mataras.

Estas palabras llegaron a los oídos de Maxtláton, quien al punto sentenció a muerte a Chimalpopocatzin, el cual murió en Tenochtítlan. Cuando los tepanecas llegaron para darle muerte, se estaba labrando un ídolo de piedra, pues vinieron cuando Chimalpopocatzin quería agrandar el templo que los tenochcas tenían dedicado a Huitzilopochtli. Entonces se suicidó Teuhtlehuacatzin, tlacochcálcatl de Tenochtítlan, amedrentado por la muerte del tecuhtli Chimalpopocatzin, pues pensaba que los tepanecas les iban a declarar la guerra y que serían derrotados. Por eso se mató envenenándose. Cuando esto se supo, se llenaron de cólera los nobles y los señores tenochcas. Por esta razón, los mexicas se convocaron, se reunieron para deliberar y acordaron que ninguno de los hijos, sobrinos o nietos de Chimalpopocatzin sería honrados con cargos de gobierno, sino que siempre habrían de contarse entre los macehualtin. Así se hizo, aunque sus nietos se distinguieron como valientes en la guerra, ninguno de ellos fue honrado con cargos de gobierno.

Chimalpopoca, en la *Historia...* de Clavijero

Aún más que contra su hermano estaba indignado Maxtláton contra el tecuhtli de Tenochtítlan, pero no tuvo por conveniente atentar contra su vida hasta asegurarse más en el trono; entre tanto desahogó su rabia con ofensas a su persona y ultrajes a su dignidad. Poco tiempo después de su exaltación, le envió el tecuhtli de Tenochtítlan el regalo que anualmente hacía en reconocimiento al tecuhtli de Azcapotzalco. Éste se redujo a tres cestas de pescado, camarón y de ranas con algunas legumbres. Lo llevaron personas distinguidas de la corte de Chimalpopoca, y lo presentaron con una arenga muy cumplida y con singulares expresiones de sumisión y respeto, Maxtláton lo recibió con muestras de agradecimiento, pero habiéndose retirado para conferir con sus privados sobre el regalo con que correspondería al mexica, por ser costumbre en aquellos altepeme el corresponder los soberanos con alguna cosa a los presentes que les hacían los señores feudatarios, se resolvió enviarle un *cuéitl*, que era cierta especie de enaguas, y un *huepilli*, que era camisa mujeril; lo que era tanto como tratarlo de afeminado y cobarde. Agravio el más sensible para aquellas gentes que de nada se preciaban tanto como del valor; y para hacer mayor el desprecio se escogió la ropa más tosca y vil. Este presente sacó un criado y lo entregó a los enviados mexicas sin hablarles palabra.

Sintió altamente Chimalpopoca este desprecio y quería vengarlo; pero no podía. A este agravio tan doloroso se siguió una ofensa gravísima en el honor. Supo el tirano que entre las mujeres de Chimalpopoca había una de singular hermosura, y abrasado con sólo esta noticia en deseos delincuentes, determinó sacrificar a su pasión la honestidad y la justicia. Para lograr su intento, se valió de unas señoras tepanecas, encargándoles que cuando visitasen a aquella señora mexica la convidasen a pasar a Azcapotzalco a divertirse por algunos días. Como estas visitas recíprocas eran entonces tan frecuentes aun en personas de más elevado carácter y de distintas naciones, fue fácil al lascivo tirano el lograr la ocasión que deseaba para satisfacer su pasión, sin que bastasen a contenerlo las lágrimas y los esfuerzos que empleó aquella honesta señora en defensa de su honor.

Volvió a Tenochtítlan cubierta de ignominia y penetrada del más vivo dolor a quejarse con el tecuhtli su señor marido. Este hombre desdichado, parte por no sobrevivir a su deshonra y parte por no morir a manos del tirano, se resolvió a acabar sus días voluntariamente, sacrificado en honor de su dios Huitzilopochtli a ejemplo de ciertos antiguos héroes de su nación, persuadido de que semejante muerte borraría la infamia recibida y lo libraría del fin ignominioso que temía de la crueldad de su enemigo. Comunicó su pensamiento a los de la corte y éstos se lo aprobaron por las ideas extravagantes que tenían en punto de religión y de honor, y aun hubo entre ellos quienes se resolvieron a participar la gloria de su bárbaro sacrificio. Se señaló el día para la religiosa tragedia en que se presentó el tecuhtli vestido del mismo traje con que solían representar a su dios, y los demás que debían acompañarle, con las mejores galas que pudo haber. Comenzó la función con una solemne danza, y de rato en rato iban sacrificando los sacerdotes algunas de las víctimas, reservando para lo último a su tecuhtli. No era posible que tan ruidosa novedad no llegase a oídos de Maxtláton; la supo anticipadamente y dispuso con la mayor presteza un buen número de tropas con orden de que a la hora del sacrificio prendiesen al tecuhtli y se lo llevasen bien asegurado a Azcapotzalco.

Chimalpopoca, en las
Relaciones... de Chimalpáhin

En el año *nahui tochtli*, «1418», murió Huitzilíhuitl. Gobernó 26 años. Inmediatamente le sucedió su hijo de nombre Chimalpopocatzin, a quien Itzcohuatzin tlacatécatl lo asesoró en el cargo de gobierno.

En 1427 ocurrió la muerte de Chimalpopoca, quien gobernó durante diez años. Dejó seis hijos:

- Miquiztzin
- Maxihuatzin
- Yohualpopocatzin
- Cuauhtzitzimitzin o Quetzalcuauhtzin
- Ixcoman
- La sexta fue una mujer de la que no se sabe bien cuál era su nombre.

Muerte de Chimalpopoca, en el *Códice Ramírez*

Al ver el tecuhtli de Azcapotzalco a los suyos tan alborotados y que se determinaron a matar a los mexicas haciéndoles guerra, quiso impedirlo; pero al ver que era imposible, les rogó que antes de que ejecutaran su ira, le hurtaran al tecuhtli de Tenochtítlan a su nieto, para que no padeciera con los demás. Algunos estuvieron de acuerdo con este parecer, excepto los señores ancianos que dijeron que no era conveniente, porque, aunque venía de casta de tepanecas, era hijo de los mexicas tenochcas, a cuya parte siempre se inclinaría más, y por esta causa, al primero que habían de procurar matar era al tecuhtli de Tenochtítlan. Tezozómoc sintió tanta pena que de ella adoleció y murió.

Los tepanecas se confirmaron más en su propósito y así acordaron matar al tecuhtli Chimalpopoca por el gran perjuicio que los mexicas les provocarían. Para esto y para perpetuar más la enemistad, usaron de una traición muy grande: una noche estando todos en silencio entraron los tepanecas en el palacio real de Tenochtítlan, donde hallaron a toda la guarda descuidada, durmiendo. Tomaron al tecuhtli descuidado, lo mataron y se volvieron los homicidas sin ser sentidos. A la mañana siguiente, acudieron los mexicas a saludar a su tecuhtli —como ellos acostumbraban— y lo hallaron muerto y con grandes heridas.

Esta muerte causó tanto alboroto y llanto en los mexicas, que luego, ciegos de ira, se hicieron todos en armas para vengar la muerte de su tecuhtli, pero los sosegó y aplacó un señor de ellos.

Chimalpopoca, en la
Historia… de Diego Durán

Electo por común consentimiento de toda la comunidad mexica, Chimalpopoca, hijo de Huitzilíhuitl, mancebo de edad de diez años, fue electo
mexicatl tecuhtli, con lo cual la ciudad quedó muy contenta.

Después de algunos años, muy querido por su abuelo el tecuhtli de Azcapotzalco, tuvieron los mexicas más entradas y salidas en
Azcapotzalco. Se trataban con más familiaridad los unos con los
otros. Los pipiltin de Tenochtítlan fueron con su tecuhtli Chimalpopoca y le dijeron:

—Señor, todos estamos de acuerdo que, pues el tecuhtli Tezozomóctli, tu abuelo te quiere tanto y hace tanto caso de ti. Y entre los
demás señores hay tanta familiaridad con nosotros, que te pedimos
le envíes a rogar que nos dé agua de Chapultépec, para que pudiése-
mos beber. Nosotros la traeríamos a la ciudad. La causa de pedirla
es que como hasta ahora no vivíamos sino en chozas y casas de poco
valor, y ahora vamos edificando casas de piedra y adobes, y cegando
la laguna y andan barcos por las acequias, bebemos el agua muy sucia.
Por lo tanto, te suplicamos envíes a tus mensajeros para que se nos
conceda esta merced.

Chimalpopoca respondió que le parecía bien y luego determinó
enviar sus mensajeros al tecuhtli de Azcapotzalco, suplicándole diera el
agua de Chapultépec para poderla traer a la ciudad. Y así, ordenado, con
sus presentes y ordinarios dones de rosas y otras cosas con que ellos se
suelen saludar y visitar, fueron los mensajeros ante el tecuhtli de Azcapotzalco y, propuesta su demanda, les respondió que descansaran y tuvieran placer, que él lo trataría con sus pipiltin y les daría una respuesta.

Les fue concedido que llevaran el agua, pues de ello Azcapotzalco
no recibía ningún detrimento ni de ella había provecho ninguno. Los
mexicas, alegres, empezaron con gran prisa a sacar céspedes y a hacer
balsas de carrizos, para hacer camino por donde viniera el agua, y en
breve tiempo, con muchas estacas y carrizos, céspedes y otros materiales, trajeron el agua a Tenochtítlan, aunque con trabajo, por estar
todo fundado sobre agua y se les desbarataba por momentos, por ser
el golpe de agua que venía grande y el caño ser todo de barro.

Fundados en malicia, con deseo de que todo viniera ya en rompimiento, para empezar a hacer lo que tanto deseaban, que era ponerse en libertad, tornaron a enviar a sus mensajeros al tecuhtli de Azcapotzalco, haciéndole saber, de parte del tecuhtli su nieto, cómo aquella agua que se les había dado no conseguían el efecto de gozarla, a causa de que como iba sobre barro con facilidad se la llevaba y desbarataba, que les hiciera merced de darles madera de estacas, piedras y cal, y mandar a sus vasallos les fueran a ayudar, para que se hiciera un caño de cal y canto, por donde fuera el agua segura y sin romperse.

El tecuhtli Tezozómoc escuchó la embajada y no le agradó, pero disimuló con ellos y les dijo que hablaría con su Consejo y que, luego de ver el caso, les respondería. El tepanécatl tecuhtli llamó a los de su Consejo y les propuso la demanda de los mexicas. Los *nenonotzaleque*, «consejeros», respondieron:

—Señor y tecuhtli nuestro: ¿qué piensa tu nieto y los demás de su Consejo? ¿Piensan que hemos de ser aquí sus esclavos o vasallos? ¿No basta que, aposentados y admitidos en nuestras tierras, les hayamos permitido habitar y hacer su ciudad, y dándoles el agua que nos pidieron, sino que ahora quieren, sin vergüenza ni miramiento de tu corona real, que tú y todos los vamos a servir y a edificarles caño para donde vaya el agua? No queremos, ni es nuestra voluntad, y sobre esto perderemos todas las vidas porque aunque el tecuhtli Chimalpopoca de Tenochtítlan sea nuestro hijo y deudo del altépetl tepaneca, no por eso nos ha de querer señorear y mandar. Y pues él es un niño y lo que hace es incitado por sus consejos, sea en hora buena que nosotros queramos ver qué es lo que les da atrevimiento para tan gran desvergüenza y osadía como ésta.

Apartados de la presencia del tecuhtli Tezozómoc, tuvieron entre sí una consulta, en la cual se hallaron el señor de Coyohuácan, que había por nombre Maxtlatzin, y los señores de Tlacopan, Aculnahuácatl y otro, que se llamaba Tzacuálcatl y Tlacauitlahua. En fin, algunos señores de estas tres cabezas, que no eran apegados al altépetl mexica, se conjuraron contra ellos y determinaron no solamente no darles lo que pedían, sino que ir a quitar el agua que les habían dado. También determinaron acabarlos, sin que quedara hombre de ellos, ni lugar que se llamara Tenochtítlan. Con esta determinación, empezaron a incitar a la gente del pueblo y a ponerla en armas y a indignarlos contra los mexicas, diciéndoles cómo los querían avasallar y hacer sus tributarios y servirse de ellos. Y para manifestar más el enojo que de ellos tenían y que la guerra se efectuara, hicieron pregonar en su ciudad que ninguno fuera osado a tratar ni contratar en Tenochtítlan, ni meter bastimentos, ni otras cosas de mercaderías, so pena de la vida. Y, para la ejecución de esto, pusieron guardas por todos los caminos, para que ni los de la ciudad de Tenochtítlan entraran acá, ni los de acá allá, vedándoles el monte que antes les era franco, donde hacían leña, y todas las demás entradas y salidas que con los tepanecas tenían.

El tecuhtli de Azcapotzalco al ver a todos los señores alborotados y que se determinaban en matar a los mexicas y hacerles guerra, quería impedírselos, pero al ver que era cosa imposible, les pidió que antes se robaran al tecuhtli de Tenochtítlan, su nieto, para que no padeciera con los demás. Algunos pipiltin estuvieron de acuerdo, excepto Maxtlaton, Tlacacuitlahua y otros, que respondieron que no eran de tal parecer, porque, aunque era de casta de tepanecas, que era por vía de mujer el parentesco, y que, de parte del padre, era hijo de mexicas, y que siempre se inclinaría a la parte del padre y no de la madre; que ellos no querían conceder en tal propósito, y que antes el primero que habían de procurar matar había de ser él.

Tezozómoc, afligido con esta respuesta, al ver que no podía apaciguar a sus vasallos, de este pesar adoleció de una enfermedad y murió de achaque de este pesar, además de que ya era viejo.

Muerto el tecuhtli de Azcapotzalco, Tezozomóctli, los tepanecas concertaron entre sí el perjuicio de matarles a su tecuhtli Chimalpopoca a traición. Por dejar el hecho y enemistad más firme, se conjuraron y juramentaron de estar firmes en este mal propósito. Enviaron gente escondidamente, de noche, mientras todo estaba en silencio. Entraron los asesinos al palacio real, mientras toda la guardia estaba descuidada y durmiendo. Tomaron al tecuhtli descuidado y lo mataron a él y a un hijo suyo, que tenía consigo acostado, que se llamaba Teuctlehuac.

A la mañana siguiente, fueron los señores de Tenochtítlan a saludar a su tecuhtli, como ellos lo tienen de costumbre y los hallaron muertos y con grandes heridas, a él y al niño, de lo cual los mexicas, alborotados y pesantes, levantaron gran llanto, publicándose luego por la ciudad la muerte desastrada del tecuhtli, y se pusieron todos en armas.

Muerte de Tezozómoc, tecuhtli de Azcapotzalco, según la *Historia chichimeca*

A los cuatro días primeros del año que llaman matlactli omei ácatl, de su primero mes llamado *tlacaxipehualiztli* y del día *cozcacuauhtli*, que es el 24 de marzo de 1427, falleció Tezozómoc en la ciudad de Azcapotzalco, de lo cual se dio aviso a los pipiltin mexicas y a todos los demás deudos y amigos para que vinieran a sus honras y exequias.

Así, el día siguiente por la madrugada al salir el lucero llamado *Nahuolin* [tlathuináhuac], llegó Nezahualcóyotl con su sobrino Tzontecochatzin.

La cuenta del tiempo de un día

En la cultura nahua, la forma de medir el tiempo, el día y la noche, era por medio de nueve episodios rituales, en los cuales los teopixque ofrendaban incienso de copal a *Tonátiuh*, «Sol», y a *Yohualtecutli*, «el Señor de la Noche».

El *cemílhuitl*, «día», se dividía en cuatro episodios rituales:			
1. Hualmomana	«Se extiende el sol»	Aproximadamente a las seis de la mañana	Sólo en el *hualmomana* los sacerdotes mexicas se sangraban, saludaban al sol, ofrendaban incienso de copal y sacrificaban codornices. Las personas ayunaban.
2. Tlacualizpan	«Momento de comer»	Alrededor de las nueve de la mañana	
3. Nepantla Tonátiuh	«El sol está en medio»	Entre la una y dos de la tarde	
4. Oncalaqui Tonátiuh	«El sol se mete»	Hacia las seis de la tarde	

El *ceyohual*, «noche», se dividía en cinco episodios rituales:			
1. Tlapoyahua	«Es noche»	Poco después de la puesta del sol. Los mexicas saludaban por primera vez al Señor de la Noche	Sólo en el *tlapoyahua* los sacerdotes mexicas saludaban al señor de la noche y ofrendaban incienso de copal.
2. Netetequizpan o netequilizpan	«El momento de acostarse»	Ocurría a las nueve de la noche	
3. Tlatlapitalizpan / in ícuac xelihui Yohualli	«Al momento de soplar en flautas o conchas» / «cuando se divide la noche»	Correspondían a las 12 de la noche	
4. Ticatla o yohualnepantla	«A media noche»	Hacia la una o las dos de la mañana	
5. Tlathuináhuac	«Cerca del alba»	El momento de la aparición de Venus como estrella matutina	

Figura 97. La cuenta del tiempo

Continúa la *Historia Chichimeca*...

Nezahualcóyotl dio el pésame de la muerte de Tezozómoc a sus tres hijos y a los pipiltin mexicas y demás señores de aquel linaje y se sentó entre ellos asistiendo en las exequias funerales y a otros ritos y ceremonias que los sacerdotes de los dioses hacían hasta quemar el cuerpo.

Tayatzin que muy en la memoria tenía escrito lo que su padre había dejado encargado acerca de matar a Nezahualcóyotl en secreto, se lo recordó a su hermano Maxtla, el cual le respondió que lo dejara por entonces, para que no se alborotara y que ya habría tiempo para hacerlo, pues en aquella sazón sólo se trataba de las honras y exequias de su padre, donde asistían tanto señores y gente ilustre; y que se vería muy mal que, estando todos tristes por la muerte de su padre, ellos mataran a otro.

Por esta razón no se ejecutó lo que Tezozómoc dejó ordenado y Nezahualcóyotl fue avisado por su primo Moctezuma Ilhuicamina, por lo cual —en cuanto fue quemado el cuerpo de Tezozómoc y sus cenizas colocadas en el monte sagrado de Azcapotzalco, según la costumbre de los mexicas—, Nezahualcóyotl se regresó a la ciudad de Texcoco.

Muerte de Tezozómoc y asesinato de Chimalpopoca, en la *Crónica mexicana*

Años después el tecuhtli Tezozómoc envió embajadores a los mexicas, diciéndoles:

—Señores mexicas, alégrense, que el tecuhtli Tezozómoc y todo nuestro altépetl tepaneca estamos muy contentos con ustedes amigos y parientes mexicas. Descansen, que ya jamás tendrán pesadumbre ni habrán de pagar tributos, ni servicios personales, como lo eran antes, salvo pescado, ranas y todo género de pescadillo pequeño que se cría en la laguna con el *izcahuitle, tecuitlatl, axaxayacatl, acozil, anenez* [*aneneztli*], cocolli, michpilli y patos de todo género, para que sean el regalo principal de los mexicas.

- *Izcahuitle*, izcahuitli, gusano de color rojo, aparentemente sin cabeza, con una cola en cada extremo.
- *Tecuitlatl*, espirulina, alga microscópica del grupo de las cianofíceas.
- *Axaxayacatl*, axayácatl, seis insectos neópteros, hoy en día clasificados como *Corisella, Corisella texcocana, Krizousacorixa azteca, Graptocorixa abdominalis* y *Graptocorixa bimaculata*.
- *Acozil*, crustáceos parecidos a las langostas, color café, de 40 milímetros de longitud; conocidos actualmente como acociles.
- *Anenez* o *aneneztli*, cigarrilla, chambalé, chicharra, cucaracha de agua, mariposa de agua.

- *Cocolli*, cuculin, alga o cianobacteria; hoy en día identificada como *Chroococcus*, con lo cual cocinaban una especie de tamal de agua o cuculito de agua.
- *Michpilli*, pescados pequeños.

Continúa la *Crónica mexicana:*

Algunos años después, en que el agua de la gran laguna mexica se iba corrompiendo, dijeron los viejos mexicas al tecuhtli Huitzilíhuitl:

—Hijo y nieto nuestro tan querido de nosotros, sus padres y abuelos, creemos que debes mandar que se traiga el agua que se derrama de Chapultépec, pues conviene a tu persona y a tu altépetl, pues nuestra agua se está contaminando.

—Démoselo a entender a Tezozómoc —respondió Huitzilíhuitl.

Así fueron a suplicárselo al tecuhtli de Azcapotzalco, el cual respondió que le complacía mucho, si es que la podían llevar a México Tenochtitlan, y cuando Chimalpopoca recibió el permiso, luego se juntaron muchos mexicas y comenzaron a echar céspedes para en que viniese un caño de agua [acueducto]. Luego que se hizo el asiento de céspedes, envió mensajeros Chimalpopoca a Tezozómoc su suegro para que les hiciese merced de permitirles cortar troncos del monte para estacar y de colectar cal y piedra.

—Enhorabuena —dijo Tezozómoc—, hablaré con todos los pipiltin tepanecas.

Hecho su cabildo, Tezozómoc propuso que les concedieran la merced de darles piedra, madera y cal para el acueducto. Los tepanecas se alborotaron y respondieron con soberbia, que no querían concederles ni darles lo que pedían, porque era como someterse a los mexicas, y así se salieron del Consejo tepaneca.

Después hubo otro cabildo entre los tepanecas: Colnahuatl, Tzacualcatl, Tlacauitlahua, Maxtla y Cuecuex, pipiltin tepanecas:

—Vean la manera en la que los mexicas mandan pedir madera, cal y piedra, para que no parezca que no se los damos para que no seamos lacerados. ¿Está bien que se los demos? El cerro de Chapultépec y el agua son nuestros. ¿A quién la han de ir a comprar? Estos mexicas son venedizos y belicosos. Defenderemos el agua a fuerza de armas. Comencemos a hacer macuahuitles, escudos y varas largas, para que entiendan estos miserables mexicas la fortaleza de los tepanecas. Veamos de dónde les vendrán la leña y legumbres sin las que van de nuestra tierra y con que se sustentan. ¿A dónde tendrán salida para buscarlo? Están muy empoderados en nuestras tierras. Deben ser nuestros vasallos por esta causa.

Y después de haber resuelto en ser mortales enemigos los tepanecas con los mexicas, determinaron otro intento. Dijo uno de los más ancianos a Acolnahuacatl, Tlacualacatl, Tlacacuitlahua, Maxtla y Cuecuex:

—Traigamos a Chimalpopoca, que es nuestro nieto, y quédese en este nuestro pueblo, pues es nuestro hijo y nieto.

Otros que allí estaban dijeron:

—No está bien que venga acá, sino la mujer que es nuestra nieta e hija de nuestro tecuhtli Tezozómoc, porque Chimalpopoca es hijo y nieto de los mexicas.

Al ver esta discordia entre ellos, propusieron bandos unos con otros, de tal manera que terminaron en rompimiento, tan grande que convocaron a los comarcanos de los montes y los llanos, a pedir socorro a Tlacopan y Coyohuácan. Éste fue el motivo de la guerra entre ellos.

Durante estas guerras, murió el tecuhtli Tezozómoc. Los tepanecas determinaron ir a matar a la descendencia de Acamapichtli, de donde había procedido el tecuhtli Chimalpopoca, para que entendieran los de Acolhuácan y Culhuácan. Ésta es la razón por la que los tepanecas determinaron ir a matar a Chimalpopoca y los mexicas. Resuelto con esto y armados, fueron a Tenochtítlan los de Azcapotzalco y mataron al tecuhtli Chimalpopoca y a su hijo Teuctlehuac, quedando el altépetl mexica sin gobierno ni tecuhtli entre ellos que los gobernase.

Muerte de Tezozómoc,
en las *Relaciones…* de Chimalpáhin

En el año *matlactli omei tochtli*, «1426», murió el huehue Tezozomóctli, señor de Azcapotzalco, quien gobernó 60 años. Dejó cinco hijos:

- Acolnahuácatl Tzacuálcuatl y fue a gobernar a Tlacopan.
- Cuacuapitzáhuac, quien fue instalado en el gobierno de Tlatillolco.
- Epcohuatzin, fue a gobernar Atlicuihuayan.
- Maxtlatzin, vino a gobernar Coyohuácan.
- Ayauhcíhuatl ♀, que fue la que se instaló con el señor Huitzillíhuitl en Tenochtitlan, y de quien nació el tlazopilli Chimalpopoca.

Todos estos señores nombrados fueron establecidos en sus gobiernos cuando aún reinaba su tío y pariente Tezozomóctli.

Igualmente, en este año fue instalado en el trono de Azcapotzalco, Maxtlatzin, el cual era un grandísimo señor perverso. Por fin se vio en Azcapotzalco, con cuya honra soñaba tener después de la muerte de su padre. Vino de Coyohuácan, en donde estaba gobernando.

Maxtla, usurpador y asesino, según la *Historia chichimeca*

Maxtla que a la sazón era señor de Coyohuácan, hombre belicoso y de ánimo altivo, pretendió adueñarse del chichimeca tlatocáyotl, a pesar del mandato de su padre. Le pareció que a él le pertenecía tlatocáyotl más por ser mayor, en quien concurrían las partes y requisitos para poder gobernar un tlatocáyotl como el que su padre dejaba y así dentro de cuatro días después de las honras, se introdujo en el gobierno, donde todos le dieron obediencia.

Ya habían transcurrido cinco meses y cinco días, cuando una noche estuvo Tayatzin con el tecuhtli Chimalpopoca en ciertas pláticas, como lo acostumbraban desde que fue depuesto de la sucesión que su padre le había dejado.

—Maravillado estoy, señor —le dijo Chimalpopoca—, de que estés expelido del señorío en que te dejó nombrado el huei chichimécatl tecuhtli Tezozómoc tu padre y que tu hermano Maxtla se haya apoderado de él, pues no es más señor de Coyohuácan.

—Señor —respondió Tayatzin—, es cosa dificultosa recobrar los señoríos perdidos, poseyéndolos tiranos poderosos.

—Toma mi consejo pues es muy fácil —replicó Chimalpopoca—, edifica unos palacios y en el estreno lo convidarás. Allí le matarás con un artificio que yo te daré.

A esta sazón Tayatzin había llevado consigo un enano, paje suyo, llamado Tetontli, el cual había estado tras un pilar de la sala escuchando la plática. De regreso a Azcapotzalco, Tetontli avisó en secreto al tecuhtli Maxtla, el cual le mandó que guardara el secreto, y le prometió que le haría muy grandes mercedes. Luego mando llamar a los obreros del palacio y les ordenó que en cierta parte de la ciudad edificaran unas casas para que en ellas viviera su hermano Tayatzin, a quien le había dado el señorío de Coyohuácan, quería tenerlo siempre en su corte.

Cuando terminaron de construir las casas, Maxtla mandó llamar a su hermano Tayatzin, fingió celebrar el estreno de ellas y luego le quitó la vida con los mismos filos que el tecuhtli Chimalpopoca le había aconsejado. Aunque Maxtla había enviado a llamar a Chimalpopoca, éste se excusó diciendo que estaba ocupado en un sacrificio muy solemne que hacía a sus dioses.

Prisión de Chimalpopoca, en la *Historia chichimeca*

Cuando el tecuhtli Chimalpopoca se enteró de la muerte que tuvo Tayatzin, coligió que el tirano Maxtla había sido avisado del consejo y pláticas que había tenido con Tayatzin y que sus designios habían sido cogerlos a Tayatzin, a Tlacateotzin y a él en las fiestas del estreno de las casas y matarlos a los tres. Para no caer en sus manos, Tecuhtlehuacatzin, uno de los pipiltin, le aconsejó que se armaran los dos a usanza de guerra y con insignias de hombres que se ofrecían al sacrificio de los dioses y que salieran ataviados al patio del Templo Mayor y allí demostraran que querían sacrificarse a sus dioses, con lo cual verían las intenciones de sus vasallos, porque sabiendo la causa de su sacrificio, si los querían bien no lo consentirían, sino que antes todos se pondrían en armas para defenderlo, pero si Chimalpopoca y Tecuhtlehuacatzin veían tibieza en su gente, proseguirían y se sacrificarían a sus dioses, lo cual sería de mayor gloria que caer en las manos del tirano. Lo cual luego pusieron por obra. Al estar en las ceremonias,

Motecuzoma que ya era capitán general del reino e hijo suyo, yéndoles a la mano y queriendo estorbar su intento, no pudo y así dio aviso
por la posta a Maxtla como supremo señor que era para que lo remediase y estorbase [...]

La mayoría de las fuentes coinciden en que Motecuzoma Ilhuicamina era hermano de Chimalpopoca y no su hijo, como asegura Alva
Ixtlilxóchitl.

Prosigue la *Historia chichimeca*:

Motecuzoma no pudo evitar el intento de Chimalpopoca y así envió
mensajeros a Maxtla para que lo remediara. Maxtla envió señores
para que prendieran al tecuhtli Chimalpopoca y lo pusieran en una
jaula dentro de su propia ciudad con bastantes guardias y que Tecuhtlehuacatzin fuera sacrificado. Lo cual se puso en efecto, porque los
mexicas se veían muy faltos de fuerzas para poder resistir la furia de
un tan poderoso tirano como era Maxtla.

Nezahualcóyotl fue avisado por su hermano Yancuiltzin de que
su tío el tecuhtli Chimalpopoca estaba preso y muy afligido, y
que apenas le daban de comer. Nezahualcóyotl determinó ir a ver al
tirano y pedirle que soltara a su tío y lo perdonara, lo hizo en compañía de Tzontecochatzin. Llegó a la ciudad de Azcapotzalco de noche
y fue derecho a la casa de un señor llamado Chacha que era *tecpantlácatl*, «cortesano», del huei chichimécatl tecuhtli Maxtla, a quien
le dijo que iba a besarle la mano al huei tecuhtli. Chacha le respondió
que era bienvenido y que a la mañana siguiente lo llevaría al palacio.
Así lo metió en la sala donde asistía Maxtla, y le pidió que le diera una
audiencia a Nezahualcóyotl. Maxtla lo mandó parecer ante sí. Nezahualcóyotl lo saludó y le dijo:

—Muy alto y poderoso señor. Entiendo que el gran peso del
huei chichimeca tlatocáyotl lo ha de tener afligido. Vengo a suplicarle por el tecuhtli Chimalpopoca, mi tío, a quien tiene quitada la
pluma preciosa que estaba puesta sobre su cabeza y el collar de oro
y pedrerías con que su cuello adornaba lo tiene desatado y en sus
manos asida y apretado. Suplico como tecuhtli piadoso eche en olvido
la venganza y el castigo y ponga los ojos en el desdichado viejo, que

está su cuerpo enflaquecido y desamparado de los bienes y fuerzas de la naturaleza.

Tras haber oído estas razones, Maxtla dijo a su tecpantlácatl Chacha:

—¿Qué te parece esto? Nezahualcóyotl, mi hijo es verdadero amigo mío, pues pide que eche en olvido mi venganza. Ustedes los tepanecas, ¿cuándo dirán otro tanto? —Y a Nezahualcóyotl le dijo—: Príncipe, no te entristezcas, que no está muerto el tecuhtli Chimalpopoca. Anda a verlo, que yo le prendí por los alborotos que andaba haciendo y mal ejemplo que dio a los macehualtin. Y tú, Chacha, ve con él para que los de la guardia lo dejen verlo.

Esta diligencia la hizo Nezahualcóyotl para ver si podía liberar a su tío Chimalpopoca de la prisión. Así fue con Chacha a la ciudad de México Tenochtitlan a verse con su tío.

Maxtla envió a otro tecpantlácatl, llamado Huecan Mécatl, a que fuera a ver a Tlailótlac Tecuhtzintli, un señor de los de su consejo, y le mandó decir todo lo que había pasado con Nezahualcóyotl y que enviara su consejo: si matar primero a Chimalpopoca y a Tlacateotzin, y después a Nezahualcóyotl, pues el huei chichimécatl tecuhtli se lo había encargado y que por negligencia suya se había dilatado.

El consejero mandó a decirle que no le diese pena, pues estaba todo debajo de su mano; que bien podía comenzar a ejecutar su rigor y justicia por donde quisiera y fuera servido; que aunque matara luego a Nezahualcóyotl, que nadie se atrevería a írsele a las manos y pues si su voluntad era que muriera primero Chimalpopoca y Tlacateotzin, que así se hiciera; que Nezahualcóyotl no se escaparía de sus manos, pues no se podía meter dentro de los árboles ni las peñas.

Vistas las razones de su consejero, Maxtla no quiso por entonces matar a Nezahualcóyotl, el cual con su sobrino Tzontecochatzin visitó a su tío.

—Poderoso señor —dijo Nezahualcóyotl—, trabajos son éstos y esclavitud que padecen los pipiltin y tetecuhtin en el discurso de sus gobiernos. Pague y satisfaga los lances que promete el mandar entre tiranos. De una cosa se puede consolar, que es dentro de la cabecera del señorío que sus padres y abuelos, Acamapichtli y Huitzilíhuitl, lo dejaron. Es una lástima ver a sus vasallos, pues están con tanta aflicción los mexicas tenochcas, al ver la calamidad que pretende hacer el tirano Maxtla, que ya fui a ver.

—Príncipe mío —Chimalpopoca le respondió—, qué atrevimiento el tuyo en haber venido hasta aquí con tanto riesgo. Bien podías haberte excusado, pues no ha de ser de ningún efecto para poder atajar el rigor que contra mí quiere ejecutar Maxtla. Lo que te pido es que te juntes con *Itzcohuatzin* [Izcóatl] y con tu primo Moctezuma y te aconsejes lo que mejor te convenga, porque tú serás el bastimento de los mexicas y acólhuas. No por tu negligencia los desampares, y advertido que por donde quiera que estuvieras, tu silla y asiento esté trasminado, no en algún tiempo pronuncia sentencia de muerte el tirano Maxtla. Anda siempre con cuidado.

Dichas estas razones y otras muchas, se quitó las joyas de oro y piedras preciosas con que tenía adornada su cabeza, rostro y cuello, y se las dio a su sobrino Nezahualcóyotl, y a Tzontecochatzin le dio unas orejeras y bezotes de cornelinas; con que los despidió.

Al irse Nezahualcóyotl, llegó el mandato del tirano Maxtla para que lo soltaran de la prisión en que estaba el tecuhtli Chimalpopoca, lo cual se cumplió luego y las guardas fueron despedidas.

Maxtla ordena la muerte de Nezahualcóyotl, en la *Historia chichimeca*

Muy en el alma de Nezahualcóyotl quedaron escritas las palabras de su tío Chimalpopoca, por cuya causa no tan solamente guardó y cumplió sus consejos, que alegóricamente y por metáforas le había dicho, sino que también ejecutó y guardó el sentido literal de ellas, pues así como llegó a la ciudad de Texcoco, mandó luego de secreto trasminar las paredes por donde cabía su estrado y asiento, que después le valió para escaparse con la vida. Hecha esta diligencia, se volvió a la ciudad de Azcapotzalco para ver al tirano y darle las gracias de la merced que a su tío le había hecho en soltarlo, a donde llegó al amanecer y se fue luego al palacio, en cuyo patio principal vio mucha gente armada y por las paredes arrimadas muchas lanzas y rodelas, que el tecuhtli Maxtla acababa de mandarles a que fueran a la ciudad de Texcoco a matarlo, y viéndolo uno de aquellos capitanes se adelantó a recibirlo y le dijo:

—Seas muy bien venido, señor, que en este punto el tecuhtli nos despacha para su ciudad y corte a buscar a Páncol, que anda herido —y luego lo llevó a una sala para que allí aguardara lo que Maxtla mandaba y determinaba.

Nezahualcóyotl pasó entre aquellos soldados y los saludó a todos. Les dijo que quería ver al gran señor. Uno de los criados del palacio avisó luego al tecuhtli Maxtla que Nezahualcóyotl lo quería ver y que estaba aguardando en una sala. Maxtla lo mandó llamar y al tenerlo en su presencia, le volvió el rostro y no le quiso hablar. Al ver Nezahualcóyotl que allí en un estrado estaba con Quetzalmalin y Pochtlampa, y las concubinas de su tío el tecuhtli Chimalpopoca. Nezahualcóyotl le dio unos ramilletes de flores al tecuhtli Maxtla, pero éste no los aceptó y así Nezahualcóyotl los puso delante de él. Le habló, pero Maxtla no le respondió. Nezahualcóyotl se salió y Chacha le dijo en secreto que el tecuhtli había mandado matarlo y aquella gente armada que había visto en el palacio, las acababa de despachar para tal efecto y que procurara escapar.

Nezahualcóyotl salió por un postigo, que entraba a unos jardines que el tecuhtli tenía dentro de su palacio y se fue a una sala grande con techo de paja. A *Xiconocatzin* [Xiconacatzin], su acompañante, lo mandó que se pusiera en la entrada y vigilara si aparecía alguien mientras él escapaba. Finalmente le dijo que si lograba escapar, le aguardaría cerca de Tlatelolco. Así desbarató el techo de la sala, salió por allí y se fue huyendo.

De acuerdo con José Luis Martínez, Xiconacatzin es hijo de Ixtlilxóchitl y hermano de Nezahualcóyotl.

Continúa la *Historia chichimeca:*

Aún no había escapado bien cuando a gran prisa vinieron ciertos capitanes dirigidos por Xiconacatzin, el cual no aguardó y salió del palacio a toda prisa, para alcanzar a Nezahualcóyotl. Toda aquella gente de guerra y guardia del tecuhtli estaba alborotada y buscándolo por toda la ciudad. Aunque algunos lo alcanzaron, él era tan ligero, que se les fue de entre las manos, amenazándolos que antes de mucho a su sangre y fuego los destruiría.

Nezahualcóyotl y Xiconacatzin se encontraron cerca de Tlatelolco, después de haber superado los peligros. Iban tan fatigados y
hambrientos, que esto los obligó a comprar de comer en las primeras casas que encontraron en la ciudad. Luego se embarcaron y pasaron a Texcoco.

Muerte de Chimalpopoca y Tlacateotzin, según la *Historia chichimeca*

Al enterarse el tirano Maxtla que Nezahualcóyotl había escapado y
que los soldados no lo habían podido matar, descargó en ellos su ira, no
dejando a ninguno con vida. Luego despachó a México con mandato
expreso de que mataran a Chimalpopoca y a *Acateotzin* [Tlacateotzin],
quienes fueron derecho a Tenochtítlan y hallaron al tecuhtli en una sala
del templo, en donde unos escultores estaban labrando a un ídolo llamado
Teuhcxólotl. Al ver al tecuhtli Chimalpopoca lo apartaron de aquellos
escultores y lo llevaron a otra sala del templo, que se decía *Huitzcali.*

- *Teuhcxólotl* [Tecuhtli Xólotl], *Xólotl*, «el perro monstruo».
  Gemelo de Quetzalcóatl, lado no bueno de Venus. (En náhuatl antiguo no existía la noción del mal como tal, sino más
  bien la de *no bueno*). Dios de la mala suerte del atardecer, de
  los espíritus y los muertos en su viaje al Míctlan y al inframundo.

- *Huitzcali* [huitzcalco], «el templo de los huitznahuas» o
  «casa de las espinas», templo, casa o aposento de penitencia
  con espinas y púas [*huitztli*, «espina»; y *calli*, «casa», o
  calco, «en la casa»]. *Huitznáhuac*, «en el lugar de las espinas», casa de navajas o punzaderas. El nombre también
  alude al de un calpulli de Tenochtitlan y al teocalli del
  mismo. Este nombre también se refiere a los Centzon Huitznáhuac o centzonhuitznáhuac, «cuatrocientos rodeados de
  espinas», los 400 hijos de Coatlicue, diosa de la fertilidad,
  patrona de la vida y de la muerte, y hermanos de la diosa
  lunar Coyolxauhqui, quien los regía.

Relata la *Historia chichimeca*:

Le dijeron que querían hablar con él a solas en aquella sala sobre algunas cosas graves, pero lo mataron dándole en la cabeza con un macuahuitl. Salieron de la sala y dijeron a los mexicas que entraran a ver a su señor que estaba durmiendo y ellos se fueron con gran prisa hacia Tlatelolco.

En cuanto los mexicas vieron a su tecuhtli muerto, se fueron detrás de los asesinos, los alcanzaron y tuvieron una refriega. Aunque Tlacateotzin pudo escaparse en una canoa —con una gran carga de preseas de oro y pedrería— rumbo a Texcoco, los tepanecas fueron tras él y lo alcanzaron en medio del lago, donde lo alancearon.

Después los mexicas hicieron las exequias y honras que ellos acostumbraban.

Prisión y muerte de Chimalpopoca, en la *Historia*... de Clavijero

Llegaron estas tropas tan a tiempo que no faltaban ya más de dos víctimas para ser sacrificado el tecuhtli. Lo prendieron sin mucha contradicción de parte de los mexicas, o porque temían el poder del cruel tirano, o por ventura porque deseaban mejorar de señor. Conducido a Azcapotzalco lo encerraron en una fuerte jaula de madera, que era como veremos, la cárcel que usaban, y le pusieron buenos guardias. Con la prisión de Chimalpopoca se le avivó a Maxtláton el deseo de apoderarse también de la persona de Nezahualcóyotl, y para conseguirlo lo mandó llamar con el pretexto de tratar con él un ajuste y de atender a sus derechos a la corona de Acolhuácan. No era tan poco advertido el tlazopilli que no penetrase desde luego la maligna intención del tirano, pero el ardor de su edad y el esfuerzo o temeridad de su ánimo le hacían presentarse con intrepidez a los mayores peligros. Fuese a Tlaltelolco y visitó de paso a un confidente suyo nombrado Chichincatl, quien le aseguró que el tirano trataba no solamente de deshacerse de su persona y de la del tecuhtli de Tlaltelolco, sino también de acabar con toda la nación acolhua, si pudiese. Sin embargo, de estas noticias siguió su viaje a

Azcapotzalco, en donde entró de noche y fue a hospedarse a casa de un amigo que allí tenía.

A la mañana siguiente, pasó al ir a palacio por la casa de Chacháton, íntimo confidente del tirano, y de quien el mismo Nezahualcóyotl era amado, y entró a suplicarle le interpusiese sus oficios para con el tecuhtli para que no atentase cosa alguna contra su persona. Fueron juntos a palacio y se anticipó Chacháton a ver al tirano y a noticiarle que el tlazopilli Nezahualcóyotl se hallaba en la corte y quería rendirle sus respetos. Respondió Maxtláton que entrase enhorabuena, que deseaba verlo. Entró Nezahualcóyotl a su presencia y después de las ceremonias y recíprocas salutaciones que se acostumbraban entre semejantes personajes:

—Yo sé, señor —le dijo—, que tienes preso al tecuhtli de Tenochtítlan, pero no sé si le has dado ya muerte o vive aún en la prisión. Me han dicho también que quieres quitarme la vida; si es cierto, aquí me tienes; quítamela tú mismo, que así quedará satisfecha tu indignación contra un tlazopilli no menos inocente que desdichado.

Al pronunciar estas palabras le sacó algunas lágrimas a los ojos la mención de sus desdichas.

—¿Qué les parece —dijo entonces Maxtláton a su privado— qué les parece, Chacháton? ¿No te maravilla que un joven que tan poco ha vivido, solicite con tanto empeño su muerte? Tú cuyas canas autorizan tus consejos, tú en quien he depositado toda mi confianza, sugiéreme lo que debo hacer en este caso.

Y sin esperar respuesta, como hacen los que sólo consultan por ceremonia, protestó a Nezahualcóyotl que nada maquinaba contra su vida y que el tecuhtli de Tenochtítlan ni era muerto ni moriría por su cuenta; y juntamente procuró justificar su conducta en la prisión de aquel desventurado tecuhtli. Dio luego orden para que el tlazopilli fuese hospedado y tratado como convenía a su persona.

Al enterarse Chimalpopoca de la llegada del tlazopilli a la corte, le envió a suplicar que fuese a visitarlo a la prisión. Antes Nezahualcóyotl ya había obtenido, como se deja entender, el beneplácito del tirano. Entró en la *cuauhcalli*, «cárcel», y echó luego los brazos al tecuhtli manifestando ambos mucha ternura en sus semblantes y expresiones. Le refirió Chimalpopoca la serie de sus trabajos, le advirtió de las malignas intenciones del tirano contra ambos y le suplicó que no volviese jamás a la corte, porque ciertamente moriría a manos de su cruel enemigo y su altépetl quedaría desamparado. Finalmente, le dijo:

—Puesto que mi muerte es inevitable, te ruego encarecidamente que cuides de mis pobres mexicas que quedan sin tecuhtli; sé con ellos un verdadero amigo y padre. Y para testimonio del amor que te profeso, acepta esta prenda que fue de mi hermano Huitzilíhuitl —se quitó de la boca un pendiente de oro, se lo dio juntamente con unos zarcillos y otras piedras preciosas que conservaba en su prisión, y a un señor que iba en su compañía le regaló las joyas de valor.

Por último, se despidieron con especiales demostraciones de dolor, porque la demasiada detención en la visita no diese lugar a alguna siniestra sospecha. Nezahualcóyotl, siguiendo el consejo de su infeliz cuñado, se salió luego de la corte sin volver a la vista del tirano; partió prontamente a Tlatelolco y allí tomó una canoa con buenos remos en que con suma velocidad se trasladó a Texcoco.

Chimalpopoca quedó en su amarga soledad revolviendo pensamientos de aflicción. Su prisión se le hacía cada día más intolerable. No tenía esperanza alguna de recobrar su libertad, ni de que el corto espacio que le restaba de vida fuese de alguna utilidad para su pueblo.

—Si yo —decía—, finalmente he de morir, ¿cuánto mejor y más gloriosa para mí y para mi nación será el morir a mis propias manos, que no a las de un pérfido y cruel tirano? Ya que no puedo tomar otra venganza, a lo menos lo privaré del placer que tendría en la elección del tiempo y del género de muerte con que he de acabar mis tristes días. Yo he de ser el árbitro de mi vida; a mi elección ha de ser el tiempo y el modo de morir, y yo mismo he de ser el ejecutor de mi sentencia, para que tenga tanto menos de ignominiosa mi muerte, cuanta menos parte tenga en ella la voluntad de mi enemigo.

Con esta resolución, tan conforme a las ideas de aquellas gentes, se ahorcó de uno de los palos de la cárcel, valiéndose como es verosímil, de su mismo ceñidor. Con este fin tan trágico acabó su calamitosa vida el tercer tecuhtli de Tenochtítlan.

Muerte de Chimalpopoca,
en la *Historia...* de Orozco y Berra

Sin medios para vengarse, seguros de ser perseguidos por Maxtla hasta perder la vida, Chimalpopoca determinó suicidarse. Un pilli, llamado Tecuhtlehuacatzin, recordando el sacrificio hecho por sus antepasados en Atlauhpulco, le aconsejó que fuesen al patio del templo mayor y allí hiciesen demostración de quererse sacrificar a los dioses, con lo cual echarían de ver el intento de sus vasallos, porque sabiendo la causa de su sacrificio, si les querían bien no lo consentirían, sino que antes todos se pondrían en armas para defenderlo; y si viesen en ellos tibieza, prosiguiesen y se sacrificasen a los dioses, que les sería mayor gloria morir en sacrificio, que venir a las manos del tirano.

Aceptada semejante determinación, pipiltin y cihuapipiltin, determinados al intento, se vistieron en traje de diversas divinidades, tomando Chimalpopoca el traje de Huitzilopochtli. Fueron al monte sagrado y se prepararon los sacerdotes, comenzaron un baile místico al rededor del ídolo, y ejecutadas ciertas ceremonias, la víctima a quien por orden tocaba, se ponía junto al *téchcatl*, «piedra de los sacrificios», sacrificándola los ministros en la forma prevenida por el ritual. La novedad del caso había atraído a la multitud, la cual miraba asombrada, aunque tranquila; sólo el guerrero Motecuzoma Ilhuicamina quiso oponerse, siendo inútiles sus amonestaciones.

Seguía el baile al compás de los instrumentos y cantos fúnebres, cayendo sucesivamente sobre el ara los hombres y las mujeres destinados al sacrificio; faltaban ya solamente dos, Tecuhtlehuacatzin y Chimalpopoca, cuando una turba de guerreros penetró en el recinto sagrado, se apoderó del tecuhtli mexica y de su compañero, sacándolos violentamente de la ciudad. Eran soldados de Maxtla, quien sabedor de la resolución tomada por su enemigo, no queriendo pereciera en aquella manera honrosa y voluntaria, le hacía arrancar de los pies de su divinidad.

Causa verdadero asombro ver a los tenochcas, tribu belicosa y fiera, sufrir tamaños insultos sin dar señales de su acostumbrada virilidad. Fue una verdadera cobardía haber dejado entrar un puñado de tepanecas en la ciudad y llevarse preso al rey, sin intentar si quiera defenderle. ¿Tan apocados estaban, que faltaron sacerdotes, de los que con Huitzilopochtli hablaban, para transmitir a la muchedumbre los mandatos del dios? ¿Faltaban guerreros arrestados para conducir a los guerreros al combate?

Ya presos en Azcapotzalco, Tecuhtlehuacatzin fue asesinado y Chimalpopoca colocado en el *cuauhcalli* público, recibiendo muy escaso alimento.

No obstante, Nezahualcóyotl se dirigió a Azcapotzalco, a donde llegó de noche, yéndose inmediatamente a la casa de Chacháton, un anciano, privado y familiar de Maxtla, quien tenía gran influjo como su consejero, y era además muy aficionado del príncipe acólhua. El viejo le ofreció ser su padrino y amparo, para lo cual prevendría al tepaneca. Lo hizo así y Nezahualcóyotl fue recibido amigablemente por Maxtla.

Nezahualcóyotl se presentó sumiso y dijo entre otras razones al monarca:

—Poderoso señor, bien entiendo y conozco que el gobierno del tlatocáyotl te tendrá afligido: vengo a pedirte y suplicarte por el tecuhtli Chimalpopoca, mi tío, a quien como pluma preciosa que estaba puesta sobre la cabeza, la tienes quitada y el collar de oro y pedrería que tu cuello adornaba, lo tienes desatado y en tus manos asido y apretado. Te suplico como a piadoso huei tepanécatl tecuhtli eches en olvido la venganza y el castigo y pongas los ojos en el desdichado viejo, que está su cuerpo enflaquecido y desamparado de los bienes y fuerzas de la naturaleza.

Maxtla dijo entonces a Chacha.

—Nezahualcóyotl, mi hijo, es verdadero amigo mío, pues pide eche en olvido mi venganza, ustedes los tepaneca, ¿cuándo dirán otro tanto? —Y volviéndose a Nezahualcóyotl, dijo—: Tlazopilli, no te entristezcas que no está muerto Chimalpopoca. Anda a verlo y visitarlo, que yo lo prendí por los alborotos que andaba haciendo y mal ejemplo que dio a la gente popular. Y tú, Chacha, ve con él para que los de la guarda se lo dejen ver.

Con este permiso, Nezahualcóyotl encontró abiertas las puertas del *cuauhcalli*. La entrevista entre mexicatl tecuhtli y tlazopilli tierna fue. Chimalpopoca le contó el origen de sus males, las penas sufridas, cómo su suerte ningún remedio humano tenía. Le aconsejó que estuviese alerta contra Maxtla, pues no obstante su conducta solapada, sólo pretendía quitarle la vida. Le recordó la obligación en que estaba de tomar venganza por la muerte de su padre y recobrar el trono de sus mayores. Le recomendó que conservara estrecha amistad y alianza con los mexicas, pues de su unión vendría el exterminio del tirano.

Al terminar la plática, Chimalpopoca le regaló el bezote de oro que traía puesto, heredado de Huitzilíhuitl, los zarcillos y preseas, que aún conservaba y se despidió con lágrimas. Nezahualcóyotl se retiró apresuradamente a Texcoco sin ponerse de nuevo en presencia de Maxtla. Abandonado y solo, ludibrio de un enemigo encarnizado, Chimalpopoca determinó no dejar a arbitrio del tirano lo único de que aún libremente podía disponer y librándose de mayores afrentas se ahorcó con su maxtlatl de las vigas de la prisión.

EL COMPLOT MEXICA

Las fuentes derivadas de la hipotética *Crónica X*, escritas por Diego Durán, Juan de Tovar y Hernando de Alvarado Tezozómoc, nos dan exactamente la misma versión, aunque con algunas diferencias retóricas o de extensión: tenochcas hartos del vasallaje que daban a los tepanecas y siempre dispuestos a iniciar la guerra contra Azcapotzalco. Para ello, hacen una petición retadora y soberbia: le piden a Tezozómoc que les proporcione material y mano de obra para la construcción del acueducto de Chapultepec. Con respecto a la muerte de Chimalpopoca, nos dan lo que hoy conocemos como versión oficial.

En la *Historia*... de Fernando de Alva Ixtlilxóchitl, el *Códice Xólotl*, los *Anales de Cuauhtitlán*, Pomar y Torquemada, nos encontramos con otra versión, que cuenta el peligro de dos posibles sucesores en el huei tepanécatl tlatocáyotl: Chimalpopoca y Tlacateotzin. El primero, nieto de Tezozómoc, y el segundo, bisnieto. No sólo eso, Chimalpopoca se había casado con la hija de Tlacateotzin, por lo cual también tenía ascendencia tepaneca y les otorgaba el legítimo derecho a reclamar el tlatocaicpalli tepaneca. Un riesgo que Maxtla no podía pasar por alto.

Por un lado, tenemos a los mexicas que se quieren arrancar el yugo tepaneca y convertirse en los dueños del Anáhuac, como se los estuvo prometiendo el dios Huitzilopochtli desde el inicio de su viaje desde Áztlan. Por el otro, el hijo primogénito de Tezozómoc, que —celoso del amor que el huei tepanécatl tecuhtli manifiesta a su nieto Chimalpopoca y a su bisnieto Tlacateotzin— decide arrancar de raíz el peligro que lo acecha.

La muerte de Chimalpopoca como *un complot mexica* no es fácil de demostrar, sin embargo, las fuentes nos van dejando pistas de que una fracción de la nobleza mexica está decidida a cortar de tajo con el linaje tepaneca. Si bien al inicio de su ciudad buscaron emparentar con los pueblos de más alto linaje, no pretendían estar sujetos a ellos por el resto de sus días. Chimalpopoca representaba un gran peligro para la nobleza tenochca. Si los descendientes de Chimalpopoca heredaban la corona, desaparecería por completo el linaje mexica tenochca y serían una rama del linaje tepaneca, una extensión de Azcapotzalco, como había ocurrido con muchos altepeme en los que Tezozómoc había puesto a sus hijos y nietos a gobernar. Izcóatl (por ser hijo de una esclava tepaneca) tampoco era la primera opción de los pipiltin, pero era el que necesitaban en ese momento crucial, en el que la guerra estaba por estallar y los tenochcas necesitaban a un hombre con experiencia en el gobierno. Según Chimalpáhin: «Chimalpopocatzin, a quien Itzcohuatzin tlacatécatl lo asesoró en el cargo de gobierno». Motecuzoma Ilhuicamina y Tlacaélel eran los elegidos por la nobleza mexica, pero eran jóvenes y eran necesarios en otros puestos de suma importancia: el primero, en lo militar, y el segundo, en lo religioso.

Diego Durán nos da la primera pista:

> No queremos, ni es nuestra voluntad, y sobre esto perderemos todas las vidas, porque aunque el tecuhtli Chimalpopoca de Tenochtítlan sea nuestro hijo y deudo del altépetl tepaneca, no por eso nos ha de querer señorear y mandar. Y pues él es niño, y lo que hace es incitado por sus consejos, sea en hora buena que nosotros queramos ver qué es lo que les da atrevimiento para tan gran desvergüenza y osadía como ésta.

Aquí se demuestra un claro desprecio hacia Chimalpopoca por su incapacidad para gobernar debido a su corta edad.

Según la *Historia chichimeca*,

> Cuando el tecuhtli Chimalpopoca se enteró de la muerte que tuvo Tayatzin, coligió que el tirano Maxtla había sido avisado del consejo y pláticas que había tenido con Tayatzin y que sus designios habían sido cogerlos a Tayatzin, a Tlacateotzin y a él en las fiestas del estreno de las casas y matarlos a los tres. Para no caer en sus manos, Tecuhtlehuacatzin, uno de los pipiltin, le aconsejó que se armaran los dos a usanza de guerra y con insignias de hombres que se ofrecían al sacrificio de los dioses y que salieran ataviados al patio del Templo Mayor y allí demostraran que querían sacrificarse a sus dioses, con lo cual

verían las intenciones de sus vasallos, porque sabiendo la causa de su sacrificio, si los querían bien no lo consentirían, sino que antes todos se pondrían en armas para defenderlo, pero si Chimalpopoca y Tecuhtlehuacatzin veían tibieza en su gente, proseguirían y se sacrificarían a sus dioses, lo cual sería de mayor gloria que caer en las manos del tirano. Lo cual luego pusieron por obra. Al estar en las ceremonias, Motecuzoma que ya era capitán general del reino e hijo suyo, yéndoles a la mano y queriendo estorbar su intento, no pudo y así dio aviso por la posta a Maxtla como supremo señor que era para que lo remediase y estorbase, y así envió mensajeros a Maxtla para que lo remediara. Maxtla envió señores para que prendieran al tecuhtli Chimalpopoca y que lo pusieran en una jaula dentro de su propia ciudad con bastantes guardias y que Tecuhtlehuacatzin fuera sacrificado. Lo cual se puso en efecto, porque los mexicas se veían muy faltos de fuerzas para poder resistir la furia de un tan poderoso tirano como era Maxtla.

Lo anterior revela dos cosas de suma importancia: Chimalpopoca y Tecuhtlehuacatzin proponen un suicidio colectivo, lo cual evidentemente no es aceptado por una mayoría de los pipiltin; y dos, que Motecuzoma Ilhuicamina denunció a su propio hermano con Maxtla, en lugar de impedir el suicidio colectivo. Y no sólo eso, obedece la orden de Maxtla: «que lo pusieran en una jaula dentro de su propia ciudad». Es decir, preso por los mexicas dentro de Tenochtitlan.

Diego Durán nos cuenta que los tepanecas mataron a Chimalpopoca dentro del palacio mexica.

> De noche, estando todo en silencio, entraron los matadores al palacio real, estando toda la guardia descuidada, durmiendo y tomando al tecuhtli descuidado, lo mataron a él y a un hijo suyo, que tenía consigo acostado, que se llamaba Teuctlehuac.
>
> A la mañana siguiente fueron los señores de Tenochtítlan a saludar a su tecuhtli, como ellos lo tienen de costumbre, y los hallaron muertos y con grandes heridas, a él y al niño.

¿Realmente era tan sencillo entrar al palacio de Tenochtitlan sin ser vistos por los guardias o por los mismos pobladores? Al respecto, la

Historia de los mexicanos por sus pinturas menciona que Chimalpopoca se suicidó:

> Maxtla mandó que todos se alzasen contra México, y como *Ximalpupucaci* [Chimalpopocatzin], señor de México, vio que la tierra se le alzaba, se mató, y muriendo, alzaron los de México por señor un su hermano dicho *Izcuaci* [Izcóatl].

Monarquía Indiana sostiene, por su parte, la versión del suicidio de Chimalpopoca: «Maxtla, siendo huei tepanécatl tecuhtli tras la muerte de su padre, hizo prender a Chimalpopoca, tecuhtli de Mexico y en la prisión que le tenía, se ahorcó él mismo».

Los *Anales de Tlatelolco* también sostienen la versión del suicidio:

> En el año *matlactli omome tochtli,* «1426», murió Tezozomóctzin, tlatoani de Azcapotzalco. Tras su muerte, Maxtlaton, tecuhtli de Coyohuácan, se apoderó del tlatocáyotl de Azcapotzalco, y para validar su señorío inició la guerra. Entonces perecieron los toltitlancalcas. También entonces murió Chimalpopocatzin, que se ahorcó, y con él murió su tlacatécatl Teuhtlehuacatzin; asustados por la guerra.

Los *Anales de Cuauhtitlán* acusan a Maxtla de la muerte de Chimalpopoca:

> En el año *yei calli,* «1417», murió Huitzilíhuitl, tecuhtli de Tenochtítlan, y luego se enseñoreó Chimalpopocatzin. En el año *ce técpatl,* «1428», los tepanecas mataron a Chimalpopocatzin por órdenes de Maxtláton. Una vez muerto Chimalpopocatzin, lo sacaron a las calles y lo arrastraron.

No obstante, más adelante los *Anales de Cuauhtitlán* proporcionan otra pista:

> En medio de la guerra se enseñoreó Itzcoatzin. También se enseñoreó huehue Motecuzoma. Se dice que a él le correspondía gobernar, pero no quiso y dijo:

—Después gobernaré yo, que por ahora gobierne mi tío Itzcóatl, pues me fío de él, mientras tanto yo proveeré a los mexicas tenochcas de comida y bebida. Yo sostendré su petate y asiento. No quiero por ahora ser tlatoani, pero háganme tlacatéccatl. Que gobierne mi tío Itzcóatl, y yo me iré. Debo asegurar las ciudades que nos rodean.

Fray Toribio Paredes de Benavente menciona lo siguiente:

A este Huitzilíhuitl le sucedió uno de sus hermanos llamado *Chimalpupucaçin* [Chimalpopoca], al cual no le favoreció la fortuna porque queriéndose restituir y enseñorearse como sus antepasados, sus contrarios los culhuas le mataron a él y al que estaba por señor en Culhuacan, que era del linaje de este mismo señor de México *Chimalpupucaçin*. Y éstos fueron muertos no por falta de gente y favor, más porque los tomaron descuidados y desapercibidos.

Motolinía se refiere a los mexicas como cúlhuas porque como ya se mencionó, éstos tenían ascendencia cúlhua por parte de Acamapichtli y su esposa Ilancuéitl. No sólo eso, para los mexicas era de suma importancia presentarse como cúlhuas, debido a que este pueblo era reconocido como heredero de los toltecas.

En resumen, la muerte de Chimalpopoca, orquestada desde las altas cúpulas mexicas, es la manera más eficaz para declararle la guerra tan ansiada a los tepanecas y liberarse del yugo. Primero, se trata de un gobernante que asumió el cargo a los nueve años, razón ya considerable para provocar desacuerdos entre la nobleza. Posteriormente, los mexicas le piden a Chimalpopoca que le solicite material y mano de obra a Tezozómoc para la construcción del acueducto de Chapultepec, conscientes de que eso no sólo es un abuso de confianza, sino una humillación a la nobleza tepaneca. Luego, con o sin consejos de los pipiltin, Chimalpopoca planea por sí mismo el homicidio de Maxtla y se lo propone a Tayatzin. Tras enterarse del asesinato de Tayatzin, Chimalpopoca y Tecuhtlehuacatzin promueven el suicidio colectivo, el cual es obstaculizado por Motecuzoma Ilhuicamina y Tlacaélel, quienes a su vez lo denuncian con Maxtla. Peor aún, lo encierran en una jaula en Tenochtitlan.

El complot mexica sirve como detonador de la guerra contra Azcapotzalco, con lo cual los mexicas tenochcas se liberan por completo del tributo con la creación de la Triple Alianza, tema que veremos en el siguiente volumen de esta colección.

Aquí termina el primer tomo de...
Todos los caminos llevan a Tenochtitlan

ANEXO LINGÜÍSTICO

En náhuatl, únicamente los sustantivos que se refieren a seres vivos, o bien, que se conciben como tales, tienen forma plural. Los objetos no llevan plural. No obstante, algunos sustantivos abstractos se escriben en plural cuando están relacionados con personas, por ejemplo, *altepeme, calputin* y *tetecúyo*. En algunos casos se duplica la sílaba inicial, como en *cocoyome, teteo, tetecúyo, tetecuhtin* y *totochtin*.

Palabras que terminan en *tl* y que en plural llevan el sufijo *-tin*.

Mexícatl	mexitin	«mexicanos»
tecpantlácatl	tecpantlacátin	«ministros o cortesanos»
tecólotl	tecolotin	«búhos»
tícitl	tícitin	«curanderos»
tlácatl	tláctin	«esclavos»

Palabras que terminan en *tl*, acaban en *ni* y en plural llevan el sufijo *-meh* o *-me*.

altépetl	altepeme o altepemeh	«pueblos»
cóyotl	cocoyome	«coyotes»
tetlatlaliliani	tetlatlalilianime	«jueces»
tlalmaitl	Tlalmaime	«trabajadores del campo»
tlamatini	tlamatinime	«sabios»

Palabras que terminan en *tl* y en plural llevan el sufijo *-h*.

cháhuatl	cháhuah	«amantes, queridas»
cíhuatl	cíhuah	«mujeres»
pochtécatl	pochtécah	«mercaderes»
tecúyotl	tetecúyo o tetecúyoh	«gobiernos pequeños»
téotl	teteo o teteoh	«dioses»

Palabras con terminaciones en *tli* y que en plural llevan el sufijo *-tin*.

nantli	nantin	«madres»
oquichtli	oquichtin	«hombres»
piltontli	piltontin	«niños o muchachos»
tahtli	tahtin	«padres»
tecutli o tecuhtli	tetecuhtin	«gobernadores»
tochtli	totochtin	«conejos»

Palabras que terminan en *c, hua, hue, lo, le* y *to* y plural llevan el sufijo *-que* o *-queh*.

calpúlec	calpuleque	«dirigentes de barrios»
huehue	huehuetque	«ancianos»
nahuatlato	nahuatlatoque	«los que hablan náhuatl»
nonotzale	nenonotzaleque	«consejeros»
tecutlato	tecutlatoque	«senadores»
teohua	teohuaque	«el que tiene un dios»
tlacuilo	tlacuiloqueh	«dibujantes de códices»
Tláloc	tlaloqueh	«dios de la lluvia»
yaotequihua	yaotequihuaque	«capitanes»

Palabras que terminan en *qui* y en plural llevan el sufijo *-que* o *-queh*.

calpixqui	calpixqueh	«recaudadores»
mitotiqui	mitotique	«danzantes»
nenenqui	nenenque	«criados»
pipinqui	pipinque	«ancianos»
telpochyahqui	telpochyahque	«sargentos»
teopixqui	teopixque	«sacerdotes»
tetlancochqui	tetlancochque	«huéspedes»
tlacualchiuhqui	tlacualchiuhque	«cocineras»
tlaciuhqui	tlaciuhque	«astrólogos»
tlapouhqui	tlapouhque	«vidente»
tonalpouhqui	tonalpouhque	«adivinos»
yaoquizcayacanqui	yaoquizcayacanque	«capitanes»
yaoquizqui	yaoquizque	«soldados»

Palabras que terminan en *ni* y en plural llevan el sufijo *-que*.

técpan nemini	técpan nemique	«cortesanos»
tecutlatoani	tecutlatoque	«jueces»
tepozquiquizohuani	tepozquiquizohuque	«los que tocan el instrumento de caracol»
tlamani	tlamaque	«soldados de rango medio»
tlamatini	tlamatqueh	«sabios»
tlatoani	tlatoque	«gobernantes»

Palabras con terminaciones en *lli* y que en plural llevan el sufijo *-tin*.

calpulli	calputin	«barrios»
cencalli	cencáltin	«familias o familiares»

cihuapilli	cihuapipiltin	«mujeres de la nobleza»
cuauhpilli	cuauhpiltin	«guerreros águila»
macehualli	macehualtin	«plebeyos»
nahualli	nanahualtin	«naguales»
ocelopilli	ocelopiltin	«guerreros jaguar»
pilli	pipiltin	«nobles»
tecihuápil	tecihuapipiltin	«damas, concubinas»
tlacolli	tlacoltin	«esclavos»
tlazcalilli	tlazcaliltin	«niños o niñas»

CRONOLOGÍA

1400 a.C.*	Surge la cultura olmeca.
800 a.C.*	Surge la ciudad y centro ceremonial de Cuicuilco.
500 a.C.*	Surge la ciudad y centro ceremonial de Monte Albán.
400 a.C.*	Se extingue la cultura olmeca.
300 a.C.*	Cuicuilco es abandonado.
200 a.C.*	Surge la ciudad y centro ceremonial de Lakamha' (Palenque).
300 a.C.*	Surge la ciudad y centro ceremonial de Cholula.
100 d.C.*	Surge la ciudad y centro ceremonial de Chichén Itzá.
100 d.C.*	Surge la ciudad y centro ceremonial de Teotihuacan.
250 d.C.*	Teotihuacan vive su mayor esplendor.
550 d.C.*	Teotihuacan cae en decadencia.
600 d.C.*	Surge la ciudad y centro ceremonial de Uxmal.
600 d.C.*	Surge la ciudad y centro ceremonial de Calakmul.
650 d.C.*	Surge el imperio tolteca.
700 d.C.*	Surge la ciudad y centro ceremonial de Xochicalco.
800 d.C.*	Surge la ciudad y el centro ceremonial de El Tajín.
800 d.C.*	Lakamha' (Palenque) cae en decadencia.
900 d.C.*	Cholula cae en decadencia.
900 d.C.*	Xochicalco es abandonado.
1051 d.C.*	Desaparece el imperio tolteca.
1100 d.C.*	Las siete tribus nahuatlacas salen de Chicomóztoc.
1244*	Los chichimecas llegan al Valle del Anáhuac. Xólotl se proclama primer chichimécatl tecutli.
1325	Fundación de Tzintzuntzan.
1325	Fundación de México Tenochtitlan.
1355*	Nace Acamapichtli.
1357*	Muere Quinatzin.

Las fechas marcadas con asterisco son aproximadas, pues los años exactos se desconocen.

1375*	Acamapichtli es proclamado primer tlatoani.
1380*	Nace Izcóatl.
1390*	Nacen Tlacaélel y Motecuzoma Ilhuicamina.
1395*	Muere Acamapichtli.
1396*	Huitzilíhuitl es proclamado segundo tlatoani.
1402	Nace Nezahualcóyotl.
1405*	Nace Chimalpopoca.
1409*	Muere Techotlala e Ixtlilxóchitl hereda el reino acolhua.
1414*	Comienza la guerra entre Texcoco y Azcapotzalco.
1417*	Muere Huitzilíhuitl y Chimalpopoca es proclamado tercer tlatoani.
1418*	Muere Ixtlilxóchitl. Tezozómoc conquista el imperio chichimeca.
1427*	Muere Tezozómoc.
1428*	Maxtla asesina a su hermano Tayatzin y a Chimalpopoca y se proclama huei chichimeca tecutli. Izcóatl es proclamado cuarto tlatoani.
1429*	Derrota de los tepanecas.
1430*	Creación de la Triple Alianza entre Texcoco, Tlacopan y México Tenochtitlan.
1431*	Nace Atotoztli.
1440	Muere Izcóatl y Motecuzoma Ilhuicamina es proclamado quinto tlatoani.
1450*	Nace Axayácatl.
1464	Nace Nezahualpilli.
1467	Nace Motecuzoma Xocoyotzin.
1469	Nace Cuauhtláhuac. Muere Motecuzoma Ilhuicamina y Atotoztli es proclamada sexta y única mujer tlatoani de México Tenochtitlan.
1472	Muere Nezahualcóyotl.
1473	Axayácatl es proclamado séptimo tlatoani.
1473	Tenochtitlan conquista Tlatelolco.
1474	Isabel de Castilla es proclamada reina de Castilla.
1479	Fernando es proclamado rey de Aragón.
1480*	Muere Tlacaélel.

1481	Muere Axayácatl y Tízoc es proclamado octavo tlatoani.
1485	Nace Hernán Cortés en Medellín, Extremadura.
1486	Muere Tízoc y Ahuízotl es proclamado noveno tlatoani.
1492	Termina el gobierno moro en Granada. Rodrigo Borgia es nombrado papa Alejandro VI. Llegada de Cristóbal Colón a las Lucayas, actualmente Bahamas; y luego a La Española, hoy Haití, y Cuba.
1494	Se funda La Española (Haití), primera ciudad española en el Nuevo Mundo.
1500	Nacen Cuauhtémoc y Carlos de Gante. Portugal se apropia de las tierras de Brasil.
1502	Muere Ahuízotl. Motecuzoma Xocoyotzin es proclamado décimo tlatoani.
1504	Hernán Cortés sale de San Lúcar y llega a Santo Domingo. Muere Isabel la Católica.
1511	Naufraga el navío en el que viajaban Gonzalo Guerrero y Jerónimo de Aguilar.
1515	Muere Nezahualpilli.
1516	Muere Fernando el Católico. Carlos de Gante es proclamado rey de Castilla.
1517	Francisco Hernández de Córdova hace su expedición a la península de Yucatán.
1518	Juan de Grijalva realiza su expedición a la península de Yucatán y el golfo de México.
1519	Hernán Cortés lleva a cabo su expedición a la península de Yucatán y el golfo de México. Recorre Veracruz y llega a México Tenochtitlan. Motecuzoma es retenido por los españoles en el palacio de Axayácatl. El rey Carlos I de España es proclamado emperador del Sacro Imperio Romano-Germánico.
1520	Batalla entre Cortés y Narváez en Cempoala. Matanza del Templo Mayor. Muere Motecuzoma Xocoyotzin. Los españoles huyen de México Tenochtitlan. Cuauhtláhuac es proclamado undécimo tlatoani. Llega la viruela a todo el Valle del Anáhuac. Muere Cuauhtláhuac. Cuauhtémoc es proclamado duodécimo tlatoani.

1521	Caída de México Tenochtitlan.
1522	Comienza la construcción de Nueva España. Carlos V nombra capitán general, justicia mayor y gobernador de Nueva España a Hernán Cortés. Muere en Coyoacán Catalina de Xuárez, esposa de Cortés, poco después de haber llegado a la Nueva España. Nace Martín Cortés, hijo de Malintzin y Hernán Cortés.
1523	Hernán Cortés derrota a los rebeldes en la Huasteca.
1524	Llegan a América los primeros doce franciscanos, entre ellos Toribio Paredes de Benavente, conocido como Motolinía. Cristóbal de Olid viaja a Las Hibueras y traiciona a Cortés, quien a su vez es derrotado por González de Ávila y Francisco de las Casas, los cuales juzgan, condenan y decapitan a Cristóbal de Olid. Hernán Cortés abandona Nueva España y sale rumbo a Las Hibueras con miles de sirvientes y miembros de la nobleza como rehenes, entre ellos Cuauhtémoc.
1525	El 28 de febrero, Hernán Cortés condena a la horca a Cuauhtémoc y a algunos miembros de la nobleza, al ser acusados de intento de rebelión.
1527	Carlos V ordena quemar los libros escritos por Cortés.
1528	Hernán Cortés regresa a España.
1530	Hernán Cortés regresa a Nueva España. Llega el fraile franciscano Juan de Zumárraga a Nueva España como primer arzobispo de México.
1532	Hernán Cortés inicia la primera expedición a California.
1540	Hernán Cortés viaja a España.
1547	Muere Hernán Cortés.
1551	Fray Alonso de Montúfar asume el cargo como segundo arzobispo de México.
1553	Prohíben la publicación de Francisco López de Gómara, titulada *La Conquista de México.*
1558	Muere Carlos V.
1565	Muere Nanacacipactzin, bautizado como Luis de Santa María Nanacacipactzin, decimonoveno gobernador de Tenochtitlan.
1571	Se instala la Santa Inquisición en Nueva España.

Ténoch, «tuna de piedra». Fundador de Tenochtitlan. Nació aproximadamente en 1299. Se estima que gobernó entre 1325 y 1363.

Acamapichtli, «el que empuña el carrizo» o «puño cerrado con carrizo». Primer tlatoani. Hijo de Opochtli, un principal mexica, y Atotoztli, hija de Náuhyotl, tlatoani de Culhuácan. Nació aproximadamente en 1355. Se estima que gobernó entre 1375 y 1395.

Huitzilíhuitl, «pluma de colibrí». Segundo tlatoani e hijo de Acamapichtli y de una de sus concubinas. Nació aproximadamente en 1375. Se estima que gobernó entre 1396 y 1417.

Chimalpopoca, «escudo humeante». Tercer tlatoani e hijo de Huitzilíhuitl y Ayauhcíhuatl, hija de Tezozómoc, señor de Azcapotzalco. Nació aproximadamente en 1405. Se calcula que gobernó entre 1417 y 1428.

Izcóatl, «serpiente de obsidiana». Cuarto tlatoani e hijo de Acamapichtli y de una esclava tepaneca. Nació aproximadamente en 1380. Gobernó entre 1428 y 1440.

Motecuzoma Ilhuicamina, «el que se muestra enojado/flechador del cielo». Quinto tlatoani e hijo de Huitzilíhuitl y Miahuaxíhuatl, princesa de Cuauhnáhuac (Cuernavaca). Nació aproximadamente en 1390. Gobernó entre 1440 y 1469.

Atotoztli o *Huitzilxochtzin*. Sexta tlatoani y única mujer gobernante de Tenochtitlan. (No todas las crónicas la mencionan, por lo que su legitimidad como gobernante aún está en debate.) Hija de Motecuzoma Ilhuicamina y Chichimecacihuatzin, hija de Cuauhtototzin, tlatoani de Cuauhnáhuac (Cuernavaca). Se casó con Tezozómoc, hijo de Izcóatl, y fue madre de Axayácatl, Tízoc y Ahuízotl. Nació aproximadamente en 1431. Gobernó entre 1469-1473.

Axayácatl, «el de la máscara de agua». Séptimo tlatoani. Nieto de Motecuzoma Ilhuicamina, cuya hija, Atotoztli, se casó con

Tezozómoc, hijo de Izcóatl. Ambos padres de Axayácatl, Tízoc y Ahuízotl. Nació aproximadamente en 1450. Se estima que gobernó entre 1473 y 1481.

Tízoc, «el que hace sacrificio». Octavo tlatoani. Nieto de Motecuzoma Ilhuicamina, cuya hija Atotoztli se casó con Tezozómoc, hijo de Izcóatl. Ambos padres de Axayácatl, Tízoc y Ahuízotl. Nació aproximadamente en 1448. Gobernó entre 1481 y 1486.

Ahuízotl, «el espinoso del agua». Noveno tlatoani. Nieto de Motecuzoma Ilhuicamina, cuya hija Atotoztli se casó con Tezozómoc, hijo de Izcóatl. Ambos padres de Axayácatl, Tízoc y Ahuízotl. Nació aproximadamente en 1454. Gobernó entre 1486 y 1502.

Motecuzoma Xocoyotzin, «el que se muestra enojado» o «el joven». Décimo tlatoani. Hijo de Axayácatl. Nació aproximadamente en 1467. Gobernó de 1502 al 29 de junio de 1520.

Cuauhtláhuac, «águila sobre el agua». Cuitláhuac fue una derivación en la pronunciación de Malintzin al hablar con los españoles. Por lo tanto, se ha traducido como «excremento divino». Undécimo tlatoani e hijo de Axayácatl y de la hija del señor de Iztapalapan, también llamado Cuauhtláhuac. Nació aproximadamente en 1469. Gobernó del 7 de septiembreal 25 de noviembre de 1520.

Cuauhtémoc, «águila que desciende» o «sol que desciende», pues los aztecas asociaban el águila con el sol, en especial la nobleza. Duodécimo tlatoani. Hijo de Ahuízotl y Tlacapantzin, hija de Moquihuitzin (1428-1473), el último señor de Tlatelolco antes de ser conquistado por los mexicas. Nació aproximadamente en 1500. Gobernó del 25 de enero al 13 de agosto de 1521. Sin embargo, Cuauhtémoc siguió gobernando tras la Conquista hasta 1524.

CUAUHTLATOQUE EN
ORDEN CRONOLÓGICO

Después del asesinato de Cuauhtémoc en 1524, Hernán Cortés nombró tlatoani a Tlacotzin, nieto de Tlacaélel, quien en realidad nunca ejerció el cargo debido a que murió durante la expedición de Cortés. Después otros capitanes del ejército, *amo pipiltin*, «no nobles», sin linaje ni derecho legítimo, ejercieron el cargo de tlatoani, por lo cual la sociedad mexica los llamó *cuauhtlatoque* (en singular, *cuauhtlatoani*, «el que habla como águila»).

> Dos factores pudieron influir en su elección [de *Tlacotzin*]. Por un lado, el cargo que previamente ocupaba, pues era la persona que iba detrás del tlatoani y se encargaba de los asuntos internos de Tenochtitlan. Por el otro, haberse ganado la confianza del conquistador español, ya que fue él, junto con Andrés de Tapia Motelchiuhtzin (próximo gobernador de los tenochcas), el que avisó a Cortés del complot de Cuauhtémoc, según la versión de Bernal Díaz del Castillo (Castañeda, 2019: 16-17).

Asimismo, se plantea que:

> *Cuauhtlatoani* o gobernante militar, que no parece pertenecer a la clase de los pipiltin. Cuando se trata de un cuauhtlatoani impuesto por un poder dominante parece privársele de símbolos de poder asociados al *tlatoani*, indicando que «no se les estaba otorgando derecho permanente al *tlatocayotl* ni a ellos mismos ni a sus herederos» (Santamarina, 2005: 78; Schroeder, 1994: 286).

Tlacotzin (bautizado como Juan Velázquez Tlacotzin). Primer cuauhtlatoani. Nieto de Tlacaélel y Cihuacóatl durante el mandato de Motecuzoma Xocoyotzin y de Cuauhtémoc. Fue capturado junto con Cuauhtémoc y torturado para que confesara la ubicación del «tesoro de Motecuzoma». Cortés lo designó tlatoani tras ejecutar a Cuauhtémoc el 28 de febrero de 1525 en Taxahá, Campeche. Tlacotzin fue el primer tlatoani en usar ropa española, espada y caballo, se dice que por órdenes de Cortés. En realidad, nunca ejerció el gobierno, ya que el año que ostentó el cargo estuvo en la expedición que Cortés emprendió a las Hibueras (Honduras) y que duró tres años. Murió en 1526 de una enfermedad desconocida en Nochixtlán.

Motelchiuhtzin (bautizado como Andrés de Tapia Motelchiuh). Segundo cuauhtlatoani. Nombrado tlatoani de Tenochtitlan en 1526, fue un macehualli que llegó a ser capitán de las tropas mexicas; junto con Cuauhtémoc fue capturado por los españoles y torturado para que confesara la ubicación del «tesoro de Motecuzoma». Murió en Aztatlán en 1530, herido por una flecha, mientras se bañaba. Las tropas mexicas y españolas habían llevado una campaña en contra de los chichimecas, que se negaban a aceptar el gobierno español.

Xochiquentzin (bautizado como Pablo Xochiquentzin). Tercer cuauhtlatoani. Fue un macehual nombrado tlatoani de Tenochtitlan en 1530. Murió en 1536, después de gobernar durante cinco años.

Huanitzin (bautizado como Diego de Alvarado Huanitzin). Cuarto cuauhtlatoani. Fue nieto de Axayácatl, tlatoani de Ehecatépec; junto con Cuauhtémoc fue capturado por los españoles y torturado para que confesara la ubicación del «tesoro de Motecuzoma». Cortés lo liberó cuando regresó de su expedición a las Hibueras y le permitió retomar su gobierno en Ehecatépec. En 1538, Antonio de Mendoza, primer virrey de Nueva España, lo nombró primer gobernador de Tenochtitlan, bajo el sistema español colonial de gobierno. Murió en 1541.

Tehuetzquititzin (bautizado como Diego de San Francisco Tehuetzquititzin). Quinto cuauhtlatoani. Fue nieto de Tízoc y nombrado tlatoani y gobernador de Tenochtitlan en 1541. Comandó las tropas mexicas, obedeciendo al virrey Antonio de Mendoza en la Guerra del Mixtón en Nueva Galicia (Xochipillan). Debido a esto, el rey Carlos V y su madre Juana emitieron, el 23 de diciembre 1546, una concesión de un escudo personal en reconocimiento a su servicio. Sus armas incluían el símbolo de un nopal que crece en una piedra en medio de un lago y un águila. Murió en 1554, tras gobernar catorce años.

Cecepacticatzin (bautizado como don Cristóbal de Guzmán Cecetzin). Sexto cuauhtlatoani. Fue hijo de Diego Huanitzin, alcalde en 1556 y gobernador de Tenochtitlan de 1557 hasta su muerte, en 1562.

Nanacacipactzin (bautizado como Luis de Santa María Nanacacipactzin). Séptimo y último cuauhtlatoani. Gobernó del 30 de septiembre de 1563 hasta su muerte, ocurrida el 27 de diciembre de 1565.

GLOSARIO

Cabe aclarar que el vocabulario presentado proviene de las fuentes consultadas y debidamente citadas en la bibliografía.

A

Aátlatl: «tiralanzas de agua».

Acachinanco: «en el cerco de cañas» o «lugar de la empalizada de cañas». Cruce de la Calzada de Tlalpan con el Viaducto Piedad, en la delegación Iztacalco de la Ciudad de México.

Acachollohua: «el [personaje] caña que huyó».

Acacitli: «liebre del cañaveral» o «liebre del carrizal».

Acahualtzinco: «raíz o primer asiento del lugar Acahualli».

Acahuictecpan: «el palacio de gobierno por los carrizales».

Acalecan: «donde tienen canoas».

Acallan: «junto a las canoas» o «lugar de canoas».

Acalli: «canoa» [*atl*, «agua», y *calli*, «casa»]. Su traducción literal es «agua casa», pero se interpreta como «casa sobre el agua» o «casa flotante», es decir, «canoa». Cabe aclarar que las palabras trajinera y chalupa no son vocablos de origen náhuatl, como generalmente se cree. Trajinera proviene del Caribe, y era utilizada para referirse a las pequeñas embarcaciones utilizadas para el comercio. Chalupa viene del francés *chaloupe*, que significa «bote».

Acalloco: «embarcadero» [*acalli*, «bote» o «embarcación»; *oc*, «penetrar»; y -*co*, sufijo locativo].

Acaltzin: «don botecito» [*acalli*, «bote», y *tzin*, «partícula de respeto y de cariño»].

Acamapichtli: «puñado de cañas», «puñado de cañas flechas» o «vara [de mando] empuñada».

Acamílcatl: «el de Acamilco» [*Acamilco*, «en el sembrado de cañas»].

Acapolco: «en las cañas grandes». Acapulco de Juárez, Guerrero.

Acaten: «Bezotera de carrizo o como carrizo».

Acatepec: «en el cerro de las cañas».

Ácatl: «caña». Nombre de un signo de día y de año.

Acatlan: «lugar de cañaverales».

Acatlaxo: «caña florecida o caña real».

Acatlyacapan: «en el comienzo de las cañas».

Acatónal: «el del signo de ácatl».

Acatzintitlan: «entre las cañitas» o «entre las cañas». Acatitlan: Santa Martha Acatitla en la delegación Iztapalapa de la Ciudad de México.

Acecentli: «maíz de agua».

Achcacuauhtin: «jefes de los calputin».

Achcauhtli: «capitán del ejército», en plural *achcauhtin*.

Achiote, del náhuatl: «achíotl».

Achiotlan: «entre los achiotes». San Miguel Achiutla, Oaxaca.

Achitómetl: «pequeño maguey».

Aci: «alcanzado» o «alcanzar con la mano».

Ácix: tal vez, «el que se rehúsa».

Acocolco: «en las curvas del agua», «donde fue la aflicción en el agua». Según Chimalpáhin otros nombres del lugar fueron Aztacalco y San Cristóbal Xancopincan; el sitio era un pantano al oriente de Chapultepec.

Acocoxtli: «agua que enferma».

Acólhua o acolhuaque: «los que tienen antepasados del agua».

Acolhuácan: «donde están los colhuas del agua». «No colhua». [*Amo*, «negativo»; *coloa*, «encorvado»; y -*can*, sufijo locativo]. Otra traducción: «¿lugar de respaldo?» o «¿lugar de poder?». [*Acolli*, «espalda»; *hua*, «¿poder?» o «posesivo»; y -*can*, sufijo locativo.]

Acolhuacatlalli: «tierras de Acolhuacan», tierras conquistadas en guerra por Acolhuácan.

Acolman: «lugar de los acolhuas». Acolman de Nezahualcóyotl, México.

Acolmiztli o Acolmitzin: «puma robusto» o «gato espaldudo». [*Acolli*, «espalda», y *mitztli*, «gato»].

Acolnáhuac: «lugar cerca de los hombros». Barrio de San Bernabé en el cruce de la avenida Cuitláhuac con la calzada Camarones en la delegación Azcapotzalco de la Ciudad de México (localización de Robert H Barlow).

Acolnahuácatl: «poder del Anahuácatl».

Acolnahuacatzin: «cerca del hombro».

Acopilco o Copilco: «en el agua de Cópil». [*Atl*, «agua»; *copilli*, «mitra» o «diadema»; y *-co*, sufijo locativo].

Acuauhnáhuac: «arboleda próxima a ríos».

Acuezcómac: «en el depósito de agua».

Acxocuauhtli: «águila de los abetos» o «águila de tromba marina».

Acxocuéitl ♀: «falda de abeto».

Achitomécatl o Achitómetl: «de medio linaje».

Áhatl: «encina».

Ahuehuete, del náhuatl *ahuéhuetl*: «viejo del agua» o «tambor del agua».

Ahuéxotl: «sauce de agua».

Ahuilizápan: «en el río del contento». Orizaba, Veracruz.

Ahuillizatzin: «el de la luz de las candelas encendidas».

Ahuítzotl: «espinoso del agua» o «nutria de agua». Ahuizote, animal mítico semejante a la nutria.

AjKin: «el que proviene del Sol», sacerdotes.

Ajk'u hun: «el de los libros sagrados».

Ajaw: «gobernante».

Ajaw nahb'at: «dirigente sacerdotal».

Ajolote, del náhuatl *axolotl*: «monstruo del agua».

Ajtzib: «el de la escritura / pintura».

Altepeme: «poblados», plural de *altépetl*. También se escribe *altepemame*.

Altépetl, en plural *altepeme*: «señorío» [*al*, «agua», y *tépetl*, «cerro» o «montaña»]. Conocidos como difrasismos, la traducción literal es «agua montaña», pero se entiende como «montaña de agua». El término se refiere a los asentamientos o territorios poblados por gente y se puede utilizar como sinónimo de señorío, ciudad, pueblo o comarca. El huei altépetl Azcapotzalco es el «gran señorío de Azcapotzalco», mientras que la traducción de huei altépetl Teshcuco sería «gran señorío de Teshcuco».

Altepetlalilli: «leyes del altépetl».

Amanteca, del gentilicio náhuatl *amantécatl*: «poblador de Amantlan».

Amate, del náhuatl *ámatl* (*amacuáhuitl*): Ficus spp, árbol con cuya corteza se fabricaba papel.

Amaquemecan: «lugar de las revestiduras ceremoniales de papel». [*Amatl*, «papel»; *queme*, «revestimientos ceremoniales de papel»; y -*can*, sufijo locativo]. Amaquemecan aparece constelada de 13 nombres acompañantes: 1. Itztlacozauhcan, «en el lugar de la obsidiana dorada»; 2. Itenyocan Ymachiyocan Ytotolimpa, «en el lugar de la fama y la gloria de los totolimpas»; 3. Chalchiuhmomozco, «en el lugar donde está el altar de chalchihuitl»; 4. Cuauhtlitempa, «en el lugar al borde de los bosques»; 5. Icepayauhtenco, «en el lugar al borde de los hielos y las neblinas»; 6. Inmotenehua Poyauhtlan, «en el lugar de la bruma»; 7. Xochithualco, «en el hermoso valle»; 8. Ayauhithualco, «en el valle de las neblinas»; 9. Iniztac Zollininemiayan, «en donde la codorniz blanca vive»; 10. Incóhuatl imomanayan, «en donde la serpiente se estira y despereza»; 11. In Ocellomeinemian, «en donde los tigres habitan»; 12. In Tamohuanchan, «en la casa de los tamihuas»; 13. In Xochitlicacan, «en el lugar donde se levanta flor».

Amaquemetzin: «señor de Amaquemecan».

Amatépetl: «cerro de papel [de amate]».

Ámatl: «papel indígena».

Amatlan: «entre los papeles [de amate]» o «lugar donde se divide el río en muchas particiones».

Amaxtlan: «junto a la bifurcación del agua».

Amilpampa: «hacia las Amilpas» o sementeras de regadío, hacia el rumbo del sur.

Amilpan o amilpampan: «tierras irrigadas». [*amil(li)*, «tierra de regadío», y -*pan*, sufijo locativo]. «En las sementeras de regadío», tierras situadas hacia el sur en relación con la cuenca de México.

Amo pipiltin, «no nobles».

Amoxicuiloque, tlacuiloque o huei amatlacuiloque: «los que escribían pintando».

Amoxtli: «libros pintados».

Anáhuac: «entre las aguas» o «en los lugares [de población] alrededor de la laguna» [*atl*, «agua», y *náhuac*, «rodeado»].

Anahuácatl: «el de Anáhuac».

Anepantla: «isla» o «en medio del agua». [*Atl*, «laguna», y *nepantla*, «en medio de»].

Anepantlatzin ♀: «en medio del agua».

Apan: «canales de agua». En singular, *apantli*, «canal de agua».

Apancalecan: «donde tienen casas en el agua».

Apanécatl: «el de Apan».

Apanecáyotl: «lo perteneciente a los apanecas» o pobladores de Apan, «en las lagunas». También es el nombre de una diadema semicircular elaborada con plumas largas de quetzal.

Apantecutli: «señor del agua».

Apanteuctli: «señor de Apan».

Apazco: «en el lebrillo» o «barreño».

Atenco: «a la orilla del agua» o «el lugar del borde de la laguna». San Salvador Atenco.

Atemoztli: «abajamiento de las aguas». Veintena dieciséis.

Atempan: «en la ribera» o «lugar a la orilla del agua».

Atempanécatl: «el de Atempan».

Atentlipan: «encima de la orilla de la laguna».

Atepexotzin ♀ (por Atepexochtzin): «flor del cerro de agua».

Atícpac o Atícpan: «sobre el agua».

Atizaapan: «en el río de agua de tiza» o blanca.

Atl: «agua».

Atlacuáhuitl: «árbol de tiralanzas».

Atlacuihuáyan: «donde se coge el átlatl» o «donde se coge el agua», «de donde fue tomado el átlatl».

Atlacuezonauxochitl, «flor de la madre de las olas», (flores blancas y amarillas).

Átlatl: «lanza dardos».

Atlatónan: «nuestra madre del agua». Se desconoce si se trata de una deidad.

Atlauhtécatl: «el que tiene átlatl».

Atlauhtlan: «lugar de los que tienen átlatl».

Atlcahualo: «donde se detienen las aguas» o «donde bajan las aguas». Primera veintena.

Atlitlalacyan: «donde el agua se resume en la tierra».

Ato, tal vez por *Achto:* «primero». O quizá «arroyo» (Atóyatl).

Atonatiuh: «sol de agua». Nombre de una de las edades primordiales.

Atotoniltonco: «aguas calientes».

Atotoztli ♀: «loro de agua».

Atzacualco: «construcción por la laguna

Atzompa: «en la tierra consolidada o cimentada». Tambien puede ser «agua elevada».

Atzonpan: «en la cascada».

Axamiecha: «sacerdote sacrificador» o «enviador».

Axayácatl: «máscara de agua» o «el de la máscara de agua» [*Atl,* «agua», y *xayácatl,* «máscara»].

Axaxayatl, «rostro de agua», (moscas de la laguna).

Axolohua: «dueño de ajolotes».

Axólotl; «ajolote».

Axoxco: actual Ajusco.

Acxóyatl: «silvestre».

Ayate, del náhuatl *áyatl:* «manta rala» de ixtle o algodón.

Ayauhcíhuatl: «la de la niebla» [*ayahui,* «niebla», y *cíhuatl,* «mujer»].

Ayauhithualco: «en el valle de las neblinas».

Ayocuan: ave de plumas finas, *cassiculus melanicterus,* tordo aliamarillo. O tal vez por Ayocuáuhmetl o Ayocuámetl, «maguey acuoso».

Ayotzinco: «asiento o fundación de Áyotl».

Azagayas: «lanzas».

Azcáhuitl: «hormiga emplumada» [*Ázcatl,* «hormiga», e *íhuitl,* «plumón para ornamentar»].

Azcapotzalco: «en el hormiguero», «en el montículo de hormigas» o «lugar donde [el linaje] hormiga rebulle». [*Ázcatl,* «hormiga»; *potzalli* o *putzalli,* «hervidero»; y *-co,* sufijo locativo].

Azcapotzaltonco: «Azcapotzalco el Chico».

Azcaxóchitl ♀: «flor de hormiga», «hormiga, enflorada» u «hormiga real».

Azcuéitl ♀: «falda blanca».

Aztacalco: «lugar del linaje de Azta [*xóchitl*]».

Aztacóatl: «garza serpiente» o «serpiente adornada con plumas de garza».

Áztlan (por Aztatlán): «lugar de garzas», «entre las garzas blancas», «donde los azcuáhuitl». [*Azcuáhuitl*, «árbol de flores blancas, fragantes y muy hermosas», y -*tlan*, sufijo locativo].

Aztlantlaca: «habitantes de Áztlan».

B

B'aakal: «lugar de abundancia de huesos».

B'aakal ajawlel: «señorío de abundancia de huesos». [*B'aakal*, «lugar de abundancia de huesos»; *ajaw*, «gobernante»; y -*lel*, sufijo que significa autoridad].

Baah uxul: «escultor principal».

B'olon Eht Naah: «la casa de los nueve acompañantes».

Bak'tun: «ciclo de 400 años o 14 4000 días».

Balam: «brujo», «mago» o «jaguar».

Batab: «cuerda principal», era el gobernante local o cacique, en plural *batabo'ob*.

Batabil: poblado maya. En plural *batabilo'ob*.

Bonampak: «muros pintados» o «muros teñidos».

C

Cacáhoatl: «agua de cacao». El origen de esta palabra proviene del mixe-zoque. La palabra que originalmente utilizaban los nahuas para denominar la bebida de chocolate era *cacáhoatl*, término que proviene del árbol del cacao, el *cacahoaquáhuitl* [*cacáhuatl*, «grano de cacao», y *quáhuitl*, «árbol»], cuya preparación es de origen olmeca y que consumían sólo los pipiltin. El xocóatl —pronunciada *shocóatl*—, «agua ácida o amarga» [*xócoc*, «cosa agria», y *atl*, «agua»], era una bebida hecha con maíz molido, es decir, un atole de maíz hecho para curar el dolor ocasionado por alguna enfermedad en la orina. Tras la llegada de los españoles, el cacao dejó de utilizarse como moneda de cambio y se devaluó. Al abaratarse la almendra divina, los macehualtin tuvieron acceso a ella y añadieron un poco de cacáhuatl al xocóatl, combinación que se convirtió en atole de cacao. Así, se creó una bebida nueva y barata, con la cual los macehuales tuvieron la oportunidad de consumir un ingrediente caro: el cacao de los pipiltin. De este modo, desapareció la antigua bebida de los nobles, el *cacáhoatl*, suplantada por el humilde *xocóatl*, aderezado con cacao. La nueva combinación, en boca de los españoles, se transformó de xocóatl a *chocóllatl*, término que Francisco Hernández acuñó en el libro sexto de su obra *Historia natural a finales del siglo XVI*. Pronto el nuevo vocablo se transformó en nahuatlismo, el cual se extendió y tomó vida en la lengua escrita como chocolate, según Hernández Triviño.

Cacáhuitl: nombre propio de persona, de etimología incierta.

Cactli: «sandalia o cotara». Con el paso del tiempo la palabra cactli se castellanizó a «cacles», que en el lenguaje coloquial se utiliza para referirse a cualquier tipo de zapato.

Cahuetzcatzin: «el de la nariz aguzada».

Calakmul: «dos montículos adyacentes» [*ca*, «dos»; *lak*, «adyacentes»; y *mul*, «montículo artificial» o «pirámide»].

Calli: «casa». Nombre de un signo de día y de año.

Calmécac: «en la hilera de casas», era la escuela para los nobles.

Calpan: «en las casas».

Calpixcantli: «almacén» o «tierras dadas como dote señorial». Almacén o casa de los recaudadores o casa de administración.

Calpixqui, «cuidador de la casa», «el que guarda la casa» o «cobrador de tributo», [*calli*, «casa», y *pixqui*, «guardián»]. Recaudador o administrador. En plural, calpíxqueh.

Calpúlec o calpuleque: «dirigentes de barrios», en plural *calpuleque* o *calpulequeh*.

Calpolco o calpulco: «en el calpul», nombre que se daba a los adoratorios de los barrios o calpules.

Calpolli o calpulli: «casa grande». Barrio o subdivisión del altépetl. En plural *calputin*. Cada calpulli tenía un *calpúlec*, «jefe de calpulli» —en plural calpuleque—, y un *calpulco*, «teocalli del calpulli». Los calputin estaban divididos en *tlaxilacalli*, «caseríos rodeados por alguna calzada, camino, canal o hilera de chinampas, cuya forma podía ser regular o mixtilínea». En su fundación, México Tenochtitlan se hallaba distribuido en cuatro calputin: Atzacoalco, Cuepopan, Teopan y Moyotlan. Con el paso del tiempo, la isla fue creciendo y el número aumentó. Cuando llegaron los españoles en 1519 ya había veinte calputin: Tlacochcalca, Cihuatecpan, Huitznáhuac, Tlacatecpan, Yopico, Tezcacóac, Tlamatzinco, Molloco itlillan, Chalmeca, Tzonmolco, Coatlan, Chililico, Izquitlan, Milnáhuac, Cóatl Xoxouhcan, Tlillancalco, Atémpan, Napantéctlan, Atícpac y Tlacateco.

Calpultéotl: «dios del barrio».

Calpultéteo o calpoltéteo: «dioses de los barrios». [*Calpulli*, «barrio» y *téteo*, «dioses»].

Camachalli: [*camac*, «la boca», y *challi*, «lo hueco»].

Camaxtli o Camaxtle: «el que tiene bragas y calzado» [*cactli*, «calzado»; *maxtlatl*, «braga»; *-e*, «que tiene»]. También como nombre propio: «es dueño de mastle». Varonil.

Calputin: «barrios».

Cazonci: «señor de muchos pueblos».

Ce: «uno».

Ceiba, voz taína. Ceiba, en náhuatl *póchotl*: «pochote».

Cemacachiquíhuitl o Cemacachíquitl: «un canasto de cañas», «Un canasto de carrizos».

Cemanáhuac: «mundo o tierra» [*cem*, «totalmente»; *Anáhuac*, «entre las aguas»; *atl*, «agua»; y *náhuac*, «rodeado»]. Es la «tierra totalmente rodeada por agua». Para los nahuas el cemanáhuac, era todo el territorio que se extendía hasta los océanos Atlántico y Pacífico, es decir, la totalidad de la Tierra.

Cempoallapohualli: «la cuenta de las veintenas».

Cempohuallapohualli: «cuenta del año».

Cenote: proviene del maya yucateco *ts'ono'ot* o *dzonot*, «abismo», «caverna con agua» o «pozo».

Centemilli: «huerta», «sementera».

Centéotl: «dios del maíz».

Centzon Huitznáhuac o Centzonhuitznahuac: «cuatrocientos rodeados de espinas», o «cuatrocientos sureños», [*centzontli*,
«cuatrocientos»; *huitztli*, «espina» y *nahuac* «rodeado» o
huitz, «sur»].

Centzontépec: «en los cuatrocientos [o innumerables] cerros».
Santa Cruz Zenzontepec, Oaxaca.

Ceolinteuctli: «señor uno movimiento».

Cihuacóatl o Cihuacóhuatl: «serpiente hembra» o «comparte femenina», «la serpiente hembra». Gobernante auxiliar del
hueitlatoani en México Tenochtitlan.

Cihuapilli: «damas de la nobleza», en plural cihuapipiltin.

Cíhuatl: «mujer», en plural, *cíhua*.

Cihuatlampa: «hacia el lugar de las mujeres» [*cihuatl*, «mujer»; *titlan*, «lugar» y *pa*, «dirección»]. Nombre del rumbo del
poniente.

Cílcueitl: «falda de caracolitos».

Cillan: «entre los caracolillos».

Ciltlaltépec: «cerro de la Estrella».

Cimatécatl: «el de Cimatlan», «junto a las raíces de címatl» o cimates.

Cipactli: «caimán» tiburón o pez sierra. Nombre de un signo de día.

Cípac: «caimán».

Cipactónal: «signo de cipactli» o caimán. Nombre del «primer
hombre».

Citlalli: «estrella».

Citlalcóhuatl: «serpiente de estrellas» [«*citlalli*, «estrella» y *cóatl*,
«serpiente»].

Citlalicue: «la falda de estrellas» [*citlalli*, «estrella»; y *cuéitl*, «falda»].

Cóatl: «serpiente».

Coátlan: «lugar de serpientes».

Coatlayauhcan: «delante de Coátlan».

Coatlíchan o Coatlichan: «en la casa de la serpiente». Coatlinchán,
Estado de México.

Coatlicue: «la que tiene su falda de serpientes» [*cóatl*, «serpiente»;
i-, «su», y *cuéitl*, «falda»]. Madre de los cuatrocientos
huitznahuas.

Coatépetl: nombre que los mexicas le dieron originalmente al Templo Mayor.

Coatonaltzin ♀: «la del signo de cóatl».

Coaxoxouhcan: «el lugar donde se recoge o ingiere coatlxoxouhqui».

Cohuatépec o Cohuapan: «país de cóhuatl».

Cohuatépec: «en el cerro de las serpientes».

Cohuatlicámac o Coatlicámac: «en las fauces de la serpiente», «en la entrada de cóhuatl» [cóhuatl (cóatl), «serpiente» e icámac, «su boca donde»].

Cohuatzontli: «cabellera de serpientes».

Cohuazácatl: «zacate de serpiente».

Colhuacan o colhuatépetl: «donde tienen abuelos» o ancestros nobles; según una etimología popular «en el [cerro] curvo», «país del colhua». Culhuacán en la delegación Iztapalapa de Ciudad de México.

Colhuatzin ♀ o Colhua: Pobladora de Colhuácan».

Collomóchcatl: «el esforzado alacrán» [cóllotl, «alacrán» y mochcahua, «valiente, corajudo»].

Copal, del náhuatl copalli. Resina olorosa de Bursera.

Copallan: «junto al copal».

Cópil: «diadema señorial», «corona» o «diadema real».

Cópil Teomama: «el portador del dios que usa la mitra» [cópil, «mitra» y Teomama, «portador del dios»].

Copilli: «corona real», mitra con un disco dorado en la parte delantera, adornado con oro en la frente y plumas de quetzal.

Coxcoxtli (del maya-koox): «venerable señor faisán», [coxox, «faisán»], «cojolite» del náhuatl coxolitli. Penelope purpurascens, hocofaisán.

Coyohuácan o Coyohuacan (Coyoacan): «donde tienen coyotes». Actual Coyoacán, Ciudad de México.

Coyolxauhqui: «la que tiene pintura facial de cascabeles» o «la adornada de cascabeles», [coyolli, «cascabel» y xauhqui, «que adorna»].

Coyote, del náhuatl Cóyotl.

Cozcacuauhtli: «buitre», «águila dorada».

Coztic teocuitlatl: «obsequio divino de color amarillo», refiriéndose al oro [*coztic*, «amarillo», *teo*, «divino» y *cuitlatl*, «obsequio»].

Cú: «montaña hecha a mano».

Cuacuapitzáhuac: «donde tienen las cabezas adelgazadas» [*cuaitl*, «cabezas»; *pitza*, «adelgazar sus» y *huac* sufijo locativo].

Cuacuauhpitzáhuac: «cuerno filoso» de venado.

Cuacuauhtzin: «cuerno».

Cuauhcóhuatl: «serpiente-águila».

Cuauhnáhuac: «cerca del bosque», «lugar rodeado de árboles» [*cuáhuitl*, «árbol», «madera» o «palo» y *náhuac*, «rodeado»]. Actual Cuernavaca, Morelos.

Cuaochpame: «etnia».

Cuauhcóhuatl: «serpiente de palo» [*cuáhuitl*, «palo, madera» y *cóhuatl* «serpiente»].

Cuauhquechollan: «monte de flamingos», «entre las águilas-quecholes» tal vez por «águilas preciosas» o «águilas rosadas». Actual Huaquechula, Puebla.

Cuauhquiáhuac: «lugar de la puerta del águila».

Cuauhquiahuácatl: «el de Cuauhquiáhuac».

Cuauhquilaztli: «águila-propiciadora de las verduras» [*cuauhtli*, «águila»; *quilaztli*, «la que llega a hierba comestible»]. Nombre de diosa aplicado a un varón.

Cuauhtémoc: «el que desciende como águila» o «sol que desciende» o «águila que desciende», «águila que cae [sobre la presa]».

Cuauhtépec: «en el cerro de las águilas» o «tierras boscosas».

Cuauhtepextla, tal vez «águila de los peñascos».

Cuauhtinchan: «en la casa de las águilas».

Cuauhtítlan: «junto al bosque».

Cuauhtla: «bosque» o «arboleda».

Cuauhtláhuac: «águila sobre el agua».

Cuauhtlalli: «territorio del águila».

Cuauhtlatoa: «el que habla como águila».

Cuauhtlatoani: «el que habla como águila».

Cuauhtlatoatzin: «el que habla como águila».

Cuauhtlehuanitzin: «águila con flechas de fuego».

Cuauhtlequetzqui: «águila que va hacia el fuego», «águila ensangrentada» o «donde el águila se yergue».

Cuauhtli: «águila». Nombre de un signo de día.

Cuauhtliquetzqui: «águila erguida». Cuauhtlequetzqui sería «el que dé fuego a la leña».

Cuáuhtlix: «rostro de águila».

Cuauhtliyolqui: «águila alerta».

Cuauhtomicicuiltzin: «costilla de águila» o «costilla de madera».

Cuauhuácan: «donde tienen bosques».

Cuauhxicalli: «jícara del águila». Recipiente en que se depositaban los corazones de los sacrificados, recipiente de piedra con forma de águila, cuya función era depositar los corazones de los recién sacrificados.

Cuauhximalpan: «en las astillas de madera», «donde labran madera», cuáhuitl, ximalli. Cuajimalpa, Ciudad de México.

Cuauhmixtitlan: «lugar del águila entre las nubes» o «lugar de la nube del árbol».

Cuauhtlitempa: «en el lugar al borde de los bosques».

Cuepopan: «calzada» o «en la calzada de céspedes» [*cuepltli*, «calzada» y -*pan*, «en»]. Actual Calzada del Tepeyac, Ciudad de México.

Cuetláxoch o Cuetlaxóchitl ♀: «flor de cuero curtido». Flor de nochebuena. *Euphorbia pulcherrima*.

Cuetzpallin: «lagartija».

Cuetzpaltzin: «lagartija».

Cuextecas o Cuextécatl, de cuachalolotl: «caracol pequeño» o huaxtecatl, de huaxitl, «guaje».

Cuextecatlichocayan: «lugar donde llora el huasteco».

Cuextla: «la tierra de los huaxtecos».

Cuextlan: «lugar de caracoles largos». Huasteca; Cuextlan es semejante a Cuechtlan «entre los caracoles largos».

Cuetlaxotzin: «flor de cuero curtido».

Cuetlaxxochitzin o Cuetlachxóchitl: «flor de cuero curtido».

Cuezaltzin: probablemente «señor de la pluma roja de guacamaya». Cuezalin, «pluma [larga y] roja de guacamaya».

Cuicacalli: «la casa de cantos».

Cuícatl: «canto».

Cuicoyan o cuicayan: «lugar del canto».

Cuicuilco: «lugar de cantos y rezos».

Cuitlachcóhuatl: «serpiente-lobo».

Cuitlachtépec: «en el cerro de los lobos» o «monte de lobos» [*cuitlachtli*, «lobo», *tépetl*, «cerro», *-c*, sufijo locativo].

Cuitlacíhuatl ♀: «mujer de espalda ancha».

Cuitláhuac: «aguas con tecuítlatl», «donde tienen excremento» o «donde tienen tecuítlatl (algas)» [*(te)cuítlatl*, «excreción blanca que se producía en partes del lago de Chalco y que servía como alimento»; *hua*, «poses» y *-c*, sufijo locativo]. Por Cuitlahuacan, hoy Tláhuac, Ciudad de México.

Cuitlaxoteyotl: «canto de arrojarse a los pies de la dignidad».

Cuixcoc o Cuíxco: «donde llegan los milanos» [*cuixin*, «milano»; *(ui)co*, «ser venido» y *-c*, sufijo locativo].

Cúlhua o cólhua: «los que tienen antepasados» o «gente de la tortura o corva» [*coltic*, «cosa corva» y *hua*, «posesión»].

Culhuácan: «cerro encorvado, antiguo y venerable», «lugar de los ancestros», «lugar de los que tienen antepasados» o «lugar de cúlhuas».

Cumiehchúcuaro: «donde se está con los topos».

Curicaueri: «gran fuego» o «gran hoguera».

Curita-Caheri: «mensajero del dios Curicaueri».

CH

Ch'aak Temal, «donde crecen los árboles rojos» [*ch'aak te'*, «árbol rojo» y *mal*, «abundar»] o «allí donde bajan las lluvias» [*Chaak*, «lluvia»; *te*, «allí» y *emal*, «bajar»], actualmente, Chetumal.

Chahuatlahtohuatzin o chahuatzin, «el que habla como concubina» [*cháhuatl*, «concubina»; *tlahtoa*, «hablar» y *-tzin*, «reverencial»].

Chahuecue, «en las faldas de la concubina» [*cháhuatl*, «concubinas» y *cuéitl*, «faldas»].

Chalcas, «moradores de Chalco», «gente de las bocas» [*challi*, «hueco a manera de boca»].

Chalco, «lugar de chalchíhuitl». [*chal(chíhuitl)*, «esmeralda» y *-co*, sufijo locativo].

Chalchiuhcalli, «casa de la esmeralda».

Chalchiuhcueyecan, «lugar de la falda de esmeralda».

Chalchiuhécatl, «viento de esmeralda».

Chalchiuhmomozco o chalchiuhmomoztli, «en el lugar donde está el altar de chalchihuitl», «altar de la esmeralda» [*chalchíhuitl*, «esmeralda»; *momoztli*, «altar» y *-co*, sufijo locativo].

Chalchiuhteuhctli o Chalchiuhtzin, «señor de la esmeralda».

Chalchiuhtlatónac o Chalchiuhtlatonatiuh, «sol de jade, o esmeralda».

Chalchiuhtlicue, «la diosa de las aguas terrestres», «falda de serpientes», «señor y señora de las aguas» o «el de brillo solar de jade y la de falda de jade» [*chalchihuitl*, «jade»; *i-*, «su», y *cuéitl*, «falda»]. También era denominada «nuestra madre».

Chalchihuite, del náhuatl chalchihuitl «piedra verde fina cuenta de collar», como el jade o la jadeíta; cuenta elaborada con esa piedra.

Chalchiuhnenetzin ♀, «muñeca de jade».

Chalchiuhtlatónac, Chalchiuhtlicue, «señor y señora de las aguas», «el de brillo solar de jade y la de falda de jade», «jade resplandeciente».

Chalchiuhxochitzin ♀, «flor de jade».

Chalchiuhco, «en el chalchihuite»; o quizá «en la entrada».

Chalcas, «gente de las bocas» [*challi*, «hueco a manera de boca»].

Chalco, «en el borde del lago» [*challi*, «borde de lago» y *-co*, sufijo locativo], tal vez apócope de *Chalchiuhco*, «en el chalchihuite»; o quizá, «en la entrada» (challi).

Challi, «entrada».

Challot o Chállotl, «gruñón».

Chalman, «ofrenda de chalco». [*Chal(co)*, «Chalco» y *mana* «ofrendar algo»].

Chanatzinteuhctli, «señor de la morada» [*chantli*, «habitación»; *-tzin*, «morada» y *teuhctli* «reverencial»].

Chantico, «la que mora en la casa» [*chantli*, «hogar» o «morada»; *ti*, «ligadura eufónica», y *-co*, «en», sufijo locativo]. Diosa del hogar.

Chapultépec o Chapoltépec, «En el cerro del chapulín», «cerro de la langosta» [*chapollin*, «langosta»; *tépetl*, «cerro» y -*c* sufijo locativo]. Chapultepec, en la delegación Miguel Hidalgo de la Ciudad de México.

Chía, del náhuatl chian. Salvia hispánica.

Chiapa, «lugar de chía».

Chiapatzinco, «asiento de Chiapa».

Chiauhcóhuatl: «serpiente hecha de semillas de chía».

Chiauhtótotl: «árbol rojo» o «pájaro-víbora».

Chichen Itzá o Chi-ch'en Itzá: «la ciudad de los brujos» o «la ciudad de los magos del agua» [*chi*, «boca»; *ch'en*, «pozo»; *its*, «brujo»; *ha'*, «agua»].

Chicahuaztli: «sonaja».

Chichi: «mamar».

Chichicuáuitl: «palo colorado».

Chichicuépotl: «calzada de los perros» [*chichi*, «perro» y *cueptli*, «calzada o avenida»].

Chichihualli: «senos», «teta». También chichihual.

Chichilcuáhuitl: «Árbol rojo».

Chichimeca o chichimécatl: «gente del lugar de perros», «cazadores», o «gente que vive de aquel oficio», [*chichiman*, topónimo hipotético, «lugar de perros», (*chichi*, «perro») y -*mecatl*, sufijo correspondiente a un gentilicio].

Chichimeca tlatocáyotl: «gran imperio chichimeca».

Chichimeca teuhctli o Chichimecateuctli: «señor chichimeca». *Teuhctli, tecutli* o *tecuhtli*, «señor» o «gobernante». En plural *tetecuhtin*.

Chichimecacíhuatl: «mujer chichimeca».

Chichimecatlalli: «territorio chichimeca».

Chichimecáyotl: «chichimequidad».

Chichincacacalléhuatl: «el del cuervo chamuscado» [*chichinoa*, «chamuscar»; *cacalli*, «cuervo» y *éhuatl*, «aquél»].

Chicomecóatl: «siete-serpiente», o Xilonen. Diosa del *tlaolli*, «maíz», las cosechas y la fertilidad.

Chicomoyollotzin ♀, tal vez «siete olotes».

Chicomóztoc: «en la cueva séptuple», «siete cavernas» o «casa de siete cuevas cavernosas» [*chicome*, «siete»; *óztotl*, «caverna» y -*c*, sufijo locativo]. Mítico lugar de origen de las tribus nahuatlacas.

Chicoccan: «cuarto de animal partido en dos pedazos». [*chico (centlácol)*, «cuarto de animal» y *occan*, «partido en dos pedazos»].

Chiconauhquiáuitl: «dios de las nueve lluvias».

Chiconcóhuac: «siete serpiente».

Chiconquiauhtzin o Chiconauhquiáuitl: «dios de las nueve lluvias».

Chiconquiáhuitl: «siete lluvia».

Chiconquiyauhtépetl o chiconquiyauh: «monte de siete-lluvia».

Chicoquiztiuh tlaxtlahuiliztli: «estadística y censos».

Chicuace: «seis».

Chikinchel: «bosque de occidentales».

Chilam: «el que es boca».

Chilchotl: «chile jalapeño».

Chillan: «lugar de chiles» o «chilar».

Chillilícatl: «el de Chillan».

Chimálcoc, (por Chimalco): «en el escudo».

Chimallaxotzin ♀: «flor de escudos». Helianthus annuus, girasol.

Chimalloxóchitl: «escudo de flor» [*chimalli*, «escudo» y *xóchitl*, «flor»].

Chimallco: «lugar de escudos» [*chimalli*, «escudo» y -*co*, sufijo locativo].

Chimalma: «mano de escudo». Diosa de la fertilidad. Señora de la vida y de la muerte; guía del renacimiento.

Chimalpa: «en el escudo».

Chimalpahintzin: «bandera de rodela».

Chimalpilli: «noble de rodela».

Chimalpopoca: «escudo humeante», «humareda que escuda».

Chimalteuhctli: «caballero de escudo».

Chinampa: «setos rellenados hechos con cañas».

Chinámitl o Chinamitl: «cerca de carrizos», eran islas artificiales, hechas en una especie de jaula de carrizos, que llenaban con tierra y todo tipo de materiales biodegradables. Lo hacían así hasta que quedaban sólidas y se podía sembrar o construir sobre ellas. Son lo que hoy conocemos como «chinampas».

Chinampa, del náhuatl chinámitl: «cerco». Camellón o sementera rodeada de agua.

Chinampanecas: «habitantes de las chinampas».

Chinancoca: «el del chinámitl».

Chiquihuite, de chiquíhuitl.

Chiquimollan, tal vez: «entre los jilguerillos».

Chiquiuhtépetl, «cerro del Chiquihuite» o canasto; cerro de ese nombre situado en el límite entre Ciudad de México y el municipio de Tlalnepantla, Estado de México.

Chiquiyauhco: «cesto negro».

Chiucnauhtlan: «junto a las nueve».

Chiyauhcóhuatl: «serpiente hecha con chía de color negro».

Chiyauhtla: «lugar abundante en manteca o aceite» [*chiyáuhtic*, «graso, mantecoso» y -*tlan*, «abundante»].

Chiyauhtzinco o chiuhtzinco: «donde la raíz de la chía oscura».

Cholóllan o Cholólan, actual ciudad de Cholula, Puebla.

Chocan: «serpiente esculpida».

Chollolan: «lugar de huida».

Chololan: «lugar de los que huyeron», «lugar del vado» o «lugar donde corre el agua».

Chontalcuauhtlan: «bosques de los chontales [extranjeros]».

Chontalli: «extranjero» o «foráneo».

Chuwen: «artista» (en maya).

D

Dzibanché: «escritura en madera».

Dzibilchaltún: «lugar donde hay escritura en las piedras».

Dzules: «extranjeros».

E

Ecatépec: «en el cerro del aire», «cerro de ehécatl».

Ehécatl o Eécatl: «viento». Día del tonalpohualli.

Ecatzin: «aire» o «viento».

Ehecatonatiuh: «sol de viento».

Ehecaxoxouhqui: «viento verde».

Ek' Balam: «estrella Jaguar» o «lucero Jaguar» [*ek'*, «lucero» o «estrella», y *balam*, «jaguar»].

Epcóhuatl: «concha nácar» o «serpiente de nácar».

Ehecailacacozcatl: «pectoral del viento».

Epcóatl: «serpiente de nácar».

Epcoatzin: «serpiente de nácar».

Étetl tzontecómatl: «las tres cabeceras» o las «tres capitales».

Étetl tzontecomatl in altépetl: «las tres ciudades cabeceras» o «las tres ciudades capitales».

Etzalcualiztli: «acción de comer etzalli». Veintena número siete.

Excan: «en tres partes».

Eztlaquenqui, nombre de una deidad, pareja divina de Tecolquenqui. Una de las cuatro parejas divinas que adoraba Quetzalcóatl.

Eztlaquentzin: «respetable vestido de sangre».

Eztli: «sangre».

Eztlocelopan: «bandera de piel de ocelote ensangrentada».

G

Guajolote, del náhuatl *huexólotl*: «gran monstruo» *Meleagris gallopavo*, pavo.

Ghochan: «cabeza de las culebras» o «capital de las culebras».

Gorguses o *gorguces*: «especie de dardo o lanza corta».

H

Haab, en los mayas, año de 365 días.

Hatapatiecha: «sacerdotes pregoneros».

Hecatzinteuhctli, Hecatzin o Ecatzin: «señor viento».

Huacaltzintli ♀, «huacal», caja hecha con varas para transportar sólidos.

Huáuhquil: «planta de huauhtle».

Hualmomana: «a las seis de la mañana».

Huanitzin: «el borrachín».

Huapalcalco: «lugar de la casa de madera» [*huapalli* o *huapálitl*, «tabla» o «viga pequeña»; *calli*, «casa»; y *co*, «lugar»].

Huauhtle, del náhuatl huauhtli: «amaranto». *Amaranthus paniculatus*.

Huaxcuauhtla: «bosque de guajes».

Huaxtépec: «en el cerro de los guajes».

Huehue: «viejo, anciano o abuelo». Cuando había dos personajes con el mismo nombre se agregaba el huehue para diferenciarlos, como fue el caso de huehue Tezozómoc, huehue Motecuzoma (Motecuzoma Ilhuicamina), huehue Totoquihuatzin o huehue Xicoténcatl.

Huehuetéotl o Huehue téotl: «nuestra madre», «nuestro padre». El dios viejo. Dios del fuego terrestre.

Huehueteuhctli: «jefe anciano». huehue, teuhctli.

Huehuetlatolli: «historia antigua».

Huei: «gran o grande».

Huei amatlacuiloque: «los que escribían pintando».

Huei chichimeca tlatocáyotl: «gran imperio chichimeca».

Huei mexica tlatocáyotl: «gran imperio mexica».

Huei tecpancalli: «palacio».

Huei Tecuílhuitl: «fiesta grande de los señores». Octava veintena.

Huei teopixcanahuatilli: «leyes religiosas».

Huei tlatocáyotl: «gran señorío» o «imperio».

Huei tozoztli: «vigilia grande». Cuarta veintena.

Hueltetoca: «nombres de personas».

Huémac: «el que tiene las manos grandes».

Huehueteuhctli: «jefe anciano».

Huetzin: «abuelo» o «el grande».

Huexotzinco: «asiento de huéxotl». [huéxotl, «sauces» y -tzinco «raíz o asiento»].

Hueyayeyécatl: «el costeño», «el del lado de las grandes aguas salobres».

Hueytocaitl: «títulos».

Huictlolinqui: «el que trabaja con la azada».

Huipil, del náhuatl huipilli: «camisa de mujer».

Huitzcali o huitzcalco: «el templo de los huitznahuas» o «casa de las espinas», templo, casa o aposento de penitencia con espinas y púas [huitztli, «espina» y calli, «casa» o calco, «en la casa»].

Huitzillan: «entre los colibríes».

Huitzíllatl: «rio de los colibríes».

Huitzillíhuitl: «pulmón de colibrí».

Huitzilíhuitl Tepanquizqui ♀, [*Huitzilíhuitl*, «pluma de colibrí»; *Tepanquizqui*, «el que pasa sobre la gente»].

Huitzilmoyáhual: «dispersión de colibríes».

Huitzilopochtli: «colibrí del sur», «colibrí zurdo» o «colibrí izquierdo».

Huitzilopochco: «donde está Huitzilopochtli». Actual Churubusco.

Huitznáhuac o huitznahuac: «lugar de las espinas», «casa de navajas o punzaderas».

Huitznahuácatl o huitznáhuatl: «el de Huitznáhuac» o «sureño».

Huitznahuatlalpan: «tierra cercada de espinas», uno de los nombres del rumbo del sur.

Huitztlampa: «hacia el lugar de las espinas», «desde el lugar del sur», o «el lugar de los huitznahuas» [*huitz*, «sur»; *titlan*, «lugar»; *pa*, «dirección»]. Uno de los rumbos del sur.

Huitztlan: «entre las espinas». Uno de los nombres del rumbo del sur *hule*, del náhuatl *olli*, látex o caucho.

Huixtoco o huixtocíhuatl: «lugar de la deidad Huixtocíhuatl».

Huixtucíhuatl: «diosa de la sal y de las aguas saladas». Hermana mayor de Tláloc.

Hupitiecha: «sacerdotes sostenedores».

I

Icepayauhtenco: «en el lugar al borde de los hielos y las neblinas».

Ichca cuitlatl: «betún fuerte».

Icnoacatzintli: «el misericordioso».

Icnocuícatl: «elegía».

Ihuatzio: «en la casa del coyote» (Coyohuácan).

Ihuipan: «bandera adornada con plumón ceremonial» [*íhuitl*, «pluma», y *pantli*, «estandarte o bandera»].

Íhuitl: «pluma (preciosa)». Nombre de una de las tres piedras del hogar.

Ilhuicamina: «flechador del cielo» [*ilhuica*, «cielo» y *mina* «flechar»].

Ilhuícatl: «cielo nocturno».

Ilhuicatlamatiliztli: «astrología».

Ilancuéitl: «en la falda de la anciana».

Ilhuicahua, Tlalticpaque: «poseedor del cielo, poseedor de la Tierra».

Ilmatecutli o Ilmatecuhtli: «señora vieja», otro nombre de Teteo Innan, «la madre de los dioses».

Ilhuitlapohual: «cuenta de los días».

In Ocellomeinemian: «en donde los ocelotes habitan».

In Tamohuanchan: «en la casa de los tamihuas».

In Tonan in Tota: «madre y padre nuestro».

In Xiuhtecuhtli: «el dios del fuego».

In Xochitlicacan: «en el lugar donde se levanta flor».

Incóhuatl imomanayan: «en donde la serpiente se estira y despereza».

Iniztac Zollininemiayan: «en donde la codorniz blanca vive».

Inmotenehua Poyauhtlan: «en el lugar de la bruma».

Ipalnemoani: «por quien todos viven».

Ipeuhqui: «el que comienza».

Iquéhuac: «de aquellos, el tercero».

Itenyocan Ymachiyocan Ytotolimpa: «en el lugar de la fama y la gloria de los totolimpas».

Itz'at: «sabio».

Itzcóhuatl, Itzcóatl o Itzcóatl: «serpiente de obsidiana».

Itzcuauhtzin: «águila de obsidiana».

Itzompan o in tzompantli: «muro de cráneos».

Itzpapálotl o Itzapapálotl: «mariposa de obsidiana» o «mariposa de alas de obsidiana» [*iztli*, «obsidiana» y *papalotl*, «mariposa» o «papalote»]. Diosa guerrera de los chichimecas.

Itztacalco o Iztacalco: «casa de la deidad *Ítztac*» [*ítztac*, «blancura»; *calli*, «casa» y -*co* «locativo»]. O «en la casa de la sal» [*izta*, «sal», y *calco*, «casa o lugar»].

Itztaccóyotl o Iztaccóyotl: «coyote blanco» [*íztac*, «blanco», y *cóyotl*, «coyote»].

Itztapalócan o Iztapalócan: «lugar lleno de lajas».

Itztépec: «cerro de las obsidianas» [*iztli*, «obsidiana», y *tépec*, «cerro»].

Itztlacozauhcan: «lugar de la obsidiana dorada o del cristal amarillo».

Itztlotli: «gavilán de obsidiana».

Ixcoman: «ofrenda frente al rostro».

Ixcozauhqui: «el dios del fuego».

Ixcozauhcatzin: «rostro amarillo».

Ixcuecuetzin: «rostro travieso».

Ixcuiname: «las que toman varios rostros».

Ixehuatzin: «el del rostro esquivado» [*íxcotl*, «rostro»; *ehua*, «apartar, esquivar» y -*tzin* «reverencial»].

Ixiptla: «personificador» o «efigie». Como personificador, era una persona que personificaba a una deidad. En muchas ocasiones, como era el caso de Tezcatlipoca, el ixiptla de Tezcatlipoca era venerado por todos como el mismo dios Tezcatlipoca. Como efigie era una estructura de madera, que luego tapizaban con una masa de semillas de amaranto, maíz tostado y miel negra de maguey.

Ixtlilcuecháhuac: «rostro ennegrecido con tinte negro húmedo y remolido» [*ixtli*, «rostro»; *tlilli*, «negro» y *cuecháhuac* «remoler muy finamente y dejar húmedo algo»].

Ixtlilxóchitl: «hermosos ojos oscuros» o «cara de flor», [*ixtli*, «ojo» o «rostro» y *xóchitl*, «flor»].

Ixxóchitl: «ojos o rostro negro».

Ixpintzin: «rostro avergonzado».

Iyapáraqua: «piedra de sacrificio».

Iztacaltzinco: «Iztacalco el chico» o «la casa chica de la sal». Iztacalco, «en la casa de la sal» [*izta*, «sal», *calco*, «casa o lugar» y -*tzinco*, «pequeño» o «en el venerable»].

Izcalli: «crecimiento, resurrección». Nombre de la última veintena del calendario náhuatl.

Iztacmixcóatl: «Mixcóatl blanco». Otro nombre de Mixcóatl, referido quizá a Mixcóatl el Viejo.

Iztaccuauhtli: «águila blanca» [*iztac*, «blanca» y *cuauhtli*, «águila»]. Se refiere al águila real.

Iztacquauhtzin o Iztaccaltzin: «señor águila blanca» [*iztac*, «blanca»; *cuauhtli*, «águila» y -*tzin*, «señor», sufijo reverencial].

Iztacxóchitl: «flor blanca».

Izcahuitl, [yxcahuitle, Izcahuitle o izcahuitli], gusano de color rojo, aparentemente sin cabeza, con una cola en cada extremo.

Izquitl: «maíz tostado».

Izquítlan o Yzquítlan: «en el maíz tostado» o «entre las flores olorosas».

Iztac octli: «licor blanco» [*iztac*, «blanco»; y *octli*, «bebida embriagante»]. Fermento de aguamiel extraído del maguey.

Iztac Tezcatlipoca: «el espejo blanco que humea», «el espejo blanco reluciente» o «humo de espejo blanco» [*iztac*, «blanco»; y *Tezcatlipoca*, «el espejo que humea», «humo de espejo» o «espejo reluciente»].

Iztacchiauhtótotl: «pájaro-víbora blanca».

Iztaccíhuatl: «mujer blanca» [*íztac*, «blanco, nevado», y *cíhuatl*, «mujer»].

Iztacmixcóhuatl o Iztacmixcóatl: «Mixcóatl nevado» o «Mixcóatl blanco».

Iztapalapan o Itztapalapan: «en el agua de las lajas», «río de las lajas de obsidiana» o «sobre la losa en el agua» [*iztapalli*, «losas» o «lajas»; *atl*, «agua» y *apan*, «sobre».

J

Jacal, del náhuatl *xacalli*: choza, casa hecha con varas y paja.

Janaab' Pakal: famoso jerarca de Palenque que figuró en la escena política del siglo VII.

Jalach winik: «hombre verdadero», equivalente al tlatoani de los nahuas.

Jilote, del náhuatl *xílotl*: mazorca tierna de maíz recién formada.

K

K'atun: «ciclo de 20 años o 7 200 días». Etimológicamente vendría de la expresión *K'al Tuun "atado de piedra", lo podemos encontrar ampliamente en las inscripciones del Período Clásico.*

k'iche: «quiché», palabra maya que significa «el orden de los días».

K'in: «día».

K'ihnich Janaab' Pakal: «señor escudo», también conocido como Pakal segundo. De acuerdo con estudios más recientes, el significado del nombre K'ihnich es «caliente» o «iracundo»; Janaab, siguen siendo desconocido y Pakal, «escudo». Sería algo así como «escudo (¿ ?) iracundo».

k'uhul ajaw: «gobernante divino».

k'uhul B'aakal ajaw: «gobernante divino del lugar de abundancia de huesos» [k'uhul, «divino»; b'aakal, «lugar de abundancia de huesos»; y ajaw, «gobernante».

k'uhul kanu'l ajaw: «gobernante divino del lugar donde abundan las serpientes».

Kaan Peech: «lugar de serpientes y garrapatas» [kaan, «serpiente», y peech, «garrapata»]. Actual Campeche.

Kabah: « la mano poderosa».

Kosne: «el que vuela».

Kosom Lumil: «tierra de las golondrinas». Actual Cozumel.

Kuchkabal: «gobiernos mayas».

L

Labná: «casa vieja».

Lakamha': «lugar de las grandes aguas». Capital del antiguo señorío de B'aakal.

M

Macehualli, pertenecía a la clase social plebeya. En plural macehualtin.

Macehuallotl: «vasallaje».

Machimalle: «escudo con mano».

Macuahuitl, macana o garrote de madera que tenía unas cuchillas de obsidiana (vidrio volcánico) finamente cortadas y que se usaba como espada.

Macuextecatzin ♀: «habitante de Macuextlan», «entre las pulseras» o «entre los brazaletes».

Macuilmalinalli: «cinco malinalli».

Macuilli: «cinco».

Macuiltónal: «espíritus de los cinco», en plural macuiltonaleque. Macuilli «cinco», tonalli «espíritu», encarnaciones de los excesos y del placer, representados como seres cadavéricos que vagaban por los campos de batalla con vestimentas de guerrero meshíca. En el Códice Borgia se identifican de la siguiente manera: Macuilcipactli «cinco caimán». Macuilehécatl «cinco viento». Macuilcalli «cinco casa». Macuilcuetzpalin «cinco lagartija».

Macuilcóatl «cinco serpiente». Macuilmiquiztli «cinco muerte». Macuilmazatl «cinco venado». Macuiltochtli «cinco conejo». Macuilatl «cinco agua». Macuilitzcuintli «cinco perro». Macuilozomatli «cinco mono». Macuilmalinalli «cinco hierba». Macuilacatl «cinco carrizo». Macuilocelotl «cinco jaguar». Macuilcuautli «cinco águila». Macuilcozcacuauhtli «cinco buitre». Macuilolin «cinco movimiento». Macuiltécpatl «cinco pedernal». Macuilquiahuitl «cinco lluvia». Macuilxóchitl «cinco flor».

Malacate, del náhuatl malácatl: «rueda» o «huso» para hilar.

Malínal Xóchitl: «flor de hierba» o «flor del matorral» [*malinalli*, «hierba», y *xochitl*, «flor»].

Malinalco: «lugar de malinalli», «en la enredadera» [*malinalli*, «matorral», «enredadera» o «hierba muerta», y -*co*, sufijo locativo].

Malinalli: «rodete de zacate seco para usos ceremoniales» o «hierba muerta».

Mapihuatzin: «el que echa a empellones a la gente».

Matalotaje: «equipaje y provisiones».

Matlaccóhuatl: «diez serpiente».

Matlahuacallan: «entre los huacales de red».

Matlalcóhuatl: «diez serpiente».

Matlálatl-tozpálatl: «ombligo de la tierra».

Matlaltzin ♀: «azul-verde».

Matlatzinco: «fundación de redes».

Matotoztli: «mano rápida» [*maitl*, «mano», y *tototza*, «rapidez»].

Maxacan o Tzat Tun Tzat: «el laberinto» o «el perdedero».

Maxihuatzin: «el del anillo» [*maxi(tlaztli)*, «anillo»; *hua*, «posesivo» y -*tzin*, sufijo reverencial].

Maxixcatzin: «anillo de algodón» [*maxi(tlaztli)*, «anillo»; *ichcatl*, «algodón» y -*tzin*, sufijo reverencial].

Máxtlatl: «pañetes».

Maxtláton: «el de máxtlatl chico».

Maxtlatzin: «el que tiene bragas» [*maxtlatl*, «braga»; -*tzin*, «señor», sufijo reverencial].

Maxtli o maxtlatl: «bragas».

Mayapán: «la bandera de los mayas», también conocida como «la ciudad amurallada».

Mazahuacan: «lugar del venado» o «donde tienen venados».

Mazamoyáhual: «dispersión de venados».

Mázatl: «venado».

Mazatla: «entre los venados».

Mécatl: «mecate, soga».

Mechuácan, Mychuacan o Michuácan: «lugar de pescadores» o «lugar que tienen pescados». Michoacán.

Memella: «flujo o jugo del maguey».

Menecuhtli: «miel negra de maguey».

Metl: «maguey».

Metztli o Meztli: «luna».

Metztli itzacual: «encierro de la luna».

Mexicatl: «singular de mexica».

Mexicatl tecuhtli: «señor mexica» o «gobernante mexica».

Mexicatzinco: «asiento o fundación del mexica».

Mexicáyotl: «mexicanidad».

Mexico o México. Existen varias versiones sobre la etimología de esta palabra: 1. «En el ombligo de la Luna» o «en el centro de la Luna», [metztli, «luna»; xictli, «ombligo» y -co, «en».] 2. «En el ombligo del maguey», de Mexictli, «nombre de Huitzilopochtli», [metl, «maguey»; xictli, «ombligo» y -co, «en»]. «Donde la liebre magueyera». metl, «maguey», ci[tli] «liebre», -co «locativo.». México aparece con 13 nombres acompañantes que se dan seguidamente: 1) Yn atlíhtic yn atlixicco; 2) Yn Tultzallan yn Acatzallan; 3) Yn cuauhtli ynequetzayan; 4) Yn cuauhtli ypatlanian; 5) Yn cuauhtli ypitzcayan; 6) Yn cóhuatl yzomocan; 7) Yn michi ypatlanian; 8) Tenochtitlan Cuauhtlitlacuayan; 9) Yn acáyhtic yn tollític; 10) Yn tlatzonipilco; 11) Yn tlalmacehuaco; 12) Yn cocoyotica; 13) Yn tlatzonipilpan.

Mexitin: «oriundos de Meshíco». «Mexicas» es la castellanización de mexitin, que en singular es mexícatl. El sufijo -tin pluraliza los sustantivos mientras que -tl los singulariza.

Mexictli: «nombre de Huitzilopochtli» [metl, «maguey»; xictli, «ombligo» y -co, «en»].

Micca: «muerto».

Miccacálcatl: «el de la casa de los muertos» [«*micca*, «muerto»; *calli*, «casa», y -*catl*, «gentilicio»].

Miccaotli: «calle de los muertos» [*micca*, «muerto», y *otli*, «calle»].

Michiníztac: «pescado blanco».

Michihuauhtli: «bledos».

Michhuácan: «el altépetl del pescado».

Mictlampa: «hacia Mictlan» o «hacia el lugar de los muertos» [*mimixcoa*, «serpientes de nube», o *micqui*, «muerto»; *titlan*, «lugar»; *pa*, «dirección»]. Nombre del rumbo del norte.

Míctlan: «el lugar de los muertos», «inframundo» o «mundo de los muertos».

Mictlancíhuatl o Mictecacihuatl: «señora de las personas muertas».

Mictlantecutli o Mictlantecuhtli: «señor del lugar de los muertos», «el dios de la muerte», «señor del Míctlan» o «señor de la mansión de los muertos» [*miquitl*, «muerto»; -*tlan*, sufijo locativo; y *tecuhtli*, «señor»].

Milnahuac: «en el lugar cercano a la milpa», o, «en el lugar del sagaz milpero».

Milpa, del náhuatl milpan: «en la sementera», sembradío, principalmente de maíz.

Mimixcoa: «serpientes de nube» [*mimixtin*, «nubes»; y *cóatl*, «serpiente»].

Miquiztli: «muerte».

Mitotia: «danza», «bailar» o «baile».

Mixcoas, plural de Mixcóatl: «serpiente de nubes», descendientes de Mixcóatl.

Mixcóatl: «serpiente nubes» o «serpiente tornado» [*mixtli*, «nube» y *cóatl*, «serpiente»]. Nombre de la Vía Láctea, cuerpo celeste divinizado por los chichimecas; nombre de una de las tres piedras del hogar (Xiuhnel). Dios de los guerreros muertos en combate.

Mixcoaxocóyotl: «Mixcóatl el joven». Otro nombre de Mixcóatl.

Mixcóhuatl: «serpiente de nubes».

Mízquic: «donde el mezquite» o «lugar de mezquites» [*mizquitl*, «mezquite», y -*c*, locativo»].

Mizquixahualtzin: «mezquite decorado y aliñado», «aceite de mezquite» [*mízquitl*, «mezquite» y *xahualtia* «adornar»].

Mocelcihuatzin ♀: «mujer valiente».

Mollocotlilan o Moyocotítlan: «donde abundan los mosquitos zancudos».

Momachtiani: «alumno».

Mometzcopinatzin: «sacado de la pierna».

Momoztli: «sitio cotidiano» o «altar u oratorio pequeño en forma de pirámide, erigido en el cruce de caminos».

Monantzin o Motatzin: «su madre» o «su padre».

Monenequi: «el arbitrario» o «el que pretende».

Moquihuitzin: «rostro hinchado por la ebriedad».

Moquíhuix: «el que [también] vino».

Motecuzoma, Motecuhzoma o Moctezuma: «el que se muestra enojado» o «señor del ceño sombrío» [*mo*, «tercera persona»; *tecuhtli*, «señor», y *tzoma*, «cejudo»].

Motelchiuhtzin: «el que se menosprecia» [*mo*, «tercera persona»; *telchihua*, «menospreciar» y *-tzin*, sufijo reverencial].

Motolinia: «el pobre».

Moxotzin Tlatzotzonízcatl ♀, [*Moxotzin*, «tu flor»; *Tlatzotzonízcatl*, «el que percute un instrumento musical»].

Moyocoani: «el que se crea a sí mismo».

N

Na Chán: «ciudad de las serpientes».

Nácan Ototiun: «casa de piedra».

Nacom Balam: «jefe de guerreros».

Nahua, nahuatlaca o nahuatlacah: «persona que habla la lengua náhuatl» [*náhuatl*, «cosas que suenan bien», o «lengua suave o dulce» y *tlacatl*, «persona» o «ser humano»].

Náhuac: «rodeado».

Nahualli: «brujo» o «hechicero». Considerado como un ser sobrenatural con capacidad para transformarse en animal. En plural nanahualtin. Castellanizado como «nahual» o «nagual».

Nahualteuctin o nahualteteuctin: «señores hechiceros», nombre dado a los tzompanteuctin, «señores de Tzompanco», primitivos pobladores de los cuatro señoríos de Cuitláhuac.

Náhuatl: «cosas que suenan bien» o «lengua suave o dulce». Lengua perteneciente a la familia yuto-nahua.

Nahuatlaca: nombre que se dio a los habitantes y los altepeme que hablaban la lengua náhuatl.

Nahuatlahto: «traductor del náhuatl».

Nahui: «cuatro».

Nanacacipactzin o Nanacacipatzin: «cima donde crecen hongos» [nanácatl, «hongos»; ícpac, «arriba en la cima» y -tzin, «reverencial»].

Nanahuatzin: «bubosito» o «bubosillo». Nanahuatzin era de Tamoanchan, según la Leyenda de los Soles en el manuscrito anónimo en náhuatl de 1558.

Nanocihuatzin: «señora madre».

Nanontl: «maternidad» o «conjunto de madres».

Nauhyotecuhtli: «señor del conjunto de los cuatro».

Nantli: «madre». Nana deriva de nantli.

Napateuctli: «cuatro veces señor».

Nauhcampa: «las cuatro direcciones» o «cuatro puntos solsticiales».

Necuameyócan: «lugar lleno de magueyes aguamieleros».

Necuámetl: «maguey de miel para pulque».

Nemiliztlacuilolli: «leyendas».

Nemontemi: «aciago».

Nenonotzaleque: «consejeros».

Nepantla Tonátiuh: «el sol está en medio». Entre la una y dos de la tarde.

Nepatiloni: «medicina».

Nexéhuac: «el despellejado con ceniza» [nextli, «ceniza», y éuac, «cosa levantada»].

Nextícpac: «sobre las cenizas», «cumbre donde rompe el día» [nextia, «amanecer», e ícpac, «cumbre»].

Nextlalpan: «sobre el suelo de ceniza», [nextli, «ceniza»; tlalli, «tierra», o «suelo» y -pan, «sobre»].

Nextlatilco: «en el montículo de ceniza».

Nezahualcóyotl: «coyote en ayunas (por penitencia)» [*nezahualizt-li*, «ayunar», y *cóyotl*, «coyote»].

Nezahualpilli: «noble en ayunas (por penitencia)», «señor penitente» o «señor en abstinencia» [*nezahualiztli*, «ayunar», y *pilli*, «noble»]. Hijo de Nezahualcóyotl.

Nochpaliicue: «la que viste falda de fibras de cactus».

Nohuan: «conmigo».

Nonohualca: «habitantes de Nonohualco, distrito de Tenochtitlan».

Nonohualco o Nontiaco: «donde llegaron los que hablan como mudos».

Nonohualcatépetl: «cerro de Nonohualco».

Nonotzale: «consejero», en plural nenonotzaleque.

O

Ocelopilli: «guerrero jaguar». En plural, ocelopipiltin.

Oceloteuhctli u ocelotecuhtli: «señor ocelote».

Océlotl: «ocelote». *Leopardus pardalis*.

Ocelotonatiuh: «sol de jaguar». Nombre de una de las edades primordiales.

Ocellopan u ocelopan: «estandarte de ocelote».

Ochpaniztli: «acción de barrer». Onceava veintena.

Octli, bebida embriagante, fermento de aguamiel extraído del maguey. En náhuatl. Término que aludía a las bebidas embriagantes, especialmente a la bebida que hoy conocemos como «pulque». Cabe aclarar que la palabra pulque no proviene del náhuatl ni de ninguna lengua nativa de Mesoamérica. El vocablo es la deformación de una palabra que utilizaron los conquistadores para referirse a una bebida embriagante originaria de las islas del Caribe.

Ococaltzin: «casa de pino».

Ocozacapan: «en las hojas secas de ocote».

Ocuillan: «lugar de orugas».

Ollin: «movimiento».

Ollintonátiuh: «sol de movimiento». Nombre de la edad actual, presidida por el sol llamado Nahui Olin, «cuarto movimiento».

Olmécatl, olmeca: «habitante de la región del hule o del caucho» [*olli*, «hule», *olman*, «lugar de hule», y -*catl* sufijo para identificar la afiliación, título, cargo público o identidad asociada a un lugar].

Ome: «dos».

Omecíhuatl: «madre de los dioses» [*ome*, «dos», y *cíhuatl*, «mujer»].

Ometecuhtli u Ometéotl: «dios de la dualidad», «padre de los dioses».

Ometochtli: «dos conejo» [*ome*, «dos», y *tochtli*, «conejo»].

Omeyocan: «el lugar de la dualidad».

Oncalaqui Tonátiuh: «el sol se mete». Hacia las seis de la tarde.

Opantzin: «en el camino».

Opochhuacan: «lugar de los del sur».

Opochtli: «zurdo» o «izquierdo».

Otolum: «casas fortificadas» o «lugar de las piedras caídas».

Otomí, este nombre no sólo designaba a los integrantes del grupo étnico homónimo, sino también a un tipo de guerrero, que se caracterizaba por su atuendo y por su valentía rayana en la temeridad.

Otonpan u Otompan: «lugar de los otomíes».

Oxkintok: «tres días pedernal» o «tres soles cortantes».

Oxomoco, nombre de la primera mujer (semidiosa); nombre nahuatlizado de probable origen huaxteco, Uxum-ocox, «mujer primera».

Oxte'Tun: «tres piedras».

Ozomatli: «mono».

Oztopolco: «sitio de la cueva grande», «en la cueva grande» o «lugar de muchas cuevas» (otros autores lo escriben como Oxtopolco).

Ozomatzin: «el mono» o «el sureño».

Oztotícpac: «encima de la cueva» o «en la gruta de arriba».

P

P'urhépecha: «lugar donde viven los p'urhé» u «hombres trabajadores».

Pa'chan: «cielo partido».

Palenc: «empalizada, valla de madera o estacada, sitio cercado, lugar fortificado, ciudad amurallada». (Del idioma catalán).

Panamachtiliztli: «estudio de las plantas medicinales».

Panohuayan: «puente de piedra» o «lugar del paso».

Pantécatl: «el de Pantlan o Pantítlan».

Pantítlan: «lugar de la bandera».

Pánuco: «lugar de paso».

Papálotl: «mariposa», pero también designaba al soldado como «captor de prisioneros» tras haber capturado tres cautivos. Su uniforme llevaba en la espalda las insignias o imágenes de mariposas.

Papaloxóchitl: «flor de mariposa».

Patlanallan: «entre los pájaros voladores».

Pazcuallo: «Patzcuaro».

Péchitl: «el que se inclina».

Petate, del náhuatl pétlatl: «estera» de tules tejidos.

Pétlatl: «tapete o alfombra», castellanizado como «petate». El pétlatl era tejida con fibras de palma trenzadas y era utilizado para dormir, como una cama. Asimismo, se utilizaba para las reuniones o comidas, pues no había mesas. En el pétlatl además se colocaban el tlatocaicpali, los tlatotoctli, los alimentos, las bebidas o lo que fuera necesario.

Pik': «ciclo de 400 años o 14 4000 días».

Pilhoacatzintli: «padre reverenciado», «poseedor de los niños».

Pilli: «hombre de la nobleza», «nobles», en plural pipiltin.

Pillicihuatzin ⊠: «mujer noble».

Poliuhqui: «perdido sin remedio», «perecido» o «cosa perdida».

Pipiltin: «nobles», «guajolotes», en singular pilli.

Pipilpipil: «muchachitos».

Piye, nombre en zapoteca del calendario sagrado de 260 días.

Pochtécatl: «mercader», en plural pochtécah.

Pochtlan: «lugar de póchotl», «entre los pochotes» o «entre las ceibas».

Pohualli: «cuenta».

Popocatépetl: «cerro que humea».

Popocatzin: «el ahumador».

Popochcómitl: «incensario».

Popoloca: «persona que habla otra lengua», «los tartamudos».

Popótlan: «lugar de popotes».

Poyáhuitl: «montaña despejada de nubes».

Q

Quechol, del náhuatl quecholli: «cuchareta rosada», «espátula», «flamingo», «plumas» o «flecha arrojadiza». Las plumas rosadas de esta ave y las plumas largas y verdes del quetzal constituían las «plumas ricas» por antonomasia. Veintena catorce.

Quechollami: «termina quecholli».

Quelite, del náhuatl quílitl: «hierba»; nombre genérico de las hierbas silvestres comestibles.

Quetzal, del náhuatl quetzalli: «pluma larga, verde y rica», «pluma grande», «pluma preciosa», «preciosa» o «precioso»; metafóricamente, «algo precioso», «hija» o «hijo», plumas de la cola del quetzaltótotl o pájaro quetzal. *Pharomacrus mocinno.*

Quetzalcanauhtli: «ánade precioso», «pato precioso» o «pluma de ganso».

Quetzalcóatl: «serpiente preciosa» [*quetzalli*, «ave quetzal» o «precioso» y *cóatl* «serpiente»].

Quetzalcuauh: «águila preciosa» o «el del quetzal».

Quetzalmamaltzin: «portador del quetzal» [*quétzal*, «ave quetzal»; *mamaltia*, «cargar» y -*tzil* «reverencial»].

Quetzalmázatl: «venado precioso».

Quetzalpétlatl: «estera preciosa» o «petate hecho de plumas de quetzal».

Quetzaltépec: «en el cerro de los quetzales».

Quetzalxilotzintli Huacaltzintli ▨, [*Quetzalxilotzintli*: «jilote-quetzal» y *Huacaltzintli*, «huacal», caja hecha con varas para transportar sólidos].

Quiáhuitlmachtiliztli: «estudio de las lluvias».

Quiauhtonatiuh: «sol de lluvia».

Quilachtli o Quilaztli: «la que llega a hierba comestible» o «la que propicia el verdor o la verdura».

Quiname: «hombres de gran estatura».

Quinaxcantlatolli: «historia de lo presente».

Quinehuayan: «salidero de la gente», «donde anduvieron como poseídos».

Quiyáhuitl: «lluvia».

S

Sacbé o sakbé: «camino blanco».

Sajal: «gobernante provincial».

Sak B'aak Naah Chapaat: «ciempiés de la Casa de los Huesos Blancos».

Sayil: «lugar de las hormigas arrieras».

T

Ta'jin [Tajín]: «lugar de un conjunto de templos de donde sale humo constantemente» [ta', «estar construido»; y jín, «humea constantemente»].

Tamiahua: «en las flores de maíz de la tierra»

Tamoanchan: «casa del Tamiahua».

Tarascue: «mi yerno» o «mi suegro».

Tecalli: «casa de mando».

Tecamachalco: «la entrada pedregosa por el lado de Chalco».

Tecanman: «lugar de bocas de piedra».

Tecatl: «persona».

Techichco o Techixco: «junto a la máscara» o «rostro».

Tecihuápil: «concubinas», en plural tecihuapipiltin.

Tecolquenqui, deidad relacionada con el título de abuelo, tío, hermano de abuelo o de abuela.

Teconehua: «hijo de aquella».

Técpan nenenqui: «sirviente»,

Tecpancalli: «casas reales».

Tecpantla: «lugar lleno de palacios», [tecpan, «palacio» y -tlah o tla, «lugar sembrado de» o «lugar lleno de»].

Tecpantlácatl: «cortesano», en plural, tecpantlacátin.

Técpatl: «cuchillo de pedernal».

Tecpayócan: «tierra tepaneca».

Tecpillatoliztli: «arte de hablar con elegancia».

Tecpóyotl: «pregonero».

Teticpac: «encima de las piedras».

Tecuanipan: «donde el tigre», «donde la fiera».

Tecuanitzin: «felino feroz».

Tecuhtli: «señor» o «gobernante».

Tecuhtzin: «Señor».

Tecuilama: «señora anciana».

Tecuilhuicuicatl: «canto al señor del cielo».

Tecuilhuitontli: «fiesta pequeña de los señores». Séptima veintena.

Tecuitlatl: «excremento de las aguas». Alga espirulina.

Tecutlato: «senador». En plural tecutlatoque. También, Tecuhtlahtohqueh.

Tecutlatoloyan: «senado», se refiere al edificio, mientras que el tecutlatoliztli, «senado», se refiere al concepto abstracto y a los tecutlatoque, «senadores», en singular tecutlato.

Tecutli, o tecuhtli, en plural tetecuhtin: «señor» o «gobernador».

Tecúyotl: «gobierno de un pueblo pequeño», en plural tetecúyo. El tecúyotl es gobernado por un tecuhtli; y el tlatocáyotl un tlatoani. El tecúyotl, sería el equivalente a un gobierno estatal, en tanto que el tlatocáyotl a la administración federal. Antes de la creación de la Triple Alianza el gobierno de México Tenochtitlan era un tecúyotl.

Teimatini: «el sabio», «el que entiende a la gente».

Teixcuepani: «hipócrita, carácter, engañoso, engañoso, astuto, burlón, encantador».

Telpochcalli: «casa de la juventud» o «casa de los mancebos», era la escuela para los plebeyos.

Telpochtli: «el joven», «patrón del telpochcalli, la casa de la juventud».

Telpochyahqui: «sargento», en plural telpochyahque.

Temalácatl: «rueda de piedra». Piedra cilíndrica en la que se efectuaba el sacrificio del «rayamiento» o sacrificio gladiatorio.

Temazcal, del náhuatl temazcalli: «casa de baño con agua caliente».

Temazcaltítlan Teopantlan [Temazcaltítlan: «junto a la casa del baño de vapor».

Tenamaztes: «las tres piedras colocadas alrededor de las hogueras».

Tenan: «Nuestra Madre».

Tenanco: «recinto de piedra», «en la muralla».

Tenantzin: «muralla».

Tenantzinco: «asiento tenanca».

Tenayócan: «lugar amurallado» o «lugar lleno de murallas» [*tena-mitl*, «muro»; *yoh*, «lleno de»; y -*can*, sufijo locativo].

Tenemilizpohualli: «historia contada de forma oral».

Tenimes: «extranjeros». *Ténitl*, en singular: *tenimeh*, en plural.

Ténoch: «nopal de tunas duras», «tuna de piedra». tenochtli, «nopal de la piedra» [*tetl*, «piedra»; *nochtli*, «tuna» y -*tlan*, sufijo locativo, «lugar en el que abunda»]. Tenochtli refiere también a toda la planta y no sólo al fruto.

Tenochca: «los poseedores del tunal».

Tenochtitlan: «junto a la tuna dura», «lugar de tuna de piedra» o «lugar del nopal de la piedra» [*tetl*, «piedra»; *nochtli*, «tuna» y -*tlan*, sufijo locativo].

Tenzacátetl o Tenzacacátetl: «bezotera de zacates».

Teo-octli: «licor de los dioses».

Teo uácan: «ciudad del sol».

Teoatl: «mar» [*teo*, «divino»; *atl* «agua»]. El agua divina que se une con Tonátiuh.

Teocalli: «casa de [algún] dios», [*teo*, «dios»; *calli*, «casa»].

Teocuícatl: «cantares sagrados», «canto a los dioses».

Teocuitlatl: «obsequio divino» [*teo*, «dios» o «divino» y *cuitlatl*, «obsequio»].

Teoculhuácan: «tierra de los que tienen abuelos divinos».

Teohua: «el que tiene un dios», sacerdotes de los barrios, en plural teohuaque.

Teohuacan: «lugar sagrado».

Teomama: «portador del dios».

Teomamaque: «cargadores del dios».

Teopixque: «guardianes de los dioses».

Teopixqui: «sacerdote», en plural teopixque.

Teotenanco: «antiguo tenanco».

Teotihuacan: «tienen a los dioses», «ciudad de los dioses» [*téotl*, «dios»; *hua*, «posesivo»; y -*can*, «lugar»]

Téotl o Teotl: «dios».

Teotlachco: «donde el juego de pelota sagrado».

Teotlamachiliztli: «estudio de los dioses».

Teotleco: «bajada del dios». Doceava veintena.

Tepecuacuilco: «en la cabeza pelada del cerro».

Tlacazcaltiliztli: «educación».

Tepanecas: «los que se encuentran sobre la piedra».

Tepanécatl: «habitante de un palacio o un lugar pedregoso».

Tepanecáyotl: «tepanequidad».

Tepanohuayan: «donde el puente de piedra» [*tetl*, «piedra», *pano-hua*, «vadear el agua», *yan*, «lugar»].

Tepanquizcatzin: «el que pasa sobre la gente».

Tepanquizqui: «el que pasa sobre la gente».

Tepantzin: «muro».

Tepeaca o tepeyaca: «cerro como nariz».

Tepechpan: «en los cimientos de piedra».

Tepeílhuitl: «fiesta de los montes». Veintena número trece.

Tepetlixpan: «frente al cerro».

Tepéxic: «sobre el peñasco».

Tepeyácac: «punta del cerro».

Tepictoton: «los pequeños dioses de los cerros».

Tepopollan: «donde el tráfico y la multitud de gentes».

Tepozquiquizohuani: «el que toca el caracol».

Tequihua: «capitán del ejército», en plural tequihuaque.

Tequixquíac: «en el agua salitrosa».

Tetecúyo, equivale a un gobierno estatal y el tlatocáyotl al gobierno federal. En singular tecúyotl.

Tetella: «tierra fragosa».

Teteo Innan o Teteoh Innan: «madre de los dioses». [*teteoh*, «de los dioses», *in*, «de», y *nantli*, «madre»].

Teteo Íntah: «padre de los dioses».

Tetlatlaliliani: «juez», en plural tetlatlalilianime.

Tetlancochqui: «huésped», en plural tetlancochque.

Tetlepanquetza: «bandera como símbolo tepaneca».

Tletonátiuc: «sol de fuego».

Tetzáhuitl: «agüero espantable».

Tetzáhuitl Huitzilopochtli: «agüero pavoroso».

Teuhctléhuac: «señor de la sequía».

Teutlatlac: «excremento de las aguas».

Texcacoac: «en el lugar de la serpiente de espejo».

Texcoco: «en la jarilla de los riscos».

Texocpalco, donde la tierra azul para teñir».

Teycu: «la hermana que sigue» o «la segunda menor».

Teyocoyani: «el creador de gente», «inventor de hombres», «quien envía a los hombres al mundo».

Teyoliamachtiliztli: «estudio del alma y lo invisible».

Teyolcocohuatzin: «el que causa pena a la gente».

Teyolocuani: «brujo que comía vivo el corazón a la gente».

Tezcacóac: «lugar de serpientes de espejo».

Tezcacoácatl: «el de Tezcacóac». Tezcacóac, «lugar de serpientes de espejo».

Tezcacohuácatl, [Tezcacóatl], [Tezcacoacatl], «el de Tezcacoac». Tezcacoac, «en el lugar de la serpiente de espejo».

Tezcacuitlapilli: «disco dorsal».

Tezcapoctzin: «humo de espejo».

Tézcatl: «espejo».

Tezcatlanextia: «espejo doble que ahúma las cosas por la noche y las hace brillar durante el día» y «espejo que hace aparecer las cosas».

Tezcatlipoca: «humo espejeante o espejo ahumado».

Tezouhqui Tezcatlipoca [*Tezouhqui*: «extendido por la orilla»; y *Tezcatlipoca*, «el espejo que humea», «humo de espejo» o «espejo reluciente»].

Tezontle, del náhuatl tezontli: «piedra volcánica», rojiza, porosa y liviana

Tezozómoc [Tezozomóctzin, Tezozomóctli, Tetzotzómoc o Teçoçomoctli]. De acuerdo con Anales de Tlatelolco, Tezozómoc significa «el encolerizado» o «piedra crepitante»; Chimalpáhin lo describe como «el de la piedra fofa»; según Lockhart es «señor que rompe piedras», [*tetl*, «piedra» y *zozomoc*, «partir golpeando»]; y el Gran Diccionario Náhuatl define [*tetl*, «piedra»; *zozoma*, «enojarse» y *-tli*, o *-tzin*, sufijos reverenciales].

Tezozomóctli Yacatéltetl Ipeuhqui, [*Tezozomóctli*: «el encolerizado» o «piedra crepitante»; *Yacatéltetl*, se desconoce su significado e *Ipeuhqui*, «el que comienza»].

Thiuime: «ardilla negra».

Tiacápan: «nuestra hermana mayor».

Tianquiznenetzin ♀: «muñeca del mercado».

Tianquiztenco: «a la orilla del mercado».

Tianquizolco: «sitio de mercado en el lodo».

Tilma, del náhuatl tilmatli, «manta de algodón» para cubrirse.

Tímal [timalli]: «pus», «podredumbre».

Tinúm: «lugar de la espina».

Títitl: «vientre». Veintena diecisiete.

Titlacahuan: «aquel de quien somos esclavos», «eres el dueño de esclavos».

Tizahuatzin: «el que tiene tiza».

Tízoc: «barnizado con yeso», «el que hace sacrificio».

Tlacaélel: «el desposeído».

Tlacalaquilli: «tributo».

Tlacanahuatilli: «leyes humanas» o «leyes naturales».

Tlacatécatl: «el señor del Tlacateco».

Tlacatéccatl: «el que cercena a la gente» (variante tlacatécatl, «el que coloca a la gente»). Cargo militar.

Tlacateco: «lugar donde se cortan los hombres».

Tlacatecólotl: «búho-hombre», «búho humano».

Tlacatecolotin: «búho-hombres».

Tlacatecpan: «palacio masculino», «lugar de la gente tepaneca».

Tlacateotzin: «deidad encarnada».

Tlacatle Totecue: «oh, amo», «nuestro señor».

Tlacaxipehualiztli: «fiesta de los desollados». Segunda veintena.

Tlacazcaltiliztli: «educación».

Tlachco: «donde se practica el tlachtli».

Tlachihualtépetl: «el monte hecho a mano».

Tlachinolli: «combate de fuego».

Tlachtli: «juego de pelota».

Tlaciuhqui: «astrólogo», en plural tlaciuhque.

Tlacochcalco-tlacateco: «armería y cuartel militar», «en la casa de los dardos», «almacén de dardos».

Tlacochcálcatl: «el de Tlacochcalco» o «el hombre de la casa de los dardos», rango militar de alto nivel, equivalente a gran general.

Tlacochcuetzin, ♀: «falda de dardos».

Tlacomihua: «a medias en la siembra». milli, tlaco.

Tlacopan: «lugar de las jarras» o «lugar de esclavos». tlacotli, pan. Actual Tacuba.

Tlacoquecholli: «mitad de quecholli».

Tlacotépec: «monte mediero».

Tlacotl: «jarilla», «vardasca».

Tlacotzin: «mediano» o «jara».

Tlacoyehua: «segunda hija» o «la de en medio».

Tlacualchiuhqui: «cocinera», en plural tlacualchiuhque.

Tlacuilolli: «escritura pintada».

Tlacuilo, persona que pintaba los códices, generalmente en la sala principal mientras los tlatoque sesionaban, de tal forma que los que pintaban en ese momento quedaba como testimonio. En plural tlacuiloque. Los tlacuiloque estudiaban en el calmécac y se preparaban desde la infancia. El huei amatlacuilo era el escribano principal y mayor.

Tlahuahuanaliztli: «rayamiento» o «enfrentamiento gladiatorio».

Tlalhuica: «gente de tierra», «gente de hacia la tierra», [tlalli, «tierra», huic, «hacía» y -ca, «persona»].

Tlahuítol: «arco».

Tlahuizcalpantecuhtli: «el dios Quetzalcóatl en su advocación de planeta Venus como lucero vespertino», «el señor en la aurora» [tlahuizcalli, «la aurora»; pan, «en»; y tecuhtli, «señor»].

Tlahuizcalpotonqui: «aurora brumosa», «rompe la casa del alba» [tláhuiz, «alba»; calli, «casa» y potonqui «que rompe»].

Tlahuiztlampa: «oriente», «dirección del lugar del amanecer» [tlahuizcalehua, «el amanecer»; tlan, «lugar» y pa, «dirección»].

Tlal-octli: «licor de la tierra».

Tlahtolli: «palabra».

Tlalíchcatl, nombre de una deidad masculina, una de las divinidades adoradas por Quetzalcóatl.

Tlalli Iyollo: «corazón de la tierra» [tlalli, «tierra»; i-, «su», y yollotl, «corazón»].

Tlallamanqui: «somos sus esclavos», (epíteto de Tezcatlipoca).

Tlallamánac, multipresencia de Ometéotl, como acción sustentadora de la Tierra.

Tlalmanalco: «tierra obtenida».

Tlamatzinco: «en el lugar del cautivo».

Tláloc, Tlalocantecuhtli o Tlalocateutl: «dios del néctar de la tierra», «el que penetra la tierra», «el pulque de la tierra» [*tlalli*, «tierra» y *octli*, «bebida embriagante»]. Igual que Quetzalcóatl, Tláloc se origina en Teotihuácan, desde donde se expande el culto hasta tierras mayas. Vive en el paraíso llamado Tlalocan, ubicado en la región oriental del universo, de donde provienen las lluvias. Se multiplica en varios tlaloques, también conocidos como los dioses de los cuatro rumbos, que llevan agua en cuatro tipos de lluvias desde el interior de los cerros hasta la tierra. Según los tlaxcaltecas, Tláloc se casó con la diosa de la belleza, Xochiquetzal, y Tezcatlipoca la secuestró. Entonces Tláloc se casó con Matlalcueye, la diosa del agua viva, para los mexicas Chalchiuhtlicue.

Tlalocanteuctli: «el señor del paraíso».

Tlaloque o Tlaloqueh: «dioses de la lluvia», los dioses de los cuatro rumbos, que llevan agua en cuatro tipos de lluvias desde el interior de los cerros hasta la tierra. Ayudantes del dios Tláloc.

Tlateccáyotl: «arte escultórico en piedra o cerámica».

Tlatepotzcas: «los que viven a espaldas de los montes».

Tlaltelolco: «montículo de arena», «donde el cerrito de tierra».

Tlamacazcalli: «casa de los que ofrendan», escuela superior. De acuerdo con Diego Durán después de estudiar en el calmécac, los estudiantes pasaban a una llamada tlamacazcalli en el cual concluía su aprendizaje religioso.

Tlamacazcatépetl: «el cerro de los tlamacazqui».

Tlamatinime: «sabios».

Tlamatini: «sabio», «maestro». En plural tlamatinime.

Tlamelahuacachihualiztli: «justicia».

Tlapallan: «donde abundan los colores».

Tlapco: «en el cofre» o «en el lugar de la luz» (por Tlauhco), uno de los nombres del rumbo del oriente.

Tlapohualiztli: «conteo, cálculo, adivinación y predicción».

Tlapouhqui: «adivino», «videntes». En plural tlapouhque.

Tláquetz: «erguido».

Tlaquimilolli: «bulto sagrado».

Tlatelolco: «en el islote», «montículo de arena» o «en el montón redondo de tierra» [*tlatelli*, «terraza», «altozano», «cuesta pequeña» o «montón de tierra grande» y *xaltilolli*, «punto arenoso» o «montículo de arena»]

Tlatelolco Xalliyácac, [*Tlatelolco*, «montículo de arena» y *Xalliyácac*, «en el comienzo de la arena»].

Tlathuináhuac: «hora antes del alba».

Tlatlauhqui, «enrojecido».

Tatlapitalizpan o Tlatlapitzalizpan: «a media noche» o «cuando se tocan los caracoles».

Tlatlauhqui Tezcatlipoca [*Tlatlauhqui*, «rojo», «rojizo» o «marrón»; y *Tezcatlipoca*, «el espejo que humea», «humo de espejo» o «espejo reluciente»].

Tlatlayan: «el quemadero».

Tlatoa o tlahtoa: «hablar».

Tlatoani o tlahtoani: «el que habla» [*tlahtoa*, «hablar»; -*ni*, «persona»]. Tlahtoani se utiliza de múltiples formas. Por sí sola se refiere a un soberano o gobernante. También se usa de manera compuesta: teopixcatlatoani, «prelado»; teoyotica tlatoani, «sacerdote de alto rango»; tetempan tlatoani, «adivino»; tlatlatoani, «hablador, que habla mucho»; tlatoaniton, «rey pequeño». Plural, tlatoque.

Tlatocaicpalli: «asiento real o trono», aunque en algunas fuentes también puede leerse tlatocatzatzazicpalli y tepotzoicpalli. El tlatocaicpalli era un asiento hecho de mimbre, en forma de «L», es decir asiento y respaldo, pero sin patas o bases que lo mantuvieran elevado del piso.

Tlatocamecáyotl: «linajes y jerarquías».

Tlatocatopilli: «vara de mando».

Tlatocayomachtiliztli: «ciencias políticas».

Tlatocanecentlaliliztli: «audiencia», «consejo real» o «congregación de grandes señores».

Tlatocáyotl: «señorío» o «imperio». Sede de un tlatoani.

Tlatollaliliztli: «poesía».

Tlatoloyan: «lugar desde donde se gobierna», alianza de varios tlatocáyotl.

Tlatotoctli: «asiento de mimbre con forma cubica o rectangular». También se les llama icpalli.

Tlatzallan: «entre dos serranías».

Tlatzanátztoc [Tlatzatzanátztoc]: «están haciendo ruido los carrizos» o «están haciendo ruido las flechas».

Tlatzinco: «abajo».

Tlauhquéchol: «flamingo rojo».

Tlaxcalli: «tortilla».

Tlaxcaltecas: «gente de la tortilla» [*tlaxcalli*, «tortilla», y *tecatl*, «persona»].

Tlaxcaltotopochtli: «matalotaje».

Tlaxilacale: «jefe de barrio».

Tlaxilacalli: «asentamiento», «barrios».

Tlaxochimaco: «donde se ofrecen flores» o «estera de flores» o «tierra florida». Novena veintena.

Tlayllótlac: «señor de Tlayllótlacan».

Tlayllotlacan: «lugar de dar o poner manchas».

Tlazoltéotl: «deidad del amor», «diosa de la inmundicia» [*tla-*, prefijo; *zolli*, «inmundicia»; y *téotl*, «divino»]. Era la diosa de la sexualidad, la lujuria y la inmundicia.

Tlazolyáotl: «enemigo de Tlazoltéotl».

Tlazopilli: «el noble precioso», «el hijo precioso», «príncipe».

Tlazopipiltin: «príncipes».

Tlecuilhua: «dueño del fogón».

Tlemaco: «en el sahumador».

Tlílac: «en el agua negra».

Tlillan Tlapallan: «la orilla celeste del agua divina».

Tlillancalqui: «el que tiene la casa de Tíllan».

Tlillapan: «agua oscura».

Tliltécatl: «el ennegrecido».

Tloquenahuaque: «el ubicuo». Tloque Nahuaque.

Tlotépetl: «cerro del gavilán».

Tlotépetl Xiuhcóhuatl: «serpiente de turquesa».

Tlotli: «el gavilán».

Tóci: «nuestra abuela» [*to*, «nuestra» y *tecihtzin*, o *citli*, «abuela»].

Tochtli: «conejo».

Tocuiltécatl: «el de Tocuílan». Tocuílan, «lugar del gusano».

Tok Tahn: «en el centro de las nubes».

Tólan [Tollan]: «lugar de tules o juncos» o «ciudad o metrópoli». Actual ciudad de Tula, Hidalgo.

Tollan Cholollan Tlachihualtépetl: «gran ciudad donde cae el agua en el lugar de huida del monte hecho a mano».

Tollan Xicocotitlan: «la Tollan junto al cerro Xicuco».

Tollantzinco o Tólantzinco: «asiento de Tollan», «Tólan el chico».

Tollocan o Tollohcan: «lugar donde habita el dios Tolloh», «lugar del corcovado». Actual Toluca, Estado de México.

Tolnáhuac: «en medio de los tulares».

Tolteca: «el de Tollan», «persona de Tollan». *Toltecah* en plural, y *toltecatl* en singular.

Toltecatépetl: «cerro de los toltecas».

Toltecáyotl: «toltequidad».

Toltitlan o Toltítlan: «junto de los tulares».

Tonacatecutli o Tonacateuctli: «señor de nuestra carne», «señor del sustento» [*tonacáyotl*, «sustento», y *tecuhtli*, «señor»].

Tonacatépetl: «cerro de los mantenimientos».

Tonacacíhuatl: «señora de nuestra carne», «señora del sustento».

Tonalli: «el soplo divino, materia sagrada que da vida a los seres humanos», tiene cuatro significados «día, sol, destino y espíritu». El tonalli era imaginado como una materia luminosa y brillante. Los mexicas creían que el tonalli se encontraba distribuido por todo el organismo y que la fuerza del tonalli derivaba del sol. El nombre y el tonalli se encontraban tan estrechamente ligados que se suponía que aquellos que portaban el apelativo de un ancestro heredaban su tonalli. Según el Códice florentino «se decía que en el decimotercer cielo nuestros tonaltin son determinados. Cuando el niño es concebido, Ometecutli y Omecíhuatl, la pareja suprema, introducían el tonalli en el útero. El tonalli condicionaba el destino del individuo y sus características personales». El tonalli era así, según Graulich, «la chispa de vida que descendía en el vientre para volverse niño», Martínez González.

Tonalámatl: «libro de los días» [*tonalli*, «día» y *ámatl*, «papel»]. El papel para el Tonalámatl era hecho de la corteza de árboles ficus. El Tonalámatl de Aubin es un códice pictórico utilizado por los sacerdotes nahuas en rituales adivinatorios. Consiste de un Tonalpohualli, «cuenta adivinatoria», inscrita en un calendario religioso de 260 días, que se utilizaba para llevar el registro de las festividades y para realizar predicciones astrológicas y cartas natales. Las láminas contienen al dios patrono de la trecena del calendario ritual nahua en un cuadro grande y en cuadros pequeños, los días con sus numerales, los nueve señores de la noche, los trece señores del día y las trece aves.

Tonalpohualli: «cuenta adivinatoria».

Tonalpouhque: «adivinos».

Tonantzin: «nuestra madre» [*to*, «nuestra»; *nantli*, «madre», y -*tzin*, «venerada»].

Tonatiuh: «el sol», «el que va alumbrando», dios del sol.

Tonatiuh itzacual: «encierro del Sol».

Tópil: «nuestro príncipe» [*to*, «nuestro» y *pilli* «príncipe»].

Topiltzin: «nuestro hijo».

Tótec: «Nuestro señor», otro nombre de Xipe, dios de la fertilidad agrícola. [Xipe Tótec], «nuestro señor desollado» [*xipe*, «desollado»; *to*, «nuestro», y -*tec*, «señor»].

Totepeuh: «nuestro conquistador».

Totolimpanecas: «los del río de pájaros».

Totollini: «señor pájaro» [*tototlli*, «guajolote» y -*ni*, «persona» o «señor»].

Totollapan [totolápan]: «río de los pájaros». tototllin, apan.

Totoltécatl: «de los totollin».

Totomihua: «flechador de pájaros».

Totomihuacan: «donde tienen los pájaros».

Totoquihuatzin: «el apresurado».

Tozoztli: «vigilia».

Tóxcatl: «sequedad» o «falta de agua». Quinta veintena.

Tozcuecuechtli: «tuza atrevida». tozan, cuecuextli.

Tozcuécuex: «loro travieso».

Tozcuecuextli [tozcuecuechtli]: «tuza atrevida».

Tozpan: «Bandera de plumas de loro», nombre de una de las tres piedras del hogar.

Tozpánxoch: «flor como bandera amarilla».

Tozpanxóchitl: «rosa de tuza».

Tulum: «muralla» o «palizada».

Tun, Los mayas tenían el tun, equivalente a 360 días.

Tzab: «cola de serpiente de cascabel».

Tzacapu-Amocutin-Pátzcuaro: «donde están las piedras en la entrada», «en donde se hace la negrura», «donde se tiñe de negro», «donde todo se torna negro» o «donde reina la sombra».

Tzacuálcatl: «el de la pirámide».

Tzacualtitlan: «junto de la pirámide».

Tzakatkihui: «árbol de la fecundidad».

Tzetzal: «la casa de piedra» o «el lugar donde se levantan esculturas en piedra en honor del tiempo».

Tzinitzcan: «trogón serrano colimanchado», Trogon mexicanus.

Tziuacxotzin ♀: «flores resecadas por la helada».

Tzitzimitl: «flecha puntiaguda», monstruosas deidades celestiales; fantasmas vivos, bajados de las nubes, dioses de los aires que traía las lluvias, aguas, truenos, relámpagos y rayos, en plural Tzitzimime.

Tzintzuntzan: «lugar de colibríes» o «lugar del colibrí mensajero» [*tsintsun*-, «colibrí»; -*tza*, «rapidez»; y -*an*, «lugar»].

Tzihuacpopocatzin: «cacto humeante».

Tzihuactlatónac: «cacto resplandeciente», tecuhtli de Cuitlachtépec, «en el cerro de los lobos».

Tzohualli [tzoalli]: «carne de los dioses».

Tzolk'in, El tonalpohualli, calendario de 260 días, entre los mexicas es el tzolk'in de los mayas, derivado de una palabra k'iche, «quiché», que significa «el orden de los días».

Tzomolco: «en el cabello mullido».

Tzompantli: «hilera de cráneos», [*tzontecomatl*, «cabeza» o «cráneo», y *pantli* «hilera» o «fila»].

Tzompahuacan: «lugar del tzompantli».

Tzompahuacateuhctli: «señor del lugar del tzompantli».

Tzompanco: «donde tienen el tzompantli», tzompantli, -co (lugar para ensartar cráneos; locativo.).

Tzompanteuctin o tzompanteteuctin: «señores de Tzompanco», nombre dado a los primitivos pobladores de los cuatro señoríos de Cuitláhuac.

Tzontecómatl: «cabeza».

Tozoztontli: «vigilia pequeña». Tercer veintena.

U

U K'ay Kan: «canto de la serpiente».

Uacúsecha: «señores águila».

Uacúsechas o vacuxechas: «gente de la casa del águila».

Uarichao: «lugar de las señoras».

Uhcumo: «topo» o «tuza».

Uirucumani: «yacer en silencio».

Ukit Kan Le't Tok': «el padre de los cuatro calabazos de pedernal».

Uuc-yab-nal: «los siete abnal».

Uxmal: «tres veces construida» o «tres cosechas».

V

Vardaseos: «ballestas con dardos».

W

Wayeb: Los mayas tenían el tun, equivalente a 360 días, más cinco días wayeb, que hacían un haab, un año de 365 días.

Waxtlan o Waxtekapan Tlalli: «La Huasteca».

Winal: «20 días».

Winikhaab: «ciclo de 20 años o 7 200 días».

X

Xalliyácac: «en el comienzo de la arena».

Xalpanécatl: «el de Xálpan», [*Xálpan*, «en la arena»].

Xaltillolco o Xaltilulco: «donde el cerrillo redondeado de arena».

Tlatelolco, «en el islote», «montículo de arena» o «en el montón redondo de tierra» [*tlatelli*, «terraza», «altozano», «cuesta pequeña» o «montón de tierra grande»; y *xaltilolli*, «punto arenoso» o «montículo de arena»].

Xaltócan: «lugar de arena» o «arenas extendidas».

Xaquin: «hormiga» en otomí.

Xcambó: «cocodrilo celestial» o «lugar donde se realizan los trueques».

Xicco: «lugar del centro» o «lugar del ombligo» [*xictli*, «ombligo» y *-co*, sufijo locativo].

Xochithualco: «en el hermoso valle».

Xicomoyáhual ♀: «dispersión de jicote».

Xicónoc: «donde se extiende xócotl» [*xícotl*, «avispas»; *ono*, «extensión» y *-c*, sufijo locativo].

Xictli: «ombligo».

Xihuacan: «donde tienen turquesas».

Xiuhcanahualtzin ♀: «turquesa fina» o «turquesa delgada».

Xiuhcóatl: «serpientes de fuego».

Xiuhquecholpotoncatzin ♀: «emplumada con plumas de quechol y turquesas».

Xiuhteuctli: «señor del año» o «señor de la turquesa».

Xiuhyaoteuctli: «jefe guerrero de turquesa».

Xíhuitl: «año»: «cometa», «turquesa» y «hierba».

Xihuitzolli: «corona real».

Xilotépec: «en el monte de los xilotes».

Xilonen, diosa del maíz tierno.

Ximiximati: «conócete a ti mismo».

Xipe Tótec: «nuestro señor desollado» [*xipe*, «desollado»; *to*, «nuestro»; *tec*, «señor»].

Xiúhcac Teomama: «el sacerdote de las sandalias azules».

Xiuhcóatl o Xiuhcóhuatl: «serpientes de fuego».

Xiuhmolpilia o xiuhmolpilli: «atadura de los años».

Xiúhnel: «turquesa verdadera».

Xiupohualli: «cuenta del año», se dividía en dieciocho ciclos de veinte días, llamado cempoallapohualli, «la cuenta de las veintenas». Más información al final de este libro, en el apartado titulado «la cuenta de los días».

Xiuhtoztzin: «el de la voz de turquesa» [*xíuitl*, «turquesa»; *tózquitl*, «voz» y *-tzin*, sufijo reverencial].

Xiuhtecutli o Xiuhteuctli: «señor de la turquesa», «señor del año». Dios del fuego.

Xiuhteteuctin: «señores de la turquesa», descendientes o acompañantes de Xiuhteuctli, dios del fuego.

Xiutlapoualli: «cuenta de años».

Xochicalco: «en el lugar de la casa de las flores» [*xóchitl*, «flor»; *calli*, «casa»; y *-co*, «lugar de»].

Xochicaltectli: «señor de la casa de flores».

Xochicuícatl: «cantos floridos».

Xochimilca: «poseedores de las sementeras de flores» o «gente de las sementeras de flores» [*xochitl*, «flor», y *centemilli* o *milli*, «sementera»].

Xochimilco: «tierra de flores», «huerta de flores» o «en el plantío de flores» [*xochi*, «flor»; *mil*, «tierra de labranza»; y *-co*, sufijo locativo].

Xochimilli: «sementera de flores».

Xochipillan: «lugar de Xochipilli».

Xochipilli o Xochipilli-Macuilxóchitl: «príncipe de las flores» o «noble florido» [*xochitl*, «flor»; *pilli*, «príncipe» o «niño»]. Dios del amor, de la belleza, de las flores, del maíz, los juegos, del placer y de la ebriedad.

Xochiquétzal: «flor preciosa», «deidad quetzal florecido». La diosa del amor.

Xóchitl: «flor».

Xochitlalpan: «tierra de flores».

Xochiyaoyotl: «guerra florida» [*xochi*, «flor»; *yao*, «guerra» y *yo*, «derivativo»].

Xoconostle, del náhuatl xoconochtli: «tuna agria».

Xócotl Huetzi: «cuando madura la fruta». Decima veintena.

Xocotzin ♀: «fruta agridulce».

Xocóyol: «cascabel en la pierna», «la hija menor» o «la última».

Xolman: «el que está de pie».

Xólotl: «el perro monstruo».

Xomímitl: «pato lagunero», «flecha en la pierna» o «flecha de saúco».

Xonacapacoyan: «donde se lavan las cebollas».

Y

Yacapichtlan: «narices perforadas».

Yajaw k'ahk': «señor del fuego».

Yaocíhuatl: «la guerrera».

Yaocuícatl: «canto a la guerra».

Yaocuíxtli: «milano aguerrido».

Yaoquizqui: «soldado macehualli». En plural *yaoquizque*.

Yaoquizcayacanqui: «capitán del ejército». En plural *yaoquizcaya-canque*.

Yaotequihua, grado militar.

Yáotl o Yaotzin: «el enemigo», «enemigo en la guerra». Otro nombre de Tezcatlipoca.

Yaotlallí: «territorio enemigo».

Yaotlantzin: «el de los dientes afilados».

Yaózol: «guerrero viejo».

Yapaliicue: «la que viste falda negra».

Yaxchilán: «lugar de piedras verdes».

Yaxuná: «primer vivienda» o «casa de turquesa».

Yayauhqui Tezcatlipoca [*Yayauhqui*, «marrón», «oscuro» o «negruzco»; y *Tezcatlipoca*, «el espejo que humea», «humo de espejo» o «espejo reluciente»].

Yayauhquixíhuitl: «turquesa negra».

Yehmal K'uk Lakam Witz: «la gran montaña del quetzal descendiente».

Yei: «tres».

Yoalli Ehécatl, «noche viento» [*yoalli*, «noche»; y *ehécatl*, «viento»].

Yohl Ik'Nal, la primera y única mujer k'uhul B'aakal ajaw: «gobernante divina del lugar de abundancia de huesos».

Yohualpopoca: «humareda nocturna».

Yohuallan: «junto a la noche».

Yohuallatónac: «símbolo nocturno».

Yohualteci: «abuela de la noche» [*yohual*, «noche» y *tecihtzin*, «abuela»].

Yoko ixikob: «mujeres verdaderas».

Yoko t'aanob: «hablantes de la lengua verdadera».

Yoko winikob: «hombres verdaderos».

Yopico: «en el arrancadero de corazones», «lugar de Yope (deidad)».

Yza, de los zapotecas, el calendario secular de 365 días, con dieciocho veintenas y cinco días aciagos.

Z

Zacatépec: «donde el monte de zacate».

Zacatlan: «abundoso en zacate».

Zacuán, del náhuatl zacuan: «oropéndola», Gymnostinops montezuma.

Zahuátlan: «junto al río Záhuatl».

Zama: «mañana» o «amanecer».

Zapaluta: «caminos de enanos».

Zapote, del náhuatl tzápotl: «fruto carnoso», diversos árboles de frutos comestibles.

Zarzo: «tejido de varas, carrizos, mimbres o juncos, que forma una superficie plana».

Zentzon napam, [Zentzonapas, Çentzonnapam o Centzonappa], «cuatro veces cuatrocientos».

Zihuatecpan [Cihuatecpan]: «palacio femenino».

Zizha: «agua fría».

Zopilote, del náhuatl tzopílotl: varias especies de aves carroñeras, semejantes a los buitres

Zuyúa: «el poniente».

Ahuitéotl, dios de aquellos que son opacados por los vicios.

Centéotl, «dios del maíz».

Cihuacóatl, «serpiente hembra». Diosa de los nacidos y los fallecidos. Señora de los curanderos y recolectora del *tonalli*, «el
soplo divino, materia sagrada que da vida a los seres humanos».

Citlalicue, «la falda de estrellas». Señora de las estrellas.

Chalchiuhtlicue, «la que tiene su falda de jade». Esposa de Tláloc,
la de la falda de jade.

Chantico, «la que mora en la casa» [*chantli*, «hogar» o «morada»; *ti*,
«ligadura eufónica», -*co*, «en», sufijo locativo]. Diosa del
hogar.

Chicomecóatl, «siete-serpiente» o Xilonen. Diosa del tlaoli,
«maíz», las cosechas y la fertilidad.

Chimalma, «escudo de mano». Diosa de la fertilidad. Señora de la
vida y de la muerte; guía del renacimiento.

Coatlicue, «la que tiene su falda de serpientes». Madre de los cuatrocientos huitznahuas.

Huehuecóyotl, «dios de la alegría».

Huixtucíhuatl, «diosa de la sal». Hermana mayor de Tláloc.

Ilamatecuhtli, «diosa vieja».

Iztac Tezcatlipoca, el cuarto de los Tezcatlipocas (Tezcatlipoca blanco, también llamado Quetzalcóatl o Yoalli Ehécatl). [*Iztac*,
«blanco»; y *Tezcatlipoca*, «el espejo que humea», «humo de
espejo» o «espejo reluciente»].

Itzpapálotl, «mariposa de obsidiana». Diosa del sacrificio y de la
guerra; patrona de la muerte.

Mayahuel, «la que rodea el maguey». Creadora del octli y diosa de
la embriaguez.

Metztli, «luna».

Mictecacíhuatl, «diosa de la muerte».

Mictlantecuhtli, «señor de la muerte».

Mixcóatl, «serpiente de nube». Dios de las tempestades, de la guerra y de la cacería.

Omecíhuatl, «dos-señora». Dualidad de Ometéotl. Diosa primordial de la sustancia, y señora y diosa de la creación de todo el universo.

Ometéotl, «dios dual». Señor de la dualidad, padre y madre de los dioses.

Patécatl, «morador de la medicina». Dios de las medicinas y creador del peyote.

Quetzalcóatl, «serpiente emplumada».

Temazcalteci, «abuela de los baños de vapor». Diosa de los nigromantes, curanderos, yerberas y temazcales.

Tepeyolohtli, «corazón del monte». Dios de las cuevas, de los montes, de los ecos y de los jaguares.

Tezcatlanextia, «espejo doble que ahúma las cosas por la noche y las hace brillar durante el día» y «espejo que hace aparecer las cosas». Título dual de Tezcatlipoca.

Tezcatlipoca negro (del norte), el primero de los cuatro Tezcatlipocas. Yayauhqui Tezcatlipoca, [*Yayauhqui,* «marrón», «oscuro» o «negruzco»; y *Tezcatlipoca,* «el espejo que humea», «humo de espejo» o «espejo reluciente»].

Tezcatlipoca Rojo (del oriente), el segundo de los Tezcatlipocas. Tlatlauhqui Tezcatlipoca, [*Tlatlauhqui,* «rojo», «rojizo» o «marrón»; y *Tezcatlipoca,* «el espejo que humea», «humo de espejo» o «espejo reluciente»]. También llamado Xipe Tótec y Camaxtli. Xipe Tótec, «nuestro señor desollado» [*xipe,* «desollado»; *to,* «nuestro»; y *tec-,* «señor»]. Camaxtli o Camaxtle, «el que tiene bragas y calzado» [*cactli,* «calzado»; *maxtlatl,* «braga»; y *-e,* «que tiene»].

Tezcatlipoca azul (del sur), el tercero de los Tezcatlipocas. Tezouhqui Tezcatlipoca [*Tezouhqui,* «extendido por la orilla»; y *Tezcatlipoca,* «el espejo que humea», «humo de espejo» o «espejo reluciente»]. También llamado Huitzilopochtli, «colibrí del sur» o «colibrí zurdo» o «colibrí izquierdo».

Tezcatlipoca blanco (del poniente), el cuarto de los Tezcatlipocas.

Iztac Tezcatlipoca [*Iztac*, «blanco»; y *Tezcatlipoca*, «el espejo que humea», «humo de espejo» o «espejo reluciente»].
También llamado Quetzalcóatl o Yoalli Ehécatl [*youalli*,
«noche», y *ehécatl*, «viento»].

Tezouhqui Tezcatlipoca, el tercero de los Tezcatlipocas (Tezcatlipoca
azul, también llamado Huitzilopochtli, «colibrí del sur» o
«colibrí zurdo» o «colibrí izquierdo». [*Tezouhqui*, «extendido por la orilla», y *Tezcatlipoca*, «el espejo que humea»,
«humo de espejo» o «espejo reluciente»].

Tlahuizcalpantecuhtli, «el señor en la aurora». Señor de la estrella
del alba.

Tláloc, «el octli de la tierra». Dios de las lluvias.

Tlaltecuhtli, «señor de la Tierra».

Tlatlauhqui Tezcatlipoca, el segundo de los Tezcatlipocas (Tezcatlipoca Rojo, también llamado Xipe Tótec, «nuestro señor
desollado» [*xipe*, «desollado»; *to*, «nuestro»; y *tec-*,
«señor»], o Camaxtli o Camaxtle, «el que tiene bragas y calzado» [*cactli*, «calzado»; *maxtlatl*, «braga»; y *-e*, «que
tiene»]. [*Tlatlauhqui*, «rojo», «rojizo» o «marrón»; y *Tezcatlipoca*, «el espejo que humea», «humo de espejo» o
«espejo reluciente»].

Tlazoltéotl o Ixcuina, «diosa de la inmundicia». Diosa de la lujuria,
de los amores ilícitos, del sexo y la indecencia.

Tonacacíhuatl, «señora del sustento». Esposa de Tonacatecuhtli y
diosa de la creación y la fertilidad.

Tonacatecuhtli, «señor del sustento». Dios de la creación y la fertilidad.

Tonalcalli, «templo solar».

Tonantzin, «nuestra madre venerada». Identificada como madre de
Quetzalcóatl, Tonantzin era el nombre utilizado para varias
deidades femeninas como: Tóci o Temazcalteci, «nuestra
abuela». Diosa de la maternidad, la salud y las hierbas cura-
tivas. Teteoínan, «la madre de los dioses». También
llamada Tláli Iyolo, «corazón de la Tierra».

Tonátiuh, «sol». Dios del sol y líder del cielo.

Xipe Tótec, «nuestro señor desollado». Dios de la agricultura y del poder bajo su aspecto guerrero.

Xiuhtecuhtli, «señor de la hierba». Dios del fuego y del calor.

Xochiquétzal, «flor preciosa». Diosa de la belleza, la naturaleza, la fertilidad y del canto.

Xochipilli, «noble florido». Dios de la primavera y príncipe de las flores.

Xochitlicue, «la que tiene su falda de flores».

Xólotl, «el perro monstruo». Gemelo de Quetzalcóatl, lado maligno de Venus. Dios de la mala suerte del atardecer, de los espíritus y los muertos en su viaje al Míctlan y al inframundo.

Yayauhqui Tezcatlipoca, el primero de los cuatro Tezcatlipocas. (Tezcatlipoca Oscuro).

Tlatlauhqui Tezcatlipoca, el segundo de los Tezcatlipocas (Tezcatlipoca Rojo, también llamado Xipe Tótec o Camaxtle).

Tezouhqui Tezcatlipoca, el tercero de los Tezcatlipocas (Tezcatlipoca Azul, también llamado Huitzilopochtli, «colibrí del sur» o «colibrí zurdo» o «colibrí izquierdo».

Iztac Tezcatlipoca, el cuarto de los Tezcatlipocas (Tezcatlipoca Blanco, también llamado Quetzalcóatl).

Yoaltícitl, «curandera de la noche».

Yayauhqui Tezcatlipoca, el primero de los cuatro Tezcatlipocas. (Tezcatlipoca Negro). [*Yayauhqui*, «marrón», «oscuro» o «negruzco»; y *Tezcatlipoca*, «el espejo que humea», «humo de espejo» o «espejo reluciente»].

BIBLIOGRAFÍA

Acosta, Jorge R., «El pectoral de jade de Monte Albán», en *Arqueología Mexicana*, núm. 67, México, 2004, pp. 16-17.

_____, «Exploraciones arqueológicas efectuadas en Chichén Itzá, Yucatán, 1951». En *Anales del Instituto Nacional de Antropología e Historia, 1952: Sexta época (1939-1966)*, Tomo VI., 6 (6.1), 27–40, México, 1954.

_____, «Interpretación de algunos de los datos obtenidos en Tula relativos a la época tolteca», en *Revista Mexicana de Estudios Antropológicos*, vol. XIV, 2ª parte, México, 1956-1957, pp. 75-87 y pp. 94-100.

Aguirre Molina, Alejandra, *Un umbral al inframundo. La cámara 3 del Templo Mayor de Tenochtitlan*, Ancient Cultures Institute, San Francisco, California, 2020.

Almaguer Cervantes, Blanca Isabel, *Topónimos de origen náhuatl en el Distrito Federal. El descubrimiento de nuestro léxico*, Tesis de licenciatura, UNAM-FFYL, México, 2009.

Alva Ixtlilxóchitl, Fernando de, *Historia de la nación mexicana*, España, Editorial Dastin, 2002.

_____, *Obras Históricas, t. I, Relaciones; t. II, Historia chichimeca, publicadas y anotadas por Alfredo Chavero*, México, 1891-92. Reimpresión fotográfica, prólogo de J. Ignacio Dávila Garibi, 2 vols., México, 1965.

Alvarado León, Claudia I., *Recuento de las contribuciones a la arqueología de Xochicalco*, México, Secretaría de Cultura-INAH (Arqueología, Serie logos), 2018.

Alvarado Tezozómoc, Hernando de, *Crónica Mexicáyotl*, edición y versión del náhuatl de Adriana León, México, UNAM-Instituto de Investigaciones Históricas, 1949.

Álvarez Aguilar, Luis Fernando, *Confrontaciones entre grupos políticos y económicos dominantes en Yucatán: de Sisal a Progreso, 1840-1881*, Tesis doctoral, Mérida, Yucatán, 2017.

Álvarez García, Jessica L., José Luis Arce, María del Carmen E. Solanes Carraro, «La Tefra Negra: evidencia de una erupción volcánica previa al Xitle en el sitio arqueológico de Copilco», en *Revista de la Coordinación Nacional de Arqueología*. núm. 59, dirección de Registro Público de Monumentos y Zonas Arqueológicos e Históricos, México, INAH, 2019.

Anales de Cuautitlán, paleografía y traducción de Rafael Tena, México, CONACULTA-Cien de México, 2011.

Anales Mexicanos, México-Azcapotzalco (1426-1589), traducción de Faustino Chimalpopoca Galicia. *Anales del Instituto Nacional de Antropología e Historia*, 1(7), 49–74, México, 1903.

Anales de Tlatelolco, paleografía y traducción de Rafael Tena, CONACULTA-Cien de México, México, 2004.

Anónimo de Tlatelolco, ms. (1528), edición facsimilar de E. Mengin, fol. 38, Copenhagen, 1945.

Anónimo Mexicano, Anales del Museo Nacional, Tomo VII, en *Revistas* INAH, México, SEP, 1977, pp. 115-132.

Aveni, Anthony F. «Tiempo, astronomía y ciudades del México antiguo», en *Arqueología Mexicana*, núm. 45, México, 2000, pp. 22-25.

Báez-Jorge, Félix y Sergio R. Vásquez Zárate, *Cempoala, Fideicomiso Historia de las Américas*, México, El Colegio de México-Fondo de Cultura Económica, 2011.

Barajas Rocha, María, *De la excavación al museo. La restauración del monolito de la diosa Tlaltecuhtli*, Ancient Cultures Institute, San Francisco, California, 2019.

Barlow, Robert, "Anales de Tula, 1361-1521, Tlalocan", en *Revista de fuentes para el conocimiento de las culturas indígenas de México*, vol. 3, México, UNAM-Instituto de Investigaciones Filológicas, 1949.

Barrera Rubio, Alfredo, «Kulubá, un sitio maya del nororiente de Yucatán», en *Arqueología Mexicana*, núm. 145, México, 2017, pp. 59-65.

Barrera Vásquez, Alfredo, *El libro de los libros del Chilam Balam*, México, Fondo de Cultura Económica, 1948.

_____, «Los mayas», en *Historia documental de México 1*, cuarta edición corregida y aumentada, México, UNAM-Instituto de Investigaciones Históricas, 2013, p. 129-183.

Bastian, Rémy, «La Pirámide del Sol en Teotihuacan», en E. Matos (coord.), *La Pirámide del Sol, Teotihuacan*, México, INAH-Instituto Cultural Domecq, 1995, pp. 209-258.

Batres, Leopoldo, «Exploraciones en las calles de Las Escalerillas», en E. Matos (coord.), *Trabajos arqueológicos en el centro de la Ciudad de México*, México, INAH, 1979, pp. 61-90.

_____, «El "descubrimiento" de la Pirámide del Sol», en *Arqueología Mexicana*, núm. 1, México, 1993, pp. 45-48.

Benavente, Fray Toribio de, *Relación de la Nueva España*, introducción de Nicolau d'Olwer, México, UNAM, 1956.

Benítez, Fernando, *Los primeros mexicanos. La vida criolla en el siglo XVI*, México, Biblioteca Es, 1962.

Bernal, Ignacio, «Formación y desarrollo de Mesoamérica», en *Historia General de México*, México, Centro de Estudios Históricos de El Colegio de México, 2000.

Bernal Romero, Guillermo, «La historia dinástica de Palenque. La era de K'inich Janahb' Pakal, (615-683 D.C.)», en *Revista Digital Universitaria*, vol. 13, núm. 12, México, UNAM-Coordinación de Acervos Digitales-Dirección General de Cómputo y de Tecnologías de Información y Comunicación, 2012.

_____, «K'inich Janahb' Pakal II (Resplandeciente escudo Ave-Janahb') (603-683 d.C.). Palenque, Chiapas», en *Arqueología Mexicana*, núm. 110, México, 2011, pp. 40-45.

Betancourt, fray Agustín de, *Teatro mexicano*, México, Imprenta de P. Escalante y Compañía, 1870-71.

Bihar, Alexandra, «La navegación lacustre. Un rasgo cultural primordial de los mexicas», en *Arqueología Mexicana*, núm. 115, México, 2012, pp. 18-23.

Blomster, Jeffrey y Víctor Salazar Chávez, «Origins of the Mesoamerican ballgame: Earliest ballcourt from the highlands found at Etlatongo, Oaxaca, Mexico», en *Science Advances*, vol. 6, núm. 11, 2020.

Brandes, Stanley, *El misterio del maíz, Conquista y comida: conse-cuencias del encuentro de dos mundos*, coordinación de Janet Long, México, UNAM-Instituto de Investigaciones Históri-cas, 2018.

Brinton, Daniel Garrison, «Los libros de Chilan Balam. Memoria-les proféticos e históricos de los mayas de Yucatán», en *Anales del Instituto Nacional de Antropología e Historia*, tra-ducción y notas de Francisco del Paso y Troncoso, 1(3), 92-109, México, 1886.

Brokmann, Carlos, «Armamento y organización militar de los mayas», en *Arqueología Mexicana*, núm. 19, México, 1996, pp. 66-71.

Brüeggemann, Jüergen K. «El problema cronológico del Tajín», en *Revista de la Coordinación Nacional de Arqueología*, núm. 32, México, Coordinación Nacional de Difusión-INAH, 1993, pp. 61-72.

_____, y Rene Ortega Guevara, «El Proyecto Tajín», en *Revis-ta de la Coordinación Nacional de Arqueología*, núm. 5, México, Coordinación Nacional de Difusión-INAH, 1989, pp. 153-174.

_____, «Tajín, en números», en *Arqueología Mexicana*, núm. 5, México, 1993, p. 57.

Bueno Bravo, Isabel, *Mesoamérica: territorio en guerra*, México, Cen-tro de Estudios Filosóficos, Políticos y Sociales Vicente Lombardo Toledano, 2015.

Cabello Carro, Paz, *Política investigadora de la época de Carlos III en el área maya. Descubrimientos de Palenque y primeras excava-ciones de carácter científico, según documentación de Calderón, Bernasconi, Del Río y otros*, Madrid, Ediciones de la Torre, 1992.

Cabrera Castro, Rubén y George Cowgill, «El Templo de Quetzal-cóatl», en *Arqueología Mexicana*, núm. 1, México, 1993, pp. 21-26.

Cárdenas, Efraín, y Eugenia Fernández V., «Zonas arqueológicas de Michoacán», en *Arqueología Mexicana*, núm. 123, México, 2013, pp. 61-67.

Carson, Ruth y Eachus, Francis, «El mundo espiritual de los kekchíes», en *Guatemala indígena*, vol. XIII, núm. 1-2, Guatemala, Instituto Indigenista Nacional, 1978.

Casas, Bartolomé de las, *Los indios de México y Nueva España*, prólogo, apéndices y notas de Edmundo O'Gorman, México, Porrúa, 1966.

Caso, Alfonso, *El calendario mexicano. Memorias de la Academia Mexicana de la Historia*, vol. XVII, México, 1958.

_____, *El pueblo del Sol*, México, Fondo de Cultura Económica, 1953.

_____, «La correlación de los años azteca y cristiano», en *Revista Mexicana de Estudios Antropológicos*, t. III, México, 1939.

_____, «Nuevos datos para la correlación de los años azteca y cristiano», en *Estudios de Cultura Náhuatl*, vol. 1, México, UNAM-Instituto de Investigaciones Históricas, 1959, pp. 9-25.

Castañeda de la Paz, María, «Tenochtitlan y el gobierno de los cuauhtlatoque», en *Arqueología Mexicana*, núm. 157, México, 2019, pp. 16-17.

Castro Martínez, Pedro, «La apropiación simbólica de lo indígena por el estado posrevolucionario: el caso del cenote sagrado de Chichén Itzá», en *Boletín del Fideicomiso Archivos Plutarco Elías Calles y Fernando Torreblanca*, núm. 76, México, 2014.

Cervantes de Salazar, Francisco, *Crónica de la Nueva España*, Madrid, Atlas, 1971.

Chavero, Alfredo, *Resumen integral de México a través de los siglos*, t. I, dirección de Vicente Riva Palacio, México, Compañía General de Ediciones, 1952.

_____, *México a través de los siglos*, ts. I-II, México, Editorial Cumbre, 1988.

Chávez Balderas, Ximena, *Sacrificio humano y tratamientos postsacrificiales en el Templo Mayor de Tenochtitlan*, México, INAH, 2017.

Chimalpáhin Cuauhtlehuanitzin, Domingo Francisco de San Antón Muñón, *Relaciones originales de Chalco Amaquemecan*, México, Fondo de Cultura Económica, 1965.

Clavijero, Francisco Javier, *Historia Antigua de México*, prólogo de Mariano Cuevas, México, Porrúa, (Escritores Mexicanos. Original de 1780), 1945.

Cobean, Robert Howrad, Elizabeth Jiménez García y Alba Guadalupe Mastache, *Tula, Fideicomiso Historia de las Américas*, México, El Colegio de México-Fondo de Cultura Económica, 2012.

_____, y Alba Guadalupe Mastaghe E., «Tula», en *Xochicalco y Tula*, México, CONACULTA-Dirección General de Publicaciones Jaca Book SpA, 1995.

Cobos, Rafael, «Jaguares y pumas de Tula y Chichén Itzá. Semejanzas y diferencias», en *Arqueología Mexicana*, núm. 72, México 2005, pp. 35-39.

Códice Aubin, Anales mexicanos, Manuscrito azteca de la Biblioteca Real de Berlín, Anales en Mexicano y Jeroglíficos desde la salida de las tribus de Aztlan hasta la muerte de Cuauhtémoc, Copia del original escrito hacia 1576, México, Oficinas tipográficas de la Secretaría de fomento, 1902.

Códice Borgia, edición y explicaciones de Gisele Díaz y Alan Rodgers, New York, Dover Publications Inc., 1993.

Códice Chimalpopoca: Anales de Cuauhtitlán y Leyenda de los Soles, traducción de Primo Feliciano Velázquez y prefacio de Miguel León Portilla, 3ª ed., México, UNAM-Instituto de Investigaciones Históricas, facsímiles (Primera Serie Prehispánica 1), 1992.

Códice de Huamantla, estudio iconográfico, cartográfico e histórico de Carmen Aguilera, México, Instituto Tlaxcalteca de Cultura, 1984.

«Códice Florentino, textos nahuas de los informantes indígenas de Sahagún», en *1585, Dibble y Anderson: Florentine codex*, Santa Fe, Nuevo México, 1950.

«Códice Humboldt», en E. Seller, *Humboldt fragments. Mexican Picture Writings, Bulletin 28*, Washington, Smithsonian Institution, Bureau of American Ethnology, pp.190-196, 1904.

Códice Ixtlilxóchitl, Ms. Mexicain 65-71 de la Bibliothèque Nationale de Paris, Facsimilé, complementaire de Jacqueline de Durand-Forest, Collection Fontes Rerum mexicanarum, vol., 9, planches, Francia, ADVA, Graz, 1976, pp. 27y 35.

Códice Kingsborough, Memorial de los indios de Tepetlaoztoc al monarca español contra los encomenderos del pueblo, edición de Francisco del Paso y Troncoso, ff. 208-281, fototipia de Hauser y Menet, Madrid, 1912,112 pp.

Códice Matritense, ed. facs. de Francisco del Paso y Troncoso, Madrid, 1905.

Códice Matritense de la Real Academia de la Historia, textos en náhuatl de los indígenas informantes de Sahagún, ed. facs. de Francisco del Paso y Troncoso, vol. VIII, fototipia de Hauser y Menet, Madrid, 1907.

Códice Mendocino, edición de Francisco del Paso y Troncoso, México, Innovación, reimpresión, 1980.

Códice Mendoza, editado por James Cooper Clark en 1938. Por la Secretaría de Hacienda y Crédito Púbico de México, 1964. Por Frances Berdan y Patricia Annawalt, 1992. Por José Ignacio Echegaray, México, Ediciones San Ángel, 1979.

Códice Mexicano, Ms., Mexicain 23-24 de la Bibliothèque Nationale de Paris, Commentaire par Ernst Mengin, JSA, t. 41, Francia, 1952, pp. 387-498.

Códice Osuna, México, Instituto Indigenista Interamericano, 1947.

Códice de Santa María Asunción, Barbara J. Williams, H.R. Harvey, The Códice de Santa María Asunción. Households and Lands in Sixteenth-Century Tepetlaoztoc, E.E.U.U., Salt Lake City, University of Utah Press, 1997, 410 pp.

Códice Tepetlaoztoc, comentado por Perla Valle, 2 vols., México, El Colegio Mexiquense, 1994.

Códice Telleriano Remensis, Ms. Mexicain 385 de la Bibliothèque Nationale de París. Reproduit en photochromographie aux frais du duc de Lobuat, introducción, paleografía de texto náhuatl y traducido al francés de E.T. Hamy, París, Imprimerie Burdin, 1899. 31 pp.,150 planches.

«Códice Tlatelolco», interpretación por R.H. Barlow, en *Anales de Tlatelolco,* México, 1948, pp. 105-128.

Códice Tudela, edición facsímil, D. Robertson (pról.), vol. 1 y 2, Madrid, Cultura Hispánica.

Códice Vaticano, a (Codex Ríos), Ms. 3738 de la Biblioteca Apostólica del Vaticano, facsímile, comentado por F. Anders, Codice selecti, vol. 45, 96v, ADVA, Graz., 1979.

Códice Vaticano Latino 3738, Biblioteca Apostólica Vaticana, Graz, Akademische Druck und Verlagsanstalt, 1996.

Códice Veitia, edición facsímil, José Alcina F. Col. Tabula Americae, núm. 4, Madrid, Testimonio Compañía Editorial, 1986.

Códice Xicotepec, descubierto y comentado por Guy Stresser-Péan, facsímil, México, Gobierno del Estado de Puebla-CEMCA-FCE, 1995, 209 pp.

Coe, Michael D., *El Desciframiento de los glifos mayas*, México, Fondo de Cultura Económica, 1992.

Corona Núñez, José, *Mitología tarasca*, México, Fondo de Cultura Económica, 1957.

Cortés, Hernán, *Cartas de Relación*, México, Grupo Editorial Tomo, 2005.

Cortés Meléndez, Víctor, *El desollamiento humano entre los mexicas*, San Francisco, California, Ancient Cultures Institute, 2020.

Cué, Lourdes *et al.*, «El monolito de Coyolxauhqui. Investigaciones recientes», en *Arqueología Mexicana*, núm. 102, México, 2010, pp. 42-47.

Cuevas García, Martha y Guillermo Bernal Romero, «Palenque, Chiapas. Restauración de tableros de los santuarios del Templo de la Cruz Foliada y del Templo del Sol», en *Arqueología Mexicana*, núm. 113, México, 2012, p. 9.

Cyphers, Ann, *Las capitales olmecas de San Lorenzo y La Venta*, México, Fideicomiso Historia de las Américas-El Colegio de México-Fondo de Cultura Económica, 2018.

Davies, Nigel, *Los antiguos reinos de México*, México, Fondo de Cultura Económica, 2004.

De Alcalá, fray Jerónimo, *Relación de Michoacán*, edición de Leoncio Cabrero Fernández, España, Editorial Dastin S.L. (Crónicas de América), 2003.

De Anda, Guillermo, Karla Ortega y James Brady, «Chichén Itzá y el Gran Acuífero Maya», en *Arqueología Mexicana*, núm. 156, México, 2019, pp. 34-41.

De las Casas, Bartolomé, *Apologética historia sumaria*, 2 vols., México, UNAM,1967.

_____, *Historia de las Indias*, 3 v., ed. de Agustín Millares Cario
y estudio preliminar de L. Hanke, México, México, Fondo
de Cultura Económica, 1951.

De la Garza, Mercedes, «Sobre el 'colapso' en ciudades mayas de las
Tierras Bajas», en *Arqueología Mexicana*, núm. 149, México, 2018, pp. 52-57.

_____, Guillermo Bernal Romero y Martha Cuevas García,
*Palenque-Lakamha'. Una presencia inmortal del pasado indí-
gena*, México, Fideicomiso Historia de las Américas-El
Colegio de México-Fondo de Cultura Económica, 2012.

Declercq, Stan, «De las múltiples variantes de canibalismo en el
México antiguo», en *Noticonquista*, México, UNAM-Instituto de Investigaciones Históricas, 2019.

_____, «Del Templo Mayor al calpulli: una tipología de "com-
plejos rituales" caníbales», en *Cuicuilco Revista de Ciencias
Antropológicas*, núm. 78, México, 2020.

Dehouve, Danièle, «Altepetl: el lugar del poder», en *Americae, Eu-
ropean Journal of Americanist Archaeology*, Francia, 2016.

_____, «El papel de la vestimenta en los rituales mexicas de
"personificación"», en *Nuevo Mundo Mundos Nuevos*, Francia, Centre pour l'Édition Électronique Ouverte, 2016.

_____, «Las funciones rituales de los altos personajes mexi-
cas», en *Estudios de Cultura Náhuatl*, vol. 45, México,
UNAM-Instituto de Investigaciones Históricas, 2013.

_____, «Los nombres de los dioses mexicas: hacia una inter-
pretación pragmática», en *Travaux et Recherches dans les
Amériques du Centre*, núm. 71, publicación del Centro de Estudios Mexicanos y Centroamericanos, 2017.

_____, «Simbolismo de las técnicas de preparación del maíz.
Análisis de unos platillos tlapanecos (me'phaa) del estado
de Guerrero (México)», en *Itinerarios*, núm. 29, 2019, pp.
97-118.

_____, «El imaginario de los números entre los antiguos mexi-
canos», México, CIESAS, 2014.

Dewey, Janice, «Huémac: El fiero de Cincalco», en *Estudios de Cultura Náhuatl*, vol. 16, México, UNAM-Instituto de Investigaciones Históricas, 1983, pp. 183-192.

Díaz Barriga Cuevas, Alejandro, «Algunas notas sobre las concepciones del cuerpo de los infantes entre los antiguos nahuas», en *Cuicuilco Revista de Ciencias Antropológicas*, 24 (70), 113-137, México, 2018.

_____, «Ritos de paso de la niñez nahua durante la veintena de Izcalli», en *Estudios de Cultura Náhuatl*, vol. 46, México, UNAM-Instituto de Investigaciones Históricas, 2013, pp. 199-221.

Díaz del Castillo, Bernal, *Historia verdadera de la Conquista de la Nueva España*, México, Porrúa, 1955.

Dirección de Medios de Comunicación-INAH, «Teotihuacan no fue la Ciudad de los Dioses, sino la Ciudad del Sol», boletín, núm. 19, 22 de enero de 2018.

Duquesnoy, Michel, *Le chamanisme contemporain Nahua de San Miguel Tzinacapan, Sierra Norte de Puebla, Mexique, Chamanismo contemporáneo Nahua de San Miguel Tzinacapan, Sierra Norte de Puebla, México*, Tesis doctoral, Université de Lille 3, Lille, Centre National de la Recherche Scientifique, 2001.

Durán, fray Diego, *Historia de las Indias de Nueva España, escrita entre los años 1570 y 1581*, t. I, edición de Imprenta de J. M. Andrade y F Escalante, bajo la dirección de José F. Ramírez, 1867; t. II, edición de Imprenta de Ignacio Escalante, 1880.

Durand-Forest, Jacqueline, «El cacao entre los aztecas», en *Estudios de Cultura Náhuatl*, vol. 7, México, UNAM-Instituto de Investigaciones Históricas, 1967, pp. 155-181.

Dyer, Nancy Joe, *Motolinía, Fray Toribio de Benavente, Memoriales*, edición crítica, introducción, notas y apéndice de Nancy Joe Dyer, México, El Colegio de México, 1996.

Elizalde Méndez, Israel, «Los animales del rey. El vivario en el corazón de Tenochtitlan», en *Arqueología Mexicana*, núm. 150, México, 2018, pp. 77-83.

Escalante Gonzalbo, Pablo, «Insultos y saludos de los antiguos na-
    huas. Folklore e historia social», en *Anales del Instituto de
    Investigaciones Estéticas*, México, UNAM, 1990, pp. 29-46.

_____, «Tláloc-Neptuno, un rompecabezas para armar», en
    Federico Navarrete y Guilhem Olivier (coords.), *El héroe
    entre el mito y la historia*, México, UNAM-Instituto de Inves-
    tigaciones Históricas, 2000, pp. 311-338.

Fernández de Echeverría y Veytia, Mariano, *Historia antigua de Mé-
    xico*, t. II, México, Editorial del Valle de México, 1836.

Fernández de Oviedo, Gonzalo, *Historia general y natural de las In-
    dias*, tomos I y II, publicación original de 1853, Biblioteca
    Virtual Miguel de Cervantes, 2011.

Fernández Villanueva Medina, Eugenia, «Tzintzuntzan, Michoa-
    cán, a lo largo del tiempo», en *Arqueología Mexicana*, núm.
    99, México, 2009, pp. 48-55.

Flores Jiménez, María de los Ángeles, «Figurillas antropomorfas de
    Palenque», en *Arqueología Mexicana*, núm. 45, México,
    2000, pp. 44-49.

Florescano, Enrique, *Dioses y héroes del México antiguo*, México,
    Penguin Random House, 2020.

_____, *Quetzalcóatl y los mitos fundadores de Mesoamérica*, Mé-
    xico, Penguin Random House, 2017.

Folan Higgins, William Joseph, «El Chichán Chob y la Casa del Vena-
    do, Chichén Itzá, Yucatán», en *Anales del Instituto Nacional de
    Antropología e Historia*, 6(19), 49-61, México, 1968.

Fossey, Mathieu de, *Le Mexique*, París, Henri Plon, 1857.

Galarza, Joaquín y Krystyna Magdalena Libura, *La Tira de la Pere-
    grinación*, México, Tecolote-SEP, 1999.

Gallardo Ruiz, Juan, *Medicina tradicional p'urhépecha*, México, El
    Colegio de Michoacán-Universidad Indígena Intercultural
    de Michoacán, Zamora, 2005.

Gándara, Manuel, «Cuicuilco y la Escuela Nacional de Antropolo-
    gía e Historia. Recuento personal de una relación intensa»,
    en *Arqueología Mexicana*, núm. 151, México, 2018, pp. 56-59.

García Escamilla, Enrique, *Historia de México, narrada en náhuatl y
    español de acuerdo al calendario azteca*, España, Plaza y Val-
    dés Editores, 1994.

García Granados, Rafael, *Diccionario biográfico de historia antigua de Méjico*, 3 tomos, México, UNAM-Instituto de Investigaciones Históricas, 1995.

García Icazbalceta, Joaquín, *Documentos para la historia de México*, ts. I y II, México, Porrúa, 1971.

García Payón, José y Omar Ruiz Gordillo, «Bitácora del arqueólogo. José García Payón en Tajín», en *Arqueología Mexicana*, núm. 5, México, 1993, pp. 55-56.

García Rivas, Heriberto, *Cocina prehispánica mexicana*, México, Panorama Editorial, 1991.

García Vega, Agustín, «Informe sobre las ruinas del Tajín, 1936», en *Revista de la Coordinación Nacional de Arqueología*, núm. 22, México, Coordinación Nacional de Difusión-INAH, 1999, pp. 165-181.

Garibay, Ángel María, *Poesía náhuatl, t. II, Cantares mexicanos. Manuscrito de la Biblioteca Nacional de México, primera parte* (contiene los folios 16-26, 31-36, y 7-15), México, UNAM-Instituto de Investigaciones Históricas, 1965.

_____, *Teogonía e Historia de los mexicanos*, México, Porrúa, 1965.

_____, *Llave del náhuatl*, México, Porrúa, 1999.

_____, *Panorama literario de los pueblos nahuas*, México, Porrúa, 2001.

Garduño Garduño, Rafael, *Los pueblos otomíes en Tlalnepantla*, México, Instituto Municipal de la Cultura y las Artes-H. Ayuntamiento de Tlalnepantla de Baz, 2020.

Garza Tarazona, Silvia, «El nombre de Xochicalco antes del siglo XVI: ¿Totolhuacalco?», en *Arqueología Mexicana*, núm. 55, México, 2002, pp. 56-57.

_____, Claudia I. Alvarado León, Alberto Gutiérrez Limón, «Xochicalco, Morelos. La reconstrucción arqueológica en papel», en *Arqueología Mexicana*, núm. 98, México, 2009, pp. 24-31.

Gazzola, Julie y Sergio Gómez Chávez, «Nuevos datos sobre el juego de pelota en Teotihuacan», en *Arqueología Mexicana*, núm. 146, México, 2017, pp. 82-85.

Gillespie, Susan, *Los reyes aztecas*, México, Siglo XXI, 1994.

Gómez Ortiz, Almudena, «Salud e higiene en Palenque», en *Arqueología Mexicana*, núm. 45, México, 2000, pp. 50-53.

González Block, Miguel A., «El iztaccuauhtli y el águila mexicana ¿Cuauhtli o águila real?», en Arqueología Mexicana, núm. 70, México, pp. 60-65.

González Cruz, Amoldo, «El Templo de la Reina Roja, Palenque, Chiapas», en *Arqueología Mexicana*, núm. 30, México, 1998, pp. 61.

González de la Vara, Martín, «Origen y virtudes del chocolate», en Janet Long (coord.), *Conquista y comida: consecuencias del encuentro de dos mundos*, México, UNAM-Instituto de Investigaciones Históricas, tercera edición, 2018, pp. 291-308.

González Torres, Yólotl, «Algunos aspectos del culto a la luna en el México antiguo», en *Estudios de Cultura Náhuatl*, vol. 10, México, UNAM-Instituto de Investigaciones Históricas, 1971, pp. 113-127.

_____, *et al.*, «Técpatl o cuchillo de pedernal», en *Arqueología Mexicana*, núm. 27, México, 1997, pp. 72-73.

Gran Diccionario Náhuatl, Instituto de Investigaciones Bibliográficas-Universidad Autónoma de México (GDN-IIB-UNAM). Disponible en *https://gdn.iib.unam.mx/*.

Graulich, Michel, *El sacrificio humano entre los mexicas*, México, Fondo de Cultura Económica, 2016.

Grube, Nikolai, «La figura del gobernante entre los mayas», en *Arqueología Mexicana*, núm. 110, México, 2011, pp. 24-29.

Hassig, Ross, «El sacrificio y las guerras floridas», en *Arqueología Mexicana*, núm. 63, México, 2003, pp. 46-51.

Hernández de León-Portilla, Ascensión, «Nahuatlahto: vida e historia de un nahuatlismo», en *Estudios de Cultura Náhuatl*, vol. 41, México, UNAM-Instituto de Investigaciones Históricas, 2010, pp. 193-215.

Hernández R., Rosaura, «Diego Muñoz Camargo», en *Historiografía mexicana. Volumen I. Historiografía novohispana de tradición indígena*, *Estudios de Cultura Náhuatl*, México, UNAM-Instituto de Investigaciones Históricas, 2003, p. 301-312.

Hernández Triviño, Ascensión, «Chocolate: historia de un nahuatlismo», en *Estudios de Cultura Náhuatl*, vol. 46, México, UNAM-Instituto de Investigaciones Históricas, 2013, pp. 37-87.

Herrera Meza, María del Carmen, López Austin, Alfredo y Martínez Baracs, Rodrigo, «El nombre náhuatl de la Triple Alianza», en *Estudios de Cultura Náhuatl*, vol. 46, México, UNAM-Instituto de Investigaciones Históricas, 2013, pp. 7-35.

Hermann Lejarazu, Manuel A., «El tributo en oro en la época colonial. El caso del Códice de Tepetlaóztoc», en *Arqueología Mexicana*, núm. 144, México, 2017, pp. 72-75.

_____, «Origen y creación de los bultos sagrados», en *Arqueología Mexicana*, núm. 145, México, 2017, pp. 84-85.

Heyden, Doris, «Las cuevas de Teotihuacan», en *Arqueología Mexicana*, núm. 34, México, 1998, pp. 18-27.

_____, «Tezcatlipoca en el mundo náhuatl», en *Estudios de Cultura Náhuatl*, vol. 19, México, UNAM-Instituto de Investigaciones Históricas, 1989, pp. 83-93.

_____, y L. Velasco, Ana María, «Aves van, aves vienen: el guajolote, la gallina y el pato», en Janet Long (coord.), *Conquista y comida: consecuencias del encuentro de dos mundos*, tercera edición, México, UNAM-Instituto de Investigaciones Históricas, 2018, pp. 237-254.

Hill Boone, Elizabeth, *Relatos en rojo y negro. Historias pictóricas de aztecas y mixtecos*, México, Fondo de Cultura Económica, 2010.

Hirth, Kenneth, «Xochicalco durante el Epiclásico», en *Arqueología Mexicana*, núm. 153, 2018, pp. 47-53.

«Historia de los Mexicanos por sus pinturas. Anónimo del siglo XVI. Con una nota de Joaquín García Icazbalceta», en *Anales del Instituto Nacional de Antropología e Historia*, 1(2), 85-106, México, 1882.

Historia General de México, México, Centro de Estudios Históricos de El Colegio de México, 2000.

Historia General de México. México, Centro de Estudios Históricos de El Colegio de México, 2010.

Iwaniszewski, Stanislaw, «La breve historia del calendario del 'Códice Telleriano-Remensis'», en *Estudios de cultura náhuatl*, núm. 35, México, UNAM-Instituto de Investigaciones Históricas, 2004, pp. 45-67.

Izeki, Mutsumi, «La turquesa. Una piedra verde cálida», en *Arqueología Mexicana*, núm. 141, México, 2016, pp. 34-38.

Johansson, Patrick K., *El nahuatlato*, México, UNAM-Instituto de Investigaciones Históricas, 2017.

_____, «Tamoanchan: una imagen verbal del origen», en *Estudios de cultura náhuatl*, México, UNAM-Instituto de Investigaciones Históricas, núm. 49, 2015, pp. 59-92.

_____, «Vejez, muerte y renacer de Ce Ácatl Topiltzin Quetzalcóatl», en *Arqueología Mexicana*, núm. 139, México, 2016, pp. 16-25.

Kettunen, Harri y Christophe Helmke, *Introducción a los Jeroglíficos Mayas XVI Conferencia Maya Europea Copenhague 2011*, Dinamarca, Departamento de Lenguas y Culturas Indígenas del Instituto para Estudios Transculturales y Regionales, Universidad de Copenhague, en colaboración con el Museo Nacional de Dinamarca Wayeb, 2011.

Koontz, Rex, «El Tajín», en *Arqueología Mexicana*, núm. 107, México, 2011, pp. 53-58.

Kotegawa, Hirokazu, «El trono de Estero Rabón», en *Arqueología Mexicana*, núm. 150, México, 2018, pp. 56-57.

Krickeberg, Walter, *Las antiguas culturas mexicanas*, México, Fondo de Cultura Económica, 1961.

Ladrón de Guevara, Sara, *El Tajín. La urbe que representa al orbe*, México, Fideicomiso Historia de las Américas-El Colegio de México-Fondo de Cultura Económica, 2010.

_____, y Vladimir Hernández, «¿Huracán o Quetzalcóatl? Dios de El Tajín», en *Revista de la Coordinación Nacional de Arqueología*, núm. 32, México, Coordinación Nacional de Difusión-INAH, 2004, pp. 61-70.

Landa, Diego de, *Relación de las cosas de Yucatán*, España, Dastin-Promo libro, 2002.

Lastra, Elda, «Tlaltecuhtli, La devoradora de cadáveres», en *Reportajes*, México, INAH, 2013.

León-Portilla, Miguel, *Aztecas-mexicas. Desarrollo de una civilización originaria*, México, Algaba, 2005.

_____, *De Teotihuacan a los aztecas. Antología de fuentes e interpretaciones históricas*, México, UNAM-Coordinación de Humanidades, 1971.

_____, «El chalchíhuitl en la literatura náhuatl», en *Arqueología Mexicana*, núm. 133, México, 2015, pp. 74-78.

_____, «En el mito y en la historia. De Tamoanchan a las siete ciudades», en *Arqueología Mexicana*, núm. 67, México, 2004, pp. 24-31.

_____, *Historia documental de México*, t. I, México, UNAM, 1984.

_____, *La filosofía náhuatl estudiada en sus fuentes*, México, UNAM-Instituto de Investigaciones Históricas, 2017.

_____, *Los antiguos mexicanos a través de sus crónicas y cantares*, México, Fondo de Cultura Económica, 1961.

_____, «Los huaxtecos, según los informantes de Sahagún», en *Estudios de Cultura Náhuatl*, vol. 5, México, UNAM-Instituto de Investigaciones Históricas, 1965, pp. 15-29.

_____, *Quetzalcóatl*, México, Fondo de Cultura Económica, 1968.

_____, *Quince poetas del mundo náhuatl*, México, Editorial Planeta, 2015.

_____, *Trece poetas del mundo azteca*, México, UNAM-Instituto de Investigaciones Históricas, 1967.

_____, *Toltecáyotl, aspectos de la cultura náhuatl*, México, Fondo de Cultura Económica, 1980.

_____, *Visión de los vencidos. Relación indígena de la conquista*, México, UNAM (Biblioteca del Estudiante Universitario), 1959.

Lesbre, Patrick, *La construcción del pasado indígena de Tezcoco. De Nezahualcóyotl a Alva Ixtlilxóchitl*, México, Secretaría de Cultura-Instituto Nacional de Antropología e Historia-El Colegio de Michoacán-CEMCA, 2016.

_____, «Nezahualcóyotl, entre historia, leyenda y divinización», en Federico Navarrete y Guilhem Olivier (coords.), *El héroe entre el mito y la historia*, México, UNAM-Instituto de Investigaciones Históricas, 2000, pp. 21-56.

Liendo Stuardo, Rodrigo y Laura Filloy Nadal, «Palenque. La transformación de la selva en un paisaje urbano», en *Arqueología Mexicana*, núm. 107, México, 2011, pp. 46-52.

Limón Olvera, Silvia y Miguel Pastrana Flores, «Códices transcritos con pictografías», en *Historiografía mexicana. Volumen I. Historiografía novohispana de tradición indígena, Estudios de Cultura Náhuatl*, México, UNAM-Instituto de Investigaciones Históricas, 2003, pp. 115-132.

Litvak, Jaime, «Xochicalco del Preclásico al Posclásico», en J. Mountjoy y D. Brockington (eds.), *El auge y la caída del Clásico en el México central*, México, IIA-UNAM, 1987, pp. 199-208.

Lizardi Ramos, César, «Los calendarios prehispánicos de Alfonso Caso», en *Estudios de Cultura Náhuatl*, vol. 8, México, UNAM-Instituto de Investigaciones Históricas, 1969, pp. 313-369.

Lockhart, James Marvin, *Analytical Dictionary of Nahuatl*, University of Oklahoma Press, 1992.

Longhena, María, *México antiguo, grandes civilizaciones del pasado*, España, Ediciones Folio, 2005.

López Austin, Alfredo, «Cuarenta clases de magos del mundo náhuatl», en *Estudios de Cultura Náhuatl*, vol. 7, México, UNAM-Instituto de Investigaciones Históricas, 1967, pp. 87-117.

_____, *Cuerpo humano e ideología. Las concepciones de los antiguos nahuas*, México, UNAM-Instituto de Investigaciones Antropológicas, 1989.

_____, y Luis Millones, *Dioses del norte, dioses del sur*, México, Ediciones Era, 2008.

_____, *El conejo en la cara de la luna. Ensayos sobre mitología de la tradición mesoamericana*, México, Ediciones Era, 2016.

_____, «El fundamento mágico-religioso del poder», en *Estudios de Cultura Náhuatl*, vol. 12, México, UNAM-Instituto de Investigaciones Históricas, 1976, pp. 197-240.

_____, y Leonardo López Luján, *El pasado indígena*, México, El Colegio de México-Fondo de Cultura Económica, 1996.

_____, *Hombre-Dios: religión y política en el mundo náhuatl*, México, UNAM-Instituto de Investigaciones Históricas, 2014.

_____, *Juegos rituales aztecas*, México, UNAM-Instituto de Investigaciones Históricas, 1967.

_____, *La constitución real de México-Tenochtitlan*, México, UNAM-Instituto de Investigaciones Históricas, 1961, 2019.

_____, *La educación de los antiguos nahuas*, México, Consejo Nacional de Fomento Educativo-SEP, 1985.

_____, *Las razones del mito. La cosmovisión mesoamericana*, México, Ediciones Era, 2015.

_____, «Los temacpalitotique brujos, profanadores, ladrones y violadores», en *Estudios de la Cultura Náhuatl*, vol. 6, México, UNAM-Instituto de Investigaciones Históricas, 1966, pp. 97-117.

_____, *Mito y realidad de Zuyuá. Serpiente emplumada y las transformaciones mesoamericanas del Clásico al Posclásico*, México, El Colegio de México-Fondo de Cultura Económica, 1999.

_____, y Leonardo López Luján, *Monte Sagrado. Templo Mayor*, México, Instituto de Investigaciones Antropológicas-UNAM-INAH, 2009.

_____, «Términos del nahuallatolli», en *Historia Mexicana*, v. XVII, núm. 1, México, El Colegio de México, 1967, pp. 1-36.

_____, y Leonardo López Luján, «Tollan y su Gobernante Quetzalcóatl», en *Arqueología Mexicana*, núm. 67, México, 2004, pp. 38-43.

_____, «7. El tiempo-espacio divino. La expulsión de los dioses», en *Arqueología Mexicana*, edición especial, núm. 69, México, 2016, pp. 26-28.

_____, «La versatilidad de los personajes», en *Arqueología Mexicana*, edición especial, núm. 92, México, 2020, pp. 62-66.

López Bravo, Roberto y Benito J. Venegas Durán, «Continuidad y cambios en la vida urbana de la antigua Lakamha' (Palenque)», en *Arqueología Mexicana*, núm. 113, México, 2012, pp. 38-43.

López Cogolludo, Diego, *Historia de Yucatán*, Barcelona, Linkgua Ediciones, 2010.

López de Gómara, Francisco, *La conquista de México*, edición de José Luis Rojas, España, Dastin, 2001.

López Jiménez, Fanny, «¿Quién es la Reina Roja?», en *Arqueología Mexicana*, núm. 69, México, 2004, pp. 66-69.

López Luján, Leonardo, *La casa de las águilas. Un ejemplo de la arqueología religiosa de Tenochtitlan*, tomos I y II, México, CONACULTA-INAH-Moses Marp Harvard University-Fondo de Cultura Económica, 2006.

_____, y Bertina Olmedo, «Los monolitos del mercado y el glifo tianquiztli», en *Arqueología Mexicana*, núm. 101, México 2010, pp. 18-21.

_____, Torres, Jaime y Montúfar, Aurora, «Los materiales constructivos del Templo Mayor de Tenochtitlan», en *Estudios de Cultura Náhuatl*, vol. 34, México, UNAM-INAH-Museo del Templo Mayor, 2003.

_____, Chávez Balderas, Ximena, *et al*, «Un portal al inframundo: ofrendas de animales sepultadas al pie del Templo Mayor de Tenochtitlan», en *Estudios de Cultura Náhuatl*, vol. 44, México, UNAM-Instituto de Investigaciones Históricas, 2012, pp. 9-40.

_____, «Bajo el signo del Sol: plumas, pieles e insignias de águila en el mundo mexica», en *Arqueología Mexicana*, núm. 159, México, 2019, pp. 28-35.

_____, *La Casa de las Águilas: un ejemplo de la arquitectura religiosa de Tenochtitlan*, México, CONACULTA-INAH-FCE, 2006.

_____, «Las otras imágenes de Coyolxauhqui», en *Arqueología Mexicana*, núm. 102, México, 2010, pp. 48-54.

_____, León-Portilla, Miguel, Solís, Felipe y Matos Moctezuma, Eduardo, *Dioses del México Antiguo*, México, DGE-Antiguo Colegio de San Ildefonso-UNAM-CONACULTA-Gobierno del Distrito Federal, 1995a.

_____, «Periodo colonial. Nueva España y Guatemala (1521-1821)», en *Arqueología Mexicana*, edición especial, núm. 99, México, 2021, pp. 30-77.

_____, «Teotihuacan, Estado de México. La Ciudad de los Dioses», en *Arqueología Mexicana*, núm. 74, México, 2005, pp. 76-83.

_____, «Xochicalco, el lugar de la casa de las flores», en *Xochicalco y Tula*, México, CONACULTA-Dirección General de Publicaciones-Jaca Book SpA, 1995b.

López Serrelangue, Delfina Esmeralda, *La nobleza indígena de Pátz-cuaro en la época virreinal*, Tesis doctoral, México, UNAM-FFYL, 1963.

Lozano Armendares, Teresa, «Mezcales, pulques y chinguiritos», en Janet Long (coord.), *Conquista y comida: consecuencias del encuentro de dos mundos*, tercera edición, México, UNAM-Instituto de Investigaciones Históricas, 2018, pp. 421-436.

Lupo, Alessandro, *La tierra nos escucha. La cosmogonía de los nahuas a través de sus súplicas rituales*, traducción de Stella Mastrangelo, México, Consejo Nacional para la Cultura y las Artes-Instituto Nacional Indigenista, 1995.

Madsen, William y Claudia Madsen, *A guide to Mexican witch-craft*, México, Editorial Minutiae Mexicana, 1969.

Manzanilla Naim, Linda Rosa, «El Estado teotihuacano», en *Arqueología Mexicana*, núm. 32, México, 1998, pp. 22-31.

_____, *Teotihuacan, ciudad excepcional de Mesoamérica*, México, El Colegio Nacional, 2017.

Marcus, Joyce, *Monte Albán*, México, El Colegio de México-Fondo de Cultura Económica, 2008.

Martínez Alomía, Gustavo, «Situación de Yucatán antes de su descubrimiento», en *Anales del Instituto Nacional de Antropología e Historia*, 2(1), 260–277, México, 1903.

Martínez González, Roberto, *El nahualismo*, México, UNAM-Instituto de Investigaciones Históricas, 2011.

Martínez Marín, Carlos, «El registro de la historia», *Historiografía mexicana. Volumen I. Historiografía novohispana de tradición indígena, Estudios de Cultura Náhuatl*, México, UNAM-Instituto de Investigaciones Históricas, 2003, pp. 21-50.

Martínez Muriel, Alejandro, «¿Quiénes construyeron Palenque?», en *Arqueología Mexicana*, núm. 2, México, 1993, pp. 22-24.

Martínez Rodríguez, José Luis, *Nezahualcóyotl, vida y obra*, México, Fondo de Cultura Económica, 1972.

_____, *América antigua*, México, SEP, 1976.

Matos Moctezuma, Eduardo, «Chávez Balderas, Ximena, Sacrificio humano y tratamientos postsacrificiales en el Templo Mayor de Tenochtitlan», en *Estudios de Cultura Náhuatl*, México, INAH, núm. 54, 2017, pp. 390-94.

_____, y Leonardo López Luján, «El insólito caso de la Piedra Pintada», en *Arqueología Mexicana*, núm. 116, México, 2012, pp. 28-35.

_____, «Festividades practicadas del lado de Tláloc», en *Arqueología Mexicana*, núm. 81, edición especial, México, 2018.

_____, *Grandes hallazgos de la arqueología. De la muerte a la inmortalidad, Tiempo de memoria*, México, Tusquets Editores, 2013.

_____, «Huehuetéotl-Xiuhtecuhtli en el centro de México», en *Arqueología Mexicana*, núm. 56, México, 2002, pp. 58-63.

_____, *La muerte entre los mexicas, Tiempo de memoria*, México, Tusquets Editores, 2010.

_____, *Tenochtitlan, Fideicomiso Historia de las Américas*, México, El Colegio de México-Fondo de Cultura Económica, 2006.

_____, *Teotihuacan, Fideicomiso Historia de las Américas*, México, El Colegio de México-Fondo de Cultura Económica, 2009.

_____, «Templos dedicados a Ehécatl-Quetzalcóatl», en *Arqueología Mexicana*, núm. 152, México, 2018, pp. 52-59.

_____, *Tlatelolco. La última ciudad, la primera resistencia*, México, Fideicomiso Historia de las Américas-El Colegio de México-Fondo de Cultura Económica, 2021.

_____, «¿Usó dinamita don Leopoldo Batres en Teotihuacan?», en *Arqueología Mexicana*, núm. 127, México, 2014, pp. 86-87.

_____, *Vida y muerte en el templo mayor*, México, Fondo de Cultura Económica, 1998.

Maupomé, Lucrecia, «Observaciones astronómicas desde sitios arqueológicos», en *Ciencias, Revista de cultura científica*, México, UNAM-Facultad de Ciencias, 1990, pp. 54-61.

Mazzetto, Elena, «¿Miel o sangre? Nuevas problemáticas acerca de la elaboración de las efigies de tzoalli de las divinidades nahuas», en *Estudios de cultura náhuatl*, núm. 53, México, UNAM-Instituto de Investigaciones Históricas, 2017, pp. 73-118.

Máynez, Pilar, «Chamaco, chilpayate, escuincle, en el habla familiar de México», México, ENEP Acatlán, 2000.

Medina González, José Humberto y Baudelina Lydia García Uranga, «Los antiguos monumentos de El Tajín, Xochicalco, San Juan de los Llanos (Cantón o Cantona) y la isla del Nutka en la Gazeta de México y la Gazeta de Literatura de México», en *Revista de la Coordinación Nacional de Arqueología*, núm. 57, México, Coordinación Nacional de Difusión-INAH, 2019, pp. 78-97.

Medina Romero, José Cuauhtli Alejandro, Daniel Flores Gutiérrez, David Andrade Olvera y Jesús Medina Villalobos, «Pasos cenitales del sol en Monte Albán, Teotihuacan y Xochicalco», en *Suplemento Cultural El Tlacuache*, núm. 978, México, Centro INAH Morelos, 2021.

Melgarejo Vivanco, José Luis, *La peregrinación mexica*, México, Editora del Gobierno del Estado de Veracruz-LIave, 1993.

Mendieta, Jerónimo, *Historia eclesiástica indiana*, 4 vols., Joaquín García Icazbalceta (ed.), México, Antigua Librería Robredo, 1870.

Mendoza, Vicente T. «El Plano o Mundo Inferior Míctlan, Xibalbá, Nith y Hel», en *Estudios de Cultura Náhuatl*, núm. 3, México, UNAM-Instituto de Investigaciones Históricas, 1962.

Merlo Juárez, Eduardo, «Cholula, la Roma de Mesoamérica», en *Arqueología Mexicana*, núm. 115, México, 2012, pp. 24-30.

Moguel, Mónica y Denia Sandoval, «Cuicuilco y sus peculiaridades», en *Arqueología Mexicana*, núm. 151, México, 2018, pp. 34-39.

Mohar Betancourt, Luz María, *El Códice Mendoza o Mendocino. Proyecto Tetlacuilolli*, México, CIESAS-CONACYT, 2012.

Molina, fray Alonso de, *Vocabulario en lengua castellana-mexicana y mexicana-castellana*, primera edición, México, Porrúa, 1970.

Montell, Jaime, *México: El inicio (1521-1534)*, México, Joaquín Mortiz, 2005.

Montero García, Ismael Arturo, Jesús Galindo Trejo, y David Wood Cano, «El Castillo en Chichén Itzá. Un monumento al tiempo», en *Arqueología Mexicana*, núm. 127, México, 2014, pp. 80-85.

Monzón, Cristina, «Los principales dioses tarascos: un ensayo de análisis etimológico en la cosmología tarasca», en *Relaciones*, 104, Vol. XXVI, México, El Colegio de Michoacán, 2005.

Muñoz Camargo, Diego, *Historia de Tlaxcala*, publicada y anotada por Alfredo Chavero, edición por acuerdo del Sr. Presidente General Porfirio Díaz, Oficina Tipográfica de la Secretaria de Fomento, México, 1892.

_____, *Historia de Tlaxcala*, Barcelona, Red ediciones S.L., 2019.

Muriel, Josefina y Pérez San Vicente, Guadalupe, *Los hallazgos gastronómicos: bibliografía de cocina en la Nueva España y el México del siglo XIX, Conquista y comida: consecuencias del encuentro de dos mundos*, tercera edición, México, UNAM-Instituto de Investigaciones Históricas, 2018.

Nalda, Enrique, «Epiclásico (650-900 d.C.). Caída de Teotihuacan y nuevas formas de organización», en *Arqueología Mexicana*, núm. 86, México, 2007, pp. 50-53.

Navarrete Linares, Federico, «Acerca del origen», *Los orígenes de los pueblos indígenas del valle de México. Los altépetl y sus historias*, México, UNAM-Instituto de Investigaciones Históricas, 2011, pp. 93-170.

Nicholson, Henry B., «Ehecatl Quetzalcoatl *vs.* Topiltzin Quetzalcoatl of Tollan: a Problem in Mesoamerican Religion and History», en *Estudios de Cultura Náhuatl*, núm. 59, México, UNAM-Instituto de Investigaciones Históricas, 2020, pp. 211-230. Publicado originalmente en *Actes du xliie Congrès International des Américanistes, Congrès du Centenaire, Paris 2–9 sept 1976*, vol. VI, 35–47. París, Société des Américanistes, 1979.

Nieva Sánchez, Elena, *Caracterización socioeconómica de los chichimecas de Xólotl del periodo Posclásico Medio: arqueología, fuentes históricas y fuentes etnohistóricas. Un estudio iconográfico a través de su indumentaria*, Tesis de licenciada, México, Escuela Nacional de Antropología e Historia-INAH-SEP, 2011.

Olivier, Guilhem, *Cacería, sacrificio y poder en Mesoamérica: Tras las huellas de Mixcóatl, «Serpiente de Nube»*, México, Fondo de Cultura Económica, 2015.

_____, «Conquistadores y misioneros frente al "pecado nefando"», en *Historias, Instituto Nacional de Antropología e Historia*, México, 1992, pp. 47-64.

_____, *Tezcatlipoca. Burlas y metamorfosis de un dios azteca*, México, Fondo de Cultura Económica, 2005.

_____, «Tláloc, el antiguo dios de la lluvia y de la tierra en el Centro de México», en *Arqueología Mexicana*, núm. 96, México, 2009, pp. 40-43.

Oliveros Morales, José Arturo, *Tzintzuntzan: Capital del reino purépecha*, México, Fideicomiso Historia de las Américas-El Colegio de México-Fondo de Cultura Económica, 2012.

Olmos, Fray Andrés de, *Huehuehtlahtolli. Testimonios de la antigua palabra*, edición y estudio introductorio de Miguel León-Portilla, México, Fondo de Cultura Económica, 1991.

Ortega Cabrera, Verónica y José Humberto Medina González, «Ponciano Salazar Ortegón y el 'Proyecto Teotihuacán'», en *Arqueología Mexicana*, núm. 170, México, 2021, pp. 72-77.

Orozco y Berra, Manuel, «Ensayo de descifración jeroglífica. XIV. Fundación de México», en *Anales del Instituto Nacional de Antropología e Historia*, 1(2), 127-130, México, 1882.

_____, «Ensayo de descifración jeroglífica. XV. (Explicación de las láminas II, III y IV del Códice Mendocino)», en *Anales del Instituto Nacional de Antropología e Historia*, 1(2), 216-220, México, 1882.

_____, «Ensayo de descifración jeroglífica. XVI. Materiales para un diccionario de jeroglíficos aztecas)», en *Anales del Instituto Nacional de Antropología e Historia*, 1(2), 221–232, México, 1882.

_____, *Historia Antigua y de las Culturas Aborígenes de México*, ts. I y II, México, Fuente Cultural, 1880.

_____, *La civilización azteca*, México, SEP, 1988.

Palacios, Guillermo, «El cónsul Thompson, los Bostonians y la formación de la galaxia Chichén, 1893-1904», en *Historia Mexicana*, vol. 65, núm. 1, (257), México, Centro de Estudios Históricos de El Colegio de México, 2015, pp. 559-740.

_____, «El dragado del cenote sagrado de Chichen Itzá 1904-c.1914», en *Historia Mexicana*, vol. 67, núm. 2, (266), México, Centro de Estudios Históricos de El Colegio de México, 2017, pp. 559-740.

Palacios, Margarita, «Biografía y mito de Quetzalcóatl», en *Anuario de Letras. Lingüística y Filología*, vol. 19, México, UNAM-Instituto de Investigaciones Filológicas-Centro de Lingüística Hispánica Juan M. Lope Blanch, 1981, pp. 163-181.

Paredes Gudiño, Blanca, «Tula, Huapalcalco y Tepeapulco, Hidalgo», en *Arqueología Mexicana*, núm. 72, México, 2005, pp. 80-87.

Pastrana, Alejandro, «La erupción del Xitle y su afectación a Cuicuilco», en *Arqueología Mexicana*, núm. 151, México, 2018, pp. 46-55.

Pastrana Flores, Miguel, «Códices anotados de tradición náhuatl», en *Historiografía mexicana. Volumen I. Historiografía novohispana de tradición indígena, Estudios de Cultura Náhuatl*, México, UNAM-Instituto de Investigaciones Históricas, 2003, pp. 51-84.

_____, «La idea de tetzahuitl en historiografía novohispana. De la tradición náhuatl a la Ilustración», en *Estudios de Cultura Náhuatl*, vol. 47, México, UNAM-Instituto de Investigaciones Históricas, 2014, pp. 237-252.

_____, «Tezcatlipoca contra Quetzalcóatl en la caída de Tula», en *Arqueología Mexicana*, núm. 112, México, 2011, pp. 30-35.

Peñafiel, Antonio, «Nombres geográficos de México. Catálogo alfabético de los nombres de lugar pertenecientes al idioma náhuatl», en *Estudio Jeroglífico de la matrícula de los tributos del Códice Mendocino*, México, Secretaría de Fomento, 1885.

Pérez Luna, Julio Alfonso, John Lloyd Stephens, «Los indígenas y la sociedad mexicana en su obra», en Manuel Ferrer Muñoz (coord.), *La imagen del México decimonónico de los visitantes extranjeros: ¿un Estado-nación o un mosaico plurinacional?*, México, Biblioteca Jurídica Virtual del Instituto de Investigaciones Jurídicas de la UNAM, 2002.

Pérez Martínez, Héctor, *Crónica de Chac Xulub Chen*, introducción, selección y notas de Agustín Yáñez, 2ª edición, México, Biblioteca del Estudiante Universitario, 1950.

Piña chan, Román, «Algunas consideraciones sobre Mul Chic, Yucatán», en *Estudio de Cultura Maya*, vol. IV, México, UNAM, 1964.

_____, *Chichén Itzá, La ciudad de los brujos del agua*, México, Fondo de Cultura Económica, 1980.

_____, *Historia, arqueología y arte prehispánico*, México, Fondo de Cultura Económica, 1972.

_____, «Informe preliminar de la reciente exploración del cenote sagrado de Chichén Itzá», en *Serie Investigaciones*, núm. 24, México, INAH, 1970.

_____, *Quetzalcóatl, Serpiente emplumada*, México, Fondo de Cultura Económica, 1977.

_____, y Patricia Castillo Peña, *Tajín. La ciudad del dios huracán*, México, Fondo de Cultura Económica, 1999.

_____, *Una visión del México prehispánico*, México, UNAM-Instituto de Investigaciones Históricas, 1967.

Pérez Campa, Mario, «Preclásico Tardío (400 a.C.-200 d.C.). Las primeras ciudades», en *Arqueología Mexicana*, núm. 86, México, 2007, pp. 40-43.

Pierini, Margarita, "Un viajero austriaco en México. Los recuerdos de Isidore Löwenstern (1838)", en *Literatura Mexicana*, vol. 14, núm. 2, México, IIF-UNAM-INAH, 2003, pp. 7-42.

Plunket Nagoda, Patricia, Gabriela Uruñuela Ladrón de Guevara, *Cholula*, México, Fideicomiso Historia de las Américas-El Colegio de México-Fondo de Cultura Económica, 2018.

Pomar, Juan Bautista, *Relación de Tezcoco, 1582, Joaquín García Icazbalceta, Nueva colección de documentos para la historia de México*, México, 1891.

Pury, Sybille de, *Cuentos y cantos de Tlaxcalancingo, Puebla, Tlalocan*, vol. IX, México, UNAM-Instituto de Investigaciones Históricas-Instituto de Investigaciones Filológicas, 1982.

Rabasa Gamboa, Ricardo, *Aspectos constitucionales y otras cuestiones jurídicas de la propiedad ubicada en la zona arqueológica de Chichén Itzá*, México, Biblioteca Jurídica Virtual del Instituto de Investigaciones Jurídicas de la UNAM, 2010.

Ramírez, Felipe, «Arqueología de Cuicuilco. Ayer y hoy», en *Arqueología Mexicana*, núm. 151, México, 2018, pp. 28-33.

_____, «Cuicuilco. Contactos interregionales», en *Arqueología Mexicana*, núm. 151, México, 2018, pp. 40-45.

Recinos, Adrián, *Memorial de Sololá, Anales de los Cakchiqueles*, México, Biblioteca Americana-Fondo de Cultura Económica, 1950.

Reyes García, Luis, «In tlahtolli, in amoxtli. La palabra, el libro. Conferencias y estudios inéditos sobre fuentes e historia nahuas», en *Manuscritos históricos tlaxcaltecas escritos en náhuatl durante la época colonial, Estudios de Cultura Náhuatl*, México, UNAM-Instituto de Investigaciones Históricas, 2020, pp. 119-125.

Reyes Morales, Erik Damián, «Ce Acatl Topiltzin Quetzalcoatl y su lugar en la sucesión de gobernantes toltecas. Una interpretación a través de la historia colhua», en *Estudios de Cultura Náhuatl*, vol. 59, México, UNAM-Instituto de Investigaciones Históricas, 2020, pp. 67-96.

Rojas, José Luis, *La moneda indígena y sus usos en la Nueva España en el siglo XVI*, México, Centro de Investigaciones y Estudios Superiores en Antropología Social, 1998.

Romero Galván, José Rubén, «Chimalpain Cuauhtlehuanitzin», en *Historiografía mexicana. Volumen I. Historiografía novohispana de tradición indígena, Estudios de Cultura Náhuatl*, México, UNAM-Instituto de Investigaciones Históricas, 2003, pp. 331-350.

_____, «La Crónica X», en *Historiografía mexicana. Volumen I. Historiografía novohispana de tradición indígena, Estudios de Cultura Náhuatl*, México, UNAM-Instituto de Investigaciones Históricas, 2003, pp. 185-196.

Roys, Ralph L., *The books of Chilam Balam of Chumayel*, publicación 438, Washington, Carnegie Institution of Washington, 1940[1].

Ruz Lhuillier, Alberto, «Exploraciones arqueológicas en Palenque (1949)», en *Anales del Instituto Nacional de Antropología e Historia*, 6(4), 49–60, México, 1952.

Sahagún, fray Bernardino de, *Historia general de las cosas de la Nueva España*, edición preparada por Ángel Ma. Garibay K., México, Porrúa, 1956.

---

[1] De este manuscrito, cuyo original se extravió, existe una reproducción facsimilar hecha por G. B. Gordon, University Museum, Serie de publicaciones de Antropología, vol. V, Philadelphia, 1913.

Santamarina Novillo, Carlos, *El sistema de dominación azteca: El imperio tepaneca*, Tesis doctoral, Universidad Complutense de Madrid, Facultad de Geografía e Historia, Departamento de historia de América II (Antropología de América), México, 2005.

Santos Ramírez, Marco Antonio, «El Osario, recinto de la recreación del orden cósmico», en *Arqueología Mexicana*, núm. 156, México, 2019, p. 45.

Schmidt, Peter J., Rocío González de la Mata, José Francisco Osorio León y Francisco Pérez Ruiz, «Chichén Itzá. Poder y esplendor entre la guerra, el comercio y las flores», en *Arqueología Mexicana*, núm. 145, México, 2017, pp. 45-52.

_____, «Los "toltecas" de Chichén Itzá, Yucatán», en *Arqueología Mexicana*, núm. 85, México, 2007, pp. 64-68.

Schöndube B., Otto, «Los tarascos», en *Arqueología Mexicana*, núm. 19, México, 1996, pp. 14-21.

Schroeder, Susan, *Chimalpahin y los reinos de Chalco*, México, El Colegio Mexiquense, Toluca, 1994.

Schuessler, Michael, «La correspondencia de Alma M. Reed y Felipe Carrillo Puerto: una micro-historia pasional y política Entre Diversidades», en *Revista de Ciencias Sociales y Humanidades*, núm. 6, México, Universidad Autónoma de Chiapas San Cristóbal de Las Casas, 2016, pp. 79- 105.

Séjomné, Laurette, *Pensamiento y religión en el México antiguo*, México, Fondo de Cultura Económica, 1957.

Sharer, Robert J., *La civilización maya*, México, Fondo de Cultura Económica, 1998.

Shávelzon, Daniel, *La pirámide de Cuicuilco*, México, Fondo de Cultura Económica, 1983.

Sierra Carrillo, Dora, «La muerte entre los tarascos», en *Arqueología Mexicana*, núm. 58, México, 2002, pp. 62-69.

Sodi M., Demetrio, «Chilam Balam de Maní, segunda parte, cap. VII», en *Códice Pérez*, México, Ediciones de la Liga de Acción Social, Mérida, 1949.

Solanes, María del Carmen y Enrique Vela, «Teotihuacan», en *Arqueología Mexicana*, edición especial, núm. 28, México, 2008, pp. 6-13 y 52-53.

Solís, Antonio de, *Historia de la conquista de México*, ts. I y II, México, Editorial del Valle de México, 2002.

Solís, Felipe y Ponciano Ortiz Ceballos, «Una Estela de Xólotl en Castillo de Teayo / Descubrimiento de la Zona arqueológica del Tajín (1935) / Comentarios sobre los trabajos en el Tajín (1935)», en *Revista de la Coordinación Nacional de Arqueología*, núm. 21, México, Coordinación Nacional de Difusión-Instituto Nacional de Antropología e Historia, 1999, pp. 149-174.

Solís Sosa, Iván, «El cristo de Uxmal: Historia, celebración y conflicto de una fiesta patronal en el pú'uk», México, Centro de Estudios Mayas-UNAM-Instituto de Investigaciones Filólogicas, 2012.

Stephens, John L., *Viaje a Yucatán, 1841-1842*, México, Fondo de Cultura Económica, 2003.

Stresser-Péan, Claude, *De la vestimenta y los hombres. Una perspectiva histórica de la indumentaria indígena en México*, México, Fondo de Cultura Económica, 2012.

_____, «Quetzalcóatl en la Huasteca», en *Estudios de Cultura Náhuatl*, vol. 51, México, UNAM-Instituto de Investigaciones Históricas, 2016, pp. 5-41.

Stuart, David, «El emperador y el cosmos. Nueva mirada a la Piedra del Sol», en *Arqueología Mexicana*, núm. 149, México, 2018, pp. 20-25.

_____, *Registros de Año Nuevo en las Inscripciones Mayas del Período Clásico*, traducción de New Year Records in Classic Maya Inscriptions en PARI Journal 5(2):1-6 (2004). Mesoweb, 2007. Disponible en *www.mesoweb.com/pari/publications/journal/502/Registros*.

Sugiyama, Saburo, Rubén Cabrera Castro, «Hallazgos recientes en la Pirámide de la Luna», en *Arqueología Mexicana*, núm. 64, México, 2003, pp. 42-49.

Sullivan, Thelma D., *Compendio de la gramática náhuatl*, México, UNAM, 1992.

Taboada Ramírez, Javier, «Bebidas fermentadas indígenas: cacao, pozol, tepaches, tesgüino y tejuino», en Janet Long (coord.),

Conquista y comida: consecuencias del encuentro de dos mundos, tercera edición, México, UNAM-Instituto de Investigaciones Históricas, 2018, pp. 437-448.

Taladoire, Eric, «El juego de pelota precolombino», en *Arqueología Mexicana*, núm. 9, México, 1994, pp. 6-15.

_____, Jane MacLaren Walsh, «José María Melgar y Serrano. ¿Viajero, coleccionista o saqueador?», en *Arqueología Mexicana*, núm. 129, México, 2014, pp. 81-85.

Taracena Arreola, Arturo y Adam T. Sellen, «Emanuel von Friedrichsthal: Su viaje a América y el debate sobre el origen de la civilización maya», en *Península*, vol. I, núm. 2, México, UACSHUM, CH, UNAM, 2006.

Taube, Karl A., «La escritura teotihuacana», en *Arqueología Mexicana*, núm. 48, México, 2001, pp. 58-63.

_____, «La serpiente emplumada en Teotihuacan», en *Arqueología Mexicana*, núm. 53, México, 2002, pp. 36-41.

_____, «Los significados del jade», en *Arqueología Mexicana*, núm. 133, México, 2015, pp. 48-55.

Tibón, Gutierre, *Historia del nombre y de la fundación de México*, México, Fondo de Cultura Económica, 1975.

Tiesler, Vera y Andrea Cucina, «Las enfermedades de la aristocracia maya en el clásico», en *Arqueología Mexicana*, núm. 74, México, 2005, pp. 29-35.

Torquemada, fray Juan de, *Monarquía indiana*, selección, prólogo y notas de Miguel León-Portilla, México, UNAM, 1964.

Torre Villar, Ernesto de la, «Hernando Alvarado Tezozómoc. El encuentro con los españoles», en *Lecturas históricas mexicanas*, 5 tomos, *Estudios de Cultura Náhuatl*, México, UNAM-Instituto de Investigaciones Históricas, 1998, pp. 388-397.

Torres Montúfar, Óscar Moisés, *Los señores del oro: producción, circulación y consumo de oro entre los mexicas*, México, INAH-Escuela Nacional de Conservación, Restauración y Museografía, Manuel del Castillo Negrete, 2018.

Townsend, Camilla, *El quinto sol, una historia diferente de los aztecas*, México, Grano de Sal, 2021.

Tovar, Juan de, *Códice Ramírez, Relación del origen de los indios que habitan la Nueva España según sus historias, escrito hacia el año 1587*, México, Porrúa, 1975.

_____, *Origen de los Mexicanos*, México, Red Ediciones, S.L., 2022.

Trejo, Silvia, «Xochiquétzal y Tlazoltéotl. Diosas mexicas del amor y la sexualidad», en *Arqueología Mexicana*, núm. 87, México, 2007, pp. 18-25.

Urbina, Salvador, *Informe rendido a la Suprema Corte de Justicia de la Nación, por su presidente el Sr. Lic. d. Salvador Urbina, al terminar el año de 1944*, México, Antigua Imprenta de Murguía, 1944.

Vargas, Luis Alberto y E. Casillas, Leticia, «El encuentro de dos cocinas: México en el siglo XVI», en Janet Long (coord.), *Conquista y comida: consecuencias del encuentro de dos mundos*, tercera edición, México, UNAM-Instituto de Investigaciones Históricas, 2018, pp. 155-168.

Vargas Yturbide, Ignacio Romero, *Los gobiernos socialistas de Anáhuac*, México, Sociedad Cultural In Tlilli In Tlapalli, 2000.

Vela, Enrique, *Arqueología. Historia ilustrada de México*, México, Debate, 2014.

_____, «II. El Castillo», en *Arqueología Mexicana*, edición especial, núm. 27, México 2008, pp. 38-46.

_____, «Figurillas», en *Arqueología Mexicana*, edición especial, núm. 44, México, 2012, pp. 50-51.

_____, «La Danza del Volador y el sacrificio humano», en *Arqueología Mexicana*, edición especial, núm. 88, México, 2019, pp. 32-33.

_____, «Las fiestas de las veintenas», en *Arqueología Mexicana*, edición especial, núm. 75, México, 2017.

_____, «12. Dios Viejo del Fuego. Cuicuilco, Ciudad de México», en *Arqueología Mexicana*, edición especial, núm. 96, México, 2021, pp. 34-35.

_____, «13. Dios de la lluvia. Teotihuacan, Estado de México», en *Arqueología Mexicana*, edición especial, núm. 96, México, 2021, pp. 36-37.

_____, «22. Sepulcro de Pakal II. Palenque, Chiapas», en *Arqueología Mexicana*, edición especial, núm. 96, México, 2021, pp. 54-55.

_____, «Medidas, numerales y unidades para tributación», en *Arqueología Mexicana*, edición especial, núm. 101, México, 2022, p. 14.

_____, «Tajín Chico», en *Arqueología Mexicana*, edición especial, núm. 60, México, 2015, pp. 66-71.

Velázquez Morlet, Adriana, «El juego de pelota de Chichén Itzá», en *Arqueología Mexicana*, núm. 44, México, 2000, pp. 46-47.

Verne, Julio, *Un drama en México*, México, Porrúa, 2013.

Walsh, Jane, «Máscaras teotihuacanas. De Teotihuacan a Filadelfia en 1830», en Arqueología Mexicana, núm. 64, México, 2003, pp. 62-64.

Zantwijk, Rudolf Van, «Los seis barrios sirvientes de Huitzilopochtli», en *Estudios de la Cultura Náhuatl*, vol. 6, México, UNAM-Instituto de Investigaciones Históricas, 1966, pp. 177-185.

_____, «Principios organizadores de los mexicas, una introducción al estudio del sistema interno del régimen azteca», en *Estudios de la Cultura Náhuatl*, vol. 4, México, UNAM-Instituto de Investigaciones Históricas, 1963, pp. 187-222.

Zaleta, Leonardo, *Postales de Papantla*, México, 2001 (edición independiente).

Zurita, Alonso de, «Breve y sumaria relación de los señores y maneras y diferencias que había de ellos en la Nueva España…», en Juan Bautista Pomar y Alonso de Zurita, *Nueva colección de documentos para la historia de México*, ed. J. García Icazbalceta (1891), México, Editorial Chávez Hayhoe, 1941.

Todos los caminos llevan a Tenochtitlan de Sofía Guadarrama Collado
se terminó de imprimir en junio de 2023
en los talleres de
Litográfica Ingramex, S.A. de C.V.
Centeno 162-1, Col. Granjas Esmeralda, C.P. 09810,
Ciudad de México.